백낙청 회화록

2012~2017

**7**

백낙청 회화록 간행 위원회

—

**염무웅** 영남대 명예교수
**임형택** 성균관대 명예교수
**최원식** 인하대 명예교수
**백영서** 연세대 교수
**유재건** 부산대 교수
**김영희** 한국과학기술원 교수
**한기욱** 인제대 교수

—

# 백낙청 회화록 7

초판 1쇄 발행 / 2017년 6월 27일

엮은이 / 백낙청 회화록 간행위원회
펴낸이 / 강일우
책임편집 / 박대우 정편집실
조판 / 황숙화
펴낸곳 / (주)창비
등록 / 1986년 8월 5일 제85호
주소 / 10881 경기도 파주시 회동길 184
전화 / 031-955-3333
팩시밀리 / 영업 031-955-3399  편집 031-955-3400
홈페이지 / www.changbi.com
전자우편 / human@changbi.com

ISBN 978-89-364-8349-4 04080
ISBN 978-89-364-7981-7 (세트)

백낙청 회화록

2012~2017

7

백낙청 회화록
간행위원회 엮음

창비

# 간행의 말

청사(晴蓑) 백낙청(白樂晴) 선생의 고희를 기념해 선생이 한국 및 해외의 지성과 나눈 회화(會話)의 기록을 모아 2007년에 『백낙청 회화록』 1~5권을 펴낸 데 이어 그후 10년간의 기록을 더하여 팔순을 맞는 2017년에 두권을 새로이 내놓습니다. 계간 『창작과비평』을 창간하며 한국 문화운동에 첫발을 디딘 후 1968년 1월부터 2017년 5월까지 50년에 걸쳐 선생이 참여한 대담과 좌담을 기본으로 하고 토론과 인터뷰 등을 곁들인 이 일곱권의 회화록은 20세기 중후반부터 21세기 초반까지 한국 논단에서 치열하게 논의된 주요 쟁점들이 망라된 우리 지성사의 생생한 사료집입니다.

대화라는 형식은 한 사람이 일방적으로 진술하는 수사법과 대립되는 방법으로서 예부터 진리 발견의 절차로 주목되어왔습니다. 그리고 좌담은 동아시아 근대 저널에서 독자들에게 순발력 있는 대화의 흥미를 안겨주는 부담 없는 읽을거리이자, 참여자들의 대등한 의견교환을 통해 각자의 입장을 명료하게 전달하는 형식이어서 널리 활용되어왔습니다. 인터뷰는 질문하는 사람보다 답하는 사람의 상대적 우위가 전제되는 형식이지만, 선생은 이 책에는 안 실린 '전문가 7인 인터뷰' 모음 『백낙청이 대전환의 길을 묻다』(창비 2016)에서 스스로 인터뷰어의 몫을 맡기도 했습니다. 선생은 이런저런 형식의 이야기 나눔을 통칭하여 '회화'라고

4

일컫기를 즐겨하는데, 요즘 이 낱말은 외국어 회화에 국한되어 쓰이는 경향도 있습니다만 원래 더 넓은 의미로 사용되어온 말이고, '대화'처럼 진리 발견의 한 수단인 동시에 더 격의 없는 어울림을 연상케 하기 때문인 듯합니다.

돌이켜보건대, 영문학자이자 문학평론가일뿐만 아니라 『창작과비평』 창간 편집인, 그리고 민족문화운동과 그것을 한층 발전시킨 분단체제 극복운동을 수행하는 이론가요 실천가인 선생은 자신이 직접 조직하거나 초대받은 대담과 좌담을 통해 1960년대 이래 우리 사회의 핵심적인 담론 생산의 현장에 깊숙이 간여해왔습니다. 대담과 좌담 같은 회화 형식이야말로 항상 논쟁의 현장에 머물길 원하는 '젊은' 논객인 선생의 식견과 경륜이 효과적으로 발휘되는 의사전달 통로가 아닐 수 없습니다.

이 책을 엮기 위해 자료들을 검토하면서 간행위원들은 회화록이 지닌 세가지 차원의 가치에 주목하게 되었습니다.

첫째로 선생 개인의 자전적 기록으로서의 가치입니다. 선생 스스로 자신의 생애와 행적을 서술한 것은 아니지만, 대담과 좌담에는 그가 50년간 공개적으로 표명한 언행이 시기순으로 정리되어 있어 선생의 이론적·실천적 궤적이 일목요연하게 드러납니다. 권말의 상세한 연보(제5권, 제7권 수록)와 대조해 읽는다면 선생의 사상적 편력을 이해하는 데 매우 유용한 자료가 될 것입니다.

둘째로 선생과 더불어 우리 시대의 문제를 놓고 고뇌하며 실천의 길을 걸어온 한국 지성의 집단전기적 기록으로서의 가치입니다. 선생의 대화 상대자(국내 178인, 해외 11인)는 이른바 진보진영에 국한되지만도 않고 우리 사회의 발전에 다방면에서 공헌해온 분들인데, 그분들의 언행역시 여기에 고스란히 담겨 있습니다. 그분들이 시대의 변천에 어떻게 대응해왔는지를(때론 변모해왔는지를) 지켜보는 것도 우리 지성사를 읽어내는 의미있는 일이 되겠습니다.

셋째로 선생이 해외의 저명 지식인들과 함께 한국인의 이론적·실천적 고투를 전지구적 시각에서 성찰한, 우리 담론의 세계화의 기록으로서의 가치입니다. 세계사적 변화에 대한 주체적·실천적 대응은 선생이 1960년대부터 한결같이 추구해온 지향인데, 외국의 지성들은 그와의 대화에 참여하여 한국인의 과제가 그들 자신의 사회, 더 나아가 전지구적 과제와 어떻게 연관되어 있는지를 규명하고 연대의 가능성을 확인할 수 있었습니다.

이 책의 체재는 수록된 자료들을 연대순으로 배치하는 것을 원칙으로 삼았습니다. 그리고 분량을 고려해 편의적으로 일곱권으로 나눴는데, 가급적 그 시기구분을 한국의 정치·사회 변동의 획기와도 연결해보려고 애썼습니다. 각권의 끝에 실린 해설은 바로 그 획기의 시대적 의미와 대화 내용의 한국 지성사적 위치를 규명하고 있습니다. 선생과 오랜 기간 교감하며 같은 길을 걸어온 간행위원들이 분담한 권말의 해설들은 선생에 대한 회고와 수록내용 비평이 어우러진 또 하나의 흥미로운 대화록입니다.

끝으로 50년간의 자료들을 수집, 정리해 일곱권의 알찬 책으로 간행하는 데 도움을 주신 분들의 고마움을 기억하고 싶습니다. 먼저 선생의 대화 상대자 여러분께 대화록 간행 취지에 공감하시고 원고 게재를 쾌히 승낙해주신 데 대해 깊은 감사를 드립니다. 또한 그간 노고를 아끼지 않은 창비 편집부 실무진에게 각별한 마음을 전합니다. 회화록 전체의 목록을 작성하는 일에서부터 묵은 잡지들을 뒤지고 시청각 자료를 점검하여 원고의 정본을 만드는 일까지의 전과정은 사료집 편찬의 어려움을 실감하는 작업이었습니다. 이 과정에서 선생 역시 원고를 전부 직접 교감(校勘)하는 번거로움을 기꺼이 감당해주셨는데, 그 덕에 자료의 신뢰도는 한층 높아졌다고 자부합니다.

아울러 회화록 1차분 제1~5권의 간행위원인 염무웅, 임형택, 최원식,

6

백영서, 유재건, 김영희에 더해 이번 2차분 제6, 7권을 출간하는 데는 한기욱이 간행위원회에 새로 합류하여 힘을 보탰음을 밝힙니다. 근대학문의 분화된 지식의 경계를 넘나들며 현실과 소통하는 길을 일찍부터 닦아온 이 회화들의 간행이 앞으로 선생이 여러 층의 새로운 독자와 더불어 회화를 계속 이어가는 계기가 될 수 있기를 간절히 바랍니다.

2017년 6월
백낙청 회화록 간행위원회

**부록**

## 5권

간행의 말

## 일러두기

1. 2007년 10월부터 2017년 5월까지 백낙청이 참여한 좌담, 대담, 토론, 인터뷰, 질의·응답 등을 시기순으로 배열하여 총 2권의 회화록으로 엮었다.
2. 각 꼭지에서 참가자들의 이름 배열과 직함은 발표 당시의 것을 따랐고, 각권 말에 참가자 약력을 따로 실었으며, 확인 가능한 회화의 일시와 장소는 밝혀두었다.
3. 각 글의 제목을 일부 바꾸거나 새로 달기도 했으며, 바꾼 경우 원제를 밝혀두었다. 본문에 중간제목이 없는 경우는 그대로 두었다.
4. 원문의 명백한 오탈자는 바로잡았고, 문장은 가급적 원본을 살리되 독자의 이해를 돕기 위해 필요한 경우 일부 수정하였다.
5. 외래어 표기는 현지음을 존중하는 원칙에 따랐다.
6. 독자의 이해를 돕기 위해 필요한 경우 편자 주를 각주로 달았으며, 본문에 부기한 것은 [ ]로 표시했다.
7. 발표 당시의 주는 가급적 본문 안에 괄호로 묶되 예외적인 경우는 각주로 넣고 원주임을 밝혔다.
8. 계간 『창작과비평』의 약칭은 『창비』로, 출판사와 계간지, 그 구성원을 가리키는 경우 '창비'로 했다.

| 토론 |

# 백낙청과 김종인이 바라보는
# 18대 대선과 앞으로의 5년

백낙청(서울대 명예교수)
김종인(박근혜 후보 공동선대위원장)
고성국(정치평론가, 사회)
2012년 7월 24일 금천구청 12층 대강당

**고성국**  오늘 모시기 어려운 두분을 모셨다. 김종인 위원장과 백낙청
교수다. 먼저 두분이 꿈꾸는 대한민국의 미래상부터 묻고 싶다.

**백낙청**  '미래를 꿈꾼다'고 하면 먼 이야기인 듯하지만, 이제 바로 다
음해를 기준으로 생각해야 하는 시기가 온 것 같다. 새 대통령이 취임할
2013년을 앞두고 많은 국민들이 단순히 대통령과 집권당을 갈아치우는
수준의 변화가 아니라 현재의 절망적인 삶을 크게 전환할 수 있는 계기
를 소망하는 것 같다.

나는 이것을 '2013년체제'라고 표현한다. 1987년 6월항쟁을 통해 국
민의 힘으로 민주주의를 쟁취한 것과 그 이후의 시스템을 '87년체제'라

■ 이 토론은 금천구·민주주의리더십아카데미·『프레시안』 공동주최 금천시민대학 1기 토크
콘서트 '전환의 세계, 변화의 시대, 그리고 한국의 미래'를 정리한 것으로, 『프레시안』 2012
년 7월 27일자에 '백낙청·김종인, 박근혜·안철수를 공개검증하다'라는 제목으로 실린 것이
다(정리 안은별 기자).

고 부르듯이, 2013년부터는 '2013년체제'라 부를 만한 새 시대를 열어보자는 꿈을 갖게 됐다. 1987년과 같은 활기를 갖고 또 한번 도약할 때다.

**김종인** 1987년으로부터 25년이 지난 지금, 모순은 더욱 심해졌고 사회는 더 격한 갈등구조 속에 놓여 있다. 대표적인 문제가 양극화다. 이런 상황에서 백낙청 선생이 말하는 새로운 도약이 어떻게 가능하겠는가. 우리가 본래 가지고 있던 '역동성'을 살려내야만 한다. 그 역동성은 내년에 출범하는 정부가 현실을 제대로 인식하고 어떤 식으로든 변화를 주도해야 살려낼 수 있다. 그러니 차기 대통령은 사회의 갈등을 해소하고 조화된 상태를 만든 뒤, 그 바탕 위에서 (국민이) 도약할 수 있는 계기를 만들어주어야 한다.

### 논쟁 1. 경제민주화, 새누리당부터 바뀌어야 vs. 밑에서부터 바꾸어야

**고성국** 두분 다 '87년'이라는 과거와 '대통령선거'라는 미래를 중심에 두고 말했다. 모두의 이목이 집중되는 대선, 그 관련 이슈 중에서도 최근 뜨거운 게 '경제민주화'다. 87년 헌법엔 경제민주화의 토대가 되는 조항이 있다. 제119조 2항 "국가는 균형있는 국민경제의 성장 및 안정과 적정한 소득의 분배를 유지하고, 시장의 지배와 경제력의 남용을 방지하며, 경제주체간의 조화를 통한 경제의 민주화를 위하여 경제에 관한 규제와 조정을 할 수 있다"이다. 이 조항을 김종인 위원장이 집어넣었다고 들었다.

**김종인** 그렇다. 그 과정에서 기업가들의 최고 이익단체인 전국경제인연합회(전경련)와 상당한 논쟁을 벌였다. 한 국가의 개헌에 있어 경제이익단체가 갑자기 대책위원회를 만들어 로비한다고 덤비는 건 세계에서 예를 찾아볼 수 없는 일이었다.

이미 법률시장까지 장악하고 있는 거대자본이 송사에 휘말리게 된다면 보수적인 판사들이 어떤 판결을 내리겠나. 결국 커다란 경제세력이 원하는 대로 가게 되어 있고, 그러면 사회는 더욱 심한 갈등구조에 빠질 수밖에 없다. 그걸 차단하고 경제정책에 있어 민주적 의사결정 방식을 도입하기 위해 집어넣은 게 경제민주화 조항이었다.

그런데 지난 25년간 이 경제민주화에 대해 누구도 관심을 갖지 않더니, 최근에 정치하는 사람들이 갑자기 들고나온 느낌이다. 그러나 대부분이 제대로 이해도 못한 상태다.

**청중 1** 김종인 위원장께 질문하고 싶다. 새누리당 박근혜(朴槿惠) 후보 공동선대위원장이 되셨는데, 새누리당은 그 전신을 포함해 10~20년간의 행적으로 보면 솔직히 수구세력이 당을 장악해가고 있는 것 같다. 이 와중에 일부 개혁인사들이 새누리당에 영입되었는데, 개혁정책 중 하나라도 성공한 게 있나 싶다. 오히려 새누리당에 이용당하고 토사구팽당하는 게 아닌가? 사회적·경제적 모순과 갈등을 해결하기 위해 경제민주화를 강조했는데, 왜 호랑이 굴에 들어가는 선택을 한 건가?

**김종인** 올해 초 한나라당이 새롭게 거듭나기 위해 비상대책위원회를 발족했을 때, 거기 들어가 성장과 복지를 동일하게 가자는 내용으로 정강정책을 바꾸었다. 물론 말씀하신 대로 그에 정면으로 반대하는 아주 보수적인 인사들이 상당수 있는 것은 사실이다. 그런 인사들의 의견이 반영된 지난 총선의 공천과정을 지켜보면서 비대위에 더는 있지 못하겠다고 떠났다. 그러다 다시 이 문제를 놓고 2라운드가 시작된 셈이다.

여전히 내 이름만 빌려주고 아무것도 못할 거라고 충고하는 사람들도 많다. '꼴통 보수'만 있는 당에 가 있다고들 말하는데, 나는 그곳을 먼저 변화시켜야 한다고 본다. 새누리당을 변화시켜야 변화한 사람들이 나라의 문제를 바꿀 수 있고, 그래야 국민이 편해질 수 있다.

박근혜 의원에게도 확실히 확인을 받을 거다. 그도 총선 당시 대중의 심리를 관찰하면서 경제민주화를 반드시 해야겠다는 생각을 굳히고 있는 것 같다. 대권 선언문에서도 경제민주화를 가장 앞세워 발표했다.

**고성국** 박근혜 의원과 이야기 자주 나누나? 말은 잘 듣는가?(웃음)

**김종인** 한두달이 아니라 몇년 동안 얘기해봤다. 현실에 대한 인식이 비교적 잘돼 있다. 왜 한국이 심각한 갈등구조 속에 놓여 있는가를 잘 이 해하고 그에 걸맞은 해결능력을 갖추고 있어야 나라를 다스릴 수 있을 거라고 생각한다.

**백낙청** 김종인 박사가 개헌 때 119조 2항을 넣으신 것에 대해 존경을 표하고 싶다. 또 그렇게 애써 헌법에 명시했는데도 실행이 잘 안되고 있 으니 직접 정치에 뛰어들어 실현의 길을 모색하고 있는 거라고 생각한 다. 따라서 그 행보도 존중한다.

그런데 나는 경제민주화가 헌법에 명시되어 있음에도 잘 실현되지 않는 이유부터 다시 묻고 싶다. 그것은 단순히 경제 차원의 문제만이 아 니라, 집중된 권력을 안고 있는 사람들이 검찰과 언론 등 사회 곳곳을 장 악하고 있기 때문에 비롯되는 사회 전체의 문제라고 본다. 그렇기에 헌 법에 관련 조항이, 새누리당에 관련 강령이 있어도 실현되기 어려운 것 이다. 즉 경제민주화를 사회 전체의 민주화란 관점에서 종합적으로 봐 야 한다.

단순히 '훌륭한 경제학자의 말을 잘 듣는 사람이 대통령이 되어서, 그가 경제민주화를 해주면 국민의 역동성이 커질 것'이라는 식의 논리 는 내가 이해하는 역사와는 거리가 있다. 시민 한 사람 한 사람이 깨어나 2013년체제에 대한 큰 꿈을 공유하면서 그에 부합하는 새 정부가 나올 수 있도록 힘을 합쳐야 비로소 경제민주화의 구체적 내용이 실현 가능 해지리라고 본다.

다시 말해 그동안 헌법 119조 2항을 무력화하는 데 주도적으로 움직 여온 세력 속으로 들어가 잘 타일러보겠다는 생각보다는, 경제민주화를 위해 저항해온 사람들에게 힘을 실어주어 역사적 변화를 일으키자는 생각이 옳다고 본다.

## 논쟁 2. 경제민주화, 박근혜가 적자다?

**고성국** 종합하자면 김종인 박사는 박근혜 후보를 잘 교육시켜서 경제민주화를 실현 가능하게 하자는 입장이고, 백낙청 교수는 국민이 참여해야만 경제민주화가 실현될 수 있다는 입장이라고 볼 수 있을까?

**백낙청** 강조점의 차이는 있지만 맞물려 있는 문제다. 경제민주화가 안되면 정치적 민주주의도 어렵고, 정치적 민주주의 과정을 수반하지 않으면 '다소 독재적인 성향을 가진 지도자'가 해주는 대로 경제민주화가 되리라는 기대도 이뤄지기 어렵다.

**고성국** '다소 독재적 성향을 가진 지도자'는 박근혜 의원을 말하는 건가?

**백낙청** 누구라고 특정한 건 아니다. 다만 박근혜 의원의 지지기반을 고려할 때, 훌륭한 경제학 교사의 말을 듣고 감동해 대선 출사표와 함께 경제민주화에 나설 수는 있으나, 냉엄한 현실에 부딪히다보면 그 갸륵한 마음은 오래가지 못할 거라고 생각한다.

**고성국** 박근혜 후보의 선대위원장이 된 김종인 박사를 말리고 싶나?

**백낙청** 내가 말린다고 들으실 분은 아니다.(웃음) 그리고 김종인 박사가 선택한 정치참여도 하나의 방법이라 생각한다. 하지만, 본인이 더 잘 아시겠지만 거기엔 두가지 리스크가 따른다. 하나는 후보의 당선 가능성이고 또 하나는 당선 이후의 배신 가능성이다. 다 알고 하시는 것 아닌가.

**김종인** 백낙청 선생의 말은 결국 경제민주화를 위해 진보진영과 협력해야 한다는 얘기로 들리는데, 현재 진보진영에서 나오는 경제민주화 얘길 들어보면 너무나 과격하다. 마치 금방이라도 뭐가 이뤄질 것처럼 얘기하지만, 경제민주화란 게 그렇게 쉽게 될 순 없는 거다.

이런 의미에서 백낙청 선생은 너무 순수한 것 같다. 초지일관 진보진영에 기대를 거시는 것 아닌가. 나도 솔직히 김대중(金大中)·노무현(盧武鉉) 두 전 대통령이 왜곡된 사회구조를 시정할 수 있는 사람들이라고 생각했다. 그런데 김대중 정부는 외환위기라는 어려움이 있어서 더 그랬을지도 모르겠지만 모순을 해소하기는커녕 그것을 더 고착화시켰다. 노무현 정부는 어땠는가? 진보·좌파정권을 표방했지만 한 짓은 전혀 진보적이지 않았다.

구체적 안이 나온 건 아니지만 민주통합당이 내거는 경제민주화에 대해서도 회의적이다. 과연 실질적으로 할 수 있겠는가? 누가 경제민주화를 잘할 것 같은가를 물은 최근의 어떤 여론조사에서도 새누리당이 38%, 민주당이 27%라는 결과가 나왔다. 결국 문제는 경제민주화 조치의 현실성이다. 그 현실성은 국민이 판단하게 될 거다.

**고성국**  그렇다면 박근혜 의원이 갖고 있는 구체적인 경제민주화 안은 무엇인가?

**김종인**  내가 이걸 몇년을 했나. 현재 머릿속에 다 있다. 그러나 지금은 답할 수 없다. 대선에 임박해 좀더 구체적으로 얘기하게 될 거다.

**고성국**  현실성을 강조했는데, 그렇다면 현실적으로 박근혜 후보가 경제민주화를 함에 있어 더 낫다는 판단인가?

**김종인**  그렇다. 현실적으로 그가 대통령이 되어야 경제민주화가 더 가능해진다.

**고성국**  백낙청 선생은 박근혜 의원을 만난 적이 있나? 어땠는가?

**백낙청**  개인적으로 만난 적은 없고, 그냥 행사에서 만났다. 단아하고 품위 있는 분으로, 선친이 보인 면과 대조적인 부분이 돋보인다. 그러나 박정희(朴正熙) 전 대통령에 대한 공식 발언에서 드러나는 역사인식은 상당히 문제가 된다고 본다. 5·16이 쿠데타임을 부정하고 "불가피한 최선의 선택"이라고 말하지 않았나. 차라리 5·16이 쿠데타였음을 인정하고 그외에 박정희 전 대통령이 잘한 일도 있지 않느냐고 항변했으면 많은 국민들이 이해했을 거라고 본다. 이런 역사인식을 갖고 정치적 민주주의와 떼어놓을 수 없는 경제민주화를 제대로 할 수 있겠는가 싶다.

**고성국** 김종인 박사께서는 박근혜 의원의 5·16 관련 발언에 대해 어떻게 생각하는가?

**김종인** 사실 1960년 이후 출생한 현재의 50대 초반까지는 5·16이 일어난 맥락을 제대로 알지 못한다. 그런 이들이 듣기에 박근혜 의원의 표현은 옳지 못하다고 본다. 표현이 좋게 되었으면 (반응이) 달랐을 텐데 부모자식 관계라는 이유 때문에 그렇지 못했던 것 같다. 가급적이면 박정희 전 대통령을 아버지가 아닌 '전직 대통령'으로 바라보면서 그 공과를 객관적으로 평가할 수 있길 바란다.

**백낙청** 표현상의 실수이길 바라지만 내가 보기에 그렇지 않은 것 같다. 기본적인 역사인식의 문제다.

**고성국** 진보진영에서는 경제민주화란 이슈를 보수진영에 선점당한 것 아닌가. 이에 백낙청 선생도 책임질 부분이 있지 않은가 싶다. 어쩌다 이렇게 된 건가?

**백낙청** 내가 책임져야 할 일이면 책임지겠다.(웃음) 하지만 현 정부에 분노하는 국민들이 야당조차 대안으로 인식하고 있지 못한 현실은 전적으로 야당의 책임이다.

앞서 '희망2013'이라는 꿈을 얘기했다. 희망이란 확정된 미래에 대한 예견이 아니다. 그렇게 될 수도, 안될 수도 있는 것을 말한다. 그렇기에 거기엔 언제나 불안이 따른다. 올해 대선은 크게 보아 희망과 불안이 대결하는 국면으로 나아갈 거라고 본다. 여기서 많은 국민들이 '나부터 나서서 세상을 제대로 바꿔보겠다'는 꿈을 공유한다면 희망을 대표하는 사람이 이길 것이고, '희망을 말하는 사람보다 잘했든 잘못했든 정치를 해본 사람이 낫다'는 불안에 져버리면 박근혜 후보가 (대통령이) 될 것이다.

## 논쟁 3. '안철수 대통령', 가능한가

**고성국** 대선 후보 혹은 후보로 거론되는 이들을 면밀하게 관찰해오셨을 것 같다. 박근혜 후보와 함께 대선의 핵으로 떠오른 안철수(安哲秀) 원장 이야기를 해보자. 김종인 박사께서는 안철수 원장을 본 적이 있는가? 어땠는가?

**김종인** 봤다. 사업 경험이 있는 사람들은 사물과 사람을 너무 단순화해서 보는데, 몇번 이야기해본 결과 안철수 원장의 사고방식이 딱 그렇다. 하지만 기업 경영과 국가 경영은 그 성격이 전혀 다르다. 그가 대통령이 되면 그런 (사업가적인) 버릇이 나와 문제가 되게 돼 있다. 그는 본인 입으로 "모든 것을 혼자 결정한다"고 말한 적도 있고 "(나는) 정치하기 어려운 사람"이라고 말한 적도 있는데, 최근 다른 생각이 든 건지 (여러 행보가) 갑작스럽다.

**고성국** '불통의 박근혜, 소통의 안철수'란 얘기가 있다. 들어본 적 있나?

**김종인** 그가 하는 '청춘콘서트'를 두어번 같이 해봤다. 젊은 친구들 2, 3천명 앞에서 여러 상황을 비판적으로 말하고, 그들 구미에 맞는 이야기를 많이 하더라. 그게 젊은이들에겐 감성적으로 와닿는 모양이다. 그런데 거기에서 박수 치고 호응하는 건 소통이 아니다. 소통이라고 착각하는 것뿐이다.

**백낙청** 나는 안원장을 만나본 적이 없다. 다만 23일 방영된 「힐링캠프」(SBS)를 봤고, 최근 나온 책 『안철수의 생각』(제정임 엮음, 김영사 2012)을 보는 중이다. 그 결과 생각은 참 똑바로 박힌 사람이라는 인상을 받았다. 경제민주화 문제, 한반도 평화 문제에 대해서도 깊이 고민했다는 느낌이 들었다. 다만 그 답을 독자적으로 제시한 건 아니고, 주변에서 '말해 주는 분들'이 있었다고 본다.

정치를 얼마나 이해하고 있는지, 지도력을 발휘할 수 있을지는 향후 검증받아야 할 문제다. 만일 방금 김종인 박사가 언급한 모습이 지금 드러난다면 대중의 기대는 금방 깨질 거라고 본다. 한국 정치판이 '개판'인 것 같아도 만만치 않다. 이 판의 검증이 상당히 무섭다는 뜻이다. 만일 안철수 원장이 그 검증을 견뎌내면 앞으로 정말 큰 역할을 할 거라고 본다.

**고성국** 그 검증과정을 피하려고 자꾸 대선 출사표를 미루는 것 아닌가. 어쨌든 안원장이 대선에 출마할 거라고 보는가?

**백낙청** 나올 거라고 본다. 그리고 출사표를 미뤄서 검증과정을 피해 보려 한들 불가능한 얘기다. 출마 선언을 대선에 임박해서 할 수도 없는 일 아닌가. 아무리 미뤄봤자 검증에 필요한 시간은 충분하다. 그가 누군지 금방 드러나게 되어 있다. 국민들은 현명하다.

만일 그가 출마한다면 민주당에 들어가서 그곳 경선을 치를 가능성은 없다고 본다. 그렇다면 무소속 출마 혹은 지금 없는 어떤 정치세력을 만들어서 출마하게 될 텐데, 이럴 경우 생각 가능한 선례가 지난해 서울시장 보궐선거다. 당시 박원순(朴元淳) 후보가 무소속으로 출마한 뒤 민주당·통합진보당(당시 민주노동당) 후보와 3자구도에서 경선을 통해 후보로 올라 이겼다. 나중에 결국 들어가게 됐지만, '박원순 시장'은 민주당에 입당하지 않은 상태로 탄생한 것이다.

하지만 이 모델이 대선에선 적용되지 않을 거라고 본다. 만일 안철수 원장과 민주당 후보 사이에 경선이 벌어져 전자가 이긴다면, 민주당 입장에선 체면뿐 아니라 돈이 걸려 있는 문제이기 때문이다. 국회의원 숫자나 최근 선거 득표율로 계산되어 나오는 게 정당보조금인데, 가장 중요한 대선에서 민주당 득표율이 0이 되면 내년 살림이 불가능한 것 아닌가.

그렇다면 이른바 야권에서 승리를 위한 한명의 후보를 만들어낼 다른 길은 없을까? 없지는 않지만 여기서 떠들 필요는 없을 것 같다. 다만 민주당도 이 문제에 있어 창의적인 답을 만들어내야 할 것이고, 안철수 원장 역시 훌륭한 정치인이 되고자 한다면 걸맞은 해법을 제시해야 할 것이다.

**고성국** 대선에서 야권이 이길 거라고 생각하는가?

**백낙청** 이 문제에 있어서 비전문가라는 점을 전제하고 다소 무책임하게 발언하자면, 박근혜 의원이 대통령이 되는 일은 없을 것 같다.

## 논쟁 4. 남북관계 잘 풀어갈 사람은?

**고성국** 앞서 경제민주화란 이슈를 중심으로 대선 후보들의 리더십에 대해 이야기해봤는데, 이제 남북관계 문제를 논할 차례다. 백낙청 선생은 우리 현대사를 '분단'이란 프레임으로 해석해왔다. 먼저 백선생께 현재 파탄으로 빠진 남북관계를 회복시킬 수 있는 대선 주자가 보이는지 묻고 싶다.

**백낙청** 나는 '분단체제'라는 말을 써왔다. 남과 북이 완전히 단절되어 있는 것처럼 보이지만 사실은 그 두 세계가 묘하게 엉켜서 체제 비슷한 것을 형성하고 있다는 뜻이다. 이것을 전제로 하지 않으면 남쪽 문제든 북쪽 문제든 독자적으로 풀기 어렵다는 취지로서 사용했다.

남북이 통일이 되면 모든 문제가 다 풀린다는 뜻은 아니다. 다만 경제민주화를 포함한 모든 문제가 남북관계와 얽혀 있다는 인식을 가져야 한다. 경제민주화 반대세력이 경제민주화를 옹호하는 세력에게 찍는 낙인의 이름이 '친북좌파'다. 이 대결상태가 존재하는 한 이성적인 토론은 불가능하다.

북한 문제 자체만 놓고 보면 전통적으로 김대중·노무현 두 전 대통령이 속해 있던 야당이 앞서왔다고 생각한다. 하지만 그렇다고 해서 자동적으로 그쪽 후보들이 새로운 남북관계 발전에 임할 적임자가 되는 건 아니다. 다만 거듭 말한 것처럼 남북관계 발전은 국내 사안과 얽혀 있으므로, 국내 경제·정치 민주화에 대해 잘 알고 있는 사람이어야 남북관계도 잘할 수 있으리라고 본다.

**고성국** 김종인 위원장의 의견은 어떤지 듣고 싶다.

**김종인** 우리가 앞으로 소망하는 남북관계를 만들어가려면 남쪽 내부의 조화가 우선이다. 다시 말해 정치와 경제의 민주화가 되어야 남북관계도 정상적으로 돌아갈 수 있다는 얘기다. 우리의 경제적 능력이 배양돼 있어야 통일의 기회가 올 때도 주저함 없이 포착해낼 수 있을 것이다.

동북아시아의 세력관계가 커다랗게 변하고 있는 현재, 다음 대통령의 중요성이 더욱 커질 수밖에 없다. 그런데 지금 6자회담의 실질 당사자인 4자(한국·북한·미국·중국) 가운데 한국은 거의 아무 역할도 못하고 있다. 북한은 미국이나 중국과 대화하고 우리에게 통보하는 식이다. 이걸 어떻게 헤쳐나가야 하는가는 큰 고민이 될 수밖에 없다.

북한을 세계적으로도 가장 '못된' 국가라고 말하지만, 그곳도 권력과 주민사회를 구분해서 봐야 한다. 2000년 6·15공동선언 이후로 북한 사회에도 상당한 변화가 있었다고 본다. 원시적이나마 시장도 형성되어가고 있다.

**고성국** 다른 새누리당 의원들과는 다른 생각이신 것 같다.(웃음) 백낙청 선생께선 햇볕정책이 유효했다고 보시는가?

**백낙청** 무엇을 기준으로 두느냐에 따라 다르게 말할 수밖에 없다. 하지만 6·15공동선언 이후 남북간 교류가 활발해졌고, 노태우(盧泰愚) 정부 시절 체결되었으나 실행되지 못한 수많은 좋은 합의들이 실현된 건 명백한 사실이다. 남북한 주민들이 서로를 바라보는 태도가 크게 바뀌었으며, 개성공단을 통해 각자 이득도 얻었다. 이런 면에선 많은 성과가 있었다고 본다.

**고성국** 박근혜 의원은 남북관계 문제를 잘 풀어갈 것 같나?

**백낙청** 그는 이명박(李明博) 정부와는 다른 방침인 것 같다. 물론 이명박 대통령도 그간의 남북간 합의를 '존중한다'는 말을 이따금씩 하곤 했다. 그러고 곧 잊어버려서 문제였지만.(웃음) 그가 천안함사건 이후로 발표한 '5·24 조치'는 김대중·노무현 전 대통령 시절의 합의뿐 아니라 노태우 정부 이래 진행된 모든 남북교류를 중단하겠다는 역사적인 선언이었다. 이에 비한다면 박근혜 의원이 내놓은 안은 훨씬 더 온건하고 합리적이다. 아니, 사실 누가 해도 이명박 정부처럼 할 수는 없을 것이다. (웃음)

그런데 거듭 말하지만 남북관계와 국내 현안은 밀접하게 얽혀 있다. 따라서 국내 문제를 잘 푸는 사람이 남북관계도 잘 푸는 거지, 남북관계에 있어서만 온건한 태도를 취한다면 삐걱거릴 수밖에 없다. 즉 국내에서 국민의 뜻을 거스른다면 결국 남북관계도 경화된다는 얘기다.

예를 들어, 이명박 정부 취임 전 나를 포함한 많은 이들이 그가 남북관계는 '실용적'으로 풀어나갈 거라고 기대를 가졌다. 실제로 이명박 대통령도 북한과 거래해 큰 토건사업을 하고 싶은 생각이 있었을 거라고 본다. 그런데 취임 초부터 미국산 쇠고기 파동 등 국민 저항에 부딪히니까 '비빌 언덕'이 수구세력으로 좁아졌다. 거기서 그가 남북관계를 잘 풀어나가면 기득권을 침해받고 만다는 딜레마가 생긴 거다.

**청중 2** 35년간 자영업을 하고 있다. 정부가 개성공단에 투자한다면 물류비나 인건비도 낮아지고 노동자들과 소통도 되니까 남과 북이 '윈윈'(win-win)하게 될 거라고 생각한다. 박근혜 의원께 진언을 하신다니 안심은 되지만, 더 강력하게 (남북관계를 잘 풀어가자고) 얘기해줄 수 없겠는가? 강력히 확대할 생각이 있는지 묻고 싶다.

**김종인** 앞으로의 남북관계를 생각해 남쪽에서도 개성공단을 유지해야 할 필요를 느끼고, 북쪽도 아마 같은 입장일 거라고 생각한다. 정치적 긴장상태에 놓인 때라도 개성공단만큼은 계속 돌아갔다. 앞으로 축소되거나 철수되지 않고 쭉 발전해나갈 거라고 장담한다.

| 인터뷰 |

# 지역의 문제를 공유하다

백낙청(서울대 명예교수)
시로마 아리(『오끼나와타임스』 기자)

　동아시아 각지의 지식인과 사상가가 한자리에 모여서 지역의 문제에 대해 서로 이야기를 나누는 '변동하는 세계, 변동하는 사상 2012: 아시아사상계 상하이논단(포럼)'이 10월 12일부터 19일까지 8일 동안 중국 상하이 시의 당대예술박물관에서 열렸다.

　오끼나와, 일본, 중국, 한국, 대만, 홍콩, 말레이시아, 싱가포르, 인도에서 참가. 분단이나 식민지주의, 제국주의, 구미중심주의 등에 대한 비판을 중심으로, 근대국가가 동아시아 지역에 일으킨 모순을 민간의 교류로 해결하려는 방향성을 공유했다. 인도까지 포함한 아시아의 지식인을 망라한 행사는 처음이라 한다.

■ 이 인터뷰는 『오끼나와타임스(沖縄タイムス)』 2012년 10월 24일자에 아제서원·상하이 비엔날레 주최 학술대회 'Asian Circle of Thought 2012 Shanghai Summit' 발표자 연속인터뷰의 하나로 "'固有の領土論'弱化へ '例外的領土'の設定必要"라는 제목으로 실린 것이다. 인터뷰는 박광현 동국대 국문과 교수가 우리말로 옮겼다.

발표자는 백낙청(한국, 서울대 명예교수), 파르타 차터지(Partha Chatterjee, 인도, 뉴욕 컬럼비아대 교수), 아라사끼 모리떼루(新崎盛暉, 전 오끼나와대 총장), 이따가끼 유우조오(板垣雄三, 토오꾜오대 명예교수·토오꾜오경제대 명예교수), 아시스 난디(Ashis Nandy, 인도, 사회학자·심리학자), 조모 콰메순다람(Jomo Kwame Sundaram, 말레이시아, 유엔식량농업기구 경제사회개발국부국장) 씨들. 각지의 연구자들이 응답하고 토론하는 형태로 진행되었다.

아라사끼 씨는 전후 오끼나와 민중투쟁의 역사를 해설하고, 또 현재 센까꾸(尖閣)열도(댜오위댜오釣魚島)를 둘러싸고 일어나고 있는 일본과 중국의 대립에 민중의 '생활권'을 지킨다는 사상으로 맞서자고 호소했다. 참가자들은 미군 통치나 야에야마(八重山) 지역과 대만 사이에 국경이 그어지는 등 민중의 생활권이 분단된 사례에 귀를 기울이고, 민중의 시점으로 모순에 맞서는 일에 공감했다.

포럼은 각 지역의 잡지 편집자들이 2006년부터 격년으로 열고 있는 '동아시아 비판적 잡지 회의'(오끼나와『케에시까지(返風)』, 일본『겐다이시소오(現代思想)』『임팩션(IMPACTION)』, 한국『창작과비평』, 대만『타이완서후이옌주(臺灣社會研究)』 등)에서 사상을 보다 구체적 행동으로 옮기려고 파생한 '아시아 현대사상 프로젝트'에서 교육 프로그램을 담당하는 아제서원(亞際書院)이 주최했다.〔오끼나와타임스〕

**시로마 아리** 현재 한일, 중일 간에 일어나고 있는 영토 문제를 한국 사람들은 어떻게 보고 있는가?

**백낙청** 센까꾸열도 문제에 있어서는 일본제국주의의 기억과 독도 문제에 대한 공감에서 중국을 지지하는 심정이 강하다고 생각한다. 한편으로 아라사끼 모리떼루 씨가 강연에서 얘기한 오끼나와의 상세한 역사적 배경에 대해서는 한국에서는 그다지 대중적으로 알려져 있지 않다. 앞으로는 주권국가의 영토 문제가 아니라, 아라사끼 씨가 말했듯이 지역주민의 생활권의 문제로 관점을 전환하는 일이 지금 시점에서는 중요하다. 그러한 의미에서 오끼나와의 주민과 지식인이 이루어야 할 일은 매우 크다.

한국 사람들은 독도 문제를 단순히 영토 문제로서가 아니라, 일본제국주의의 식민지 지배에 대한 역사적 자성이 결여되어 있다는 관점에서 대단히 중요한 사례로 받아들이고 있다. 〔독도를〕 1905년에 시마네(島根) 현이 타께시마(竹島)라는 명칭으로 편입시킨 때는 러일전쟁에서 일본이 승기를 잡고 있었고, 한국은 주권을 행사할 수가 없는 상황이었다. 1910년의 한일합병을 거쳐 45년에 해방을 맞이했을 때 독도는 불법적인 편입에서 회복되어 돌아왔다는 인식이 있었기 때문에, 한국에서는 세계 다른 지역의 영토 문제와는 다른 맥락에서 받아들이고 있다.

**시로마 아리** '고유의 영토론'*에 대해서 어떻게 생각하는가?

**백낙청** '고유의 영토론'은 영토 문제의 해결을 어렵게 만드는 요인인데, 근대세계에서는 보편적인 개념이기도 하다. 단순히 부정하는 것은 현실적이지 않다. 하지만 그것이 동아시아의 평화를 위협하는 요인이 됐을 때 어떻게 점진적으로 수정할 수 있을 것인가? 예외적으로 변동할 수 있는 작은 지역을 설정하는 것이 현실적인 길이지 않을까? 오끼나와에는 센까꾸열도 문제뿐 아니라, 대만과 가까운 야에야마 지방에서는 국경 때문에 생활권이 제한되는 사례가 많다고 한다. 이같은 지역을 고유의 영토론의 '예외적인 영역'으로 설정하고, 고유의 영토론을 약화시키는 일이 중요하지 않을까. 동시에 사상적 차원에서도 고유의 영토론이 가진 문제성을 제기하는 노력이 필요하다.

**시로마 아리** 백낙청 씨가 몰두하는 (한반도 남북) 분단문제에 대해서 설명해주었으면 한다.

---

* '고유의 영토'는 역사적으로 한번도 타국의 영토가 된 적이 없는 자국의 영토를 뜻하며 분쟁지역에서 영유권 주장 근거의 하나다. 일본은 독도를 일본 고유의 영토로 주장하고 있다.

**백낙청** 나는 한반도의 분단은 남북 국가간이나 국민, 이데올로기 사이의 대립이 아니라, 남북분단에 의해서 기득권을 얻은 세력과 분단으로 손해를 입고 있는 주민 간의 대립으로 보자고 주장하고 있다. 분단체제에서 발생하는 문제를 국가나 주권의 문제가 아니라 생활권으로서 본다는 점에서 아라사끼 씨의 생각과 통한다. 남북통일은 급격하게 실현할 수 있는 것이 아니다. 주민이 자신의 의사를 (통일에) 반영할 수 있도록 단계를 밟아야만 한다. 그 결과가 통상적인 의미의 국민국가나 주권국가의 건설이 아니라 과정 속에서 자연히 발생될 터인, 주민의 자발적인 노력에 뒷받침된 '복합국가'이고, 이것은 주권의 논리나 고유의 영토론을 약화시키는 데 공헌할 수 있다. 한반도에 그와 같은 통일된 복합국가 건설을 지향해야 한다는 것이 내 주장의 골자이다.

**시로마 아리** 그것이 동아시아의 대립을 해소하는 일로 이어진다는 것인가?

**백낙청** 한반도의 분단으로 동아시아의 긴장이 높아진 것은 사실이다. 이것은 미국의 개입이라는 현상과 연결되는데, 가령 하또야마 유끼오(鳩山由紀夫) 전 수상이 후뗀마(普天間)기지 이전 설치에 좌절한 계기가 된 것이 한국군 초계함 천안함의 침몰사건이다. 그 진상은 명확하지 않은데, 한미 양 정부가 북한의 소행이라고 단정했기 때문에 동아시아의 긴장이 고조되었다. 대규모 군사훈련이 시행되고, 중국과의 마찰이 심해졌다. 그리고 하또야마 전 수상이 오끼나와의 미군기지 이전 설치와 자신의 정권을 포기하는 것으로 이어졌다.

이같이 한반도의 분단은 이웃나라들 사이의 우호를 방해하는 상황을 낳고 있다. 내가 주장하는 프로세스로 남북통일이 실현된다면 보다 좋은 상황을 전망할 수 있지만, 반대로 한반도에 통일된 보다 강한 국민국가, 주권국가가 건설되면 오히려 일본이나 중국 등 이웃나라와의 경쟁이나 알력이 심해지고, 평화와 연대의 형성으로는 이어지지 못한다.

한반도만으로 종래의 주권국가나 국민국가 개념을 탈피한 국가를 만들어내는 것은 불가능하다. 좀전에 말한 '예외적인 영역'의 노력과 연동하면서 한반도에 새로운 국가를 창출할 수 있다면, 주권국가들 간의 경쟁을 약화시키는 일에 공헌할 수 있을 것이다.

**시로마 아리** 오끼나와의 시민운동에 대해서는 어떻게 생각하는지?

**백낙청** 밖에서 보면 오끼나와의 투쟁은 실패와 좌절의 연속인 듯이 보인다. 후뗀마기지 문제에서도 오스프레이(Osprey) 문제에서도* 열심히 싸웠는데 주민의 요구는 관철되지 않았다. 하지만 한국의 현장에서 활동한 경험에서 유추하자면, 거기서 활동하고 있는 사람은 크고 작은 성공의 축적을 확신하고 있다고 생각한다. 승패에 관계없이, 활동이 미래의 운동을 위한 학습이 된다는 것을 몸소 체득하고 있을 터이다. 그것을 주민운동이 성장하는 양식으로 삼고 있지 않은가. 그와 같은 끈질긴 운동의 과정을 이번에 동아시아의 지식인은 배웠다고 생각한다.

---

* 오끼나와 주민들은 일본 내 미군지기의 70%가 자리한 오끼나와에서 후뗀마 미군 비행장의 오끼나와 현외 이전, 부실한 안전성으로 논란이 된 미군 수직이착륙 수송기 오스프레이 배치 반대를 내걸고 오랜 투쟁을 전개해왔으나, 2017년 5월 현재 미군 비행장은 오끼나와 현내 헤노꼬 해안에 건설 중이다.

# 정권교체와 정치혁신, 둘 다 해야 한다

백낙청(서울대 명예교수)
김현정(CBS 앵커)

**김현정** "민주당의 정치혁신은 멀었다. 새 정치를 위해서는 정권교체가 필요하다." 어제였죠. 범야권 원로들의 모임인 '희망2013·승리2012 원탁회의'가 성명을 발표했는데, 그중 일부를 제가 소개해드렸습니다. 이제 대선까지 불과 2주 남은 상황에서 왜 이런 말이 나온 건지, 또 지금의 상황을 어떻게 보고 계시는지 직접 만나보죠. 좌장 격인 백낙청 서울대 명예교수 연결이 돼 있습니다. 선생님, 오랜만에 방송 출연하시는 거죠?

**백낙청** 그렇습니다.(웃음)

**김현정** 다들 바쁜 원로분들인데 어제 긴급히 모여서 성명 내시고, 또 이렇게 오랜만에 방송 출연까지 결심하시고. 이유는 뭔가요?

■ 이 인터뷰는 CBS 라디오 「김현정의 뉴스쇼」(2012년 12월 5일)에 방송된 것이다.

**백낙청** 어제 회의가 긴급회의는 아니었어요. 우리가 그전 주에도 모였는데 그때는 사태가 워낙 유동적이라서 입장 발표는 안했고요. 어제 모임에서는 이번에 한번 입장을 낼 때가 됐다고 생각해서 했던 겁니다.

**김현정** 성명의 내용, 이유가 뭡니까?

**백낙청** 지금 대선이 보름밖에 안 남았고 국민들이 적극적으로 참여하고 현명하게 선택해야 할 시점인데요. 우리가 현 상황을 우리 나름으로 짚어보고 분석하면서 특히 지금 민주당과 문재인(文在寅) 후보가 야권의 큰 짐을 지고 있으니까 그쪽에 몇가지 제언을 하고자 한 것이죠.

**김현정** 지금 사실 대부분의 여론조사에서 박근혜 후보가 문재인 후보보다 앞서는 것으로 나오는 것에 대한 어떤 위기감, 이런 것을 원로분들이 느끼셨다는 말씀인가요?

**백낙청** 네, 그렇게 말할 수 있죠. 저는 여론조사가 틀리는 일도 많다고 봅니다만, 지금 대체로 박근혜 후보가 앞서 있다는 보도는 사실에 부합하지 않나 하는 생각입니다.

**김현정** 그러면 위기감을 느낄 수밖에 없는 상황이다, 이런 말씀이세요?

**백낙청** 그렇죠.

**김현정** 여론조사들을 쭉 훑어보면 말입니다, 정권교체를 바란다는 국민이 상당히 많은데 또 여권을 지지하는 국민이 더 많다는 것, 이건 어떻게 보면 아이러니일 수도 있거든요. 이렇게 된 가장 큰 원인은 뭐라고 보십니까?

**백낙청** 결국은 정권교체와 새로운 시대에 대한 국민의 열망이 있는데 그것을 야권이 제대로 담아내지 못했다고 봐야겠죠. 그러니까 안철수 후보가 사퇴하기 전에도 문재인 후보하고 안철수 후보의 지지율을 합쳐도 정권교체를 원한다는 국민 수에 못 미쳤거든요. 그래서 우리가 희망했던 거는 두분이 단일화를 하면서 씨너지를 발휘하고 일으켜서 정권교체에 대한 국민들의 열망을 고스란히 담아내기를 기대했던 건데, 그렇게 못된 거죠.

**김현정** 왜 단일화는 아름답게 이루어지지 못했을까요?

**백낙청** 우리 원탁회의 명칭이 '희망2013·승리2012원탁회의'입니다. '희망2013'이 앞서 있어요. 그건 뭘 말하느냐 하면, 우리가 2013년에 큰 희망을 이루기 위해서는 2012년의 승리가 필요하지만, 2013년은 우리가 희망에 우리가 초점을 두고 그걸 위한 준비를 차근차근하지 않으면 '승리2012'도 놓치기 쉽다 하는 건데요. 각자가, 특히 민주당 쪽에서 우선 경선에서 이기고 보자, 그다음에는 대선만 이기면 된다는 식으로 너무 승리에 집착해서 그런 면이 국민들의 신뢰를 제대로 얻지 못하지 않았나 하는 생각입니다.

**김현정** 그런 부분이 아쉽다는 말씀이시군요?

**백낙청** 네.

**김현정** 어쨌든 상황은 이렇게 됐고 지금 말씀하신 대로 야권에서는 위기감을 느끼고 있는데, 그래서 어제 성명을 발표하면서 몇몇 제안을 하셨습니다. 가장 먼저 눈에 띄는 것이 민주당에다가 '정치혁신'을 주문하셨어요. 이건 어떤 걸까요?

**백낙청** 정치혁신을 향해서 민주당이 그동안에 잘했다고 생각하는 것에 대해 환영하는 얘기도 했고 또 추가로 주문도 했습니다만, 저는 중요한 것은 자세라고 봐요, 지금 말씀드렸듯이. 선거에 이기면 그다음에 국정을 맡아서 제대로 국민들의 바람을 반영해주고 실현해줘야 하지 않습니까? 그런데 지금 민주당만으로는 그것이 어렵다는 게 상식입니다. 또 민주당이 그걸 하겠다고 했을 때 국민들이 충분한 신뢰를, 총선 때도 주지 않았고 지금도 안 주고 있거든요. 그러니까 먼저 지금 선거에 이겨서 그다음에 정권인수 작업을 하고 그다음에 공동정부를 하겠다, 그게 시간상으로는 그런 순서가 되는데, 이걸 거꾸로 생각해야 될 것 같아요.

2013년 이후에 국정을 제대로 수행하려 한다면 지금부터 폭넓은 세력연합을 구상하고 준비해야 한다는 거죠. 거기서 출발하고, 그러려면 승리 이후에 정권인수 작업도 어떻게 해야겠다 하는 구상이 있고, 그런 인식을 바탕으로 지금 선거기간 중에 뭘 해야 할까, 이렇게 가는 것이, 그런 자세가 무엇보다 중요하지 않나 하는 생각입니다.

**김현정** 그러니까 지금 대선이 보름밖에 안 남았는데 빨리 공동정부를 하겠다는 선언을 안철수, 문재인이 같이 해라, 합쳐라, 이런 말씀이세요?

**백낙청** 아니 그걸 꼭 같이 해라 하는 것보다, 저는 민주당이 더 중요하다고 봐요. 안철수 후보는 자기가 사퇴한 입장에서, 그것도 무슨 공동정부에 대한 협약을 만들어놓고 단일화하지도 않은 입장에서 지금 공동정부 하자고 하면 지분 나눠달라는 말밖에 더 되겠어요?

그러니까 안후보 쪽에서는 그런 조건을 내세우기 어려울 것이고, 민주당에서는 어떻게 보면 단일화를 경선도 안 거치고 저절로 한 셈이 됐으니까, 이렇게 단일화가 됐지만 제대로 된 단일화를 했을 때 당연히 포함시켰을 협약, 그런 것에 해당하는 약속을 내놓아야 되는데요. 저는 공동정부도 중요하지만, 사실은 인수위 작업이 중요하다고 봅니다.

**김현정** 인수위 작업요?

**백낙청** 네. 인수위 때부터 같이 해서 차기 정부의 국정에 대한 쎄팅을 같이 해놔야지, 쎄팅은 민주당이 혼자서 다 알아서 할 테니까 정부 들어선 다음에 몇자리 나누어주겠다, 이런 태도 가지고는 안후보 지지세력의 감동을 얻어내지 못할 것이고 국민들이 볼 때도 저거는 아직도 민주당이 기득권에 집착하고 있구나 하는 인상을 줄 것 같아요.

**김현정** 그럼 민주당이 먼저 정치혁신 하는 모습을 지금 보여서 안철수 전 후보가 보다 적극적으로 참여할 수 있는 공간을 만들어주고, 그 다음에 우리는 인수위부터 같이 하겠다는 선언을 하라, 이런 말씀이시군요?

**백낙청** 그렇죠. 우리 원탁회의에서는 자칫 그야말로 지분 나누기를 권유하는 것처럼 비칠 수 있으니까 인수위 얘기는 안했습니다. 안하고 "승리 이후의 첫걸음부터"라는 표현을 썼습니다만, 까놓고 얘기하면 인수위를 어떻게 운영하느냐, 이게 사실은 제일 중요합니다.

**김현정** 그러면 구체적으로 어떤 정치혁신의 액션을 보름 동안 보일 수 있을까요? 어떻게 해야 안철수 전 후보가 들어와서 도울 수 있다고 보십니까?

**백낙청** 그러니까 정당혁신 차원에서도 많이 있고요, 정치혁신은 가령 네거티브 같은 것을 안하고 더 포지티브한 선거운동으로 전환하는 것도 그중의 하나인데, 저는 그 점에서는 어제 토론에서 문후보가 좋은 변화를 보였다고 봅니다. 또 그런 조치도 있지만 제가 강조하는 정치혁신이라는 게 폭넓은 민주개혁세력의 연합을 통해서 성공적인 국정운영을 하겠다는 책임감을 가지고 그에 걸맞은 인수위 구상, 또 거기에 걸맞은 선거운동, 이렇게 해나가는 것이 진짜 정치혁신의 길이라고 봅니다.

**김현정** 그렇게 하면 안철수 후보가 들어올까요?

**백낙청** 들어온다는 게 무슨 말인지는 모르겠습니다만.

**김현정** 적극적으로 도울까요, 그 정도 내놓으면?

**백낙청** 아니, 저는 그 정도를 내놓든 안 내놓든 안철수 후보는 적극적으로 도와야 한다고 봅니다. 그건 당연하고 또 어떤 식으로든지 도우리라고 믿는데, 그걸 말이죠, 꼭 들어와서 도와라, 이렇게 할 필요는 없을 것 같아요. 물론 선거법상 제한이 있으니까 안철수 후보가 일단 문후보의 선거운동원으로 등록을 하고 돕는 것이 모든 면을 원활하게 하는 길입니다만, 안 캠프가 문 캠프에 들어와야 한다, 또는 문 캠프가 설계한 어떤 공동기구에 꼭 들어와야 한다, 이걸 고집할 필요는 없다고 봐요. 오히려 각자 독자적인 길을 걸으면서 연대하는 것이 더 효과적일 수 있고, 그런 과정에서 창의적인 연합정치의 방식이 나올 수도 있다고 생각합니다.

**김현정** 혹시 이런 이야기들을 안철수 전 후보나 그 측근과도 좀 나눠 보셨어요?

**백낙청** 안철수 후보하고는 제가 못 만났고요, 그쪽 캠프분들한테는 비슷한 얘기가 직간접적으로 전달된 일은 있습니다.

**김현정** 그 제안에 대한 답변도 들으셨어요?

**백낙청** 답변은 안후보가 결정해서 하겠죠.

**김현정** 혹시 백낙청 교수께서 안철수, 문재인 두 사람을 만나게 주선 하실 생각은 없으신가요?(웃음)

**백낙청** 제가 주선한다고 꼭 만난다는 보장은 없고요.(웃음) 물론 두분이 만나면 좋겠죠. 그런데 두분이 그전처럼 담판하듯이 만나는 거는 꼭 필요한 것도 아니고 그게 꼭 좋은지도 모르겠어요. 저는 어쨌든 안후보는 안후보대로 정권교체에 적극 협력을 하고 문후보는 무엇보다도 자기가 잘해야 한다, 자기가 잘하고 혁신하고 또 국민들에게 신뢰를 받는 그런 운동을 하셔야 된다고 봅니다.

**김현정** 그리고, 어제 하루 종일 너무 화제가 돼서 질문을 드리고 가야 겠습니다. 어제 교수님 이름이 인터넷 검색어에 하루 종일 오르내렸던 거 아세요?

**백낙청** 그건 잘 모르겠고, 제가 페이스북을 하는데 누가 기사를 링크 해줘서(웃음) 읽긴 읽었습니다.

**김현정** 김지하(金芝河) 시인이 백낙청 교수와 리영희(李泳禧) 선생, 두분을 신문지상에다가 공개적으로 비판했습니다.* "문화계의 원로인 백낙청 교수가 한류 르네상스의 분출을 막고 있다" 등을 비롯해서 제가 차마 입에 담기 어려운 발언들을 쏟아냈습니다. '쑥부쟁이' '빨갱이' 이런

---

* 김지하 「한류-르네상스 가로막는 '쑥부쟁이'」, 『조선일보』 2012.12.4.

단어들 말입니다. 어떤 입장이세요?

**백낙청** 글쎄요. 저는 한류 르네상스가 만족스럽지는 않지만 그대로 잘나가고 있다고 봐요. 또 희망적으로 봅니다. 그걸 가로막을 힘이 그렇게 있다면(웃음) 그거 아주 대단한 사람들이겠죠. 그런데 저는 김지하 시인이 저에 관해서 쓴 말을 읽고 나에 대해서 이렇게 보는 시각도 있을 수 있겠구나 싶었고 그건 저로서는 또 하나의 공부거리가 된 셈인데, 김지하 형이 그런 얘기를 했다는 건 좀 슬프죠.

**김현정** 슬프다. 왜 그렇게 슬프셨어요?

**백낙청** 그저 좀 슬픕니다.

**김현정** 말하자면 유신독재를 비판했던 김지하 시인이 최근에 박근혜 후보를 지지하고 있는 것, 또 리영희, 백낙청 교수를 비판하고 있는 것, 그런 점이 슬프다는 말씀이신가요?

**백낙청** 유신독재 그런 것도 있지만, 하여간 저는 나름대로 김지하 시인을 아껴왔다고 생각하는데 김시인이 그렇게까지 생각이 바뀐 것은 아무래도 서운하죠.

**김현정** 혹시 연락은 안해보셨어요?

**백낙청** 네, 안했습니다.

**김현정** 왜 그런 말을 했습니까, 하고 물어볼 생각은 없으세요?

**백낙청** 아니요.(웃음) 지금 그럴 단계는 아닌 것 같습니다.

**김현정** 최근에 김지하 시인이 박근혜 후보를 지지하고 있는 것에 대해서는 어떻게 생각하십니까?

**백낙청** 저하고는 입장이 다르죠.

**김현정** 더이상 언급할 말씀 없으시고요?

**백낙청** 네.

**김현정** 알겠습니다. 목소리가 갈수록 줄어드시네요, 백교수님.(웃음)

**백낙청** 별로 중요하지 않은 일을 물으시니까 그렇죠.(웃음)

**김현정** 그렇게 생각하셨습니까?

**백낙청** 네.

**김현정** 알겠습니다. 오늘 말씀 여기까지 듣죠. 고맙습니다.

**백낙청** 네, 감사합니다.

# 2012년 대선이 87년 대선보다
# 훨씬 더 중요하다

백낙청(서울대 명예교수)
김종배(시사평론가)

**김종배** 대선이 며칠 남지 않은 가운데 많은 국민들이 대선 결과가 어떻게 나올지 그 점에 촉각을 곤두세우고 있습니다. 지금 그 누구보다 주의 깊게 대선을 바라보는 분이 계십니다. 오래전부터 '2013년체제'를 주창하면서 이번 대선의 중요성을 강조해왔던 분이시죠. 백낙청 서울대 명예교수님 모시고 이번 대선을 어떻게 바라보고 계시는지 여쭤보겠습니다. 어서 오십시오, 교수님.

**백낙청** 반갑습니다.

**김종배** 요즘 날씨가 많이 추워요.

**백낙청** 오늘은 조금 풀렸네요.

**김종배** 건강하시죠, 교수님?

■ 이 인터뷰는 팟캐스트 「이슈 털어주는 남자」 243회(2012년 12월 14일)에 방송된 것이다.

**백낙청** 네, 괜찮습니다.

**김종배** 지금까지 쭉 그 어떤 분보다 관심을 갖고 대선을 지켜보셨을 것 같은데 '2013년체제', 더 가까이 온 겁니까, 교수님? 어떻게 보세요?

**백낙청** 시기적으로 가까이 왔고, 우리가 성취를 하느냐 못하느냐 하는 갈림길에 드디어 다다랐다고 생각합니다.

**김종배** 그래요? 지금 딱 5일 뒤면 대선 결과가 나오게 되는데 지금까지의 흐름은 어떻게 평가하십니까?

**백낙청** 선거 판세라든가 이런 것은 김종배 선생께서 선수시니까 더 잘 아실 거고요. '2013년체제'라는 것을 주장한 사람으로서 제가 강조하고 싶은 것은, 이번 대선은 진짜 새로운 시대와 낡은 시대 중에서 우리가 선택하는 그런 역사적 선택의 선거라는 겁니다. 1987년에 6월항쟁 이후에 정말로 오랜만에 직선제 대통령선거를 하지 않았습니까. 저는 어떤 의미에서는 그때보다 이번 선거가 더 중요하다고 봐요. 왜냐하면 그때의 역사적 선택은 전두환(全斗煥) 정권까지 이어져오던 군사정권을 우리가 폐기하고 새로운 시대로 나아가느냐 못 나아가느냐 하는 것이었는데, 그 싸움에서는 실제로 6월항쟁, 뒤이어서 7·8월 노동자대투쟁이 있었고 또 제6공화국 헌법, 민주주의적 헌법을 이미 만들었지 않습니까. 그래서 그때 이미 '87년체제'라고 하는 우리 한국 사회의 민주화된 체제가 일단 성립을 한 것입니다. 그러고 나서 그 첫 대통령을 누가 하느냐 갖고 다투었던 거죠. 물론 민주화세력으로서는 그때 '양김'(김영삼·김대중)이 분열해서 선거에서 패배한 게 뼈아픈 일이었고 또 그것 때문에 여러가지 후유증을 앓게 된 건 사실이지만, 전두환 대통령이나 그 집단이 낡은 독재체제를 지키려고 하던 것은 이미 끝난 뒤였거든요. 물론 지금은 그런 군사독재체제는 아니지만, 다른 의미로 낡고 썩은 그런 체제를 우리가 바꿀 수 있느냐 못하느냐의 싸움이 이번 선거에 걸렸단 말이죠. 그래서 저는 그런 의미에서 2012년 대선이 1987년 대선보다 훨씬 중요하다고 봅니다.

**김종배** 일전에 저희가 백교수님을 모시고 2013년체제에 관해 한번 여쭤봤으니까* 여기서 거듭해서 여쭤보진 않도록 하고요. 그런데 지금 국민연대(정권교체와 새 정치를 위한 국민연대)가 꾸려지지 않았습니까? 이 국민연대라는 것이 2013년체제를 열고 끌어갈 수 있는 제대로 된 주체세력으로 정립된 그런 것이라고 평가하십니까?

**백낙청** 그렇게 말하긴 어렵죠. 어떤 분들은 87년 국본(민주헌법쟁취국민운동본부)에 비교하는 분들도 계시지만, 첫째로 87년 당시는 제도권 정치의 공간이 제대로 열려 있지 않았잖아요. 그러니까 기성 정당을 통해서 활동하는 데 익숙해져 있던 김영삼(金泳三) 씨 추종세력이라든가 또 김대중씨 추종세력도 마찬가지인데, 결국 그분들이 야당 만들어서 활동한 분들인데 그런 분들이 오갈 데가 없으니까 전부 국본에 들어가 있었거든요. 그러니까 그건 단순히 시민사회나 운동단체의 조직이 아니었습니다. 그런 점에서 현재 국민연대하고 차이가 있고요.

또 하나는 우리가 보통명사로서의 국민연대라고 말하면, 다시 말해서 지금부터 선거기간뿐 아니라 그 너머에까지 우리 정치에 관여하고 새로운 시대를 열어가는 그런 국민적인 연대라는 의미로 말하면, 당연히 그건 안철수 지지세력이 큰 비중을 차지하게 되어 있습니다. 그런데 안철수 전 후보 자신이나 그의 캠프분들이 지금 12월 6일에 발족한 국민연대에는 안 들어와 있거든요. 그런 점에서도 87년 당시의 국본하고는 상당히 거리가 있죠.

**김종배** 좀더 다듬고 좀더 확장될 필요가 충분히 있는 거네요, 현재로서는?

**백낙청** 확장하고 다듬는 일은 물론 그분들이 할 일이지만, 저도 거기

---

*「원탁회의, 그날 무슨 일이 있었냐면」, 『백낙청 회화록』 6, 593~612면.

에는 안 들어가 있습니다. 더 중요한 것은 국민연대가 과거 국본과 비교해서 그러한 한계가 있다는 것을 스스로 인식하고 인정하면서 거기에 안 들어와 있는 분들하고의 원만한 연대, 꼭 결합을 안하더라도 뜻을 같이하고 함께 해나가는 그런 여러가지 사업이나 활동을 벌이는 게 중요하지 않을까 생각이 돼요.

**김종배** 안철수 전 후보 같은 경우에는 국민연대에 들어가지 않았습니다. 그분의 고민의 지점이 뭐고 그게 정당하다고 보시는지? 교수님은 어떻게 평가하십니까?

**백낙청** 그건 안철수 씨의 선택인데, 저는 꼭 나쁜 선택이라고 보진 않아요. 사실 안철수 씨가 대선 단일후보가 되는 데는 실패했지만 그 세력이나 국민적인 지지에 있어서 문재인 후보하고 거의 비등비등하지 않았습니까. 그러니까 오히려 자기 독자적인 세력을 결집하고 독자적인 행보를 계속하면서 문재인 후보를 도와준다, 또 앞으로 우리 사회에 필요한 국민적인 연대에 자기식으로 참여한다, 이건 저는 나쁜 일이라고 생각하지 않습니다.

**김종배** 하지만 단일화 과정이 사실 아름다운 단일화는 아니지 않았습니까? 물론 뒤에 안철수 전 후보가 전폭 지원을 선언했고 또 그런 행보를 보이고 있긴 하지만요. 그런데 안철수 전 후보와 문재인 후보 간에 있었던 일 말고 또 하나 우리가 짚어야 하는 것이, 안철수 전 후보를 지지했던 세력 가운데는 반새누리당 성향도 상당히 강했지만 반민주당 성향도 상당히 강한 부분이 있었습니다. 안철수 전 후보가 사퇴한 이후에 막 출렁였던 이유도 사실은 거기에 있는 것이 아닌가 하고요. 이렇게 본다면 이번 대선의 성패를 떠나서 민주당에도 앞으로 상당히 중요한 개혁과제가 제시된 것이라고 봐야 하지 않을까요?

**백낙청** 그런데, 우여곡절은 많지만 아름다운 단일화가 그렇게 딱 일회적으로 이루어지는 건 아니고 오히려 시간을 두고 천천히 이루어져가고 있다고 봅니다. 그러니까 안철수 후보가 국민과의 약속을 위해서 사퇴한 것은 아름다운 결단이지만 그게 그때 아름다운 단일화를 만들어내지는 못했던 거고 그렇기 때문에 또 문재인 후보가 고전을 하는데, 이제 안철수 전 후보가 적극적인 지원활동에 나와서 그만큼 그 두 세력 간의 단일화가 형성되고 있고요. 또 문재인 후보도 뒤늦게나마 국민정당을 건설하겠다느니, 당선 이후에 인수위 시절부터 협조해서 다음 정부의 쎄팅을 하겠다느니, 또 다음 정부에서는 대통합 내각을 만들어서 시민의 정부를 만들겠다, 이런 약속을 내놓고, 또 그사이에 진보정의당(현 정의당)에서도 결합하고 시민세력도 점점 결집하고 있어서 이제 후보의 단일화를 넘어서 세력의 단일화 또는 연합정치가 지금 만들어져가고 있는 과정이라고 봅니다.

**김종배** 문재인 후보가 국민정당과 시민의 정부를 언급했습니다. 그런데 일각에서는 이게 대선에서 이기기 위한 정치적 수사 아니냐, 대선 끝나고 나면, 그리고 그 결과 문재인 후보의 당선으로 귀결이 된다면 또 지지고 볶는 모양새가 연출되는 게 아니냐, 이렇게 우려 섞인 전망을 하는 사람들도 사실은 있습니다. 교수님, 이 점에 대해서는 어떻게 생각하세요?

**백낙청** 지지고 볶는 현상이 다소 나오는 것하고 약속을 완전히 까먹는 것하고는 구별해야죠. 약속을 이행하다보면 지지고 볶게 되어 있습니다. 지금 단일화가 점점 완성되어가고 있다고 했는데, 단일화가 완성되어서 이겨도 그다음에 또 연합정치를 더 완성해가는 그런 과정은 불가피하다고 봅니다.

그런데 문재인 후보의 12월 9일자 담화, 그건 선거에 불리하고 안철수 지지세력에서 계속 무언의 압박도 있고 하니까 어찌 보면 떠밀려서 나왔다, 이렇게 볼 수도 있어요. 그러나 사실은 국민들의 요구에 떠밀려서 정치인이 반응하는 것은 좋은 일이거든요, 순리고. 문재인 후보 그 담화의 충정이나 결단을 폄하할 생각은 전혀 없습니다. 저는 높이 평가하고 싶습니다. 그리고 한가지 중요한 대목은 인수위원회부터 같이 하겠다는 거거든요. 그게 아주 중요한 대목입니다. 공동정부 하겠다고 말해놓고 선거에 이기자마자 인수위 자기 멋대로 꾸려갖고 다음 국정 쎄팅 다 해 놓고 자리 좀 나눠주겠다, 이건 진정한 시민의 정부가 되는 길이 아니죠. 그리고 인수위부터 하겠다 그러면 정말 하는지 안하는지가 금방 판명 나게 되어 있어요. 그러니까 저는 바로 그 대목이 이번 문후보 담화의 진 정성과 구체성을 어느정도 보여주는 대목이다, 이렇게 생각합니다.

**김종배** 그래요? 그게 포인트네요, 그럼?

**백낙청** 어떻게 보면 그게 포인트라고 할 수 있죠.

**김종배** 그러면 시민의 정부로 나가겠다는 문재인 후보에게는 충분히 진정성이 있다고 교수님께서는 판단을 하시는 거고요.

**백낙청** 저는 문후보의 진정성은 믿어 의심치 않습니다. 그런데 실제로 그가 민주당이나 민주당 내 주류 세력의 기득권을 얼마나 내려놓을 수 있을지, 그건 혼자 마음대로 하는 건 아니잖아요? 그러니까 그건 지켜볼 문제이긴 한데, 대통령 당선자가 되면 후보 시절에 비해서도 또 엄청난 힘을 갖게 됩니다. 그래서 국민들에게 한 약속이 있고 하니까 그걸 실행하겠다고 하면 할 수 있다고 보는데요, 그 포인트가 바로 인수위입니다.

민주당의 기득권이라고 할 때 대통령선거에서 이기면 최대의 기득권은 물론 대통령에 취임하는 권리인데, 그거 내려놓으라는 사람은 아무도 없고요. 그다음으로 제일 큰 기득권은 인수위를 자신이 조직하는 권한입니다. 그 권한의 일부를 내려놓고 가령 안철수 전 후보와 시민사회, 국민연대, 이런 여러 당사들하고 협의해서 그들의 의견이 충분히 반영된 인수위를 구성한다고 하면 거기서 벌써 어느정도 앞길이 잡히는 거죠. 그러나 그러고 나서도 지지고 볶는 일은 계속될 겁니다.

**김종배** 이 시민의 정부를 전제해놓고 볼 때 주된 관심사 중 하나가 그럼 안철수 전 후보와 그 세력이 여기에 참여를 할 것이냐 말 것이냐, 관계 설정을 어떻게 할 것인가의 문제가 또 남는 것 아니겠습니까? 그런데 안철수 전 후보는 분명히 임명직은 맡지 않겠다고 이미 언명을 해놓은 상태입니다. 그런데 그게 또 협조하지 않겠다는 뜻은 아니거든요.

**백낙청** 저는 그건 아니라고 봅니다. 제가 안철수 씨라고 해도 새 정치의 중요한 지도적 인물로 이미 떠올랐고 끝까지 정치인으로 활동하겠다, 이렇게 선언한 마당에 문재인 대통령의 임명을 받아서 그 밑에서 벼슬을 하는 게 맞는 역할인지 의심스럽고요. 더군다나 그렇지 않아도 새누리당에서는 권력 나눠먹기니 뭐니 하는데 미리 그걸 차단하면서 자기는 독자적인 길을 가겠다, 선출직으로 갈 수도 있는 것이고 또 바깥의 독자적인 세력의 지도자로 남아 있을 수도 있는 것이고, 그건 저는 얼마든지 있을 수 있는 일이라고 보고요. 그러나 소위 안철수 세력은 당연히 어떤 식으로든 시민의 정부에 가담을 해야 된다고 봐요. 하지 않을까요?

**김종배** 그럼 또 하나, 시민의 정부는 그렇다 하더라도 국민정당이라는 게 남아 있습니다.

**백낙청** 글쎄, 국민정당은 그게 정확히 어떤 건지 저는 잘 모르겠는데, 민주당을 최소한 재창당 수준으로 쇄신하고 다시 출발하겠다, 이런 뜻이 되어야지 국민정당이라는 말에 어울리게 되겠지요. 그 대목에서 중요한 것은 아까도 말씀드렸듯이 다른 정치세력과의 관계에 있어서는 민주당의 기득권을 내려놓고, 민주당 내에서는, 주류 세력이라고 부릅시다, 그분들이 갖고 있는 기득권을 내려놓고, 또 더 큰 차원에서는 정치권과 국민 사이에서 정치권이 갖고 있는 기득권을 내려놓는 게 중요합니다. 기득권 내려놓는 게 간단한 건 아니지만 그러나 대선과정에서 후보가 공약을 했고, 그것은 대부분의 국민들의 욕망이기도 하고요. 또 지금 문재인 후보를 돕고 있는 안철수 교수 쪽에서 처음부터 거듭거듭 요구해온 바이기도 하기 때문에 그것을 아주 피해가지는 못하지 않겠나, 이렇게 생각합니다.

**김종배** 그런데 교수님께서 지금까지 말씀하신 맥락을 죽 보면 계속 안철수 전 후보와 그 세력의 독자성은 전제를 해놓고 말씀하셨거든요. 그렇다면 문재인 후보가 언급했던 국민정당이라는 게 여의도나 언론계 일각에서 해석하는 것처럼 안철수 세력까지 끌어들여서 다시 신당으로 만들고, 더 나아가서 의석 수를 늘리기 위해서 새누리당에서 일부를 빼와서 정계개편을 하는 그림, 이것하고는 상당히 다른 거라고 교수님께서 파악하고 계신 거라고 봐야겠죠?

**백낙청** 구체적인 경로에 대해서는 잘 모르겠어요. 일을 하다보면 역시 정치공학이라는 것은 작용하기 마련이고 정치공학 없이는 정치가 성립 안하는 거니까. 근데 그건 선수들이 알아서 할 일이고, 단지 그게 공학적 차원에 머물러서는 국민정당이라는 게 큰 의미가 없어지겠죠.

**김종배** 오래도 못 가죠.

**백낙청** 네, 오래도 못 가고.

**김종배** 그런데 사실 지금까지 제가 여쭤본 내용은 약간 김칫국을 먼저 마시는 감이 없지 않아 있었습니다. 대선 승리를 전제로 하고 여쭤봤던 거니까요. 그런데 한번 이 점을 여쭤보겠습니다. 문재인 캠프에서는 초기에 '보수연합 대 국민연대'라는 프레임을 제시했다가 최근에 와서 '특권연대 대 국민연대'라고 표현을 바꾸었더라고요. 이런 식으로 구도 내지 프레임을 짜는 게 일정하게 이 시대의 흐름을 반영하고 있다고 평가하십니까, 교수님?

**백낙청** 흔히 보수와 진보라고 이야기합니다만, 저는 그 프레임은 우리 현실에 꼭 맞지는 않는다고 보거든요.

**김종배** 오히려 보수세력에서는 프레임을 보수 대 진보로 계속 주장하고 있어요.

**백낙청** 그렇게 하는 것은, 제가 볼 때 우리나라의 보수라는 분들 중의 절대다수는 진정한 보수라기보다 수구에 해당이 됩니다. 그러니까 보수주의의 이념과 관계없이 갖고 있는 특권적 위치, 상당 부분 부당하게 취득한 기득권을 계속 지키겠다는 것──그걸 지키기 위해서는 물불 안 가립니다. 어떤 때는 진보주의자들이 하는 이야기를 그대로 되풀이하기도 하고 심지어 옛날에는 빨갱이, 빨갱이 하다가 갑자기 빨간 점퍼를 입고 나올 수도 있는 거고요. 그런 세력이기 때문이죠. 그리고 아주 힘이 셉니다, 우리나라에서. 그런데 그분들은 그것을 보수라는 이름으로 포장하기를 좋아하죠. 거기에 맞서서 진보, 진보 하면 사실 진보라는 의미가 정확히 무엇인지도 뚜렷하지 않고, 그것으로 다수를 규합하는 것도 저는 쉽지 않을 거라고 봅니다.

제가 첫머리에 말씀드렸듯이 기본적으로 이번 선택은 낡은 세력과 새로운 시대를 지향하는 세력, 이것들 간의 선택입니다. 그런데 이게 지금 헷갈리는 것이, 아까도 말씀드렸지마는 낡은 세력들이 점퍼 색깔, 목도리 색깔 전부(웃음) 옛날 같으면 빨갱이 소리 들어서 겁이 나서 못하는 걸 입고 나올 뿐 아니라 말로도 자기들이 미래세력이라고 주장하고 나온단 말이에요. 그리고 심지어는 박근혜 후보가 직접 하신 말씀인데, 2013년에 단순히 정권교체가 아니라──저는 단순히 정권교체가 아니라는 그 말부터가 무슨 말인지 잘 모르겠어요. 아니, 한나라당 정권이 새누리당 정권으로 바뀐다고 해서 그게 정권교체입니까? 아닌데, 정권교체는 당연한 걸로 치고 정권교체를 넘어서 시대교체를 하겠다 그러잖아요? 이게 2013년체제론이거든요. 그래서 그 말을 들을 때 참 솔직히 말해서 환장을 하겠던데,(웃음) 그쪽에서 그렇게 나오니까 헷갈리죠.

**김종배** 시대교체, 진짜 그렇게 읽을 수가 있네요?

**백낙청** 그다음에 보니까 문재인 후보께서도 시대교체라는 말을 쓰면서, 그분은 지난번 토론에서 87년체제를 끝장내고 2013년체제를 시작하겠다 언급을 하셨는데, 그런 언급에 대해서 국민들 일부에서는 87년체제 끝장내야 하는 건 맞는데, 꼭 그런 개념 안 쓰더라도 이런 혼란스럽고 혼탁한 시대를 마감해야 하는 건 맞는데, 민주당이 그걸 할 능력이 있느냐, 진정성이 있느냐 하는 거죠. 그런 데 대한 확실한 믿음을 못 주었기 때문에 민주당이 이제까지 고전을 해왔고. 그런데 제가 볼 때는 시대의 거대한 흐름에 떠밀려서, 또 안철수 전 후보나 안철수 지지세력의 무언의 압력에 밀려서 민주당과 문후보도 그 방향으로 방향을 잡고 가고 있고요. 그렇기 때문에 문재인 씨가 대통령이 된다고 해서 혼란이 하루아침에 갑자기 정리가 되는 것은 아니겠지만, 적어도 지금과 같은 소모적인 혼란은 조금 줄어들고 새 시대를 만들기 위한 창조적 혼란의 틈새가 더 생기지 않겠냐, 이 정도는 기대할 수 있게 되었다고 봅니다.

**김종배** 지금 교수님께서는 이번 대선을 낡은 것과 새로운 것의 대결로 규정하셨습니다. 이러한 구도 속에서 이번 대선에도 어김없이 세대대결 양상이 나타나고 있는데, 이건 필연이라고 평가하십니까?

**백낙청** 뭐 이념대결, 세대대결은 많이 하잖아요. 그런데 우리 사회에서 이념대결이 중요했던 시기가 있었는데 그게 해방 직후부터 6·25전쟁까지고, 전쟁이 끝난 이후로는 우리나라에서 수구보수세력이 워낙 압도적인 지위를 차지했기 때문에 이념대결다운 이념대결이 사실 불가능했습니다. 오히려 다른 문제 때문에 국민들이 민생이 어려워져서 "못 살겠다 갈아보자"라고 나온다든가. 그렇게 다른 식으로 문제가 벌어졌을 때 수구보수세력이 자신을 방어하는 가장 좋은 수단이 이념대결로 몰고 가는 일이었고, 지금도 그런 경향은 그대로 살아 있다고 봅니다.

전 이념대결은 진짜 이슈가 아니라 가짜 이슈다, 이렇게 보고요. 역시 진정한 대결구도는 낡은 시대 대 새로운 시대인데, 우리 사회의 대부분의 유리한 고지라든가 여러 기성 집단들이 수구보수세력에 장악이 되어 있기 때문에 그런 장악력에서 비교적 자유로운 젊은 세대들은 저항하는 목소리를 많이 내기도 했죠. 그래서 세대대결은 말하자면 이런 한국의 특수한 상황에서 시대와 시대의 대결이 나타나는 하나의 양상이다, 그러나 그것이 꼭 바람직한 양상은 아니다, 이렇게 생각합니다.

**김종배** 어떤 점에서 바람직하지 않은 측면이 있다고 보십니까?

**백낙청** 시대대결을 시대대결로 직접 인식하는 대신에 마치 기성세대와 젊은 세대의 대결인 것처럼 해서 구도의 본질을 선명하게 인식하는 데 도움이 안되는 면이 있다는 건데, 그러나 기왕에 그런 대결이 있는 이상은 새로운 시대를 지향하는 열정이 더 있는 세대가 이기는 게 맞죠.

**김종배** 일각에서는 약간 폄하하는 분석도 있습니다. 뭐냐면 20, 30대의 상당수가 안철수 현상의 진원지였지 않습니까. 대선 국면에서 안철수 전 후보가 새 정치를 주창했을 때 열광했던 세력이고. 그런데 20, 30대의 이런 모습이 제대로 된 정치의식이냐 아니면 일종의 '팬심'에다가 '워너비'(wannabe) 현상 같은 것이 표출되는 것이냐, 후자에 가깝다, 이렇게 평가하는 사람도 있던데, 이 점은 어떻게 바라보세요, 교수님?

**백낙청** 실제로 여론조사에서 보면 20대가 30대에 비해서 좀더 보수적이랄까, 새누리당 지지가 오히려 많은 편이라고 하죠. 얼마나 많은지는 모르겠습니다만. 거기에다 무당파층이 확실히 많고. 그렇긴 하지만, 사실 저는 70대 중반이니까 더 말할 것도 없는데······.

**김종배** 마음은 청춘이시잖아요?(웃음)

**백낙청** 마음은 청춘 어쩌고 하는 게 늙었다는 표시입니다.(웃음) 그런데, 저는 더 말할 것도 없지만 기성세대들이 20대에 대해서 뭐라고 뭐라고 하는 게 정작 20대 본인들이 들을 때 어떻게 들릴지 잘 모르겠어요. 안철수 현상에 대해서 말씀드리면, 안철수 현상의 직접적인 진원지는 20, 30대 젊은이들의 열광적인 지지인데, 그러나 일단 현상이 벌어지고 확산되면서 그에 가세한 큰 힘은 사실은 한국에 제대로 된 진보정당이 있다면 그쪽에 갔을, 갔어야 하는 그런 정말 이 사회에서 대접도 못 받고 목소리 제대로 못 내는 힘없는 민중들이었다고 생각합니다. 그이들이 기성 정치권에 정말 기대할 것도 없이 그러고 있는데 안철수라는 사람이 나와서 굉장한 선풍을 일으킨다, 그 사람이라면 우리 요구에 귀를 기울여주지 않을까, 이런 것이 가세해서 더 커진 게 안철수 현상이고요. 저는 그 점에서는 안철수 캠프도, 어쩌면 안철수 후보 자신도 그 감수성이 이런 이들의 요구에 제대로 부응할 만큼 못되지 않았나, 역시 원래 팬에 가까운 분들과의 소통에 제일 능했고 이런 더 소외되고 더 힘없고 더 억울한 사람들, 그 사람들과 제대로 소통하면서 그들을 조직할 만한 준비도 부족했고 감수성도 조금 거리가 있지 않았나, 그렇게 생각을 합니다.

**김종배** 오히려 제대로 된 진보정당이 있었으면 거기로 갈 수도 있는 세력이었다, 그 부분이 상당이 중요한 말씀이네요. 그리고 또 하나 여쭤볼 게, 시민정치, 시민정치 이야기를 많이 하는데 시민정치라는 것은 결국 지리적으로는 여의도 바깥에서, 그러니까 시민들의 자발적인 정치참여를 통해서 나타난 현상 아니겠습니까? 그런데 이것을 계속 무정형의 상태로 놓아두어야 하는 겁니까, 아니면 시민정치를 담아내는 온전한 틀이 다시 고민되고 고안된다고 보십니까?

**백낙청** 지금 여러가지 새로운 틀이 나오고 있죠. 국민연대도 그 일환이고. 또 제가 참여하고 있는 원탁회의만 하더라도 종전의 시민운동하고는 조금 다른 형태거든요. 원탁회의 내의 개인들 중에는 국민연대에 들어간 분도 계십니다만, 원탁회의 자체는 참여를 안하고 있습니다. 왜냐하면 종전의 시민운동이라는 것은 전통적인 시민운동단체랄까 그이들처럼 엄정하게 정치적으로 중립을 지키는 단체가 있고, 그다음에 대개는 현실정치에 진출하는 것을 전제로 시민정치그룹을 만들었다가 가령 지난번 민주통합당 만들 때처럼 단체로서 들어가는 그런 경우가 있는데, 원탁회의는 그 양자 어느 것도 아니에요. 그래서 여야 간에도 기계적인 중립을 지킨다는 것은 적어도 오늘과 같은 국면에서는 맞지 않는다는 점에서는 당파성을 분명히 띠는데, 그러나 야권의 선거 승리라든가 '희망2013'을 이룩하는 과정에서 여러 정파들이 다른 생각을 갖고 다른 후보가 나오고 할 때 거기서는 중립을 지킨다 하는 게 새로운 유형의 시민정치고, 그러니까 원탁회의도 시민정치의 또 하나의 새로운 실험이라고 볼 수 있습니다.

**김종배** 아, 그렇습니까?

**백낙청** 그리고 뭐 여기저기에서 많이 나왔고 앞으로 더 나올 겁니다.

**김종배** 제가 개인적으로 얼마 전에 20대들 모임 자리에서 한번 던졌어요. 이번 대선 국면에서, 특히 단일화 국면에서 새 정치와 정권교체라는 두가지 가치가 도출되었다, 두가지의 상관관계가 어떻게 되는지 한번 이야기를 해봐라 하고. 이야기를 못해요. 새 정치를 구현하기 위한 필요조건이 정권교체면 정권교체가 우선되어야 할 것 같은데, 새 정치가 동반되지 않은 정권교체가 또 무슨 의미가 있을까 하는 데서 회로가 꼬여서 제대로 대답을 못하던데요, 교수님께서 명쾌하게 정리 좀 해주십시오.

**백낙청** 그게 참 김선생께서 어려운 질문을 던지신 겁니다. 회로가 꼬이게 돼 있어요.

**김종배** 제가 너무 괴롭혔나요, 20대를?(웃음)

**백낙청** 네, 20대 친구들을 너무 괴롭힌 것 같은데요. 우리 원탁회의 이름이 '희망2013·승리2012'거든요. 상식적으로 생각하면 '희망2013'을 이룩하려면 2012년 선거에서 승리해야 되니까 승리에 매진하자 하는 것처럼 들리는데, 그 순서가 '희망2013'이 먼저 있어요. 그건 뭐냐 하면 우리가 '희망2013', 다시 말해서 2013년 이후의 시대에 대해서 큰 희망을 갖고 거기에 걸맞게 다방면에서 차근차근 진행하지 않으면 '승리2012'도 없다, 이거예요. 그러니까 '승리2012'가 물론 필수조건이지만 그 필수조건에만 너무 매달리다보면 '희망2013'을 우리가 잊어버리게 되고 그러다보면 필수조건인 '승리2012'도 놓치기 마련이다, 이런 거거든요. 참 불행하게도 그 명제가 4·11총선 때 입증이 되었습니다. 그런데 또 그건 민주당만 욕할 일이 아니고 우리 원탁회의도 정작 선거판이 벌어지면 우선 이기고 봐야 되지 않냐, 이런 이야기들이 내부에서 많이 나옵니다. 그래서 당시에 이기기 위해서는 민주당과 통합진보당의 선거연대, 소위 단일화죠, 그게 절대적으로 필요하니까 거기에 매진했고, 어느 정도는 성공했죠. 그것 자체를 저는 후회하지는 않습니다. 그 시점에서는 필요한 일이었고요. 그렇지만 그 과정에서 우리가 어렴풋이나마 알게 된 통합진보당의 여러가지 문제점과 한계, 또 민주당이 갖고 있는 고질적인 문제들, 그런 것을 우리가, 어떻게 대응해야 했을지는 모르겠습니다만 거기에 대해서 제대로 못했고, 결과적으로는 우리 자신도 '승리2012'에 몰입하다가 승리조차 놓친 꼴이 되었죠. 그래서 이번 대선만은 그러지 말자 해서 이번 문재인 후보와 안철수 후보의 단일화 과정에서도 우리 내부에서는 고심을 했습니다. 단일화를 요구하는 게 민심인데 원탁회의가 그것을 대변해야 하지 않느냐는 논의가 많이 나왔습니다만, 우리가 물론 어느 선 안에서는 대변해야 한다, 그러나 지금 국면의 큰 문제점 중 하나는 2013년 이후의 시대에 대한 정책, 구상에 대한 충분한 토론이 없이 무슨 이야기를 해도 다 단일화로 끌고 가고 있다는 것이다, 그런 거죠. 언론이 특히 그랬죠. 그러다보니까 또 안철수 진영은 후발 주자로서 "아니, 우리가 나와서 우리 존재를 알리고 정책도 좀 알리기 전에 단일화 이야기부터 하자고 하면 어떻게 하느냐?" 해서 단일화 담론을 문재인 후보 측의 압력으로 받아들였거든요, '세몰이'로. 그런 '세몰이'에 원탁회의조차 가담해서야 되겠느냐 해서 사실은 그 지점이 우리가 굉장히 고민한 지점이고, 저는 어렵게 어렵게 우리가 균형을 유지해왔다고 봅니다.

**김종배** 자, 그러면 안철수 전 후보가 새 정치를 강하게 주창하면서 이번 대선과정에서 '새 정치'라는 세 글자가 유권자들의 뇌리에 강하게 각인이 되었습니다. 그다음에 새 정치의 구체적인 방법론에 있어서는 약간의 이견이 있는 것도 같다가 다시 또 거의 통일이 되어버렸습니다. 그런데 교수님께서 오래전부터 말씀해오셨던 '2013년체제' '희망2013'이라는 것이 꼭 새 정치 하나만으로 대변되는 것은 아니지 않습니까. '희망2013'에 새 정치는 포함되는 거잖아요?

**백낙청** 물론이죠.

**김종배** 그러면 대선 국면에서 죽 이야기되어왔고 어느정도 공통분모가 형성되어 있는 이 새 정치라는 개념, 가치, 이건 시대상황과 국민들의 요구를 충분히 반영한 개념, 가치라고 평가하십니까?

**백낙청** 조금 좁은 의미의 정치 분야에서는 가령 아까 말씀드린 문재인 후보의 12월 9일 담화 같은 게 새 정치를 실현하는 과정에서 중요한 이정표가 되었고, 그걸 문후보나 민주당에만 맡겨놓지 말고 안철수 지지세력을 포함한 국민들이 나서서 꼭 실현하도록 강제하고 하면 상당한 변화가 일어나리라 생각합니다. 그런데 문제는 말씀하셨듯이 그게 전부가 아니고, 우선 민생문제가 있고요. 더군다나 박근혜 후보가 자신이 민생 대통령이 되겠다고 나오는 판이니, 민생문제를 어떻게 해결할지, 또 남북관계, 평화문제 이런 것에 대해서도 국민들의 마음에 다가오는 정책을 내놓아야 하는 거죠. 물론 문재인 후보가 그걸 개별적으로 많이 내놓았다고 봅니다. 좋은 정책이 많아요. 그런데 이게 사실 새 정치하고 결부해서, 다 묶여서 돌아가는 건데…….

**김종배** 따로 가고 있습니다.

**백낙청** 네, 새 정치 따로 민생 따로 남북평화 따로, 이렇게 가는 게 아직 미흡한 점이죠.

**김종배** 저도 개인적으로 몹시 의아했던 게, 이번 대선의 주된 화두가 아마 먹고사는 문제가 될 것이다, 많은 분들이 그렇게 전망하지 않았습니까? 그런데 먹고사는 문제, 민생이라는 문제가 물론 이야기는 되는데 후순위로 밀려 있고, 새 정치, 오히려 정치담론이 지배해버렸거든요. 그것이 안철수 전 후보의 존재에서 비롯된 측면이 있다고 하더라도 뭔가 이 현상이 언밸런스한 게 아니냐 싶고요. 그러니까 민생문제가 너무나 쉽게 뒷전으로 가버렸고 이쪽 진영에서는 박근혜 후보도 경제민주화를 이야기하고 복지도 지금까지 많이 이야기해왔고 하니까 별로 차별성이 없다, 이러면서 스스로 뒤로 미룬 측면은 없는 것이냐, 저는 그런 생각을 한번 해보았거든요. 어떻게 생각하십니까?

**백낙청** 박근혜 후보가 경제민주화를 이야기했지마는 그게 박근혜 후보의 아주 부실한 면이라는 건 지난번 TV토론에서 상당히 드러났다고 봅니다. 더군다나 '줄푸세'하고 경제민주화하고 같다고 하는 건* 그건 참…….

**김종배** 그건 창의적인 거라고 해야 합니까, 아니면 뭐라고 표현을 해야 할까요?

**백낙청** 이건 농담인데요, 전에 언젠가 한신대 김종엽(金鍾曄) 교수가 『창비주간논평』을 쓰면서 '멘붕 스쿨의 갸루상'이라는 비유를 한 적이 있어요.** 사실 그 수준이죠. 그 부분도 더 집요하게 파고들 필요가 있고. 또 하나는, 옛날식의 성장지상주의가 아니면서도, 국민들한테 재원을 어떻게든 마련해서 복지도 해주고 더 잘해주겠다 하는 것이 아니고 우리 사회, 한국 경제 자체를 어떻게 혁신하겠다는, 전에 미처 생각하지 못했던 창의적이고 담대한 계획을 내놓을 필요가 있는데, 그 점에서 역시

---

* 2012년 12월 10일 제2차 대선 후보 TV토론에서 문재인 후보가 박근혜 후보의 '줄푸세' 공약이 이명박 정부의 부자감세와 무엇이 다르냐고 비판한 데 대해, 박근혜 후보는 "'줄푸세'와 경제민주화는 다르지 않다"고 답했다. '줄푸세'는 2007년 한나라당 대선 후보 경선 당시 박근혜 후보의 공약으로, 세금과 정부 규모를 '줄'이고, 불필요한 규제를 '풀'고, 법질서를 '세'우겠다는 내용이다.

** 김종엽 「'멘붕 스쿨'의 박근혜 후보」, 『창비주간논평』 2012.9.19. http://weekly.changbi.com/?p=1374&cat=3

민주당이 실력이 조금 달리는 거 같아요.

**김종배** 그렇게 평가하십니까? 역시 또 능력의 문제군요.

**백낙청** 네. 그건 민주당한테만 맡겨놓아서는 조금 어렵고 인수위 과정에서부터 안철수 진영뿐 아니라 폭넓게 인재를 영입해서 해나가야 한다고 봅니다.

**김종배** 그리고, 일전에 교수님을 모시고 2013년체제를 여쭤본 이후에 대선 국면에서 NLL 논란도 터졌고* 또 북한이 로켓 발사에 성공했다는 소식도 날아들었습니다. 그런데 NLL 논란과 그후에 펼쳐진 국면을 보면 민주당이 이것에 제대로 대응을 하면서 남북관계에 있어 국민들에게서 최소한의 합의점을 끌어냈는가, 오히려 그러지 못하고 방어에 급급한 게 아니냐, 이런 전문가들의 지적도 있습니다. 어떻게 평가하십니까?

**백낙청** NLL 이야기는 사실 굉장히 복잡하지 않습니까? NLL의 법률적인 위상이랄까 하는 것도 그렇고요. 그런데 사실 NLL이 영토선이 아니라고 하면 완전히 빨갱이처럼 취급하는데, 아니 대한민국의 영토라는 것은 한반도와 부속도서인데 서해에다가 영해선을 그었다고 하면 그건 말이 안되죠. 다만 영토선은 아닐지라도 지금까지 유지되어온 남북간의 실질적인 경계선이기 때문에 그것을 북이 일방적으로 무시하고 내려온다고 할 때는 목숨 걸고 지키겠다, 그건 저는 올바른 자세라고 보고 민주당이 거기까지는 했다고 봅니다. 그게 사실은 큰 이슈가 아니었고, NLL 논란은 저는 그거 갖고 새누리당이 크게 득점했다기보다 당시 한창 정수장학회 문제가 시끄러울 때인데 '물타기'하는 데는 어느정도 성공했다, 이렇게 봅니다.

---

* 2012년 대선을 앞두고 새누리당에서 제기한 2007 남북정상회담에서의 노무현 대통령의 서해 북방한계선(NLL) 포기 발언 의혹. 이후 대화록 공개와 그 해석을 둘러싼 논란이 일었으나 포기 발언은 없던 것으로 확인되었다.

그다음에 로켓 발사, 이것도 북에서 저희 마음대로 쏘는 거니까 우리는 답답하고 화나지만 할 수 없죠. 그런데 그건 분명히 유엔결의 위반입니다. 그리고 적어도 대선기간 중에만이라도 자제했으면 하는 우리 국민들의 바람을 아주 매몰차게 외면한 것이고. 그런데 문제는 로켓이 아니고 핵무기거든요. 그러니까 1992년에 한반도비핵화선언이라는 게 있었고 그다음에 2005년에 9·19공동선언이 있었고, 둘 다 북한이 핵무기를 안 갖기로 한 거 아닙니까. 그럼에도 불구하고 북이 핵무기를 만들어서 갖고 있다는 것, 이게 문제거든요. 핵무기만 없으면 로켓 만들어서 인공위성 띄우는 거야 주권국가의 권리고 그걸 하려다가 실패한 우리가 오히려 창피한 거죠. 그런 건데, 핵문제를 어떻게 해결할 것인가, 이걸 우리가 진지하게 고민해봐야 할 것 같습니다.

**김종배** 그런데 제가 여쭤보고 싶었던 부분은 뭐냐면, 대선과정에서 '새 정치'라는 구호가 나오면서 정치가 어떻게 바뀌어야 하고 어떤 방향으로 가야 하는가에 대한 최소한의 국민적 합의나 공통분모가 창출이 되지 않았느냐, 그럼 마찬가지 궤적에서 남북관계가 앞으로 어떤 방향으로 가야 하고 통일의 기초를 어떻게 쌓아야 하는 건지에 대한 어떤 최소한의 합의, 공통분모가 이번 대선과정을 거치면서 창출되고 축적되었는가 하는 거예요. 이 점은 어떻게 평가하세요?

**백낙청** 어느정도는 축적이 되었다고 봅니다. 왜냐하면, 사실 박근혜 후보의 입장하고 문재인 후보의 입장을 들여다보면 차이가 많이 있습니다. 그러나 이명박 정부하고 비교를 해보세요. 그러면 어쨌든 박근혜 후보는 기존 남북간의 합의를 다 존중하고 정상회담도 할 용의가 있고 남북교류 복원하겠고 신뢰 프로세스를 추진하겠다, 이건 현재 이명박 정부 입장보다는 문재인 후보 입장에 더 가까운 거예요. 그런데 이게 당선 이후에 어떻게 될까 하는 건 그때 가봐야 아는 건데, 가령 신뢰를 구축하겠다는 생각이야 누군들 없겠습니까. 신뢰를 어떻게 구축하느냐가 문제인데, 그것을 '나는 신뢰 구축할 용의가 있으니까 당신들이 우리의 신뢰를 어떻게 받아갈지 한번 내놓아봐', 이런 입장을 취하게 되면 이명박 정부하고 대동소이해지는 거죠. 그리고 또 한가지 우려되는 것은 박근혜 후보는 그런 공약을 내놓았지만 박근혜 후보의 지지세력은 대부분이 남북화해 자체를 꺼리는 거예요. 남북이 화해하게 되면 자신들의 특권적 지위가 위협을 받으니까. 그러니 매사가 순조롭게 된다면 그 사람들의 지지도 확보하고 남북화해도 증진하고 신뢰 프로세스를 진행하겠지만, 국내 정치에서 대립이 생기고 해서 박근혜 후보가 어려움에 처했을 때는 결국은 남북관계 발전을 반대하는 세력에 의존할 수밖에 없지 않겠냐. 바로 이명박 정부도 그랬거든요.

**김종배** 교수님 말씀 듣다보니까 2008년 7월에 금강산 관광객 박왕자 씨 피격사건 났을 때, 바로 전날인가 당일인가 이명박 대통령이 국회에서 연설하면서 '비핵·개방·3000'을* 일부 수정할 뜻을 비쳤던 게 기억이 납니다.

**백낙청** 그렇죠. 상생·공영정치에 대한 얘기를 그때 그렇게 했죠.

**김종배** 그랬다가 이 피격사건이 나면서 도로 원점으로 가버렸던 거죠.

**백낙청** 저는 그전에 이미 촛불시위 거치면서 이명박 대통령이 결국 믿을 건 조·중·동하고 수구보수세력밖에 없겠구나(웃음) 하는 걸 깨달았던 것 같아요. 그러나 그래도 남북관계도 실용적으로 좀 해보겠다 하는 생각을 하다가 그 사건이 터지면서 완전히 뒤돌아선 것이라고 봅니다.

**김종배** 이제 마무리해야 할 시간으로 접어든 것 같은데요. 대선이 며칠 안 남았습니다. 우리 사회의 존경받는 원로로서 유권자 여러분께 이번에 꼭 투표를 해야 하는 이유를 좀 말씀해주세요, 교수님.

---

*북한이 핵을 완전히 폐기하고 개방에 나서면 10년 안에 북한이 1인당 국민소득을 3천 달러까지 끌어올릴 수 있도록 지원하겠다는 이명박 정부의 대북노선.

**백낙청** 원로라는 말이 나왔으니까 하는 이야기인데, 원로란 게 원래 늙은이라는 말입니다.(웃음) 그런데 그걸 좋은 의미로 쓰니까 마치 우리 몇몇 노인네들이 국가 원로로 자칭하는 것처럼 많이 이야기하는데, 우리 원탁회의만 해도 원로라는 표현을 쓴 적이 없다는 점을 말씀드리고요. 이번 선거는 그야말로 역사적으로 87년 대선보다 더 중요한, 새로운 시대를 우리가 여느냐 못 여느냐 하는 갈림길이기 때문에 특별히 중요하다는 말씀을 되풀이 드리고 싶습니다. 그다음에, 저는 보통선거라는 게 참 묘한 거라고 봅니다. 어떻게 보면 그야말로 새 시대의 새로운 시대정신이에요. 옛날 같으면 위대한 지도자나 영웅이 어떻게 하느냐가 제일 중요하지 않습니까. 그런데 지금은 사실 내 한 표라는 거 안 찍어도 그만이에요. 대부분의 경우 한 표 차이로 당락이 결정되는 경우는 굉장히 드뭅니다, 없진 않지마는. 그런데도 안해도 좋은 것을 한 사람 한 사람이 작은 정성을 모아서 역사가 바뀌고, 시대가 바뀐단 말입니다.

**김종배** 일종의 십시일반이죠.

**백낙청** 십시일반, 심지어는 백시일반, 천시일반, 이런 건데, 이소성대(以小成大)라는 말이 있습니다. 작은 것으로써 큰 것을 이룬다. 옛날하고 달라서 지금 시대, 앞으로의 시대는 이소성대한 시대라고 봐요. 그래서 우리가 투표를 할 때, 물론 당장 이번 선거가 중요하고, 특히 젊은이들 입장에서는 정권 바꾸지 못하면 앞으로 더 막막집니다. 그러니까 그걸 위해서도 특별히 해야 되지만, 이소성대한 습관을 몸에 익혀놓는 것이 꼭 정치뿐 아니라 자기 생활이나 모든 면에서 중요하다, 일종의 자기수련의 일부다, 이렇게 생각하고 투표를 해주시기를 저는 당부합니다.

**김종배** 오늘 하나 배웠습니다. 이소성대, 이 말씀을 들어보니까 시민정치의 원리도 바로 여기에 있는 것 같습니다.

**백낙청** 그렇습니다. 시민정치가 바로 그런 거죠.

**김종배** 오늘 백낙청 교수님을 모시고 말씀 들었습니다. 교수님, 오늘 고맙습니다.

**백낙청** 감사합니다.

# 백낙청·윤여준·안경환이 바라본
# 2012년 대선

백낙청(서울대 명예교수, 한반도평화포럼 공동대표)
안경환(서울대 법학과 교수, 문재인 캠프 새정치위원장)
윤여준(문재인 캠프 국민통합위원장)
박인규(『프레시안』 대표, 사회)
2012년 12월 15일 세교연구소

## 18대 대선, 87년 대선보다 더 중요

**박인규** 이번 선거를 둘러싼 경쟁이 지난해 10월 26일 재·보선부터 시작된 게 아닌가 하는 생각도 든다. 이제 며칠 앞인데, 18대 대선은 역사적으로 어떤 의미를 가질까?

**백낙청** 18대 대선은 87년 대선보다 더 중요한 선거라고 본다. 저는 '2013년체제'라는 용어를 쓰면서, 내년에 새 정부가 출범할 때 단순한 새 정부 출범이 아니라 시대를 바꾸는 계기가 됐으면 좋겠다고 했다. 그런데 문재인 후보는 2차 TV토론에서 "87년체제를 끝내고 2013년체제로 가야 한다"고까지 말씀하시고, 박근혜 후보는 다른 연설에서 "단순한 정

■ 이 좌담은 『프레시안』 2012년 12월 17일자에 실린 것이다(정리 곽재훈 기자).

권교체가 아니라 시대교체를 하고 새 시대를 열겠다"고 하시는 걸 보니 이번 대선이 굉장히 중요한 갈림길이라는 데는 다들 동의하고 있는 것 같다.

이번 대선이 87년 선거보다 중요하다고 말하는 이유는 이렇다. 우리 가 87년체제라는 말을 쓰면서 6월항쟁을 계기로 한국 사회가 민주화가 되고 새 시대에 들어갔다고 얘기하는데, 87년 대선 즈음에는 이미 87년 체제의 기틀이 잡혀 있었다. 제6공화국 헌법도 만들어진 상태였고, 그 87년체제의 첫 대통령을 누가 하느냐 하는 다툼이었다. 87년체제 자체 가 성립하느냐 못하느냐는 아니었다.

그렇기 때문에, 비록 민주화세력으로서는 뼈아픈 패배를 경험했지만 노태우 대통령도 자기 나름으로 87년체제를 건설하고 추진하는 역할을 했다. 특히 남북관계에서 괄목할 성과를 냈고, 공안탄압이 있었지만 민 주화도 꾸준히 진전됐다. 그러나 이번 대선은 정말 새 시대로 진입하느 냐 아니면 말로만 새 시대라고 하면서 낡은 시대를 유지하려는 세력이 재집권하느냐 하는 선택이기 때문에 정말 중요하다.

**안경환** 한 나라의 기본적인 정치질서나 가치규범을 반영한 문서가 헌법 아니겠나. 87년체제에서 탄생한 헌법이 25년간 상당한 역할을 해 왔다. 그러나 지난 25년간 한국 사회의 변화를 생각하면 이 헌법체계가 그대로 간다는 건 잘못하면 정체될 요소가 있다. 헌법 해석을 통해 시대 정신이 보완돼야 하는데, 우리 헌법에는 헌법재판소를 통한 해석만 있 고 국민의 의식이 잘 반영이 안된다.

이 헌법체제에 대한 재고려가 필요하다. 작게는 권력의 분립과 견제 문제가 있고, 크게 볼 때는 대의민주정치라고 믿고 있던 체제가 과연 시 대변화를 반영할 수 있는 것인가 하는 의문이 든다. 예를 들면 정당제도 가 그렇다. 그래서 최근의 '안철수 현상'은 87년헌법체제가 가진 한계를 노정한 것이라고 생각한다. 그런 의미에서 이번 선거는 87년헌법체제에 의문을 제기하는 것이다. 그런 의문들을 누가 잘 받아줄 것이냐를 선택한다는 의미를 갖는 대단히 중요한 선거다.

**윤여준** 저는 낮은 차원에서 말씀드리겠다. '박정희 모델'이라고 하는 권위주의 발전체제가 있지 않나. 87년 이후 그게 새로운 패러다임으로 바뀌었어야 하는데, 민주화 시대에도 새 모델을 만들지 못했고 이명박 대통령은 다시 과거로 돌아가려는 움직임까지 보이지 않았나. 그래서 이제 박정희 모델을 청산하고 시대에 맞는 국가 운영과 발전의 원리를 찾아야 하는 것이 미룰 수 없는 과제가 됐다. 저는 이번 대선에서 새로운 국가운영 원리를 제시하고 그에 대한 국민의 동의를 받아야 진정한 새 시대가 열릴 수 있다고 보고, 그런 점에서 이번 대선이 매우 중요하다고 본다.

**백낙청** 헌법체계가 바뀌어야 할 때라는 점을 안교수가 강조하셨는데, 동의한다. 헌법 개정을 제대로 할 때가 오긴 온 것 같다. 그런데 헌법과 관련해 우리가 할 일 두가지를 동시에 생각해봤으면 한다. 하나는 헌법을 시대에 맞게 바꾸는 일이고, 다른 하나는 헌법에는 멀쩡하게 잘 돼 있는데 실행을 안하던 것을 실행하는 시기로 전환하는 것이다. 경제민주화 얘기도 나오지만, 헌법 제119조 2항은 처음부터 있었지 않나. 이런 것을 제대로 하자는 것이고, 사실은 제1조 1항, 2항부터 실천해야 한다.(웃음)

**안경환** 전적으로 옳은 말씀이다. 근대 민주주의 국가의 헌법에 대해 전문가들은 세가지 원리로 설명한다. 국민주권이 핵심이고, 기본권 규정과 권력구조에 대한 규정이 있다. 그런데 헌법이 왜 있느냐 하면 기본권을 제대로 잘 보호하도록 하기 위해 있는 것이다. 대통령제 하느냐, 연임제 하느냐, 내각제 하느냐는 국민 기본권을 보장하기 위한 수단적 성격인데 지금껏 우리나라는 헌법 바꾼다고 하면 권력구조만 가지고 얘기했다.

논리적인 단계를 거치지 않고 정략적인 차원에서만 (개헌 논의를) 했기 때문에 지금까지 문제가 생긴 것이다. 그러면 왜 개정을 해야 하나? 이 권력구조를 가지고는 국민의 기본권을 효과적으로 보장하기 어렵다, 그런 전제하에서 개정이 논돼야 한다. 그러면 권력구조뿐 아니라 기본권이라는 면에서 보완할 게 무엇이고 조정할 게 무엇인지, 어떤 식으로 할 것인지 등을 생각해야 한다.

그런데 우리나라는 지금 헌법을 만들어놓고도 헌법재판소에만 던져 해석하라고 하니, 헌법재판관 개인 구성원의 경향이나 철학이 과도하게 헌법을 지배하는 면이 있다. 국민이 직접 헌법에 참여하고 해석할 여지를 남겨둬야 한다.

**윤여준** 백교수께서 헌법을 지키지 않는 문제를 지적해주셨다. 헌법에 따르면 대통령은 취임할 때 선서를 하게 돼 있다. "나는 헌법을 준수하고"로 시작하는 그 선서다. 그런데 막상 선서를 하는 대통령이 헌법을 잘 모른다. 제1조 1항을 모른다. 제1조는 헌법의 근원적 규범이고 다른 모든 조항을 구속한다. 그런데 모른다. 알아야 지킬 거 아닌가.

우리 헌법 제1조 1항이 "대한민국은 민주공화국이다"인데 여기에는 세가지 의미가 있다. 그러면 대통령이 최소한 국가가 뭔지, 민주주의가 뭔지, 공화국이 뭔지는 알아야 하는데 모르니까 무슨 일이 생기나? 국가권력이 자기 거다. 민주공화국을 모르면서 어떻게 민주주의를 하고 공화국을 추구하나. 말이 안되는 거다.

오죽하면 제가 대통령 당선자가 당선되고 취임까지의 두달 동안 헌법을 배울 것을 제도화해야 한다고 농담을 하겠나. 법규범을 내면화하기는 부족하지만 완전히 모르는 것보다는 낫지 않겠냐는 것이다. 한심한 일이다.

**박인규** 특히 현 대통령에 대해 그런 지적이 많은데?

**윤여준** 그 양반은 민주주의, 공화주의 이전에 헌법에 별로 관심이 없

어요.(웃음)

**백낙청** 한마디만 더 하자면, 헌법에서 개정까지는 안하더라도 단서나 부칙이라도 달아야 하지 않나 하는 부분이 제3조 영토 조항, "대한민국의 영토는 한반도와 그 부속도서로 한다"는 것이다. 한번도 온전히 이행된 적이 없고 현 시점에서도 이행이 불가능한 조항이다. 가장 보수적이라는 사람들이 대한민국 영토선이 북방한계선(NLL)이라고 하는 판국이다.

**윤여준** 자기모순이다. 모르고 막 주장해.(웃음)

**안경환** 헌법이 분단체제에서 탄생할 때 남북 각각이 가진 정치적 목적 때문인 면이 있다. 60년 이상 지났으니 우리가 공존할 것인지 통일을 할 것인지를 가지고 역사를 반영할 필요가 있다고 본다. 이는 남과 북에 주어진 공동의 문제가 아닐까 한다.

**윤여준** 통일이 국가적 이상이니 3조를 그대로 살려놓는 것도 좋을 것 같다. 1991년 남북기본합의서로 보완할 수도 있지 않을까 한다. 그 조항 때문에 많은 문제가 발생하는 것은 사실이니 보완할 장치가 있었으면 좋겠다고 생각은 되는데, 그것을 헌법 개정을 통해 할 것이냐 다른 법제도를 통해 할 것이냐는 모르겠다.

**백낙청** 기본합의서에 법률의 효력을 부여하는 입법조치 같은 것이 있다면 그것도 한 방법이지 싶다.

### 지금 정치권의 낡은 세력이 보수? 진짜 보수가 화낼 일

**박인규** 이번 대선은 보수와 진보, 둘로 완전히 갈라진 셈이다. 새 정치를 펼칠 수 있는 적합성 등 양쪽 세력에 대해 기본적인 평가가 필요하지 않을까?

**백낙청** 보수와 진보라고 흔히 말하지만 낡은 세력과 새로운 세력 사이의 선택이라 보는 게 더 정확하다. 우리 사회의 낡은 세력이 스스로 보수라고 하는 것은 진짜 보수주의자가 들으면 화낼 일이다. 오죽하면 윤여준 장관 같은 분이 화가 나서서 '진보' 쪽으로 오셨겠나, 진보를 좋아하시는 분도 아닌데.(웃음)

한국의 특수한 정치지형에서 낡은 세력을 보수라 칭하는 것은 스스로 미화하는 얘기다. 그들은 식민지, 분단, 독재의 시대를 거치면서 상당 부분 부당하게 취득한 기득권을 무슨 수를 써서라도 지키려는 세력이고, 반대편은 그러지는 말자, 좀더 상식적이고 합리적으로 하자고 하는, 이 두 세력 간의 대결이라고 본다.

**안경환** 사람들이 저를 보고 진보도 아니고 보수도 아니라고 하면서 양쪽에서 비난하더라.(웃음) 이의를 제기하고 문제를 제기하는 게 진보라면 모든 지식인이 진보이고, 문제제기를 소수자와 약자의 관점에서 하는 것은 진보의 의무다. 그런데 해결방법에 대해 가능한 대안을 제시해줘야 하는데 현실성이 너무 떨어질 때는 불신을 받게 된다.

보수라고 하면 현재의 체제가 좋다, 별 무리가 없다, 이대로 가자고 하는 것인데, 이의제기를 들어보자고 하는 쪽은 합리적 보수이고 들을 게 없다면서 이의제기를 원천적으로 막자는 것이 극단적인 보수다. 그런데 한국은 극단적 보수가 숫자가 많고 기득권화돼 있고 지역과 결합돼 있다.

이런 체제에서는 민주주의 정당정치에서 전제하고 있는 투표를 통한 정권교체가 불가능하고, 특별하고 예외적인 경우인 '연합정치'를 통해서가 아니면 정권교체를 할 수 없다. 그래서 저는 이번 선거가 새누리당으로 상징되는 견고한 보수층에 대항할 수 있는 넓은 정당을 만드는 시금석이 되는 선거라고 본다. 국민연대도 그런 정권교체를 할 수 있는 틀을 만들어준 것이다.

**윤여준** 한국 보수주의자들이 에드먼드 버크(Edmund Burke) 이야기를 많이 하는데, 사실 버크는 보수의 자기쇄신을 강조한 사람이다. 소나무가 늘 푸른 것은 변하지 않아서가 아니라 계속 잎갈이를 하기 때문이다. 보수주의자들이 그 점을 무시한다. 맨날 버크를 인용하지만 핵심을 모른다. 끊임없는 자기혁신을 소홀히 하거나 게을리하는 사회는 혁명적 상황으로 진입한다.

그런 상황을 만들지 않기 위해 보수가 끊임없는 자기쇄신을 해야 하는데 안한다. 시대는 빠르게 변하는데…….. 그러니 좋은 시대적 가치를 진보에 다 내줬다. 왕년에 보수의 가치였던 것이 진보의 가치가 됐다. 이렇게 해서 보수가 어떻게 살아남겠나. 그런데 또 이런 얘기를 하면 변절자라고 한다.(웃음) 화석처럼 굳은 진영의식으로 사람과 세상을 보는 것인데, 이런 반응을 보이는 사람은 무시할 정도가 아니라 측은하게 여겨진다.

**박인규** 새누리당이 올해 초에 김종인(金種仁) 전 의원을 영입하면서 확 달라지는 것 같았고, 변신하고 쇄신한다는 느낌이 있었는데?

**안경환** 정책 측면에서 시대 흐름을 받아들이려 애쓰는 것 같다. 예를 들어 과거에는 복지 얘기만 나와도 좌익이라고 하고 비판했는데 복지 공약을 내는 것은 늦게나마 시대 흐름을 받아들인 것이다. 새누리당이 스스로 개발한 정책도 있지만 민주당이 개발한 정책을 수용하는 형태인 것도 많았다. 여야를 떠나 시대가 그리 가고 있다는 얘기다.

그런데 점점 지나면서 '보스'에 결집된 세력이 힘이 생기다보니, 자기성찰이나 자기개혁 의지를 보이지 않는 것 같다. 이렇게 되면 젊은층이 외면하게 돼 있다. 저는 대학에 있으면서 매년 들어오는 새로운 학생들이 무슨 생각을 하는지 느끼지 않나. 이명박 정부 5년 동안 무력해지고 꿈이 없어지고 분노하더라. 그게 안철수 현상의 이유가 아닌가.

**백낙청** 새누리당의 전반적인 체질을 보면 변화할 생각이 없다고 본다. 박근혜 후보는 대통령이 돼야 하니까 변화의 모습을 보이려는 의지는 있었을 거라고 본다. 박후보가 처음부터 '국민 한번 속여먹어야지' 했다고 생각지는 않는다. 그런데 지지세력의 반대가 완강하다보니 안되는 면도 있고, 박후보 본인이 개념이 없다고 해야 하나, 이해력 부족의 문제도 있다. TV토론에서 한 "줄푸세와 경제민주화가 차이가 없다"는 말은 거의 「개그콘서트」 수준 아니었나.

**윤여준** 어록이죠, 어록.

**백낙청** 사실 그런 얘기는 전에도 했다. "김종인이나 이한구(李漢久)나 같다"고 하지 않았나. 기본적인 이해력 부족 같은 게 느껴진다.

**윤여준** 대선 전에 시민의 한 사람으로서 박후보 비판을 공개적으로 여러번 한 적 있다. 총선을 앞두고 새누리당이 경제민주화가 시대정신이라는 말까지 하고 정강에 넣었을 때, 저는 그 자체로 혁명적 변화라고 봤다. 그러면 과연 박후보나 당의 중심을 형성하는 의원 및 당원들이 이 시대와 시대의 중심가치를 고민한 나머지 그런 결론을 내린 것인가 아니면 선거전략 차원의 것인가를 봐야 하는데, 그후에 벌어진 일을 보면 선거전략이라는 판단이 든다. 그렇다면 본질적 변화를 추구하지는 않을 거라는 생각이다.

## 안철수 현상, 87년체제에 대한 도전

**박인규** 사실 일반 유권자들의 입장에서는 민주당도 새롭다는 생각을 하지 않는다. 안철수 현상이라는 것은 많은 기층 사람들이 '정치 대 반(反)정치'의 면에서 새누리당이나 민주당이나 다 문제가 있다고 본다는 것이다. 민주당의 쇄신능력에 대한 회의가 많은 것도 사실이다. 그래서 나온 것이 안철수 현상인데, 어떻게 봐야 할 것인가?

**백낙청** 안철수 현상은 이미 그동안 우리 정치를 엄청나게 바꾸는 동력이 됐다. 지금도 그 동력은 작용하고 있다. 단일화 과정이 삐걱거리는 바람에 단일화 이후 한때 문재인 후보와 박근혜 후보 사이의 격차가 오히려 벌어지기도 했는데, 그런 흐름을 반전시킨 것은 안철수 현상이 여전히 지닌 동력 아니겠나.

그런데 안철수 현상을 정치 대 반정치로 보는 것은 안철수 지지세력 중에 있긴 있지만 일부에 지나지 않는다. 주조는 낡은 정치와 새 정치다. 안철수 전 후보가 출마함으로써 정치에 기여한 것 중 하나가, 자기 지지세력 가운데 '정치 대 반정치'라는 설정을 갖고 있던 사람들을 '새 정치 대 구정치'로 바꿔놓은 것이다.

출마 전에 여론조사를 해보면 안 전 후보가 높게 나오면서도 정치하지 말라는 반응도 많았다. 그런데 막상 나오니 다 따라갔다. 그런 것만 해도 안철수 현상이 중요하고, 그것을 감당하겠다고 나온 안 전 후보 본인의 기여도가 엄청났다고 본다.

**안경환** 분명한 것은, 안철수 현상은 87년헌법체제가 가지고 있는 경직성에 대한 문제제기란 거다. 선거가 끝나고 나서라도 이런 이슈를 헌법체계 속에 담아야 한다. 기존의 정당개혁에 더해 시민이 참여하는 제도를 만들어야 하고, 무엇보다 젊은 사람들이 정치에 관심을 가지게 해야 한다.

지금은 오히려 젊은이들은 정치에 관심을 안 가질 것을 권장하는 분위기이지 않나. 여당 정치는 일단 돈 벌고 기득권 가지고 적당히 타락한 후에 하는 것으로 많이 생각하고, 야당 정치는 투사적인 것처럼 생각한다. 그러니 건전한 의미의 정치가 될 수 없다. 대학생 때부터 정치에 관심을 가지고 참여하는 문화를 만들어야 한다. 반정치란 정치에 대한 냉소 때문인데, 그렇다면 주권자가 무슨 의미가 있겠나.

선거가 끝나면 어느 쪽이 이기든 이를 받아들이지 않으면 안된다. 그런 면에서 안철수 현상 자체가 대단히 중요하다. 87년에 기여했던 시민사회, 민주화세력들이 그랬듯이 〔안철수 지지세력은〕 2013년체제 문제를 제기해준 선봉장들이다. 받아야 한다.

**윤여준**  민주당도 새롭지 않다, 동의한다. 과거 민주당이나 한나라당은 적대적 공생관계를 유지해왔다. 지금 여론조사를 봐도 정권교체를 바라는 비율은 50%가 넘는데 민주당이 이를 흡수하지 못하고 있는 이유가 거기 있다. 누가 당선되든 지금의 새누리당, 지금의 민주당 가지고는 어렵다. 변화가 있어야 한다.

안 전 후보는 이미 지금까지만 해도 엄청난 기여를 했다고 본다. 안철수 현상이 아니었으면 양대 정당이 이 정도도 바뀌지 않았을지 모른다. 다만 본인이 현실정치에 뛰어들어 본격적으로 바꾸겠다는 결심과 의지는 높이 평가하는데, 근원적 고민을 안 한 것 같다. 국민들이 자신에게 열광하는 이유가 뭐냐? 변화의 아이콘이기 때문이다. 그러면 대통령이 되고 안되고에 연연할 필요가 없다는 것이다.

정치쇄신을 위해 몸을 던지고, 대통령이 되고 안되는 것은 결과로 주어지면 받고 아니면 정치쇄신을 한 것만으로 보람이 있다고 했어야 한다. 그런데 출마 선언을 보니 '아, 대통령 되려고 하는구나'라는 느낌이 들었다. 대통령은 수단이지 목적이 아니다. 그런 면에서 아쉽고 안타깝다. 대선 후 동력이 사라지지 않는다 해도 지금 식으로 하면 가망이 없다. 좀더 근원적 고민을 한 끝에 거기서 얻은 어젠다를 던지면 폭발적 변화의 에너지가 나올 수 있지만, 이런 식으로 간다면 사그러질 것이라고 본다.

**박인규**  안철수 현상의 그 동력을 살리기 위해 만든 것이 국민연대 아닌가?

**안경환**  민주당만으로는 안되겠다는 거다. 이대로 되면 집권하는 것이 민주당이든 새누리당이든 젊은 사람들이 촛불 들고 광장 점거하는 사태가 벌어질 것이다. 분노를 풀 방법이 없기 때문이다. 제도 속에서 일상적으로 풀어주지 않으면 안된다. 그런데 새누리당은 바뀌지 않는다고 본다. 변화에 둔감하고, 그 둔감함을 지켜온 분들이기 때문이다. 민주당도 민주당만으로는 안되지만 쇄신하고 외연을 넓히는 작업이 필요하다. 국민연대는 안철수 지지층을 수혈할 수 있어야 하고, 합리적 보수도 함께해야 한다는 그런 새로운 문제의식 때문에 탄생했다.

**박인규** 그런데 안 전 후보 측은 참여하지 않고 있지 않나?

**백낙청** 제 짐작으로는 안 전 후보 측에서 국민연대라는 말을 먼저 꺼내긴 했지만, 당시는 자신이 단일후보가 될 경우를 전제하고 무소속 후보가 아닌 국민연대 틀을 생각했던 것이기 때문에 사퇴한 이후 큰 관심이 없어진 것 같다.

또 하나 짐작이지만, 이번에 결성된 국민연대를 추동해온 분들이 안 후보 측에서 볼 때는 '민주당 편에 서서 단일화를 압박한 세력'이다. 실제로 국민연대 조직과정에 민주당이 관여하기도 했다. 그러니 국민연대 들어가는 것이나 민주당 선거캠프에 들어가는 것이나 그게 그거라고 보기 쉽다. 차라리 독자적인 세력으로 남겠다는 것인데, 그게 나쁜 것은 아니다.

안철수와 국민연대보다 중요한 건 문후보와 민주당이 어떻게 하느냐다. 문후보 자신은 민주당만으로는 안된다는 인식을 갖고 있고, 그걸 구체적으로 표현한 게 지난 9일의 담화다.* 그런데 잘못하면 선거전략으로 끝날 수 있다. 주목할 대목은 인수위원회부터 같이 하겠다고 약속했다는 점이다. 다만 약속을 제대로 지키기 위한 구체적 준비를 하고 있는지, 그러려면 안 전 후보와 협의를 해야 하는데 하고 있는지는 잘 모르겠다.

민주당은 국민에게 감동을 주기 위해 파격적인 조치를 할 필요가 있다고 본다. 인수위원장이 당내 인사가 되든 안되든 안 전 후보와 합의하는 인물로 하겠다고 선언하는 방법도 있다. 어차피 인수위 작업에서는

---

* 이 책 47면 참조.

당선자 의지가 제일 중요하다. 그러나 상징적으로라도 위원장에 그런 인물을 내세우고 부위원장도 안철수 캠프 출신 하나, 문재인 캠프 하나, 국민연대 하나, 이런 식으로 뭘 좀 보여줘야 하지 않을까.

사실 이건 지난 4일 원탁회의가 "선거 승리 이후의 첫걸음부터 민주당이 기득권을 내려놓고 더 폭넓은 세력과 공동보조를 취하라"고 주문한 사안이다. 그리고 국민연대가 발족(2012.12.6.)하면서 같은 얘기를 했고 문후보가 담화에서 인수위를 명시하며 받은 것이다. 지금 국민연대가 할 일 중 하나가 이와 관련해 한층 구체적인 방안을 제시하라고 민주당을 압박하는 것 아닐까.

**윤여준** 제가 보기에도 안 전 후보 쪽에서는 국민연대 멤버들이 문후보 지지세력이라고 보는 것 같다. 그렇게 본다면 안 전 후보가 얘기한 국민연대라는 명칭에서는 퇴색한 것 같기는 해도, 일단 민주당에 약속한 대로 이행하라고 촉구하는 것은 필요한 것 같다.

**안경환** 국민연대는 박근혜 후보보다 문재인 후보가 적합한 후보라는 합의가 있기 때문에 문후보의 당선이 목표인데, 당선 이후에는 이 멤버들을 그대로 가져가진 않을 것이고 새로운 차원의 논의가 필요하다. 선거가 끝나면 국민연대라는 이름은 있지만 사람은 기존 인선에 구애받지 않고 새로운 출발을 해야 한다고 생각한다.

**박인규** 안 전 후보는 대선 끝나고 출국한다고 하는데?

**백낙청** 안 전 후보가 인수위원장 할 건 아니니 본인이 나가는 건 상관 없다. 충분히 협의해서 안철수 캠프 사람들이 참여할 수 있으면 된다. 민주당 쪽에서도 부분적인 참여는 당연히 고려하고 있겠지만, 대통합 내각을 만들고 시민의 정부를 구성하려는 의지가 있다면 들러리 세우는 식으로는 안된다.

**안경환** 당연히 그렇게 해야 한다. 단순히 선거전략이 아니라 후보의 의지이고 새 정치를 위한 약속이다. 인수위부터 나타나야 한다고 생각한다.

**윤여준** 그렇게 하지 않으면 국민들이 신뢰하지 않을 것이다.

## 박근혜, '포스트 박정희'로 갈 수 있을까

**박인규** 그런 전망들은 문후보가 승리했을 경우인데, 아직 박후보가 더 유리하다는 말도 있다. 박후보가 대선에서 이긴다고 한다면 야권의 과제는 무엇이 될까?

**안경환** 생각하기 싫은데⋯⋯.(웃음) 박후보가 승리하더라도 그 승리의 의미는 기득권층과 물러간 세력의 지지를 받아 된 게 분명하니 개혁을 하지 않으면 안될 것이고, 그런 문제를 제기하는 정치운동을 계속해야 하지 않을까? 솔직히 지면 마땅한 대안이 없다.

**박인규** 대선 패배 이후에도 문재인·안철수 간의 협력이 가능할까?

**백낙청** 당연히 해야 한다. 얼마나 잘하느냐는 두분의 역량과 마음을 비우는 정도에 달렸다. 박후보가 당선됐을 때 벌어질 수 있는 상황에 대해 저 나름대로 생각을 안해본 건 아니지만, 지금 얘기하기는 적절치 않은 것 같다. 다만 사회통합으로부터 더 멀어지리라는 것은 분명하리라 본다.

박후보의 지지세력은 우리 사회의 분열을 조장하고 그 분열로부터 이득을 보아온 세력이다. 그분들이 통합을 한다는 것 자체를 기대하기 어렵다. 박후보의 '100% 통합'이라는 개념도 잘못된 개념이다. 윤장관도 (TV연설에서) 그건 '통합'이 아닌 '동원'이라 했지만, 아무리 동원해도 100% 동원은 안된다. 그러다보면 동원에 응하지 않는 사람은 반체제인사가 되고 반국가사범이 되기 마련이다. '100% 통합'은 내용 없는 구호가 아니면 배제와 책임 전가의 논리다.

**윤여준** 박후보에 대해서는 제가 선거 시작 이전에 비판을 많이 했다.

가만히 보면 박정희 전 대통령을 모델로 생각하는 경향이 많이 보인다. 감수성이 예민한 시기에 청와대에서 아버지의 통치를 본 원체험 때문에 그럴 수 있을 것은 같지만, 그건 시대에 안 맞는다.

만약 당선 후에 박정희 패러다임인 국가주의, 성장주의, 반공주의가 그대로 간다면 얼마 못 간다. 시대를 거스르는 것이고 국민적 저항에 직면할 것이기 때문이다. 대세에 거스르면 살아남지 못한다는 것은 역사의 교훈이다. 물론 선거과정에서는 당선되기 위해 국민을 양분시키는 전략을 썼지만 막상 당선 후에는 확 바꿔서 '포스트 박정희'로 가면 더 이상 바랄 게 없겠다. 그러나 과연 그렇게 할 수 있겠나? 그런 면에서 걱정이 많다.

100% 통합이란 것도 통합의 개념을 잘못 설정한 것 같다. 대립과 갈등이 없는 상태를 상정한 것 같은데, 그런 통합은 없다. 대립과 갈등이 없는 사회는 전체주의 사회가 아닌 한 없다. 갈등의 당사자가 모여 대화와 타협으로 중첩되는 합의를 찾아가는 과정이 통합이다. 민주주의도 원래 완성된 상태가 있는 것이 아니라 끊임없이 만들어가는 과정이다. 100% 통합이란 현실적으로 가능하지도 않겠지만 위험한 사고방식의 편린을 본다. 동원과 국가주의다.

**백낙청** 박후보나 새누리당이나 소모적 갈등과 창조적 갈등을 구분할 줄 모른다. 누가 대통령이 되든 이 사회의 혼란이 끝나고 일거에 안정으로 갈 가능성은 없다. 여당 측에서는 야당이 정권을 잡으면 혼란이고 자기들이 잡아야 안정된다고 한다. 그러나 추구해야 할 것은 지금 같은 소모적 갈등이 넘쳐나는 혼란은 줄이고 창조적 갈등과 창조적 혼란으로 옮겨갈 수 있는 기틀을 마련하는 일이다. 야당도 국민을 그렇게 설득하면 좋을 것 같다.

**윤여준** 그런데 소모적인 갈등에서 창조적인 갈등으로 넘어가려면 정치가 제 역할을 해줘야 한다. 복수의 정당이 국회에 모여 자기 세력을 대변하다보면 자연스레 생산적인 갈등이 생기고 그걸 대화와 타협, 다수결을 통해 국민의 의사를 만드는 것인데, 정치가 이 기능을 못했다. 그러니 통합이 될 방법이 없다. 갈등을 완화하고 통합해야 할 사람들이 갈등의 당사자, 증폭자가 되고 국민이 하지 말라고 해도 안 들으니 정치권에 대한 감정이 불신, 혐오, 경멸, 분노 수준까지 가 있고, 그래서 안철수 현상이 생긴 것이다. 정치 본연의 역할을 고민하지 않으면 아무리 입으로 통합을 외쳐도 방법이 없다.

**안경환** 통합과 관련해 문후보의 공약 중에 주목할 내용이 있다. 문후보가 당선되더라도 의회는 새누리당이 다수다. 원래 당정협의회라는 게 있는데, 전통적으로는 정부와 여당의 협력이고 야당은 아예 빠져 있다. 그런데 문후보 공약 중에 여·야·정협의체를 상시 운영하겠다는 것은 대단히 중요한 얘기다. 미국 대통령은 매주 여야 대표 만나 조찬을 하지 않나. 우리는 대통령이 여당 대표 만나기도 쉽지 않고 야당 대표 한번 만나려면 사전에 조정할 일도 많다. 이런 데서는 갈등 조절이 나올 수 없다.

문후보가 통합에 대한 의지가 강하다는 생각이 든다. 통합, 대화, 상생의 체제가 이어지면 사회 모든 부문으로 확산되고 많은 문제가 풀릴 수 있다. 만약 박근혜 후보가 집권하게 된다면 의회에서 다수당이 받쳐주면서 원래의 일사불란한 체제로 쉽게 갈 것 같다. 그러면 통합보다 분열을 가속시킬 위험이 있는 것이다. 반면 문후보는 지지세력의 다원성도 있어서 대화와 조정을 할 수밖에 없다. 그런 점에서 가장 주목되는 게 여·야·정협의체다.

**윤여준** 그런데 국민의 시각에서는 그것이 실현 가능할까 회의가 많다. 한국 정치에 아직 대화와 타협의 문화가 정착돼 있지 않고 선례가 없어 실효성이 있을까? 야당이 참여 안하거나, 참여해도 파열음만 내서 아무것도 결정 못할 수도 있다.

물론 진지하게 시도해야 하고, 그게 성공하려면 대통령이 야당을 국정 파트너로 인정해야 한다. 그동안은 말로는 인정한다고 하면서 적대시하지 않았나. 심지어 민주화의 상징적 존재이셨던 분들이 대통령이 되고 나서도 인정하지 않았다. 본인들이 야당 투사이실 때는 권력에 대해 "왜 야당을 국정 파트너로 인정하지 않느냐"고 하셨지만 그후에는 마찬가지였다. 일단 대통령이 야당을 국정 파트너로 인정하는 생각을 가질 때만 성과를 거둘 수 있지, 시스템만으로는 안된다.

**백낙청** 그 시스템만 달랑 만들어서는 어렵고, 문화를 바꿔야 하고 선거제도를 바꾸는 것도 중요하다. 비례대표를 확대하고 결선투표제를 도입해야 한다. 새누리당이 반대하고 있으니 당장 실현 가능성은 없지만 대선에서 문후보가 확실히 이긴다면 아무리 다수당이라도 국민의 뜻을 거스르기 어려울 것이다. 국회법이나 선거법 개정 때 여야 동수로 특별위원회를 만들곤 하는데, 거기에 시민들도 참여시키는 게 중요하다. 그렇게 되면 다수당인 새누리당도 법 개정을 거부하기 난처할 것이다.

### 야권이 승리할 경우, '문재인 정부'의 과제는

**박인규** 만약 문재인 후보가 대통령이 된다면 정책 부분에서 노무현 정부보다 잘할지 걱정이라는 목소리도 있다. 구체적인 각론에서 문재인 정부에 어떤 과제가 있을까? 남북관계와 사법개혁, 경제민주화 등의 분야를 생각할 수 있을 것 같다.

**백낙청** 우선, 그동안 안철수 측과 문재인 측으로 갈라졌던 인재 풀(pool)을 다시 결합해야 한다고 본다. 남북관계 분야에서 보면 안후보측 남북관계를 맡은 분들도 다 한반도평화포럼 소속이다. 다시 모으는 것은 문후보 측의 성의만 있다면 어려운 일이 아니라고 본다. 분야에 따라 간단치 않은 경우도 있겠지만.

사실 조직이나 인력의 풍부함에 비해 민주당이나 문후보 측의 정책

생산력이 결코 뛰어나다고 볼 수는 없었다. 또 안철수 측이나 문재인 측이나 담대한 새로운 정책을 개발하는 데는 소극적이었다. 아무튼 인수위를 같이 꾸리듯이, 정책인력도 다시 통합하려는 노력을 문후보와 민주당이 적극적으로 해야 한다.

**윤여준** 이념 성향이 중도적이라는 분들이 문후보의 대북정책에 불안감을 갖고 있다. 단순히 김대중·노무현 시대로 돌아가겠다는 것으로 비치고 있어 불만이 많다. 화해협력이 중요하고 6·15와 10·4 공동선언이 중요하지만, 그분들이 기억하는 김대중·노무현 정부의 정책은 북한 눈치를 보고 끌려간다는 것이다. '퍼주기'라는 표현도 지원액이 크다는 게 아니라 왜 끌려가느냐는 불만 때문에 나온 것이다. 자본주의도 4.0을 얘기하는 마당에 대북정책도 진화한 것을 내놔야 하는 게 아닌가.

저는 선거전략 차원에서도 문후보가 후보로 선출되자마자 역대 통일부장관들과 도라산에 간 건 상징적으로 잘못된 것 같다. 그게 많은 사람에게 불안감을 심어줬다고 본다. 또 미·일이 어떻게 봤을지도 고려했어야 한다. 하더라도 늦게 해야 했다. 그럴 만큼 예민하게 그 부분을 살폈어야 했다.

중도층이 중요하다고 얘기하는데, 오히려 불안감을 키우는 것은 선거전략 차원에서 잘못이다. 미중간 패권경쟁이 본격화되면서 이 사이에서 남북관계를 개선하지 않고는 또다시 희생자가 될 수 있는 만큼, 관계개선이 필수적이고 그 당위성을 부인할 수는 없으나 어떤 방법으로 할 것인가는 고민해야 한다고 본다.

**백낙청** 제가 '포용정책 2.0'이라는 걸 주장했는데, 김대중·노무현 정부의 정책을 약간 개선하는 것이 아니라 윤장관이 말씀하신 여러 우려사항들에 대해서도 응대할 수준으로 진화해야 한다는 뜻이다. '퍼주기' 문제만 해도, 남북연합 건설이라고 하면 아득하게 들리겠지만 정치적으로도 점점 더 접촉면이 넓어지고 공동관리기구를 만든다는 전제로 경협과 대북지원이 이뤄진다면 일방적 퍼주기가 아니라 통일과정의 일부라는 점이 분명해진다. 우리도 정치적 약속을 받아내면서 하게 된다.

일부 포용정책 주장자들은 지원하고 대화하면 북이 중국이나 베트남처럼 개혁개방을 할 거라는 전제를 갖고 있는데 베트남, 중국과 한반도는 상황이 전혀 다르다. 아무리 조건이 좋아져도 분단상황의 공동관리에 관한 정치적인 진전이 없으면 기대하기 어렵다. 그 점에서 북은 개혁개방을 못한다는 보수층의 논리와 오히려 통하는 입장인데, 다만 그 대안에서 차이가 난다. 어차피 북의 개혁개방은 안될 거니 압박해서 붕괴시키자는 것이 아니고, 한반도 특유의 정치적·경제적 연합 상태를 향해 차근차근 접근하자는 것이다.

시민참여라는 말도 오해가 있을 수 있지만, 보수층에서 말하는 "국민적 동의에 기반한 남북정책"이라는 것과 비슷하다. 다만 수구세력이 '국민적 동의'를 말하는 것은 자기네들 허가받아서 하라는 말이기 십상이다. '시민참여형 통일'은 정부를 제쳐놓고 시민들이 통일문제를 좌우한다는 뜻이 아니라, 점진적이고 단계적인 통일과정에 민간인들도 한껏 참여함으로써 정권의 변화에 따라 쉽게 바꿀 수 없는 민주적 과정으로 남북관계를 추진하자는 거다.

**윤여준** 막말로 북한을 붕괴시키려 해도 내부를 이완시켜야 하는 거 아닌가?(웃음)

**백낙청** 그래서 한때 북한이 햇볕정책에 반발하기도 했다.

**박인규** 검찰개혁 문제에 대해 여쭙고 싶다.

**안경환** 검찰개혁 문제는 누구보다 문후보가 잘 알고 있다. 그 어느 의제보다 국민의 공감대도 높다. 근본적으로 국가에는 정당한 권력이 있어야 하는데, 정치적 중립성을 갖고 하느냐와 권력에 대한 통제가 가능한가가 문제다.

문제되는 것 하나는 검경 수사권 조정이다. 이는 대단히 중요하다. 우리나라 검찰처럼 모든 수사권을 독점하고 있는 경우가 없다. 이는 검경 간의 권력 나눔이 아니다. 국민 입장에서도 감시를 일상적으로 할 수 있어야 통제가 된다. 따라서 일상적 민생사건은 경찰에 주는 게 맞다. 검찰은 시민의 감시가 어렵다.

다음은 검찰총장직을 개방직으로 해야 한다. 그럼 일사불란한 명령·지휘체계가 무너지게 된다. 법무부를 검찰과 분리시켜야 한다. 법무장관도 검찰 출신이고 청와대 민정수석도 검찰, 그러니 검찰공화국이라는 말이 나오는 것이다. 국민이 관여할 여지를 남겨두고 감시할 수 있게 해야 한다. 국민의 상식과 정의감이 반영될 수 있게 해야 한다.

그리고 법무장관은 5년 내내 대통령과 임기를 함께한다는 각오를 가져야 한다. 종전처럼 1, 2년 만에 바뀌어서는 검찰개혁이 불가능하다. 검찰의 조직적인 저항이 있을 것이다. 그러므로 확고한 소신과 개인적인 부담을 버틸 수 있는 사람과 국민의 관심과 격려 없이는 개혁 안된다.

**윤여준** 헌법은 대한민국이 민주공화국이라고 하지만 검찰공화국이다, 재벌공화국이다 한다. 이제 검찰개혁은 국민적 동의가 있다. 개혁을 안하면 대통령이 또 검찰을 권력의 도구로 삼으려 한다는 불신을 씻지 못할 것이다.

남는 게 재벌문제다. 경제민주화 정책이 후보마다 다 다른데 국민 입장에서 어느 쪽이 합리적인지 판단하기 어렵다. 출자총액제니 순환출자니, 소유구조랑 지배구조가 뭐가 다른지도 알기 어렵고 힘들다. 저는 단순하게 보자는 거다. 정치권력도 집중과 연장을 못하게 하려고 권력을 분산시키고 선거제도를 만들어 일정 기간마다 바뀌게 한 것 아닌가.

그런데 지금은 시장권력이 국가를 압도할 만큼 비대해졌다. 견제하지 않으면 국가가 재벌을 위해 봉사하는 일이 벌어질 수도 있다. 그러면 국가의 존립을 위한 핵심가치인 공공성을 파괴하는 것이고, 민주주의 원리에도 정면으로 배치되는 것이다. 그렇게 되면 국민 입장에서는 공공성을 파괴하는 국가를 굳이 유지할 필요가 없다는 생각을 하게 된다.

그래서 경제력이 특정한 소수 기업에 집중되는 것을 막아야 한다. 경제민주화는 정치적 민주주의와 분리될 수 없다. 경제민주화가 경제 분야에서 재벌의 횡포만 바꾸는 게 아니라 한국 사회를 총체적으로 바꾸는 문제의 핵심에 있다.

**박인규** 긴 시간 좋은 말씀 감사하다. 마무리 말씀 부탁드린다.

**안경환** 어느 쪽이 집권하든 과거를 뒤돌아보기보다는 앞을 내다보기에 주력해야 한다. 우선 중산층, 서민의 심리적 위축감을 다스리면서 청년들에게 꿈과 희망을 주는 정책을 지속적으로 펴야 한다. 청년층에 팽배한 정치에 대한 불신을 해소하고 정치적 담론에 일상적으로 참여할 수 있는 여건과 제도를 만들어야 한다.

**윤여준** 이번 대선은 민주화 이후에도 여전히 지속되어온 대립과 갈등의 낡은 정치를 극복하는, 특히 양김 퇴장 이후 10년간 유예된 새 시대, 새 정치의 문을 활짝 여는 계기가 되어야 한다. 튼튼한 국민통합 위에 민주주의를 공고히 하면서 오늘과 같이 세계화된 시대 그리고 최근 본격화된 G2시대를 헤쳐나갈 모범적인 민주공화국을 가꾸어가는 한편, 평화와 통일의 기반을 다질 수 있는 새로운 국가발전 모델을 정립해야 한다.

이를 위해서는 무엇보다 대통령 후보의 자질과 능력이 중요하다. 민주주의, 특히 공공성을 확실히 내면화, 체질화하고 있는지, 그리고 정치와 정부 개혁, 경제민주화, 복지국가 그리고 남북관계 개선과 한반도 평화 등 주요한 개혁과제들을 확실하게 추진할 수 있는 국가운영 경륜(statecraft)을 갖추고 있는지를 눈을 크게 뜨고 살펴야 할 것이다. '한 나라의 정치는 국민들의 수준을 넘을 수 없다'는 말을 명심, 국민께서 현명한 판단을 해주실 것으로 믿는다.

**백낙청** 선거날이 코앞에 닥쳤으니 모두들 투표하시라는 말로 끝맺으려 한다. 첫머리에 말했듯 이번 대선이 워낙 중요한 선거다. 그뿐만 아니라 중요한 쟁점을 놓고 전국민의 보통선거로 결정한다는 것이 민주주의 시대에나 가능한 일종의 성찬식(聖餐式)이라 할 수 있다.

현재 한국의 유권자 수가 약 4천만이라는데 실은 그 4천만명이 정치적 판단력이나 책임감은 천차만별이다. 그런데도 1인 1표의 원리를 수용하고 투표에 참여하는 것은, 이번에는 불교식 표현을 쓰자면 하심(下心), 즉 내가 누구보다 잘났다는 교만을 버리고 겸손하게 행동하는 일이다. 게다가 4천만에서 한 표쯤 없어도 대세에 지장이 없건만, 그 4천만분의 1이 각기 자신의 작은 몫을 성실히 해낼 때 세상이 바뀌고 시대가 바뀐다. 그 오묘한 보람을 이번에 꼭 맛보시게 되길 바란다.

| 좌담 |

# 2012년과 2013년

**백낙청**(서울대 명예교수,『창작과비평』편집인)
**김용구**(미래경영개발연구원 원장)
**이상돈**(중앙대 법대 교수)
**이일영**(한신대 글로벌협력대학 경제학 교수, 사회)
2013년 1월 15일 세교연구소

**이일영** 오늘 대화에서는 2012년과 2013년의 의미와 성격을 짚어보면서, 요즘 시대교체라는 말이 회자되듯이 새로운 시대가 어떤 것이며 한국 사회는 어디로 가야 하는지를 이야기해볼까 합니다. 18대 대선이 끝나고 2013년이 됐는데, 분위기가 13대 대선 직후인 1988년 초와 비슷하지 않나 싶습니다. 한쪽에서는 안도하고 있고, 다른 쪽에서는 퍽 실망한 것 같습니다. 시구 춘래불사춘(春來不似春)에 빗대어 2013년이 왔는데 오지 않은 것 같다고 표현하는 사람도 있더라고요. 또 청소년들이 만들어내 유행시킨 '멘붕'(멘털mental 붕괴) 같은 말이 정치·사회 분야에서도 널리 퍼지지 않았나 싶습니다. 여권 지지층도 선거는 승리했지만 그렇게 흔쾌한 심정은 아닌 것 같습니다. 최근 경제가 아주 어렵다고 하고,

■ 이 좌담은 『창작과비평』 2013년 봄호에 실린 것이다.

대기업이나 금융권에 구조조정이 임박했다는 걱정도 많습니다. 그런 점에서 2012년에 의미를 부여하고 해석하는 것이 2013년을 헤쳐나가고 희망을 만들어가는 출발점이라고 하겠습니다. 세분 선생님을 모시고 여기에 대해 의미있는 말씀을 나누는 자리가 되었으면 합니다. 다들 유명하시기 때문에 제가 따로 소개할 필요는 없을 것 같고, 돌아가면서 작년의 경험을 말씀해주시고 자기소개도 곁들여주시면 좋겠습니다.

**백낙청** 이일영 선생부터 커밍아웃 하시지요.(웃음)

## 2012년 총선과 대선은 우리에게 무엇이었나

**이일영** 제 소개를 어떻게 해야 할지 모르겠네요. 2012년 제 상황이 조금 복잡해서요. 오래전 이야기부터 드리면, 1987년 말 88년 초 대선을 치른 시점에 제가 대학원생이었는데요, 그 당시 민주화의 열망이 높았지만 대선 결과를 보며 실패했다는 생각이 퍼져 있었고, 그래서 젊은 연구자들끼리 좀더 과학적인 태도가 필요하다고 해서 연구회도 만들었던 기억이 있습니다. 그때부터 경제학 전공자로서 지금까지 정책 연구를 해왔다고 말씀드릴 수 있겠습니다. 그런데 작년 4월 총선에서 갑자기 충격을 받은 느낌이 들었습니다. 제가 평소에 87년체제를 넘어 새로운 질서로 나아가야 한국 경제가 활로를 개척할 수 있다고 주장하는 편이었는데, 4월 총선을 보고 나니 기존 야당의 역량으로는 문제가 있겠다고 생각했습니다. 그런 상황에서 새로운 세력에 의한 경제혁신이나 정치혁신이 필요하다는 논의가 널리 있었고, 그 열망이 '안철수 현상'으로 나타났던 것 같아요. 경제학 용어로 말하자면 '듀오폴리'(duopoly, 복수독점 내지 양자독점)라는 독점체제, 즉 양자가 기득권질서를 이루면서 끊임없는 정치적 불안정이 나타나고, 이런 것들이 경제를 개혁하고 혁신적인 성장모델을 만들어내는 데 걸림돌이 된다는 생각이었고요. 마침 안철수 현상이 나타났고, 그 기대가 특정한 지도자를 만들어내야 한다는 열망으로 이어졌죠. 물론 불안감도 있었죠. 시스템이 갖춰져 있지 않았거든요. 그래서 그런 것들을 안정화하는 데 일조해야겠다는 생각으로, 정무적 개입은 한 적이 없지만 안철수 캠프의 정책을 만드는 데 참여해서 보탬이 되려고 노력했습니다. 저 나름 노력했지만 어떤 분들께는 너무 쉽게 생각하고 덤벼든 게 아니냐는 질책도 받았습니다. 그래서 사실 저도 자기성찰을 해야 합니다.(웃음) 이 정도로 말씀드리겠습니다.

**김용구** 저에게는 국가경영 관점에서 2012년이 좀 특별한 해였습니다. 그동안 이명박 정부의 한계가 명백하게 드러나고 무엇보다 공공성 가치가 허물어지는 상황에서도 한나라당 지지율이 계속 야당보다 높았죠. 이런 현상이 잘 이해되지 않다가 2012년 1월이 되면서 제가 보기에는 책임정치 차원에서 정상적인 국면, 즉 야당 지지율이 모처럼 올라가는 걸 보면서, 총선과 대선이 국민 입장에서는 올바른 것을 올바르게 보고 그른 것은 그르다고 보는 선거가 될 수 있겠다고 기대했어요. 그런데 4·11총선 결과는 전혀 다르게 나타났죠. 그래서 왜 이런 현상이 나타났는지 분석하면서 이것이 12월 대선에는 어떤 영향을 줄지 숙고했지요. 일반 기업이나 국가 공공조직은 대형 행사를 치르거나 어떤 문제가 생기면 당연히 그에 대한 평가를 담은 보고를 하게 되는데, 당시 1월까지 높은 지지율을 얻었던 민주당이 4·11총선에서 실패했음에도 제대로 된 보고서가 나오지 않고 시간만 흘러가는 걸 보면서, 정말 문제가 많구나 싶었습니다. 야당이 문제가 많으면 여당도 영향을 받는다는 점에서, 전반적으로 이번 대선이 책임정치 차원에서 순탄하지 않겠다고 짐작했죠. 그런 관점에서 대선 진행과정에 주목하다가, 제가 예전에 정당의 비전 수립과 조직설계를 컨설팅해준 경험도 있고 해서, 이번 대선에서 성공할 수 있는 요소가 무엇일지를 한번 생각해보게 되었습니다. 첫째로 이번 대선의 핵심은 후보의 학습역량이라고 생각했어요. 둘째로는 후보를 둘러싸고 있는 참모진의 능력이죠. 그 능력이란 전문성, 개방성, 확장성이에요. 아무튼 본인의 학습능력이 높고 휘하에 역량 있는 참모진을 둔 후보가 여야를 막론하고 당선 가능성이 있다는 생각을 2012년 중반에 하게 됐습니다.

그런데 민주당을 지켜보면 후보가 결정되는 과정에서 열정적인 비전이나 몰입이 나오지 않았지요. 후보가 결정된 후에도, 대통령 후보라면 당에 대한 전권을 갖기 때문에 지난 총선에 대한 평가를 포함해 당의 혁신방향이 나올까 했더니 결국 안 나왔죠. 그런 흐름을 보면서 안타까웠어요. 반면 한나라당에서 이름을 바꾼 새누리당을 보면, 어쨌든 아까 말씀드린 학습능력이 선거과정에 상당히 반영되는 것을 확인할 수 있었습니다. 많은 정치평론가들이 말하는 것처럼 박근혜 후보가 야당의 주장을 대폭 섭취하고 많은 어젠다를 본인의 것으로 만들어낸 것이 바로 학습능력을 보여준 사례죠. 선거 흐름을 보면 본인의 말에 대해 고객인 국민이 어떻게 반응하는지, 또 야당의 주장을 국민이 어떻게 받아들이는지 하루에 몇번씩 점검하지 않았나 할 정도로 민첩한 대응을 한다고 느꼈습니다. 야당 지지자 입장에서는 이명박 정부가 민주공화국의 기본을 무너뜨리고 공공성 차원에서 너무 많은 실책을 했기 때문에 당연히 권력이 야당으로 넘어올 거라고 단정했던 건데, 그게 안됐죠. 저는 이번 선거를 계기로 특히 야당이 새롭게 학습해야 한다고 생각합니다. 또 학습하는 방법 자체를 학습해야 한다고 봅니다.

**이일영** 김원장님께서 계시는 미래경영개발연구원에서는 대선 후보나 정당의 역량을 평가하는 일도 하는지요?

**김용구** 국가경영의 성공 차원에서 기업이나 공공조직뿐 아니라 여야를 막론하고 후보나 정당의 성공요인에 관심을 갖고 있습니다. 이번 선거에는 관여하지 않았습니다만, 2008년 2월 민주당의 비전 수립을 컨설팅한 적이 있었고, 그전에 중앙당 조직설계에 대해 자문한 적도 있었지요.

**이일영** 그러면 이상돈 교수님, 워낙 언론에 많이 노출되셔서 잘 알려져 있으신데요. 말씀해주시죠.

## 여권의 신승과 야권의 좌절, 그 원인은

**이상돈** 2012년이 하늘에서 뚝 떨어진 게 아니지 않습니까? 2007년 대선과 2008년 총선에서도 이른바 진보진영이 상당히 좌절했던 거 아닌가요? 어쩌면 지금보다 더 무력했다고 봅니다. 대선만 뺏긴 게 아니라 총선에서 의석을 그렇게 빼앗겼으니 대단히 무력감을 느꼈겠죠. 이명박 대통령이 보수의 힘을 타고 된 것은 아니잖아요. 중도실용을 표방했는데 집권 초기에 그야말로 곤경에 빠지니까 보수의 힘을 내세워서 극복하려고 하는 바람에 우리 사회에서 진영논리가 강화돼버렸죠. 당시 여권의 유력 정치인이었던 박근혜 한나라당 전 대표와 이명박 정부의 관계는 한국 정당사에 별로 없는 사례였어요. 제가 알려지게 된 것도 전통적인 야권 인사가 아니면서 정부 비판을 했기 때문이죠. 그런 사람이 김종인, 윤여준(尹汝雋), 저 이렇게 셋 정도였어요. 따지고 보면 한나라당이 이명박 정부의 실패로 겨우 버텨왔지만, 거기에 참여하지 않은 플레이어가 있었고 그것이 씨앗이 돼서 지금 이렇게 되지 않았나 생각합니다. 또 오세훈(吳世勳) 전 서울시장의 어리석은 행동도 작용했지요. 사실 오세훈이 당을 구한 거죠. 일등공신이에요.(웃음) 박근혜 전 대표가 김종인 박사와 저를 비상대책위원으로 발탁해서 전에 없는 시도를 했던 것이 2012년 1년간 유효했던 게 아닌가 합니다. 한나라당이 최저점을 찍은 게 1월 초였던 걸로 기억해요. 그 이후 내부 갈등에도 불구하고 쇄신을 통해서 다시 태어나서 호응을 받았다고 생각합니다. 반대세력도 많았어요. 새누리당 재창당 과정에서 극복할 건 극복하고 타협할 건 타협했죠. 정치란 이상만 추구하는 게 아니니까요. 이런 과정을 거쳐서 4·11총선에서 선전했고, 선거 막판에는 운도 따랐죠. 정통민주당이 튀어나와서 몇군데서 도움을 줬고, 김용민(金容敏) 막말 파문도 있었고요.(웃음) 대선도 결국 그 연장선상에 있었다고 봅니다.

많은 사람들은 이번 선거가 진보 대 보수의 대격돌이고 보수가 거기서 승리했다고 하지만, 저는 TV토론 같은 데서 여기에 이의를 제기한 바 있어요. 그 논리대로 하자면 이쪽에서 아무나 나와도 다 이겼어야 하는데, 제가 보기에 다른 후보였으면 백전백패했을 거예요. 박근혜라는 사람이 박정희의 딸이라는 점도 있지만, 이명박 정부와의 거리 두기와 전에 없었던 비상대책위원회로 안팎의 고비를 극복해서 신승(辛勝)했다고 봅니다. 2012년은 단순히 정당 대 정당, 진영 대 진영으로만 볼 수 없는 요소가 있다고 생각합니다. 그 1년은 저한테도 일생일대의 경험이었고요.

**이일영** 작년 1월 한나라당이 저점을 찍고 나서 정당의 쇄신과 조직혁신이라는 과감한 시도를 한 반면, 민주당은 구태의연했다는 생각을 저도 신문 칼럼에서 피력한 적이 있는데요. 한나라당에서는 이교수님께서 그 핵심 역할을 하신 것 같습니다. 이제 백낙청 선생님께서 말씀해주실 차롄데요. 오늘 대화를 준비하며 인터넷을 검색해봤더니 백선생님에 대한 언급이 아주 많더라고요. 유력 일간지 사설에서 이렇게 썼어요. 엉터리 정치컨설팅을 했다, 차라리 이젠 내놓고 해라.(『조선일보』 2012.8.24.) 그렇게 말이죠.(모두 웃음)

**이상돈** 그 사람들은 얼마나 똑똑하기에 그런 얘기를 하는지. 그쪽 말 들었으면 저흰 망했어요.(웃음)

**백낙청** 어디까지가 컨설팅인지 모르겠는데, 컨설팅을 했다면 실패한 컨설팅을 한 건 확실합니다. 간단히 제가 했던 역할에 대해 말씀드리죠. 저는 야권의 선거 승리를 희망했고 저 나름대로 기여하려고 애쓰긴 했습니다만, 어느 특정 후보나 진영에 가담해서 일한 적은 없습니다. 막판에 야권 후보가 문재인으로 단일화되고 '정권교체와 새 정치를 위한 국민연대'가 그를 국민후보로 추대하고 나서야 당시 제가 속해 있던 '희망2013·승리2012원탁회의'가 분명하게 문후보 지지를 밝혔는데──물론 단일화된 시점부터 줄곧 지지하고는 있었지만요──그러고도 저 자신은 국민연대에 들어가진 않았어요. 저를 포함한 시민사회의 몇몇 인사는 2009년 말부터 '희망과대안'이라는 조직을 중심으로 새로운 유형의 시민정치를 시도했다고 할 수 있습니다. 외국에는 시민정치의 여러 사례가 있지만 국내에서는 시민운동이라고 하면 엄격하게 정치적인 중립을, 여야 간에도 거의 기계적으로 중립을 지키면서 시민단체로서 자기 할일만 하는 운동이 있고, 그밖에 시민운동을 하다가 현실정치로 들어가는 쪽, 둘 중 하나였는데, '희망과대안'은 여야 간에는 야 쪽을 지지하는 당파성이 분명하지만 야권의 여러 정파 어느 쪽에도 기울지 않고 우리 자신이 현실정치에 들어가지도 않는 그런 시민정치를 시도했어요. 나중에 개별적으로 그 노선에서 벗어난 분들도 있습니다만. 그것이 2011년 7월에 이른바 '희망2013·승리2012원탁회의' 결성으로 이어졌고, 작년 선거기간에 저는 주로 이 원탁회의를 중심으로 행동한 셈입니다.

그것과 별도로 한 사람의 지식인으로서 또는 논객으로서는 2013년체제론이라는 걸 제기하면서 담론을 통해 개입한 것이 있습니다. 2011년 3월이었을 거예요. '평화와 통일을 위한 시민활동가 대회'라는 곳에 가서 처음 발표했고, 그해 『실천문학』 여름호에 글로 새로 정리했고요(「'2013년체제'를 준비하자」). 2012년 새해 들어 총선거를 앞두고는 좀더 영향을 미쳐볼까 해서 『2013년체제 만들기』(창비 2012)라는 저서를 냈습니다. 그 취지는 2013년에 어차피 정부가 바뀌고 새로운 대통령이 취임하는데 이것을 단순히 대통령의 교체라든가 정권교체로 끝낼 것이 아니라 정말 제대로 된 새 시대를 출범시키자는 거였지요. 그게 제 구상대로는 안됐습니다만, 2013년에 새 시대를 열어보자는 데는 대선 국면에서 여야 후보가 다 동의를 한 셈이에요. 문재인 후보는 2차 TV토론에서 87년체제를 마감하고 2013년체제를 열겠다고 명시적으로 얘기했고, 박근혜 후보는 단순한 정권교체를 넘어서 시대교체를 하겠노라고 했으니까, 그런 면에서는 두분이 다 동의를 하신 셈이지요.

그러나 저는 막연히 2013년에 새롭게 잘해보자는 얘기가 아니고 저 나름대로의 프로그램이랄까 로드맵이 있었던 건데, 총선 패배로 1차 어긋났어요. 2013년체제를 만들기 위해 첫째는 우리가 2013년 이후의 시대에 대해서 제대로 된 구상과 경륜을 갖고 실질적인 준비를 할 때만 2012년 선거에도 승리할 수 있다는 취지였지만, 어쨌든 2012년 선거를 이겨야 한다고 봤죠. 원래 저의 주장은 총선을 이겨야지 대선도 이긴다는 것이었어요. 그런데 총선에서 졌거든요. 그러면 포기할 건가 하는 기로에 봉착했는데, 저 나름대로는 수습을 해서 2012년 대선 승리가 더 어려워졌지만 불가능하지 않다는 논지를 폈고 12월의 대선 승리를 염원했는데, 그것마저 안됐습니다. 그러면 2013년체제는 어떻게 되느냐? 이 대목에 대해 저 나름대로 그사이에 생각한 것도 있습니다만, 오늘 귀한 분들 모셨으니까 말씀 들으면서 새롭게 정리하는 계기가 되었으면 합니다.

**이일영** 선거 국면에서 행동으로 개입하신 게 있고 담론 차원에서 개입하신 게 있는데, 담론 차원은 조금 후에 얘기 나누기로 하고요. 그전에 사실 확인 차원에서 여쭤보면, 보수언론에서는 백선생님께서 주도해서 민주당을 압박해 통합진보당과 손잡게 했고 후보단일화 과정에도 구체적으로 관여를 하셨다고 하는데, 그 부분은 어떤가요?

**백낙청** 4월 총선 때 민주당과 통진당이 선거연대를 하지 않았습니까? 그건 양쪽에서 하겠다고 한 거였는데 쉽지 않았죠. 그럴 때 원탁회의를 포함한 시민사회, 소위 야권 성향의 시민사회 인사나 단체들이 단일화를 압박한 건 사실이죠. 저는 거기까지는 당연했다고 봐요. 단일화조차 안했으면 더 크게 패배했을 게 분명하니까요. 그런데 이른바 통진당 사태라는 게 선거 후에 터졌잖아요. 통진당 측에서 단일화 과정에서 자기 몫을 더 챙기려고 애쓴 것이 꼭 진보정치의 영역을 늘리려고 한 것만이 아니고 통진당 내 특정 계파, 나중에 당권파라고 불린 그 계파의 몫을 늘리기 위해서 더 악착같이 했던 면이 있어요. 그런 것에 대해 우리가 더 냉정하게 파악하고 비판도 하고 그러지 못한 게 부족했던 점이지요.

**이일영** 야권연대를 통해서 통진당 당권파가 가장 이익을 본 셈이고 결국 그게 문제를 불러일으킨 상황이 됐는데, 애초에 그런 점에 대해 뚜렷하게 파악하고 계신 건 아니었죠?

**백낙청** 통진당의 조직문화에 문제가 많다는 것, 또 일반적으로 소위 NL(민족해방)운동권의 교조적인 분파와 그 문제점에 대해 대충은 파악하고 있었지만, 통진당 내부 사정이 그 정도일 줄은 몰랐죠.

**이일영** 저희 다 마찬가집니다만, 그 대목에서 조금 인식상의 실수를 하신 거네요.

**백낙청** 그렇지요.

## 2013년체제론은 여전히 유효한 비전인가

**이일영** 2013년체제론, 저는 여기에 두가지 차원이 있다고 생각하는데요. 먼저 아까 말씀하신 대로 무슨 일을 하려면 구상과 준비와 비전이 있어야 하죠. 새로운 체제와 시대를 만들기 위한 기본 조건이나 요소가 무엇이냐는 문제가 있겠습니다. 다음으로는 거기로 가기 위해 어떤 경로를 밟을 것이냐의 문제가 있는데, 그 핵심은 '연합정치'로 요약될 수 있겠고요. 이 두가지 차원에서 논의해볼 수 있다고 생각합니다. 2013년체제론의 이런 문제의식에 대해 어떤 의견을 갖고 계신지, 김원장님과 이교수님께서 말씀해주시죠.

**김용구** 백선생님께서 2013년체제를 꺼내신 것은 시의적절했다고 생각합니다. 평소에 선생님께서 강조하셨던 남북관계·평화공존의 측면에서 본다면, 지난 5년 사이에 남북관계가 더는 가라앉을 수 없을 만큼 침몰했죠. 또 복지 이슈가 여야를 막론하고 대두되었고, 한국 사회의 공정·공평 문제가 수면 위로 떠올랐죠. 평화체제와 복지, 공정·공평의 문제를 하나의 시스템으로 해설하는 비전을 정치권 전체에 던졌다는 점에서 2013년체제라는 화두는 매우 설득력 있었다고 생각해요. 물론 1987년에 헌법이 바뀌었기 때문에 87년체제라는 표현에 문제가 없는 반면, 2013년에는 아직까지 그런 일이 없었으니 체제라는 말을 붙이는 것에 용어상의 문제가 있을 수 있겠지만, 우리가 당면한 문제의 질적 수준이나 심각성을 감안할 때 그렇게 불러도 되겠다고 생각했습니다.

한편으로는 이런 생각도 했어요. 선생님 글을 보면 2013년체제는 남북한 평화체제, 복지, 공정·공평한 국가에 더하여 상식과 교양, 민주주의까지 회복되어야 하는 시대인데, 이명박 정부 5년간 잃어버린 모든 것이 한꺼번에 회복되기를 원하는, 어찌 보면 너무 광범위한 구상을 담으신 것이 아닌가. 이렇게 광범한 2013년체제를 강조하다보면 야권 입장에서는 그걸 지나치게 숙명적으로 받아들이게끔 한 것은 아니었나 싶어요. 이 숙명론이 자기학습을 방해할 수도 있었고요. 하지만 큰 틀에서는 2013년체제라는 화두를 던져줌으로써 여야를 막론하고 새로운 국가 비전의 방향성에 대한 논의가 가능했던 것 같아요. 저는 박근혜 후보가 유세에서 시대교체 이야기를 하는 걸 보고, 원래 이 화두는 2013년체제론에서 백선생님이 강조하신 것인데 결국 지금 여야 모두 2013년체제의 비전을 수행하려는 게 아닌가 싶었습니다.

**이일영** 이교수님께선 2013년체제 논의에 비판적인 것으로 알고 있습니다만.

**이상돈** 몇년 전부터 야권의 조국(曺國) 교수나 김호기(金皓起) 교수 등도 야권의 통합과 연대를 많이 강조했죠. 비슷한 맥락에서 통합을 말했던 보수 쪽의 박세일(朴世逸) 교수도 있어요. 그런데 저는 솔직히 다 모아서 통합만 하면 정치가 되겠는가 싶어요. 박교수의 입장에는 내용이 없다고 보고, 조국 교수 같은 견해에 대해선 속으로 잘 안될 것이라고 생각했어요. 그리고 2013년체제론은 내용을 떠나서 그 자체로 전통 보수세력에는 아주 위협적으로 들렸어요.

**이일영** 어떤 면에서 그렇죠?

**이상돈** 세상을 확 바꾸자는 거잖아요.

**이일영** 제대로 준비를 하자, 그런 차원이 아니고요?

**이상돈** 그렇게 보이진 않아요. 똑같은 새 시대라도 박근혜 대표가 시대교체 하자는 것하고 백낙청 선생님이 2013년체제 만들자는 것은 다르죠. 왜냐면 박근혜 당선인 입장에서는 아무리 중도로 간다고 해도 고정층은 신경 안 써도 되거든요. 총선 결과를 보면 야권연대의 힘은 상당히 있었다고 봐요. 광주 서구 을에 출마한 새누리당 이정현(李貞鉉) 후보의 경우도 민주당 후보가 나왔으면 안되겠지만 통진당 후보를 상대로는 그래도 해볼 만하다 싶었는데, 역시 안되더군요. 그런데 민주당 비례대표 명단을 보면 난데없이 애먼 사람들이 많이 나왔잖아요. 그게 영향이 컸다고 봐요. 분노해서 심판하러 투표장에 가는 사람도 있지만 위기의식 때문에 나오는 사람도 있죠. 저는 기본적으로 세상이 선거로 확 바뀐다고 생각하지 않고, 점차 진화해간다고 봅니다. 박근혜 정부가 들어선 것도 하나의 진화하는 과정이고요. 그런 과정을 통해서 발전하는 게 아닌가요?

**이일영** 저도 2013년체제를 준비하자는 데 퍽 공감하고 글도 쓰고 했는데, 이교수님 말씀 들어보니까 총선 때 야권 비례대표 명단이 2013년체제라는 용어를 위험하게 보이게 했다는 것 같아요. 저 역시 한해 선거를 통해 새로운 시스템으로 전면 전환하는 것은 쉽지 않다고 봅니다. 백선생님도 그런 표현을 하신 걸로 아는데, 세가지 혁신, 먼저 남북관계에서 한반도의 안전과 평화를 위한 시스템이 필요하고, 사실상 답보상태에 있는 87년체제의 정치와 경제, 이 세가지 차원에서 조정이나 혁신이 필요하다, 그리고 그게 2013년에 나타났으면 좋겠다고 생각했습니다. 이 교수님 말씀대로 그것이 2012년 선거를 통해서 이뤄질 수 있는 일이냐, 다시 말하면 2012년 선거가 그 정도로 중요한 계기인가는 토론해볼 수 있겠습니다. 저로서는 이러한 내용이 아주 위험한 담론이라고는 생각하지 않는데, 다른 시각에서 보면 그럴 수도 있겠다 싶네요. 아무튼 지금 제일 쟁점이 되고 있는 게 연합 또는 통합의 문제인 것 같습니다. 2013년 체제론의 중요한 요소로 연합정치, 야권통합, 후보단일화 등이 있는데, 좌파, 우파 양쪽 모두에서 이걸 공격하는 것 같아요. 좌파에서는 과거 1987년의 '비판적 지지론'의 재판(再版)이라고 비판합니다. 가치와 노선을 막론하고 통합해서 어쨌든 선거에 이기자는 입장과 뭐가 다르냐는 것이죠. 우파 쪽에서는 이런 표현을 쓰더군요. 눈앞의 이익에 눈이 멀어서, 총선·대선의 이익에 눈이 멀어서 종북주의자들과 연대를 했다, 그렇게 세상 쉽게 살려고 하느냐, 이런 얘기들을 했는데, 이에 대해서 말씀을 해주시면 좋겠습니다.

**백낙청** 우선 연합과 통합은 구별해서 말할 필요가 있어요. 물론 연합을 넓게 해석하면 그중에 통합도 들어가고 통합이 아닌 연대도 포함되지만, 2012년의 주된 연합정치는 통합이 아닌 연대로서의 연합이었죠. 그런데 이게 안철수와 문재인 사이에서도 삐걱거렸고, 진보정의당과는 한결 순조로웠지만 통합은 아니었지요. 통진당은 아예 배제되었고요. 어쨌든 연합정치는 2013년체제론의 실행방안과 관련된 일부에 불과하고, 2013년체제의 가능성에 관련해서는 참여정부 시절에 정책실장을 지낸 김병준(金秉準) 교수가 대선에서 승리해도 2013년체제는 안 올 것이라는 얘기를 분명하게 한 것이 저로서는 주목할 만한 비판이었어요. 선거 지고 나서 "어차피 안될 거였는데" 하는 얘기가 아니라 선거를 앞두고 "백아무개 선생이 2013년체제를 이야기하지만 2013년체제는 결코 오지 않는다"고 단언했습니다. 그 이유는 우리나라 정치가 이렇게 한심하고, 그분이 행정학자잖아요, 행정체계가 이렇게 엉망인데 야당이 승리한들 어떻게 새로운 체제를 만들겠느냐는 거지요. 상당히 날카로운 비판이라 생각했습니다. 그렇다고 그분 주장처럼 지금부터 잘해서 '2018년체제'를 만들자는 것도 좀 막연한 얘기 같았습니다.

그런데 2013년체제론이라는 게, 2012년에 선거에 이기고 13년에 새 정부 출범시키면서 확 다 바뀐다는 논리는 아니었어요. 체제라는 말이 붙은 것은 2013년의 새 출발을 계기로 여러 해에 걸쳐서 새로운 사회를 만들어간다는 뜻인데, 제가 처음 발표할 때부터 이 명칭은 나중에 다른 게 될지도 모르겠다, 만들어가면서 다른 이름이 더 적절하다고 판단할 수도 있겠다고 말한 바 있어요. 2012년 선거마저 지고 난 지금 보면 2013년체제라는 명칭은 안 맞는 것 같아요. 2013년체제보다 더 넓은 의미의 '희망2013'은 방식을 달리해서라도 계속 추구해야겠지만, 2013년체제라는 명칭은 포기할 용의가 있습니다.(웃음)

다른 한편으로 순전히 평론가적인 입장에서는 2013체제론에 대해 그렇게 부끄러워할 게 없어요. 순전히 하나의 논리로만 본다면, 2013년 이후에 대한 비전과 준비가 부족하면 2012년 선거조차 못 이긴다, 2012년 총선에 지면 대선도 진다고 한 거였거든요. 그 말대로 됐지요. 하지만 저는 평론가적인 입장이 아니라 2013년체제 '만들기'를 목표로 논의를 펼친 것이고 총선을 못 이겼으면 대선이라도 이기자고 중간에 수정까지 했던 건데, 완전히 틀린 얘기가 됐어요. '완전히'는 아니어도 하여간 2013년체제라는 용어를 쓰기가 난감할 정도로 어긋나버렸고, 그 과정에서는 김병준 교수가 지적한 몇가지 부분이라든가 방금 이상돈 교수께서 말씀하신 것처럼 일부 대중이 어떻게 받아들일지에 대한 고려가 부족했다든가, 성찰할 지점이 많다고 봅니다.

**이일영** 평론가적 입장에서는 틀린 얘기가 아니지만 현실의 목표가 어긋난 것이니 이제 2013년체제론도 수정하셔야 되겠군요.

## 새 시대를 향한 바람이 꺾인 선거는 아니었다

**백낙청** 그런데 그 명칭을 안 쓰는 것과 새로운 시대에 대한 구상이나 시도를 포기하는 것은 별개의 문제입니다. 제가 대선 앞두고 이런 주장도 했잖아요. 이번 대선이 1987년 대선보다 더 중요하다, 왜냐하면 1987년 12월에는 6월항쟁의 성취가 이미 있었고 7·8월 노동자대투쟁이 있었고 제6공화국 헌법을 만들어놓고 대선을 치른 거란 말입니다. 87년체제의 기틀이 잡힌 상태에서 그 첫 대통령을 어느 쪽에서 내느냐 가지고 다투다가 민주화세력이 분열해서 졌지 않습니까. 민주화세력에는 굉장한 좌절이고 패배였지만 87년체제의 기틀은 이미 잡힌 상태였습니다. 그에 반해서 2013체제론의 관점에서 보면 2013년체제를 제대로 출범시키느냐 못 시키느냐 하는 그런 관건적인 선거가 2012년 대선이라고 생각했는데, 지고 나서 자기위안인지는 몰라도 저의 그 말이 오히려 좀 과장된 게 아니었는가 싶습니다. 왜냐하면 아까 이상돈 교수께서도 말씀하셨듯이 박근혜 후보의 승리가 한마디로 보수의 승리라고 보기 힘든 면도 있거든요. 2007년 선거는 비록 이명박 후보가 중도실용주의를 내세웠지만 수구세력이 압승한 선거였는데, 이번에는 박근혜 후보의 공약이 사실 기존의 한나라당 노선과는 어긋나는 게 많았잖아요. 중도나 진보의 의제를 많이 가져갔고 또 문재인 후보가 48% 득표를 했기 때문에, 새 시대를 향한 우리 사회의 바람이 결정적으로 꺾인 선거는 아니었다고 볼 수 있어요.

다시 1987년 대선과 비교해본다면, 그때 이미 87년체제의 틀이 잡혀 있었듯이 이번에도 2008년 이래로 국내에서는 촛불시위 등을 통한 시민의 각성이 있었고, 전세계적으로는 금융위기, 경제위기가 오면서 신자유주의의 신화랄까 이런 게 무너졌고, 또 이명박 정부 아래에서 국민이 너무나 많은 걸 깨닫고 배워서, 2012년 대선 즈음에는 우리 사회의 체질 자체에 상당한 변화가 일어났지 않았는가 합니다. 그래서 이 변화를 수용하고 추동하는 역할을 누가 맡을 건가를 다투는 선거였다고 볼 소지가 있습니다. 그런 점에서 오히려 1987년 대선과 비슷한 성격이지 87년보다 더 비참한 패배라고 보기는 어렵다는 생각이에요.

그렇다면 딱히 '2013년체제'라 부르지 않더라도 2013년부터 새 시대를 열려는 노력을 우리가 한층 본격적으로 할 필요가 있겠습니다. 그중 어떤 대목은 다음 대통령이 자기 공약을 이행하는 방식으로 실현될 것이고, 어떤 것은 야당이 정신을 차려서, 빨리 정신을 차리기를 바랍니다만, 국민의 뜻을 반영하여 정부를 압박하고 견제하면서 이루는 것도 있을 것이고, 어떤 것은 국민 대중이 더 깨어나고 노력해서 손수 만들어내는 것도 있겠지요. 그래서 어떻게 보면 더 복잡하고 다소 구질구질한 형태로 새 시대의 건설이 진행될 수 있지 않겠나 하는 것입니다.

**이일영** 2012년 선거의 의미를 다시 돌아보게 해주신 것 같습니다. 1987년 선거와 2012년 선거를 비교해서 말씀해주셨는데, 이에 대해서 백가쟁명식의 논의가 있는 것 같아요. 아까 김원장님께서는 4월 총선 후에 민주당이 평가도 안하고 지나갔다고 말씀하셨는데요.

**백낙청** 평가서가 작성됐는데 공개를 안했다고 하죠. 회람도 안했으니까.

**김용구** 결국 안한 거나 진배없죠.

**이일영** 공유를 안 한 것이니 평가를 안했다고 봐야 할 것 같고요. 지금 많은 얘기가 나오고 있는데, 거시적인 분석이나 구조적인 문제, 예를 들면 50대 세대론이나 비례대표제, 결선투표제 같은 제도에 대한 논의가 있죠. 또 지역주의라든가 세대주의 같은 고질적인 사안이 있어요. 그다음에 각 세력의 전략이나 캠페인 차원이 있겠는데, 2012년만 보면 확실히 새누리당이 더 혁신적이었다는 판단입니다. 또 한편으로는, 백선생님 말씀처럼 큰 흐름에서는 변화하고 진전하는데 누가 이것을 담보할 수 있을 것이냐, 그런 의미에서 민주화운동 진영에 대한 심각한 성찰이 필요한 시점에 와 있다는 생각도 듭니다. 2012년 선거 보시면서 중요한 포인트라든지 각 세력에 대한 평가를 해주신다면요?

**이상돈** 제가 보기에 특이한 현상이 있는데요, 민주당은 정당으로서 정치행위자면서도 외곽에서 훈수를 둔달까, 이런 분들이 많아요. 반대로 여권은 2011년 전후로 자포자기하는 분위기가 팽배했잖아요. 다 끝났다고 말하던 사람들도 있고, 상당한 위기였죠. 야권은 큰 진영이기 때문에 중지를 모을 필요도 있고, 의사결정도 오래 걸리고, 실패했을 때 한 사람이 책임지는 구조가 아니잖아요. 보통 '보수'라고 하면 거대한 음모 세력이 뒤에 있다고들 생각하는데, 지금 보면 오히려 그 반대가 아니었나 싶어요. 지난 1년간 보수진영에서는 거의 박근혜 당선인 쪽에서 앞서 나갔고 외곽에서 방향을 제시하거나 이런 게 별로 없었다고 봅니다. 보수신문의 사설이나 칼럼 같은 건 거의 영향이 없었다고 봐요. 제가 농담으로, 대선 후보 토론회에서 간질환 같은 문제로 토론하는 걸(2차 TV토론 당시 문재인, 박근혜 후보 간의 건강보험 보장성 논쟁) 다른 나라에서 본 적이 있느냐고 했어요. 공약이 똑같으니까.(웃음) 공약만 보면 투표장 가는 의미가 없었는데도 이것이 대립으로 귀결된 것은 후보보다도 논평하는 사람들이 그런 사고에 묶여서가 아닌가 생각도 들어요. 이번 대선은 원천적으로 불공정한 경쟁이었다고 봐요. 35%를 이미 가지고 있는 쪽하고 경쟁하는 것이었으니까요. 그 점을 말하지 않고서는 설명하기 어려운 것 같아요. 지난 총선과 대선을 진영논리로 보면 놓치는 게 많다고 봅니다.

**이일영** 보수언론이 박근혜 정부에 별로 영향을 못 미쳤거나 못 미칠 거라고 보시는 것 같은데, 선거 끝나고 나서 바로 '조갑제닷컴'에서 "민주당은 왜 김종인, 이상돈을 감쌀까"라는 얘기를 하더라고요.(모두 웃음) 그리고 이번 선거 결과를 분석했을 때 안보·이념·헌법을 기준으로 선거 판을 좌우로 가르면 반드시 이긴다는 우파 지식인들이 예언한 대로다, 이렇게 얘기하던데요. 정말 그렇게 해서 이긴 겁니까?

**이상돈** 그쪽에서는 총선 당시에도 다 여권이 망한다고 했어요. 그런데 틀렸잖아요. 박근혜 비대위원장이 아닌 다른 사람이 이끌었으면 이겼겠어요? 이명박 정부가 들어서고 나서 어떤 방향으로 가느냐에 대한 투쟁이 있었는데, 똑같은 현상이 지금 일어나고 있는 거죠.

**김용구** 그 말씀에 공감합니다. 백선생님은 애초에 2013년체제론을 제기하면서 총선에서 야권이 지면 박근혜 대표가 대선에서 승리할 가능성이 크다고 말씀하셨는데요. 박근혜 대표로 표상되는 원칙, 신뢰, 감각, 품위, 그리고 특히 복지 이슈를 정치권에서 가장 먼저 화두로 던진 것, 그러한 정치적 자산을 봤을 때 총선에 실패한 민주당보다 오히려 2013년체제의 핵심을 실현할 가능성이 있다고 볼 수도 있겠습니다. 그런 면에서 저는 이번 선거가 좌우 대립을 넘어서 어느 그룹이 2013년체제라는 역사적 과제를 실천할 힘이 있는지, 안정적으로 실천할 수 있는지 테스트한 것일 수도 있다고 생각합니다. 이것이 곧 출범할 박근혜 정부를 보는 국민의 시각일 수 있다고 생각합니다. 그렇다면 백선생님께서 2013년체제론을 철회하지 않으셔도 될 듯싶습니다.

**백낙청** 명칭도요?(웃음)

**김용구** 네, 그건 누가 당선돼도 하는 거니까요. 저는 박근혜 후보가 "시대교체를 하겠습니다"라고 한 것이 범상치 않게 들렸습니다. 그게 국민에게 먹혔단 말이에요. 아니었으면 선거에서 못 이겼다고 봅니다. 그리고 바로 그 시대교체라는 화두를 던진 것이 백선생님의 2013년체제론의 공헌이라고 볼 수 있지요. 다만 그 약속의 실천 여부에서 진정성이 확인되는 것이지요.

**이상돈** 이명박 정부 초기에 박근혜 당시 전 대표한테 국무총리나 당 대표를 맡으라는 주장이 있었어요. 박근혜 역할론을 둘러싸고 노선투쟁 같은 것이 있었는데, 그때 이명박 정부를 도우라고 했던 쪽이『조선일보』 나『동아일보』 같은 매체예요. 그렇게 했으면 100% 실패했죠. 그리고 제 가 보기에는 범보수진영이 51%를 얻었다고 하지만 15~17% 정도는 언 제든 떨어져나갈 수 있는 표라고 봅니다. 이런 현상이 바로 지난 지방선 거와 재·보궐선거에서 나왔죠. 선거라는 게 마지막에 5~10%가 좌우하 지 않습니까. 그런 점을 박근혜 당선인이 간파했기 때문에 승리했지요.

## 민주화운동 세대의 퇴보와 여전한 수구보수 헤게모니

**이일영** 통상적으로는 정권을 계승한 정당이 다시 집권하기 어려움에 도 결과가 이렇게 나온 것은 이른바 민주화운동 세력이 성찰하지 않는, 관성적인 집단으로 평가받기 때문인 것 같습니다. 미국 경제학자 킨들 버거(C. P. Kindleberger)는 한 사회에서 경제의 흥망을 좌우하는 게 생 명력(vitality)인데, 정치세력에도 그런 게 있다고 얘기하더라고요. 그런 점에서 본다면 지금 민주화운동 세대가 퇴보, 부패하고 있다는 진단도 가능하죠. 학연이라든지 집단에 매몰되어 혁신하지 못한다는 평가도 하 고요. 그래서 대선 막판에 민주당 안팎에서, 여기에 백선생님도 거론되 던데요, '백의종군 선언'을 하라는 요구가 빗발쳤다고 하더군요.(『한겨레』 2013.1.14.). 문후보는 의원직을 사퇴하고 노무현 정부 때 고위직에 있었 던 사람들은 임명직을 안 맡겠다고 선언하라는 요청이 당 안팎에서 빗 발쳤다는 겁니다. 그러나 후보를 둘러싼 주류 세력은 이긴다고 생각했 는지, 그 인식 자체도 문제지만, 끝내 외면했다고 하더라고요. 폐쇄적인 문화가 형성돼 있는 것은 아닌지, 어떤 이는 이른바 전대협(전국대학생대 표자협의회, 1987~93) 문화, 써클 문화, 운동권 문화, 형님 아우 하는 연고주의 때문에 판단과 행동에서 진보적이고 혁신적인 기풍이 막혀 있다고까지 지적하더군요. 이에 대해선 어떻게 생각하시는지요?

**백낙청** 사실관계를 먼저 말씀드리면, 저는 문후보나 민주당에 그런 요구를 한 적이 없어요. 그런 식으로 감 놔라 배 놔라 하려면 평소에 그쪽 부탁을 잘 들어줬어야 하는데 그런 관계가 아니었거든요. 다만 안철수 진영에서 그런 요구를 했고, 김덕룡(金德龍) 민화협(민족화해협력범국민협의회) 대표상임의장이 합류하면서도 그런 요구를 했다고 들었습니다. 하지만 둘 다 안 받아들여졌다고 하는데, 사실 여부를 확인은 못했지만 민주당이 실제로 그랬을 것 같아요. 안 받아주고도 이긴다는 생각을 하는 사람들이 많았을 것 같고요. 아무튼 지금 민주당과 야권 전체에 폐쇄적인 문화가 팽배해 있는 건 사실인데, 그걸 어떻게 쇄신할 건지는 잘 모르겠어요.

그러나 저는 이런 식으로 10년, 20년 가리라는 주장이나 우리 사회에 수구보수세력의 헤게모니가 확립된 것처럼 얘기하는 것에도 동의하지 않습니다. 어찌 보면 굉장히 강력한 헤게모니지만 다른 한편으로 몹시 취약하기도 해요. 아까 이상돈 교수님께서 35%를 미리 갖고 들어가는 사람과 경쟁하니까 불공정하다고 하신 건 그만큼 강력하다는 말씀이지만, 다른 한편으로 우호적인 외곽세력이 없었다는 얘기도 하셨잖아요. 물론 우호적인 외곽세력이 없는 건 아니죠. 오히려 선거에 임하면 엄청난 자산으로 활용되는 관변단체들이나 지연·혈연·학연 등으로 얽힌 우호세력은 많은데, 말씀하신 건 박후보가 뭘 잘하려고 할 때 또는 박당선인이 정치를 제대로 하고 대통령을 제대로 하려고 할 때 그것을 도와줄 수 있는 우호적인 시민사회단체 같은 세력은 민주당에 비해서 오히려 적은 편이다, 그런 말씀이셨죠? 그만큼 새누리당이나 그쪽 세력의 헤게모니가 취약하다는 얘기죠. 이상돈 교수님께서 어느 신문엔가 인터뷰하시면서 합리적인 보수층과 시민단체 인사들이 앞으로 많이 늘어나야겠고, 그러기 위해서는 한번 더 집권을 해야겠다고 말씀하셨던데, 제가 제대로 기억하고 있는 건가요?

**이상돈** 희망사항을 얘기한 거죠. 사실 제가 생각하는 개혁과 쇄신을 지지해주는 기존 세력은 별로 없는 것 같다는 생각을 할 때가 많습니다.

**백낙청** 우리 사회에 합리적 보수 인사들이 수적으로도 적지만 가장 큰 문제는 일부 예외적인 분들을 빼면 수구세력이 주도하는 수구보수동맹에 포섭되어 있는 거라고 봐요. 새누리당 안에도 개인적으로는 혁신적이고 합리적인 분들이 있더라도 당 전체로서는 합리적인 길을 못 가고 있고, 적어도 이명박 정부에서는 다들 그대로 따라갔단 말입니다. 선거 임박해서 이탈한 경우는 있지만요. 그래서 그런 분들을 더 북돋우고 키우는 방법은 새누리당의 재집권이 아니라 패배가 필요하다고 저는 생각했거든요. 진보의 승리를 위해서만이 아니라 우리 사회의 합리적인 보수가 더 각성해서 독자성을 발휘하고, 그래서 중도의 폭이 넓어지려면 다소의 혼란을 감수하더라도 야권 승리가 맞다고 생각했던 거죠.

**이상돈** 비슷한 얘기로, 지난번 총선에서 새누리당이 152석을 하리라고 생각했던 사람은 박근혜 당선인을 포함해 어느 누구도 없었어요. 그런데 오히려 더 좋은 결과가 나왔죠. 지나간 얘기지만 140석 정도만 되면 대선에서 유리할 수 있다고 생각했어요. 문제는 앞으로인데, 제가 보기에는 35%에 15% 정도가 더해진 상황에서 35%에만 치중하는 정책을 펴면 좌초한다고 봅니다. 당선인이 선거를 많이 해본 사람이라서 그런 걸 모르지 않기 때문에, 저는 희망적 기대를 갖고 있습니다. 지난번 총선 때 우리가 당내의 사람들을 확 바꾸었느냐 하면 그렇지 않았죠. 선거에는 한계가 있으니까요. 곧 발표가 되겠지만 박근혜 당선인이 어떤 사람을 통해 이끌어가느냐, 자기가 내세웠던 약속을 얼마나 무겁게 시행하느냐, 이런 것이 중요하죠. 민주당에 대해 제가 이런저런 말씀을 드리는 것은 좀 그런데, 영국 노동당이 새처(M. Thatcher)의 보수당한테 계속 패배했던 길을 가지 않으려면 민주당 역시 토니 블레어(Tony Blair)나 고든 브라운(Gordon Brown) 같은 새로운 지도자를 키워나가야 하지 않겠는가 하고요. 박근혜 비대위의 쇄신, 경제민주화, 복지 같은 것도 사실 '박근혜판 제3의 길'이라고 부를 수 있잖아요? 어쨌든 기존 보수는 가져가고 거기다가 15%를 얹기 위해서는 시대가 요구하는 길을 가야 하지 않겠나 싶어요. 그렇게 가면 고정 지지층을 잃어버릴 위험성이 있다고 생각할 수 있지만, 사실 그렇게 한다고 해도 선거에서는 위험성이 그다지 크지 않단 말이죠. 여야가 이런 식으로 접근해야 극단적인 대립과 진영논리를 탈피할 수 있다고 봅니다.

**김용구** 요즘 기업에서는 '빅 데이터'(big data)라는 걸 가지고 전술·전략을 입안하는데요, 2012년 민주당의 행태를 보면 고객이 국민인데 고객에 대한 분석을 잘하고 있는지, 과연 하고는 있는지 의문입니다. 경선과정을 봐도, 경선에 출마한 핵심 인물들 대부분이 자신의 캠프 내에서 물건을 내놓으면 국민은 그저 그것을 구입하리라 가정한다는 느낌을 받았습니다. 원래 경선이란 게 국민과 끊임없이 소통하면서 주변을 확장해나가는 과정이죠. 그런데 경선이 끝나고 나서도 국민과의 소통이 더 활발해졌다거나 확장되는 모습을 볼 수가 없었거든요. 저는 그 원인을 아까 말씀하신 것처럼 운동권의 사고에서 찾기도 하는데 예를 들면 이런 거죠. 한국 사회에서 1988년 올림픽은 굉장히 중요한 국가적 행사였는데, 현재 야권에 계신 분들 중 일부는 당시에 올림픽을 많이 반대하셨거든요. 그 당시에는 여러 이유가 있었죠. 그러나 한국이 세계로 뻗어나가고 세계적인 이념전쟁이 끝나는 데 서울올림픽이 기여한 바를 생각하면 교정되어야 할 생각이죠. 혹시 야권 일부 정치인들의 인지구조에 그때와 비슷한 자기확신의 오류가 그대로 있지는 않나 해요. 인식의 오류라는 차원에서 역사학습을 제대로 하고 있는 건지, 지금까지 했었는지 확인해보고 싶어요.

한편 민주당의 활로는 굉장히 많다고 봅니다. 지난 2011~12년을 돌이켜보면 민주당의 지지율이 계속 한나라당보다 낮다가도 어느 틈에 한번씩 위로 올라오는 형국이 있었거든요. 국민은 민주당이 잘해서라기보다는 마치 어른이 아이의 등을 두드려주듯이 이렇게 한번씩 올려주는 거예요. 국민 입장에서는 민주당에 대해 여러 경로로 활력을 불어넣어주는데도 민주당은 여전히 학습을 못하는 게 아닌가. 지금 민주당은 학습 기제가 멈춰 있는 조직이라는 판단이에요. 어디에서 학습이 중단되었는지, 그때 왜 그런 생각을 했었는지, 그런 생각을 했던 자신의 인지구조가 어땠는지, 누구에게 정보를 얻고 어떤 판단 근거로 그런 의사결정을 했는지를 객관적으로 돌아보는 역사학습을 권유해보고 싶어요.

저는 이번 선거를 보면서 박근혜 당선인이 여전히 아버지의 도움을 많이 받았다고 느꼈어요. 박당선인이 이번에 50대로부터 결정적인 지지를 얻었죠. 저도 50대인데 저희가 대학에 입학할 당시에는 대학 정원이 적어서 진학률이 20%를 넘지 않았을 겁니다. 그러니 50대라고 하면 대부분 서민들이죠. 현재 40대 이하와는 대학 진학률에서 엄청난 차이가 나요. 그리고 지금의 50대는 성장기에 교련 같은 과목을 통해서 유신교육을 많이 받았어요. 그래서 이들에게 박정희 시대란 곧 자기가 훈육된 시절, 그 속에서 자기질서를 찾았던 시대거든요. 그러니까 2002년 대선 때도 그 당시 40대였던 지금의 50대는 노무현 후보와 이회창(李會昌) 후보를 거의 반반씩 지지해 큰 차이가 없었죠. 어떻게 보면 그 당시 40대는 노무현 후보를 더 지지했을 성싶은 상황이었지만 그때도 거의 비슷했거든요. 대략 그중에서 13~14% 정도가 10년이 지난 이번 선거에서 지지그룹을 변경했죠. 2002년 당시에도 그들의 투표율은 82~83%였으니 89%가 놀라울 정도로 높은 수치는 아니고, 전체 투표율의 증가를 고려하면 조금 올라간 것에 불과해요. 이들은 유신체제에서 자기 삶의 주요 부분을 형성했어요. 이들은 부동산, 건강, 기타 사회문제 등 자신의 삶의 현장에서 발생하는 여러 고충을 해결해줄 능력이 박근혜 당선인에게 더 많다고 판단한 것 같습니다. 특히 새누리당이 부동산이나 가계부채를 화두로 잡은 게 상당히 유효했던 선거전략이라고 봐요. 그런데 과연 50대가 봉착해 있는 경제나 가계 문제를 박당선인이 풀 수 있느냐? 그러려면 본인이 내건 재벌문제에 손댈 수밖에 없어요. 전세계에서 유례를 찾기 어려운 세습재벌이 곳간을 풀고 중소기업과 함께 가겠다, 중소기업을 중견기업으로 육성하고 박당선인이 말했던 대로 창조경제의 재건에 동참하겠다는 쪽으로 가지 못하면 무척 실망하겠죠. 박근혜 당선인 입장에서는 부친을 역사적으로 명예롭게 만들려는 욕구가 클 텐데, 여기에서 성공하지 못하면 한꺼번에 몰락할 가능성이 높아요. 이 문제를 해결하지 못하면 박근혜 정부에 굉장히 어려운 상황이 올 겁니다.

그런데 재벌문제 하나만으로는 안되고 백선생님이 강조하는 남북 평화체제를 만드는 것 역시 중요해요. 어차피 2008년 이후로 세계 자본주의경제는 이미 붕괴상태이지 않습니까? 1991년 사회주의 붕괴, 2008년 자본주의 붕괴, 이렇게 보는 게 일반적입니다. 이제 자본주의는 새로운 자본주의로 재탄생하는 과정에 있습니다. 그렇기 때문에 남북 증오시대를 끝내고 경제적인 차원에서 새로운 한민족 경제공동체를 만들어내는 것 역시 매우 중요합니다. 박당선인이 이걸 이루려면 이상돈 교수께서 말씀하신 새로운 지원세력이 있어야겠죠. 그런 조건이 잘 갖춰진다면 저는 박당선인이 백선생님의 2013년체제를 실현할 수 있는 대통령이 될 수도 있다고 생각합니다.

## 박근혜 정부의 '시대교체'는 과연 성공할까

**백낙청** 제가 2012년 대선과 1987년 대선에 관한 저의 원래 발언을 수정해서 둘 사이에 오히려 비슷한 점을 말씀드렸는데, 그 얘기를 좀 발전시켜보지요. 87년 대선 결과로 당시의 민주화세력이 '멘붕' 상태에 빠졌지만, 크게 보면 노태우 정부 역시 87년체제의 건설을 진전시켰어요. 공안정국이 있었고 탄압사례가 많았고 또 하나회 같은 것이 엄존해서 문민정부에 미달했지만, 아까 이일영 교수가 말한 세가지, 87년체제의 정치, 경제와 남북관계 면에서 다 진전을 이뤘다고 봅니다. 특히 남북관계 발전에서 저는 역대 대통령 중 가장 큰 기여를 한 사람 둘을 꼽으라면 김대중 대통령과 노태우 대통령을 꼽겠어요. 물론 노무현 대통령도 공적이 크지만요. 정치적으로는 탄압하기도 했지만 어쨌든 군사정권으로, 전두환식의 폭정으로 복귀하는 건 막았거든요. 국민이 막은 거지만 노태우 대통령도 기여를 했다고 봅니다. 경제의 경우는 지금과는 반대로 그때는 경제주체들에게 자유를 주는 게 당면과제였어요. 박정희·전두환 시대에 국가가 통제하고 있던 걸 자유화하는 게 과제였고 여기에는 노동운동의 자유도 포함되었는데, 결과적으로 거대 경제주체들이 너무 자유로워져서 재벌을 어떻게 규제하고 균형을 잡느냐가 오늘의 과제가 되긴 했지만, 당시로서는 경제적 자유화를 포함해서 세 분야에서 다 업적이 있었다고 봅니다.

그런데 박근혜 정부가 적어도 노태우 정부 수준으로 시대의 큰 흐름을 수용해서 나아갈 수 있는가 하는 것을 그 세가지 지점에서 점검해볼 수 있을 것 같아요. 경제의 경우는 방금 말씀드렸듯이 과제가 달라져서 이제는 경제민주화, 재벌규제 등을 얼마나 해내느냐가 지켜볼 문제인데, 인수위에 그걸 챙길 인사가 없다는 말이 들리는 등 결코 낙관할 수 없습니다. 정치의 경우는 야당이 승리했을 때처럼 '민주주의 2.0'이랄까 그런 대대적인 시민참여를 실현하기는 어렵겠지만 최소한 이명박 정부 아래 퇴행했던 걸 되돌려놓고 민주정부 시절의 인권과 민주주의 수준이나마 유지할지가 관심사인데, 이것도 간단치 않을 것 같아요. 당선인 자신이 민주주의에 대해 투철한 신념이 있는 정치인 같지 않은데다, 더 중요한 것은 지지세력 중에 이번 승리에 절대적으로 기여했다고 자부하고 새 정부 출범을 계기로 이른바 종북좌파들을 영원히 척결하겠다고 기세 등등한 사람들이 워낙 많아서, 노태우 대통령이 군부에 기반을 두면서도 군부가 지나치게 정치에 개입하거나 복귀하는 것을 견제했을 정도로 박근혜 대통령이 해낼 수 있겠는가, 이건 지켜볼 문제예요. 다음으로 남북관계입니다. 김병준 교수가 2013년에는 어렵다며 2018년을 얘기할 때 좀 막연한 이야기라고 제가 느낀 것은, 너무 남한 위주의 시각이기 때문이에요. 남한에서도 정치나 행정에 너무 집중된 시각이기도 하고요. 한반도 전체의 사정을 보고 더군다나 동북아나 세계가 변화하는 정세를 보면, 2018년까지 가기 전에 정전협정을 평화협정으로 바꾸지 않고서는 대한민국 전체가 많은 면에서 어려워진다고 봅니다. 그런데 박근혜 후보가 남북관계 개선을 공약했지만 평화협정에 대해서는 얘기를 안하고 있잖아요. 신뢰 프로세스를 만들어가겠다고 하는데 과연 거기까지 진전시킬 수 있을지 모르겠습니다. 그러나 당선인이 적극적으로 남북대결을 조장하는 세력의 편을 들지만 않는다면 우리 시민들이 나서서 정전협정을 평화협정으로 바꾸는 방향으로 상당한 성과를 낼 수 있을지 모릅니다. 큰 흐름이 있으니까, 박근혜 정부 아래서 전혀 불가능한 일은 아니라고 봐요. 하지만 과연 해낼 수 있을지 그것도 장담을 못할 것 같아요. 만약 이런 것들이 다 이뤄진다면 좀 미흡하더라도 상당한 정도로 시대교체를 했다고 평가받을 수 있겠죠.

**이일영** 이교수님께서 제일 정확한 정보를 가지고 계시겠지만 말씀하기 거북하실 수 있겠다는 생각도 드는데요. 지금 인수위 인사를 보면 상당히 절제한다는 인상이에요. 이런 점에서 보면 기대감도 없지 않은 듯한데, 한편으로 경제 면에선 경제민주화 공약을 소화하는 데 상당히 뱃심이 필요해 보이고, 재계나 관료 쪽에서 당장은 긴장하고 있지만 장기적으로 보면 만만하게 느낀다는 얘기도 들려요. 통일·외교 면에서도 어제 한분이 사퇴한(2013년 1월 12일 최대석 외교·국방·통일분과 위원의 사퇴) 정황에 대해 추측이 난무하고요. 기대와 우려가 교차하는 시점 아닌가 합니다.

**이상돈** 앞으로 총리와 청와대 인사부터 있을 텐데, 가장 관심을 끄는 건 어떤 박근혜 정부냐 하는 거죠. 과거 같으면 대개 예측을 했는데, 이번에는 사실 당선인 본인의 공이 제일 컸잖아요. 그러니까 그만큼 자유로운 면도 있고 선택지가 많다는 거지요. 유권자가 현명하지 않습니까. 2010년 6·2지방선거와 지난 4·11총선은 거의 비슷한 투표율을 보였지만 결과는 달랐잖아요. 지난번 대선과 같이 진행된 서울시 교육감과 경남도지사 선거에서는 우리 후보가 좋지 않았는데 야권 후보는 더 나쁘더라고요.(웃음) 캐스팅보트를 쥐고 있는 중도층 유권자에게 이제 과거 민주노동당 출신 후보가 식상한 게 확실해요. 대표 주자들이 다 져버렸잖아요. 이를 보수의 승리로 보면 안되죠. 매사를 진보와 보수의 틀로 보는데, 사실 이명박 정부가 불신임받게 된 게 보수정책을 취해서가 아니잖아요. 민주주의 법칙을 묵살하고 재정을 파탄내서 심판받은 거 아닙니까. 50대가 박근혜 후보를 많이 찍은 것은 공약 때문이라기보다는 야권이 문화적으로 그 세대에 안 맞기 때문이죠. 사실 노년층에게 문재인 후보 공약이 더 좋은 게 많았잖아요. 1년에 100만원 이상 무상의료 같은 거요. 민주당은 20, 30대에 지나치게 의존했죠.

박근혜 정부가 성공하느냐 마느냐는 과거의 교훈을 되새기는 것에 달렸다고 봐요. 우리나라 역대 대통령 정책 중에서 지지율이 제일 높았던 것이 김영삼 대통령 때 금융실명제 실시하고 하나회 해체하고 전두환, 노태우 재판한 것이었어요. 대통령 지지율은 정권이 정의와 진실 편에 섰을 때 확실하게 오르는 겁니다. 박근혜 당선인이 그런 것을 교훈 삼아서 정국을 운영해야 1년 반 후 지방선거와 2016년 총선이라는 두번의 중간평가에서 지지받을 수 있다고 봅니다. 제가 민주당이나 야권에 계신 분들하고 좀 다른 것이, 남북관계도 반드시 어떻게 하지 않으면 안된다, 그렇게 보지 않아요. 언제까지 뭐가 안되면 안된다, 저는 역사에 그런 것은 없다고 봐요. 시대가 요구하는 시점에서 자연스럽게 해나가는 것이죠. 박근혜 당선인이 말한 평화 프로세스라는 것도 내 임기 중에 무엇을 반드시 하겠다는 건 아니지 않습니까. 과정에 비중을 두고 점진적인 접근을 해갈 것으로 봐요. 재벌개혁도 마찬가지예요. 야권이 하게 되면 아무래도 급격한 변화가 있을 테니, 중간층에 있는 유권자들은 그보다는 믿을 만하고 안정적인 개혁을 택한 게 아닌가 싶어요. 정권 초기에 해묵은 과제를 해결하는 것은 당연하다고 봅니다. 취임도 하기 전에 지난 몇년 동안 터부처럼 되어 있던 4대강 문제도 나오잖아요. 박근혜 정권이 이른바 수구세력에 그냥 묶여갈 것이라고는 보지 않습니다. 당선인은 선거를 많이 겪어본 정치인이기 때문이죠.

## 안철수 현상에서 무엇을 배울까

**이일영** 지금껏 시대교체의 의미와 박근혜 정부의 앞날까지 다뤄봤습니다. 2012년에 있었던 일들 중에서 특이한 것이 안철수 현상이었죠. 새로운 정치를 바라는 국민의 열망과 움직임을 평가하고 정리해봤으면 합니다. 안철수 현상을 저는 이렇게 봤습니다. 현재 한국 사회는 굉장히 격동하는 환경 속에 있지만 기성 체제는 상당히 완고해서 변화하지 않으려고 하죠. 비유하자면 지금 국면은 중국의 명청(明淸)교체기 비슷하지 않나 싶어요. 당시 동아시아 7년전쟁, 즉 임진왜란이 일어났잖아요. 국내 정치는 동인과 서인의 양당 독점체제인데 변화와 위기에 대응을 못하고 말았어요. 대내외적으로 불안했는데, 지금도 커다란 시대변화 속에서 불안요소가 크다는 점에서 비슷한 면이 있는 것 같습니다. 아까 50대 얘기를 하셨습니다만, 50대가 가장으로서 불안을 많이 느낀다고 하고 전체적으로 청장년층도 불안감과 좌절감이 큽니다. 결국 국정을 어디에 맡길 것이냐는 문제에서 더 많은 수가 안정감 있는 쪽에 맡기겠다고 결정한 것인데, 2011, 12년 상황에서는 불안이라든지 분노가 매우 컸어요. 기성 체제와 관군이 위기와 불안에 대응을 못하면 결국은 의병이 나올 수밖에 없지요. 그런 식으로 의병으로 끌려나온 사람이 안철수 후보인 것 같아요. 본인도 그렇게 이야기하잖아요. 자신이 국민의 뜨거운 열망을 받아들일 만한 능력이 있을지 고민돼서 그렇게 오래 생각했다는 거 아닙니까. 그 장고(長考)가 실패의 원인이 되기도 합니다만. 이렇게 기성 질서가 대중의 열망을 담아내지 못하는 현상이 자꾸 분출할 것이고, 기존 정당들이 제 역할을 못한다면 계속해서 시민항쟁의 형태로 시스템의 불안이 나타나는 거 아니냐는 전망도 나오고 있습니다. 우리가 이런 에너지를 어떻게 사회발전의 계기로 삼을 것이냐도 과제겠습니다.

**김용구** 제가 참여정부 때 열린우리당 대표가 몇번 바뀌었는가를 살펴봤더니 대략 열두어명쯤이더라고요. 1인당 임기가 고작 몇개월뿐이에요. 정치활동은 예측성을 보여주어야 합니다. 그 예측성 속에서 리더십이 만들어지는 것이고, 리더십에서 가장 중요한 것은 리더가 만드는 비전이라고 봅니다. 누군가 비전을 제창하면 사람들이 그것을 이해하고, 양자 사이에 일체감이 만들어질 때 리더십이 형성되는 것이죠. 현재 민주당의 정당조직 운영은 서로를 죽이는 구조예요. 예를 들어 집단지도체제에서는 리더십이 안 나옵니다. 안철수 교수가 정치를 안하려고 하는데 국민이 떠밀어서 나왔다는 것처럼 비극적인 게 없어요. 역사에 책임지는 자세로 비전을 강하게 내걸고 몸을 던졌을 때 양질의 리더십이 생기는 건데, 떠밀려서 나오는 리더십은 더이상 안된다고 봅니다. 리더는 자기가 원해서 해야 하는 것이고, 그중에서 할 수 있는 사람들에게 희망과 용기, 기회를 주는 정당조직이 만들어져야 한다고 봅니다. 그런 점에서 저는 안철수 현상을 한국 사회의 역사적인 자산으로 삼아야 한다고 생각해요. 물론 처음에 말씀드렸다시피 중요한 것은 학습이니까, 안철수 교수가 새롭게 학습하고 새로운 비전을 만들어 정치에 투신한다면 또다른 리더로서 야권에서 제 역할을 할 수 있겠죠.

**이상돈** 이번 대선을 두고 야권이 매우 좌절하고 있는데, 사실 투표 결과를 보면 30대와 40대의 교육을 잘 받은 계층은 야권을 많이 찍었잖아요. 이게 의미가 대단한 거 아닙니까? 저희 쪽에서 이런 점을 무겁게 받아들여야 한다고 봅니다. 제가 작년 초 여의도에 아침 일찍 나올 일이 많았는데, 거기 출근하는 직장인들이 얼마나 많습니까. 그 속에서 '아, 여기서 우리 찍을 사람이 몇명이나 있을까' 하며 좌절했었죠.(웃음) 그리고 총선 때의 경험인데, 중앙에서 지역구를 보면 뻔해요. 아주 부유한 지역이나 농촌은 우리가 1위고, 아침에 출근하는 사람이 많이 사는 동네는 싹쓸이로 지게 되더군요. 베드타운에선 우리가 다 졌잖아요. 사실 한국의 미래는 연금 타는 세대가 아니라 그 사람들에게 있어요. 앞으로 박근혜 당선인과 새누리당에서 이 점을 새겨야 합니다. 그래도 제가 희망을 보는 것은 새누리당에서 과두체제가 없어졌다는 거죠. 또 박근혜 이후를 생각했을 때도 유망주가 있어요. 안철수 현상 같은 것을 수용할 수 있는 잠재적인 리더가 새누리당에서 클 가능성이 많다고 봅니다. 이번 선거에서 패했으면 상당히 어려워졌겠고, 과두체제가 다시 생길 뻔했죠.

**이일영** 정치평론가들은 일반적으로 안철수 현상의 핵심 지지층이 중도혁신층, 호남, 20, 30대라고 얘기하더군요. 조직과 세력의 절대열세에도 불구하고 1년 이상 지속돼온 이런 현상은 상당히 특이한 것이라 다른 나라에서도 찾기가 쉽지 않다고도 하고요. 하지만 결국 노선, 조직, 리더십, 전략이 전반적으로 부족해서 졌다는 평가입니다.

**백낙청** 실증적인 자료는 없는데, 안후보 자신도 문후보와의 TV토론에서 어떤 노인이 자기 손을 꼭 잡으면서 이번에는 좀 달라졌으면 좋겠다는 얘기를 하더라고 말했는데, 저는 이일영 교수가 열거하신 집단들

외에 한국에 제대로 된 진보정당이 있었으면 거기로 갔을 사람들도 안철수 현상을 만드는 데 일조하지 않았나 합니다. 무당파층이라고 하는 젊은이들 말고, 나이와 상관없이 한나라당과 민주당을 포함해 기성 정치에서 아무런 혜택을 못 받고 철저히 외면당했다가 안철수라는 사람이 나와서 새바람을 일으킨다고 하니까 거기에 막연하게나마 기대를 품은 사람들도 많았지 않나 싶어요. 그게 사실이라면 안철수 후보가 그들의 욕구에 과연 부응했는지 물어볼 필요가 있습니다. 후보 자신의 체질이나 감각, 또 캠프 주요 인사들의 감수성에 비춰볼 때 캠프의 시각은 원래 안철수 현상의 진원지인 2030세대와 소통하고 공감하는 쪽에 계속 초점이 맞춰져 있었지, 앞서 말씀드린 바닥의 서민들과 소통하는 데는 매우 미흡했던 것 같아요. 어쨌든 안후보가 준비가 없고 조직이 미비해서 그런 것도 있지만 서민들의 고단하고 억울한 삶에 대한 인식이나 감수성이 부족하지 않았나 싶습니다.

시대교체 문제와 관련해서는, 저는 정권교체와 시대교체는 구별해서 점검할 필요가 있다고 봐요. 통상적으로 같은 당에서 대통령이 나오면 그건 선수교대지 정권교체가 아니지만, 정권교체에 준하는 결과가 나올 수는 있습니다. 4대강 얘기도 하셨지만 이명박 정부의 여러 실정과 비리, 진실 왜곡 등에 대해 민주당 정권이 들어섰을 경우 못지않게 철저히 조사하고 시정조치를 취한다면, 그건 선수교대인 동시에 정권교체와 맞먹는다고 할 수 있을 거예요. 다른 한편 시대교체라고 하면, 이일영 교수가 얘기하신 대로 2013년체제론은 87년체제가 교착상태 내지 말기적 혼란 상태에 빠져 있는 것을 청산하고 새로운 체제를 출발시키자는 취지였는데요. 87년체제가 혼란에 빠진 중요한 이유로는, 하나는 경제 면에서 박정희 시대 이래 재벌 위주의 경제체제가 거의 통제불능 상태로 들어간 것이고, 또 하나는 한국 수구세력의 법적·제도적 토대를 이루는 정전체제예요. 정전체제라는 것은 국제적으로 공인된 국경이 없는 상황이죠. 그렇기 때문에 항상 안보불안이 실제로 존재하고, 그러다보니 이걸 악용해서 부당한 기득권을 지키고 키우려는 세력이 번창할 객관적인 토대가 되는 거예요. 그래서 이걸 평화협정으로 바꾸는 일은 단순히 남북관계의 문제가 아니라 한국의 정치개혁이나 경제개혁, 시민사회의 건전한 발전에도 관건적인 요소입니다. 유독 남북문제가 국내 문제보다 더 중요하기 때문에 정전협정 문제에 집착하는 게 아니고, 또 이게 언제까지 안 바뀌면 아무것도 못한다는 건 아니지만, 이 문제를 박근혜 정부가 제대로 못 풀면 결국은 새누리당 안에서 수구세력을 제압하기도 어려워진다는 것이죠. 일이 순탄하게 풀릴 때는 좋은데 어떤 장벽에 부딪혔을 때 결국은 집토끼들하고 같이 갈 수밖에 없게 되는 상황이 올 우려가 있습니다.

**이상돈** 저는 약간 다르게 생각하는데요. 우리나라 유권자 중에서 정전협정을 중요하게 생각하는 사람은 그렇게 많지 않은 것 같아요.

**백낙청** 맞습니다. 이번 선거에서도 그게 중요한 이슈가 아니지 않았습니까. 국민이 특별히 관심을 가지고 있는 이슈라서 중시하는 게 아니고 국민이 관심을 가지고 있는 경제민주화라든가 복지사회, 민주주의, 사회의 공정성과 도덕성 회복 같은 문제를 푸는 데 이게 숨겨진 고리가 아닐까 해서 말씀드린 거죠.

**이상돈** 흔히 하는 얘기지만, 부전(不戰)협정이나 평화협정 이후에는 항상 더 큰 전쟁이 일어나지 않았냐는 거죠. 빠리협정(1973)과 베트남 사례가 그렇지요. 역으로 이런 것을 너무 강조하면 이른바 수구세력을 더 도와주게 되지 않나 합니다. 외교와 국내 정치는 별개가 아닌가 해요. 국내 개혁도 별개라고 생각합니다. 정치인 중에서도 외교와 내정의 방향이 상당히 달랐던 경우도 많이 있잖아요. 예를 들면 50년대에 조병옥(趙炳玉) 박사 같은 분도 국내 정치에서는 이승만(李承晩) 박사보다 민주적이었지만 남북관계에 대해서는 이박사보다 더 냉전적이지 않았습니까.

**이일영** 2013년 시점에서 중요한 과제로 백선생님께서는 경제와 복지의 재편과 평화체제가 함께 고려되어야 한다고 생각하시고, 이상돈 교수님께서는 각자 고유의 영역이 있으니 시대교체의 의미라 한다면 법치와 민주주의 문제에 더 역점을 두어야 한다고 보시는군요.

## 진정한 시대교체의 요건과 핵심과제

**김용구** 제가 하나 덧붙이면, 이명박 정부에서 크게 파괴된 게 사회적 자본인데, 그 속에는 공공성 가치나 신뢰자본 등이 포함되죠. 박근혜 당선인이 본인이 가지고 있는 신뢰와 안정이라는 장점을 잘 활용해서 잃어버렸던 공공성 가치를 회복했으면 합니다. 제가 가장 황당했던 건 이명박 정부가 2008년 세계 경제위기에도 불구하고 그전해 대선 캠프에서 만들어놨던 경제정책을 그대로 집행한 것입니다. 경제학자 중에는 2008년 이후 수년간의 고환율만으로도 내수경제 차원에서 가계경제의 손실이 150~160조에 달한다고 해석하는 사람도 있어요. 바로 그 합계가 가계부채라든지 소비저하로 이어진다는 것이지요. 경제운영에서 확실한 구조적 대책 마련이 필요하다고 생각합니다. 이른바 낙수효과(trickle-down effect)를 기대하거나, 수출 만능의 국가경제를 운영하는 것에는 한계가 있죠. 예전처럼 성장 중심으로 몰고 가려는 세력이 있는데, 당선자 본인은 지지율 경쟁이 팽팽하게 유지될 때 그건 아니라고 분명히 밝혔어요. 또한 문민정부 때부터 시작된 세계화의 역기능, 신자유주의에서 파생된 물신숭배적 성격구조가 이미 우리 안에 깊숙이 침투해 있는 게 큰 문제라고 봐요. 이제 신뢰자본이 쌓이고 인성이 회복되는 체제가 만들어지면 좋겠습니다. 그러려면 요즘 다시 논의되는 공기업 민영화는 심사숙고하고 삼가는 게 좋다고 봅니다. 민영화(民營化)라고 하지만 결국 사영화(私營化)고, 재벌체제로의 편입이거든요. 외국에는 공기업들을 이러저러하게 시장화해야 한다고 주장하는 경제학자들이 있지만, 그 외국 경제는 이미 2008년 이래로 한계가 분명히 드러났지요. 새로운 경제모델을 만들어서 더 많은 공공성 가치와 공적자산을 회복하고 신뢰자본을 굳건히 세우는 경제운영을 했으면 좋겠어요.

마지막으로 국민통합에 대해 말씀드리면, 호남의 89% 내외가 문재인 후보를 지지했고, 여권 후보로는 처음으로 박근혜 당선자에게도 두자릿수 득표율인 10% 이상의 호남인이 투표했어요. 이번에 호남인들이 실망했다고 하지만 이교수님 말씀대로 20~40대 미래 세대와 함께하는 투표였기 때문에 그렇게 낙심하거나 소외감을 느낄 필요는 없다고 봅니다.

**이일영** 시간이 많이 지났으니 마무리로 한 말씀씩 해주시지요.

**백낙청** 정부의 몫이 크니까 거기에 관심을 갖고 비판하고 지켜보는 것도 중요하지만, 각자 처한 위치에서 우리가 스스로 사회의 기초체력을 키워나가는 데 더 힘써야 될 것 같아요. 공공성을 포함해서 시민사회의 역량을 강화하는 것도 그 일부지요. 또 전문성을 내세우는 사람들이 자신의 전문성을 강화하는 동시에 전문가로서의 긍지와 자존심을 지키는 것이 중요한데, 저는 이것도 이명박 시대에 무참하게 깨진 것 중의 하나라고 봅니다. 이런 것들을 일반화해서 말할 수는 없고 각 분야에서 시민들이 알아서 할 일이겠죠. 그런 의미에서, 정전협정을 평화협정으로 바꾸는 일이 중요하다 해서 모든 사람이 평화협정 체결운동에 나설 필요는 없고, 당연히 국정운영에 있어서도 이상돈 교수님 말씀대로 개별 분야의 특성과 독자성을 존중하면서 차근차근 해나가야 합니다.

다만 제가 마지막으로 한 말씀 드리고 싶은 것은, 국정의 큰 그림을 그리는 입장이라든가 사회현실을 분석하는 학자의 입장에서는 역시 우리의 국내 문제라는 것이 남북관계와 어떻게 심층적으로 연결되어 있는지, 표면에 얼핏 안 드러나더라도 얼마나 깊이 연관되어 있는지를 통찰하는 게 긴요하지 않은가 합니다. 가령 87년체제의 한계를 말할 때도 한국이 분단사회이고 특히 1953년 이후 전쟁이 어정쩡하게 끝난 상태가 굳어짐으로써, 저는 그걸 분단체제라고 부릅니다만, 온갖 반민주적이고 비자주적인 요소가 주도하는 일종의 체제가 성립했다는 인식이 필요한 것 같아요. 87년 민주화와 세계적인 동서냉전의 종식으로 인해 그러한 분단체제가 흔들리긴 했지만 오늘도 여전히 엄존하고, 이번 선거를 거치면서 분단체제가 참 힘이 세다는 것을 다시 실감할 수 있었습니다. 제가 변혁적 중도주의라는 것도 주장해왔는데 그 이야기까지 자세히 할 시간은 없지만, 쉽게 말해 분단체제가 뭔지 아는 중도주의가 변혁적 중도주의라고 할 수 있어요. 분단체제가 어떤 것이고 얼마나 힘이 세며, 그럼에도 어떤 부분에서는 취약하고 극복의 길이 있는가 하는 것을 알고 그 약점을 정확하게 짚을 수 있는 중도노선, 그게 필요하다는 생각입니다. 아까 섣불리 평화협정 얘기하는 것이 수구세력의 힘을 더 키워줄 수도 있다고 하셨는데, 사실 우리 사회에서 진보를 지향한다는 사람들이 그런 역작용을 하기도 해요. 본인의 의도와 관계없이 분단체제를 더 굳히는 일을 하는데, 그래서 분단체제를 극복하는 데는 중도가 더 힘이 세다고 보는 거죠.

**이상돈** 박근혜 정부의 성립을 분단세력의 승리라고 말씀하시는 건지도 모르겠네요.(웃음) 이번 선거는 후보 본인의 부정이 없었고, 현 정부가 도와주기보다는 방해만 안하면 다행인 그런 상황이었다는 점에서 정치사에서 특이한 선거였다고 생각합니다. 거기에 담긴 유권자의 뜻을 박근혜 정부가 앞으로 담아내야 한다고 생각하고요. 안정적인 개혁과 쇄신을 통해 우리 사회를 바꿔야 한다고 봅니다. 야권에 계신 분들도 동의할 수 있는 부분에 대해서는 힘을 실어주셨으면 하고요.

**김용구** 저는 박근혜 당선인이 꼭 성공했으면 좋겠어요. 이번 대선에서 본인이 활용했던 현장학습 능력, 즉 고객인 유권자 요구를 파악하려고 애썼던 것을 끝까지 유지하면서 국민이 뭘 원하는지 임기 끝까지 놓치지 말았으면 합니다. 또 민주당을 비롯한 야권은 2012년 두번의 좋은 기회를 놓친 것을 국민이 주는 마지막 학습기회라고 여기길 바랍니다. 사실 야당이 건강하고 제대로 운영돼야 박근혜 정부도 제 역할을 할 수 있기 때문에, 2012년의 경험을 바탕으로 야당도 건강해지고 올바른 리더십을 키우는 것이 박근혜 정부를 도와주는 길이라고 생각합니다. 또 반대로 박근혜 정부의 성공이 야당을 하나의 비전을 바탕으로 하는 충실하고 도전적인 정당으로 만들 것이고, 이후 야당의 집권 가능성과 그 이후의 성공 가능성 역시 높여줄 것이라는 자신감을 가졌으면 하지요. 기회는 항상 뒷모습만 보인다는데, 이런 교훈을 야당이든 여당이든 잊지 말아야죠. 특히 민주당은 스스로 무엇을 모르는지를 깨닫는 무지의 학습부터 제대로 시작한다면 전화위복의 기회를 잡을 수도 있을 것입니다. 20~40대가 이렇게 높은 지지율을 보이는 것은 세계적으로도 흔치 않은 미래의 자산이거든요. 저는 경제적 실리만이 아니라 가치에 기반을 둔 열정을 품은 이들 청년·중년 세대의 국가경영에 대한 높은 안목이 우리의 미래를 어떻게든 견인해나갈 것이라고 생각합니다.

**이일영** 하나만 덧붙이겠습니다. 박근혜 당선자가 선거 결과가 나온 뒤에 지지자들에게 이렇게 문자메시지를 보냈다고 합니다. "진심으로 감사드립니다. 이번 선거에서 저를 지지해주시고 바쁘신 중에도 투표해주신 그 뜻, 잘 알고 있습니다. 민생의 고달픔, 갈등과 분열의 정치, 제가 단번에 끝낼 수는 없더라도 조금이라도 완화하고 개선하면서 오늘보다 나은 내일을 만들어가겠습니다. 저를 지지하지 않으신 분들의 뜻도 겸허히 받들고 야당을 진정 국정의 파트너로 생각하겠습니다." 이렇게만 해주시면 좋겠습니다. 그런 기대를 하면서 토론을 마치겠습니다. 수고 많으셨습니다. 감사합니다.

| 좌담 |

# 우리 문학의 활력을 실감한다

백낙청(문학평론가, 서울대 명예교수)
강경석(문학평론가)
송종원(문학평론가, 사회)
2014년 1월 15일 세교연구소

**송종원** 이번 호부터 '문학초점' 코너를 여러 필자의 짧은 리뷰 모음
이 아닌 한편의 정담(鼎談)으로 개편합니다. 형식을 바꾼 데는 몇가지 이
유가 있습니다. 우선은 촌평 형식의 리뷰가 너무 전문화되는 바람에 독
자들의 접근이 쉽지 않다는 진단이 있었습니다. 또 근간의 문학비평이
비평가들 사이에서조차 소통되지 않는다는 분석도 있었고요. 선배 비평
가의 한국문학사적 감각보다는 외국 이론가의 논리에 더 귀를 기울이는
경향도 문제라고 보았습니다. 이러한 문제의식을 바탕으로 개편 첫회의
초대손님을 고민하다 한국문단의 대선배이자 우리 사회의 변동을 현장
에서 체험하신 백낙청 선생님을 모셨습니다.

**백낙청** 새로운 문학초점 첫회에 초대해주셔서 감사합니다. 제가 오

■ 이 좌담은 『창작과비평』 2014년 봄호에 실린 것이다.

랫동안 한국문단의 일원으로 살아온 것은 사실이지마는 근래에는 작품도 많이 못 읽고 평론도 많이 못 쓰는데, 혹시 작품 안 읽는 늙은 평론가로 구경거리나 되지 않을까 걱정됩니다.(웃음)

**송종원** 귀한 말씀 기대합니다. 앞으로 이 코너는 강경석 평론가와 제가 고정으로 참석하면서 매회 새로운 초대손님을 모시는 형식으로 진행될 예정입니다. 사전회의를 통해 지난 계절에 출간된 작품 중에 소설 세권과 시집 세권을 다루기로 했습니다.

## 공지영 장편『높고 푸른 사다리』

**강경석** 지난해 10월부터 12월 사이에 출간된 작품 중에서 대상작을 선정했는데, 먼저 다룰 작품은 공지영(孔枝泳)의 장편『높고 푸른 사다리』(한겨레출판 2013)입니다. 비평이 너무 문단 중심으로 돌아가다보니 공지영처럼 많은 독자의 지지를 받는 작가들이 제대로 된 평가에서 소외되곤 합니다. 독자가 선호하는 작품과 비평가가 평가하는 작품 사이에는 늘 일정한 괴리가 있을 수밖에 없지만 지금은 그 괴리가 너무 큰 것 같아요. 대중적으로 크게 선호되는 작품이라면 무조건 상업주의적 대중성이라는 딱지를 붙여 평가에서 제외해버리는 방식은 문제가 있습니다. 다수 대중의 선택이 때로는 집합적 각성의 결과물인 경우도 있잖아요? 전작인『도가니』(창비 2009) 때만 해도 작지 않은 사회적 반향을 가져왔고,『우리들의 행복한 시간』(푸른숲 2005) 같은 작품을 통해 사형제 폐지 문제 등을 다루며 꾸준히 사회적 발언을 해왔던 작가인 만큼 공지영의 작품은 글 쓰는 목적부터 일반적인 대중소설과는 어느정도 변별점이 있지요. 독자들을 위해서도 좋으면 좋은 대로 나쁘면 나쁜 대로 평가가 필요하다는 생각입니다.

**백낙청** 상업적 성공을 거둔 작품 중에는 기본조차 안돼 있는 작품들도 많은데 『높고 푸른 사다리』가 그건 아니란 점에서 우리가 다룸 직하다고 생각합니다. 저자의 사회적 발언 문제를 떠나서도 서술기법상으로도 굉장히 능숙한 면이 있고 표현력이라든가 장면 장면의 분위기를 환기하는 능력은 뛰어나다고 보거든요.

**강경석** 그도 그렇지만 공지영은 독자들과 함께 '낮은 단계의 합의점' 같은 것을 찾는 데 비상한 재주가 있지 않나 싶습니다. 문체 자체가 읽는 이에게 호소하는 톤인데다 작품의 주인공도 굉장히 절박한 상황에 처해 있는 경우가 많지요. 도저히 동의하지 않을 수 없는 '최저윤리'에 호소한달지. 영화 「변호인」(양우석 감독, 2013)에 "이러면 안되는 거잖아요"라는 대사가 나오는데, 여기서도 마치 '이러면 안되는 것' 같은 적절한 상황을 제시하고 거기에서 출발하는 거죠. 작품 속의 삽화를 예로 들면, 흥남철수 때 위험을 무릅쓰고 피난민을 배에 태우는 선장의 모습이나 북에서 신부들이 학살당하는 장면을 그리면서 생명의 존엄이라는 보편적이고 원초적인 감정을 건드리는 방식이 그렇습니다. 광주항쟁 얘기를 끌어들이는 것도 마찬가지지요. 최저윤리의 한계선을 그어놓고 그것이 아직 살아 움직이는 상처이자 현재임을 환기시킵니다. 그래서 독자들도 단순히 흥밋거리를 좇는 수동적 존재가 아니라 능동적인 태도를 갖게 되고요. 다만 작품이 그 출발선으로부터 결국 어느 높이까지 다다랐느냐는 문제는 별도의 논의가 필요합니다.

**송종원** 본격적으로 작품 얘기를 해본다면, 서사축에 놓인 두개의 사랑, 그러니까 소희와 요한의 세속적 사랑과 수사(修士)로서 요한이 지켜야 하는 하느님에 대한 사랑이라는 대립구도가 너무 구태의연해 보였습니다. 세속적 사랑과 종교적 사랑을 대립구도로 놓고 양자택일하는 갈등이 이 시대에 얼마나 유의미한 질문인지 의심스러울뿐더러, 대립구도 자체가 공평했는지도 의문입니다. 소희라는 여성인물을 너무 형편없이 그려서 애초부터 하느님의 상대가 되기에는 역부족이었다고 생각해요.

저는 소설을 읽으면서 소희가 요한에게 왜 다가왔고 왜 떠나갔는지가 도무지 납득이 안됐습니다.

**백낙청** 송선생이 지적한 문제점 중에 가령 소희와 요한의 사랑이 제대로 처리되지 못했다는 생각은 나도 했지만, 약점의 성격에 대해서는 조금 해석이 달라요. 두가지 사랑을 매우 이분법적으로 처리했다고 하셨는데 요한은 보통 사람이 아니고 수사란 말이죠. 이분법적 선택이 될 수밖에 없는 처지예요. 오히려 나는 작가가 그 이분법을 얼버무려버린 것 같아요. 어떨 때는 인간의 사랑도 하느님의 명령 아니냐 하며 넘어가려고 하는데, 인간의 사랑이나 수사의 하느님에 대한 헌신이나 크게 보면 다 하느님이 주신 것이지만 실제 작중상황에서 그 둘은 도저히 양립할 수 없는 거지요. 그래서 결국 하나를 선택하지만, 뭔가 갈 데까지 가서 선택한 게 아니고 우연이라든가 여러 사건이 개입해서 정면의 선택을 회피하게 만들어주고 그러면서 또 이런저런 발언을 통해 얼버무리는 면이 있지 않나 싶어요. 단적인 예로, 나중에 요한이 미국에 갔을 때 어느정도 마음이 정리된 뒤에 혼자 걷고 있는데 "요한, 요한" 하고 부르는 소리가 들리죠(359면). 뒤돌아보니까 아무도 없었는데 그 목소리는 할머니 목소리 같기도 하고 미카엘의 목소리 같기도 하고 안젤로 목소리 같기도 한데, 그에 앞서 소희의 목소리 같다고 그랬어요. 그러나 소희의 목소리하고 다른 사람의 목소리는 성격이 달라요. 그렇게 섞어놓으면 안된다는 거지요. 소희라는 인물의 형상화에 대해서도 낮게 평가하셨는데, 작가가 소희를 그냥 미화하는 게 아니라 그녀가 형편없는 면을 지녔다는 걸 독자가 충분히 알도록 해준 건 작품의 성과라고 봐요. 다만 매력적이지만 일종의 공주병도 있는 복잡한 인물을 시종 냉정하게 그려놨다기보다는 작가가 좀 왔다 갔다 하지 않았나. 사실 만약에 우연적인 사건들이 개입하지 않아서 요한이 소희를 선택했더라면 상당히 비참해졌을 거예요. 원래의 서원(誓願)을 배반해서 불행해지는 것도 있지만 두 사람이 결코 해로할 수 없지 않았을까 해요. 하여간 비극적인 결말로 가든 하늘의 은총으로 비극을 피하게 되든, 문제를 끝까지 파고든 것 같지는 않아요.

**강경석** 소희도 왔다 갔다 하지만 어떻게 보면 작품 전체가 우왕좌왕하는 면이 있습니다. 수도원이라는 배경을 구축하는 1부의 장면들은 상당히 실감나서 기대를 갖게 만드는데, 미카엘과 안젤로가 교통사고로 죽는 장면부터 멜로드라마 공식으로 빠져버려요. 거기가 변곡점이 되면서 신과 인간의 사랑이라는 주제를 사회적·역사적인 맥락으로 구체화하는 데 어려움을 겪었다고 봅니다. 소희라는 인물은 아마도 작가의 숨은 분신일 텐데 그 인물이 갈팡질팡하니까 작품 전체 구조도 그 길을 따라간 게 아닌지요.

**송종원** 두가지 정도 더 말할게요. 우선 작품에 놓인 사랑의 구도가 너무 구태의연하다고 지적했던 거는, 중요히 다룰 만한 문제들을 배경으로 둔 채 도식적인 사랑의 대립구도만을 집중해서 다룬 점에 대한 아쉬움의 표현이기도 합니다. 가령 미카엘 수사의 형상은 정교분리 담론의 영향하에 정치적인 것을 억압하도록 요구받는 우리 사회의 종교인의 삶을 성찰할 계기가 될 수 있어요. 이 문제의 시의성에는 별 이견이 없으실 거라고 봐요. 그런데 소설은 이 인물의 서사를 돌연한 죽음으로 처리해버리죠. 또한 후반부에 다뤄지는 해방 이후와 6·25 때 겪게 되는 종교와 이념 사이의 갈등 역시 우리 사회의 종교가 어떠한 역사적 격변 속에서 이념성을 적대하는 형태로 구성되었는지를 되짚어보는 중요한 계기가 되겠다 싶었는데, 그 부분 역시 깊이있게 다뤄지지 않아요. 소희와 요한 사이의 설득력 없는 사랑의 갈등 대신에 우리 사회에서 정치적인 것과 종교적인 것이 왜 대립적인 틀 속에서 이해되는지를 좀더 파고들었다면 훨씬 좋았을 거 같아요.

대중이 이 작품을 선택한 것은 최근 우리 사회에 횡행한 '힐링 담론'

열풍과 관련지어 설명할 수 있어요. 실제로 몇몇 종교인이 힐링 담론의 중심에 서 있기도 했지요. 그런데 그 담론은 고통받는 개인들로 하여금 부여받은 자신의 위치가 어떤 사회적 맥락 속에서 구성된 것인가를 들여다보게 하기보다는 그 고통을 개인의 심성을 다스리는 일로 해소하려는 경향이 있어요. 비슷한 문제가 이 소설에서도 보여요. 소설에서 그려지는 고통의 끝에는 늘 "오, 주여 왜"라는 단말마가 따릅니다. 그 말이 쓰이는 순간 운명론의 분위기가 소설을 덮칩니다. 그 고통을 더이상 사고의 대상으로 대하지 않는 태도가 발생하는 거죠.

**백낙청** 지금 송선생이 말한 그런 문제는 황정은(黃貞殷)의 작품과 대비해보면 상당히 재밌을 것 같아요. 혹시 팟캐스트 「라디오 책다방」에서 저자를 초대해서 이야기 나눈 것(김두식·황정은 진행, 제33회) 들어보셨나요? 황정은 소설 얘기도 뒤에 하겠지만, 마리너스 수사가 "고통을 통해서만 성장한다"라는 말을 하잖아요. 거기에 대해 황정은이 약간의 이의 제기를 해요. 그게 송선생이 말하는 '힐링 담론'으로 갈 우려를 넌지시 암시한 셈이죠. 황정은 작품하고 비교해보면 확실히 차이가 나거든요. "왜? 주여 도대체 왜?"라는 「욥기」의 유명한 질문에 대해서도 너무 쉽게 답해버린 느낌이 있어요. 마찬가지로 미카엘의 예수와 장상(長上)들의 교회 사이의 갈등 문제도 미카엘이 갑작스런 교통사고로 죽으면서 더는 깊이 다뤄지지 않는 것 같아요.

## 백민석 소설집 『혀끝의 남자』

**강경석** 이쯤에서 다음 작품으로 넘어가면 어떨까 합니다. 백민석(白旻石)이 절필 10년 만에 문단에 복귀했습니다. 이른바 90년대 '신세대 문학'의 기수 중 한 사람으로 문제적인 작가였죠. 그가 과거에 발표한 작품 일곱편을 개작하고 새로 쓴 두편을 앞뒤에 배치해 단편집 『혀끝의 남자』(문학과지성사 2013)를 출간했습니다. 우선은 전에 즐겨 쓰던 '믿거나 말거나박물지사(社)' 같은 모티프가 전혀 등장하지 않고, 「폭력의 기원」 같은 수록작은 제목조차 바뀌었습니다. 어느 인터뷰에선가 이 작품들을 모두 신작으로 봐줬으면 한다고 작가 스스로 말했을 정도예요. 아마 백민석 문학의 새로운 이정표이거나 준비단계를 보여주는 소설집인 듯합니다. 따라서 소설집 자체의 완성도를 점검하는 것도 중요하겠지만, 작품들 안에서 어떤 싹이 지금 새롭게 눈뜨고 있는지도 토론해볼 필요가 있을 것 같아요.

**백낙청** 예, 충분히 점검해볼 가치가 있지요. 그런데 작품 자체의 성취가 크게 두드러진 것 같진 않아요. 신작인 「혀끝의 남자」도 그렇게 성공적인지 나는 솔직히 잘 모르겠어요. 서두에 나오는 "혀끝을 걷고 있었다"라는 표현도 일종의 의도적 비문인데, 작가가 예전에도 일반 독자의 상식에 어긋나는 이야기나 문장을 태연하게 구사하는 걸로 너무 재미를 보지 않나 하는 생각이 들곤 했지요. 개작과정의 자세한 내용은 강경석씨 같은 전문가가 짚어주실 일인데, '절골 이야기'의 경우 제목이 원래 '기원: 작은 절골'이었고 이번에 새로 내면서 '폭력의 기원: 작은 절골에서'로 고쳤어요. 내용을 보면 다른 작품에서처럼 '믿거나말거나박물지사'라는 장치가 없어졌고 전반적으로 문장도 많이 쳐내서 읽기가 더 좋아졌다고 보는데, 다른 한편 오히려 관념화된 면도 있어요. 그러니까 절골이란 게 기원은 기원인데, 폭력의 기원이기도 하지만 꼭 폭력만의 기원은 아닌 거죠. 그런데 이걸 '폭력의 기원'이라 못박아버리니까 폭력이라는 주제 중심으로 단순화된 게 아닌가 하는 느낌이 들어요. '믿거나말거나박물지사' 같은 장치가 없어지면서 어떤 작품은 사실주의 소설하고 별 차이가 없게 되었어요. 가령 「신데렐라 게임을 아세요?」는 사실주의적 소품으로 읽어도 꽤 매력 있는 작품이에요. 그런데 어떤 작품은 기왕에 사실주의에 접근하려면 아예 사실주의적 기율에 더 충실한 작품을 쓰지 그랬나 싶은 게 있어요. 「재채기」 같은 작품은 상당히 재밌었어요. 부채정리 담당자로서의 행각이 실감나고, 우리 사회에 중요한 계급문제를 환기하기도 하지요. 그런데 여자의 집 앞에만 가면 재채기가 나온다는 걸 나중에 그 여자의 아버지가 경찰서장으로서 옛날에 최루탄 시위 진압을 했다는 사실에 갖다붙이는데, 그건 좀 억지같이 느껴져요. 작품 전체가 아예 환상적으로 진행되면 문제가 안될 테지만요. 「일천구백팔십 년대식 바리케이드」 같은 작품은 환상의 이용이 처음부터 드러나서 그런 문제점은 없지만, 썩 감동적이라거나 80년대에 대한 깊이있는 탐구를 수행하는 작품이라기에는 좀 뻔한 알레고리 같은 느낌이 들었습니다. 백민석이 문단에 복귀한 것을 나도 진심으로 환영하고 앞으로 더 좋은 작품 쓰기를 바라는데, 이 작품집 자체로는 아직 성이 안 찬다고 말해야겠어요.

**송종원** 백민석 하면 누구보다 장치를 잘 사용하는 작가라는 생각이 먼저 들어요. 귀환하기 이전 백민석의 장치는 '엽기'로 기억됩니다. '엽기'라는 장치를 통해 계급적 적대나 분노 같은 것을 잘 표출했고, 당시 한국 사회 중산층의 비정상성을 고발하는 데도 유효하게 사용했죠. 물론 부작용도 있었습니다. 하위문화적 요소에 노출이 적었던 사람들에게 접근성이 너무 떨어져서 장치의 낯섦에만 집중하게 만든 면도 있죠. 그래서 비현실적이고 과격한 언어라고 오해를 부르기도 했고요. 하지만 그러한 부작용까지도 각인의 효과 내지 인지적 충격의 요소로 보자면 꽤나 성공적인 장치였다는 건 분명합니다.

이번에는 백민석이 착란과 기억술이라는 장치를 가지고 돌아왔네요. 좀 전에 백선생님께서 사실주의적인 접근으로 봤을 때 이해 가능한 면모와 벗어난 면모를 짚어주셨는데, 그 벗어난 지점을 저는 기억술이 발생시킨 '시적 사실'로 보았습니다. 기억술이라는 것이 사실주의적 관점에서 봤을 때 일종의 착각이죠. 시간적으로 멀리 있는 것을 불현듯 거리감을 지운 채 밀착된 사건이나 존재처럼 여기는 태도니까요. 그런데 이 착각이 은유적 언어공간을 열면서 시간의 축적 속에서만 말해질 수 있는 어떤 진실의 열림을 가능하게도 하죠. 그렇기 때문에 시간과 공간을 압축하는 시라는 장르가 자주 활용하는 기술이고요. 화자의 진술이나 인물의 생각이 때때로 뜬금없기도 하고 또 때때로 모호하기도 하지만 그것이 시간적 두께를 지닌 역사적 시공간을 환기시키는 면은 분명한 것 같습니다. 그런데 이 기억술이라는 장치의 효과에 대해서는 의문도 조금 있습니다. 가령 「일천구백팔십 년대식 바리케이드」라는 작품에서 공장지대, 바리케이드, 노동자 등등의 형상을 떠올리고 마주하는 장면들이 나오는데, 이 환기가 지금 이 시점에서 너무 수월하게 작동하는 게 아닌가 싶습니다. 80년대적인 노동운동의 진지함과 무거움을 지금 이 시공간에서 마주하려면 어떤 변형이나 장애가 발생해야 할 거 같은데, 그런 면모가 없다는 말이에요.

**강경석** 백민석이라는 작가가 평가받을 만하다면 그것은 엽기적이거나 하위문화적인 요소를 작품에 도입했기 때문이라기보다 그런 작법 자체의 허위성조차 뚜렷하게 의식하고 있었던 작가라는 데 있는 것 같아요. 『목화밭 엽기전』(문학동네 2000) 같은 장편소설에서만 보더라도 자신이 억지로 깨워져 불러들여진 괴물이라는 주인공의 자각이 선명했거든요. 요즘 소설들이 '재현의 재현'이란 얘기가 있는데, 백민석이야말로 이런 작법에 몰두했던 선두 주자입니다. 그러면서도 자신이 '재현의 재현'이라는 스크린에 둘러싸여 꼼짝없이 갇혀버린 존재라는 자의식이 있었다는 것, 이게 중요한 것 같아요. 앞에서 「신데렐라 게임을 아세요?」의 사실주의적 매력에 대한 얘기가 나왔지만, 실은 여기에 등장하는 서점 공간과 그 옆 빌딩의 황태자들의 생태만 보더라도 알레고리적 요소가 다분합니다. 「재채기」의 결말도 끝내 환상이랄까 미스터리로 남지요. 이것이 사실주의와 환상 둘 중의 하나를 확실히 선택하지 않은 어정쩡함 때문이라기보다는 그 모두가 '재현의 재현'을 기반으로 하고 있기 때문에 빚어진 자연스런 귀결로 보입니다. 오히려 주목해볼 점은, 전에는 궁벽한 하위문화 소재를 활용하는 '재현의 재현' 전략으로 복잡하고 우회적이었다면, 신작인 「혀끝의 남자」만 해도 세계의 비참상이랄까 하는 문제를 차분한 직설화법의 스케치로 보여주고 있거든요. 예정된 깨달음에 도달하는 흔한 인도여행담과 달리 작품의 주인공이 결국 발견한 것은 자신이 "하고픈 말, 해야 할 말" 그리고 "병든 기억"이라는 겁니다.

**송종원** 이전에는 우회적인 방법으로 진술하다가 「혀끝의 남자」에 와서 세계의 비참상을 직접화법으로 스케치하고 있다는 강선생님의 분석에는 동의가 되지 않아요. 우회와 직접이라는 변화와는 뉘앙스가 좀 다르긴 하지만 제가 보기엔 확실한 의도를 밀어붙이는 경향에서 모호하기는 하나 다소 여유가 생긴 쪽으로의 변화로 보이거든요. 엽기라는 장치는 우회의 도구가 아니라 강도를 지닌 직접화법에 가깝다는 거죠. 「혀끝의 남자」에 인상적인 장면이 하나 있어요. 강선생님이 언급하신 "병든 기억"이라는 표현이 등장하기 바로 직전의 장면인데요. 인도에서 만난 한국인 스님이 꼭 무언가를 주장할 필요가 없다는 말을 건네자 주인공과 스님이 인상들을 늘어놓으며 소통을 하는 장면(27~28면)이 그것이에요. 왜 기억하는지를 모르나 자신에게 엄습한 인상들을 말하는 그 방식이 꼭 『혀끝의 남자』에 실린 작품들을 창작한 방법의 일종이라는 판단이 들더라고요.

「항구적이며 정당하고 포괄적인 평화」라는 작품에 대해서도 할 말이 있어요. 백민석이 워낙 방법이 승한 작가이다보니 그가 무엇을 말하는가는 좀 소홀히 여겨지는 면도 있는데요. 이 작품에서 착란처럼 마주하는 전쟁의 장면은 한국 사회의 분단문제를 연상시키는 면이 있어요. 한국 사회를 구성하는 중요한 요소이나 오히려 현실에서나 문학에서조차 잘 말해지지 않는 이 문제를 건드리고 있다는 점에 일차적으로 호감이 갔습니다. 착란의 순간 인물들이 마비되어 옴짝달싹하지 못하는 장면은 억압된 분단문제의 강도를 재치 있게 그려내는 데 성공한 것으로 보여요. 이런 식의 생각이 확장되다보니 「폭력의 기원」에서 아이들이 펼치는 전쟁 장면도 예사롭게 보이지 않더라고요. 인간이 가진 원초적 공격성 내지 폭력성을 암시하는 것으로도 보이지만, 그것이 한국이 겪은 전쟁의 기억을 암시한다는 분석도 가능하지 않을까 싶어요.

**강경석** 전자에 대해서는 수긍이 가지만 후자는 일종의 병정놀이가 폭력의 심리로 몰입해 들어가는 순간을 짧게 포착한 소품 정도 아닐까요?

**송종원** 확대해석한 면이 있다는 걸 인정합니다. 그런데 최근에 대통령이 "통일은 대박"이라는 발언을 해 화제가 된 적이 있지요. 통일조차 경제주의적으로 접근하는 태도를 보여준 말일 텐데, 분단체제로 인해 삶의 많은 부분이 구성되는 면이 있는 데 반해 우리 문학은 그 문제를 덜 의식하는 편인 거 같아요. 그러다보니 이런 '통일대박론'에 대항할 만한 적절한 언어를 만들어내지 못하는 것도 같고요. 앞으로 누군가가 이 작업을 해주지 않을까 기대를 해봅니다.

## 황정은 장편 『야만적인 앨리스씨』

**송종원** 다음으로 황정은의 『야만적인 앨리스씨』(문학동네 2013) 이야기를 시작해보겠습니다. 황정은에 대한 문단의 관심은 익히 알고 계실 겁니다. 단편이면 단편, 장편이면 장편, 독특한 스타일로 주목을 받고 있죠. 비평적으로 합의된 용어는 아니지만 공공연하게 '황정은식 대화체'라는 말이 쓰이기도 하고요. 그런데 가령 '대화가 시적이다'라는 인상비평은 많은데, 황정은의 문체를 설득력 있게 풀어준 적절한 분석은 불충분하다고 생각합니다. 오늘 자리에서 두분이 이런 주제를 다뤄주시면 어떨까 싶네요.

**강경석** 전체적으로 감명 깊게 읽었는데, 우선 한두가지를 확인하고 싶어요. 작품의 배경이 고모리라는 도시 근교 농촌이지요. 실제로도 고모리라는 동네들이 종종 있습니다. 작품에 오래된 무덤(古墓)과 관련된 지명 유래가 나오지만 사실 '고모'는 곰입니다. 곰마을인 거죠. 특히 이 작품에 나오는 고물상집 아들이 '고미'예요. 웅녀(熊女) 신화에서처럼 고모리는 아직 인간에 도달하지 못한 짐승의 상태, 야만의 장소인 셈입니다. 우리에 갇힌 개나 길에서 죽은 개가 반복해서 등장하는 것도 그런 암시지요. 다음으로 시점 문제인데, 이 소설은 일인칭이지만 삼인칭처럼 읽힙니다. 제가 확인한 바로는 주어 '나'가 세번밖에 등장하지 않아요. 주어가 앨리시어였다가 '나'였다가 하는데 가만 보면 '나'가 앨리시어죠. '나'가 앨리시어를 들락날락합니다. 자신을 객관화해 지켜보고 있다는 거죠. 그리고 작품에서 가장 실감나게 묘사되는 부분은 대개 폭력적인 상황입니다. 주인공이 어머니의 폭력 아래 느끼는 공포와 분노가 손에 닿을 듯 선해요. 그런데 앨리시어의 어머니가 그렇게 된 것은 외할아버지의 폭력 때문으로 설명됩니다. 자기 상처를 치유하지 못한 채 성장한 어머니가 나이 많고 무력한, 그러니까 자기 아버지와 정반대인 남편을 만나 아이들을 낳고 똑같이 폭력을 행사하는 거죠. 종합하면 주인공 앨리시어가 자기 안의 분노나 공포와의 대면을 통해 성장기를 반추하는 작품이라고 할 수 있습니다. 어쩌면 성장기의 분노나 공포를 자기 소설의 질료로 삼았던 작가 자신의 소설적 성찰이기도 할 것이고요.

**백낙청** 지금 몇가지 의문점을 지적하셨는데, 사실 이 작품은 의문점 투성이예요. 딱히 답도 안 주지요. 시점 이야기를 하셨는데 사실 첫 문장 "내 이름은 앨리시어"를 보면 분명히 일인칭 화자의 시점이에요. 하지만 읽다보면 일인칭 서술이라는 것을 잊어버릴 정도로 계속 자신을 삼인칭으로 지칭하다가, 나중에 잠시 '나'라는 말이 나올 때 '어, 이게 일인칭이었네' 하게 되지요. 앨리시어라는 이름도 그래요. 여장 부랑자니까 이

름도 여자 이름을 쓸 수 있지만 마치 옛날에도 앨리시어였던 것처럼 서
술되어 있단 말이에요. 게다가 책 제목에는 앨리시어가 아니고 앨리스
로 나오는데, 영어로 같은 이름이긴 해요. 앨리스는 『이상한 나라의 앨
리스』를 연상시키는데 아마 계속 앨리스라고 부르면 그 연상이 너무 강
해서 쓸데없는 해석을 유발할까봐 앨리시어로 바꿨는지도 모르지요. 이
상한 나라의 앨리스가 아니라 야만적인 나라의 앨리스, 이런 취지가 있
겠지만 어쨌든 왜 이름도 앨리시어냐는 의문이 있죠. 게다가 "그대는 어
디까지 왔는가"라는 표현이 거듭 나오는데, '그대'가 누군지도 끝내 모
호하지요. 첫 대목에서 "여장 부랑자의 몸에서 불쾌한 냄새가 나고 그대
는 얼굴을 찡그릴 것이다"라고 했으니 그냥 평범한 독자를 '그대'라고
한 것 같기도 해요. 그러나 마지막에 가면, "그대는 어디에 있나./이제 그
대의 차례가 되었다. 이것을 기록할 단 한 사람인 그대, 그대는 어디까지
왔나"라고 해요. 이것을 기록할 단 한 사람, 이미 기록한 사람은 황정은
이죠. 아무튼 이 그대가 누군데 자꾸 그대 그대 하는가,(웃음) 이것도 의
문점이고요. 그리고 앨리시어나 어머니의 폭력성도 한편으로는 설명을
하면서 다른 한편으로는 설명을 거부하고 있어요. 그러니까 어머니가
외할아버지에게 학대를 받아서 '씨발년'이 되었다는 심리학적인 설명
이 가능한가 하면, 동시에 앨리시어는 그런 상담전문가식 설명 자체를
웃긴다고 생각하잖아요. 그냥 '씨발년'과 '씨발됨'이라는 현실이 있을
뿐이지요. 이런 의문점이랄까 불확실성이랄까, 이런 것투성이예요 이
작품은. 나는 그게 이 소설의 매력이라고 봐요. 김소연(金素延)의 「모른
다」라는 시에 "아는 것을 쓰는 것은/시가 아니므로"라는 구절이 있는데,
가령 공지영 소설이나 백민석 소설은 상당 부분 아는 걸 쓰고 있어요. 반
면에 황정은의 이 작품은 모르는 것을 탐구해가는 작품 같아서 그 점을
나는 '시적'이라고 생각하지요.

**송종원** 시점의 문제는 백선생님이 잘 설명해주신 거 같고요. 고모리

의 경우 전 '소돔과 고모라'에서 고모라의 변형으로 읽었는데, 강선생님의 해석도 재미있네요. 백선생님께서 이 소설이 가지고 있는 불확실성이 매력적으로 다가온다고 이야기하셨는데, 그 설명은 황정은의 문체와도 밀접한 관련이 있어요. 황정은의 문장은 특히 대화에서 잘 드러나는데, 늘 덜 채워져 있어요. 이걸 시적인 압축으로 이야기하는 경우가 많던데, 전 그보다는 말이 되지 못한 침묵이 들어 있다는 느낌을 받았어요. 욕설도 그래요. 그것도 일종의 말이 되지 못한 비명이면서 해소가 되지 못한 분노죠. 이 소설의 인물들은 자신의 경험을 설명의 언어로 풍부하게 말할 수 없을 정도로 충격적인 체험을 하고 있어서 말의 궁핍을 겪을 수밖에 없는 형상들이에요. 때문에 그 사람들의 말을 누군가 좀더 귀기울여 들어주고 때론 대신 채워줄 수 있는 자리가 요구되는 것 같거든요. 그 요구의 자리에 소설에서 계속 호명되는 '그대'가 놓인 게 아닌가 생각해요.

**강경석** 여러가지 의문점이 말 그대로 모호하고 모순적인 것만은 아닌 듯해요. 다 읽고 나면 납득하지 못하겠다는 느낌보다는 공감이 된다는 쪽으로 귀결이 되니까요. 논리적으론 모순일지라도 감각적으론 성립하는 세계인데, 문학작품에서라면 전혀 문제될 게 없지요. '그대'가 누구든 이 작품이 누군가에게 말을 거는 작업이란 사실은 변하지 않습니다. 송선생님 말씀이 중요한데, 스스로 말하지 못하는 누군가들, 이를테면 고모리 사람들의 이야기도 누군가 기록하고 들어줘야 하지 않느냐는 항의 같은 것이 호소력 있게 전달되는 것 같아요.

**백낙청** 그렇다고 그런 비참하고 비루한 현실에 대해 말해주는 게 사람들의 사회적 양심에 호소하는 식은 전혀 아니지요. 그러는 행위 자체도 우습게 보는 면이 있어요. 어찌 보면 이 작품의 의도를 첫 장면에서 분명하게 밝혔죠. 내 주변에 오면 불쾌하고 냄새나고 찡그릴 것이다, "앨리시어는 그렇게 하려고 존재한다. 다른 이유는 없다"(8면)라고 했는데, 작품 전체로서도 독자를 불편하고 불쾌하게 만드는 게 목적이랄 수 있어요. 그런데 불쾌하고 불편하게 만들면서도 재밌게 읽도록 만드는 게 놀라운 이야기 솜씨고, 또 하나는 엘리시어가 굉장히 폭력적이면서도 사실은 따뜻한 데가 있어요. 특히 동생과의 관계가 그런데, 동생이 그렇게 비참하게 죽는다는 것을 알고서 다시 읽으니까 굉장히 슬프더라고요. 그런 따스함이 황정은 작품의 또다른 강점 같아요. 『백(百)의 그림자』(민음사 2010)도 그렇고, 실은 『야만적인 앨리스씨』(『문학동네』 2012년 봄호~여름호)보다 나중에 씌어진 『소라나나나기』(『창작과비평』 2012년 가을호~2013년 봄호; 『계속해보겠습니다』, 창비 2014)도 그렇지요. 『소라나나나기』에서는 그게 동성애적인 감성하고 직결돼요. 나기와 나나가 굉장히 따뜻한 관계인데, 어릴 때부터 같이 자란 오라버니하고 누이동생 사이 같은 관계만은 아니잖아요. 나나는 사실 나기의 아이를 낳고 싶었는데, 나기가 동성애자란 말이에요. 그래서 둘의 이성애적 관계가 성립이 안 된 거지요. 어쨌든 황정은 소설의 따뜻함에는 이성간의 격정적인 사랑, 이런 게 배제된 어떤 특징이 있어요. 『야만적인 앨리스씨』의 동생하고의 관계가 있고요. 『백의 그림자』에서는 은교하고 무재가 연인간인데, 거기도 뭔가 오라버니하고 오누이 같은 분위기가 많이 느껴지잖아요?

**강경석** 『백의 그림자』도 그렇지만 갈등은 언제나 가족관계 내에서 수직적으로 유전하는데, 해법은 항상 동기간이나 친구 사이의 우애로 수평적이에요. 흔히 보는 가족로망스로 빠지지도 않고요. 이 작품에서도 동생이나 고미라는 친구가 중요합니다. 고미가 부수적인 역할만 하다가 어느덧 사라져버린 건 좀 아쉽지만, 어쨌든 수평적 우애라는 요소로 작품을 끝까지 견인한 뒤 더 많은 불특정의 '그대'들에게 말을 걸면서 작품을 맺는 방식은 작가의 체득이지요. 다만 『야만적인 앨리스씨』는 처음부터 예정된 결말을 향해 가고 있다는 느낌이 좀 있어요. 고모리의 폭력이라는 것이 생래적인 조건처럼 나오잖아요? 어른은 하나같이 야만적이고 어린이는 모두 피해자인 것도 조금은 의아했습니다.

**백낙청** 꼭 그렇지는 않죠. 학교에서 동생 공책을 찢어버리는 여자애라거나, 그러니까 아이들 간에도 가해, 피해 그런 게 벌어지고 있죠.

**송종원** 앞서 이야기가 잠깐 나왔는데 황정은의 소설에 동성애적 관계가 종종 나타나는 것도 주목해볼 지점이에요. 근간에 문단에서 회자되는 소설들 중에 섹슈얼리티의 문제를 건드리고 있거나 일상의 언어에 잠식돼 있는 성의 정치성을 의식하고 있는 작품을 거의 찾아보기 힘든데, 황정은의 작품은 그런 면에서 달라요.

**백낙청** 사회문제나 윤리적인 문제로서의 동성애를 떠나서, 동성애자들에게는 대부분의 이성애자가 갖지 못하는 감수성이 있잖아요. 작가의 경우는 본인이 동성애냐 이성애냐를 떠나서 남들이 갖지 못한 독특한 감성을 가졌을 때 우리가 높이 평가하는 것 아니겠어요?

## 김소연 시집 『수학자의 아침』

**강경석** 다음은 김소연의 『수학자의 아침』(문학과지성사 2013)인데요. 이 시집의 1부를 검토해보면 용산참사, 쌍용자동차 분규, 제주 해군기지 논란에 적극적으로 개입하면서 느낀 소회가 담겨 있어요. 그것이 서시인 「그늘」의 첫 행 "벚나무는 천 개의 눈을 뜨네"에서와 같이 집합적 눈뜸으로 표현된 게 인상적이었습니다. 그것이 2부에서는 타자와의 연대 가능성/불가능성에 대한 탐문으로 나아간 것 같고, 3부는 타자로부터 자기 자신으로 시선을 옮긴 경우죠. 4부는 특이하게도 딱 두편으로만 구성되어 있는데, 여기가 변곡점입니다. 타자와의 연대에 대한 의심과 회의가 중지되면서 5부가 폭발합니다. 뒤에서 검토할 『무제 시편』 뺨치게 활달해져요. 나와 타자 사이뿐 아니라 국경조차 시시로 넘나들지요. 표제작의 수학자가 울퉁불퉁한 데 없는 점·선·면의 세계를 사는 이상주의자

같다고 할까요? 설령 모자란 사람 취급을 받을지라도 지금은 더 많은 이상주의자가 필요하지 않느냐는 항변으로도 읽힙니다. 시인의 자기변모 과정이 시와 정치라는 맥락의 계통발생을 압축하는 측면이 있기 때문에, 시사점이 충분하다는 생각입니다.

**송종원** 근간의 시비평들은 시집의 배치를 적극적으로 읽지 않는 경향이 있는데 강선생님께서 좋은 시도를 한 걸로 보여요. 한데 그 세부 내용이 맞는지는 의문입니다. 가령 표제작을 읽는 방식에 수긍이 가지 않습니다. 수학자라는 말과 작품 속에 사용된 수학적 표현을 가지고 이상주의자를 연상하신 거 같은데, 제가 보기에 이 시는 그냥 좀 낙담한 자 내지는 무언가를 포기한 자가 마주하게 되는 선명한 심정을 재치 있는 언어로 표현한 시입니다. 포기 속에서 자신의 삶의 선명한 뼈를 본 것이라고나 할까요. 삶의 시작점을 은유하는 아침을 맞이하면서 화자는 돌연 죽겠다고 선언하죠. 그러자 생각지 못했던 자신의 상황이 선명하게 드러나는 것은 물론이고 오히려 수학적 단정함과는 무관한 생의 감각이 미세하게 살아나고요. 그 아이러니함을 위트 있는 표현으로 드러내고 있는 시죠.

**백낙청** 1부에서 5부까지 가면서 어떤 식의 진행이 있다는 지적 자체에는 동의하시는 거예요?

**송종원** 글쎄요. 제가 1부에서 5부까지의 진행을 적극적으로 그려보지는 않아서…….

**백낙청** 나도 이상주의자라는 말에는 의문이 들어요. 그런데 뭐라고 짚기는 어려운데, 김소연 시집에 어떤 진행이 있는 것 같긴 해요. 그게 매력의 일부 같아요. 아무튼 「수학자의 아침」에 대해서는 두분의 입장이 다른 거 같은데, 두분 이야기를 더 듣고 싶군요.

**강경석** 「수학자의 아침」을 이상주의자의 탄생으로 읽는다는 건 일종의 비유에 불과하니까 굳이 얽매일 필요는 없겠지요. 하지만 이 시에 "어디서도 목격한 적 없는 온전한 원주율을 생각하며"라는 구절이나 "언젠가 반드시 곡선으로 휘어질 직선의 길이를 상상한다", 이런 얘기가 있잖아요. 원주율이라는 것이 현실에 존재하지 않는 수학적 가상이죠. 그렇다고 '온전한 원주율'을 꿈꾸는 것조차 포기할 이유는 없다는 거고. 수록작 중엔 「오, 바틀비」라는 시도 있어요. 멜빌(H. Melville)의 필경사 바틀비가 "그렇게 안하고 싶습니다"의 주인공이듯이, 현실이라는 범주 바깥에서 좀더 급진적이고 순수한 이상을 추구한다는 점에서 꺼내본 얘기입니다. 그리고 그 현실 너머로의 눈뜸이 집합적인 형상을 띠고 있다는 게 중요하고요.

**송종원** 저는 이 시집이 두가지 행위로 읽혔어요. 유서를 쓰는 행위와 안부를 묻는 행위가 그것인데요. 흥미롭게도 요 근래 대자보로 많은 사람들이 타자와 이 사회의 안녕에 대해 묻는 '안녕들 하십니까'라는 사건도 있었죠. 그 사건과 이 시집이 지닌 태도에 공유되는 점도 있습니다. 시집의 초반부에는 어떤 고독감 내지는 절망감에 마치 유서를 쓰는 행위를 연상하게 하는 시들이 많이 보여요. '유서'란 단어가 직접적으로 등장하기도 하고 자살을 암시하는 '뛰어내린다'는 표현이 쓰이기도 하죠. 초반부에는 저 행위와 관련한 심정이 좀 막연한 면이 없지 않은데, 시집을 죽 읽어나가면 곳곳에 암시된 죽음에 꽤 다층적인 의미가 있다는 걸 확인하게 됩니다. 삶이 파탄난 비극적 현장을 돌아다니는 시편이 중간중간에 있죠. 용산, 강정, 평택 등등이 그곳일 텐데, 그 현장에서 어처구니없는 광경을 목격하고 참담한 심정에 휩싸이면서 모든 것을 놓아버리고 싶어하는 시인의 모습이 보이는 것도 같아요. 또 이렇게 누군가의 삶이 망가져야 유지되는 사회라면 그 안에 사는 게 무슨 의미가 있겠는가를 되물으며 죽음을 떠올리는 시인이 보이는 것도 같고요. 덧붙여 나와 공존하는 다른 사람의 안전이 보장받지 못한다면 저항의 의미로서 나의 삶을 적극적으로 파업하겠다는 의지도 발견할 수 있죠. 삶의 파업으로서의 죽음이라고 할까요.

**백낙청** 처음에 「수학자의 아침」을 두고서 삶을 놓아버린 수학자를 이야기하실 땐 나는 내심 동의를 안했거든요. 그런데 지금 말씀은, 그냥 삶을 놓아버린 게 아니라 평범한 삶, 통상적인 삶을 놓으면서 뭔가 삶의 일부로서 죽음까지도 전복하라는 적극적인 자세라는 거지요?

**송종원** 그렇지요.

**백낙청** 그 말이 훨씬 더 정확한 것 같군요. 그리고 평택이니 용산이니 이야기가 나왔는데, 「주동자」라는 시를 보면 용산이나 평택이 전혀 언급되지 않지만 사회적 저항의 의지도 분명히 느껴져요. 가령, "움직이지 않는 모든 것을 경멸합니다/나는 장미의 편입니다"라든지 "나는 절규의 편이다" "유서 없는 피부를 경멸합니다"라는 대목도 그렇고요. 그래서 수학자도 "잠깐만 죽을게" 같은 대목이 그냥 상황에서 도피하겠단 얘기는 아닌 것 같아요. 키워드로 말하자면 어찌 보면 시인 자신이 「시인의 말」에서 두개의 키워드를 제시한 셈이에요. "애도를 멎게 하는/자장가가 되고 싶다"라는 딱 두줄인데, 애도 자체가 슬픔을 멎게 하는 하나의 방법이긴 하지만 한편으로는 애도할 거리가 너무나 많은 세상, 그런 세상에서 의식을 마비시켜서 애도를 멈추게 하는 게 아니고 진정한 노래로 애도하고 잠재우고 싶다, 그런 뜻이라면 '이상주의자'라는 말은 안 쓰더라도 한편으로 이 세상에 애도할 일들을 던져주면서 뭔가 그걸 넘어서는 길을 찾아가는……

**송종원** 「여행자」를 보면 시인이 찾아가는 길이 보이는 거 같아요. 삶이 불가능할 법한 현실의 극지를 일부러 찾아서 돌아다니는 듯한 화자의 모습이 인상적이죠. 그 극지에서 삶을 이어가는 사람들에게 건네는 안부, 이게 시인이 하고픈 말이 아닐까 합니다.

**강경석** 「여행자」가 2부에 있는 시들 중에서도 좋은 작품이죠. 이게 타자를 만나러 가는 여행인 거잖아요. 2부의 서시로서 부 전체를 관류하는 것 같아요. 특히 "파리처럼 기웃거리는 낙관을 내쫓으면서/나는 알게 된다"라는 대목을 보면 만만치 않죠. 그렇다고 비관을 탐닉하자는 자세도 아니니 값싼 낙관이나 서툰 비관을 모두 극복한 뒤 깨닫게 되는 무엇이 거기에 있습니다. 마지막도 굉장히 인상적이에요. "아무도 살아남지 않은 땅에서 사는 사람"이 있는데 그는 거기에 집 짓고 창을 낼 뿐 아니라 심지어 "청포도를 키우는 사람"이에요. 불모의 삶을 딛고 청포도밭을 일구는 데로 근사하게 비약하는 거죠.

**백낙청** 나도 「여행자」를 좋게 읽었는데, 전반적으로 김소연 시인이 소위 미래파 시인들 중에서도 이렇게 활달한 데가 있어요. 나로서는 그의 시에서 아직도 풀리지 않는 의문들이 수두룩하지만, 전반적으로 이렇게 힘있게 끌고 나가는 게 이 시인이 여러 미래파 시인들과 조금 다른 것 같네요. 물론 힘있게 끌고 나가는 예로는 황병승(黃炳承)도 있지만, 그쪽은 약간 뭐랄까, 신들린 활력 같은 것이고,(웃음) 훨씬 차분하면서도 활력을 지닌 게 김소연 시 특유의 매력이 아닌가 싶어요.

**송종원** 아까 우연찮게도 황정은 작품 이야기에서 김소연 시 이야기가 나왔잖아요. 둘이 맞아떨어지는 부분이 있다는 생각이 직관적으로 드네요. 김소연 시의 화자가 묻는 안부와 앨리시어가 잠자리에서 동생에게 들려주는 이야기는 지시적 의미보다는 그것의 수행성이 중요하죠. 백선생님께서 김소연 시인의 「시인의 말」을 인용하시며 애도와 자장가 이야기를 하셨는데, 어떻게 보면 두 사람 모두 애도가 필요한 사람들에게 자장가를 들려주는 이들처럼 보입니다. 말의 온기를 가동시켜 함께 있음의 감각이 필요한 사람에게 그것을 전하는 방식이 어쩌면 작은 의미의 문학의 정치성이 아닐까요.

## 손미 시집 『양파 공동체』

**송종원**  다음 작품입니다. 최근 몇년간 김수영문학상이 연령대가 낮은 젊은 시인들에게 많이 돌아가는 것 같네요. 서효인(徐孝仁), 황인찬(黃仁燦) 등등의 시인이 수상 이후에도 좋은 시작활동으로 주목을 받고 있죠. 이번에는 올해 김수영문학상을 수상한 손미(孫美) 시인의 작품을 살펴볼 차례입니다. 개인적으로는 시집 여기저기에 빛나는 구절이 많았다고 기억합니다. 또 이 시인의 시작(詩作)방식과 시비평 담론 사이의 어떤 거리감도 흥미롭기도 하구요. 두분 선생님은 어떻게 읽으셨는지요?

**강경석**  손미 시인의 『양파 공동체』(민음사 2013)는 문제적인 대목도 적지 않지만 전반적으로 높이 평가하긴 어렵지 않나 싶어요. 까봐도 결국은 속을 알 수 없는 양파 이미지도 그렇지만, 첫 시 「컵의 회화」에서 스푼으로 찻잔을 둥글게 젓는 행위나 「내림」의 "주인집에서 빌린 테이프/ 그 속에 녹음된 말"처럼 핵심은 비밀에 부쳐져 있고 그 둘레를 빙글빙글 에두르는 방식으로 구성되어 있어요. 둥글게 감긴 비밀에 관한 시라고 할까요? 그런데 이게 사실 미래파 시들에서 낯익어요. 통상 미래파를 구분해내는 준거가 서정적 자아의 단일성을 의심하는 데 있으니 구심력의 속박으로부터 벗어난 원심력 위주의 세계와 크게 다르진 않은 거죠. 김행숙(金杏淑)의 「가까운 곳」이나 「가까운 위치」 같은 가작이 떠오르는데, 손미 시인의 작품이 그보다 낫거나 확실히 변별되는 것은 아닌 듯합니다. 자기극복이나 내밀한 상처의 치유 쪽으로 전개되긴 하지만 그렇게 자신을 벗어난 다음이 무엇이냐고 묻는다면 물음표가 찾아올 수밖에 없어요.

**백낙청**  이른바 '미래파' 계열의 시집이 으레 그렇듯이 나는 읽기가 꽤 힘들었습니다. 그런데 계속 읽다보면 조금씩 그 코드랄까, 그런 게 짐작이 가서 다소 풀려가는 느낌이었고, 두번 통독한다면 더 나을 것 같다는 느낌이 들었어요. 다만 김소연 시집에서 느껴지는 활달함 같은 것이 모자란데다, 그런 따스함 같은 것도 덜하더군요. 나는 이 시집에 대한 권혁웅(權赫雄) 씨의 해설이 재미있었습니다. 물질과 반물질이라는 물리학의 학설을 끌어들여서 이 작품에서 반물질(antimatter)의 세계를 표현하려 한다는 해석이, 어쨌든 우리가 친숙한 세계를 해체하고 생소한 경지를 개척하며 그려보려는 노력과 부합하는 듯해서 도움이 되었습니다.

**송종원** 미래파 이야기가 나오면 늘 시의 자아/주체 이야기가 함께 나와요. 강경석 선생님이 구심력과 원심력을 가지고 설명한 내용도 그것이죠. 미래파 담론이 지나간 후 시적 자아 대신 시적 주체란 말이 더 자연스러운 말이 되었죠. 흥미롭게도 두분이 모두 손미의 시를 미래파 계열로 읽으셨는데, 전 손미의 시가 주체란 말보다 자아란 말로 설명하기 좋은 시로 여겨졌어요. 전통 서정시의 느낌을 주는 불행한 자아의 시, 손미의 시가 딱 그래요. 시편들 중에는 비밀스럽기는 하나 불행한 개인사를 암시하는 내용이 참 많죠. 그런데 그게 읽는 이들에게 또 묘한 울림을 줘요. 서정적 자아에 반감을 표시했던 미래파 담론에 기대 이야기하자면 손미의 시는 자기애적 슬픔이 가득한 시라고도 말할 수 있을 거 같은데, 그게 어떻게 독자를 움직이는 탄력을 발휘하는지를 해명할 필요가 있다고 느꼈습니다. 그래서 이 시집을 좀더 다뤄보고 싶었고요.

**백낙청** 이른바 시적인 자아를 해체한다고 할 때, 시인의 진솔한 감정이 남아 있는 게 문제가 아니고, 자아를 해체한다고 열심히 이런저런 기법을 구사하지만 사실 그 이면에는 열심히 해체작업을 수행하는 또다른 자아가 덩그러니 자리 잡고 있다는 게 문제겠지요. 그러니까 자기 이야기를 하더라도 불교적 의미로 무아(無我)의 경지에서 할 수 있는 거고, 자기를 깨부순다면서도 사실은 깨부수는 작업을 하는 자아가 그대로 살아 있는 경우가 있지요. 나는 솔직히 말해 이 시집을 놓고 어디가 얼마만큼 이렇고 어디가 얼마만큼 저렇다고 정확하게 짚어낼 자신은 없어요.

그러나 양면이 다 있는 것 같아요.

**송종원** 이 시집의 큰 골격은 타인의 언어로 말미암아 훼손되는 자기를 지켜내려는 태도에 있는 것 같아요. 만들어지는 소문의 세계가 있고 소문에 의해서 훼손되는 것들을 지켜내려는 자기의 세계가 대립한다고 할까요. 어떤 시는 왕따의 경험을 빗대 이 갈등을 전면적으로 드러내고도 있어요. 그래서 시의 언어가 시인의 삶 바깥으로 나아가는 게 아니라 자신의 삶 안으로 깊숙이 뛰어들게 되죠. 독단적 유아론의 혐의까지 보일 정도로 말이죠. 그런데 한편으로는 자기의 삶 속에 깊숙이 뛰어들다 보니 그 속에서도 비밀을 발견하는 양상이 나타나요. 양파의 이미지처럼, 슬픔을 벗기면 또다른 슬픔이 나오는 식인 거죠. 온전한 나에 이르지 못하는 슬픔, 나에게조차 비밀이 된 나의 슬픔의 지대, 여기에서 독자들이 참여할 수 있는 공유지가 발견되는 듯합니다. 슬픔에 빠진 자아가 자기의 존재론적 인식에 도달하는 면모가 이 시집의 큰 성과가 아닐까 생각합니다.

**강경석** 희박하지만 다른 면도 있어요. 표제시 「양파 공동체」가 재밌는 게 "작아지는 양파를 발로 차며 속으로, 속으로만 가는 것은 올바른가. 입을 다문 채 이 자리에서 투명하게 변해가는 것은 올바른가"라는 물음으로 끝나요. 옳고 그름을 묻는 일종의 윤리적 판단의 문제를 제기하는 건데, 그 덕에 이 시가 살아나요. 이 물음이야말로 원심력에 몸을 내맡긴 공회전의 세계로부터 탈출할 수 있는 하나의 계기일 수 있죠. '나'를 벗어나 '우리'로 연결될 수 있는 지점들은 적지 않다고 봅니다. 제목이 벌써 '양파 공동체'잖아요.

## 고은 시집 『무제 시편』

**송종원** 마지막으로 다룰 것은 『무제 시편』(창비 2013)입니다. 이 작품집에 대해서는 특별히 선정 이유를 말해야 하나라는 생각도 드네요. 시집의 가시적인 물성이 벌써 독자를 압도해오는 면이 있죠.(웃음) 고은(高銀) 시인이 수준 높은 시들을 꾸준히 다작하고 계시다는 점은 모두가 익히 알고 있는 사실입니다. 이번 좌담을 준비하는 사전모임 때 백선생님께서 요즘 젊은 평론가들이 근래의 시인들에게만 집중할 뿐 고은 시인과 같이 연배가 있는 분들에 대해서는 덜 이야기하는 면이 없지 않다는 문제를 제기하기도 하셨어요.

**백낙청** 젊은 비평가들이 고은 시를 '덜 이야기하는' 정도가 아니라 적극적인 기피증까지 있지 않나 싶어요. 그래서 두분 같은 소장 평론가들이 젊은 세대에 흔한 편식증이나 기피증을 넘어『무제 시편』을 다루기로 한 것을 기쁘게 생각합니다. 두분은 읽어들 보시니까 어때요?

**강경석** 워낙 방대한 규모라 한마디로 정리하긴 어렵지만, 일단 받은 첫인상은 통제할 길 없는 어린아이의 거대하고 발랄한 놀이, 심지어는 우주적인 놀이처럼 읽혔습니다. '부록 시편'들을 제외한 본편만도 500편이 넘는데, 이 경우는 여기에 어울리는 특별한 독법이 개발될 필요가 동시에 있는 것 같아요. 그것은 고은 시인이니까 예우하자는 게 아니라 텍스트가 서 있는 판 자체가 다르다는 느낌 때문입니다. 그러지 않으면 핵심적인 작품만 추려서 편집했어야 하지 않나, 이런 의문에 도달할 수밖에 없거든요. 그에 따라『무제 시편』연작의 의의는 무엇인지, 또 수록된 개별 시편들의 우열은 어떤지를 판가름할 수 있겠다는 생각입니다.

**송종원** 시인들은 한편의 시를 두번 쓴다고 생각해요. 한번은 시를 개별 작품으로 발표할 때 쓰고, 또 한번은 시집의 전체적인 형상 속에서 작품을 어디에 배치할 것인가를 고민할 때 쓰죠. 그런데『무제 시편』은 두번째 쓰기가 없어 보입니다. 이는 사실 이 시집의 형식을 문제 삼는 것뿐 아니라 고은 시인의 시가 가지고 있는 어떤 특성과 관련한 말이기도 합니다. 고은의 시에는 체계에 대한 거부 같은 게 늘 있어요. 체계 안에 작동하는 신화적 요소를 낮은 땅으로 끌어내리려는 특성이라고도 할 수 있죠. 가령 32번 시를 보면 들녘에서 착란처럼 할아버지를 보다 아버지로 옮겨가고 다시 새참을 이고 오는 어머니를 불러일으키는 장면이 있죠. 점점 더 낮은 자리로 순식간에 소급해가는 이런 상상력의 운동성은 분명 매력적이에요. 하지만 가끔 체계에 대한 거부가 종잡을 수 없는 데까지 나아갈 때도 있어요. 어디로 튈지 모르는 아이처럼 수만 방향으로 튀는 통에 일부러라도 억압적 계기를 만들어서 어떤 흐름을 잡아주는 게 필요하지 않을까 생각될 정도죠.

**백낙청** 독특한 독법이 필요하다는 강선생 지적은 참 탁월한 견해예요. 이번 시집 「서문」에 보면 베네찌아에 있는 동안 "시의 유성우(流星雨)가 밤낮을 모르고 퍼부어내렸다", 이런 말이 있잖아요? 『무제 시편』은 몇달 사이에 오백몇십편을 썼으니까 고은 시인으로서도 유별난 경우지만, 사실 고은 시인의 전반적인 생산력이나 작업방식을 보면 유성우가 그냥 시도 때도 없이 내리는 시인이라고 봐야지요. 그래서 흔히 사람들이 좀 추려서 내면 좋겠다고 말하는데, 이 유성우라는 게 비유이긴 하지만, 말하자면 별똥별의 소낙비가 쏟아지는데 조금 줄여서 쏟아지면 어떠냐, 더 빛나고 멋있는 별만 추려가지고 내리쏟으면 좋지 않겠느냐 하는 게 가당치가 않잖아요.(웃음) 그냥 하나의 '현상'으로 받아들이면서 어떻게 읽어야 할까를 생각해야 할 것 같아요. 흔히 우리 머릿속에는 '주옥같은 시편'이라는 개념이 있지요. 그런데 고은 시에 주옥같은 것들이 없는 건 아니지만, 시인 자신은 주옥같은 시편이라는 개념을 애초에 거부하겠다는 거예요. 특히 『무제 시편』에서는 "시가 아닌 시"란 것을 추구하잖아요. 그래서 일단 쏟아지는 유성우를 한번 지켜보면서, 우리 나름으로 그중 어느 시들은 좋고 어느 시들은 덜 좋더라 하는 비평을 각자가 해야지요.

**강경석** 가령 연작의 171번에 "미는 숙련된 미숙이다"라는 구절이 있고 또 148번에는 "걸어가는 노래로 살아야겠소"란 다짐이 나옵니다. 일상의 소소한 행위로부터 거대한 깨달음에 이르기까지 모든 사유와 행위가 시가 된다는 뜻이기도 하고 시 자체가 행위이기도 한 상태를 말하는 것 같아요. 사람의 몸과 마음이 아침저녁으로 들쭉날쭉하듯 이 시들도 우발적이기 이를 데 없는 생의 리듬을 따르는 거예요. 아이 같고 미숙한 거죠. 그러니 시편들 사이에 논리적 모순도 비일비재합니다. 141번이 "싸움의 끝은 싸움이 아닙니다"로 끝나는 데서도 유추할 수 있듯이 시의 끝, 그러니까 이 시들의 목적지는 결국 시가 아니라는 점이 뚜렷해요. 시적 완성이라는 일반적 목표가 무상해지는 거죠. 따라서 '부록 시편'의 첫 시 「안성을 떠나면서」의 마지막 연 "시가 시이고 또 시였다 내가 감히 시였다"도 전혀 과장이 아닙니다. 앞에서 서정적 자아에 대해 언급하기도 했는데, 그런 의미에서라면 『무제 시편』이야말로 서정적 자아에 대해 해체적이에요. 서정적 자아란 게 문제되는 맥락도 결국은 근대적 주체성, 그러니까 자본주의 사회의 단자화된 개인을 절대시하고 숭상하는 문화와 연루되어 있는데, 『무제 시편』의 서정적 자아는 거기서 비켜서 있지요. '무제 시편'이라는 제목 자체가 제목이 없다는 뜻인데 주인 없는 주인, 주체 없는 주체인 거죠. 어떤 의미에서는 국가나 사회 단위에만 독재가 있는 게 아니라 개인이 자기 자신에 대해서도 독재를 행할 수가 있는데, 고은 시인은 '나'라는 독재로부터 스스로를 해방시키겠다고 나선 셈이에요. 여기에 중요한 의의가 있다고 봅니다.

**송종원** 『무제 시편』의 특징 중의 하나가 작품 수가 상당한 데 비해 태작은 잘 안 보인다는 점이에요. 시집의 초반부를 읽었을 때 간결하면서도 탄력 있는 말들의 기운이 흥미로웠어요. 근데 100편 정도를 넘어가니 좀 지루해지더라고요.(웃음) 후반부 작품이 성과가 덜하다는 말이 아니라 비슷비슷한 시적 운동을 계속 반복해서 보니 피곤하게 느껴졌어요.

강선생님의 '나'에 대한 해석도 설득력이 있지만 전 조금 달리 읽은 것 같아요. '나'라는 말이 무척 많이 나와요. '나'에서 출발해서 '나'로 끝나는 시도 많고요. 그런데 이 '나' 사이의 여정이 세계사적 인식을 끌어들이며 상당한 스케일을 지니는 데 반해 처음의 '나'와 마지막의 '나'가 큰 차이가 없어 보여요. 이 '나'를 어떻게 보아야 할지 저는 아직 고민입니다.

**백낙청** 앞부분과 뒷부분, 이렇게 나누기는 어려울 것 같고요. 아무튼 변별을 해서 불만이 있는 부분을 적시하는 작업도 필요한데,「서문」에 이런 말이 있지요. "나는 한반도의 아픈 영광이야말로 때려죽여도 때려죽여도 살아나는 시의 땅이라고 되받는다."(11면) 감동적인 구절인데, 이런 한반도의 아픈 영광이 제대로 살아 있는 시가 어떤 거고 그렇지 못한 시는 어떤 건가, 그런 물음을 던져봄직은 하지요. 가령 나는 분단문제에 관심이 많고 분단체제론이라는 걸 얘기해왔는데, 그렇다고 항상 분단 이야기만 하자는 건 아니에요. 오히려 이 시집 327번에서처럼 "분단이 웬말인고"라고 일축하는 걸 신선하게 느끼기도 해요. 짧은 시니까 전문을 읽어보면, "내 풍류 욕하는 놈 치사하렷다//금방 따온/외금강 송이를 구워 먹는다//분단이 웬말인고//천하의 가을이 내 가을이구나".(533면) 다른 한편 268번에서, "분단 70년을 살았다 제비들 오지 않는다//아주 굳어진 것인가/저 밑창에서/다른 세월이 움트고 있는 것인가"(448면) 이렇게 물음을 던져놓고는 분단이 150년도 갈 수 있고 상당히 오랜 세월을 갈 수 있는 그런 역사를 상정합니다. 그런데 나처럼 아주 굳어진 것 같은 답답함 속에서도 저 밑창에서 다른 세월이 움트고 있는 낌새를 잡아내기를 갈망하는 사람으로서는 아쉬움이 있어요. "분단 1백50년쯤 가보라" 하는 거는 그야말로 너무 초월적으로 나간 형국이고, 이런 경우는 진정한 무아의 경지라기보다 우주적으로 사고하는 자아가 드러나는 대목이 아닌가 싶어요.

**강경석** 327번 같은 경우는 고은 시인이 그동안 보여줬던 돌출적이고 비약적인 인식들에 비춰보면 그렇게 놀랍지가 않은, 어쩌면 자기반복처럼 다가오기도 했어요.

**백낙청** 하지만 그걸 이렇게 다섯줄로 쓰는 건 쉽지 않죠. 게다가 분단이야기가 느닷없이 나온 게 아니고 '외금강 송이'를 구워먹는 통에 자연스럽게 나오거든요.

**강경석** 268번에 비해서는 당연히 월등하지요.

**송종원** 327번처럼 먹는 일과 분단문제를 연결시킴으로써 극히 자연스러운 것은 물론 생존의 목적이 아니라 사치스러운 먹기라는 구체성을 활용해 자기환멸적 감각을 재치 있게 시적으로 만드는 능력은 고은 시인의 특장임이 분명해요. 같은 맥락에서 가령 103번 같은 시 "풀 보아/나무 보아/똥 안 누고도/잘 사는/조각달 보아//나야 죽어도 달 못되어 똥 마려워"(189면)라고 말하는, 누추한 육체성을 스스럼없이 고백하는 시들이 좋게 읽혔던 것 같아요.

**강경석** 그렇죠. 그런데 바로 앞의 102번만 해도 그렇고 태작이 없지는 않아요. 27번 같은 경우도 "제주도 1만 신들"부터 세상의 온갖 신들을 쉴없이 불러들이고 있는데, 금세 지루해져요. 이런 식으로 쏟아진 열거의 시들 상당수는 가령 같은 열거법을 썼어도 농사꾼 아버지가 쓰던 연장과 자신의 시 쓰기를 오버랩시킨 341번 같은 시에 비할 때 한참 뒤처집니다.

**백낙청** 아까 268번과 관련해서 내가 보기에 너무 스케일이 커진다고 불만을 표시했는데, 시인이 자신의 '오만불손'을 호언한다고 해서 꼭 자아과잉의 시는 아니에요. 또 시인이 굉장히 풀이 죽었다고 할까, 반성하고 부끄러워하는 시들도 좋은 게 많아요. 가령 "나는 청중 앞에서 부끄럽다"로 시작하는 362번이 그런데, 우리가 아는 고은 선생은 청중 앞에서 부끄러워하는 분이 아니거든요.(웃음) 하지만 마음 한구석에 그런 고은이 있을 것이고 그런 걸 시를 통해 드러낸 건데, 자기고백이라는 게 굉장히 자아중심적인 행위가 될 수도 있지만 이 경우는 그런 종류의 자기 고백이 아니고 진실의 어떤 한 면을 드러내주는 시의 경지에 달했다고 생각하지요.

**송종원** 사실 이 좌담을 준비하면서 개인적으로 다양한 텍스트를 읽어 내는 게 만만치 않았어요. 이 자리에 오면서도 텍스트에 대한 생각이 완 전히 정리된 상태도 아니었고요. 그런데 선생님들과 이야기를 나누면서 텍스트에 대한 이해와 더 고민해봐야 할 질문이 선명해진 것 같습니다.

**강경석** 독자들에게 좋은 읽을거리가 되었으면 좋겠는데 어떨지 모르 겠습니다. 그래도 두분과 토론할 수 있어서 기뻤습니다.

**백낙청** 많이 배웠고 즐거웠습니다. 그리고 강제로라도 최근 작품을 많이 읽으면서 우리 문학의 활력이 만만찮다는 점을 다시 확인한 느낌 이에요.

# '통일대박론'을 뛰어넘는 새로운 통일담론 만들어야

백낙청(서울대 명예교수)
김보근(한겨레평화연구소 소장)
2014년 3월 5일 세교연구소

## 통일은 단계적으로······ 그 과정서 시민참여가 가장 중요해

백낙청 서울대 명예교수는 오랫동안 『창작과비평』 편집인을 맡아온 진보적 평론가로 이름 높지만, 동시에 '분단체제론' 등을 통해 한반도 분단문제를 분석하고 해소하기 위해 노력한 실천적 지식인이기도 하다. 2005~08년에는 '6·15공동선언실천 남측위원회' 위원장을 맡기도 했다. 백명예교수는 『한겨레』 인터뷰에서 개혁진보진영이 통일대박론을 뛰어넘는 통일담론을 만들기 위해 노력해야 한다고 강조했다.〔김보근〕

**김보근** 우선 박근혜 대통령이 발표한 통일준비위에 대해 어떻게 생

■ 이 인터뷰는 『한겨레』 2014년 3월 11일자에 '백낙청 "정부가 통일대박론과 종북몰이 결합해 흡수통일 몰고 갈 우려"'라는 제목으로 실린 것이다.

각하시는지 듣고 싶습니다.

**백낙청** 당장에 큰 기대는 않지만, 그런 민관 협의기구를 만드는 것은 좋은 일 같습니다. 나중에 하기에 따라서는 더 내실 있는 기구가 될 수도 있다고 생각하지요. 지금은 정부 전반에 걸쳐서 모두가 대통령 입만 쳐다보고 있는 풍토라서 위원회가 얼마나 독립적인 목소리를 낼 수 있을지 의문입니다만, 일단 수용하는 것이 나쁘지는 않겠다는 거지요.

**김보근** 통일준비위가 생기면서 통일부가 더 힘이 빠지는 상황도 예상할 수 있을 것 같습니다.

**백낙청** 그것은 정부가 하기 나름이지요. 새로운 기구를 만들든 안 만들든 우선 통일부에 힘을 실어주는 건 중요합니다. 지금 보면 남북관계에서 통일부가 겉돌고 있는 느낌이에요. 그런데 어차피 통일정책은 대통령 선에서 결정되는 겁니다. 그 과정에 통일부의 전문성과 실무력이 투입되는 것인데, 통일정책 수립을 대통령과 정부가 혼자 하지 않고 민간을 참여시킨다는 것은 원칙적으로 좋은 일이지요. 물론 헌법기구로 민주평통(민주평화통일자문회의)이 있지만, 그것은 정권의 국내외 지지세력을 관리하는 조직으로 자리 잡아서 크게 의미있는 기구는 못되는 것 같습니다.

**김보근** 사실 5·24조치 해제나 금강산 관광 재개 등을 위해서는 국민적 합의가 필요한데, 이 위원회를 활용하면 그런 문제를 해결할 수 있겠다는 시각도 있습니다.

**백낙청** 대통령이 일방적으로 결정하기에 부담스러운 일을 위원회에서 명분을 찾을 수도 있겠지요. 물론 말씀하신 금강산 관광 재개 같은 것은 위원회 구성을 기다릴 일도 아니겠습니다만.

**김보근** 통일준비위원회가 나온 근본적 배경으로는 역시 '통일대박론'을 꼽을 수 있을 것 같습니다. 올해 들어서 박근혜 대통령이 "통일은 대박이다"라고 여러차례 제기했고, 보수언론 등에서도 적극적으로 통일

문제를 다루고 있습니다.

**백낙청** 통일에 대한 국민들의 무관심이나 부정적인 생각을 일거에 씻어내고 또 통일이라는 것을 경제적인 현실과 연관시켜 생각하는 관점을 퍼뜨렸다는 점에서 긍정적으로 봅니다. 반면, 통일이 과연 어떤 것이며 그런 통일로 어떻게 나아갈 것인가 하는 구체적인 인식이나 준비가 없이, 그야말로 슬롯머신에서 대박 터지듯이 요행을 기대하는 심리를 조장한 점은 건강한 것이 아니라고 생각합니다. 또 『한겨레』가 지난 2월 중순 진행한 '통일대박론을 넘자' 시리즈의 기획좌담에서 누가 말했듯이 통일담론하고 종북몰이 담론을 '같은 바구니'에서 꺼내고 있다는 점도 문제예요. 이건 일종의 자가당착이거나, 아니면 정부가 통일담론과 종북몰이를 결합해서 위험천만한 흡수통일 드라이브로 갈 수 있다는 점이 우려스럽습니다.

그런데 이런 지적을 한다고 다 정리되는 건 아니에요. 흡수통일 문제만 하더라도 진보진영에서는 "정부의 통일정책은 흡수통일"이라고 해버리면 논의가 끝났다고 생각하는 경향이 있지만, 그렇게 간단치 않습니다. 사실은 햇볕정책도, 김대중 대통령 자신은 달랐을지 모르지만, 갑작스러운 흡수통일을 안한다는 것일 뿐, 그것을 추진한 사람들 가운데는 한참 뒤 여건이 무르익으면 흡수통일을 하겠다고 생각하는 사람이 많았습니다. 우리 국민 중에도 내놓고 흡수통일을 주장하는 사람은 소수지만 장기적으로는 흡수통일을 해야 한다는, 일종의 무의식적인 소망이 많이 있다고 생각합니다. 그래서 "통일대박론이 흡수통일론이다"라고 말하는 걸로 논의가 끝났다는 생각은 너무나 안이한 태도입니다.

종북몰이하고 통일담론이 상충한다는 것도, 그 둘을 똑같은 비중으로 추구하면 상충이 되면서 아무 일도 안되겠지만, 만약에 대통령이나 정권 측에서 치밀한 계산을 해가지고 장기적인 흡수통일을 추진하되 자기네들이 그 과정을 장악하고 주도하겠다, 그리고 자기들의 주도권에 도

전하는 세력은 그때그때 종북몰이로 제압하겠다 하는 구체적인 전략이 있다고 하면, 두 담론이 그들의 입장에서는 상호보완적인 관계가 됩니다. 그런 전략을 가졌느냐, 또 운영능력을 지녔느냐가 문제일 뿐입니다. 다만 "2015년 자유민주주의로 통일하기 위해 우리 모두 죽자"라고 하는 인사들을 제어하지 못하면 자가당착으로 끝날 수밖에 없지요.

**김보근** 말씀을 들으니 진보진영이 더 분발해야겠다는 생각이 듭니다. 『한겨레』 기획시리즈도 한편으로는 박대통령의 통일대박론이 구호에 머물지 않기 위해서는 북한을 통일의 주체로 인정해야 한다는 점 등을 지적하면서, 다른 한편으로는 개혁진보진영에 대해서도 통일담론을 더 한층 발전시켜나가야 한다는 점을 촉구하는 내용이었습니다.

**백낙청** 『한겨레』 시리즈를 잘 읽었습니다. 좋은 얘기가 많았고 보수와 진보가 좀더 깊이있게 대화하려는 시도도 신선했습니다. 그리고 북조선의 공민(公民)인 재일조선인 학자나 언론인의 입을 통해서 북측의 관점을 직접 알아본 것은 『한겨레』가 아니면 못할 기획이었지 싶습니다. 우리가 동의를 않더라도 그들이 어떻게 생각하고 어떻게 표현하는가 하는 것을 직접 알아볼 필요가 있거든요.

그러나 말씀하신 대로 더 분발할 여지는 많은 것 같습니다. 우선 『한겨레』 자체가 통일에 대해 뚜렷한 주견이 있는 것 같지 않았어요. 그리고 제목은 '통일대박론을 넘자'고 했는데, 실은 통일대박론의 프레임 속에서 놀지 않았나 합니다. 통일대박론을 대체하거나 압도할 만한 것을 제시하기보다, 이게 흡수통일론 아니냐고 비판하거나 아니면 통일이 제대로 대박이 되려면 이러저러해야 한다는 보완적인 얘기를 하는 데 그치는 식이었지요.

기획시리즈에는 민주정부가 펼친 포용정책을 업그레이드해서 '포용정책 2.0'을 추진하자는 저의 주장을 언급하고 지지하는 내용도 있어서 반가웠습니다. 제가 포용정책 2.0을 주장한 것은, 포용정책 1.0도 여러 계기를 거치면서 1.2가 되고 1.5선으로까지 진화한 사실을 무시하는 것은 아니지만, 1.0대 버전의 어떤 기본적인 한계를 뛰어넘어야 한다는 판단에 따른 것이었습니다. 그 주장의 일부로 제가 남북연합이라는 중간 단계에 특별한 의미를 부여했는데, 기획기사의 발언에서 남북연합을 강조하는 선을 넘어 마치 그것이 통일의 완성이거나 최종 형태인 것처럼 얘기하고 『한겨레』가 표제까지 그렇게 뽑아서 좀 당황스러웠지요.*

### 1단계 국가연합으로부터 시작해 시민 논의로 높은 단계 통일을

**김보근** 그 기고와 좌담의 경우 포용정책 2.0을 대변한다는 입장에서 얘기해보라고 했던 것인데, 약간 이해가 부족했던 것 아니었나 생각합니다.

**백낙청** 제 이름이 거론되기도 했으니까 하는 말인데, 저는 국가연합을 '1단계 통일'로 규정하긴 했습니다만 그것이 최종 목표라든가 통일의 완성태라는 얘기는 한 적이 없습니다. 원래 국가연합이라는 것은 교과서적인 의미로는 통일이 아닙니다. 별개의 두 국가가 존재하고 '연합'만 하는 것이니까요. 그럼에도 한반도의 특수한 맥락에서는 "그 정도만 가도 1단계 통일에 해당한다"라고 했던 거지요.

저는 한반도식 통일에서 통일이 평화적이고 점진적일 뿐 아니라 단계적인 통일이 돼야 한다는 것을 늘 강조해왔습니다. 그런데 우리가 교류협력하고 평화공존하다가 남북연합을 건설하는 것이 최종 완성태라고 하면 단계적 성격을 강조할 필요가 뭐가 있겠어요. 남북연합을 1단계 통일로 규정하고, 그다음에 2단계, 3단계는 어떻게 갈지, 또 몇단계까지 갈지 하는 문제들은 그때 가서 결정하자는 것입니다. 실은 국가연합도

---

* 이승환 「시민단체 일부 '남북연합'을 과도기 아닌 최종형으로 제시」, 『한겨레』(2014.2.24.)

'낮은 단계'와 '높은 단계' 등 여러 종류가 있을 수 있는데, 현실적으로는 '낮은 단계의 연합'으로 시작할 수밖에 없지 않나 하는 게 제 생각입니다.

단계적 통일은 제가 한 얘기가 아니고, 6·15공동선언에서 두 정상이 합의한 내용입니다. 1단계에 대한 합의가 외교적인 절충을 통해 상당히 애매모호하게 표현되기는 했지만, 한가지 명백해진 것은 한반도 통일은 일회성이 아니라 단계적으로 간다는 것이었습니다. 이후의 단계에 대해서는 언급을 안했는데, 그것은 다음 단계가 무어냐, 최종단계는 무어냐 하는 문제로 지금부터 다툴 필요가 없기 때문입니다. 그러다간 아무런 합의도 못 이루기 십상이니까요. 특히 단일형 통일국가가 최종 목표라고 못을 박아놓으면, "어? 그러면 우리를 흡수하겠다는 것 아니냐"고 북측이 반발했겠지요. 1단계 이후를 공백으로, 나중에 결정할 문제로 남겨둔 게 6·15공동선언의 절묘한 해법이었다고 생각합니다.

포용정책 2.0에서 남북연합 건설 이상으로 강조하는 것이 '시민참여'입니다. 통일이 점진적이고 단계적으로 가기 때문에 시민참여의 공간이 열립니다. 또 단계가 진행될수록 공간의 폭은 넓어지게 마련이지요.

남북연합이 건설된 뒤에는 남북을 막론하고 시민참여가 지금보다 훨씬 높아질 것입니다. 그렇게 시민참여가 높아진 상태에서 그다음 단계에 대한 논의를 하면 되는 거예요. 그리고 그때 가서 아, 이만하면 됐다 해서 그것을 최종단계로 하든지, 아니면 또 그다음 단계는 무엇으로 할지 정하면 되는 것입니다. 그것이야말로 '자유민주적 기본질서'라는 우리 헌법 머리글의 정신에도 맞는 통일과정이라고 생각합니다.

**김보근** 포용정책 2.0에서는 남북연합 건설이 북핵문제나 평화협정 등 남북관계 기본문제의 해결에 대해서도 어떤 역할을 하는 것인가요?

**백낙청** 남북연합 건설은 6·15공동선언에 포함된 것이니까 포용정책 1.0에 이미 들어 있습니다. 그러나 포용정책 1.0에서는 교류협력을 잘하다보면 남북연합을 할 수도 있다고 편안하게 생각했다고 봅니다. 그러나 그렇게 안되는 게 점점 명백해졌지요. 이제는 교류협력이든 북핵문제 해결이든 평화협정 체결이든 이 모든 것을 남북연합 건설이라는 1단계 목표를 중심에 놓고 설계하고 추진하는 것이 필요해졌다고 생각합니다. 남북연합이 문제 해결의 선결조건이라는 말은 아니고, 남북연합을 향한 비전이 있고, 계획이 있고, 로드맵이 있고, 다른 현안과의 연계성이 녹아들어가야 한다는 것입니다. 그래서 나는 남북연합의 추진 없이는 핵문제도 해결이 안될 거라고 오랫동안 주장해왔습니다.

**김보근** 포용정책 1.0을 지지하시지만 또한 그 부족한 부분을 지적하고 업그레이드해야 한다는 말씀으로 이해됩니다.

**백낙청** 그렇지요. 포용정책 2.0이라는 표현 자체가 1.0을 수용하고 계승하는 걸 전제한 거지요. 다만 1.0 버전에 대한 저의 생각에 보수진영의 비판과 두가지 공통점이 있습니다. 하나는 교류협력하고 북미관계가 개선된다 하더라도 그것만으로는 북이 개혁개방을 안할 거다, 아니 못한다는 것입니다. 또 하나는 북의 비핵화도 포용정책 1.0 차원에서는 해결되기 어렵다는 것입니다. 물론 지금 북핵문제 해결이 안된 걸 두고 "그게 모두 남북연합이 안됐기 때문이다"라고 말하면 아전인수가 되겠지요. 그러나 미국과 한국 정부가 북더러 비핵화부터 하라고 다그치는 잘못된 정책을 버리더라도, 그것만으로 북이 이미 만들어놓은 핵무기를 포기하기에는 북측이 처한 현실이 너무 엄혹하고 불리하다는 것이지요.

북한의 개혁개방 문제도 바로 중국이나 베트남과는 판이한 북의 처지를 감안해야 합니다. 우선 베트남은 통일전쟁에서 이겨 미국을 몰아내고 나서 개혁개방에 들어갔습니다. 중국은 대만 문제가 있지만, 그것은 우리 남북문제와 성격이 판다릅니다. 중국은 1949년에 이미 통일전쟁에서 승리한 거예요. 그뒤 우여곡절 끝에 미국과 화해한 뒤에 결국 개혁개방에 나섰습니다. 그에 비해 북은 남과 대치상태에 있을 뿐만 아니라 남쪽의 국력이 월등한 상태입니다. 미국이 침공을 안하고 원조를 좀 준다고 해서 안심하기가 어렵습니다.

또 미국이 북한과 외교관계를 수립한다고 해도, 가령 인권문제 같은 소위 '인류 보편적인 문제'의 경우에는 정부가 대북압박을 중단하려 해도 완전히 중단할 수가 없어요. 북의 입장에서는 대북 적대정책이 계속되고 있다면서 개혁개방을 안할 이유가 되는 거지요. 그렇기 때문에 추가적인 보장장치이자 쌍방의 일방주의를 견제하는 장치로서 남북연합이라는 정치적 타결이 필요한 것입니다.

이처럼 포용정책 1.0의 한계에 대해 제가 보수진영의 의견에 동의하는 면이 있습니다. 그러나 보수 쪽에서는 북한이 비핵화도 개혁개방도 안할 테니까 북의 붕괴를 기다려 흡수하거나 지금처럼 대결상태를 유지하는 길밖에 없다고 봅니다. 그에 반해서, 저는 남북연합이라는 중간단계를 거치는 점진적 해결이라는 대안을 갖고 있다는 점에서 다르지요.

**김보근** 포용정책 2.0은 시민사회의 역할을 강조한다는 점에서 통일담론이면서 한국 사회의 개혁을 강조하는 이론인 것 같습니다. 그런 의미로 '2013년체제'도 강조하셨지만, 지난 선거에서 다시 보수정권이 들어섰습니다.

**백낙청** 포용정책 2.0은 한국 사회의 민주개혁론이기도 하다는 말을 한 적이 있습니다. 그런데 '시민참여'라는 표현에 곧잘 따르는 두가지 오해가 있습니다. 하나는 남북관계같이 중요한 문제를 정부를 제쳐놓고 시민들이 해내겠다는 것이냐는 반문이지요. 물론 그런 식의 시민 주도라면 말이 안됩니다. 정부가 할 일을 하되, 그러한 정부의 성격을 규정하고 또 실제로 통일정책을 성안하고 집행하는 과정에서 시민의 참여가 극대화돼야 한다는 것입니다.

또 하나는 자꾸 남북관계에 한정해서 생각하는 경향입니다. 남북관계에서 시민들이 대북지원 좀 하고 민간교류에 나선다 하더라도 정부의 역할에 비한다면 극히 한정된 몫이 아니겠냐는 것입니다. 이에 대해서는, 첫째 남북관계에서 말하는 시민참여에는 기업을 포함한 민간사회 전체가 포함된다는 점을 상기해야겠고, 둘째로 포용정책 2.0은 남북관계에 국한된 것이 아니라는 점을 강조하고 싶습니다. 한반도체제를 변혁하면서 그 일부로 남한 사회도 총체적으로 개혁하는 데 시민들이 참여한다는 것입니다. 따라서 포용정책 2.0은 민주주의 어젠다이기도 하고 민생 어젠다이기도 합니다.

## '통일 대박' 프레임 벗어나 새로운 담론 제시해야

**김보근** 만일 시민사회 참여가 활성화되면 보수정권이 변화할 수 있다고 보십니까?

**백낙청** 지금처럼 수구세력이 주도하는 수구보수동맹이 깨지기 전에는 어렵다고 봅니다. 우리나라의 이른바 보수진영에서 진짜 보수주의자는 드물다고 봐요. 합리적인 보수에 해당하는 분들이 우리 사회, 그리고 새누리당 안에도 꽤 있긴 합니다. 그러나 새누리당을 포함해서 우리 사회 곳곳의 유리한 고지 대부분을 장악하고 있는 것은 수구세력입니다. 그들은 분단체제 60년의 역사 속에서 부당하게 취득한 특권적 위치를 지키기 위해 뭐든지 하는 사람들입니다. 무슨 말이든지 하고, 사실과 관계없이 아무나 '종북좌빨'로 몰아붙이는 게 체질화된 세력이에요. 거기에 기반을 둔 정부가 할 수 있는 것은 엄연한 한계가 있다고 봅니다.

그래서 민간사회에서 끊임없이 문제를 제기하고, 언젠가는 그것을 실행에 옮길 수 있는 정부를 만들어야 합니다. 또 합리적 보수주의자들로 하여금 수구세력을 추종하는 것이 보수주의의 대의에도 어긋남을 보여주어야 합니다. 하지만 그런 변화까지는 못 가더라도 이 정부도 그런 과정에 기여하는 부분적인 정책은 시행할 수 있는 것이고, 그렇게 되기를 바랍니다.

**김보근** 그렇게 됐을 때 야당의 역할도 중요할 것 같습니다. 이와 관련해 김한길(金漢吉) 민주당 대표가 지난 1월 13일 '국민통합적 대북정책'을 주장했습니다. 김대표는 이를 "햇볕정책의 원칙을 고수하며 시대상황의 변화에 따라 계승 발전시키려는 것"이라고 설명했지만, 햇볕정책의 후퇴 또는 수정 아니냐는 의심이 완전히 사라지지는 않은 것 같습니다.

**백낙청** 언론 보도를 통해 대강만 알고 있습니다만, 햇볕정책이 북의 핵무장을 못 막았다, 햇볕정책을 통해 북에 퍼주기를 해서 결국 핵무기만 만들었다는 공세에 시달리다가 그것을 모면해보려는 동기가 적잖게 작용한 것 같습니다. 핵문제는 본질상 북미관계의 문제이며 둘 사이에 해결돼야 할 문제입니다. 한국은 거들어줄 수 있을 뿐이고, 실제로 그런 해결의 실마리를 만들어준 게 6·15공동선언입니다. 그래서 2000년 말에 북미 공동꼬뮈니께도 나오고, 미사일 문제 해결도 가닥이 잡혔더랬습니다. 그리고 그런 것이 북미간 문제이기 때문에 6·15공동선언에 평화체제에 관한 얘기가 전혀 없습니다. 남북 정상끼리 결정할 수 있는 문제가 아니거든요.

따라서 마치 햇볕정책 때문에 북이 핵무장을 했다든가, 또는 적어도 햇볕정책이 북의 핵개발을 저지하지 못한 책임을 져야 한다는 주장은 가당찮은 얘기입니다. 그런데 민주당의 '햇볕정책 2.0'은 그런 공격에 겁을 먹고 '도망가는 피칭'을 한 것 같은 느낌이에요. 특별한 내용이나 속 깊은 고민이 담긴 방안은 아닌 것 같아요.

**김보근** 다른 야당들의 통일정책은 어떻게 평가하십니까?

**백낙청** 다른 야당을 포함해 정치권 전체를 봐도 좀 답답한 상황이지요. 안철수 의원도 원론적인 좋은 얘기 말고는 별로 없는 것 같고요. 정의당도 뽀족한 대안은 아직 못 내고 있는 것으로 압니다. 통합진보당의 경우는 분단체제 어느 한편의 기득권세력에 대해 너무 비판의식이 없다는 게 문제지요. 통진당은 남한의 기득권세력에 대해 첨예하게 각을 세우지만, 분단체제의 기득권세력은 남북에 다 있는데 남북 모두의 기득권세력과 뚜렷한 거리를 두지 못하면 분단체제 극복에 기여하는 세력이라 보기 어렵습니다. 우리가 통합진보당을 비판하더라도 그런 관점에서 비판해야지, 단순히 "종북이다" 이렇게 몰아가는 것은 수구세력의 프레임을 강화해주는 결과가 되기 쉽습니다. 제가 쓰는 표현으로는 남북문제 해결의 '제3당사자'로서 독립적인 입장을 기준으로 판단하는 것이 중요합니다.

**김보근** 야당뿐 아니라 통일운동 진영의 통일담론도 크게 약화돼 있는 상황입니다. 그렇다면 새로운 통일담론에 대한 씨앗이나 희망은 어디서 발견할 수 있을까요?

**백낙청** 말씀드렸듯이, 현재의 야당 중에서 어느 당이 희망이다, 이렇게 말할 수는 없습니다. 그러나 정계도 지금 소용돌이치고 있으니까 그 와중에 뭔가 정리될 가능성은 있다고 봅니다. 박근혜 정부가 통일담론을 적극적으로 펴고 대북정책을 활발하게 진행할수록 야당은 결국 자기들이 더 수준 높은 대안을 내놓느냐 아니면 관중석으로 밀려나 이것저것 트집이나 잡거나 이따금씩 박수 쳐주는 역할로 전락할 거냐 하는 위기에 처할 테니까요.

시민사회에서도 포용정책 2.0이라든가 분단체제론에 관한 논의가 조금 활성화되는 느낌입니다. 아직 내공이 부족한 상태이긴 하지만요. 아무튼 사회 전체를 놓고 보면 어떻게든 새롭게 정리돼야 한다는 실감은 많이 퍼진 것 같고, 차츰 그렇게 되어갈 거라고 믿습니다.

**김보근** 정부 및 여야가 통일대박론의 확산에 이렇게 많은 관심을 쏟는 것을 두고 6·4지방선거의 한 전략이라고 보는 시각도 있습니다.

**백낙청** 정당이 통일정책이나 통일담론을 정치적으로 이용하는 것을 나쁘다고 말할 순 없습니다. 특히 선거가 다가오면 자기들에게 유리한 온갖 것을 다 써먹게 마련 아닙니까. 그런 상황에서 통일정책을 내놓고 통일에 대한 비전을 제시하면서 표를 얻으려는 것을 나쁘달 수는 없는 거지요.

나쁜 것은 정치적 목적으로 사건을 날조하고 조작해서 득표하려는 것입니다. 뜬금없는 간첩사건을 만들어낸다든가 하는 식으로요. 사실에 근거하지 않은 종북몰이도 그렇고요. 하지만 우리 국민들이 이런 것을 알아채는 능력이 꽤 향상됐다고 봅니다. 쉽게 안 넘어가요. 2010년 지방선거 때만 해도 천안함사건으로 크게 한번 재미를 보려고 했지만 신통치 않았지요.

문제는 개혁적인 정치인들이나 언론이 나서서 구체적인 문제에 대한 국민들의 인식을 적극적으로 인도하고 힘을 결집시키는 역할을 해야 하는데, 그 점에서 많이 부족하지요. 가령 통일대박론에 대해서도 그 담론을 넘어서는 프레임을 갖고 대응을 하면 전술적으로도 훨씬 더 명쾌할 수 있을 거예요. 통일대박론을 두고 뭐가 좋고 뭐가 나쁘냐 따지고만 있으면 결국 그 프레임에 말려드는 거지요. 포용정책 2.0을 정치적 구호로 내세우라는 말이 아니라, 포용정책 2.0에 해당하는 수준의 현실인식을 갖고 대응해야 전술도 정확하게 나온다는 것입니다. 한반도의 단계적 통일에 대한 분명한 비전을 갖고서, 가령 한반도평화포럼의 임동원(林東源) 이사장께서 지난 2월 20일 박근혜 정부 1주년 평가토론회 개회사에서 말씀했듯이 "교류협력이야말로 대박이다"라고 치고 나가자는 거예요. 통일이라는 막연한 장래가 아니라 당장 눈앞에 대박거리가 널려 있구나 하는 것을 국민들이 실감케 해줘야 해요. 이건 정치인들이 늘상 들먹이는 민생문제와도 직결됩니다.

그런데 야당이나 진보언론에서 그런 대응이 잘 안 보여요. 계간『창작과비평』 2014년 봄호에 실린 「박근혜 1년과 민주파의 대응」 좌담에는 통일대박론에 대해 복지대박론으로 대응해야 한다, 그게 프레임을 바꾸는 것이다 하는 이야기가 나오더군요. 그러나 제가 보기에 그것도 일종의 '도망가는 피칭'입니다. 증세가 따를 수밖에 없는 복지가 과연 대박으로 인식될지도 따져볼 일이지만, '복지 대박'을 들고나와봤자 저쪽에서 안보담론 공세를 펼치면 여론에서 가려질 가능성이 항상 있습니다. 복지문제는 복지문제대로 대안을 제시하되, "교류협력이야말로 대박"이라고 정면대응하면서 거기서 복지재원도 나올 수 있다는 점을 강조하는 게 맞다고 봐요. 지금 민주당이나 어디서도 그런 명쾌한 대응이 안 나옵니다. 전술적 두뇌가 모자라서라기보다는 자유자재로 전술을 구사할 확고한 비전, 포용정책 2.0 수준의 비전이 없기 때문이라고 생각합니다.

**김보근** 그런 비전을 만들기 위해 시민사회가 꾸준히 문제제기를 해야 할 것 같습니다.

**백낙청** 연구자들도 조금 더 깊이있고 폭넓은 연구를 해야 합니다. 활동가들 역시 아무리 바빠도 공부를 더 해야 하고요.

**김보근** 진보진영의 통일담론이 발전하기 위해서는 국제적 변수에 좀 더 눈을 돌릴 필요가 있다고 생각합니다. 선생님도 분단체제론을 '한반도 내부의 갈등과 적대의 역사 속에서 형성된 실체'이면서 '자본주의 세계체제의 하위체제'라고 이중적으로 규정하셨고, 점차 '자본주의 세계체제의 하위체제'라는 규정에 주목하는 사람들이 많아지고 있다고 생각합니다.

**백낙청** 그렇다면 다행이지요. 또 그것이 모든 문제를 분단 탓으로 돌리는 '분단환원론'을 예방해주기도 합니다. 오늘날 우리의 문제들은 기본적으로 근대 세계체제가 공유하는 문제입니다. 다만 그것들이 한반도에서 작동할 때는 다른 데서와는 달리 분단체제를 매개로 특이하게 드러난다는 인식이 필요한 것입니다. 세계 전체에 대한 인식과 세계체제의 한반도 특유의 작동방식에 대한 인식을 동시에 갖춰야 하는 겁니다.

동아시아 지역의 특성에 대한 인식도 필요합니다. 다만 일부에서 '동아시아체제'라는 말을 쓰는데, 저도 분단체제라고 할 때와 세계체제라고 할 때 같은 차원의 체제가 아니라는 것을 전제하고 쓰고 있으니까 또다른 차원에서 동아시아의 '체제'를 말하는 걸 막을 수는 없지요. 그러나 동아시아의 지역현실 또는 지역정세를 '체제'로 설정해서 얻을 게 얼마나 있는지 의문이에요.

'동아시아 대분단체제'라는 개념도, 그것이 다른 차원의 체제임을 명시하면서 쓰는 건 각자의 자유입니다. 저 자신은 2006년 대만에서 한반도 분단체제에 관해 강연하면서 아시아에는 '일본 대 나머지'라는 더 큰 분단선이 있다는 얘기를 한 바 있습니다. 그러나 가령 일본제국주의 시대에 일본이 '대동아공영권'이라는 것을 강제로 만들었을 때라면 모를까, 일본과 아시아 나머지가 대립하는 '체제'를 논하는 건 개념의 남용이라고 봐요. 대동아공영권도 하나의 체제로 굳어지기에는 너무 일시적인 존재였고요. 다만 일본이 근대화 초기에 '탈아입구(脫亞入毆)' 즉 '아시아에서 벗어나 유럽세계의 일부로 들어간다'고 선언한 이후로 일본과 나머지 아시아 전체의 분열이 지속돼왔고, 지금도 그 분열이 치유되지 않은 건 사실입니다.

하지만 오늘날 미일과 중국의 대립관계는, 한반도 분단체제와 비교할 때는 물론 지난날 동서냉전체제와 비교하더라도 이것을 '대분단체제'로 보는 건 오늘의 동아시아 현실을 오히려 잘못 짚는 결과가 될 수 있습니다. 동서냉전기에 미국과 소련 사이에는 무역이 별로 없었고 전반적으로 교류가 극히 한정되어 있었습니다. 그런데 지금 미중간, 일중간의 무역량은 굉장하고 또 중국은 엄청난 양의 미국 국채를 보유 중이라 미국 경제에 중대한 이해가 걸려 있습니다. 또한 한국도 비록 미국과 동맹관계지만 '대분단'의 한편에서 중국에 맞서기에는 경제의 중국의존도만 해도 이미 너무 높아진 상태지요.

실제로 미국 자체도 어디로 갈지 몰라요. 미국의 소련봉쇄 정책은 미국이 압도적인 우위에 서서 소련을 봉쇄한 것입니다. 지금은 미국의 국력이 쇠퇴하는 과정에서 아시아 지역에서 좀 만회해보려고 '아시아 중시' 전략을 표방하며 중국과 각을 세우기도 하고 경제적으로 협력하기도 하면서 다소 오락가락하는 형국이라고 봐야지요. 괜히 체제 개념을 끌어들여서 마치 동서냉전이나 한반도의 남북대치에 버금가는 분리상태가 존재하는 것처럼 말하는 것은 올바른 정세판단에 도움이 안된다고 생각합니다.

어쨌든 이 문제를 포함해서 세계체제, 동아시아 지역현실, 한반도 분단체제 등에 대해서 학계에서도 좀더 깊이있고 정밀한 연구가 필요하다고 봅니다.

**김보근** 시민운동의 발전은 그렇게 진보적인 시각으로 분단체제, 분단현실을 보는 학자들의 성장과 함께 이루어져야 한다고 생각합니다. 선생님께서도『창작과비평』등을 통해 그런 역할을 해오고 계십니다. 그런데 우리 사회 전체로 볼 때 어떻게 진보적 학술역량을 강화할 수 있다고 생각하십니까?

**백낙청** 『한겨레』나 다른 독립적인 언론기관들, 그리고 기왕 말씀을 하셨으니 제가 관여하고 있는 계간『창작과비평』이라든지 세교연구소 등이 모두 분발해야 합니다. 그러기 위해서는 기존의 틀을 고수하면서 우리끼리만 얘기하는 것이 아니고 소통범위를 넓혀야 하고, 우리 담론 수준도 높여가는 노력을 끊임없이 해야겠지요.

우리 학계나 연구기관들의 풍토는 실로 개탄스러운 점이 많습니다. 그 원인을 더듬어보면, 너무 멀리 갈 것도 없이 20세기 전반기에 일제의 종살이를 했고, 해방이 되었다지만 곧바로 분단이 돼서 독재에 시달렸습니다. 독립적이면서도 유연한 연구나 활동가들이 숨쉴 공간이 거의 없었고 사람들한테 일종의 노예근성이 박혔던 거지요.

남한의 경우 1987년 민주항쟁 이후 확실히 좀 나아졌는데, 이명박 정부 들어와서 심각한 반전이 있었다고 생각합니다. 5년 동안 열심히 망가뜨려놓았습니다. 박근혜 정부는 이명박 정부가 그렇게 망가뜨려놓은, 자기들 입장에서는 다져놓은 지점에서 출발했기 때문에 당장에는 더 쉽게 나가는 기분일 거예요. 아무튼 지금도 정직하고 독립적인 연구풍토와 언론을 망가뜨리는 작업이 계속되고 있습니다.

**김보근** 진짜 대박이 되는 통일과정을 추진하기 위해서는 민주정부 수립 등 정치인, 시민사회 활동가, 진보적 학자 모두가 더 한층 노력해야 할 부분이 많은 것 같습니다.

**백낙청** 현재 상황이 암담할 때가 많습니다만, 지금도 정권의 뜻대로 안되는 일이 여기저기서 터지고 있습니다. 국민들이 옛날보다 깨어 있고 자기표현의 수단과 능력을 상당 부분 확보하고 있기 때문에, 새로운 기운이 서서히 다시 모일 것이라고 믿습니다. 그때 다시 87년체제를 넘어서는 계기가 올 거라고 생각합니다. 또 한번 거대한 국민적 노력이 있어야겠어요. 저는 2013년 새 정부 출범을 계기로 그런 전환을 이뤄봤으면 해서 '2013년체제'라는 표현을 쓰고 『2013년체제 만들기』라는 책을 내기도 했지요.

그런데 87년체제를 넘어선다는 것은 87년체제의 기반에 해당하며 87년 이후의 민주화와 남북관계 발전에 원천적인 제약으로 작용해온 1953년 정전체제, 정전 이후로 굳어져온 분단체제에 중대한 변화를 가져오는 일이라는 더 깊은 의미가 있습니다. 여기서 포용정책 2.0과 국내 정치의 과제가 일치한다는 사실이 다시 확인되지요. 아무튼 한국 사회는 한번 더 시대전환을 실현해야만 오늘의 혼란을 수습할 수 있다고 봅니다. 다만 그것을 '2018년체제' 따위로 표현한다면 첫째는 국민들이 "또 저러네" 하고 웃을 것이고, 둘째로는 그런 설정방식이 일종의 선거중독증에 해당하지요. 제가 2013년체제를 말하면서 거듭 얘기한 것이 새 시대의 비전을 갖고 그것을 감당할 준비를 하지 않은 채 2012년의 선거 승리에만 몰두했다가는 선거마저 놓치리라는 거였는데, 불행히도 그 말이 적중하고 말았습니다.

그러므로 2017년에 정권교체를 하는 것이 물론 중요하지만, 선거중독증에 빠지면 선거도 또 진다는 각성이 필요합니다. 새로운 세상을 만드는 작업을 각자가 지금부터 시작하고, 자기가 할 수 있는 일을 곳곳에서 실행하면서 그 기운이 모아져야 선거에도 이기고 시대전환에도 성공할 것입니다.

# 사회운동은 마음공부와 같이 가야

백낙청(서울대 명예교수)
송호근(서울대 사회학과 교수)

　　영문학자이자 사회실천가로서 치열하게 인생을 살아온 백낙청 서울
대 명예교수는 진보진영의 든든한 버팀목이다. 보수의 범람을 경계하고
진보세력의 갱신을 꾸준히 요구해온 그의 생애는 결코 순탄하지는 않았
다. 백병원 설립자의 조카이자 미국 하바드대학에서 학위를 받은 그의
내력은 귀족적이었지만, 그는 보수를 택하지 않았다. 1970년대 개발독재
시대에 민족·민중문학론을 정립하고 분단체제론으로 밀고 나간 그의
지성은 지독한 일관성을 견지했다. 그의 예리한 눈빛은 여전히 한국 사
회와 한국인의 마음을 갈라놓은 분단체제의 모순에 꽂혀 있었다. 그와
의 대담에서 한국 사회는 초라한 의존성을 여지없이 드러냈다. 독일 드
레스덴 공대에서 박근혜 대통령이 통일대박론의 실천방안을 열변한 직

■ 이 인터뷰는 『중앙일보』 2014년 4월 9일자 '직격 인터뷰: 송호근 묻고 백낙청 답하다'에 실
린 것이다.

후였다.〔송호근〕

**송호근**  박대통령이 통일대박론으로 세계의 주목을 받고 있습니다. 한반도에서 일단 풀어 대박을 내고, 그 대박은 동아시아 대박이고 그거는 세계의 대박이다, 이런 논리구조를 갖고 있는데, 세계체제론에서 출발해서 한반도 현실을 규정하는 선생님의 분단체제론과 반대되는 수순이 아닌지요?

**백낙청**  경륜과 지혜가 있다면 한반도에서부터 풀어나갈 일이 얼마든지 있다고 봅니다. 주변 강대국들과 한국의 절대적 국력은 비교가 안되지만 한반도 문제이기에 아무도 우리 역할을 무시하지 못합니다. 박대통령의 통일의지는 평가해요. 다만 그걸 위해 정부나 여당이 집착하는 많은 것들을 근본적으로 다시 생각해야 되는데, 그런 큰 폭의 인식 전환을 과연 할 것인지가 문제지요.

**송호근**  '인식 전환'이란 남북한 혼합체제를 허용하자는 것인가요?

**백낙청**  아니요. 저의 지론이자 6·15공동선언의 합의사항은 통일의 최종 모습을 미리부터 정하지 말자는 것입니다. 남한은 자유민주적 기본질서에 입각한 현행 헌법에 충실하고, 북한도 일단은 그쪽 체제를 유지하면서 변화하게 해주는 느슨한 결합을 추진하자는 것이지요. '혼합체제'건 자유민주주의건 처음부터 통일의 전제조건으로 삼음으로써 교류협력조차 못하게 하지 말자는 겁니다.

**송호근**  이명박 정부는 남북관계 개선을 약속해놓고 아무것도 하지 않았습니다. 그에 비하면 박대통령은 드레스덴 구상에서 밝힌 것처럼 교류협력사무소 설치, 평화공원 조성 같은 적극적 행보를 하고 있지요. 어떻게 보시는지요?

**백낙청**  거듭 말하지만 나는 대통령이 통일하겠다는 '의지'는 분명히 있다고 봐요. 그리고 언설 자체의 파급효과만으로도 통일에 나름대로 기여한다고 봅니다.

**송호근** 그런데 근본적 한계가 있다는 말씀이시군요.

**백낙청** 재야운동 하는 분들은 수구보수세력을 반통일세력으로 몰아붙이는데, 박근혜 대통령이나 보수 측 통일론의 문제는 '반통일'이 아니라 '반시민참여'입니다. 박대통령의 언설에서는 자기식으로 통일하겠다는 의지가 읽혀요. 다만 이제까지 드러난 박대통령의 기본 성향의 하나는 '내가 알아서 할 테니까 따라와라' 하는 건데, 한국인들이 얼마나 똑똑합니까, 그런 식으로 나오면 안 따라가거든요.

**송호근** 지난 이명박 정부 때도 그랬습니다만, 한국의 보수정권은 시민참여라는 말을 싫어합니다. 진보정권 역시 시민참여를 겉으로는 내세우지만 소수의 명망가들을 참여시켰지, 문을 열어놓고 보수·진보를 다 아우른 것은 아니었죠.

**백낙청** 소위 민주정부인 김대중 정부는 '국민의 정부'라 했지 시민을 강조하지 않았어요. 그리고 남북관계에서 큰 성과를 거두긴 했지만, 남북관계 발전 또는 한반도 냉전 해체 차원에서만 생각했고 시민참여를 통한 분단체제 변혁이라는 개념은 없었어요. 시민참여를 처음부터 강조하고 나온 건 노무현 대통령이었죠. 그런데 이분은 국내의 시민참여와 남북관계 개선을 결부시켜 생각하지 못했습니다. 개념만 부족한 것이 아니고, 너무나 준비 안된 대통령이었잖아요. 그래서 말만 참여정부였지 시민들은 시민들대로 불만이었고, 당시의 야당 입장에서 볼 때는 참여정부라면서 자기네들 몇몇끼리, 건달들이(웃음) 하는구나, 이렇게 돼버렸잖아요. 그래서 정권도 잃었고. MB정부가 들어서서 남북관계와 시민참여를 모두 후퇴시켜버렸죠.

**송호근** 그만큼 어려운 과제라는 뜻이겠지요. '마음의 분단'이 오래 고착된 상황에서 양측의 마음이 열릴 수 있을까요? 북한에 '핵 포기'는 항복하라는 의미로 받아들여질 터인데요.

**백낙청** 제가 분단체제론에서 제기했듯 남북연합이 가능하려면 두가지가 필수예요. 하나는 낮은 단계의 남북연합으로 시작되어야 하고, 다른 하나는 시민참여 없이는 절대로 안된다는 것입니다. 아무리 낮은 단계라도 연합기구를 만드는 것은 남북 각각의 정권이 자기들의 권한을 일부 내려놓는 것입니다. 연합기구를 공동운영하는 과정에서 남북대치의 원인이자 산물인 국가주의를 '포기'까지는 아니더라도 일부 수정하는 계기가 만들어집니다. 우리 남쪽에서 자유민주주의를 말하는 분 중 많은 이가 실은 국가주의자거든요. 북은 인민의 주체성을 얘기하지만 국가주의가 맹렬한 곳이고요. 남북연합은 분단 국가주의를 수정하는 중대한 계기인데, 시민들의 상당한 압력이 가해져야 가능하고 또 그만큼 시민들의 권한이 늘어나는 결과가 되는 것이죠.

**송호근** 이 국가주의라는 것을 조금 유보하거나 다른 형태로 변형하라고 했을 때 남한 사회 안에서 엄청난 반발이 있을 겁니다. 국가가 곧 정체성이고, 이를 기반으로 20세기의 어려운 시대를 넘어왔는데요.

**백낙청** 국가를 상황에 맞게 상대화해나갈 줄 알아야 합니다. 한반도에는 지금 질이 안 좋은 국가가 남북 양쪽에 다 있어요. 양쪽이 똑같은 정도로 불량하다는 말은 아니지만요. 한반도가 재통합하는 과정에서 좀 나은 복합국가로 개조해나가는 작업 내지는 새로운 국가 형태를 건설하는 사업을 통해서 국가주의를 완화하고 해소해나가야지요.

**송호근** 선생님이 편집인으로 계신 『창작과비평』에서 최근 북한인권 문제를 제기했는데요,* 진보진영에서는 다소 뜻밖의 사건으로 받아들인 것으로 압니다.

**백낙청** 일부 언론에서 마치 『창비』가 뒤늦게 북한인권 문제에 눈뜬 것처럼 보도한 바 있는데, 실은 분단체제론이라는 게 본래 북한 사회의

---

* 서보혁 「진보진영은 북한인권 문제를 어떻게 다룰 것인가」, 『창작과비평』 2014년 봄호.

문제점에 대한 인식을 촉구하는 개념입니다. 다만 가령 인권문제에 북한 당국이 일차적 책임을 져야 하더라도, 분단체제 여러 당사자의 책임도 냉정하게 가려야 한다는 주장이지요. 소위 진보진영에서 북한인권 비판이 이제까지 부족했던 건 사실이라 믿습니다. 그렇다고 북한인권 문제를 열렬히 비난해온 인사들이 균형 잡힌 비판을 했다고 보기도 어렵고요.

**송호근** 선생님은 지난 대선 국면에서 소위 '2013년체제'를 내세워 1987년과 같은 급격한 변혁을 일궈내야 한다고 주장하셨는데요. 새로운 출발이 필요하다는 데는 동의합니다만, 실제로는 실패한 것 아닌지요?

**백낙청** 맞아요. 2013년의 새 정부 출범을 계기로 한번 더 대대적인 전환을 해보자 하는 취지를 그런대로 담아낸 표현이었다고 생각하는데, 우리의 준비가 너무 안되어 있었다고 봐야죠. 극우세력의 헤게모니 아래 포진한 수구보수진영이 갖고 있는 막강한 힘을 과소평가한 것도 사실이고요.

**송호근** 87년체제가 유효성을 다한 것은 노동조합과 시민단체가 역할을 못했기 때문이죠.

**백낙청** 노동조합, 시민단체, 더 넓게는 재야운동세력이 민주화 주역들이었는데, 87년체제는 민주화만이 아니라 경제적 자유화도 추진한 체제였습니다. 그런데 시간이 갈수록 세력균형은 점점 기업으로 기울고 대기업의 노조일수록 사회운동단체라기보다는 이익단체에 가깝게 됐죠. 그런 점에서도 87년체제의 시효가 다한 것이지요. 87년체제의 또 하나의 동력은 남북관계 발전이었다고 봅니다. 그 물결을 타고 노태우 정부가 북방정책도 하고 남북기본합의서도 만든 거지요. 아무튼 이제는 조금 더 다양한 시민층을 포괄해야 합니다. '변혁적 중도주의'의 취지도 그런 것입니다.

**송호근** 선생님이 주장하신 '변혁적 중도주의'를 두고 시민들은 "뭐냐? 선이 분명치 않다"라고 할 수 있겠고, 진보진영에서는 "이 절박한 순간에 웬 중도냐"라고 반박할 수 있습니다.

**백낙청** 실제로 논란이 많지요. '변혁'은 한반도 분단체제의 변혁을 뜻합니다. 남쪽은 남쪽대로, 북쪽은 북쪽대로 바뀌면서 한반도 전체가 분단체제에서 그것보다 나은 사회로 바뀌어야 한다는 것이지요. 한쪽의 변화만을 주장하는 단순논리에 현혹되지 않는 사람들을 중도에 모아가려는 개념입니다. 중간 부동표를 잡으려는 '중도 마케팅'과는 근본적으로 다르죠.

**송호근** 87년 민주화 이후 지금까지 중요한 진전이 있었지만, 새로운 단계로 접어들어야 하는 이 시점에서 한계를 지적한다면?

**백낙청** 이만큼 열린 것만 해도 한국인으로서 자랑할 일이지요. 그런데도 더 나아가지 못한 이유는 1987년체제의 태생적 한계 때문일 겁니다. 61년 군부체제나 87년체제나 1953년 이래의 '분단체제'라는 공통 기반 위에 서 있었기 때문에 87년체제가 할 수 있는 일이 한정되었던 거예요. 정치·경제 민주화가 한계에 봉착하면 남북관계도 잘 풀리지 않습니다. 지금은 세개의 축 모두 교착상태에 빠진 형국이지요.

**송호근** 선생님이 변혁적 중도주의의 주체를 '줏대 있는 중도세력'이라고 하셨듯이 저도 시민이라는 원래의 개념을 회복하고 싶은 생각은 간절합니다. 일찍이 60년대에 선생님께서 '시민문학'을 처음 얘기하셨잖아요. 그걸 지금까지 일관성 있게 밀고 갔으면 어땠을까, 민족·민중문학으로 전격 전환하지 않고 말이지요. 혹시 그런 점에서 '원죄'가 있는 건 아닌가요?

**백낙청** 민족과 민중 개념은 나름대로 시대적 의미를 갖는 것인데, 시민운동과 민중운동의 양분화는 문제입니다. 그건 활동가들의 편의를 위해 구역을 정리한 거지 사회운동이 그래서는 안되죠. 국민에 대한 설득력이 안 생깁니다. 통합진보당 문제가 좋은 예지요. 지금까지는 진보의 이름으로 민중진영이 진보당 당권파와 함께했는데, 이제 선을 긋는 사람이 많이 생기고 있지요. 다만 예컨대 변혁적 중도주의 같은 뚜렷한 명분을 내놓을 수 있어야 해요. 종북이니까 같이 못한다는 것이 터무니없는 이야기는 아니지만 그건 종북 프레임을 강화시켜주는 자충수가 됩니다. 종북 프레임은 기본적으로 남한의 국가주의 프레임이에요. 다른 한편으로 표 떨어지니까 같이 못하겠다는 건 명분이 아니고 타산일 뿐이죠.

**송호근** 선생님의 지론인 분단체제론은 단순한 이론을 넘어 외연과 내포가 깊고 넓은 일종의 사상에 접근한다고 평가하고 싶습니다. 분단체제론의 관점에서 선생님은 국가주의의 완강함을 지적하셨어요. 그 장벽을 넘고자 할 때 민족, 민중보다 시민이라는 개념이 오히려 유용하지 않을까 하는 느낌이 들거든요. 그런데 지금 시민들은 약간 지쳐 있는 듯합니다. 민족과 민중이라는 1987년체제 용어는 다 버리고 그냥 시민이라는 느슨한 쪽을 택하고 싶은 거죠.

**백낙청** 사람들은 첫째로 생활에 지쳐 있고요, 또 하나는 되지도 않는 통일을 억지로 하자고 외쳐대는 통일운동가들에 대해서도 피곤합니다. 그래서 내가 2000년대 들어와서 "어깨에 힘 빼고 통일하자"는 말을 했어요. 시민들의 느슨한 연합, 각자가 자기 생활에 충실하면서 각자의 처지에서 할 수 있는 시민운동 내지 분단체제 극복 노력, 그런 것이 전체 통일과정에 영향을 주는 프로세스가 필요한 거지요. 중간단계를 거쳐 진행되는 한반도 통일의 과정에서 시민참여의 폭이 점점 더 넓어지는 거고요. 이때 '민족'을 버려서도 안되지만 그런 통일과정을 민족이라는 말로 온전히 담아내기도 힘들다고 생각합니다.

**송호근** 선생님께서는 2006년도에 이미 분단체제가 해체되고 있을지도 모른다고 말씀하셨는데, 너무 성급한 진단 아닌가요?

**백낙청** 2000년 6·15공동선언으로 남북 교류협력이 본격화되었다가 부시(G. W. Bush) 정권이 들어서면서 난관에 부닥쳤다가 2005년 9·19

공동성명으로 해결의 실마리가 보였습니다. '흔들리는 분단체제'가 바야흐로 '해체기'에 접어들었다는 진단이 그 무렵에 나왔어요. 그러나 이후의 진행을 볼 때 지적하신 대로 지나친 낙관 맞습니다. 다만 남북관계가 다시 경색되고, 북에서 핵실험을 계속하고, 남북간 갈등이 생기고, 서해안에서 충돌이 일어나고 하는 것들은 분단체제가 다시 안정되는 게 아니라 더 심하게 동요하고 있음을 뜻하는 것이죠. 점점 더 위험해지고 있는 것입니다.

**송호근** 포용정책 2.0을 내놓으셨는데요.

**백낙청** 6·15공동선언 이후의 남북관계 개선을 긍정적으로 평가하지만 그것만으로는 계속될 수 없다는 판단이었습니다. 교류 활성화를 통해 북한도 중국이나 베트남처럼 개혁개방을 할 것이라는 막연한 기대가 있었는데, 그 점에 관해 저는 오히려 보수진영의 회의적 시각과 일치했어요. 남북간 연합기구 창설 같은 새로운 정치적인 타결이 있을 때만 북의 변화를 유도할 수 있고 핵문제도 해결할 수 있습니다. 저는 현실적으로는 낮은 단계의 연합에서 출발해서 조금씩 단계를 높여나가는 게 맞다고 봅니다.

**송호근** 분단을 정치적으로 이용하는 세력도 시민참여의 장벽 아닐까요?

**백낙청** 물론이지요. 하지만 분단현실 자체를 망각하는 경향도 문제예요. 그게 이른바 진보적인 학자들 사이에 특히 심하다고 봐요. 보수진영, 특히 극우세력은 항상 분단을 정치적으로 활용합니다. 반면에 진보를 자처하는 사람들 중에는 우리 남한에서 민주주의 제대로 하면 되고 복지 하면 된다, 더 급진적인 사람들은 남한에서 혁명적인 변화를 하면 된다는 식으로 생각하는 경우가 많아요. 이건 우리 학계와 지식계의 식민성이랄까 그런 풍토와 관련됐다고 봅니다. 우리 문제를 우리 눈으로 보지 않고, 남의 나라 얘기를 읽고 베끼고 전파하는 걸로 지식인 행세를 하는 거예요. 진보적 학자들이 곧잘 참조하는 선진사회가 분단사회가 아니잖아요. 그런 사회를 기준으로 한국 사회의 후진성을 비판하다보니 무리한 요구를 하게 되죠. 국민들이 전혀 공감하지 않는 공허한 요구를 하기 일쑤인데…….

**송호근** 그러면 기존 진보의 방식은 유효성을 상실했다고 생각하시나요?

**백낙청** 그걸 다 내던지자는 이야기는 아니고요. 단순논리와 극단주의를 떠나 변혁적 중도로 수렴하자는 겁니다. 한반도 전체의 변혁을 겨냥하는 광범위한 중도세력이 모여 그에 걸맞은 남한 사회의 개혁을 추진해야 한다는 거예요. 한국이 분단되었다는 사실 자체를 잊어버리면 이런 이야기가 너무 미온적으로 들릴 뿐이지요. 나는 그걸 '후천성분단인식결핍증후군'이라고 부릅니다.(웃음)

**송호근** 유럽에는 EU가 있으니까 그렇지만, 동아시아는 국가주의로 무장한 나라들이잖아요. 거기에 또 역사 대치선이 있기 때문에 결국 민족 개념에 기댈 수밖에 없고요. 우경화하는 일본과 대면하면 오히려 민족과 국가를 강화해야 하는 딜레마가 있습니다. 우리 지성계가 풀어야 할 과제죠.

**백낙청** 일본이 저렇게 우경화하니까 우리도 국가주의를 강화해야 한다는 것은 해법이 아니라고 봅니다. 오히려 남북간 문제를 우리가 지혜롭게 풀어가면 일본도 '이러다가 우리만 촌놈 되는 거 아니냐' 하는 생각을 하게 되지요. 일본이 강하게 나온다고 해서 강하게 맞서면 우리가 더 손해 볼 가능성이 있죠. 중국이 세게 나가면 일본이 겁을 먹을지 몰라도 한국이 세게 나가는 건 큰 효과가 없을 겁니다.

**송호근** 그런데 박대통령은 세게 나가고 있잖아요, 인사도 안 받고.(웃음) 싸늘한 표정 자체가 일본에 대한 현 정부의 정책처럼 보이거든요.

**백낙청** 과연 그게 정부 외교전문가 또는 한일관계, 일본 문제 전문가들의 중론을 대변하는 건지는 의문이에요.(웃음) 무엇보다 우리에게는 일본이나 중국이 더 품위 있게 행동하게 만들어갈 출구가 있습니다. 그게 남북관계예요. 만약 남북이 화해하고 협력하며 국가주의가 완화된 새로운 정치를 만들어가면, 일본과 중국이 '한반도를 봐라. 저런 길이 있잖냐' 하고 반성할 가능성이 늘어날 겁니다. 반면에 한반도가 통일을 하더라도 강한 국가주의와 민족주의로 무장한 통일국가가 된다면 중국은 중국대로 굉장히 불편할 거고, 일본에는 더욱더 우경화의 빌미가 될 것입니다. 통일과정에서 다른 형태의 국가, 다른 형태의 정치체제를 우리가 만들어낸다면 그건 하나의 모범이 되고 모델이 되지요.

**송호근** '다른 형태의 정치체제'란 의미심장한 말인데, 그것도 해나가는 과정에서 궁리해보자는 얘기군요. 아무튼, 그간 해왔던 사회운동의 방식에 대해 깊은 반성과 성찰이 필요한 시점입니다.

**백낙청** 사회운동은 마음공부하고 같이 가야 된다고 봅니다. 소위 야권이나 진보진영이 신뢰를 잃은 이유 중 하나는, 독재와 싸울 때는 괜찮았는데 나중에 보니까 마음공부가 안된 친구들이 너무 많더란 말이에요. 개혁이 안된 인간들이 나서서 개혁을 하겠다니까 국민들이 신뢰를 안 하는 거지요.

**송호근** 한국인이 앞으로 미래지평을 넓혀가기 위해서는 마음공부를 잘하자, 마음속의 분단을 직시하자는 걸로 결론을 삼아야겠네요. 오늘 장시간 말씀해주셔서 대단히 감사합니다.

# 이오덕 선생님과 '창비아동문고' 이야기

백낙청(서울대 명예교수, 『창작과비평』 편집인)
이주영(『개똥이네 집』 기획편집위원)

**이주영** 안녕하세요? 이오덕(李五德) 선생님에 대한 말씀을 듣고 싶어 왔습니다. 이오덕 선생님이 계간 『창작과비평』에 중요한 비평을 여러번 실었고, 또 '창비아동문고' 초기 기획에 깊이 관여하셨는데요. 제가 알기로는 이런 일을 선생님께서 많이 주선을 해주셨다고 들었습니다.

**백낙청** 그때 제가 계간 『창작과비평』 편집인, 창비아동문고 나올 무렵에는 발행인을 겸했습니다. 그러니까 자연히 저와 관련이 있습니다. 이오덕 선생님을 처음 알게 된 건 1973년쯤으로 기억하는데, 이분이 『안동문학』이란 잡지에 쓴 글을 소설가 이문구(李文求) 선생이 먼저 읽고 와서 "야, 희한한 글이 하나 나왔더라" 해요. 그때가 유신 때 아닙니까? 유신 땐데 이런 글이 나왔다고, 저하고 염무웅(廉武雄) 선생께 이야기해

---

■ 이 인터뷰는 『개똥이네 집』 2014년 4, 5월호에 '이오덕 다시 보기 1: 창비아동문고 내는 데 도움을 많이 주셨습니다'와 '이오덕 다시 보기 2'로 실린 것이다.

쳤어요. 염선생하고 제가 그 글을 보고서 '야, 참 좋다'고 생각해서 어떻게 어떻게 주소를 알아가지고 『창비』에도 글 하나 주십사 하고 연락했어요. 그때 주신 글이 「시정신과 유희정신」이라는 글입니다.

**이주영** 아, 그러셨군요. 그게 처음 시작이었군요.

**백낙청** 그게 74년 가을호쯤 될 거예요. 그러니깐 우리가 이오덕 선생님에 관해서 알게 된 건 아마 74년 봄 무렵, 상반기일 겁니다. 뵙지는 못하고 편지로 연락을 드려서 글을 받은 게 74년 가을호였고, 거기 이어서 곧바로 또 글을 한편⋯⋯. 처음 글이 하도 좋아서 그렇게 부탁드렸더니 금방 써서 보내주셨어요. 이선생님도 그때 하실 말씀이 많을 때였어요.(웃음) 그뒤에 몇번 『창작과비평』에 글을 쓰셨고, 서평도 써주셨고, 그러다가 아동문학을 우리가 좀 해봐야겠다는 생각을 했습니다.

**이주영** 그러니까 계간 『창작과비평』에 어린이문학에 대한 기고를 받으시다가 아동문고에 관심을 갖게 되신 거군요.

**백낙청** 74년에 제가 해직이 됐어요. 그래서 76년과 77년, 2년 동안 제가 창비사 사장도 했어요. 그때 제가 아동문고를 해야겠다는 생각을 했습니다. 이오덕 선생님 영향도 있고. 우리가 그때 생각한 게 '창비아동문고'였지요. 창비아동문고 1번인 『꼬마 옥이』 뒤에 보면 발간사가 있는데요,* 그때 아동을 위한 책은 두가지로 양극화돼 있었어요. 하나는 비싼 전집류, 외판사원 통해서 할부로 파는 전집류가 있고, 또 하나는 아주 싸구려 책이었어요. 번역도 엉망이고 내용도 시원찮은 걸 아주 싼값에 파는 그런 문고류가 있었습니다. 그러니까 내용도 좀 읽을 만하고 책도 괜찮으면서 전집 사볼 능력 안되는 가정의 아이들, 그런 아동들이 볼 책이 전혀 없었습니다. 그래서 창비가 아동문고를 해야겠단 생각을 했고, 그때 당연히 저희가 의논드릴 분은 이오덕 선생님이었죠. 그래서 초기 한

---

* 「'창비아동문고'를 펴내며」(1977).

동안은 이오덕 선생님이 기획도 거의 다 해주셨어요. 그래서 제일 처음 나온 게 『꼬마 옥이』, 그다음에 『못나도 울엄마』『사슴과 사냥개』 같은 동화책이지요.*

**이주영** 그때 창비아동문고를 만들어주셔서 지금까지 참 큰 역할을 하고 있습니다. 참 고마운 일입니다.

**백낙청** 저는 권정생(權正生) 선생 작품을 그때 처음 봤어요. 『똘배가 보고 온 달나라』(1977)를 보니까, 아유 참, 재주가 번뜩번뜩하더군요. 그래서 권정생 선생의 『사과나무밭 달님』(1978)을 내고, 조금 더 있다가 『몽실 언니』(1984) 나와서 지금도 팔리는 장기 베스트셀러가 됐죠.

**이주영** 그때 창비아동문고를 펴내신 말씀을 선생님께서 쓰셨는데, 당시 상황에 대해 정말 절절하게 쓰셨어요. 제가 한번 읽어보겠습니다.

"나라의 내일을 짊어진 이가 어린이란 말을 흔히 듣습니다. 또 장성해서 읽는 몇 권의 책보다도 어린 마음에 새겨진 한 편의 이야기가 사람의 일생에 더 큰 영향을 미칠 수 있다고도 합니다. 그런데도 어린이를 상대로 한 우리나라의 출판계와 문학계는 다른 분야보다도 오히려 제 구실을 못하는 실정입니다. 대부분 가정에서는 꿈도 못 꿀 엄청난 가격과 호화스런 꾸밈새로 쏟아져 나오는 이른바 아동물들이 그 내용마저 알차지 못하다면 그 나라의 앞날은 어두울 수밖에 없겠습니다. 더구나 진정으로 훌륭한 아동문학이란 어른에게도 교양이 되고 즐거움을 주는 우리 민족문학의 일부라고 한다면 분별없는 아동물의 범람 속에서 어른들의 정서 생활도 메말라왔다고 하겠습니다. 저희가 '창비아동문고'를 펴내기로 한 것은 이런 실정에서 조그마한 새 길을 열어보려는 뜻입니다." 이렇게 말씀하셨거든요. 이 말씀대로 정말 당시의 어린이책들이 너무 형편없었습니다. 그런데 선생님은 어린이문학을 하시는 분도 아니었고

---

* 순서대로 이원수 동화집(1977), 이주홍 동화집(1977), 마해송 동화집(1977)이다.

일반 어른문학을 주로 하셨잖아요. 그런데 어떻게 이렇게 어린이문학에 관심을 갖게 되셨는지요?

**백낙청** 그것은 어떻게 보면 문학 하는 사람의 상식이라고 할 수 있고요. 그러나 더 직접적으로는 이오덕 선생님 영향을 많이 받았죠. 그분이 우리 어린이문학에 대해서 이미 『창작과비평』에 평론도 여러개 쓰셨고, 또 여러가지 당시 어린이문학의 현황에 대해서 개탄하는 말씀도 많이 하시고 그랬던 거죠. 저의 발간사를 읽어주셔서 참 고마운데요, 사실은 제가 창비아동문고를 만들고 저 발간사를 쓴 것을 평생의 자랑거리로 알고 있습니다.(웃음)

**이주영** 저희도 고맙게 여기고 있습니다.(웃음) 제가 1980년도에 처음 '어린이도서연구회'를 만들 때 창비아동문고를 읽고, 이렇게 좋은 책이 있는데 이거를 아이들에게 알려야겠다고 생각했습니다. 창비아동문고가 나옴으로써 80년대에 어린이문학이 살아나는 데 굉장히 큰 기여를 했습니다. 선생님이 보시기에 이오덕 선생님이 우리나라 어린이문학을 포괄해서, 민족문학이라고 할까요 또는 우리 민중문학이라고 할까요, 우리 문학사에 끼친 영향, 이런 건 어떤 건지요?

**백낙청** 처음 계간 『창작과비평』에 글 쓰실 때, 이오덕 선생님하고 뜻을 같이하는 분들은 더러 계셨겠지만 제가 알기로는 우리 문단에서 그런 목소리를 제대로 낸 건 처음이지 않았나 싶습니다. 그리고 그때 실제로 이오덕 선생님이 소개하신 이원수(李元壽) 선생이라든가 마해송(馬海松), 이주홍(李周洪), 이런 분들이 물론 알려져 있었지만 제대로 대접받지는 못했어요. 전반적 경향이 이오덕 선생이 개탄하시는 소위 '동심천사주의'라는 것이었지요. 어린이라면 무조건 천사같이 착하고 그런 건 어른들이 만들어낸 어린이죠. 어린이가 물론 천사 같은 데가 있지만, 그게 다가 아닙니다. 어린이도 현실 속에서 살고 있는 애들이고 소꿉놀이만 하고 사는 인생이 아닌데, 그런 식으로 몰고 가는 것에 대해서 굉장히 비판하셨지요 이오덕 선생님이 그런 평론을 쓰면서 창비아동문고가 나올 수 있도록 도와주시고, 나중에 점점 활동영역이 넓어지셔서 창비 아닌 다른 출판사에도 관여하고 영향을 미치셨는데, 그런 활동이 우리 아동문학이 건강하게 살아나는 데 크게 기여하지 않았나 싶습니다. 그다음에 이오덕 선생님이 하신 또 하나의 일은, 잘 아시겠지만 우리말 우리글, 글쓰기 제대로 하자는 운동을 펼치셨습니다. 그런데 이오덕 선생님은 워낙 철저하고 엄격하신 분 아닙니까? 그래서 세월이 지나면서 창비가 좋은 친구들이긴 한데(웃음) 한자도 더러 쓰고 하니까 우리말 우리글 바로 쓰기에 철저하지 못하다고 생각을 하셨을 겁니다.

## 후속 대담(2014년 5월)

**백낙청** 우리가 계간『창작과비평』을 창간할 때부터 한자를 대폭 줄여 썼고, 그다음엔 한자를 전부 괄호 속에 넣는 걸 했고, 되도록 쉽고 익숙한 우리말로 쓰는 걸 강조했지만, 이오덕 선생님 보시기엔 이게 뭐,(웃음) 하다 만 걸 거예요. 그래서 거기 대해서도 비판하는 생각을 좀 가지셨던 것 같습니다. 그런데『창작과비평』의 '불철저함'에는 두가지 면이 있습니다. 하나는, 잡지란 건 원래 얼룩덜룩한 거 아닙니까? 이런 사람 저런 사람 다 참여하기 마련이니까요. 이오덕 선생님 기준에 부합하는 사람만 가지고는 잡지건 출판이건 잘 안되는 점이 하나 있고요. 또 하나는 그분이 비판하신 그런 종류의 유희정신은 우리가 마땅히 배척해야 하지만, 원래 의미의 유희정신이라고 할까 제대로 된 유희정신은 시정신과 상통하는 건데요. 그런 면에서 강조점이 저희들과는 좀 달랐던 것 같아요. 그러나 우리말이 외래어에 형편없이 오염되고, 또 쓰는 사람들이 아무 생각 없이 글 쓰는 것에 대해서 그렇게 참 끈덕지게…….(웃음)

**이주영** 좀 무섭게……(웃음)

**백낙청** 그렇게 질타하고 다그치시던 공로는 우리가 늘 기억하고 감사해야죠.

**이주영** 이오덕 선생님 방에 가보면 신문이나 방송에서 잘못 쓴 말을 찾아서 붉은 볼펜으로 하나하나 고쳐서 쌓아두셨어요. 그걸 계속 보내시는 거예요. 그러니 그걸 받는 사람들은 얼마나 깜짝깜짝 놀랐을까 싶습니다.

**백낙청** 깨우침을 받은 사람도 많죠. 물론 뭐 이거 웬 늙은이가 남 성가시게 굴어, 그렇게(웃음) 막말한 사람도 있지만.

**이주영** 보통 이오덕 선생님이 이뤄놓은 일 중에서 가장 고마워하는 것 가운데 하나가 권정생 선생님을 찾아내주신 건데, 선생님 말씀을 들어보니 이오덕 선생님을 찾아내주신 건 선생님이시네요. 이오덕 선생님을 알아봐주시고 세상에 나올 수 있는 길을 열어주셔서 고맙습니다.

**백낙청** 처음에 그분을 눈 밝게 알아본 사람은 명천(鳴川) 이문구 선생이에요.

**이주영** 그때는 어린이문학 하는 사람들은 어린이문학 하는 사람들끼리만 있었잖아요. 그런데 『창작과비평』에 글 쓰게 해주시고, 또 창비아동문고도 기획할 수 있게 해주시고, 이오덕 선생님이 자기 뜻을 펼 수 있도록 충분한 장을 만들어주신 건 선생님이 아니신가 생각합니다.

**백낙청** 충분치는 못했지요.(웃음) 그래도 돌아보면 어린이문학도 그렇고 어른문학도 그렇고, 제가 이오덕 선생님 처음 만났을 때하고 비교하면 어떤 면에선 엄청나게 활성화돼 있죠. 나오는 책도 많고 그중에 좋은 작품도 많고. 그런데 또다른 의미로 볼 때, 상대적으로 그 많은 분량속에서 이오덕 선생님이 주장하셨던 그런 정신을 올곧게 지켜내는 작품은 그때나 지금이나 굉장히 소수가 아닌가, 이런 생각을 합니다. 그런데 그 정신을 지켜낸다고 할까 구현하는 작품을 보는 기준이랄까 취향은 이오덕 선생님하고 저하고 조금 다를 거예요. 제가 좀 좋다고 생각하는 것도 이오덕 선생님은 "그건 아니다", 이러실 게 있을 겁니다.(웃음) 그래도 문학을 보는 기본 방향은 같은데, 어쨌든 저처럼 이오덕 선생님보다 훨씬 너그럽게 보더라도 문학정신을 올곧게 지켜내는 작품이 너무 적은 것 같아요. 그래서 어떨 땐 저도 상당한 고립감을 느낍니다.

**이주영** 1970년대보다 작품 수는 엄청나게 늘어났어도 이오덕 선생님 기준보다 훨씬 너그럽게 보시는 선생님 기준으로 봐도 문학정신이 살아 있는 작품이 너무 적다는 말씀처럼, 최근 어린이문학이 위기에 빠지는 조짐이 보여서 걱정입니다.

**백낙청** 창비도 출판사와 잡지가 이렇게 커졌고 어린이책도 많이 내고 그러지만, 창비 바깥을 나가면 공명하는 메아리를 듣기가 참 힘들지 않나 싶어요. 다른 잡지는 물론이고 신문 지면이나 방송도 그렇고, 그렇게 느낄 때가 있습니다. 그러나 이오덕 선생님이 포기하지 않으셨듯이 우리도 포기하지 말아야죠.

**이주영** 네, 선생님 말씀대로 저희들도 현실이 아무리 어렵더라도 포기하지 않고 참된 문학의 발전을 위해 노력하도록 하겠습니다. 이오덕 선생님과 오랜 시간 만나고 봐오셨는데, 어떤 분으로 기억하고 계시는지요?

**백낙청** 예, 한마디로 아주 곧으신 분이고 그러면서도 사실은 문학적 감수성 같은 건 풍부하신 분이죠. 그러나 또 뭐랄까, 좀 무서운 선생님이랄까. 지나치게 무서워서 주변에서 가까이 가지 못하고 멀어지는 사람도 있었어요. 꽤 많았습니다. 처음에 이오덕 선생님하고 가까워서 우리를 알게 된 분들 중에도 "아, 이오덕 선생님하고는 참 힘들다"고(웃음) 하는 일도 있었습니다. 그러나 어떡하겠습니까. 이오덕 선생님 정도 되면 그분의 훌륭한 면이나 또 주위 사람들이 보기에 좀 아쉬운 면, 양쪽 모습을 떼어놓고 생각할 수 없는 것 아니겠어요?

**이주영** 네, 그렇게 아무리 가까운 사람이라도 아니다 싶으면 바로 지적해서 야단치시던 점이 이오덕 선생님 단점이면서 동시에 장점이 아니었을까 생각합니다. 한국글쓰기교육연구회나 한국어린이문학협의회 회원 가운데서도 칼날 같은 꾸중에 상처받은 회원들이 있습니다. 이오덕 선생님한테 드리는 영상편지 한 말씀 부탁드립니다.

**백낙청** 선생님, 제가 선생님 편찮으시다고 할 때 찾아뵙지도 못하고 또 돌아가신 후에도 선생님 하시던 사업을 직접 도와드린 것이 없어서 늘 죄송합니다만, 그러나 선생님 그때 제가 한참 젊을 때인데, 많이 지도해주시고 도와주시던 일 늘 감사하고 그립습니다. 다행히 선생님을 생각하는 후학들을 많이 두셔가지고 지금 여러가지로 다들 애쓰고 계시는 모양이니까 선생님이 뿌리신 씨가 점점 더 열매를 맺으리라고 생각합니다. 선생님 늘 감사합니다.

**이주영** 고맙습니다. 『창작과비평』이 그동안 우리 사회 문학과 지성을 올곧게 끌어오기 위해 많은 노력을 했는데, 그게 좀더 활짝 폈으면 좋겠습니다. 그리고 이건 예정에 없던 질문인데요, 선생님은 우리 시대의 가장 어르신 중 한분이신데, 우리 시대 어른으로서 젊은이들, 특히 젊은 교사들한테 부탁하는 말씀 해주시면 고맙겠습니다.

**백낙청** 제가 보기에 자라나는 학생들 마음에 가장 깊이 영향을 미치는 분들은 학생들 어릴 때의 교사라고 봐요. 특히 우리말 가르치는 국어선생님들, 그분들 영향이 절대적이 아닌가 싶어요. 그래서 국어선생님은 더 말할 것도 없고 또 영어를, 제가 영어선생인데, 영어를 가르치더라도 우리말에 대한 사랑과 존중심을 가진 사람이 가르치는 것과 그렇지 않은 사람이 가르치는 것이 애들에게 미치는 영향은 엄청 다릅니다. 저는 심지어 영어를 잘하기 위해서도 우리말에 대한 존중과 감각이 있어야 된다고 보거든요. 아마 선생님들이 현장에서 생활하시다보면 교육부에서 귀찮게 구는 것도 많을 테고, 교장선생님들 성화도 있고 학부모들도 사실은 엉뚱한 교육 해달라고 교사들 괴롭히고 그러잖아요. 그러면 낙담하실 때도 많겠지만 그래도 힘내시고(웃음) 늘 그런 사명감과 희망을 잃지 않으셨으면 좋겠어요.

# 포용정책 2.0과 시민참여형 통일

2014년 7월 17일 세교연구소

**청중 1**(정현숙·흥사단 민족통일운동본부 사무처장) 우선, 남북연합은 일종의 정치적 합의라고 볼 수 있는데 보수정권이 계속 집권하게 될 경우 남북연합은 요원한 것이 아닌가? 둘째로, 국가연합이 정치적 합의라고 할 때 어느 시점에서 전면적으로 주장하고 실천해야 하는지, 또한 교류협력과 동시 병행해야 하는지 아니면 교류협력이 어느정도 진행된 다음에 진행해야 하는지 묻고 싶다. 세번째 질문은, 북한이 핵을 이미 보유했다고 볼 수 있는데, 제 생각에는 국가연합에서 내정·외교·국방을 각각의 국가가 관할한다 해도 그때까지 북한 지역 정부가 핵을 포기하지 않을 것 같다. 북핵을 두고 남북관계 개선을 얘기하는 게 현실적인가? 그렇다

■ 이 질의·응답은 한반도평화포럼 주최 제1기 한평아카데미 특별강연의 질문과 답변을 정리한 것이다(정리 정의당 박원석 의원실 조태근 비서관). 강연과 질의·응답 전문은 『통일은 과정이다』(한반도평화포럼 엮음, 서해문집 2015)에 실렸다.

면 이미 핵을 갖고 있다는 것을 다 알면서 인정하고 오히려 남북관계의 평화적 관리와 불가침 등을 약속하고 국가연합을 제기하는 방식이 좀더 현실적이지 않은가 궁금하다.

**백낙청** 보수정권이 계속 집권해도 남북연합 건설이 가능할까? 이론 상으로는 가능한데 한국에서는 어렵다고 본다. 흔히 닉슨(R. Nixon)의 중국 방문을 사례로 들기도 하고, 독일에서처럼 보수정권이 들어서도 이전 정권의 정책을 계승하면서 굳건한 기반을 가질 수도 있다는 얘기를 한다. 이명박 정부 들어서 그런 기대 하다가 실망하고 다시 박근혜 정부에 그런 기대를 하는 분들이 계신다. 만약에 또 보수정권이 들어서면 초기에 그런 기대를 하는 사람들이 또 나올 수 있다고 본다.

저는 한국의 보수진영이 진정한 보수가 아니라고 본다. 길게 보면 식민지시대부터 부당한 기득권을, 분단시대로 국한하면 분단체제에서 오는 부당한 기득권을 너무 많이 차지했고 그걸 지키기 위해 물불을 가리지 않는 사람들이 자신들을 보수라고 말하고 있는데, 그건 보수가 아니다. 지금 합리적인 보수라는 사람들조차 현 정권에 대해 그런 비판을 하고 있지 않나.

설령 서구처럼 보수가 들어서 진보적 의제를 추구하겠다 하더라도 어느 한 개인이 하고 싶다고 해도 결국 안될 거라고 본다. 그럼 보수적인 정권이 또 집권하면 어쩔래, 이민 갈래라고 하면, 저는 이민은 안 갈 것이다. 하지만 남북관계뿐만 아니라 외교 등 모든 분야가 어려워질 거라고 본다. 외교도 엉망이지만 경제, 각종 안전사고 등등 점점 더 어려워질 것이다. 소위 진보정권, 민주정권이 들어선다고 해서 확 달라지진 않겠지만 달라질 수 있는 어떤 필요조건은 충족이 될 거라고 본다. 저는 사회통합의 전제조건이 수구세력이 주도하는 수구보수동맹을 깨는 거라고 본다. 그건 수구세력이 정권을 잡고 있는 한은 안 깨진다. 당내에서 개혁적인 목소리가 더러 나오긴 하지만 그건 한계가 있는 것이다. 국민들로부터 호된 벌을 받아야 분화가 이뤄지고, 그때 진정한 보수주의자들이 제가 말한 '변혁적 중도의 우파'로 제 몫을 다하지 않을까 싶다.

북핵 해결, 저는 쉽지 않을 것으로 본다. 정현숙 처장과 저랑 그 점에서 동감이다. 그런데 전제조건을 거는 건 아무것도 하지 말자는 것이다. 남북연합의 전제조건이 될지 말지는 그때 가서 판단하는 것이 좋지, 남북연합 하려면 북에 핵무기가 없어져야 한다고 미리 못박을 필요는 없다. 핵문제 해결도 여러 단계적 방법이 있다. 핵 프로그램 동결, 불능화, 그리고 9·19공동성명에 의하면 핵시설의 완전폐기가 그 당시 제3단계로 남아 있었고, 지금은 만들어놓은 핵무기를 없애는 것이 새로운 문제(4단계)인데, 북이 쉽게 없애려고 하지도 않겠지만 없앴는지 확인하기도 어렵다.

그런 어려운 문제를 먼저 내걸 필요는 없다. 핵문제 해결의 1단계와 2단계가 진행되면서 거기에 걸맞은 교류협력, 검증을 하다가 3단계쯤에는 낮은 단계의 국가연합은 가능하지 않을까 싶다. 미리 얘기해 북에 압박감을 줄 필요도 없고, 반대로 핵무기가 있어도 남북연합을 하자고 해서 시민운동가들로부터 저 사람은 반핵정신이 약하다는 얘기를 들을 필요도 없다. 상황이 진행되는 것을 보고 판단하고, 자기 집단 내에서 준비하는 것과 대외적으로 언명하는 것이 다르기 때문에 그때그때 간을 맞춰서 행동하는 게 좋다.

**청중 2**(임한필·고려대 박사과정) 실제 통일을 준비하는 과정에서 교류협력, 남북연합 등의 설정을 얘기할 수 있을지 모르나 반드시 현실로 될 것이라고는 생각하지 않는다. 보수정권이 들어서면 남북연합으로 가지 않을 것이라는 견해에 동의하지 않는다. 의외로 닉슨이 마오 쩌둥(毛澤東)과 만나 해결점을 만드는 것처럼 꼭 진보정권만이 교류협력을 통해 통일로 갈 수 있다고는 보지 않는다. 그런 측면에서 백교수님 인식론적인 얘기가 맞다고 생각한다.

이를 꾸준히 준비할 수 있는 시민단체의 조직이 필요하다. 원로분들이 통일운동을 이끄셨던 때처럼 지금 시점에서 80, 90년대와 같은 치열한 논쟁이 필요하다. 시민참여형 통일이라는 용어는 민중주도형으로 하려고 했다고 하니까 좀더 이해가 된다. 무엇을 할 것인가에 대해 장기적으로 내용을 준비하고 이끌어갈 수 있는 조직체를 만들어나가는 게 필요하지 않을까 싶다.

**백낙청** 변혁을 얘기한 것에 대해, 80년대식 변혁주의에서 벗어나지 못하고 실용적인 대안들을 소홀히 한다는 인상을 받은 것 같다. 그런데 만약에 그렇게 생각하신다면 좀 억울하다고 말씀드리고 싶다. 시민단체들을 만들어서 밀고 나가자는 것은 옳은 말씀인데 그것도 구체적인 사안을 놓고 얘기해야 한다. 저는 '희망2013·승리2012원탁회의'에 준하는 조직체를 새로 만드는 것은 지금 가능하지도 않고 바람직하지도 않다고 생각한다. 지금은 각자 자기 영역에서 내공을 쌓고 네트워킹을 하다가 정세를 봐서 가능할 때 조직을 만드는 것이 좋다. 미안하긴 하지만 '세월호참사 국민대책회의'에 참여를 안하고 있다. 누가 시민사회에서 탈퇴한 거냐고 했는데, 휴가 중이라고 했다.(웃음)

**청중 3**(김상호·새천년민주당 당직자) 『2013년체제 만들기』를 읽으면서 제가 몸담은 민주당을 돌이켜볼 때 고통스러웠다. '대정치의 시대'는 『한겨레』 이태희 부장이 쓰던 표현이다. 주기상으로 20년마다 온다고 한다. 1996년 총선을 통해 도약하고 97년 대선, 98년 지방선거가 있었다. 2013년체제와 포용정책 2.0에 공감하면서 제가 서 있는 정치의 영역에서 어떻게 구체화할 것인가가 궁금하다. 이제는 후보단일화가 아니라 연합정치를 제도화할 수 있는 정당명부식 비례대표, 결선투표제를 해야 한다.

시민참여형 통일에서는 정치적 거버넌스(governance) 차원에서 평화군축센터, 평통사(평화와통일을여는사람들)가 시민 의견을 반영하는데, 이런 단체들이 정치의 영역에서 함께 가야 한다는 게 질문의 취지다.

**백낙청** '대정치 시대'가 20년마다 온다고 하는데, 2016년 총선, 17년 대선, 18년 지자체 선거, 이 정도 몰리는 것은 흔하지 않나. 잘 모르겠지만 주기설은 제가 잘 안 믿는다.(웃음) 그러나 정치가 중요하다는 점에는 동의한다.

연합정치를 재건하려면 제도적 뒷받침이 필요하다. 소수정당의 원내진출이 편한 제도를 만들어야 한다. 지난번 민주당에서 비전위원회를 만들었는데 첫번째 제안이 비례대표제 확대였다. 그런데 지금 민주당 지도부 들어서 그 얘기 쏙 들어갔다. 당을 제대로 만들겠다는 정치인이 나선다면 다른 데 갈 필요 없이 비전위원회에서 만든 안 중에서 나는 이 것부터 하겠다고 해야 하고, 비례대표 확대는 당연히 우선순위가 높아야 한다고 생각한다.

평화단체들 간에 더 소통하고 입장차를 좁혀야 한다는 얘기는 동의한다. 내가 말하기는 좀 쑥스럽지만 평화단체들도 변혁적 중도주의를 배워야 한다. 그래야 정당과 대화할 수 있을 것이다.

**청중 4**(한광희·조국평화통일협회 간사) 사실 통일 이야기 이전에 제가 통일운동을 하면서 가장 많이 부딪히는 것이 북을 적대시하고, 많은 사람들이 분단체제에 적응하고 살아가는 것이다. 북의 도발에 냉소적으로 판단하고 근본적 원인에 대한 고민이 없어진 상태가 현실이다. 그런 맥락에서 시민의식을 깨울 수 있는 시민참여형 시민 설득방안은 무엇인가?

그리고 시민참여형 통일이 반국가적 연대는 아니라고 했는데, 현실적으로 북의 시민사회와 남의 시민사회가 질적으로 다르다. 시간이 흐르면서 상호 시민사회의 이질성이 커진 상황에서 어떻게 시민간 교류를 만들 수 있을까?

**백낙청** 간단히 답할 수 있는 문제는 아니라고 본다. 시민참여형이라는 게 남북교류에 민간이 얼마나 참여하는가가 중요한 게 아니라고 했다. 분단체제를 극복한다는 것은 더 나은 사회를 남쪽에서도 만들고 북쪽에서도 만든다는 것인데, 다른 시민들을 설득할 수 있는 논리, 프로그램이 있어야 한다. 지금 분단체제 극복의 주전선이 남한 내부에 그어져 있다는 것도 그 얘기다. 다르게 생각하는 분들도 있다. 여전히 미국과 한민족 사이에 주전선이 있다는 쪽도 있다. 민족해방론이 그렇다. 주전선이 남과 북이고, 북이 주적이라고 보는 쪽도 물론 있다.

저는 남 내부의 문제를 해결해야 한반도, 동아시아 문제도 풀린다고 생각했다. 그런데 2007년에 졌고 2012년에 또 졌는데 2017년에는 어찌 될 거냐, 이런 식으로 나갈 것은 아니고 와신상담(臥薪嘗膽)하며 적공(積功)하는 과정은 있어야 할 것 같다.

남북 민중간의 연대의 근거를 물으셨는데, 직접적인 연대는 쉽지 않을 것 같다. 이론상으로 남한 당국과 북한 당국이 있고 그 양 당국이 대립하거나 결탁하면서 남북한 민중을 모두 괴롭히고 있으니 두 민중은 분단체제의 피해자라는 점은 공유하지만, 행동의 주체로 연대하는 일은 못하고 있다고 본다.

어느 순간 북한 민중이 제4당사자가 될 수 있을 때, 제3당사자와 제4당사자가 연합해서 더 큰 하나의 새로운 당사자를 만들 수 있을지는 모르지만, 상당히 요원한 일이다. 그러나 북한 민중이 현재 제4당사자 역할을 못한다고 해서 그쪽에서도 민중이 역사를 만들어가고 정권에 영향을 미치는 역할이 없는 것은 아니다. 그런 면에서 민중 주도의 역사는 진행되고 있는데, 이것은 조직된 민중이 주도한다는 뜻이 아닌 조금 추상적인 얘기다. 역사의 변화에서 먹고사는 생활상의 욕구를 충족하는 노력들이 일으키는 변화의 집합이라는 뜻에서 민중 주도다. 그게 남북 시민연대로 발전하려면 상당한 시일이 걸릴 것이다. 그러나 남북연합이 되면 그때는 굉장히 달라질 것이다.

**청중 5**(탁용달·민주평화통일자문회의 정책보좌위원) 평상시 통일에 대한 막연한 생각을 구체화시키는 데 중요한 담론을 제시하셨다. 한국 정치현실에서 통일의 과정이 대단히 폭력적인 방식으로 될 수도 있고, 폭력성이 동반돼야 전환점을 만들 수 있는 상황이라는 게 안타깝다. 통일과정의 비민주성, 포용정책 2.0에서 요구하는 조건들이 수반되지 않은 상황에서 그다음 단계로의 진전은 고민을 해봐야 할 것 같다.

**청중 6**(이혜정·중앙대 정치국제학과 교수) '통일 대박'이 '통일 대통령 박근혜'의 준말이라고 하는 얘기가 있다. 성과에 대한 욕심이 있을 것이다. 실제 남북연합 단계를 선포하고 싶은 욕심이 있다고 한다.

**백낙청** 북한이 6·15공동선언에서 낮은 단계의 연방이라는 얘기를 했는데 우리는 사실상 연합제에 동의한 것이라고 봤다. 굳이 '낮은 단계'라는 수식을 붙인 것은 연합으로 끌고 온 것이다. 그런데 이후로 그쪽에서 낮은 단계 연방 얘기를 하는 것을 들어본 적이 거의 없다.

박근혜 대통령은 의욕은 있는데 개념이 없는 것 같다.

폭력적 방법이 수반될 가능성이 있다고 했는데, 그럴 가능성 있다는 것을 우리가 냉철히 인식하고 대비해야 한다. 전쟁이 없어야 한다는 것이지 아무런 사건과 사고, 무력행사도 없이 통일이 되리라고 단정하는 것은 안일하다고 본다. 남북한은 국지전만 하고 말겠다고 생각했더라도, 전쟁이 한번 터지면 양쪽이 초토화될 확률이 90%이상이다. 전쟁의 확률은 낮은데 단계적 통일의 진행과정에서 쌍방간에 민중에 대한 무력행사가 일어나지 말라는 법은 없다. 우리가 그것을 감당해야 한다.

보수정권에 의한 정치적 타결 문제는, 그렇게 되면 좋다. 저는 현 정권이나 지난 정권을 보수정권이 아니라고 주장하면 통합형 인간이라는 말을 못 듣고 편향되었다고 비판받을 것이라고 했는데, 그 예측이 적중한 것 같다.(웃음) 우리 보수정권, 보수진영, 보수정당이 진정한 보수가 아니라는 것을 뼈아프게 제대로 실감해야 새 시대가 열릴 것이라고 본다.

**청중 7**(황교욱·6·15공동선언실천 경남본부 사무국장) 제가 '2017년체제'라는 표현을 했다. 취지는 대선은 5년마다 오니까 대선에서 패배는 했지만 다음을 준비해야 한다는 것이었다. 군대에 대한 문민통제 문제가 중요하다는 생각이 들었다. 분단체제에서 민주주의와 연관돼 있다. 생각보다 군이 민주주의를 제약하고 정보독점을 통해 일이 되려고 하면 훼방을 놓고 분단 기득권의 최정점에 있는 게 아니냐. 그러면 시민교육 등 경각심 있는 준비가 필요하다는 생각이다.

군대의 심각한 대미의존성 때문에 전시작전권 환수가 연기됐는데, 허망했다. 남북연합 과정이 평화체제 과정과 밀접하게 연결돼 있다면 전작권 환수 연기로 평화체제도 진전되기 어려운 상황이 되었다. 이에 대한 준비가 필요하다고 본다.

마지막으로, 동북아 차원의 지각변동이 일어나고 있는데 분단체제론 개념에서도 세계체제의 모순이 하위체제를 매개로 영향을 미치고 있다고 배웠다. 현재 동북아 차원의 정세변화에 대응한 모색을 2017년에도 준비해달라.

**백낙청** 2017년체제 관련 말씀은 저는 알아들었다. 다만 제목을 그렇게 바꾸는 게 별로 장사에 도움이 안된다. 또 하나는, 2013년체제론은 2011년에 처음 제기해서 2012년 초에 책을 냈다. 선거에 임박해서 서둘러서 했는데, 이번에는 그러지 말자는 것이다. 2017년 대선용이 아닌 여러가지 준비를 지금부터 하는 것이 중요하기 때문에 '2017년체제'라는 말은 사용하지 않으려고 한다.

그리고, 문민정부가 들어섰는데 군대가 문민통제 아래 제대로 들어오지는 않았다. 군부독재가 청산되고 군대가 쿠데타를 일으킬 가능성은 없어졌지만 군대가 문민통제하에 있지 않고 별개의 영토처럼 있다. 어느 대통령이 들어서도 자기들식으로 한다. 더군다나 병역 기피하고 보수 표방하는 통치자가 왔을 때는 자기 멋대로 했다. 그중에서도 결정적인 계기, 변곡점이 천안함사건이다. 그걸 계기로 우리가, 선군정치까지는 가지 않았지만 민주주의와 군국주의의 중간까지 왔다. 그래서 이것은 새 시대를 맞기 위해 우리가 해결해야 할 큰 문제이다. 김대중에 필적하는 담력과 용기를 가진 분이 나와야 한다. 구체적으로는 천안함사건 진상규명이 있어야 한다.

전작권 환수 문제도 말이 안된다. 자기 군대에 대한 전작권이 없는 지도자가 평화협정 서명하는 것도 우스운 것이다. 노무현 대통령도 2012년에 갖고 온다고 해서 2007년 정상회담 하면서 말발이 섰는데, 이젠 정말 어렵게 됐다.

동북아를 세계체제의 하위체제라고 보는 것은 너무 용어를 느슨하게 쓰는 게 아닌가 싶다. 저만 해도 분단체제라고 했다가 사회과학자들한테 엄청 깨졌는데, 이 경우는 사회과학자들의 고정관념 때문이라고 본다. 하지만 동아시아를 보면 무슨 체제가 있나. 지역이 있고 지역현실이 있고 여러 협력하는 아주 느슨한 의미의 '레짐'(regime)이 있고 다양한 노력이 진행되고 있는 것이지, 동북아체제라는 말은 동의하지 않는다.

**청중 8**(이창희·동국대 북한학연구소 연구교수)  포용정책 2.0을 평화협정·남북연합·비핵화 쎄트로 생각했는데, 얘기를 들으니 시기적으로 일치하지 않는 것 같다. 설득력을 가지려면 비핵이 전제되는 것은 아니라 해도 남북연합이 평화협정, 비핵화와 같이 가야 하지 않을까 싶다. 통일지향적 평화 프로세스와 포용정책의 종합적, 구체적 경로가 제시돼야 한다고 본다.

**백낙청**  평화협정·남북연합·비핵화 동시진행이 제 입장 맞다. 평화협정이 여러가지가 있다. 김연철(金鍊鐵) 교수가 전에 종전선언체제를 말했다. 평화협정 전에 종전선언 해버리자, 그리고 곧바로 평화협정이 되면 별 의미가 없지만 그것과 간격이 떨어지면 종전선언체제라는 것이 당분간 있을 수 있다. 남북연합·평화협정·비핵화가 목표인데 각각 여러 단계가 있다. 원칙적으로는 동시적으로 진행해야 하지만, 통째로 같이 해야 한다면 그것은 막연한 원칙론밖에 안되고 일을 더 어렵게 만드는 것이다. 하나도 어려운데 어려운 것 세개를 동시에 하니 말이다. 그게 아니고 각각의 목표를 잘게 쪼개서 어느 것을 먼저 하고 어느 것은 나중에 하지만, 이쪽저쪽에서 동시다발적으로 해결하고 먼저 되는 게 있으면 그것부터 하는 것이다. 세부적으로는 차이를 두면서 같이 하는 것, 그게 어떻게 보면 9·19공동성명의 정신이기도 하다.

제가 남북연합과 비핵화를 연계했다거나 둘 사이에 선후를 설정했다고 하는 것은 모두 오해다. 포용정책 2.0은 남북연합을 의식적으로 추구하는 것을 포함한다. 그런 진지한 노력이 진행되는 과정에서만 핵문제 해결의 실마리가 풀린다는 입장이다. 남북연합 완전히 되면 그다음에 비핵화 하자는 것도 아니다. 셋 다 매우 복잡하고 여러 단계가 있으니 실용주의적으로 접합해나가자는 취지다.

# 작가회의 40년사 증언록

백낙청(서울대 명예교수)
임홍배(서울대 독문과 교수)
2014년 8월 18일 세교연구소

**임홍배** 오늘 이 자리는 올해 한국작가회의 40주년을 맞아 백낙청 선생님의 증언을 듣고자 마련하였습니다. 증언록 편찬위원회 가이드라인은 이번에 사실 증언 위주로 기록을 남겨서 나중에 50주년 정사(正史) 서술의 기초로 삼겠다고 하고, 이번에는 주로 1970년대에 집중해서 증언을 해주시면 좋겠다고 합니다. 아마 1974년 자실(자유실천문인협의회) 창립 당시 참여하신 분들 위주로 증언을 듣고, 김정한(金廷漢) 선생님처럼 벌써 작고하신 분도 있고 하니 원로 선생님들의 기억이 희미해지기 전에 충실한 기록을 남기려는 취지인 것 같습니다만.

**백낙청** 처음 10년이라도 충실히 기록해보자는 취지는 타당한 것 같아요. 그런데 실은 10년이라 해봤자 작가회의 40년의 4분의 1에 불과한

■ 이 대담은 한국작가회의 창립 40주년 기록집 『증언: 1970년대 문학운동』(한국작가회의 40주년 기념사업단 2014)에 실린 것이다.

기간이고, 또 벌써 작고하신 분이 김정한 선생 말고도 김병걸(金炳傑) 선생이나 나보다 연하인 이문구, 조태일(趙泰一) 같은 분들도 있지요. 그러니까 70년대 이후를 50년사로 미루면 그때 가서 어려워질 수도 있어요. 그렇기 때문에 70년대 이야기를 중심으로 하되, 얘기하는 김에 80년대와 90년대, 2000년대까지 다루는 게 좋을 것 같아요.

**임홍배** 예, 백선생님께서 90년대 후반에 작가회의 이사장을 하셨고, 2005년부터 4년 동안 6·15공동선언실천 남측위 대표를 맡으셨는데, 그런 활동도 사실 작가회의 역사나 선생님의 문학적 실천과 무관하지 않으니 최근까지 증언에 포함시키도록 하겠습니다.

먼저 자실 출범과정부터 여쭤보겠습니다. 74년 11월 자실이 출범하기까지 중요한 계기가 된 것은 74년 1월 7일 '개헌청원지지 문인 61인 선언'이라고 볼 수 있을 것 같은데요.

**백낙청** 그렇지요. 문인들만이 그렇게 대규모로 입장 표명을 한 게 처음이었을 거예요. 나 개인으로서도 문인들의 현실참여운동에 뛰어든 첫번째 경험이었고요. 물론 1966년에 『창작과비평』이 창간되면서 대체로 시국에 대해 비판적인 지식인들이 주위에 많이 모였고 개별적으로 활동한 사람이 많았지만요. '61인선언'의 직접적인 계기가 된 것은 전해 연말에 개헌청원운동이 시작된 일이지요. 거기에 이호철(李浩哲) 선생을 비롯한 여러 문인들이 참여했지요. 난 그때까지 참여할 처지가 못되었던 게, 서울대에 재직하다가 69년에 박사학위를 마무리하려고 다시 미국에 갔다가 72년 8월에 돌아왔어요. 그리고서 한동안은 『창비』를 재정비하고 활성화시키는 일, 또 현직 교수니까 학교일에 복귀하는 과정이 있었지요. 그래서 73년 말에 개헌청원운동이 벌어질 때까지 관여할 생각을 못했어요. 그러다가 그 운동을 보면서 문인들도 거기 힘을 보태주고 우리의 입장을 밝혀야 하지 않겠냐는 논의가 나왔어요. 그때 이호철 선생이 문인운동에서 중요한 역할을 하셨어요. 당시 천관우(千寬宇) 선생이 민수협(민주수호국민협의회)에서 핵심적인 역할을 하셨는데, 이호철 선생이 천관우 선생과 불광동 이웃에 살면서 연락이 잦아서 이호철 선생을 통해 문인운동이 민주화운동 전반과 연결되는 그런 상황이었지요. 어떻든 1월 7일 일어난 일에 대해서는 아마 여러분들이 증언하셨으리라 믿는데…….

**임홍배** 박태순(朴泰洵) 선생님의 『민족문학작가회의 문예운동 30년사』(2004)에 상세히 정리되어 있습니다. 백선생님께서 선언문을 기초하셨고 이희승(李熙昇), 안수길(安壽吉) 등 원로 문인들의 서명을 직접 받으셨다고요.

**백낙청** 내가 선언문을 쓰고 낭독도 했어요. 이호철 선생이 사회를 보셨고. 장소는 지금 전국YWCA 건물에 있는 코스모폴리탄 다방이었어요. 그 일을 위해 규합하기가 좋은 때였던 게, 정초에다 신정 연휴가 길던 시절이잖아요? 그래서 세배를 다니면서 서명도 받고 했던 거예요. 그때 나하고 주로 세배를 같이 다닌 사람은 지금은 작고한 소설가 한남철(韓南哲)이었어요. 지금 많이 잊혀졌지만 본명은 한남규(韓南圭)이고, 『사상계』로 등단하고 그 편집부에 취직했다가 나중에 『월간중앙』으로 옮겼는데, 문단에 안면이 넓었어요. 참 착하고 좋은 친구였죠. 그 친구하고 주로 많이 다녔고 염무웅 선생하고도 같이 움직였고. 이희승 선생의 경우는 내가 서울대 교수였으니까 혼자서 댁으로 찾아뵈었죠. 다른 한편에서는 이문구, 박태순 선생도 많이 움직인 걸로 압니다.

**임홍배** 선언문 발표한 후에 바로 연행이 되셨고, 바로 다음날 긴급조치 1, 2호가 공표되었지요? 문인들의 집단행동이 긴급조치 발동의 직접적인 계기가 된 셈인가요?

**백낙청** 바로 중부서로 연행됐는데, 그때 원로 중에는 안수길 선생이 함께 연행돼셨을 거야. 그랬다가 그날은 쉽게 풀려났는데 바로 다음날 긴급조치가 공표되었지요. 그게 꼭 문인들 때문이었는지는 모르겠어요.

당시 야당 당수가 유진산(柳珍山) 씨였는데 타협정치에 능한 인물이었지요. 그런데 개헌청원운동이 한창 진행되는데 문인들까지 그렇게 나오니까 그랬는지 모르지만, 유진산 씨가 갑자기 개헌을 지지하고 나온 거예요. 정부로서는 가장 온건한 야당 정치인조차 등을 돌리는 상황에 처하게 된 거죠. 그래서 바로 긴급조치 1호가 나오게 된 겁니다. 언젠가 홍성우(洪性宇) 변호사가 긴급조치야말로 '유신의 꽃'이라고 그랬는데, 유신의 꽃이 그때 처음으로 피어난 거죠.(웃음)

**임홍배** 어쨌든 유진산 씨의 돌출행동이 아니었더라도 문인들이 61명이나 집단행동을 했다는 게 큰 자극이 되지 않았을까요?

**백낙청** 그건 그랬을 거예요. 다만, 70년대 당시 활동했던 문인들 중에 많은 분들이 그 시절에 대한 향수와 그때의 분투에 대한 자부심 때문에 너무 문인 위주로 보는 경향이 있는 것 같기도 해요. 내가 보기에 문인들이 그렇게 나왔더라도 야당이 따라 움직이지 않았더라면 긴급조치가 바로 다음날 나왔을지는 단언하기 어렵거든요.

**임홍배** 그리고 또 바로 일주일 뒤에 긴급조치 3호가 나오고 동시에 '문인간첩단 사건'이 만들어지고, 선생님께서 구명운동에 적극 나서셨지요?

**백낙청** 중부서에서는 훈방이 됐고 나는 바로 대학 입시 출제에 차출됐어요. 학교 측에서 나를 보호하려는 의도도 있었던 것 같아요. 출제에 들어가면 아무도 못 만나게 차단되잖아요. 그러다가 나온 다음에 정보부에 불려가서 조사를 받고 나왔습니다. 그때는 순진한 미국 유학생 백아무개가 갓 귀국해서 자유주의적인 이상에 불타 그랬다는 정도로 본 것 같아요. 그래서 풀려났는데, 아마 61인 전원이 어떤 식으로든 조사를 받았을 겁니다. 그 자체가 문인들에게 새로운 경험이었지요. 이게 확대되면서 나중에 11월에 자실 결성으로까지 이어지는데, 중간단계로 이른바 문인간첩단 사건이 중요한 계기가 되었지요. 이호철 선생은 아까도 말했듯이 그사이 여러 활동에 참여하면서 착실하게 '득점'을 하고 있었던 터라,(웃음) 61인선언 사건 자체는 조사에서 뭐 성명서도 내가 쓰고 뛰어다니면서 사람 모으는 것도 이호철 선생은 크게 관여 안하신 걸 그들도 파악했지만, 백아무개는 초짜고 이호철 이 자는 한번 손봐야겠다 하고 별렀던 거죠. 『한양(漢陽)』지 사건이라고 그야말로 얼토당토않은 조작사건인데, 그렇게 되니까 문인들이 나서서 구명운동을 벌였죠. 나야 의리상으로도 당연히 그래야 할 처지였지만, 그때부터 적극적으로 뛰어든 분이 고은 선생입니다. 고선생은 61인선언에 서명은 하셨지만 그때 아마 집안 제삿날이었나 그래서 시골에 내려가셨다고 하지요. 실은 고은 선생이 전태일(全泰壹) 사건 이후로 많이 변하고 있었지만 그때까지만 해도 아직 참여문학 동네하고는 좀 생소한 사이였어요. 그런데 구명운동 할 때부터 고은 선생이 굉장히 열심히 뛰어다니셨어요. 신경림(申庚林) 선생도 많이 뛰었고. 선우휘(鮮宇輝) 선생한테는 내가 찾아갔죠. 재미있는 에피소드인데,『조선일보』논설위원실에 선우휘, 이어령(李御寧) 선생이 같이 계셨는데, 탄원서 문건을 가져가서 서명을 부탁드렸더니 선우휘 선생이 "이호철이를 간첩으로 써먹을 정도면 김일성(金日成)이도 다된 거지 뭐"하면서 읽어보지도 않고 호탕하게 서명을 해주셨죠.(웃음) 그때 김동리(金東里) 선생도 서명을 해주셨어요. 그렇게 문인들 간의 동료의식, 참여의식을 높이는 계기가 되었고. 그뒤로 민청학련(전국민주청년학생총연맹) 사건이라든가 여러 사건이 터졌잖아요? 그러다가 74년 8·15 때 육영수(陸英修) 여사 저격사건으로 국민들의 애도 분위기 속에서 긴급조치가 잠시 해제되었습니다. 그래서 자실의 결성이나 얼마 후 11월 하순의 민주회복국민회의 결성이 다 긴급조치가 해제된 얼마 사이에 일어난 일이죠.

**임홍배** 자연스럽게 자실 출범의 배경까지 설명해주신 셈인데, 자실 출범 당시에 관해 말씀해주시죠.

**백낙청** 그때 자실의 핵심은 고은 선생이었어요. 그런데 고은 선생은 치밀한 조직가는 아니기 때문에 조직책 비슷한 역할을 한 분이 이문구 선생이었고요. 그 무렵 『한국문학』이 창간됐는데, 김동리 선생이 원래 한국문인협회 회장을 하면서 『월간문학』을 낼 때 이문구 씨가 거기 들어갔고, 회장 선거에서 김동리 선생이 조연현(趙演鉉) 씨에게 지고 나서 동리 선생이 나와서 새로 『한국문학』을 창간하신 겁니다. 그 사무실에서 이문구 씨가 문인들 연락하는 일을 거의 도맡아 했는데, 동리 선생이나 손소희(孫素熙) 선생이 못 본 척해주셨을 거예요. 그분들이 워낙 이문구 씨를 아끼셨기 때문에. 그리고 별동대장처럼 온갖 일에 활발하게 뛰어다닌 분이 박태순 씨죠. 그 세분이 주축이었어요. 염무웅 선생이나 나는 『창비』를 지켜야 하니까, 준비과정에 참여했고 염선생은 선언문까지 기초를 했지만 표면엔 나서지 않았습니다. 그래서 고은 선생이 처음부터 선언문도 쓰고 연락도 다 했다, 이렇게 입을 맞추고 경찰서에 잡혀가서도 그렇게 말하셨을 거예요. 경찰에서 엄밀하게 조사를 하면 고은 선생 문장이 아니라는 걸 금세 알 수 있었겠지만, 그때는 그런 것을 세밀히 추궁하는 분위기가 아니었어요.

11월 18일 선언문 발표현장에 나는 안 나갔는데, 발표현장 옆에 의사회관인가 하는 건물이 있고 예총(한국예술문화단체총연합회)과 문인협회가 그 건물에 들어 있었어요. 그래서 그 앞에서 플래카드 펼치고 선언문 낭독을 하고, 경찰이 진압하면 건물 안으로 들어가기로 했던 거죠. 그때 나는 창비 사무실에 있다가 이제 상황 끝났고 문인들이 문협 사무실에 있다는 연락을 받고 그리로 갔어요. 그래서 저녁때까지 거기 있다가 왔는데, 지금 그 얘기를 하는 이유 중 하나는, 그때 사무국장 등 모두가 당연히 우리한테 우호적이지 않았지만 그래도 동료 문인들이 경찰에 잡혀들어갈 판이니 넘겨줄 순 없었고, 경찰도 몇사람 잡아갔으면 됐지 문협 사무실까지 들어올 생각은 안했던 거 같아요. 그런데 그때 문협 부회장을 하신 분 중에 이인석(李仁石)이라는 시인이 계셨어요. 작고하신 지 꽤 오래됐는데, 좋은 시도 많이 쓰셨어요. 그분이 우리를 따뜻하게 대해주시고 차도 시켜주고 그랬던 기억이 나요. 그래서 이인석 선생을 기억하는 이야기도 남기고 싶어요.

**임홍배** 아까 『창작과비평』 때문에 전면에 나서기 힘들었다는 말씀을 하셨는데, 그렇지만 자실에 참여한 대다수 분들이 주로 『창비』 지면에 작품 발표하시고 긴밀하게 교류한 분들이지 않나요?

**백낙청** 대체로 그렇긴 한데, 가령 고은 선생만 해도 그때까지는 아니었어요. 고선생은 민음사 박맹호(朴孟浩) 사장하고 친구여서 출판사 중에는 민음사를 자주 드나들었고, 계간지 중에서는 굳이 따지자면 『문학과지성』하고 가까우셨어요. 아직은 허무주의 시인이라는 이미지가 남아 있었고, 『창작과비평』에 처음 시가 실리는 건 75년 봄호인가 그래요. 이문구 씨 같은 분은 『창작과비평』 주요 필자 중 하나였지만 『한국문학』이라는 독자적 거점을 갖고 있었고요. 박태순 씨는 원래 『세대』와 『창작과비평』으로 동시 등단을 한 셈이고 마침 내가 서울대 영문과에 부임하던 해에 졸업반이라 각별한 사이였다고 할 수 있지요. 그렇지만 『창비』가 자실운동에 너무 소극적이라고 불만이 많았던 것 같아요. 아무튼 자실 참여 문인들과 『창비』를 일치시킬 순 없어요. 『창비』는 어떻게 보면 문학운동의 일종의 후방기지로서 자실의 일선 활동과 일부러 거리를 둔 측면이 있었고, 거기 더해서 70년대 『창비』는 문인운동의 한 기지였을 뿐 아니라 민족민주운동 전체의 한 거점 역할을 했기 때문에 문단에만 한정되지 않는 역할이 있었죠. 잘 아시다시피 당시 중요한 논객들, 박현채(朴玄埰), 리영희, 강만길(姜萬吉) 선생 같은 분들이 『창비』를 통해 많이 활약하셨잖아요? 게다가 『창비』가 지면이 한정된 계간지기 때문에 자실 진영에 있는 문인들을 다 수용할 수도 없었지요. 그래서 때로 엘리트주의라고 비판받기도 하고, 이래저래 자실운동과 약간의 긴장관계 같은 것도 있었다고 봐야겠죠.

**임홍배** 광화문 시위 있고 나서 일주일 뒤인 11월 24일에 동아방송 기자 180인이 '자유언론실천선언'을 했고*『조선일보』까지 그다음해 초에 몇백명이 해고당하는 사태가 벌어지는데, 그때 언론자유투쟁과 자실 문인들 사이에 긴밀한 공조 같은 게 있었습니까?

**백낙청** 관계가 아주 긴밀해진 것은 기자들이 대거 해직되고 동아투위(동아자유언론수호투쟁위원회), 조선투위(조선자유언론수호투쟁위원회)가 결성된 다음이지요. 그분들과는 같이 데모도 하고 집회도 하고 그런 관계가 됐어요.

**임홍배** 자실 출범 직후 11월 27일에 민주회복국민회의가 결성되었고, 선생님께서 거기에 참여하신 직후에 대학에서 강제해직되셨지요.

**백낙청** 민주회복국민회의에 서명한 사람 중에 국립대학 교수가 둘이 있었습니다. 김병걸 선생은 경기공전(경기공업전문학교, 현 서울과학기술대학교) 교수였는데, 사표를 내라 하니까 안 내실 수가 없었어요. 그런데 나는 사표를 안 내고 버티다가 결국 문교부에 의해 파면을 당했는데, 파면당한 것 외에는 어디 끌려가지도 않았고 별로 위해를 입은 게 없어요. 긴급조치가 일시 해제된 상태이기도 했지만, 그보다 좀 앞서 서울대 법대 최종길(崔鍾吉) 교수가 중앙정보부에서 조사받다가 의문사를 당했는데, 그분하고 나하고는 정황이 다르기는 했지만 그런 험한 세상인데도 내가 무사했던 것이, 하나는 최종길 교수가 그렇게 변사를 하셨기 때문에 오히려 그다음 사람이 안전해진 측면이 있었고, 또 하나는 잠시 동안이지만 언론이 살아 있는 시기였기 때문에 언론에서 대대적으로 보도를 해준 덕에 안전할 수 있었다고 생각합니다.

**임홍배** 『조선일보』와 『동아일보』가 사설에서 선생님의 해직이 부당

---

* 광화문 시위는 11월 18일, 동아방송 기자들의 자유언론실천선언은 1974년 10월 24일의 일이다. 원문의 착오인 듯하다.

하다고 대서특필했지요. 자연스럽게 얘기가 해직당하신 데까지 진행됐는데, 그러면 해직교수협의회(해교협) 얘기를 들어봤으면 좋겠는데요. 김병걸 선생님과 백선생님 두분이 해직당하신 다음해에 교수재임용법이라는 게 만들어져서 76년 2월 말 개학 직전에 전국 대학에서 460여명이 해직되었고, 그다음 77년에 해직교수 13분이 '민주교육선언'을 발표하고 78년 4월에 해교협이 결성된 걸로 아는데요. 해교협 결성선언문에 해당하는 「동료 교수들에게 보내는 글」을 선생님께서 기초하셨지요?

**백낙청** 아마 그랬을 겁니다. 해교협을 만들면서 성내운(成來運) 선생이 회장 하시고 문동환(文東煥) 선생과 내가 부회장이 됐는데, 문건 쓰는 일들이 대부분 나한테 떨어졌어요. 교수재임용법을 만드는 데는 내가 일조하지 않았나 싶은데,(웃음) 정권에서 내 사건을 겪어보니까 교수 하나 파면시킨다는 게 정말 보통 일이 아니거든요. 사립대학에는 나보다 더 적극적으로 활동하는 분도 많았고. 그러니까 이걸 일거에 정리할 묘수를 생각해낸 게 재임용법이에요. 재임용을 안해주더라도 이유를 공개할 필요가 없었고 그 결정이 사법적 심사의 대상이 안된다고 법조문에 못박았어요. 그러니 나처럼 행정소송을 해볼 길도 없어졌지요.

**임홍배** 78년 6월에 전남대 교수 11분이 ''우리의 교육지표' 선언'을 했고, 그 일로 해교협 회장 성내운 선생님은 잠수를 타시고 송기숙(宋基淑) 선생님은 구속돼서 실형까지 받게 됩니다. 원래는 선생님께서 그 선언문을 직접 쓰셨다고 하는데요, 그렇다면 전국 단위로 거사를 준비했다가 상황이 여의치 않았던 것인지요?

**백낙청** 서울에 있는 교수들이 전남대 교수들한테 못할 짓을 한 거예요. 자초지종은 다른 데서 밝혔지만,* 애초에 송기숙 선생이 창비로 찾아와서 전남대 분위기가 학생들이 교수들한테 왜 침묵하냐고 돌을 던지는

---

* 「'우리의 교육지표' 사건을 말한다」, 『백낙청 회화록』 5, 창비 2007, 280~98면 참조. — 원주

지경이 됐는데 가만있을 수 없다고, 서울에서 먼저 나서서 일을 좀 만들어달라, 이렇게 부탁을 했어요. 그래서 해직교수협의회에서 문건도 준비해놓고 송교수한테 연락하니까 전남대 교수 몇분이 금방 포섭이 됐어요. 그런데 정작 서울에서는 일이 잘 안되는 거예요. 서울 지역에서 두어 분이 동의하셨지만 서울대 변형윤(邊衡尹) 선생님을 뵙고 얘기를 했더니, 변교수님은 솔직하신 분이니까, "백선생, 백선생이 지금 대학 분위기를 몰라서 그러는데 이거 어림도 없는 일이오" 하고 딱 잘라 말씀하시는 거예요. 그래서 성내운 선생과 의논해서 결국 성선생님이 결단을 내리고 『아사히신문(朝日新聞)』 기자한테 선언문을 갖다주셨을 겁니다. 그 길로 바로 광주에 내려가서 전남대 분들한테 당신들 이름만 나간다, 하니까 그 양반들은 청천벽력을 맞은 거죠. 그러고서 성내운 선생은 잠적을 해버렸어요. 그때 성교수님 당신이 감당을 하셔야지 왜 잠적하셨느냐 그렇게 말하는 사람도 없진 않았지만, 지나서 보면 그때 성교수님이 잠적을 안하셨으면 서울에서 우리가 접촉했던 교수들도 일망타진이 되는 거였어요. 『창비』도 온전하기 힘들었을 거고. 그런데 성선생님이 몇달 동안 안 잡히고 계시는 바람에 송기숙 교수가 구속돼서 징역을 사는 선에서 일단락이 된 셈이죠. 그 일로 파면당한 전남대 교수분들께는 두고두고 죄송한 일입니다.

**임홍배** 78년 4월에 열렸던 '민족문학의 밤'에 대해 혹시 따로 하실 말씀이 있으신지요?

**백낙청** 다른 분들도 많이 증언을 하셨겠지만, 그 행사는 굉장히 감명 깊은 모임이었어요. 그때 아마 백기완(白基玩) 선생이 「갯비나리」(고은 작)라는 시를 낭송하는데 아주 멋있게 하셨고, 성내운 선생도 감동적인 시낭송을 하셨지요. 하여간 굉장히 뜻깊은 모임이었습니다.

**임홍배** 성공회 본당에서 경찰 추산으로도 1천명 이상이 모였다고 하니까 열기가 대단했던 것 같습니다. 그러면 79년 유신정권 말기로 넘어가서, 79년 여름에 YH 노동자들의 신민당사 점거사건이 있었고, 자실은 고은 선생님 중심으로 여기에 관여했지요. 그리고 10월에 부마항쟁이 터지고 10·26 일어나고 급박한 상황이 되면서 유신정권 말기로 접어드는데, 10·26 전후 시기부터 80년으로 이어지는 상황을 말씀해주셨으면 합니다.

**백낙청** YH사건으로 고은 선생이 8월엔가 구속되셨고, 해교협에서는 새 학기를 앞두고 성명을 발표했어요. 박태순 선생 기록에는 자실·해교협·동아투위·조선투위·민청협(민주청년협의회)이 공동선언을 했다고 하는데, 그때 공동집회를 했는지는 모르겠지만 공동선언은 아니에요. '다시 새 학기를 맞으며'라는 해교협 성명은 9월 개학을 앞두고 해직교수들이 현직교수들한테 보내는 편지 형식이었는데, 글을 내가 썼을 뿐 아니라 낭독도 했어요. 왜냐하면 그전에는 성내운 선생과 문동환 선생이 보호막이 돼주셨는데 이 보호막이 차례로 다 없어진 거잖아요. 성내운 선생은 교육지표 사건으로 구속되시고 문동환 선생은 YH사건으로 들어가시고. 그래서 드디어 내 차례가 왔다고 각오를 했지요. 관악경찰서에 끌려가서 한 열흘 있었어요. 시경에서 조사관들이 나와 조사했는데 조사는 금방 끝났습니다. 사실 긴급조치하에서도 걸릴 게 없는 문건이었어요. 그냥 우리가 해직교수로서 그동안의 경험과 다시 새 학기를 맞는 감회에 대해서 현직교수들에게 편지를 쓴 거니까. 그분들더러 뭘 어떻게 하라는 것도 아니고. 물론 억지로 걸려고 들면 걸지요. 가령 교육지표 문건도 교육철학에 관한 '의견'을 쓴 건데 '사실 왜곡'으로 때려잡았으니까. 어떤 기록을 보니까 성내운, 김병걸 선생도 나하고 관악서에 억류되었다가 함께 풀려났다고 되어 있던데, 그때 관악서에 간 건 나 혼자였어요. 처음부터 내가 발의하고 내가 쓰고 내가 기독교회관에서 읽었으니까. 당시는 대개 문건을 쓴 사람과 낭독한 사람이 잡혀갑니다. 그런데 쓰고 읽은 사람이 하나였으니까 다른 분들이 연행됐을 것 같지는 않아요. 성내운 선생은 아예 구속 중이었고요.

10·26 직후에는 여러가지 사건이 많았고, 그때는 이부영(李富榮) 선생하고 몇사람이 종로서에 잡혀갔다가 우린 다 풀려나고 이부영 씨만 구속된 일이 있었고요. 명동 YWCA 위장결혼식 사건 때는 나는 별로 관여도 안했지만, 현장에서 잡혔으면 고생 좀 했을 거예요. 그런데 현장에서는 피했다가 나중에 중부서에 연행되어서 여러 날 있었지만, 경찰서에만 있다가 나온 사람들은 별 고생 안했습니다. 백기완 선생 같은 분은 처음엔 중부서에 같이 있다가 보안사로 끌려가서 몹쓸 고문을 당하셨고, 현기영(玄基榮) 선생이 아마 현장에서 잡혔던 걸로 아는데, 그 양반은 전에 「순이 삼촌」 작가로 미운털이 박혀 있었기에 꽤 고생했을 거예요. 구류 처분을 받았을 텐데 유치장으로 가기 전에 아마 많이 당하셨을 거예요.

**임홍배** 그다음으로 80년 봄 대학에 복직되시고 5·17 경과하던 무렵의 증언을 들었으면 합니다.

**백낙청** 5·17 이전까지는 '서울의 봄' 아닙니까. 해직교수들이 다 복직되는데, 내 경우는 좀 늦었습니다. 나는 정식으로 파면되었고 행정소송을 내서 대법원 판결은 아직 안 났지만 패소한 상태였는데, 파면조치는 '행정사면'이라는 걸 받아서 문제가 안되었지만 당시 리영희 선생과 함께 반공법 위반으로 유죄 판결을 받고 자격정지 상태에 있었거든요. 그래서 한완상(韓完相) 선생이나 다른 분하고 같이 복직을 못할 처지였어요.* 그러다가 개학 직전 2월 28일에 대통령의 특별사면으로 복권이 돼서 복직이 됐죠. 엄밀히 말하면 복직은 아니고 특채 신규채용 형식으로 들어간 겁니다.

5·17 때 이야기도 실은 다른 데서 자세히 했습니다만······.

---

* 저자가 원문의 사실관계를 바로잡았다.

**임홍배** 예,『창비』30주년을 맞아『창비문화』에 기획연재 대담을 하신 게 있지요.* 제가 해당 대목을 한번 읽어보겠습니다. "80년 5·17이 나면서 소위 김대중내란음모 사건 관련자를 중심으로 여러 사람이 연행됐는데 나는 거기서는 빠졌어요. 7월에 2차로 검거한 사람들 중에 끼였지요. 그게 제헌절이었을 거예요. 집에서 한창 원고를 쓰고 있는데 합수부(공안합동수사본부)에서 데리러 왔어요. 아까도 얼핏 얘기했지만 나는 안기부 같은 데를 다니면서 실무자들 덕을 본 적이 많아요. 나를 취조한 친구가 지금도 누구라고 하면 아는 사람은 알아주는 대단한 수사관으로 자기 말에 따르면 '사람백정'이었어요. 수사가 대충 끝나고 나면 상부 결정을 기다리면서 이런저런 얘기를 나누기 마련인데, 그의 말로는 2차 검거자 명단에는 내가 톱으로 올라 있어서 고참이자 유능한 수사관인 자기가 맡았다는 거예요. 그러면서 자기가 맡은 것을 천행으로 알라, 자기쯤 되니까 나를 구제하자는 건의라도 할 수 있다,라는 거예요. 사실 나는 복직이 된 후 우리 국민이 나에게 되찾아준 일터인데 여기에 충실해야겠다는 생각을 했어요. 그래서 여기저기서 함께 일하자고 제안할 때 당분간은 학교 쪽에 충실하고 공부도 더 하고 싶다며 거절하곤 했지요. 그래서 그들은 나에 대해 복직시켜줬더니 개과천선했다고 생각한 거예요. 그때 연행된 사람 중 해직되지 않은 사람이 거의 없었는데 나는 면했습니다. 조사를 받을 때 보니 그들은 정말 온갖 정보를 다 갖고 있던데 유독『창작과비평』에 대해서는 일언반구 묻지를 않았습니다. 참 이상하다고 생각했지요. 모를 리는 절대로 없는데……. 그런데 나와서 며칠 안돼 잡지가 폐간되는 거예요. 이미 없애기로 했으니 물을 필요가 없었던 겁니다.(웃음)"

여기 덧붙일 말씀은 없으신지요?

---

\* 백낙청·고은명 대담「언 땅에 틔운 푸른 싹」,『창비문화』1996년 5-6월호;『백낙청 회화록』 제3권 수록.— 원주

**백낙청**  남산에서 있었던 일로 재미있는 얘깃거리가 없는 건 아니지만 작가회의 40년사의 대세와 무관한 것들이니까 이 정도로 넘어가지요.(웃음)

**임홍배**  84년 자실 재건에 관해 여쭤보겠습니다. 당시 상황은 김남일(金南一) 선배가 연재한 글에* 소상히 정리가 되어 있던데요, 처음 논의를 주도한 분들이 채광석(蔡光錫) 등 80년대 초에 무크운동 하던 젊은 문인들이었던 것 같습니다. 그래도 자실을 창립한 윗세대 분들하고도 토론이 있었을 텐데, 혹시 자실 재창립의 방향에 대한 견해 차이 같은 게 있었나요?

**백낙청**  그런 토론이 있었더라도 나는 아는 바가 없고요, 실은 10·26 전에 이미 자실이 굉장히 약화되어 있었습니다. 고은 선생 같은 분이 개인 차원에서 온갖 활동을 하고 있었지만, 자실 자체는 별로 활동이 없었어요. 그러다 5·17 이후에 거의 와해상태가 됐습니다. 고은 선생은 김대중내란음모 사건으로 구속됐고, 『창작과비평』도 폐간되고, 이문구, 박태순은 워낙 감시가 심해서 거의 옴짝달싹을 못하는 처지였지요. 황석영(黃晳暎)은 해남과 광주에 내려가 있었고, 하여간 별 활동이 없었습니다. 그런 상황에서 젊은이들, 당국에 덜 찍혔거나 학생운동 하면서 찍혔더라도 별로 개의치 않는 젊은 세대가 움직이기 시작했고, 채광석이 리더 격이었다고 봐야죠. 김정환(金正煥)도 중요한 인물이었고요. 자실을 재건해야 한다는 논의가 그들 사이에서 나왔고, 자기들끼리 할까 아니면 선배들을 모시고 할까 고민하다가 후자를 택한 게 아닌가 합니다. 이호철 선생이 대표가 되신 게 아마 그때였을 거예요. 고은 선생이 풀려나서도 움직일 수 있는 상황은 아니고 결혼해서 안성으로 내려갔고, 염무웅 선생은 대구 영남대에 가 있었고. 그래서 이호철 선생을 대표로 모셨

---

* 김남일 「80년대 문학의 갈피를 들추며 11: 자유실천문인협의회 재건」, 『문화일보』(2003.11.5.)

지만, 그때 많은 운동단체가 그렇듯이 젊은 세대가 선배들을 '업고' 자기네가 주도하는 운동단체가 됐죠. 그래도 앞세대하고 같이 하겠다는 의지가 있어서 85년 12월에 그 방향으로 개편이 이루어지죠. 85년 1월엔가 창립 기념 강연회를 열 때 내가 초빙돼서 '민족문학과 민중문학'이라는 주제로 강연하기도 했어요. 거기서 내가 조직에 관한 얘기를 했더니 반가워들 했는데, 그러나 조직 이야기의 취지나 민족문학과 민중문학에 관한 내 얘기에 그다지 동조했다고는 생각 안해요. 그후 사태 진전을 보면 젊은이들끼리 제 길을 갔고 오히려 80년대 후반으로 가면서 내가 말한 그런 식의 민족문학론이랑 민중문학론은 청산대상으로 설정하고 나갔으니까. 그렇지만 80년대, 90년대가 지나고 21세기에 들어와서 되돌아볼 때, 내가 85년에 한 이야기가 별로 틀리지 않았다는 생각이에요.

**임홍배** 저도 이번에 그 글을 새로 읽으면서* 그런 느낌을 많이 받았습니다. 그리고 다른 한편으로는 어떻든 젊은 그룹에서 자실 창립하신 윗세대 어른들을 다시 모시고 결합해서 자실이 재출범을 했기 때문에, 3년 뒤에 6월항쟁 거치고 나서 민족문학작가회의 출범이 가능하지 않았겠는가 하는 생각이 듭니다.

**백낙청** 젊은층이 84년에 자실을 개편하면서 명맥을 이어줬고 문인단체의 특성을 살려 선후배가 함께하는 조직을 만들었기 때문에 87년 6월항쟁 과정에서 한몫을 했고, 항쟁의 성과로 새로운 공간이 열렸을 때 자실을 좀 다르게 개편해보자 하는 논의가 나왔어요. 이제는 투쟁 일변도가 아니라 좀더 범문단적 단체에 가깝고 포용력 있는 문인단체를 만들어야 하지 않겠냐라는 논의였지요. 그 과정에도 비화가 없지 않은데, 자실을 확대 개편해서 새로운 문학단체를 만든다고 할 때 그럼 누가 대표를 맡느냐 하는 게 중요한 문제였죠. 자실 대표는 그전까지 이호철 선

---

* 「민족문학과 민중문학」, 백낙청 평론집 『민족문학과 세계문학 2』, 창작과비평사 1985.—원주

생이 하셨는데 7월 초에 사임하셨고, 또 6월항쟁 과정에서 젊은이들과 정서적으로도 서로 좀 멀어진 면이 있었습니다. 아무튼 이호철 선생이 계속하실 수는 없는 처지였고, 70년대부터 주욱 자실운동을 주도한 분은 뭐니뭐니 해도 고은 선생인데, 고선생은 80년대 들어와서 작품세계도 더 풍성해지고 넓어졌고 결혼 이후의 생활도 옛날에 혼자 살면서 뛰어다니던 생활도 아니었지만, 그런데도 고은이라고 하면 여전히 대중적 이미지는 강성 싸움꾼의 모습이었어요. 거기에 비해 신경림 선생은 문단 내 인간관계라든지 이미지가 훨씬 부드러운 분이지만, 그렇다고 고은 선생 제쳐놓고 신경림 선생이 회장 하는 것도 말이 안되잖아요. 그래서 누구도 뭐라 할 수 없는 분이 부산의 요산(樂山) 김정한 선생 아니겠냐고 의견이 모아진 거지요. 그런데 이 대목에서 사실 지금도 내가 이호철 선생께 미안하게 생각하는 일이 있는데, 이선생이 부산에 내려가서 김정한 선생님을 설득해서 모신 걸로 이선생 자신을 포함해서 여러 사람이 알고 계시는데, 실은 그전에 내가 부산에 가서 요산 선생을 뵙고 운을 뗐고 돌아온 뒤에 장문의 편지를 드렸어요. 선생님이 회장 직함만 맡아주시면 일은 후배들이 감당하겠노라고요. 김정한 선생님이 딱 부러지게 대답은 안하셨지만, 그분의 의중을 어느정도 확인하지 않고는 민족문학작가회의 출범의 설계가 본격화하기 힘들었던 것이지요. 그리고 이호철 선생이 비록 자실 대표를 그만두셨지만 마지막 대표로서 바통을 아름답게 넘겨주시는 게 중요했는데, 이선생께 부탁을 드려서 작가회의 창립대회 사회도 봐주시고 그에 앞서 신경림 선생이랑 부산에 가서 김정한 선생님의 공식 응낙을 받아오시기도 했어요.

김정한 선생님은 그때 이미 고령이시고 건강이 썩 좋지 않으셔서, 창립식에도 못 오시고 나중에 작가회의 현판식 할 때 딱 한번 상경하셨어요. 결국 애초 구상대로 고은 선생이 부회장직을 맡아서 실질적인 회장 역할을 하셨고, 내가 또 한 사람의 부회장이 돼서 뒷받침을 했던 거죠.

그래서 89년 초 남북작가회담도 고은 선생이 주도해서 그분 한명만 구속되는 일이 있었죠. 그런데 사실은 내가 부회장을 두번 했어요. 고은 선생 다음에 신경림 선생이 회장을 맡으셨다가 신선생 그만둘 무렵에 누가 승계하느냐 하는 걸로 내부가 좀 시끄러웠어요. 사실 송기숙 선생이 서울에 계셨으면 당연히 하실 분인데 지방에 계시기 때문에 고려대상에서 제외됐다가, 아무래도 안되겠다고 송선생을 회장으로 모시면서 그분이 승낙하는 조건으로 내가 부회장을 맡아 서울에서 일을 처리해드리겠습니다 하고 그때 부회장을 한번 더 맡게 됐죠.

**임홍배** 아까 작가회담 언급을 잠깐 하셨는데, 88년 여름에 처음 제안을 했고 89년 초에 조선작가동맹 쪽에서 응답이 왔고, 그렇게 몇번 문통이 오가다가 나중에 3월 27일에 버스를 타고 판문점으로 가시다가 26분 전원이 연행이 돼서 마포서로 오신 걸로 돼 있는데, 그날의 자세한 상황은 김남일 선배의 기록을 통해서 봤고요. 좀 지엽적인 질문일지 모르겠는데 북측과의 문통은 어떤 식으로 했나요?

**백낙청** 그때 직접연락은 무조건 불가였죠. 그래서 우리 제안이나 북측 답변이나 전부 언론매체를 통해 공개서한 또는 성명 형식으로 했지요. 그날 경찰이 우리를 못 가게 막기에, "아니 임진각까지라도 가겠다는데 왜 못 가게 하나?" 이러고 대절 버스를 타고 가다가 임진각도 못 가고 여우고개라는 곳에서 버스째 연행돼서 마포서로 왔는데, 그러니까 진짜 남북작가회담을 하겠다는 것보다는 남북화해에 대한 작가들의 의지를 보여주면서 동시에 국내에서 민주주의를 촉구하는 의미가 있었다고 봐야죠.

**임홍배** 예, 대북접촉 금지 자체가 반민주적 탄압하고 항상 맞물려 있던 상황이니까요.

**백낙청** 그리고 임진각까지는 대한민국 시민이면 가도 되는데 그걸 왜 못 가게 하나…….

**임홍배** 그렇게 무산된 다음에 작가회의 회보를 보니까 90년대 초에 통일위원회도 정식으로 만들고 그다음 준비를 하다가 흐지부지된 것 같더라고요. 그래서 90년대 경과하는 동안에 그 연장선에서, 혹은 새로운 형태로 작가회담 의제가 작가회의 차원에서 논의가 지속이 됐는지 기록상으로는 지금 명확하지는 않습니다.

**백낙청** 그때 우리가 마포서에 연행됐다가 처음에는 다른 사람 다 풀어주고 대표로 나섰던 사람들만 남았어요. 고은, 신경림, 현기영, 나, 그리고 당시엔 젊은 시인이던 김진경(金津經), 그렇게 다섯 사람만 남아 있다가 처음에는 다섯명 모두 구속영장을 신청한다 그러더니, 결국 네 사람은 풀어주고 고은 선생만 구속했습니다. 그때 고은 선생 나이가 거의 60세 다 됐는데, 요즘은 60세도 별것 아니지만 당시로서는 문단의 노시인인데 그런 분이 구속되니까 참 심경이 참담했습니다. 뭐 이런 놈의 나라가 있나. 고은 선생은 게다가 80년대 감옥에서 풀려나와서 얼마나 좋은 시를 많이 썼습니까. 아니, 이런 시인을 판문점에 간 것도 아닌데 잡아넣는다니……. 너무 참담한 심경이었기 때문에 아마 또 그런 일을 같은 형태로 저지를 생각은 안했을 거예요. 그래서 통일위원회 같은 게 만들어지긴 했지만 작가회담이 중요한 의제가 되지는 않았을 거라고 생각합니다. 게다가 90년대 들어오면 김영삼 정부하에서 사단법인화도 이루어지고 상황이 좀 달라져서 작가회담 문제는 더 나중에, 가령 정도상(鄭道相) 같은 친구가 북에 왔다 갔다 하고 그러면서 개인적으로 작가동맹 사람들과 접촉을 하고, 그러다가 조금씩 다시 기류를 타게 되었던 거죠.

**임홍배** 남북작가회담 추진하던 무렵 문익환(文益煥) 목사님이 전격 방북을 하셔서 운동권에서도 논란이 되었는데, 백선생님께서 2006년에 일본에서 발표하신 글에서* 당시 문목사님 방북사건을 재평가하셨던

---

* 「한반도의 시민참여형 통일과 전지구적 한민족 네트워크」, 『어디가 중도며 어째서 변혁인가』, 창비 2009. ─ 원주

데요.

**백낙청** 당시 문목사님 행동에 대해서는 양론이 있었어요. 하나는 어쨌든 남북관계의 돌파구를 열어야 하는데 이분이 몸을 던져서 하신 게 훌륭하다는 거였고, 다른 한쪽은 남한 내의 민주화운동이 무엇보다 중요한데 그렇게 혼자서 나서면 남쪽 사정을 더 어렵게 하지 않느냐는 거였죠. 2006년 일본에 갔을 때 정경모(鄭敬謨) 선생을 위한 행사에서 내가 재평가한 거는 그분이 국내 운동에 미친 마이너스 면을 아주 부정한 건 아니지만, 다른 한편으로 그분이 그때 취한 행동이 그냥 몸을 던져 민간 교류의 장벽을 돌파한다는 단순한 행위가 아니었고, 남한 정부 당국의 노선도 아니고 북의 공식 노선도 아닌 제3의 길을 찾는 쪽으로 뭔가를 개척했다, 이런 평가를 한 거죠. 그후 나 자신도 남한의 민간사회가 북측 당국도 남측 당국도 아닌 남북관계의 '제3당사자'가 돼야 한다고 주장했는데 그 입장과 일치하는 선구자로서 문목사님을 평가하게 된 거죠.

**임홍배** 96년 3월에 작가회의 회장을 맡으시고 그후 법인화가 되면서 98년 3월까지 이사장을 맡으셨는데, 당시에 어떤 일에 가장 역점을 두셨는지요?

**백낙청** 가장 역점을 둔 사업은 돈 끌어대는 일이었어요.(웃음)

**임홍배** 『백낙청 회화록』 연보에 보니까 97년에 김우중(金宇中) 회장을 20년 만에 만나서 작가회의 기금 희사를 약속받고 그다음해에 받으셨다고 기록하셨던데요..

**백낙청** 늘 재정이 쪼들려서 여기저기서 도움을 받았습니다. 작고한 이수인(李壽仁) 의원이 많이 도왔는데 본인이 돈이 있는 건 아니지만 마당발로 여기저기서 뜯어다 준 게 있지요. 또 이의원 통해 당시 김영수(金榮秀) 문체부 장관을 만나서 기업가를 소개받기도 하고 사단법인화 하는 데도 협력을 얻어냈어요. 원래 사단법인으로 바꾼다는 결정은 송기숙 회장 때 했는데, 인가가 나온 건 내가 회장이 된 뒤였죠. 아무튼 이래

저래 근근이 해나갔는데, 97년 들어 문제는 내가 98년에 임기 마치고 그만두려면 돈을 만들어놓고 나가야지 빠져나오겠더라구요. 당신 없으면 돈 때문에라도 유지가 안되니 연임하라는 압력이 만만찮았거든요. 그래서 내가 여기저기서 조금씩 얻어오는 거 가지고는 안되겠어서 오랫동안 왕래가 없던 고교 동문 김우중 회장을 찾아갔어요. 내가 지금 작가회의 회장을 하고 있는데 기금을 조금 만들어야겠다 그랬더니 얼마나 필요하냐, 그래요. 이럴 때 너무 많이 부르면 허황되다는 소리를 듣고 너무 적게 부르면 쩨쩨한 놈이라 해서 인정을 못 받을 수 있어서 고민이게 마련인데, 생각 끝에 글쎄 한 5~6억은 있어야겠다고 했더니 10억을 주겠다는 거예요. 다만 10년에 걸쳐서 매년 1억씩 주겠대요. 그런데 얼마 후 IMF사태 터질 걸 내가 예견한 건 아니지만 10년이면 어떻게 될지 모르는 일이고, 또 우리가 매년 1억 받느라 대우한테 목이 매여도 곤란하잖아요. 그래서 그냥 5억쯤 한번에 주면 좋겠다, 그러면 우정으로 주고 우정으로 받는 걸로 끝나서 깔끔하지 않냐 했던 거죠. 그래서 5억을 주기로 한 겁니다. 그런데 받아내기까지 좀 힘들었죠. 그해 말 IMF사태가 터졌으니까. 그러고도 대우가 처음엔 잘나갔어요. 그래서 조금 늦어져도 주겠다고 확인을 받았고 다음해에 두어번에 나눠서 받았는데, 마지막에는 아마 김사인(金思寅) 당시 사무국장이 대우증권에 찾아가서 받았을 거예요. 그후 대우가 해체되고 김우중 그 친구가 여러모로 어렵게 됐지만, 나야 개인적으로 고마운 일이었고 또 어떻게 보면 김회장을 위해서도, 기왕 망하는 건데 좋은 일 하나 더 하고 망했으니까 뭐 잘됐다 싶은 생각도 있어요.(웃음) 실은 70년대에 엄혹한 시절에 박윤배(朴潤培)라고, 작고한 지 오래됐지만 김회장과도 친하고 창비도 많이 도와주던 동창이 있었는데, 그의 권유로 김회장이 창비를 도와준 적이 있어요. 그건 진짜 비밀이었지, 유신 때니까. 민주화 이후에도 오랫동안 발설을 안하다가, 영영 시침 떼고 있는 것도 도리가 아닌 것 같아 임형이 말한『회화록』연보에 처음으로 슬며시 공개한 거지요.

**임홍배** 90년대에 더 많은 이야깃거리가 있으시겠지만 지면관계상 2000년대로 넘어가지요. 2000년 남북 정상의 6·15공동선언이 있었고, 선생님께서는 굉장히 획기적인 계기로 평가를 하셨죠. 그러고서 민간 차원에서도 김대중·노무현 정부 동안 남북교류가 활발해졌는데, 그러다가 이명박 정부 때부터 지금까지 거의 끊어진 셈이지요. 그런 교착상태에 대해 2009년에 쓰신 글에서는 오히려 시간을 벌어서 남쪽에서 더 열심히 실력을 쌓고 준비를 해야 한다, 전화위복의 계기로 삼아야 한다, 이런 말씀을 하셨는데요.

**백낙청** 시간을 버는 건 좋은데, 너무 많이 벌고 있는 것 같애.(웃음) 우선 6·15선언부터 말하자면, 제2항에서 특기할 것은 통일과정이 점진적일 뿐 아니라 중간단계를 둔다는 점을 명시한 거죠. 그게 '낮은 단계의 연방제'냐 국가연합이냐 하는 문제는 모호하게 처리했지만, 여하튼 어떤 중간단계를 거쳐 통일을 진행한다는 건 분단국가 통일의 역사상에 전례가 없거든요. 또 하나 중요한 것은, 두 정상이 의도한 건 아니기 쉽지만 결과적으로 점진적이고 단계적인 통일을 한다고 하면 시민참여의 공간이 열리는 거예요. 제3당사자가 성립하고 적극 참여할 여지가 생긴 겁니다. 그래서 이명박 정부가 흐름을 뒤집어놓았을 때, 우리가 아직 제대로 못하고 있기 때문에 이런 지체를 감내해야 할 것이다, 차라리 시간을 벌었다고 생각하고 열심히 공부하고 준비하자, 그런 얘기를 한 거지요. 그런데 박근혜 정부까지 10년을 벌어놨으니 이젠 문제가 심각해졌다고 봅니다. 이건 괜히 국민들 겁주자는 얘기가 아니고, 10년 이상 이렇게 가면 회복하기 어렵지 않나, 제3당사자니 뭐니 다 헛소리가 되는 거 아닌가, 그런 걱정을 하지 않을 수가 없죠. 그러니까 정말 이제부터는 제대로 준비하고, 나는 '적공'이라는 표현을 좋아하는데, 적공을 해서 머지않은 장래에 대전환을 이뤄봐야겠다는 생각이에요. 세월호사건 이후 다른 건 몰라도 그런 공감이 국민들 사이에 형성된 것 같아요. 더는 이렇게 못 살겠다, 바뀌어야 한다, 그런 공감대는 넓어져 있는데, 그것만 가지고 전환을 이룰 수 있는 건 아니잖아요. 그 공감대를 바탕으로 실제로 전환을 이루어낼 수 있는 능력과 경륜을 우리가 갖추어야 하는데, 많은 사람들이 열심히 하고 있으니까 좋은 결과가 있지 않을까 기대합니다.

**임홍배** 2005년 3월부터 6·15공동선언실천 남측위원회 상임대표를 하시고 한번 연임해서 꼬박 4년을 하셨잖아요? 그리고 2007년 노무현 대통령이 정상회담 하던 무렵 대통령 통일고문회의 의장이라는 직함도 가지고 계셨는데, 그러면 당시 10·4남북공동선언에서 평화체제 문제가 새로 의제화되고 서해 남북공동어로수역 등 실천강령에 해당하는 것이 많이 추가됐던데, 혹시 선생님께서 관여를 하신 건가요?

**백낙청** 아니에요. 대통령 통일고문회의라는 게 이름만 그럴듯하지 실제로는 통일부장관의 자문기구 정도입니다. 물론 통일부 내에 한 급 낮은 통일부 자문회의가 따로 있지만요. 통일고문회의에 대통령이 참석하는 경우가 거의 없어요. 이종석(李鍾奭) 장관이 취임하고 나서 느닷없이 나더러 의장을 하라 해서 했는데, 노무현 대통령의 성격상 너무 맘에 안 맞는 사람이 될까봐 그냥 나를 시킨 거 같아요. 그래서 고문 노릇 하는 동안 유일하게 2007년 10월 2차 정상회담 전에 그 고문회의와 평통, 그리고 또 하나의 자문기구가 청와대에서 모였어요. 그때 내가 통일고문회의를 대표해서 몇가지 건의를 하긴 했지만 대체로 원론적인 얘기지, 구체적인 정책구상은 대통령과 그 주변에서 만든 거지요.

**임홍배** 그리고 남측 대표 하시던 동안에 남북민족작가대회도 열리고 협회도 결성되고, 그때도 백두산 다녀오셨잖아요?

**백낙청** 그래요. 하지만 그 모임을 준비하는 과정에서는 정도상, 김형수(金亨洙) 그리고 강태형 등이 주도적으로 활약했고 평양 대회 당시 남측 작가단의 단장은 고은 선생이었어요. 그리고 뒤에 민족작가협의회던가 하는 공동기구가 결성된 다음에는 염무웅 선생이 남측 회장을 하시고 아마 도종환(都鍾煥) 시인이 남측 집행위원장을 맡았을 거예요. 나는 그때 6·15민족공동위원회의 남측 상임대표였기 때문에, 회의가 평양에서 열렸을 때 소위 명예손님으로 초대돼서 축하연설을 했지만, 작가회의 이사장을 그만둔 지도 오래고 아무튼 추진 주체는 아니었어요. 그때 평양 간 김에 6·15공동위 북측 대표 안경호(安京浩) 선생이 따로 초대해서 공식적인 공동행사 때 같으면 잘 못하는 얘기도 나누고 그랬죠. 대회에서는 홍석중(洪錫中) 작가도 다시 만났는데, 그를 처음 만난 건 2004년에 금강산에 가서 만해문학상을 줬을 때였어요.* 2005년에 다시 만나 백두산도 같이 갔고요. 개인적으로도 호감이 가는 분이었지만 특히 인상적이었던 것은, 남북간의 공식행사장에서 원고 없이 발언하는 일이 거의 없는데, 그때 백두산 천지에서 행사를 할 때 홍석중 씨만이 원고 없이 바로 얘기하더군요. 그해 8·15 때 서울에도 왔는데, 그후에는 남북 공동행사에 일절 안 나타난 것 같아요. 당이나 작가동맹에서 그다지 편하게 생각하는 사람이 아닌 모양이에요. 말도 잘 안 듣고. 『황진이』 같은 작품도 북쪽에서 보통 나오는 소설은 아니잖아요? 내가 들은 바로는 조선문학가동맹 기관지에서 이 작품에 대해 한마디도 평이 없었다고 해요. 홍석중 씨가 워낙 김정일(金正日) 위원장하고 개인적으로 가까워요. 아마 같이 자랐을 겁니다. 김일성 주석의 첫 부인 김정숙(金正淑) 여사가 사망하고 나서 벽초(碧初) 홍명희(洪命憙) 선생의 쌍둥이 딸이 그 집에 가서 미래의 '장군님'을 길러줬다고 해요. 그러니까 홍석중, 김정일 두 사람이 거의 형제처럼 자란 겁니다. 그래서 홍석중 씨가 『황진이』도 '장군님'이 쓰라고 해서 쓴 거라고 거듭 강조하던데, 그러니까 다른 사람들이 건드리진 못하지만 속으로는 불편했지 싶어요. 4·15창작단이라는 데 들어

---

* 홍석중 장편 『황진이』는 창비사가 운영하는 만해문학상의 제19회 수상작이다.

라 해도 안 들어가고., 거기 들어가면 처우는 좋아지지만 쓰라는 주제로 써야 하니까.

**임홍배** 남북관계를 좀더 여쭤보겠습니다. 박근혜 정부가 드레스덴 구상도 발표하고 엊그제 8·15 경축사에서 인도주의와 민생문제, 동질성 회복 등 세가지 큰 틀로 남북교류를 제안했는데요, 이명박 정부 이래 완전히 담을 쌓고 있는 것보다는 이거라도 하는 게 낫지 않겠는가 그런 느낌도 드는데, 어떻게 생각하시는지요?

**백낙청** 임형 말대로, 이명박 정부에 비하면 반 걸음은 아니라도 4분의 1보 정도 나아간 것 같기는 해요. 그런데 남북교류를 하자면서도 대통령이 연설할 때마다 북핵문제를 꺼내는데, 사실 그건 쉬운 일, 가능한 일부터 해결하자면서 제일 어려운 얘기를 해가지고 일을 꼬이게 만드는 거죠. 핵문제는 미국도 해결을 못하는 거고, 북은 북미간에 무슨 획기적인 타결이 있기 전에는 해결할 생각이 추호도 없지요. 그리고 드레스덴 연설도, 도와주겠다면서 앞머리에 너희네 애들이 굶어죽고 있으니까 너무 가슴 아파서 우리가 그걸 해결해주련다, 이래가지고는 안돼요. 그냥 우리 협력하자, 이러저러한 것부터 시작하면 어떻겠냐 하면 되는데. 또 그걸 드레스덴에 가서 하는 것도 안 맞죠. 통일해서 드레스덴이 얼마나 좋아졌는가를 말하는데, 북에서 제일 싫어하는 얘기가 그거 아니겠어요? 동독이 서독에 먹혀서 잘살게 됐다는 거니까.

**임홍배** 더군다나 드레스덴은 2차대전 때 가장 폭격이 심해서 완전히 초토화된 곳이거든요.

**백낙청** 일부러 북을 약 올리려고 그런 것 같지는 않고, 개념이 없는 것 같아요.(웃음) 여러가지 이유가 있겠지만 하여튼 뭐는 되고 뭐는 안 된다는 개념이 없고, 개념 있는 사람을 곁에 붙이지도 않고, 개념 있는 사람이 직언할 수 있는 분위기도 아니고……

**임홍배** 그래도 통일준비위원회 구성을 보면 합리적 중도 내지 보수라고 할 만한 분들도 꽤 있는 것 같은데요.

**백낙청** 통일준비위원회 구성은 그만하면 나쁘지 않다고 봅니다. 그동안 다른 황당한 인사에 비하면 훨씬 나은데, 좀 냉소적으로 풀이하면 별로 중요시하지 않기 때문에 적당히 골라봐라 해서 무난하게 고른 걸 수도 있어요. 정말 중요한 자리라면 이상하고 황당한 사람을 콕 짚었을 텐데…….(웃음) 어쨌든 나는 근본적으로는 이 정부에 큰 기대를 안합니다. 왜냐하면 분단체제라는 큰 틀에서 보면 남쪽에서 민주주의에 역행하는 정부가 남북관계를 획기적으로 개선할 수는 없으니까. 하지만 그건 큰 틀에서의 얘기고, 작게 보자면 이명박 정부보다 낫게 할 여지는 얼마든지 있는데, 나는 이 정부가 그래도 어느정도는 해주기를 바라고요. 또 북도 너무 기분 나쁘다, 화난다, 그러지 말고 통 크게 응해서 함께 해낼 수 있는 일을 몇개만 해놓아도 분위기가 확 달라질 것이고 다음 정부가 일하기도 편해지지 않겠나 하는 생각이에요.

**임홍배** 백선생님께서도 잘 아시는 건축가 김석철(金錫澈) 선생이 통일대박론의 밑그림을 그렸다고 하는 언론 기사도 있던데요, 그럼 조금 괜찮은 내용이 들어갈 수도 있는 게 아닌가요? 아니면 그게 또 걸러진 건지…….

**백낙청** 김석철 교수가 2012년에 낸 『한반도 그랜드 디자인』(창비)이란 책에 보면 북한과 관련된 두개의 구체적인 제안을 해요. 하나는 그전에 『창작과비평』에도 발표한 적이 있는데, 추가령 구조곡을 이용해서 동해안에서 서해로까지 이어지는, DMZ를 넘어 한반도의 동서를 관통하는 수로를 만들자는 제안이고, 또 하나는 두만강 하구에 남북한·중국·러시아 4개국, 또는 일본도 참여하는 5개국 공동개발 도시를 만들자는 거예요. 그중에서 두만강 하구 다국적 도시는 여기서 내가 그 내용을 자세히 전할 필요는 없고 김교수 자신이 최근의 대담집 『도시를 그리는 건축가』(창비 2014)에서 다시 잘 설명하고 있는데, 남북관계 전문가라든가 남북교류에 적극적인 분들도 이 제안에 대해 언급하는 이가 거의 없다는 문제를 지적하고 싶어요. 기왕의 포용정책을 지지하는 분들은 대개 10·4선언의 서해평화협력지대 구상을 최우선 과제로 꼽는데, 물론 그 구상은 멋진 구상입니다. 그러나 이게 시행이 되는 것은 교류협력이 한참 진전된 뒤의 나중 단계가 될 거예요. NLL이 걸린 문제거든요. 비유하자면 6·15공동선언 제2항의 합의 같은 겁니다. 거기서 1단계 통일에 대한 원칙적 합의가 나왔기 때문에 3항, 4항, 5항의 인도적 문제, 경제문제 등의 진전이 가능해졌지만, 이들 분야의 진전이 어느정도 되고 나서야 2항의 합의가 구체적으로 진척될 수 있는 그런 성질이거든요. 나는 10·4선언의 평화협력특별지대 합의도 그런 성격이라고 봐요. 현재 NLL을 둘러싼 갈등이 제일 골치 아픈 쟁점인데, 여기에 대해 어떤 큰 틀의 합의를 해놓고 그것을 실행하기 위한 접촉을 시작해서 진행하고 있으면, 그게 몇년 걸릴지 모르지만 그사이에 다른 문제들을 해결하는 게 가능해진다는 말이죠. 그것 때문에 다른 문제가 막히는 상황을 타개한 셈입니다. 그런 식으로 현실적으로 생각해야지, 그것만 하면 서해 충돌도 안 일어났을 것이고 한반도 평화가 되고 다 좋은데……라고 주장한다면, 아니 그걸 누가 몰라요? 그러나 그것이야말로 제일 어려운 일이거든요. 그러니까 그것보다는 두만강 하구 구상 같은 것이 러시아와 중국을 끌어들일 수 있고, 또 우리 남쪽 입장에서 보면 개성공단하고 달라서 북한의 주권에 전속된 구역도 아니란 말이에요. 그래서 우리 남쪽 정부도 부담이 적고, 북으로서는 기왕의 라진·선봉을 포기하는 게 아니라 두만강 하구 개발의 일환으로 훨씬 확대하고 실리를 증대할 수 있으니까 매력적이지요. 미국이나 일본 자본도 끌어올 수 있고요. 상당히 현실성이 있는 구상이라 보는데, 중요한 건 일단 공론에 부쳐 비판할 것은 비판하고 보완해나가야 할 텐데 아예 취급들을 안하는 것 같아요. 나는 문학인들도 이런 문제에 더 관심을 가져야 한다고 주장합니다. '문학 하는 내가 뭘 그런 것까지……' 하며 포기하는 건 문학을 왜소화하는 태도지요.

**임홍배** 마지막으로, 작가회의의 앞날과 관련해서 꼭 들려주실 말씀이 있는지요?

**백낙청** 내가 자실 개편 직후 '민족문학과 민중문학' 강연에서 한 얘기가 당시에는 젊은 후배들로부터 큰 호응을 받은 것 같지 않다고 했는데, 그때 한 얘기 중에 이런 말이 있습니다. "자유실천문인협의회는 무엇보다도 훌륭한 작품의 생산에 헌신적이고, 좋은 작품과 덜 좋은 작품, 또 아주 좋지 않은 작품을 가리는 데 있어서 공명정대한 문인들의 모임이 되어야겠습니다." 당시의 급박한 상황에서는 좀 무리한 주문이었을지 몰라요. 그때는 너무 한가한 원칙론이었을 수도 있지만, 오늘의 한국작가회의야말로 그래야 한다고 생각합니다.

**임홍배** 예, 아마 지금은 많은 회원들에게 절실하게 와닿을 것 같습니다. 오랜 시간 동안 소중한 증언을 해주셔서 감사드립니다.

# 근대, 적응과 극복의 이중과제

백낙청(서울대 명예교수)
류준필(인하대 한국학연구소 HK교수)
유재건(부산대 사학과 교수)
최장집(고려대 명예교수, 사회)
2014년 11월 22일 안국빌딩 W스테이지

**최장집**  그럼 강연에 대해서 토론시간을 갖도록 하겠습니다. 소개해 드린 순서대로 유교수님이 먼저 하시는데요, 유씨 선생님이 두분이어서 발음을 똑똑히 해야겠습니다, 첫번째 토론자는 '유'씨고, 두번째는 '류'씨입니다.(웃음) 그러면 유재건 교수님부터 하시는데요, 15분 정도로 해주시면 좋겠습니다.

**유재건**  이렇게 귀한 자리에 불러주셔서 감사드리고요, 영광이지만 한편으로는 부담스럽습니다. 이번 강연의 토론자가 한명이라면 저는 아마도 부적격자라고 생각하는데, 왜냐하면 근대극복의 이중과제론에 대해서 오랫동안 백선생님과 소통하면서 공감, 동의를 해왔고 발제문에도

■ 이 토론은 2014년 11월 22일 네이버문화재단 후원 강연 프로젝트 '열린 연단: 문화의 안과 밖' 제43강 백낙청 '근대, 적응과 극복의 이중과제' 강연에 이은 토론을 정리한 것이다. 강연 내용은 백낙청 외 『시민사회의 기획과 도전: 근대성의 검토』(민음사 2016)에 실렸다.

나온 편저 『이중과제론』(창비 2009)에 대해서 공감을 표하는 서평을 쓴 전력이 있어서\* 그렇습니다. 백선생님 글이 원래 쟁점에 직핍해서 논쟁적인 성격도 갖고 있는 편인데, 저는 이 서평에서 우리에게 바람직한 삶이라는 것은 현실에 적응하면서 극복하는 길이지만, 근대적 삶이라는 게 자본주의가 갖고 있는 막강한 영향력이라든가 그것이 갖고 있는 세계체제적인 성격 때문에 적응과 극복이 하나의 과정이라는 인식이 절실한 게 아닌가 하고 공감을 표시한 바 있습니다. 제 자신이 맑스(K. Marx)의 근대관, 또 역사이론을 공부하면서 최근에 잠정적으로 어느정도 생각을 정리한 것도 이와 비슷합니다. 결국 맑스가 내적, 사상적 긴장과 모순으로 보이는 부분이 많이 있지만 이것이 일관된 긴장이라면 주어진 현실에의 적응과 극복이라는 단일한 과제를 제기했기 때문이 아닌가 하는 겁니다. 그리고 백선생님이 셰익스피어(W. Shakespeare)와 괴테(J. W. von Goethe) 말씀하셨는데, 맑스가 셰익스피어와 세르반떼스(M. de Cervantes)를 특히 좋아한 이유가 초기 자본주의에 대한 이러한 혜안을 높이 산 데 있지 않을까 하는 생각이 듭니다.

사실상 이 이중과제론이 결국은 적응, 극복이 이중적이지만 단일한 과제라는 뜻인데, 과거 70, 80년대 같았으면 변증법적이라고 얘기했을 것 같습니다. 그런 용어가 식상한 단어가 되다보니까 더 새로운 사유를 자극하기 위한 과제를 제기하신 것이 아닌가 생각합니다. 강연문에서 새로운 인류문명의 건설이라든가 세계체제의 변혁이라든가 하는 표현이 보여주듯이 거대한 문명전환을 사유하는 긴 안목과 함께 대한민국, 한반도, 동아시아의 구체적 현실에 대한 복합적인 분석을 요구한다는 점이 돋보인다고 생각합니다. 한국문학과 동아시아 전공자인 류준필 교수님이 계신데 서양사 연구자이자 맑스 연구자로서 제가 한두가지만 말

\* 유재건 「근본적이면서 중도적인 근대극복론」, 『창작과비평』 2009년 겨울호.

씀드리고 끝낼까 합니다.

결국 백선생님의 핵심 주장은 극복대상인 근대가 자본주의적 근대고 이때 자본주의는 세계체제로 존재한다는 점이고, 이 점에서는 월러스틴(I. Wallerstein)의 세계체제론을 원용하고 있다는 점이 특징적입니다. 근대극복이라는 말이 자본주의 세계체제를 다른 체제로 변혁한다는 뜻으로 새로운 체제를 건설한다는 뜻인 건데, 일반 대중의 이해 차원에서는 다소 거창하고 막연하게 느껴지는 문제가 있는 것 같습니다. 사실은 포스트모더니즘도 근대 혹은 근대주의를 벗어난다거나 넘어선다는 것이기 때문에 굉장히 거창한 얘기임에도 이것이 우리 사회의 경제적 변혁과 무관하게 논의되기 때문에 거창하다는 느낌을 못 갖는 거죠. 그런데 자본주의 극복이라는 문제는 결국 그게 가능할까 하는 의구심이 먼저 나오기 때문에 이중과제론의 소통과 확산이 어려운 게 아닌가라는 생각을 평소에 해왔습니다.

지금껏 자본주의라고 하는 게 대체 뭐냐, 자본주의를 넘어서는 사회는 어떤 방식으로 돌아가느냐 하는 데 대한 미래적인 상상력을 둘러싼 논쟁, 투쟁을 그동안 안해온 것이 아닌가 합니다. 다시 말하면 소련이나 중국, 북한, 이런 체제로 자본주의가 바뀌는 것 외에 다른 상상이 없다는 겁니다. 러시아혁명이 자본주의세계로부터의 이탈이 아니라는 논의를 받아들인다거나 중국혁명의 오랜 기간을 자본의 원시적 축적의 과정으로 보고 받아들이는 것을 사람들이 잘 이해하기 어렵다는 것이죠. 자본주의 극복이라고 하면 막연하고, 그리고 대안으로 나오는 것은 대개 통제경제, 시장경제 폐지, 배급제를 연상합니다. 이 연상작용이 엄청나게 실천적인 문제이기 때문에 자본주의라는 것에 대해 좀더 심도 있는 논의를 역사 속에서 이제 해볼 때가 아닌가 하는 생각을 합니다.

브로델(F. Braudel)이라는 역사가가 1970년대에 『물질문명과 자본주의』라는 방대한 저서에서 만약에 자본주의를 시장경제와 동일시하면 오류일 뿐 아니라, 미래에도 시장경제가 없는 사회는 없을 수가 없기 때문에 그런 정도의 상상력으로는 자본주의 극복은 무망하다고 강조합니다. 자본주의의 본질을 독점으로 보는 그로서는 자본주의에 대한 관(觀)을 잘못 가지면 미래에 대한 구상이나 현실적 실천력도 떨어진다는 얘기를 했다고 생각합니다.

저는 근대극복론이 소통되고 확산되려면 구체적인 현장에서의 적용 문제와 더불어서, 구름 잡는 얘기 같지만 이것을 넘어서는 발상에 대한 얘기들이 나오면 그 자체가 상당히 실천적인 논의가 되지 않을까 하는 생각을 하게 됩니다. 여기서는 한반도, 동아시아에의 적용 가능성을 점검하면서 복합국가 문제라든가 국가의 성격을 변화시키는 문제, 일본에서 벌어지는 풀뿌리 민주주의라든가 오끼나와의 국가성격 변화 문제 같은 것들, 이런 것들이 지금 어느정도는 전개되고 있어야 상상도 되기 때문에 그런 흐름은 어디에 놓을 수 있는가를 점검하는 것도 현실성과 구체성을 더해주지 않을까 생각하고요.

우리에겐 자본주의에 대해서 자유주의하고 맑스주의가 합의한 역사 인식틀이 있습니다. 이것이 교과서적인 역사인식틀인데, 서양사 연구자로서 보기에 자본주의적 근대에 대해서 교과서적 인식으로 제일 유명한 게 홉스봄(E. Hobsbawm)의 '근대세계 4부작'입니다. 『혁명의 시대』『자본의 시대』『제국의 시대』『극단의 시대』 네권으로 되어 있는데, 쉽게 설명하자면 18세기 말 시민혁명, 산업혁명이 당시의 낡은 질곡을 떨쳐버렸기 때문에 자본의 시대가 열리고, 자본의 시대가 팽창을 통해서 제국의 시대로 가고, 이것이 극단의 시대로 왔다는 인식이죠. 홉스봄이라는 사람이 맑스주의자임에도 불구하고 이 기본 골격은 자유주의자들이 거의 다 공유하고 있는 겁니다. 근데 아까 말한 브로델 같은 사람은 혁명의 시대 다음이 자본의 시대가 아니고 자본의 시대가 앞이고 혁명의 시대가 그 뒤다, 그리고 16세기부터 전개되는 자본의 시대가 제국의 시대이기도 하다는 주장을 합니다. 자본의 시대와 혁명의 시대의 순서를 바꾸면 시민혁명도 성격이 달라져서, 프랑스대혁명도 자본주의에 저항한 혁명이 되고 숱한 세부적인 평가와 사실이 달라지게 된다는 거예요. 그 이후 자본주의 세계경제 자체의 위상과 현 단계의 위치까지도 다른 평가가 가능할 것 같은데, 백선생님의 전반적인 논의를 보니까 후자의 16세기 자본주의관을 공유하고 계신 것 같습니다. 실제로 지금 서양사만 해도 교과서적인 인식과 이런 인식 간에 아직까지는 논쟁이 잘 안된 것 같아요. 네이버문화재단에서 근대성 특집으로 한 강의를 쭉 보니까 같은 근대성 얘기를 해도 백선생님이 전제하시는 것과는 다른 것 아닌가 하는 생각을 했습니다. 이런 종류의 논의로 심화되면 근대극복론이 제대로 소통되고 확산되는 데 실질적인 진전이 있지 않을까 하는 생각을 했습니다.

**류준필** 인하대학에 있는 류준필이라고 합니다. 저는 원래 한국문학을 배웠고요, 전공은 옛날문학입니다. 그런 면에서 제가 이 자리에 앉아서 말씀을 올리는 게 과분하다는 생각도 듭니다. 특히 과분한 건, 저희 세대 또래들 다 그렇지만 오늘 강연하신 백낙청 선생님은 물론이고 앞에 계시는 김우창(金禹昌), 유종호(柳宗鎬) 선생님도 다 사숙한 분들이어서 여기 앉아 있으면 숙제 검사받는 것처럼,(웃음) 제대로 질문을 하나 평가받을 것 같은 위축감도 듭니다. 그러나 노력해보겠습니다. 백선생님께서는 이중과제론을 제기하셨지만 저 또한 제 나름의 이중과제가 있는 것 같습니다. 학생으로서는 어른들 말씀 잘 받아적고 받아써야 하고, 또 한편으로는 토론에 임해야 하니까 선생님 논의에 생산성을 조금이라도 높여야 하는 이중과제가 있는 거죠. 백선생님께서 집중적으로 말씀하셨지만, 제가 읽은 걸 바탕으로 한다면 더 많이 얘기해야 하는 영역들이 있는데 오늘 많이 빠져 있다고 생각합니다. 그 영역이 잘 드러나면 들으시는 분들이 훨씬 더 잘 들리지 않을까 하는 생각이 들고요. 그런 영역에서 혹시 선생님께서 시간에 쫓겨서 빠진 부분에서 말씀을 더 해주셨으면 하는 문제를 몇가지 말씀 올리려고 합니다.

우선, 아까 선생님이 이중과제론의 내적인, 개인사적 연원을 민족문학론에서 찾은 것처럼 말씀하셨는데, 제가 알기로는 그전부터 그런 계기들을 가지고 계셨던 것 같습니다. 그럼에도 불구하고 70년대 중반 민족문학론을 구성할 때 그 지점을 이중과제론의 연원으로 삼으신 것은 시대와의 관련 같은 맥락을 고려해서 그렇게 하신 건지 하고요. 두번째는 동아시아 말씀하셨는데, 논리적으로는 한반도 이남, 한반도, 동아시아, 그렇게 갔지만 범주상으로는 동아시아라는 범주가 그렇게 명징하진 않은 것 같습니다. 세계체제론자들이 세계 축의 중심이동에서 동아시아의 중요성을 언급하는 경우가 많다고 알고 있는데 혹시 그런 맥락에서 동아시아라는 차원이 적극적으로 고려된 것인지, 그 배경 등에 대해서 말씀해주시면 잘 알 수 있을 거라 생각합니다. 또한, 선생님이 아무리 실천적 지식인으로 깊은 깨우침을 가지고 계신다고 하더라도 저한테는 일단 문학선생님이시거든요. 문학만 가르친다는 뜻이 아니고 문학에서 출발해서 만날 수 있는 영역들을 풍부하게 보여주신 분이라고 생각하는데요, 오늘 이러한 논의들이 문학을 잘하는 능력과 관련이 있다거나 문학을 잘 공부하는 부분에 관해서 보탤 수 있는 말씀이 있다면 들려주시면 훨씬 더 잘 이해할 수 있지 않을까 하는 생각입니다. 여기까지가 학생으로서 선생님 말씀을 잘 듣기 위해서 보충설명 겸 드린 말씀입니다.

그다음에, 어떻게 하다보니 토론자 자리에 앉아 있는데 토론자 역할은 잘 받아쓰기만 하면 안되고 새로 쓰거나 고쳐 쓰는 쪽으로 나아가는 역할을 해야 하지요. 그와 관련해서 제가 드리고 싶은 질문은 하나인데 나눠서 네개 정도의 문장으로 여쭈어볼까 합니다. 첫째는, 근대의 적응과 극복의 이중과제라지만 사실 이중과제라는 데 포인트가 있는 것 같습니다. 그럼 자칫 초역사적인 범주라고 해도 크게 무리가 아니고 시대를 고대에 적용해도 고대 적응과 고대 극복, 중세에 하면 중세 적응과 중세 극복도 되겠죠. 그러면 이것은 역사의 존재원리 혹은 실천원리이면서 동시에 역사에 대한 인식원리이다라고 추상도를 크게 높여서 이해해도 되는지 하는 거고요. 두번째는, 적응과 극복을 저는 이런 식으로 이해했습니다. 적응과 극복은 하나이면서도 둘이고 둘이면서도 하나다, 이 긴장을 잘 이해할 때만이 제대로 된 근대론과 근대에 대한 실천, 인식을 할 수 있다는 뜻으로요. 그런데 선생님 말씀을 듣거나 80년대, 90년대 선생님의 작업을 보면 한국 사회의 지식인, 담론, 운동상황의 병폐 가운데 하나로 극단적인 이분법 성향을 지적하시는 것 같습니다. 다른 말로 하면 적응 편향과 극복 편향이라는 양 방향이 있는데, 선생님이 이 둘의 긴장을 놓치지 않으려고 하는 것은 한편으로 보면 상대들에 관한, 담론을 펼칠 때의 카운터파트들에 대한 고려가 있는 건지, 한국 지성사의 흐름에서 이런 이분법적인 흐름의 도정을 염두에 두시는 건지 여쭙고 싶고요. 세번째 질문은 딱 이겁니다. 적응에서 선생님은 근대, 근대성을 구분할 수 있다고 하셨는데, 제가 여쭙고 싶은 건 근대에의 적응과 근대성에의 적응은 다른 것이 아닌가 하는 겁니다. 근대성에의 적응을 우선적으로 고려한다면 그건 바로 선생님이 지금 말씀하신 것처럼 이중과제론의 논리적 연속이 나오지만, 근대에 적응하기 위해서 근대성에의 적응에 접근한다면 근대성에의 적응 자체가 목적이 아니라 수단, 방편으로도 활용 가능하다고 생각합니다. 동아시아론이나 한국 같은 비서구 사회의 근대론에서 잘 드러나지 않지만 늘 잠복된 문제라고 생각합니다. 근대에 적응하는 방법으로 근대성의 성취를 방편화할 수 있다는 거죠. 근대성의 가치를 내면화하지 않더라도 근대성의 성취를 추구하는 흐름이 가능하다고 생각합니다. 이건 한국 사회에도 여전히 관계되는 질문이 아닌가 생각합니다.

선생님의 민족문학론의 테제를 저는 이렇게 이해하고 있습니다. 한국과 같은 비서구 사회를 포함한 후진적 현실에서 현실의 후진성을 외면하지 않는 가운데 선진성의 계기, 선진적 의식, 선진적 문학이라고 하는 것이 발생할 수 있냐, 저는 이 모순을 계속 실험하는 테마였다고 생각합니다. 제가 알기로 선생님은 가능하다고 보십니다. 어떻게 가능한가? 우리 현실의 후진성 자체를 왜곡 없이 그 자체로, 외면하지 않고 있는 그대로 보려고 하는 지난한 고투 속에서 선진적인 계기가 발생한다는 거죠. 문학적 방법으로는 리얼리즘에 가깝다고 말씀하시는 것 같고, 리얼리즘은 진리가 객관적 현실에 있는 것이 아니라 또한 동시에 공평무사한 마음을 가진 주체들 형성의 계기로도 작용하는, 동시성을 가지는 어떤 문학적인 실천방법이다라는 거죠. 이게 제가 이해하는 민족문학론의 중요한 계기라고 생각합니다. 이렇게 본다면 후진성 바깥에 선진성이 있는게 아니고 후진성 안에 선진성이 이미 함께 있는 것이라는 믿음을 계속 밀고 가는 논리라고 생각합니다. 이것이 제가 이해하는 선생님의 적응과 극복의 이중과제의 싹으로 작용하는 모태에 대한 발상이 아닐까 생각하고요. 그래서 이걸 근대에의 적응과 근대성의 성취든 적응이든가와 개념적으로 분리해야 될 때, 한국의 근대를 이해하는 데 왜 이 부분이 필요하다고 생각하냐면, 선생님이 오늘 말씀하지 않으신 영역이고 김우창 선생님도 근래 들어 집중적으로 탐구하시는 부분인데, 두분의 공통점은 경향은 다르지만 마음에 관한 말씀을 계속 하신다는 겁니다. 백선생님은 글마다, 최근 인문학 논문에도 그렇고 마음공부에 관해서 정신을 놓으면 안된다고 하시고, 김우창 선생님도 '마음의 생태학'이라는 방대하고 깊이있는 논의를 제시하고 있다고 생각합니다. 왜 이 어른들이 이 문제를 안 놓고 계속 추구하고 계실까에 대한 제 나름의 답은, 아까 말씀드린 논리로 이해할 수 있지 않을까 하는 겁니다. 근대에 적응하는 것과 근대성에 적응하는 것에 갭(gap)이 있는 거다, 근대성에의 적응을 방편화, 수단화하려고 하는, 그래서 모든 근대성 자체에 내재된 가치를 효과나 결실은 취하되 책임이나 도덕, 규칙, 윤리 자체에 대해서는 끊임없이 중립화하고 중성화하려고 하는 여지들을 계속 마음 안에서 만들어낸다, 그러므로 나쁘게 말하면 마음을 끊임없이 자연화해버리는, 선생님이 말씀하시는 자연과는 다른 의미로 끊임없이 자연화해버리는 방식으로 자장들이라거나 의식이 지층에 깔려 있는 게 아닌가 하는 겁니다. 그런데 이 마음들은 그 자체로는 좋은 것도 아니고 나쁜 것도 아닙니다. 어떨 때는 저항과 극복의 계기의 에너지로 발산되기도 하지만 어떨 때는 부정, 무시, 외면, 이탈, 무책임의 논리를 낳는 심정을 만들어내는 게 아닌가 합니다. 그런 면에서 적응과 극복에서 근대의 적응과 근대성의 적응이라는 것의 개념적인 구분은 우리의 현재를 풍부하고 깊이있게 하기 위해서 한번 더 고려해볼 만한 것이 아닌가 생각하게 됩니다.

**최장집** 수고하셨습니다. 두분 선생님께서 발표 내용에 대해서 논평을 해주셨으니 제가 여기서 내용을 상세히 요약하지는 않겠습니다. 제가 사회자로서 논평 겸 질문을 하나 드리고 백선생님 답변을 듣는 순서로 진행하겠습니다. 그러고 나서 청중석의 질문을 받도록 하겠습니다. 선생님 오늘 발표 내용의 전체 틀이라고 할까 구조에 대해서 질문을 드리고 싶은데요. 선생님의 탈근대라고 할까 근대의 적응과 극복을 말씀하시는 전체적인 이론틀이 굉장한 거시론적 구조를 갖는데, 이매뉴얼 월러스틴의 세계체제론이 이론적인 뒷받침을 하고 있다는 생각이 듭니다. 세계체제론은 세계의 질서가 중심과 주변으로 구성되고 그것들이 위계적으로 구조화되고, 이것이 만들어내는 다이내믹스가 근대를 만들어내고 자본주의체제를 움직여나가는 힘이라고 해석하는 이론이라고 보는데, 이 이론이 굉장히 거시론적인 틀을 갖다보니까 결정론적인 설명틀을 갖는 게 아닌가 하는 생각이 듭니다. 그러다보니까 근대를 만나게 되고, 근대의 문제를 적응하고 극복하는 발전이라면 발전, 진화면 진화라고 할 근대화의 과정이라는 것이 유니리니어(unilinear)하다고 할까

단선적인 발전경로를 따라서 근대라고 하는 내용성을 완성하고 극복하는 설명틀을 갖는다고 이해됐습니다. 그리고 이런 것을 구성하는 데 있어 근대를 어떻게 정의하느냐에는 몇가지 기준이 있는 것 같은데, 민족독립국가가 상당히 중요한 요소로 제시되고요. 요소라는 것이 대개 현상적, 경험적 현실을 말하기도 하지만 당위적인 평가라고 할까 기준을 갖는 것이 특징이라고 생각해요. 근대의 적응과 극복이라는 것 자체가 이런 요소를 충족하고 완성하는 과정이어야 한다는 것, 그런 느낌이 들었습니다.

민족독립국가 얘기를 하다보니까 민족주의적인 이념이 배면에서 중요한 역할을 하는 것 같은 느낌이 들었습니다. 민족주의에 대해서 적극적으로 수용하는 뜻은 말씀하시지 않았는데 그럼에도 민족독립국가라는 것이 중요한 요소고, 이 국가가 주권을 가져야 한다는 것이 중요한 요소가 되고. 그다음에는 정치체제적으로 민주주의를 갖는 것이 근대화의 중요한 요소가 되는 것이고, 그다음에는 경제적 근대화라고 할까, 이것은 자본주의 생산체제라고 할까, 여기서 저는 좀 애매한 느낌을 받았습니다. 말하자면 자본주의를 적응하고 수용하고 극복하는 것이 근대인지, 이것을 부정하고 비판적으로 극복해야 하는 것인지 애매한 느낌이었는데요. 왜냐하면, 근대화 과정이라는 게 경제적 생산체제로 보면 자본주의적인 경로가 있을 수 있고 사회주의적인 경로가 있을 수 있는데, 사회주의적인 경로는 동유럽에 있던 사회주의가 해체됨으로 인해서 경로가 폐쇄되었다고 볼 수 있잖아요? 그러면 자본주의에 적극적으로 적응하고 그것을 수용하면서 극복하자는 건지, 그럼 극복한 다음에 나타날 수 있는, 그릴 수 있는 경제적인 생산체제가 뭔지에 대해서 그림이 제시되지 않고 있어서 애매한 느낌을 받았다는 생각이 듭니다.

이런 구조에서 얘기를 하기 때문에 한국의 오늘의 현실인 분단국가, 이 말은 오늘 발표문에서는 쓰이지 않았지만 내용으로 보면 분단된 남북한의 국가가 근대에 적응하고 극복하는 과정에서 실패하거나 미완의 과제로 설정되어 있다는 느낌을 받았습니다. 그렇다면 이러한 설명틀이 세계사적인 발전이나 한국의 역사발전, 근대화 과정에 비추어볼 때 현실로부터 상당히 떨어져 있다고 보는데요. 한반도가 분단되어 있더라도 남한 사회는 근대화를 완성해도 벌써 전에 완성해서 민주화도 되고 자본주의 산업화도 OECD 국가의 선진적인 자본주의 발전을 했다고 자랑할 만한 수준에 올랐다고 한다면, 한국의 근대화는 문제가 별로 없어 보입니다. 그런데 북한의 경우는 근대화의 원천적인 문제를 전혀 해결하지 못하고 있다고 보여요. 이를테면 민주화는 거리가 멀고 자본주의 산업화도 마찬가지고 사회주의 산업화라도 초보적인 단계에 있기 때문에, 제 생각에는 이것이 비정상적인 상황이라고 규정할 수 있는 건지, 그렇다면 무슨 근거로 정상과 비정상을 얘기하고 좋은 것과 나쁜 것, 불량국가와 좋은 국가를 구분할 수 있는 건지에 대해서 객관적이기라기보다 주관적이라고 할까, 규범적인 느낌을 받았습니다.

이를테면 남한은 자주국방이 안되기 때문에 이것은 국가의 자주성을 심대하게 충족시키지 못하는 조건이라고 발표문에도 있는데, 미군에게서 전시작전권을 인도받지 못했다는 측면은 문제가 크다고 보지만 이것이 국가를 규정하는 데 있어 자주성을 정의하는 가장 핵심적인 요소가 될 수 있는 건지 싶고요. 왜냐면 냉전시기 유럽에서도 집단안전보장체제라고 해서 서유럽의 나토(NATO)가 공산주의에 대응하는 공동군사체제로 있었을 때, 독일 같은 나라에서는 통일된 이후에 전쟁 치르지 않고 무장하지 않는 걸 원했잖아요. 일본이 그렇게 원해서 평화헌법이 만들어졌듯이 독일도 자기들이 혼쭐이 나서 그랬는데, 미국의 압력하에서 소련에 대응하려면 독일의 무장과 나토 가입이 필수적이기 때문에 그 압력에 의해 나토에 가맹이 됐잖아요. 이럴 때 과연 독일을 불완전한 국가라고 정의할 수 있는 건지. 세계군사체제라는 것이 냉전시기에는 집단안보체제였기 때문에 미국의 영향력이 개별 국가의 자주성을 침해한다고 할까 제한하는 요소들이 우리나라만 아니라 여러군데 있었다는 생각이 들거든요. 이게 첫번째 질문이고요.

그다음은 이런 근대화의 적응과 극복을 누가 하느냐 할 때, 발표문에서 시민사회를 주역이라고 할까 역할을 담지한 것으로 설정하는데, 시민사회가 과연 선생님께서 설정하는 규범적 요소들을 충족해서 근대화에 적응하고 극복하는 역할을 할 수 있느냐는 질문을 할 수 있을 것 같아요. 굉장히 목표가 높게 설정되어 있는 규범적인 문제들을 우리나라의 시민사회와 시민참여를 통해서 수행하는 것이 과연 가능한지요? 이를테면 현재 우리나라 담론공간이 심하게 얘기하면 황폐화되어 있다시피 하고 이념적인 양극화와 갈등이 심하고 시민사회 자체가 그걸로 인해서 제 역할을 못하고 있는데, 어떻게 먼저 남한 사회 안에서 어떻게든 주체가 되어서 이런 큰 근대화 프로젝트를 할 수가 있는 건가요? 이렇게 되면 보통 사람들이 참여해서 민주적인 방식으로 해결되는 경로보다는, 시민참여라는 게 암묵적으로 전제하고 있는 것은 근대화 프로젝트의 당위적인 역할을 이해하고 계몽된 시민들이 주도하는 것을 통해서 겨우 가능하지 않을까 하는 느낌이 들거든요. 이런 문제에 대해서 어떤 생각을 가지셨는지, 이렇게 질문드리고 싶습니다.

**백낙청** 세분의 말씀 감사히 잘 들었습니다. 유재건 교수께서 저하고 기본적인 문제의식이 같고 발표 취지에 너무 공감해서 토론이 될까 걱정하셨는데, 취지에 공감하시면서도 제가 모르는 많은 사안을 일러주셔서 도움이 됐고 여러분들에게도 도움이 됐으리라고 생각합니다. 혹시 너무 동조해서 아쉬운 바가 있다면 사회자께서 충분히 상쇄해주셨다고 생각합니다. 유재건 선생님께서 제게 대체로 동의했듯이 저도 그래서 특별히 반론에 답변한다는 필요는 느끼지 않고요. 제가 이중과제론을 통해서 제기하는 것이 20~30년 전 같으면 변증법적이라고 했을 텐데 지금은 그 표현이 식상하기도 해서 안 쓴 게 아닌가 하셨는데, 그런 면이 있습니다. 그런데 제가 아까 맑스를 얘기하면서 맑스의 시대인식이나 그의 유물론적 변증법적 방법이 이중과제론을 선취한 면이 있다고 하면서 뒤에 덧붙인 것은, 19세기 유럽인으로서는 예상하기 힘들었던 과제를 지금 와서 이중과제론이 떠맡게 된 것 아닌가 하는 점입니다. 가령 동양의 사상적 자원을 흡수해서 활용해야 할 필요성 같은 것, 물론 맑스의 이론에서 그것과 상통하는 것을 찾아낼 수도 있을지 모르지만 맑스 자신은 그런 의식이 약했다고 보거든요. 그와 마찬가지로 맑스의 변증법이라는 것도, 우리가 새로 사유해야 할 동양의 '도' 개념에 훨씬 친숙한 사고방식이 구체화된 형태로서 변증법이 나타나는 것이지 변증법 자체가 기본이 된다면 제약이 많을 것 같아서, 그런 의미에서도 이중과제론의 변증법적 성격을 충분히 인지하지만 그 개념을 앞세우진 않았습니다.

미래에 대한 상상력의 투쟁이 중요하고 기존의 역사인식이 발휘하는 엄청난 위력을 감소시킬 필요가 있지 않은가 하는 부분을 참 공감했습니다. 사실 제가 홉스봄 책을 4권 중에 2권을 열심히 읽다가 별로 더 읽고 싶지가 않아서, 바쁘기도 하고 다 읽었어야 되는데 안 읽었는데, 유재건 선생님 설명을 들으니까 월러스틴 책은 열심히 찾아 읽으면서 어떻게 홉스봄 책은 비교적 덜 읽었는가가 설명이 되는 것 같아요. 역시 그는 자유주의와 맑스주의가 합의한 틀 안에 머물러 있고, 브로델이 먼저 깬 의식을 월러스틴이 이어받아서 합의를 깨는 역사의식을 가지고 있지 않나 싶습니다. 사실 유교수 말씀 중에서 제가 반박한다기보다 들추면서 상기시켜드려야 할 좋은 말씀이 많지만 시간관계상 그냥 넘어가겠습니다.

류준필 교수가 민족문학론 이전에 「시민문학론」에서 이미 이중과제의 싹을 보았다고 하셔서 대단히 흐뭇하고 감사하게 생각합니다. 제가 1970년대 초에 민족문학론이 본격화되었다고 했는데, 「시민문학론」은 69년에 썼을 겁니다. 스스로 되돌아보건대, 제가 『창작과비평』을 창간한 것이 66년이고 그때 긴 논문을 쓴 것이 「새로운 창작과 비평의 자세」라는 글이었는데, 그 글은 상당히 근대주의에 침윤된 글이었다고 생각하고요. 그 3년 후에 「시민문학론」을 쓰면서 저의 자세에 대한 반성을 많이 하고 썼습니다만 제가 볼 때는 여전히 불충분하다고 봐서, 「시민문학론」은 저로서는 초기의 근대주의적인 입장에서 본격적인 민족문학론 논의로 넘어가는 과도적인 글로 파악하고 있습니다.

동아시아라는 범주에 대해서는, 한반도에 분단체제가 있고 세계에 자본주의 세계체제가 있는 것과 유사한 의미로 동아시아 지역체제가 있다고 보지는 않습니다. 발제문에도 동아시아체제라는 말은 안 썼고 지역을 얘기했는데, 그러나 우리가 한반도체제의 작동을 볼 때나 세계체제의 작동을 볼 때는 동아시아 지역이라는 맥락을 뺄 수 없기 때문에, 동아시아 지역에서 우리하고 친숙한 두개의 나라에 이중과제론의 적용을 시도해봤던 겁니다.

근대 적응과 근대성 적응은, 류준필 교수께서 많이 써오셨는데 제가 제대로 읽고 답변해야지 될 것 같습니다. 처음에는 근대 적응과 근대성 적응이 비슷한 거 아닌가 쉽게 생각했는데, 이야기를 들을수록 굉장히 중요한 문제를 많이 포괄하고 있는 것 같습니다. 그런데 근대에 적응하려고 하면 근대의 여러가지 성격에 적응해야 하는 것이고 근대성에 적응한다면 근대에 적응한다는 뜻에서는 크게 다른 것은 아니죠. 오히려 문제가 생길 때는 근대성의 성취라는 얘기를 할 때인데, 제가 주장하는 것은 근대성 중에서는 성취해야 할 것도 있고 성취하지 않고 외면해야 하거나 저항해야 하는 것도 있는데 이걸 통틀어서 적응이라고 해야 되지 않겠냐, 성취할 건 성취하고 거부할 건 거부하면서 근대라는 시대를 감당해나가는 것, 이건 적응이라는 표현이 제일 적절하지 않겠냐는 건데, 근대성에의 적응이라는 것도 그렇게 보면 큰 차이가 없다고 생각합니다. 다만 류준필 교수는 그 사이에 갭이 있고 이것이 마음 문제나 리얼리즘 문제, 민족문학론과 연계해서 중요한 문제이지 않을까 하셨는데, 그 대목은 토론 원고를 검토하고 나중에 제가 더 생각을 해야 할 것 같습니다. 그런데 제가 보기에 이건 근대 적응과 근대성 적응 사이의 갭이라기보다는 근대성 적응이라는 개념 또는 근대 적응이라는 개념 안에 내재하는 갭이 아닌가 해요. 성취할 것도 있고 기피할 것도 있고 거부할 것도 있고 이런 것 사이의 갭에서 문제가 발생하지 않을까, 얼핏 드는 생각은 그런 것입니다.

최장집 선생님께서 여러가지 중요한 말씀을 하시면서 첫번째로 거시론적 이론구조에 의지하고 있다고 하셨는데, 그건 사실입니다. 그런데 이론구조가 거시적이라고 해서 반드시 결정론적으로 가는 건 아니라고 생각해요. 또는 거시적인 구조라고 그 안에 반드시 단선적인 진행이 전제되는 건 아니라고 생각합니다. 아까 홉스봄 얘기 나왔습니다만, 18세기의 양대 혁명, 정치혁명과 산업혁명을 통해서 자본주의가 도래했다고 하는데, 브로델이나 월러스틴은 2세기 더 소급해서 16세기부터로 보거든요. 그런 의미에서는 누구는 300년, 400년 얘기하는데 600년 얘기하니까 훨씬 더 거시적이지만, 오히려 기존의 맑스주의자들이 상정하던 결정론적인 사관 또는 단선적인 진보 개념을 깨뜨리는 발상의 전환이었다고 봐요. 거기에 대해서는 유재건 교수께서 더 자세한 설명을 할 수 있다고 봅니다. 그리고 제가 근대성의 지표 또는 근대의 지표로서 몇가지를 열거했는데, 그걸 민족독립국가라고 표현하지는 않았거든요. 국가라고 할 때는 일단 독립국가를 얘기하지 식민지국가를 얘기하지 않으니 독립은 당연한 것이고, 민족국가라고도 하지만 저는 국민국가가 더 타당한 표현이라고 생각이 되고요. 주권 문제는 제 얘기가 아니고, 근대국가의 특징이 중세국가하고도 다른 게, 어느 국가나 국가의 주권이 있습니다만 배타적인 주권 개념은 근대와 더불어 시작했고 흔히 베스트팔렌조약(1648)을 기점으로 삼는 것으로 아는데, 내용을 보면 그다지 배타적이지 않습니다. 강대국에 비해서 약소국이 그런 배타적 주권을 행사할 수 없는 거고 미국 같은 초강대국이라고 매사를 자기 맘대로 하는 건 아니니까 그런 의미에서는 절대적 주권은 아니지만 그러나 그 개념이 국가라고 하면 배타적 주권을 갖는다, 확정된 영토를 갖는다, 이런 뜻입니다. 그래서 주권을 이야기했던 것이고요.

그다음에 자본주의 세계경제에 편입되는 경로가 여러개 있는데 너무 단순화하지 않았나 하는 지적도 하셨는데, 제가 충분히 설명을 못했거나 또는 그 문제에 대한 저의 식견이 모자랄 수는 있지만, 저는 그렇다고 생각하지 않습니다. 가령 러시아혁명의 경우만 하더라도 사회주의 이념을 앞세우고 사회주의자들이 집권해서 자본주의 세계경제에 편입한 걸로 파악하거든요. 최선생님은 이 점에서 저와 의견이 다를지 모르겠습니다. 저는 쏘비에뜨 정권이 지속되는 동안에도 자본주의 세계경제에 대립되는 사회주의 세계체제가 따로 있었다고 생각하지 않습니다. 가령 노예제도라고 하면 우리가 고대적인 제도로 생각하지만 미국의 옛날 남부처럼 그 사회가 자본주의 사회에 편입되고 나면 그 사회가 갖고 있는 노예제 역시 자본주의의 여러가지 복잡다단한 기제 중 하나로 작동하게 되는데, 마찬가지로 자본주의 세계경제도 복잡다단하고 유연하고 거대한 체제이기 때문에 그 내부에 사회주의 경제권이라는 상당히 규모는 크지만 별도의 세계체제를 구성하지 못한 체제를 포용하고 있었다, 그러다 결국 그게 무너졌지요. 중국은 완전히 무너졌다고 볼 수는 없는데, 그건 앞으로 어떻게 될지 모르겠고요.

분단국가에 대해서는 처음부터 말씀드린 것이, 분단국가임으로 해서 아주 엄밀하게 정의할 수 있는 결손 상태가 있다. 이건 사실 문제지 가치판단의 문제가 아닙니다. 그다음에, 어느 국가가 불량국가라고 하면 가치판단이 들어가는데, 다만 결손국가라는 사실관계하고 불량국가라는 가치판단의 대상이 되는 상태 간에 어떤 관계가 있을까. 최선생님은 남한에서는 이미 근대화가 완성됐기 때문에 결손국가이건 아니건 큰 문제가 안된다고 보시는 것 같은데, 남한의 현 상태에 대해서 저는 다르게 생각합니다. 그렇다고 최선생님이 현실을 다 잘됐다고 찬양하시는 분은 아니지만 최선생님이 생각하시는 것 이상으로 심각하게 봐야 할지도 모르겠고, 그 정도가 더하냐 덜하냐의 문제가 아니라 심각한 문제들이 대한민국이 가지고 있는 형식상의 결손성하고 관계가 있다는 게 제 입장이고요. 북한의 경우도 현실에 관해서 북한이 사회주의 국가로서 초보 단계에 있다고 하는데, 전 초보 단계에 있다기보다는 분단상태가 오래 가면서 초보 단계에서는 잘나가던 것이 점점 퇴행을 해서, 남한도 퇴행의 위험이 있습니다만 아직 그런 단계에까진 안 갔는데, 점점 더 퇴행하면서 왕조적인 성격이 짙어졌다는 게 발제문에 썼던 내용이죠. 북한이 자본주의가 아니고 사회주의를 채택해서 나아갔다는 것 자체는 세계경제에 편입하는 길을 막았다고 볼 수는 없습니다. 러시아가 그랬고 중국도 그랬고 베트남도 사회주의를 채택하면서, 나중에는 개혁개방을 합니다만 어쨌든 그 사회주의가 자본주의 세계체제로의 편입과 자본주의 세계경제 속에서의 위상 상승의 한 방편으로 활용이 된 거예요. 북한도 사회주의를 채택했다는 것 자체로 막힌 것이 아니라 분단체제 안에서 분단국가로서 사회주의를 제대로 할 수 없다는 역사적인 제약 때문에 처음에는 잘나가다가 기가 꺾여버렸고, 더 오래가면서, 물론 외부적인 여건도 겹쳤습니다만 이제는 사회주의하고는 거리가 먼 사회가 되어버렸다는 거죠. 그래서 북한의 실패 역시 분단체제라는 틀 안에서 파악하는 것이 정당하다고 보고요. 이건 규범적인 파악이 아니라 객관적인 파악이라고 저는 생각하고 싶습니다.

군사주권 문제는 국가의 온전성이나 국가의 질적 수준을 판단하는 여러가지 기준의 하나지 그것 때문에 잘못되는 건 아니지만, 그러나 집단안보체제에 참여하는 것하고 한국과 미국 같은 양자관계에서 한 나라가 다른 나라에 일방적으로 군사주권을 이양하는 것은 질적으로 다른 문제라고 봅니다. 아시다시피 동아시아에는 집단안보체제가 없기 때문에 결국 동맹으로 문제를 해결하게 되는데, 동맹이라는 건 군사주권을 각기 자기가 가지면서도 협조하거나 그때그때 필요한 대로 상대방 지시를 따를 수도 있는 거죠. 우리는 그게 아니고 통째로 군사주권을 넘겨줬고 이건 6·25전쟁통에 이승만 대통령이 했는데, 그때는 불가피한 면이 있었다고 봅니다. 그러다가 평시작전권을 노태우 대통령 때 찾아왔는데 이건 큰 의미가 없다고 봐요. 전혀 의미가 없는 건 아니지만 전시작전권까지 찾아오는 과정에서의 한 단계로 보면 의미가 있는 거고, 평시작전권만 갖고 전시작전권을 안 갖겠다는 군대는 군대라고 하기가 어렵습니다. 인사 발령하고 방위산업 구매하고 돈 쓰고 하는 건 자기 맘대로 하는데 전쟁 날 때 싸우는 건 미국이 시키는 대로 하겠다, 이건 군대가 부패해가는 첩경이기도 하고, 나토체제 아래서의 유럽 국가들하고는 차원이 다른 문제라고 생각해요. 지금도 나토에 가담하고 있는 유럽 국가들이 자기 군대의 10% 정도만 나토 사령관 지휘 아래 두고 있고 나머지 90%는 자기들 통수권 아래 두고 있는 것으로 알고 있습니다. 정확한 건 자신 없습니다만.

그다음에 시민사회 문제는, 제가 시민참여만으로 해결한다는 말은 한 적 없고요, 시민사회가 가령 급속한 통일을 할 때 참여할 수 있는 기회보다는 점진적일 뿐 아니라 단계적으로 할 때, 1단계 다음에 2단계는 어떻게 될지 하는 것도 그때 가서 정한다, 이렇게 가능성을 열어놨을 때 민간기업을 포함하는 넓은 의미의 시민사회가 참여할 공간이 넓어지고, 그게 넓어지면 넓어질수록 주민들의 실질적인 생활상의 욕구에 더 부합하는 통일과정이 되지 않겠냐는 얘길 했기 때문에, 통일과정에서는 정치현실에서 시민참여만으로 문제를 해결한다고 말한 바는 없고 그렇게 생각하지도 않습니다. 더군다나 제가 평소에 최선생님의 다른 글을 읽었을 때 시민사회단체들이 정당의 역할을 무시하거나 깎아내리면서 자기들이 맘대로 할 수 있는 것처럼 운동으로 다 해결하려고 하는 것에 대해서 대단히 못마땅하게 생각하시고 오늘도 그런 생각을 좀 피력하신 것 같은데, 저한테는 해당 안되는 말씀입니다. 감사합니다.


## 질의·응답

**청중 1** 근대의 적응과 극복을 세계 차원으로 이야기할 때 왜 동아시아를 그 가운데 놓고자 하는지요?

**백낙청** 왜 굳이 동아시아를 끼워넣느냐는 질문에 대해서는 첫째로, 이미 말씀드렸듯이 제가 동아시아 '체제'라는 것을 전제하기 때문에 그런 것은 아니라는 겁니다. 가령 사회체제를 논의할 때 세계체제가 있고 동아시아체제가 있고 한반도 분단체제가 있다고 그러면 셋을 다 논의하는 게 당연한데, 동아시아체제라는 것을 인정 안하면서 굳이 왜 동아시아를 언급하느냐 하는 질문이 성립하겠지요. 그러나 체제가 아니라도 이중과제론은 처음부터 말씀드렸듯이 전지구적 적용을 염두에 둔 이론입니다. 앞으로 검증을 해나가야겠지만, 그러면 검증을 하는 순서를 가까운 데서부터 하는 것도 방법이겠죠. 물론 거꾸로 할 수도 있습니다. 저는 일단 한반도에 적용을 했고, 오늘 발표에서는 남한 자체에 대해서는 얘기를 덜 한 편입니다만 이번호 『창작과비평』(2014년 겨울호)에 긴 글을 쓴 게 있는데요, 「큰 적공, 큰 전환을 위하여」, 그걸 읽어보시면 거기에 남한 얘기가 훨씬 더 많이 나오고 어쩌면 최장집 선생님과 저의 남한 사회에 대한 인식의 내용이나 접근방식이 어떻게 다른가 하는 것을 짐작할 수 있을 겁니다. 어쨌든 한반도가 가까우니까 한반도에서 출발을 했고, 세계 전체로 확대해서 논하기가 버거우니까 한반도에 가까운 동아시아를 먼저 이야기하자고 하는 게 한가지 이유이고요. 제가 오늘 얘기한 동아시아론을 세분화하면 하나는 한반도나 일본이나 중국이 이중과제를 수행하는 데서 특별한 성과를 거둔다면 그것이 세계 전체에 어떤 의미를 가질까 하는 것이 있고요, 또 하나는 그런 성과가 나오기 전이라도 동아시아의 사상적인 유산 속에 서양을 포함한 전세계의 지식계가 갈망하는 이론적인 문제 해결의 실마리가 있을 않을까 하는 차원에서 말씀드린 겁니다. 거기서도 강조할 것은 동아시아 사상을 그대로 가져와서 풀어버린다고 문제가 해결되는 것은 아니고, 서양 사람들의 진리 문제라든가 여러가지 노력을 우리가 참고하면서 그런 것을 충분히 수용하고 동아시아 사상을 내놨을 때, 수용하는 동아시아 사상이 나왔을 때 의미를 가질 수 있는 것이 아닌가, 그런 두 차원에서 말씀드렸습니다.

**청중 2** 이중과제론을 처음 제기할 때 어떤 정파구도를 의식한 것인지요? 근대극복의 문제에 있어 1997년 IMF사태 이후 비국가적인 방식으로 논의가 옮겨가기도 했는데 견해가 어떠신지요? 그리고 이론이 보편성으로 확장되는 가운데 남북통일 문제를 무겁고 복잡하게 만들고 있는 것은 아닌지요?

**백낙청** 두번째 질문에 대해서, 결국 처음에는 두가지 얘기를 하시려다 세가지 얘기를 한 셈이죠. 하나는, 제 이중과제론이 처음 나올 때는 아직 정파구도가 꽤 많이 남아 있을 때입니다. 특히 NL과 PD의 대립이 80년대 중반부터 본격화됐죠. 그것에 대해서 제가 어느 정도 의식하고 있었는가? 또 그런 구도에서 저의 논리가 NL 쪽에 치우친 것으로 오해될 수 있는 소지는 얼마나 의식하고 있었는가? 그 두가지에 대해서 답은 다 예스입니다. 87년 6월항쟁 이후에 제가 쓴 글에서, 민족문학의 새 단계를 열어가기 위해서는 NL과 PD의 종합이 아니고 세가지 논리의 종합이 필요하다고 했습니다. 하나는 NL적인 발상이고 하나는 PD적인 발상이고 또 하나는 둘 다 배격하는 온건한 개혁주의라고 할까요, 그 셋을 종합해야 한다는 주장을 했습니다. 그 글은 「통일운동과 문학」이라는 글이었습니다. 그런 종합에 제가 얼마나 기여했는지는 모르겠습니다만 정파적 대립은 충분히 의식하고 있었고, 그 대립은 양자의 재결합으로 해결될 수 있는 성질이 아니고 각자가 환골탈태하는 가운데 3자결합이 이루어져야 한다는 입장이었습니다. 민족문학론은 초기부터 민족주의문학론이 아니다라는 것을 거듭 강조해왔어요. 그 안에서 민족문학론과 민중문학론이 길항하면서 긴장상태를 유지하는 개념이었기 때문에 민족문제로 모든 걸 단순화하는 소위 민족해방 노선하고는 그때도 이미 달랐는데, 나쁜 의미로든 좋은 의미로든 혼동하는 사람들이 있었던 건 사실입니다.

그다음에 87년체제, 97년체제 이야기인데요. 97년체제 이야기를 하면 97년 IMF사태 이후로 절박해진 서민생활이라든가 또는 국가가 세계 신자유주의의 앞잡이 비슷하게 변해가는 것에 대항하는 실천과 직결이 되고, 87년체제 이야기하면 막연한 이론이나 전개한다 생각하시는 분들이 계시고, 질문하시는 분도 적어도 그 시점에서는 그렇게 생각하신 것 같아요. 그런데 제가 요즘 보면 97년체제는 별로 논의가 많이 안됩니다. 제가 2011년, 12년 무렵에 '2013년체제론' 얘기할 때도 87년체제를 극복하는 새로운 사회를 만들자는 취지였고, 물론 그 기획은 실패했습니다만 지금도 사람들이 시대의 전환을 이룩하자고 할 때는 87년체제를 극복하자는 식으로 얘기하지 97년체제는 별로 얘기 안해요. 얘기 안한다고 틀렸다는 증거가 되는 건 아니지만 제가 보기에 97년체제는 지나치게 경제주의적인 관점이라고 봅니다. 남한이라는 자그만 개별 단위를 보더라도 체제라고 할 때는 종합적으로 봐야 되는데, IMF사태 이후로 서민생활이 얼마나 팍팍해졌는가, 그러고는 모든 책임을 신자유주의로 돌리고 그것과 싸우자로 나가는 건 진단도 너무 편협하고 처방도 적절치 않다는 생각을 하고 있습니다.

그다음에 통일문제를 결국 더 무거워지게 만들지 않았는가 하셨는데, 저는 제가 한 일이 있다면, 또는 불편하게 생각하는 사람이 있더라도 제가 해야 하는 일이 있다면 분단극복의 문제를 무겁게 하는 것이 아니라 복잡하게, 복잡하다는 것을 알리는 것이 제가 할 일이고 지식인이 할 수 있는 일 중 하나라고 생각합니다. 복잡한 건 제 책임이 아니에요. 분단현실이 복잡한 겁니다. 이것을 한쪽에서 생각하듯이 북쪽에 반국가단체가 들어와서 저걸 때려부수면 문제가 해결된다든가, 북에서 말하는 것처럼 미군이 남한을 점령하고 있어서 우리가 자주적으로 통일해서 미군 몰아내고 민족해방 하면 된다, 이렇게 생각하면 이론 자체는 간단한데 현실에 안 맞지요. 현실은 훨씬 복잡하니까. 현실에는 PD 쪽에서 지적하는 문제점도 있고 NL 쪽에서 지적하는 문제점도 있고 양자가 다 놓치는 문제점도 있고 여러가지가 엉켜서 분단체제라는 이 세계에 유례가 없는 특이한 체제가 성립이 되어 있는데, 이걸 풀려면 고급방정식을 동원할 수밖에 없죠. 단순수식으로 풀려는 분들이 보면 제가 이걸 괜히 복잡하게 만들고 무겁게 만든다, 이렇게 볼 수 있겠지만, 그 책임은 이 세상을 창조하신 하느님께 있고 저는 그 사실을 그냥 인지하고 말하는 것뿐입니다. 기존의 단순논리에 비하면 제 논리가 복잡한데, 현실이 그렇다는 거고요. 동아시아까지 끌어넣어서 더 복잡하고 무겁게 되지 않느냐 하는데, 저는 분단체제가 그 자체로 완결되어 있다고 보지 않고 세계체제가 한반도를 중심으로 작동하는 하나의 양태라고 보거든요. 그러면 자연히 세계체제 얘기도 끌어넣어야 되고, 또 한반도를 중심으로 작동한다고 할 때는 세계 중에서 한반도와 한반도 주변이 주목의 대상이 되지 않습니까? 그러니까 동아시아, 동북아시아 얘기를 안할 수가 없고, 그래서 그렇게 얘기 안하고는 제대로 파악하기 어렵다는 생각입니다.

**청중 3** 기술공학의 근대성과 해방의 근대성 얘기에서, 한국 사회는 기술에 종속되면서 해방에 대한 가능성은 줄어든 것 같은데 이에 대해 어떤 생각이신지요? 근대의 대안체제에 대한 실험은 대부분 실패했는데 어떤 다른 전망을 가질 수 있을까요?

**백낙청** 먼저 월러스틴이 말하는 두가지 근대성 중에 한국 사회에서는 이른바 테크놀로지의 근대성이 과중하게 실현이 되어서 오히려 해방의 근대성을 제약하고 있는 게 아닌가? 저도 그 점에는 동감한다고 말씀드리겠습니다. 그리고 저에 대해서 개인적으로 좋은 말씀 해주시고 질문도 해주셨는데, 그 질문에 정면으로 답하기보다 이렇게 말씀드리고 싶어요. 그동안 우리가 좌절도 많이 겪었고 절망할 일도 많았지만 이룩한 일도 많지 않나. 제가 결손국가니 북한뿐 아니라 남한 사회도 불량성이 있다고 하면 대한민국을 부정한다는 것처럼 얘기하는데, 제가 이번에 『창작과비평』에 발표한 글에 그 얘기가 짧게 한 토막이 나옵니다. '결손국가, 간추린 역사'라는 대목을 보면 아실 텐데, 사실 대한민국이 출범할 때는 결손국가 겸 불량국가였다고 생각합니다. 그게 여러 경로를 거치고 국민들이 피 흘리고 땀 흘리고 노력을 많이 했고, 저는 그런 데 기여한 사람으로서 박정희 대통령 같은 사람도 제외하지 않습니다. 그 나름대로 기여한 바가 있습니다. 어쨌든 그래서 87년에 민주화를 일단 달성했고요. 완전히 민주화됐다고 말하고 싶진 않습니다만. 그리고 2007년에 이명박 대통령이 당선된 이듬해 어느 분하고 『창작과비평』 대담을 하면서, 그래도 그동안 살아오면서 87년이라는 큰 성과를 봤는데 앞으로 그 비슷한 전환을 한번만 더 이룩하면 그분이나 나나 일생 동안 두번의 대전환을 이룩하는 그런 경험을 갖는 흔치 않는 인생이 되지 않겠냐는 말을 한 적이 있습니다. 저는 아직 그 희망을 버리지 않았고, 또 세계체제에 관해서도 결정론적으로 과거 맑스-레닌주의에서 말하듯이 역사에 철의 법칙이 있어서 자본주의가 망하고 사회주의가 오고 하는 식의 역사법칙을 믿지는 않습니다만, 자본주의체제보다는 더 민주적이고 더 평등하고 더 자연환경에 친화적인 세상을 만들 수 있고, 우리가 노력하기에 따라서 그게 언젠가는 도래하리라고 믿습니다. 그런 희망을 갖고 있기 때문에 그렇게 좌절하고 절망하면서 어떻게 멀쩡하게 살아 있느냐는 질문은 저에게 해당하는 질문은 아닙니다.

**청중 4** 교육계에서 일하고 있는 여성인데요, 남북통일 문제를 잘 이해할 수 있는 통로 같은 것이 있을지요?

**백낙청** 저는 정부 당국과 관계가 없기 때문에 정부에서 어떤 방안을 갖고 있는지는 알 수 없습니다. 제가 한가지 말씀드릴 것은, 여성의 입장에서 막연히 남북통일을 염원한다고 하기보다는 오늘 발제에서 취했던 그런 방식으로, 통일에 대한 염원에서 출발하기보다는 우리가 사는 현실, 분단체제에 속한 남북한 중의 한곳에서 사는 현실에서 우리가 마음에 안 드는 것이 어디까지 분단하고 관계 있고 어느 건 굳이 분단하고 관계지을 필요가 없는 건지 그런 것을 검토해보시고, 역시 분단체제 때문에 여성문제가 더 악화되는구나라는 판단이 서면 막연한 남북통일이 아니라 구체적인 분단체제 극복을 위해서 그만큼 더 노력을 하시면 되지 않을까 하는 겁니다. 한국이 여성의 지위가 세계에서 제일 낮은 나라는 물론 아니죠. 더 낮은 나라도 있습니다. 그러나 세계경제포럼에서 소위 '젠더 갭'(gender gap)이라는 지표를 만들었는데 한국이 137위인가로 나옵니다. 137위보다 더 못한 140몇위까지가 있으니까 리스트에 나온 나라 중에도 한국보다 못한 나라가 있고, 아예 통계에서 취급도 안한 나라까지 포함하면 최하는 아닙니다. 그러나 한국의 경제력이나 한국 여성들이 받은 교육수준을 감안해보면 137위는 말도 안되는 숫자예요. 그럼 왜 그러냐? 순전히 유교전통 가부장제 때문에 그러냐? 저는 그렇게 보지 않고 남한, 북한 모두 분단체제로 인해서 남성 위주의 문화, 특히 군사적인 문화가 더 강화됐는데 군사문화라는 건 기본적으로 반여성적인 문화거든요. 그래서 여성문제도 악화되어가고 있다는 게 제 생각입니다. 그런 식의 구체적인 분석을 여성학자나 활동가들이 해보시면 좋겠다는 생각을 하고 있고, 선생님께서는 활동가로 나서셨는지 모르겠지만 학생을 가르치신다고 하니까 그런 점을 더 생각하고 대화하시면 되지 않을까 생각합니다.

**최장집** 감사합니다. 시간이 다 되어서 여기서 종결해야 될 것 같습니다. 바로 옆에서 백낙청 교수님을 직접 뵙는 것도 오랜만인데요, 오랜만에 봬도 옛날보다 더 건강하신 모습으로 오늘 강연을 하신 데에 대해서 기쁘게 생각합니다. 그리고 오늘 강연은 그동안 백낙청 교수님이 뭘 생각하시는가를 직접 말씀을 통해서 이해할 수 있는 좋은 기회라고 생각하고요. 저는 백교수님의 한국 공론장이라 할까 비판적 지식사회에서의 역할에 대해서 매우 존경스럽게 생각합니다. 최근의 현실 이슈들이 왜소한 문제들에만 관심을 가지고 기술적이고 관료적이라 이런 비판의식이 자리 잡을 여지가 많지 않은데, 이렇게 일관된 목소리로 분단된 현실에서 무엇이 문제인지를 적시하고 무엇을 해야 할 것인가를 늘 말씀해주시는 데 대해서 그 역할은 굉장히 중요하고 큰 역할이라고 생각합니다. 오늘 긴 시간 동안 좋은 말씀 해주신 데 감사의 말씀 드리고 두분 논평자께도 감사드립니다.

# 문학, 『창작과비평』, 그리고 한국 사회

백낙청(『창작과비평』 편집인)
김두식(경북대 법학전문대학원 교수)
황정은(소설가)

**김두식** 오늘 '북 토크' 시간에는 백낙청 선생님 모셨습니다. 선생님 모시자마자 기선을 제압해볼까 해서 사주(社主)를 모셔서 부담스럽다, 이런 이야기 했다가 야비하다고 얘기 듣고 '멘붕'입니다. 바로 반격을 하셔서 깜짝 놀랐는데요, 선생님 안녕하십니까?

**백낙청** 네, 안녕하세요?

**김두식** 창비 「라디오 책다방」이 창비의 상징적 얼굴인 백낙청 선생님 모셨는데요, 평소에 「라디오 책다방」 자주 들으신다고 알고 있습니다.

**백낙청** 자주는 못 듣고요.

**김두식** 어떻게 들으세요?

**백낙청** 컴퓨터로 들어요. 창비 「라디오 책다방」으로 바로 들어가든

■ 이 인터뷰는 팟캐스트 「라디오 책다방」 104, 105회(2015년 5월 4일, 5월 11일)에 방송된 것이다.

가, 아니면 팟빵(podbbang).

**김두식** 누구 도움을 받진 않으시는군요.

**백낙청** 거기까지는 해요.

**김두식** 저희가 통상 신작을 내신 저자분이나 작가분을 모시는데, 백선생님도 곧 신작『백낙청이 대전환의 길을 묻다』, 부제가 '큰 적공을 위한 전문가 7인 인터뷰'(창비)라는 책이 나오게 되어 있습니다. 방송이 나올 때쯤에는 출간되어 있겠지만 저희는 아직 책을 읽지 못한 상태에서 방송을 하게 됐는데요, 어떤 책인지 잠깐 소개 좀 해주시겠습니까?

**백낙청** 2014년 겨울호『창작과비평』에「큰 적공, 큰 전환을 위하여」라는 제법 긴 글을 썼습니다. 쓴 이유는,『2013년체제 만들기』라는 책을 써서 2012년 선거에도 영향을 주고 13년 새로운 체제 출범에 기여해볼까 하다가 잘 안됐잖아요. 그 이후에는 자숙을 하고 있었죠. 국민 앞에 나설 면목도 없고, 그게 내가 잘할 수 있는 일 같지도 않고. 그러다가 세월호사건을 겪으면서 많은 사람들이 새로운 다짐을 하고 새롭게 살아보겠다 하는 생각을 했는데, 나도 그런 생각이 들었어요. 흔히 하는 말로 가만히 있지 않겠다 하는. 근데『2013년체제 만들기』이후로 사회적인 발언에서는 가만히 있는 편이었거든요. 그러다가 가만히 있지 말아야겠다는 생각이 들어서 생각을 가다듬어서 처음에는 세교연구소에서 하는 '세교포럼'에서 발표했고요, 그다음에 글을 만들어서 계간지에 실었습니다. 그전부터 왜 가만히 있냐고, 책을 한권 내라고 쪼아대는 친구들이 있었죠. 그런데 지금 책을 낼 실력도 없고. 그러다 대담집을 하면 어떠냐 하는 얘기가 있었어요. 발표도 하고 토론도 하면서 느낀 것은, 대담집을 만드는 것이 편한 길이긴 한데, 대담이라고 하면 보통은 내가 인터뷰이가 되는데 그렇게 한권을 풀어낼 만한 '꺼리'가 있는 것도 아니고, 또 내가 풀어낸다고 한들 관심 가질 사람이 얼마나 되겠어요? 그러지 말고 내가 인터뷰어로 나서서 각 분야의 전문가들을 인터뷰하고 내가 쓴 글을 일종의 총론으로 삼고 각론을 채워보자. 그렇게 해서 작년 연말부터 계획을 잡아서 금년 1월달부터 일곱분을 인터뷰했습니다. 인터뷰는 3월 중으로 끝났나. 그러고서 정리해서 지금 책이 거의 나올 단계가 되었습니다.

**김두식** 선생님보다 훨씬 젊은 연배의 분들을 만나신 거죠? 상대방이 부담스러워하지 않았나요? 저도 선생님이 저 인터뷰하러 오신다고 하면 "무슨 일인 거지?" 이랬을 것 같은데, 다들 흔쾌히 수락하던가요?

**백낙청** 흔쾌히 수락한 분도 있고 안한 분도 있는데 그게 나이가 많아서 부담스럽다기보다도, 가령 여성 쪽에서는 나보다 나이 어리지만 여성학계에서 원로로 치는 조은(曺恩) 교수라든가, 거기도 이미 명예교수가 된 사람인데 그분은 좀 망설였던 것 같아요. 본인은 그렇게 말 안하지만 원로 남성이라는 사람들 만나서 무슨 얘기가 될까 하는 게 상당 부분 작용했던 것 같습니다.

**김두식** 그래도 응하신 거잖아요?

**백낙청** 응했죠. 설득을 많이 했어요. 내가 직접 나서진 않았지만 기획팀에서 나서서 백선생은 그렇게 몽매한 사람은 아니다 하고 설득한 모양이에요.

**김두식** 수긍하신 모양이네요.

**백낙청** 일단 부딪쳐보자, 이렇게는 생각하신 것 같고, 끝나고 나서는 안 물어봤어요.

**김두식** 박성민(朴聖珉) 씨나 이런 분은 정치컨설턴트로 유명하기는 하지만 많이 알려진 분이 아닌데요, 선택을 해서 인터뷰를 하셨더라고요.

**백낙청** 흔히 나오는 정치학 교수나 정치평론가보다 버전이 다른 사람을 해보자……

**김두식** 일종의 선수거든요.

**백낙청** 그렇죠. 현장의 선수니까 한번 해보자. 토론은 꽤 재밌게 된 것 같아요, 내 생각에는. 박성민 씨가 아무래도 현장을 생생하게 아는 사람으로서 재밌는 얘기를 많이 했고, 그러다가 이론적인 얘기가 나오면 나도 끼어들어서 이러쿵저러쿵했죠.

**김두식** 잘 팔릴 것 같으세요?

**백낙청** 내 책이 별로 안 팔려요.(웃음) 아마 부수로는 『2013년체제 만들기』가 제일 많이 팔렸을 거예요. 그게 5, 6천부까지는 잘 팔렸어요. 그러다가 4월 총선에서 져버렸잖아요. 그러니까 뚝 끊어지더라고요.

**김두식** 예전에는 선생님 책 그거보다 잘 팔린 게 있었을 텐데요.

**백낙청** 70년대에 나온 평론집 『민족문학과 세계문학 1』, 그거는 몇부 나갔는지 누적부수를 알 수가 없습니다. 창비 책 중에서 70년대에 나온 것 중에 그런 게 많아요.

**김두식** 집계가 안되어 있는 거죠.

**백낙청** 그렇죠. 70년대도 집계를 치밀하게 하지 않았지만 80년대에 계엄이 나고 정식으로 검열을 했잖아요. 그러면서 옛날에 찍은 책도 중쇄를 할 때마다 검열을 받으라는 거였어요. 우리가 고지식하게 염무웅 선생의 문학평론집 『민중시대의 문학』(1979)도 검열에 넣었더니 70년대에 멀쩡하게 잘 팔리던 문학평론집인데 계엄사에서 불허가 된 겁니다. 그래서 그다음부터는 몇쇄 표시 없이 계속 찍었죠. 제 것도 좀 나갔을 겁니다. 가령 신경림 선생의 『농무』(1975) 같은 거, 그건 지금도 많이 나가고 있지만 몇십만부 나갔는지 기록이 전혀 없어요. 80년대 내내 기록을 안하고 찍어서 팔았으니까.

**김두식** 누가 들으면 탈세한 거 아니냐 할 수도 있는데 당시에는 그런 게 전혀 문제가 되진 않았던 거 같고, 뒤로 책을 팔 수밖에 없었던 상황인 거죠.

**백낙청** 탈세는 아니에요. 왜냐하면 당시 창비 규모의 회사는 인정과세(認定課稅)라는 걸 하잖아요. 그냥 세무서에서 알아서 때리는, 이 정도

하는 거 같으니까 얼마 내라 하는 거죠.

**김두식** 너무 옛날 얘기 같네요. 인정과세 같은 것도 추억의 단어고요. 오늘 방송은 저희가 백선생님의 모든 것을 파헤치자, 이렇게 생각을 했는데, 인터뷰를 꽤 하셨더라고요. 그래서 선생님 무슨 생각 하고 계신지 아는 사람들은 다 알고. 그래서 흔히 알고 있는 정치·사회 면에서의 선생님 활동, 통일이나 국제문제에 관한 활동보다는 선생님의 본업인 문학평론가이자 계간지 편집인으로서의 백낙청에 대해서 같이 얘기해보는 시간을 가졌으면 하고요. 굳이 제목을 붙이면 '문학이 무엇인지 다시 묻는 일'로 해보려고 합니다. 저도 좀 놀란 게, 선생님이 계간지 『창작과비평』을 만든 1966년에 스물여덟살밖에 안되셨더라고요. '민주회복국민선언'으로 학교에서 74년에 잘리신 때가 서른여섯살이셨고요. 당시에 '민주회복국민선언'에 이름 올렸던 분들 쭉 보면 역사 속의 인물들, 오래전에 역사 속으로 돌아가신 분들이 많고, 그러다보니까 외람되지만 상대적으로 굉장히 옛날 사람 이미지가 있으신데요. 좋은 점도 있지만 억울하거나 손해 본다는 느낌도 있을 것 같아요. 원로라는 느낌 때문에 억울하신 때는 없어요?

**백낙청** 책이 잘 안 팔린다든가 여러가지 문제점이 있죠. 어떡하겠어요?(웃음)

**황정은** 선생님의 현장비평을 제가 가장 최근에 본 게 2014년 봄호 『창작과비평』에 실린 좌담이었거든요.* 그때 강경석(姜敬錫) 선생님하고 송종원(宋鍾元) 선생님하고 신간들에 대해서 짧은 대화를 나누셨더라고요. 그런데 선생님께서 본의 아니게 작품을 많이 읽지 못하고 평론에 집중하지 못했다, 그런 말씀을 자주 하셨어요. 또 평론집에서 독서량이 절대적으로 부족하다, 이런 고백도 하셨더라고요. 그래서 요즘에는 어떠

---

* 이 책 120~48면 참조.

신지 궁금합니다. 새로 나온 문학작품을 어떻게 읽으세요?

**백낙청** 요즘은 더하면 더했지 덜하지가 않은데요. 그래서 사실은 나는 김두식 선생이나 황정은 작가하고 얘기한다 하면 그 점에서 주눅이 들어요. 이 양반들 책을 많이 읽으시는 분들인데…….

**김두식** 「라디오 책다방」 때문에 억지로 읽고 있는데요.(웃음)

**백낙청** 근데 나는 문학 독서를 몰아서 합니다. 어느 시기에 몰아서 하고, 그다음에 다른 일에 착수하면 그 일을 하고. 하는 일이 잡다해서 그렇고, 그리고 요즘에는 체력으로 봐서 독서할 수 있는 절대시간이 한정되어 있고요. 그런데 지난 6개월 동안은 문학 아닌 다른 일을 했습니다. 영문학 쪽은 작업을 한 게 있어요. 해외의 전문지에 글도 써내고. '국제 D. H. 로런스 학술대회'(International D. H. Lawrence Conference)라는 게 있어요, 3년마다. 그게 끝나면 우리가 국제 특집호를 만들어냅니다. 로런스학계에서는 세계적으로 유명한 분들이에요. 그런 분들하고 나하고 소위 초빙, 객원 편집자가 되어서 그 호를 편집하는데, 그 작업을 지난 몇달 동안 해왔고 아직도 계속 중입니다. 영문학 쪽은 그런 일을 한 편이고, 아까 말한 대담집으로 바빴고.

**김두식** 몰아서 읽는다는 게 재밌는 거 같아요. 영문학 책을 읽을 때는 영문학 책만 읽고.

**백낙청** 그렇게 완전히 몰아서는 아닌데, 『창비』 편집에 관여하니까 한국문학 작품을, 창비에서 나오는 소설이라든가 몇개는 읽지만 특별한 경우 아니면 잘 안 읽고 있다가요. 그다음에 몇달 동안, 과제가 주어졌을 때라든가 그럴 때 읽죠. 그래서 이번에는 「라디오 책다방」에서 문학 얘길 한 걸 계기로 앞으로 몇달 열심히 해보려고 합니다.

**황정은** 최근에 읽은 작품 중에서 인상 깊었던 작품 얘기 좀 해주세요.

**백낙청** 최근에는 별로 못 읽었죠. 황정은 작가한테는 미안하지만 연재할 때는 「소라나나나기」 열심히 봤는데, 개고해서 단행본으로 낸 책을 작년 12월에 주셨을 거예요. 아직 안 읽었는데 그것도 예정 리스트에 있습니다.

**김두식** 그리고 박민규(朴玟奎) 작가에 대한 언급도 하셨죠. 세월호에 대해서 쓴 글.*

**백낙청** 그 책, 그 글들은 많이 봤고 황정은 씨가 쓴 글 인용도 했고. 그리고 작가의 작품이 아니고 기록단(416 세월호 참사 작가기록단)이 쓴 『금요일엔 돌아오렴』(창비 2015)은 봤죠. 마음이 아픈데, 사람들이 마음이 너무 아플 게 걱정이 되어서 안 읽잖아요? 정작 읽으면 아프기도 하지만 힘이 되는 이야기 같아요. 그래서 참 좋은 책이라고 생각해요, 창비에서 나왔지만.

**김두식** 애들의 실체가 나와서 좋은 책인 거 같아요. 304명이 우르르 나오는 거보다도 한명, 한명.

**백낙청** 애들도 각각이고 엄마 아빠도 각각이에요. 비통한 건 다 마찬가지지만 대응하는 방식도 다르고 성격도 다르고. 공통점이 있다면, 거기에 나온 분들은 고통을 통해서 내가 이런 세상에 살고 있었다는 것을 새삼 깨닫고 좌절하거나 물러서지 않고 뜻을 세워서 싸워나가고 있잖아요. 그런 게 참 감동적이었고. 그리고 우리가 세월호 이후에 변한 게 없다고 하는데, 사실 변한 게 구석구석 많이 있죠. 이게 집결이 되어서 사회를 변화시키는 데까지 안 갔다는 거지 여기저기 많은데, 그중에 많은 것들은 유족들의 바뀜이 아닌가 해요.

**김두식** 한국 사회의 민낯을 보여준 면이 있고, 유족들이 변해가는 모습이 어떤 면에서는 희망적이고 그런 게 있는 거죠. 오늘 문학평론가로서의 백낙청 선생님 이야기를 해야겠는데요, 평론이 예전 같지 않고 예전에 평론이 가졌던 힘을 생각해보면 역할이 축소되었다고 해야 하나,

---

* 박민규 「눈먼 자들의 국가」, 김애란 외 『눈먼 자들의 국가』, 문학동네 2014.

그런 느낌도 좀 들고요. 백낙청 선생님 같은 경우에 문학평론가로서도 많은 역할을 하셨지만 담론을 만들어내는 역할을 많이 하셔서 어떤 사람들에게는 문학평론가보다는 거대담론을 만들어내는 분으로 기억되는 경우도 있거든요. 근데 어떤 사람들은 또 거대담론을 부정적으로, "어우, 거대담론 싫어" 이런 사람도 있잖아요. 담론의 역할에 대해선 어떻게 생각하세요? 지식인들이 거대담론을 포기해서는 안된다, 이런 말씀도 2006년에 하셨는데.

**백낙청** 거대담론이 폐단이 있다는 건, 거대한 얘기를 하다보면 구체적인 현실에서 동떨어질 수 있잖아요? 문학의 경우는 작품하고 동떨어진 이야기를 하고. 그걸 거대담론을 포기하는 걸로 해결하려고 하면 안되는 것 같아요. 내가 거대담론을 얘기 안하면 결국 남의 거대담론에 사로잡히는 결과가 되니까. 거대담론 차원에서는 그 차원대로 자기의 생각을 개발하고 담론을 개발하는데, 자기 생각을 끊임없이 개척해나가야 하고요. 사회현실을 얘기할 때는 구체적인 현실하고 맞물려서 가야 되고요. 작품의 경우는 작품에 대한 인식하고 함께 가야 한다고 보는데, 내가 얼마나 성공적으로 했는지는 장담할 순 없지만 적어도 그런 걸 시도해왔어요. 어떤 사람이 내 문학비평이 실제비평보다 이론비평에 강하다 얘기하면 마음속으로 승복 안하죠. 둘이 같이 가는 거지 어떻게 따로 가냐.

**김두식** 담론이 있어야 제대로 된 개별 비평도 가능하고 서로 이야기가 오갈 수 있다고 생각하시는 거 같아요.

**백낙청** 담론이라는 말이 얼마 전부터, 10~20년 전부터 부쩍 유행을 하는데 원래는 잘 안 썼어요. 고유의 표현을 하면 '언설(言說)'이라고 하죠. 말하는 거요. 그러니까 언설이 있어야 하는 건 당연한 건데, 그걸 담론이라고 하면 격도 있고 이론적 깊이도 있고 그런 것처럼 보이는 거죠. 우리가 언설을 하면서 사는데, 그 언설을 깊이있고 정제되고 정합성도 있고 그러면서도 현실에 충실한, 그런 언설을 개발하려고 하죠. 그건 이론가나 담론가가 아니라도 누구나 자기 삶을 충실하게 살려고 하면 말을 제대로 하려는 훈련을 끊임없이 하면서 살아야 하잖아요. 그런 뜻이 되겠죠.

**김두식**  과거에는 스타 평론가들이 있었잖아요. 백낙청 선생님도 그렇고 김현이나 김윤식(金允植), 김우창 같은 분들이 일정한 권위를 누리던 시대가 있었는데요, 사람들이 평론가의 말에 귀를 기울이고. 어느 시점부터 그런 평론가들의 시절이 사라지고, 어떻게 보면 인터넷에서 누구나 별점도 매기고 자기 평을 쓸 수 있게 되다보니까 좋은 면도 있지만 평론가들의 역할이 축소되는 면도 있는 것 같거든요. 긍정적인 면, 부정적인 면이 있을 텐데, 선생님은 어떻게 생각하세요? 좋은 시절을 누려본 입장에서 변화랄까……

**백낙청**  글쎄, 여러가지 이야기가 포함되어 있는 것 같은데요. 세상에서 스타 평론가라고 다 인정을 하면 스타 평론가 되는 거겠죠. 나는 나를 포함해서 우리나라에 그렇게 훌륭한 평론가가 있는지 잘 모르겠고. 그런 식으로 나열하면 유종호 선생님 같은 분도 그랬고요. 참 훌륭한 비평 많이 하신 분인데, 그렇고, 지금 평단에서 활동하는 평론가 중에서 사회적으로 명성과 권위를 누리는 사람이 별로 없는 건 사실이에요. 하지만 인터넷에서 아무나 쓰는 글은 평론이 아니고 평단에서 평론가 완장을 차고 써야지 평론이라고 생각할 필요는 없을 것 같아요. 아무나 쓰니까 말도 안되는 소리도 많이 나오지만. 그런 글 다 포함하면 좋은 평론의 절대량이 줄어들었다고 할 수는 없을 것 같아요. 그런데 엉터리가 너무 많아서 섞여버리는 게 있고. 또 하나는, 평론의 역할이 줄어들었다고 하는 것은 우리 사회의 공공성의 실태라고 할까, 공정하고 바른 소리를 하는 게 잘 안 먹히고 대접을 못 받는, 문학만이 아니고 모든 분야에서, 그런 현상의 일부가 아닌가 해요. 말하자면 엉터리, 더 심한 표현을 쓸 수 있지만 그런 사람들이 자기들 세상 만나서 판치고 있으니까 그 안에서 바른 소리를 하려는 사람들은 문학이든 다른 분야든 별로 빛을 못 보는 시대라고 생각해야 할 것 같아요.

**황정은** 진지한 것을 혐오하는 경향도 있는 것 같아요.

**백낙청** 진지하게 나쁜 소리 하는 사람들하고 일반적인 냉소적 분위기하고 같이 가요. 똑같은 사람들이 하는 건 아닌데 이상한 소리 해서 냉소 분위기를 키워놓고. 정치에서도 그렇잖아요. 정치하는 놈들 다 똑같은 놈들이다, 이런 식으로 정치혐오가 커지면 결국 편해지는 건 기득권 가진 인간들이거든요. 특히 여당이라든가. 그래서 진지한 걸 무시하는 사람들하고 적극적으로 못된 소리 하는 사람들이 상보적인 것 같아요.

**김두식** 그래도 과거에 소설가들이 이름을 얻었던 만큼 평론가들도 누구 하면 거의 전국민이 알던 시절하고 비교해보면 많이 바뀌기는 바뀐 것 같고요. 요즘 젊은 평론가들 중에서 저 사람은 정말 잘 쓴다, 나보다 잘 쓴다, 이런 후배들 있나요? 어떤 후배들이 있을까요, 좀 많이 읽혔으면 좋겠다 하는?

**백낙청** 재밌는 사람들 많죠. 나보다 잘 쓸 수밖에 없는 건, 나보다 훨씬 많이 읽으니까요. 그건 개인 차원에서 누가 더 재주가 있고 덜하냐를 따지는 것보다, 시나 소설도 비슷하지만 평론이나 학술 쪽은 더한 것 같은데, 선행 업적을 소화하고 딛고 넘어서는 게 중요하다고 보거든요. 개인을 놓고 보면 누구는 180센티고 누구는 160센티면 하나는 작고 하나는 큰 사람이 아니에요? 그러나 160짜리가 50센티, 1미터짜리 되는 단위에 올라서면 180짜리가 아무리 해도 안되잖아요. 그러니까 지금까지 평단이나 담론계에서 이룩한 성과를 얼마나 자기 것으로 만들어서 그걸 딛고 일어서느냐 하는 게 더 중요하다고 봅니다.

**김두식** 기존의 성과들을 이해하고 자기 것으로 만들고 다음 단계로 넘어가는 평론가가 나와야 된다고 보시는군요.

**백낙청** 그런 평론가가 없다는 건 아니고, 누가 재주 있느냐, 당장에 글 잘 쓰느냐 하는 경쟁도 중요하지만 더 중요한 것은 문학전통을 세워가는 일이라고 생각해요.

**김두식** 어떤 전통이죠, 구체적으로는?

**백낙청** 원론적으로 말해서, 이제까지 우리 문학이나 평론이 이룩한 성과가 있단 말이에요. 그걸 내가 재주 있다고 해서 '이제까지 나온 소리는 재미없어,' 아니면 '평론이라는 건 각자 개인이 자기 재능 갖고 하면 되는 거지'라고 생각하지 말고, 문학평론도 시나 소설 못지않게 개인적인 작업인 동시에 다른 한편으로는 집단적이고 연속적인 작업이라는 거죠. 시, 소설도 그런 경향이 있지만 평론이 더 강한 거 같아요.

**김두식** 일종의 학문 영역이기 때문에.

**백낙청** 그렇죠. 절반은 학문 영역에 걸쳐 있고.

**김두식** 선행 영역하고 단절될 수 없는 건데 말씀 듣다보니 우리가 좀 단절되는 경향이 있긴 있는 것 같네요. 과거의 흐름에 대해 생각하는 것보다는 자기 재능이나 자기 글 쓰는 데 집중하게 된다고 할까요? 선생님의 비평언어에서 가장 먼저 떠오르는 말은 민족문학, 리얼리즘 같은 말인데요. 민족문학이라는 개념은 『민족문학과 세계문학』이라는 책의 제목으로 쓰이기도 했고 한때는 문단의 담론을 주도했던 용어이기도 한데, 개념이 정확히 뭔지가 잡히지는 않아요. 한국 사람들이 쓴 문학은 다 민족문학인가? 저희도 오늘 녹음하기 전에 여러 사람이 모여서 민족문학이 뭘까, 여러가지 얘기들을 했는데요, 선생님이 생각하시는 민족문학은 어떤 의미를 갖는 거죠?

**백낙청** 민족문학이라는 개념이 분석적인 의미를 갖지 않는 건 아니지만 엄밀한 의미의 분석적인 개념이라기보다는 특정한 시대의 논쟁적인 개념이었어요. 가령 우리 시대의 민족문학 논의가 본격적으로 벌어진 것이 70년대 초인데, 한쪽에서는 국민문학이라는 말을 많이 썼죠. 영어로는 둘 다 '내셔널 리터러처'(national literature)인데, 우리나라에서는 일제강점기에는 국민문학이라고 하면 식민지로서 일본문학에 복속된 황도문학(皇道文學)과 혼동될 여지가 있었고.

**김두식** 식민지 지배에 복무하는 문학으로서의 의미가 있었던 거죠.

**백낙청** 일제 식민지의 신민이고 법률상 일본제국의 국민인데 거기에 대한 자의식이나 저항의식이 없는 용법으로 쓰인 거죠. 그런데 그 시절에는 민족문학이라는 개념이 널리 퍼지지 못했습니다. 프롤레타리아문학, 계급문학을 주장하신 분들이 항일운동을 하신 분들인데도 민족문학이라는 개념을 수용 안했고요. 해방 이후에 들어와서 카프(KAPF) 하던 사람들 중에 임화(林和)나 김남천(金南天) 같은 분들이 지금은 계급문학할 때가 아니라고 판단을 하고 민족문학을 들고나온 적이 있어요. 그게 6·25전쟁 거치면서…….

**김두식** 이북 가거나 사라지신 거죠.

**백낙청** 흐름이 끊겼고. 70년대 초에 다시 시작되면서 그때는 분단시대니까, 여전히 식민지시대라고 주장하는 사람도 있었지만, 분단시대니까 분단된 대한민국의 국민문학이 아니고 민족 전체를 생각하는 문학을 하자는 뜻에서 민족문학 이야기를 한 겁니다. 그리고 문학의 보편성은 원론적으로 추구할 만한 가치지만, 보편성을 들먹이면서 민족문학이 무슨 필요가 있느냐, 한국 사람이 쓰면 한국문학이지, 하는 사람들이 서양 선진국의 문화를 수입하면서 그걸 문학의 표본으로 놓고 하니까 거기에 저항하는 의미도 있었고요. 그리고 그 상황을 옥죄고 있었던 게 독재정권이어서 그에 저항하는 의미로 민족문학이라는 표현을 썼는데, 87년에 군사독재는 끝났고, 하여간 그 시절이 논쟁적인 상황이었다고 하면 그 상황이 많이 달라진 거죠. 그래서 내가 그걸 2006년도에 정리를 해봤는데요, 어느 잡지에 실린 게 아니고 『통일시대 한국문학의 보람』(창비)이라는 평론집을 내면서 서장으로 「민족문학, 세계문학, 한국문학」이라는 긴 글을 썼습니다. 그래서 2006년 시점에는 그런 식으로 민족문학을 논쟁의 초점으로 삼는 시기는 지난 것 같다, 그러나 그 시점에도 아직 유효한 민족문학의 의미는 어떤 게 있을까 하는 걸 몇가지 살펴본 바가 있어요. 간단히 말씀드리면, 민족문학 개념을 처음 제시할 때의 문제의식은 유효하지만 민족문학 개념을 중심으로 담론을 끌고 갈 논쟁적인 맥락은 거의 사라졌다고 할 수 있을 것 같습니다. 그런데 불행히도 그 책이 너무나 안 팔렸기 때문에,(웃음) 내가 그런 걸 썼다는 걸 모르는 사람이 많습니다.

**김두식** 저는 일상적으로 순수문학하고 참여문학의 대립에서 참여 쪽을 대변하는 용어 중의 하나로 민족문학이라는 표현이 쓰이지 않았을까 생각했는데요.

**백낙청** 그러니까 순수와 참여의 원론적인 대립이 있다가 거기에 우리의 민족현실, 특히 독재하에 분단되어 있고 대외의존도가 심한 현실을 구체적으로 채워넣은 거죠.

**김두식** 그래도 지금 상황에서도 여전히 유효한 의미가 있을 수 있는 거죠?

**백낙청** 옛날에 쓰던 그대로 되풀이하고 고집하는 사람도 꼴통이고, 민족문학이라고 얘기하면 무조건 촌놈 취급하는 사람들도 가슴에 손을 얹고 그게 우리 시대의 전반적으로 냉소적인 기질의 반영인지 생각해볼 만하죠.

**황정은** 얼마 전에 들은 재밌는 얘기였는데, 선생님께서 「민족문학, 세계문학, 한국문학」을 책으로 정리해서 내셨는데 그 책이 안 팔린 탓인지, 서울이 아니라 지방 쪽에 계신 분이었는데, "민족문학이 끝났으면 끝났다고 얘길 해야지 끝난 줄도 모르고 내가 이걸 붙들고 얼마나……" 이렇게 불평을 하셨다는 이야기를 들은 적이 있습니다.(웃음)

**백낙청** 그거는 정리하기 전부터 그런 얘기들이 많이 있었어요. 민족문학이 일종의 구호랄까 깃발로서의 용도는 많이 사라졌다고 그랬고.

70년대에는 논쟁적인 개념으로 유효하기도 했지만 그런 개념을 쓰다보면 소위 진영논리가 생기거든요. 그래서 민족문학 진영의 작가가 있고 그렇지 않은 작가가 있고, 이렇게 편을 가른단 말이에요. 사람의 성향에 따라서는 어느정도 갈라지긴 합니다만 작품은 그렇게 가를 수가 없는 거잖아요? 작품은 달리 봐야 하는데, 그걸 작품 위주로 보지 않고 사람 위주로 보는 폐단이 생겨요. 그건 나도 경계를 한다고 했지만 은연중에 그런 게 있었어요. 지금 누군가가 눈을 밝혀서 쭉 검사를 해보면 나오는 게 있을 겁니다.

**김두식** 선생님도 완전히 자유롭긴 힘들다는 말씀이시죠.

**백낙청** 자유롭지 않았다는 거죠. 그런데 내 경우에는 애당초부터 그냥 진영논리만은 아니었다고 생각하고, 더구나 그 진영논리의 폐단을 일찍 지적하면서 당시로서는 우리 편이 아닌 작품을 평가하기도 했어요. 90년대 중반에 쓴 어느 글에서는 시인 중에 김기택(金基澤) 같은 시인을 이야기하고 신경숙(申京淑) 작가 작품 이야기하고.

**김두식** 『외딴방』(문학동네 1995)에 대한 글을 쓰시고요.

**백낙청** 『외딴방』은 조금 더 뒤고요. 『풍금이 있던 자리』(문학과지성사 1993)부터 신경숙을, 그때 처음 알았죠. 그래서 그전 작품도 찾아보고 그랬는데, 그랬을 때 반발하는 동지들이 꽤 많았습니다. 왜 우리 편은 안 띄워주고…….(웃음)

**김두식** 오, 이거 재밌다. 오늘 방송 망할 줄 알았는데 재밌는 얘기 나오는 거 같아요.

**백낙청** 그럴 때 나온 얘기 중의 하나가 "우리는 열심히 지방에서, 예 하부대에서 민족문학을 위해서 싸우고 있는데 본부에서 바꿨으면 바꿨다고 알려라도 줘야 돼지 않나……."

**황정은** 아, 그게 그래서 나온 얘기군요. 그런 맥락이 있었구나. 그런데 이전 세대에서도 논의가 있었던 것으로 알고 있는데요, 최근에 문학의 정체성에 대한 이야기가 나오고 있습니다. 그래서 문학이 뭘 할 수 있는가 또는 무엇을 해야 하는가, 가능한가, 이런 고민을 실제로 소설이나 시 쓰는 분들이 상당히 하는 걸로 알고 있고 그에 관련된 논의도 활발하게 전개되는 걸로 알고 있는데요. 선생님이 생각하시는 문학의 사회적 역할이 무엇인지 궁금해요.

**백낙청** 내가 그렇게 황작가에게 물었으면 틀림없이 답을 안했을 거야.(웃음)

**황정은** 우와, 네.(웃음)

**김두식** 내가 얘기했죠, 오늘 이런 일이 분명히 생긴다고? 오늘 얘기 왔다 갔다 하다보면 분명히 백선생님이 이렇게 돌려치고 나올 장면 있을 거라고 미리 얘기했습니다.(웃음)

**백낙청** 그래서 거기에 정면으로 답하기보다, 우리가 80년대에 완전히 정치주의적인 문학이나 문학론이 승했잖아요? 90년대에 그에 대한 반발이 강했고, 2000년대에 들어서서까지도 문학과 정치, 문학의 정치성 얘기를 하면 촌놈 취급하는 사람들이 많았어요. 그게 우리가 편리하게 잡는 기점은 진은영(陳恩英) 씨가 『창작과비평』에 쓴 글을 가지고 잡는데,* 어쨌든 그 무렵부터 이 얘기가 활발하게 제기가 된 것은 우리 문학이 그만큼 더 성숙한 결과라고 보고요. 그런데 논의 진행을 보면 진은영 씨의 문제의식을 제대로 살려서 진전시키려는 사람들이 있는 한편에, 쓸데없는 얘기해서 남의 힘 빼는 그런 얘기들이 참 많아요. 가령 랑시에르(J. Rancière)가 나름 정치를 정의하는 게 있지 않습니까. 보통 우리가 정치라고들 말하는 건 치안이지 정치가 아니다, 정치라는 건 그야말로 이제까지의 우리의 감각적인 것, 감수성의 배분을 바꿔놓는 것, 그래서 기존 질서를 바꾸는 게 정치지 그렇지 않고 주어진 틀 안에서 하는 정

---

\* 진은영 「감각적인 것의 분배」, 『창작과비평』 2008년 겨울호.

치는 치안이다라고 얘기했는데, 그게 한편으로 중요한 지적이긴 하지만 사실 한편으로는 치안하고 정치하고 잘 구별이 안되거든요. 불란서는 어떤지 모르겠지만 특히 한국 같은 데서는. 용산참사 같은 경우는 치안을 제대로 했으면 일어날 수 없는 일 아니에요? 동시에 정치의 문제고. 그 사건으로 인해서 많은 젊은 문인들이 다시 현장에 나가서 낭독회도 하고 하는 계기가 됐는데, 그런 논의를 심화시키려는 노력이 있는가 하면 정치의 의미 자체가 확실치 않다고 해서 외국 이름들 끌어들여서 생산적인 토론이 안되게 하는 경우도 있고. 그런데 우리 문단만 그런 건 아니에요. 학계도 보면 의미있는 문제제기가 나오면 그걸 물타기하고 판흐려놓는 걸 업으로 삼는, 본인은 의식 안했더라도 그렇게 하는 유식한 분들이 많죠.

**황정은** 그렇지만 그분들한테는 어떻게 보면 그게 자신들의 흐름일 수도 있겠다는 생각이 들어요. 30도 각도로 흐르는 물에서는 45도 각도로 들어오는 물이 이 물을 흐려놓는 물이지만, 45도 각도로 흐르는 물은 자기 나름의 흐름이잖아요. 저는 그래서 그런 의견도 충분히 존중받을 만하지 않을까 하는 생각도 하게 되고요.

**김두식** 현실이 어렵다보니까 과거에 했던 순수냐 참여냐 하는 논의가 훨씬 더 구체화되어서 전개된다는 점에서는 좋다고 생각해요. 아주 안 좋은 현실 속에서 문인들이 자기들 쓰고 싶은 거 쓰다가 현실이 우리가 생각한 것만큼 좋은 게 아니구나 하는 걸 깨닫고 다시 이런 논의를 시작했다는 것 자체가 의미가 있는 것 같거든요.

**백낙청** 아까 말했듯이 이런 논의가 몇년째 이뤄지고 있다는 것 자체는 굉장히 긍정적인 현상이죠.

**황정은** 선생님께서는 영문학하고 철학을 공부하셨고…….

**백낙청** 영문학만 했어요.(웃음)

**황정은** 철학은 전공 않으셨나요?

**백낙청** 철학은 강의 좀 듣고 그런 거고,(웃음) 원래 학부에서는 영문학하고 독문학을 전공했어요. 그러다가 대학원 가서 영문학을 선택했죠.

**김두식** 이 단계에서 제가 난제를 하나 던져야겠는데, '로런스'냐 '로렌스'냐 하는 문제가 있어요. 창비 하면 늘 부딪치는 문제가, 저도 책을 내고 제 책에서 '시스템'을 '씨스템'이라고 썼다는 이유로 김두식은 무슨 글을 이렇게 쓰냐는 비판을 받고 몇번이나 제가 아니고 창비 때문입니다, 해명을 했거든요.* 예컨대 '이탈리아'가 아니라 '이딸리아' 같은 창비가 고집하는 창비식 맞춤법 있지 않습니까. 이건 백낙청식 맞춤법입니까, 아니면 창비 출판사의 오랜 전통입니까? 이걸 고수하는 특별한 이유가 있다면 뭘까요?

**백낙청** '로런스'는 거기에 해당이 안되고요. 국어사전에 그렇게 나올걸요.**

**김두식** 보통은 '로렌스'라고 쓰잖아요?

**백낙청** 그게 잘못된 건데, 대개 일본 사람들이 영문학 연구도 우리보다 먼저 했고 서양문학 연구를 많이 해서 그 사람들의 표기를 통해서 알려지는데, 일본어에는 'ㅓ'라는 모음이 없어요. 'Lawrence' 하면 '로런스'라고 쓸 수가 없어요. 그래서 '로렌스'라고 썼습니다. 그런데 일본 사람들은 '로-' 하고 장음 표시를 해요. 그래서 '로오렌스' 이렇게 읽는데 한국어는 장단음 표시 안하잖아요. 그래서 로**렌**스, 로**렌**스 그렇게 읽게 돼요. 그것도 문제고 또 하나는, 우리말로 표기할 수 있는 외국말은 원음에 가깝게 한다는 게 원칙인데, '로런스'라는 사람을 '로렌스'라고 쓸 이유는 없는 것 같아서요. 나도 한참 지나서 고쳤습니다. 그다음에 창비 표기법은……

**황정은** 된소리 표기법요.

---

\* 2015년 이후에는 관용적 표기의 범위를 넓혀 '시스템'으로 쓰고 있다.
\*\* 1999년 이래 국립국어원 외래어 표기법은 '로런스'를 따르되 '로렌스'를 허용하고 있다.

**백낙청** 그거는요, 처음에는 나의 고집으로 시작됐는지 몰라도 지금은 지지세력이 좀 있고……

**김두식** 학파가 좀 갈리는 것 같더라고요.

**백낙청** 네, 갈려요. 교정 보는 사람들은 굉장히 불편해요. 또 하나는, 책이 대중적인 인기를 얻잖아요? 그런 사람들은 싫어합니다. 단적인 예로, 유홍준(俞弘濬) 선생은 부모들이 항의를 하는 거예요. 애들 성적 떨어뜨린다는 거죠. 그래서 유홍준 씨는 그걸 안 씁니다. 국립국어원에서 정한 표기법을 씁니다.

**김두식** 뒤에 따로 표기를 해놓고 그러던데요.

**백낙청** 그건 내가 그러자고 한 거예요. 색인이라도 넣어주자. 그래야지 창비 표기법으로 하면 이렇게 되는 사람이고 실제로 원음에 가깝다고. 그런데 국립국어원의 표기를 준수하지 않는 것은, 된소리 안 쓴다는 국어원의 원칙이 아무 근거가 없는 거예요. 한글 자모 스물넉자만 쓴다고 되어 있어요. 근데 우리가 한글을 쓸 때는 스물넉자를 적절히 배합해서 된소리도 쓰고 그러잖아요.

**김두식** 그 원칙이 그렇게 해서 나온 거예요?

**백낙청** '스물넉자만 쓴다' 원칙은 한글에서 안 쓰는 글자를 일부러 만들어서 외국어 표기를 할 필요 없다는 거고 그건 상식적인 건데, 그걸 자기들 멋대로 한글 자모 스물넉자만 쓴다고 해놓으니 된소리를 못 쓰는 거죠. 이건 행정 편의주의라 해야 하나. 행정에 꼭 편할 것도 없는데 일단 그렇게 관료주의적으로 정해놓고 고집을 하는 거예요. 처음에는 영어식 표기를 위주로 했잖아요. 그러니까 문제가 안되는 거예요, 된소리 없는 게. 그리고 불어 같은 경우는 된소리가 있는데 대신에 가령 [p] 같은 경우는 'ㅍ'도 있고 'ㅃ'도 있는 체계가 아니거든요. '빠리'를 '파리'라고 해도 '파리'라는 다른 단어와 혼동될 염려가 없으니까 당시로서는 큰 문제가 안됐는데, 점점 여러 분야를 연구하고 여러 나라에 관광객들이 다니고 그러니까 상황이 달라졌죠. 우선 태국에 갔을 때 'Phuket'이라는 유명한 관광지가 있잖아요. 거기 태국말로는 '켓'하고 '껫'이 완전히 다르다고 해요. 그래서 몇가지 예외를 두기 시작했어요. 별 명분 없는 조치인데 철회는 못하고 야금야금 예외를 만들어가고 있는 거죠. 그리고 전공 연구자들도 국어원 표기법을 잘 안 따라요. 중국어 하는 사람들도 안 따릅니다.

**김두식** 러시아어도 따르기 곤란한 것 같고요.

**백낙청** 러시아어는 따라도 큰 문제가 없어요. 가령 [p]로 썼으면 '쁘'로 읽으면 된다 하는데, 어떤 언어에서는 '쁘'와 '프'의 구별이 다 있단 말이에요. 한국어도 그렇고. 그러니까 여기저기서 무너지고 있는데 아직까지 그 원칙을 바꾸지 않은 걸로 압니다. 그래서 창비는 말은 많지만 끝까지 버텨보자, 하고 있습니다.

**김두식** 영어 표현일 때 지적들이 많은 것 같습니다. 러시아어나 스페인어 같은 경우는 그런가보다 하고 넘어가는데 영어 표현은 눈에 익숙하잖아요. 'system'이면 '시스템'으로 적는 게 익숙한 상태에서 독자들이 항의하는 경우가 많은 것 같아요, 왜 너만 이렇게 쓰냐는 식으로. 이건 일종의 창비의 자존심 같은 거군요.

**백낙청** 애국심이죠.(웃음)

**김두식** 밖에서도 지금 다 웃고 있어요. 창비 관계자 분들도 다 웃고 계세요.(웃음)

**황정은** 머리는 왜 움켜쥐시는지.(웃음)

**김두식** 최근에 서민(徐民) 교수님이라고 「라디오 책다방」에도 나온 단국대 의대 교수님이 「세월호와 독서」(『경향신문』 2015.4.14.)라는 글을 써서, 사람들이 요즘 소설을 안 읽어서 공감능력이 떨어진다는 얘기를 했습니다. 저희도 최근에 '시적 정의'라고, 김영란(金英蘭) 대법관 모시고 말씀 나눌 때에도 법관들도 마찬가지로 문학을 안 읽다보니 공감능력이 떨어진다는 얘기 했는데요, 문학을 읽어야 공감능력이 생기는 걸까요? 우리 시대에 문학을 읽어야 하는 이유가 공감, 이런 건가요?

**백낙청** 문학작품을 많이 읽으면 공감력이 커지는 건 사실인 것 같아요. 문학을 안 읽는다고 안 생기는 건지는 모르겠습니다만, 쉽게 공감력을 키울 수 있는 게 문학작품을 읽는 거고, 소설은 조금만 재미 붙이면 재밌잖아요? 그걸 안하니까 그만큼 손해 보고 있는 거죠.

**김두식** 이제 저희가 선생님과 창비 얘기를 조금 했으면 좋겠는데요, 창비라는 출판사와 계간지에 대한 이야기를 듣고 싶습니다. 『창작과비평』이 내년이면 50주년을 맞는데, 계간지 역사상 전무후무한 일이고요. 저도 선생님이 1966년, 스물여덟살의 청년으로 쓰신 「새로운 창작과 비평의 자세」라는 글을 쭉 다시 읽어봤는데 요즘으로 치면 20대 논객들의 결기랄까 그런 게 느껴지더라고요. 요즘 글 쓰는 젊은 사람들 중에 확 지르는 친구들이 있잖아요? 선생님이 스물여덟살에 쓰신 글을 보면서 이분한테도 이런 젊은 시절이 있었구나 싶게 생생하게 살아 숨쉬는 글을 읽을 수가 있었는데, 창간사를 다시 보면 어떤 생각이 드세요?

**백낙청** 내가 그 글을 다시 잘 안 읽습니다. 별로 유쾌한 경험이 아니라서요.(웃음)

**김두식** 왜요?

**백낙청** 아 뭐 젊은 패기나 열정은 있겠죠. 있는데, 내가 낸 첫 평론집의 서문을 보면 그 글을 실을까 말까 망설였는데 역사적인 의미도 있고 실으라고 해서 실었다, 그런 얘기가 나오고요. 그보다 훨씬 전에, 평론집 나온 건 1978년인데 66년에 그걸 쓰고 3년 후인 69년에 「시민문학론」이라는 걸 썼는데 거기 보면 내가 누구라고 말을 안하고 인용하면서 들입다 깐 부분이 나옵니다.

**김두식** 누구죠?

**백낙청** 그게 나예요. 내가 나를 깐 겁니다.

**김두식** 그런 것도 하셨어요?

**백낙청** 창간사의 한 대목을 두고 내가 이런 형편없는 소리를 했다, 그랬습니다. 별로 자랑스러워하진 않는 글인데 뭐 역사적인 의미는 있겠죠. 최근에는 50주년이니까 여기저기서 물어보는 사람들도 있고 근래에 와서는 『창비』 잡지를 두고 글을 쓰는 분들도 있고 해서 그게 중요한 자료인 모양인데, 그분들한테 맡겨놓으면 되겠죠.

**황정은** 당시 창간사에서 한국문학의 빈곤을 말씀하시면서 "자신의 과거 문학의 후신도 아니요 현재 세계문학의 일부도 아니며 그렇다고 20세기 한국이라는 소우주가 따로 있어 그 속에서 자기나름의 완벽한 기능을 가진 것도 아닌 문학"이라고 말씀하셨는데요. 50년이 흐른 거잖아요. 지금은 어떻게 생각하시는지 궁금합니다.

**백낙청** 전체적으로 아직도 한국문학이 아주 풍성한 문학이라고 하기는 어려울 것 같아요. 그렇지만 과거 문학의 후신이 아니다 하는 얘기는 「시민문학론」을 쓰면서 바로 수정을 했고요. 전통이 단절된 면은 많지만 전통단절로 가는 건 요즘 말로 하면서 싸가지 없는 짓이고. 요즘도 싸가지 없는 '애들'이 많아요, 내가 볼 때는.(웃음) 근데 나도 싸가지 없었으니까 너그럽게 보죠. 그다음에 세계문학의 일원도 아니다 하는 대목은, 앞부분의 전 세대 문학을 부정하는 태도가 바뀌면서 과거에도 우리가 세계적으로 내놓을 게 많지는 않지만 아주 없지는 않다는 생각을 하게 됐고, 그후로 생산된 한국문학 중에서, 그게 꼭 외국어로 번역되어서 인정받았냐 아니냐를 떠나서 잘 번역해서 내놓으면 인정을 받아 마땅한 작품들이 더러 나왔다고 생각해서 두번째 얘기도 수정해야 할 것 같고요. 소우주 얘기 한 건, 부족한 문학이라도 우리끼리만 닫혀서 살면 좋은 줄 알고 읽고 지낼 수 있는데 지금 그런 시대도 아니지 않느냐 하는 뜻이었는데 그건 어떻게 보면 하나 마나 한 소리고. 다른 한편으로는 지금도 한국문학을 판단할 때하고 외국 작품을 판단할 때 기준을 달리하잖아요.

그러지 말고 한국문학이나 외국문학이나 같은 안목으로 판단하고 논의하는 게 맞다는 생각이죠.

**김두식** 계간『창비』는 유신시대에 판매금지를 당했고 군사정권 때 폐간된 경험이 있습니다. 80년의 강제폐간 이후에는 허가 없이 잡지를 냈다는 이유로 출판사 등록도 취소되어서 당시에 '창작사'라고 출판사명을 바꾸기도 했고 88년 복간되기 전까지 잡지 못 내는 고초를 겪었는데, 『창비』내면서 가장 힘들었던 때가 언제였는지 궁금합니다.

**백낙청** 군사정권이라는 말을 굉장히 한정해서 쓰는 것 같은데, 크게 봐서 군사정권이 두번 있었죠. 박정희 정권, 전두환 정권. 판금당하고 한 것도 다 군사정권 안에서 일어났다고 말할 수 있을 것 같고요. 사실 잡지가 판금되고 불려다니고 그런 일 자체는 별로 어렵지 않았어요. 내가 잡지 때문에 잡혀가서 영영 감옥을 간다든가 하지 않아서 이렇게 생각하는 면도 있지만, 그때는 잡지가 한번 당하고 나면 그다음 호가 훨씬 더 많이 팔렸거든요. 그리고 개인적으로도 중정(중앙정보부)에 가서 며칠 있다 나오면 존경하는 사람도 많고 박수 치는 사람도 많고. 잡혀들어가는 건 싫지만 들어가서는 기왕에 왔으니까 며칠 있다가 가는 게 장사가 더 되지 않을까 하는 생각도 했어요. 살림은 어려웠지만 그것도 괜찮았는데, 나중에 출판사 차리고 영인본 장사하고 하면서, 책은 많이 팔렸지만 관리를 할 줄 모르잖아요. 경영을 못하니까 밑엣놈이 돈 떼먹고 달아나기도 하고. 우리가 은행 계좌가 없으니까 친구나 친척의 어음을 빌려서도 하고 시기가 되면 갚아야 하는데, 그게 어려울 때는 정말 아주 속이 타죠. 그런 게 사실 더 힘들었어요. 돈문제가 힘들었고. 그다음에 85년 전두환 정권 때 출판사 자체가 등록취소가 됐잖아요. 그때는 좀 속이 탔어요. 왜냐하면, 주변의 젊은 친구들은 "그까짓 거 자폭하고 저항하고 말지" 그러지만, 필자 한 개인이라든가 잡지 하나가 없어지는 거라면 자폭이라고 할 수도 있는데 우선 딸린 식구들 있죠, 사원들 직장도 있고, 또 수많은 사람들이 창비에서 책을 출판했는데 그게 다 창비 이름으로 못 나가는 거 아니에요? 그때는 김윤수(金潤洙) 선생님이 대표를 하셨는데, 당국에서 나하고는 대화도 안하려고 해서 김윤수 선생이 나서서 당국과 협상도 하셨고요. 외부에서도 지원을 많이 해주셨죠, 국제적으로도 서명운동이 벌어지고. 그래서 '창작과비평'에서 '비평' 떼고 '창작사'라는 이름으로 다시 출판 등록을 받은 겁니다. 잡지가 없어진 건 80년이고, 출판사가 85년에 없어졌다가 86년에 이름 바꿔서 다시 살아납니다. 그랬다가 6월항쟁 이후 88년에 잡지도 복간되고 출판사 이름도 되찾았죠.

**황정은** 저는 편집자로 일하실 때 일화가 좀 궁금한데요. 원고 끝까지 안 준 필자라거나 애먹인 필자들이랑요.

**백낙청** 편집일 더러 해보셨나?

**황정은** 아니요.

**백낙청** 편집일이 굉장히 중요한 작업이라고 봅니다. 우리나라에서는 편집자들이 별로 대접을 못 받는데, 우선 저자가 쓴 걸 읽고 제일 먼저 판단하는 게 편집자죠. 그리고 『창비』 잡지 처음부터 그랬고 출판사도 쭉 그래왔는데, 이름있는 사람이 써왔다고 그냥 싣지는 않거든요. 고치자는 얘기도 하고, 반발하는 사람도 있고. 그런데 그 과정이 중요하고, 지나고 보면 감사하는 사람도 있고 그렇거든요. 또 하나는, 평론가하고 편집자의 입장이 다른 게, 둘이 섞이지만 원론적으로 말하면 평론가라는 건 다른 생각 다 버리고 작품이 좋냐 나쁘냐를 객관적으로, 시시비비를 가려서 정직하게 말하는 게 평론가의 의무 아니에요? 그런데 편집자는 교수나 교육자에 더 가까운 면이 있습니다. 이게 좋지는 않지만 더 붙들어놓으면 더 좋은 게 나오지 않을까, 이런 전략적인 판단도 있어요. 이런 판단을 하는 사람이 편집자예요. 물론 나쁜 전략적 판단도 있어요. 안 좋은 작품이지만 돈벌이가 되겠으니까 하자, 이것도 편집자의 역할이지만, 좋은 의미로 보면 편집자에게는 길게 보면서 전략적으로 판단하는 기능이 있습니다. 그래서 편집자의 역할이 굉장히 중요한데 우리나라는 대접을 못 받는 경향이 있고. 내 경우에는 교수를 하면서 편집자도 했으니까 편집자라고 무시당하진 않았지만.

**황정은** 그때는 지금처럼 컴퓨터로 파일을 주고받던 시대는 아니니까 원고 주고받다가 분실하거나 이런 일도 있었을 것 같아요.

**백낙청** 그런 일이 있어요. 신상웅(辛相雄) 씨라고 『심야의 정담(鼎談)』이라는 장편을 『창비』에 연재했는데, 마지막회분을 써왔는데 두고서 못 찾은 거예요.

**황정은** 누가 분실한 거예요? 작가가?

**백낙청** 작가는 우리한테 줬고, 우리가 받아놓고 보관했는데 못 찾은 거죠.

**김두식** 세상에.

**백낙청** 할 수 없잖아요. 어떡하나, 본인한테 알려주자. 그러니까 본인도 황당한데⋯⋯.

**김두식** 원본이 없는 거죠?

**백낙청** 그렇죠. 유일본이죠. 그래서 다시 찾아보겠습니다만 정 뭣하면 새로 써야겠습니다, 했는데 그게 어딘가에서 나온 거야. 그런 일도 있었어요.

**황정은** 영영 못 찾은 원고도 있었나요?

**백낙청** 그런 규모로는 없었지만 아마 있었겠죠.

**김두식** 개인적으로는 상당히 빛나는 삶을 보내신 면이 있잖아요. 일찍이 미국에서 유학을 하셨고, 중간에 병역의 의무를 다하겠다고 돌아온 청년 백낙청이라고 해서 신문에도 나고. 그래서 나중에 국가재건최고회의 부의장실에서도 근무를 하게 되셨고, 그 이후에 굉장히 빨리 서울대 교수도 되셨고, 교수 되고 난 뒤에 다시 미국으로 가서 박사학위를 따셨고. 어쨌든 '영어 천재 백낙청'의 빛나는 시기가 있고 그다음에 생각보다 길게, 74년에 해직이 되고 복귀하신 게 84년인가 그렇죠?

**백낙청** 아니에요. 학교에 돌아간 건 80년 '서울의 봄' 때 복귀했는데, 엄밀한 의미의 복직은 아니었어요. 신규 특채로 들어갔고 파면취소청구소송은 대법원에 계류 중이었어요. 그러다가 1년 지나고 대법원에서 최종적으로 패소했습니다. 신문에 나니까 또 쫓겨났는가 하고 많은 사람들이 생각했는데 그때는 이미 신규채용으로 서울대에 있었고, 만약 그 소송을 이겼으면 공백기의 월급도 받아내고 퇴직금 몰수당한 것도 되찾을 수 있는데 못한 거죠. 하지만 뭐 죽은 사람도 있는데요.

**김두식** 저희는 종종 이런 농담을 하는데, 그래도 백선생님은 맞지는 않았을 거다, 하고요. 남영동 대공분실 같은 데서도 조사받고 그러신 거 잖아요? 그래도 설마 누가 백낙청을 때리지는 못했을 거다 하는 얘기를 우리끼리 웃으면서 하는데, 맞지는 않으신 거죠?(웃음)

**백낙청** 네, 안 맞았습니다.(웃음)

**김두식** 그리고, 이런 질문을 드리고 싶었어요. 요즘 저도 개인적으로 암울하다는 느낌이 있거든요. 한국 사회가 그래도 10년 후에는 더 나을 거다라는 믿음이 제 안에 있었는데, 요즘은 그걸 잘 모르겠고 우리나라가 길이 있나 싶고요. 미래가 잘 보이지 않는 시기, 저도 그렇고 친구들도 그런데, 선생님은 그 시기를 엄청 길게 보내셨던 건데 미래가 보이지 않는 시기에는 어떤 힘으로 견디셨는지 그런 걸 여쭤보고 싶었어요.

**백낙청** 그때 박정희 정권이 언제 끝난다, 그런 걸 예견하진 못했죠. 그래도 영영 갈 거라곤 생각 안했고, 가는 데까지 가보자. 나이도 젊고요. 그리고 70년대는요, 전체적으로 80년대보다 덜 살벌했습니다. 광주항쟁 이전이거든요. 광주 이후에 학생들이나 운동 전체가 훨씬 더 과격해져서 정부와의 대립도 더했죠. 70년대도 전태일 사건도 있었고 YH사건도 있었고 노동자들이나 이런 사람들은 사정없이 탄압을 당했지만,

그때 민주화운동권은 80년대처럼 기반이 넓은 게 아니고 학생운동 일부하고 명사들 얘기라서 다소 낭만적인 분위기가 없지 않았죠.

**김두식** 미래에 대해서 이게 끝날 거다, 전두환 때든 박정희 때든 이게 오래가지 못할 거다 하는 생각이 있었던 거군요.

**백낙청** 전두환 때는 더 확실했고요, 오래가지 못한다는 게. 박정희 때는 임기가 없잖아요. 훨씬 막막했습니다만, 전두환은 자기가 단임제로 하겠다고 하고서 7년 끝나고 자기 비슷한 사람을 심어놓을 생각을 했겠지만 꼭 뜻대로 되라는 법은 없고. 박정희는 얼마나 오래 살지 모르잖아요. 중간에 무너져도 어떤 희생을 치를지도 모르고. 막막하긴 했지만 그때는 젊어서 그런지 그렇게 절망감은 없었어요.

**김두식** 지금 우리 상황에 대해서도 낙관하시는군요.

**백낙청** 나는 앞이 안 보인다, 10년 후에 어떻게 될지 모르겠다는 이야기는 무책임한 얘기 같아요. 공부 안하는 사람들이 그냥 해보는 얘기고. 사태를 제대로 들여다보면 몇년 후에 확 바뀌거나 훨씬 어려워진다, 이렇게 봐야 할 것 같아요. 훨씬 더 어려워졌을 때 어떻게 대응할지 그건 그때 가봐야 알겠지만 지금도 그런 생각은 해봐야 될 것 같습니다. 누구는 지금 파시즘이 다시 왔다 하지만 나는, 어디서 그런 글도 썼지만 파시즘은 아무나 하나.* 파시즘 할 째비들이 못되거든요. 우리 사회가 반드시 이뤄야 할 전환을 몇년 안에 못 이루면요, 혼란이 훨씬 더 심해지고 그러면 국민들이 차라리 제대로 된 파시스트가 나와줬으면 좋겠다 하는 정서가 퍼질 수도 있다고 봐요. 그러면 좀 겁나는 사태가 오는 거죠. 지금보다 살상이 커지고.

**김두식** 네. 그리고 출판사들의 특징, 계간지들의 특징이 예전에는 창비하고 문지가 확실히 구별이 된다든지 그랬는데 요즘은 창비든 문학과

---

\* 백낙청 「광복 70주년, 다시 해방의 꿈을」, 『창비주간논평』 신년 칼럼(2014.12.30.)

지성이든 문학동네든 문예지나 출판사들의 색깔이 사라진다고 걱정하는 분들도 있는데, 어떠세요?

**백낙청** 창비의 담론을 보면, 평론을 포함해서 색깔이 사라졌다고 보지 않아요. 다른 데서 약간 무시하는 쪽으로 가죠. 취급을 안하고. 작가들을 보면 딱히 창비 작가다, 문지 작가다 이런 거는 많이 없어진 것 같아요. 창비가 독자적으로 새로운 작가를 발굴하는 걸 잘 못해서 그런 것도 있고, 또 하나는, 정상적인 거 아니겠어요? 작품 잘 쓰면 이름있는 출판사 아무데서나 내는 게 좋은 거지. 그런데 70년대는 안 그랬어요. 가령 황석영의 「객지」나 「한씨연대기」 같은 거 『창비』아니고는 실어주는 데가 없었습니다. 문학 이외의 분야에서도 리영희 선생도 그렇고 박현채 선생, 강만길 선생……

**김두식** 다 여기 아니면 책도 못 낼 양반들이었던 거죠.

**백낙청** 네. 그분들을 실어주는 데가 어떤 데가 있냐면, 오히려 관변적인 성격의 잡지들 있잖아요? 정부에서 돈을 대거나 하는 잡지에 박현채 선생이 가끔 글을 썼어요. 그런 잡지 하다보면 경영자 입장에서도 가끔씩 그런 글 싣는 게 나쁘지 않고, 또 그 안의 실무자 중에는 어떻게든지 박현채 선생 같은 분의 글 하나 넣으려는 사람이 있기 마련입니다. 그런 경우 빼면 정말 우리 필자라고 대접해서 실어주는 데는 『창비』밖에 없었거든요. 그래서 더 구별이 되는 게 있었는데 지금은 그렇지 않은, 당연한 현상입니다.

**김두식** 『창비』40주년 때는 『창비』편집진에서 '운동성의 회복'을 모토로 내걸었는데, 내년에 50주년을 맞이해서 전체적으로 계간지의 방향에 대한 이야기가 나오겠지만, 선생님은 50주년에는 뭘 하고 싶으세요? 이건 정말 흔치않은 일이잖아요. 생각해보면 스물여덟에 시작하셨기 때문에 50주년도 맞고 60주년도 맞고 그런 거지, 보통은 잡지 시작하신 분이 50주년을 직접 보는 게 쉬운 일이 아닌데요.

**백낙청** 그렇죠. 그런데 오늘 나를 불러서 방송 망했다고 자꾸 그러시니까,(모두 웃음) 특종을 하나 드릴게요. 완전히 특종은 아니고 편집위원들이나 편집간부들은 알고 있는 사실이지만요.『창작과비평』창간호가 나온 게 66년 1월입니다. 그러니까 2016년 1월이 50주년이 되는 해고, 봄호는 2월달에 나올 테고 그게 50주년 기념호가 되겠는데, 잡지 내기 전에 잡지 등록을 하잖아요. 잡지 등록을 한 게 1965년 12월이에요. 그래서 금년 12월이면 내가 편집인으로서 50년을 채웁니다. 그래서 자, 이 정도면 됐다 하고 내려놓을 생각이에요, 편집인을.

**김두식** 아, 예……. 아니, 이거 대박이 아닌 거 같은데, 어떻게 반응해야 할지…….

**백낙청** 특종은 특종 아니에요?

**김두식** 특종 맞습니다.

**백낙청** 보도거리가 될지 안될지 모르겠지만 신문이나 언론에 아직 안 낸 거거든요.

**김두식** 마음을 먹으신 거군요.

**백낙청** 마음을 먹고 우리 내부에서는 공표를 했죠, 편집인은 그만한다고. 그리고 사람들이 잘 모르는데, 발행인은 아직 김윤수 선생이에요. 김윤수 선생도 나하고 같이 물러나시겠다고 해서 발행인, 편집인은 회사 대표가 자동적으로 겸임하는 것으로 바뀔 테고, 앞으로는 주간 중심제로 바뀔 겁니다. 지금은 주간이 있지만 편집인 밑에 있는 셈 아니에요? 실무는 다 하지만 편집인이 최종 책임을 지는 그림인데, 앞으로는 법률상의 발행인, 편집인이 편집권을 주간과 주간이 지휘하는 편집위원회에 독립시켜주는 체제로 바뀔 겁니다.

**김두식** 결심의 계기는 50년이라서 그런 거예요?

**백낙청** 50년인 게 크죠. 그러니까 내가 죽을 때까지 끝까지 해먹는 방법이 있고,(웃음) 아니면 적당한 시기에 내려놓는 건데, 50년이라는 게 딱

부러지는 해라서 그런 면에서도 적당하고. 또 하나 내가 내려놓는 게 중요하다고 보는 게요, 창비가 잘하고는 있는데 최대 약점이 백아무개에 대한 의존도가 높다고들 해요. 그게 일말의 진실이 담긴 말 아니겠어요? 그래서 백아무개가 없는 계간지를 51차년도부터 만들어보아라……

**김두식** 선생님, 원래도 굉장히 자율성을 중시하시죠.

**백낙청** 중시하지마는, 내가 편집인으로 있고 편집위원회에 참여하거든요. 실제로 진행을 주도하고 여러 사람들 의견 조정하는 일은 그간 백영서(白永瑞) 주간이 해왔습니다만, 그런데 그 정도가 아니고 아예 편집에서 손 뗄 테니까 잘해보시라 하는 거죠. 물론 글은 계속 쓸 거예요. 논객으로서는 기여하겠지만, 편집에서는 손 뗄 생각이에요.

**김두식** 깜짝 놀랐습니다, 저는 50주년에 놀라운 기획 이야기가 나올 줄 알았다가. 선생님 굉장히 어려운 결심을 하셨어요.

**백낙청** 50주년은 준비TF를 만들어서 작업을 시작했어요. 그런데 제일 큰 변수가 백낙청이가 계속 해먹을거냐 안 해먹을거냐 아니겠어요?(웃음) 2016년 준비를 할 때 거기에 맞춰서 준비를 해야 될 테니까 그 변수를 빨리 제거해줘야지 구체적인 계획이 나올 것 아닙니까.

**김두식** 아, 훌륭하세요. 정말 놀랐는데요. 저희가 오늘 긴 시간 문학평론가로서의 백낙청 선생님, 그다음에 『창작과비평』 계간지와 출판사를 운영해온 출판인으로서의 백낙청 선생님에 대한 이야기를 나눠봤는데 마지막에 갑자기 폭탄을 터트리셔서 저희도 깜짝 놀랐습니다. 첫번째 방송분을 일단 여기서 마치고, 잠깐 쉬시고 두번째 방송 계속 이어가겠습니다. 오늘 함께해주셔서 감사합니다, 선생님.

**백낙청** 예, 고맙습니다.

## 후속 인터뷰(2015년 5월 11일)

**김두식** 오늘 창비 백낙청 선생님 모시고 여러가지 이야기 들어보는 두번째 시간입니다. 선생님 안녕하세요?

**백낙청** 네, 안녕하세요?

**김두식** 지난주 녹음 때는 선생님이 마지막에 50주년을 맞아서 『창작과비평』 편집인을 그만둔다는 선언을 하셔서 제가 어떻게 반응해야 할지 좀 당황을 했어요. 방송이 잘 마무리됐나 모르겠네요.

**백낙청** 김교수가 언론인이 아니라서 그런 것 같아요.

**김두식** 언론인은 특종 잡았다고 좋아해야 되는 거죠. 통상 이런 큰 출판사들, 큰 기업, 정치인 등등은 2세한테 물려주는 그런 경우 많은데, 그런 생각은 안해보셨어요?

**백낙청** 내가 소위 친인척 관리는 제법 엄하게 해왔다고 자부합니다.(웃음)

**김두식** 원래 잡지일, 출판사일에 많이 개입을 안 시키셨군요.

**백낙청** 지금 딸아이는 비상임 편집위원으로 참여하고 있는데, 얼마 안됐어요.

**김두식** 그런 식으로 물려주지 않아야겠다, 결심하신 이유가?

**백낙청** 내가 하는 동안에 친인척 관리하는 건, 친족들이 들어와서 설치면 다른 사람들이 일하기가 나쁘잖아요. 물려주는 문제는, 『창비』 잡지는 세습용이 아니지요. 회사가 주식회사고 영리법인이긴 하지만 이것도 어떻게 보면 사회 공물(公物)이고, 앞으로 어떤 형태로 안정되게 유지할지는 더 연구해봐야겠죠.

**김두식** 한국문학 얘기 오늘 할 텐데요, 한국문학에 대해 사람들이 늘 갖는 궁금증, 편견 같은 것들, 사람들이 궁금해할 만한 내용들로 질문을 꾸며봤습니다. 단순하고 무식해 보이는 질문이라도 너그럽게 봐주셨으면 좋겠습니다. 한국문학계가 흔히 '문단'이라는 이름으로 불립니다. 문단에 대해서 폐쇄적이다, 권위적이다 하는 얘기들이 있고요. 박민규 작가가 자주 얘기하잖아요. "문단이 어디 사무실이라도, 주소라도 있는 줄 알았어요, 이런 농담요. 문단이라는 것이 실체가 있기는 있는 건가. 왜 한국문학계 전체를 문단이라고 부를까. 역사의 산증인이신데 선생님은 어떻게 생각하세요?

**백낙청** 문단이라는 게 있다면 있고 없다면 없는 존재 같아요. 어디 사무실 있냐 그러면 없는 건 분명한데, 단(壇)이라는 게 무슨 교단처럼 단이 있어서 그 위에 올라가서 활동하는 사람들이 따로 있는 것 같은 인상을 주는데, 아주 없다고 할 순 없죠. 특히 우리 문학의 규모가 작았을 때, 등단 절차가 있고 매체가 뻔하고 그럴 때는 작품이 신문이나 잡지에 발표되면 거의 단 위에 올라가서 노는 사람들은 서로가 읽고 얘기하고. 그리고 특정 사무실이 있는 건 아니지만 잡지사, 신문사, 다방에 사람들이 모이는 건 어느 나라에나 있었던 예이고 우리라고 특별한 건 아닌데, 우리 문단에도 일찍부터 그런 문단하고 따로 노는 사람들이 있었죠. 만해(萬海) 한용운(韓龍雲)만 해도 그런 문학인들 모임에 드나드는 분은 아니었고 이육사(李陸史) 같은 시인은 감옥살이, 독립운동하느라 어울릴 시간이 없었고. 그래도 문단이라는 게 있었고, 너무 폐쇄적으로 가면 나쁘지만 그런 동네가 있다는 게 꼭 나쁜 것만은 아니라고 생각합니다. 글쎄요, 요즘은 어떤지 황정은 씨가 더 잘 알지 않나. 문단이라는 게 있는 거 같아요, 어때요?

**황정은** 저는 일단 친구도 없습니다.(웃음)

**김두식** 일단 등단이라고 하는 절차는 우리 문학계가 갖는 특징이잖아요?

**백낙청** 등단이라는 절차도 지금은 많이 무너졌죠. 어디어디로 나오면 등단이라고 확실하게 인정해주는 몇군데가 있고요. 신춘문예, 주요

문예지를 통해서 작품 발표하고 데뷔하면 인정받는데, 그렇다고 그걸 안했다고 해서 전혀 인정 안해주는 것도 아니고 모호한 영역도 있죠. 그런 회색지대를 벗어나면 본인은 문인이라고 생각하지만 남들이 인정 안해주는 경우가 있는데, 그 경우에도 꼭 그 사람이 문인 자격이 있는지 없는지는 뒷날 봐야지 알 일이죠. 『창작과비평』 창간하면서 내세운 것 중 하나가 신인과 기성 구별 없이 원고를 모집한다는 거여서 그렇게 광고가 나갔고 지금도 그 광고가 나가는 것으로 아는데, 지금은 그게 의미가 없어요. 우선 신인, 기성 구별 안하는 게 우리만 아니고 많이 있고, 또 우리가 말은 그렇게 하지만 신인문학상이 있잖아요? 어린이 쪽에도 있고. 그런 우리 나름의 등단 절차를 병용하고 있으니까 예전처럼 철저히 무시하는 것과 다르죠.

**김두식** 상 주는 작품들 빼고는 대부분 등단 작가들의 작품이 올라오고 있고요. 현실적으로 그런 면이 있겠죠. 문단이 있냐 없냐를 떠나서 문단권력, 문화권력 이런 얘기들이 자주 나오는데요, 선생님도 문단권력, 문화권력 얘기 나올 때 손꼽히는 분 중 한분 아닌가요?

**백낙청** 그렇죠. 저 개인도 그렇고 창비도 그런데, 대개 그렇게 말할 때는 비판적인 뉘앙스가 강하죠. 그거를 사안별로 비판할 건 비판하되, 어느정도의 힘을 축적했다고 해서 무조건 권력이라고 배척할 필요는 없는 것 같고 그 힘을 제대로 행사하느냐 아니냐가 중요하겠고요. 그리고 그래도 어느정도의 실력을 쌓은 잡지들이 몇개는 있어야죠.

**김두식** 힘이 있다는 걸 부정은 안하시는 거죠? 지난 인터뷰에서도 많이 하신 얘긴데.

**백낙청** 힘이 있다는 걸 부정할 순 없는데 그 힘이 가령, 신문사 문화면을 맡은 기자의 힘보다 강한 거냐? 우리가 우리 나름의 담론을 개발해서 생기는 힘은 신문사 기자가 어떻게 할 수 없지만, 신문사의 기자나 문화부장이나 지면을 잡고 있는 사람들이 지면을 통해서 행사하는 권력도 작은 게 아니죠. 또 그런 기관에 있으면 따라오는 부수사업들이 있지 않습니까? 상도 아주 큰 상을 주고, 심사를 맡긴다든가. 이런 걸 보면 계간지 중에서 조금 힘이 있다는 거지, 나는 아직도 우리 문학이나 문화의 지형 속에서 『창비』가 세속적인 힘이 큰 편은 못된다고 봅니다.

**김두식** 이제까지 나온 여러 비판 중 하나가 장르문학, 대중문학에 대해서 창비가 소홀한 거 아닌가 하는 얘기도 있어요. 선생님 개인적으로는 장르문학, 추리소설, 이런 것들 많이 읽거나 접할 기회가 있으세요? 여기 대해서 어떻게 생각하세요?

**백낙청** 내가 많이 읽지는 못합니다. 그런데 뭐 본격소설 따로 있고 장르·추리소설 따로 있고 판타지문학 따로 있고, 그런 것 같지는 않아요. 얼핏 보기로 추리 분야에 들어갈 수도 있고 판타지문학일 수도 있지만 소설이 제대로 됐냐 안됐냐가 중요한 거지, 어느 분야에 들어갔냐는 중요하지 않다고 생각합니다.

**김두식** 근데 예를 들어서 창비에서 추리소설을 낸 적은 거의 없잖아요? 계간지에서 추리소설을 실어준다거나 하는 일도요. 그게 편집진의 취향 같은 걸까요, 아니면 공유되는 정서?

**백낙청** 취향도 있고, 능력의 문제도 있겠죠.(웃음) 그런 분야를 제대로 섭렵하면서 좋은 작품을 골라낼 능력이 있어야 하는데, 우리도 추리소설 싣는다, 이러면서 실을 필요는 없잖아요? 추리소설을 평소에도 읽으면서 어떤 작가는 추리소설이라고 한정할 필요는 없다, 그러면서 골라내야 되는 거죠. 아동문학을 별도의 장르로 취급하지 않습니까. 요즘은 청소년문학이라는 것도 있고요. 그런데 옛날에 이원수 선생님 같은 분, 그분은 아동문학가이면서 우리 문단의 중요한 시인이고 소설가였다고 생각을 하고. 내가 글에서 언급한 적도 있는데 김려령(金呂玲)이라는 작가가 『완득이』(창비 2008) 쓰고 『우아한 거짓말』(창비 2009) 쓰고, 그런데 평론가들이 이건 청소년문학이라고 해서 별로 취급을 안하거든요.* 나도 자세히 평론한 건 아니지만 그런 작품을 마치 이거는 정통적인 문학이 아닌 것처럼 피해가는 건 옳지 않다는 의견을 낸 적이 있어요.

**김두식** 약간 의외인 게, 창비도 청소년문학으로 유명하거든요. 저도 종종 청소년문학이 왜 따로 있어야 되냐, 무슨 청소년문학이냐, 그냥 문학인데, 이랬다가 청소년팀한테 김두식 선생은 뭐 저런 소리를 하냐는 얘기를 들은 적도 있는데, 백선생님께서 이런 말씀을 하시니까…… . 사실 다를 게 없죠.

**백낙청** 청소년이 주로 읽으라고 쓴 작품인데 청소년 아닌 사람이 읽어도 좋은 작품이 있고, 청소년을 상대로 내놓고 읽으라고 하면 무리다싶은 작품도 있거든요, 좋은 작품이라도. 그러니까 일차적인 독자층을 어떻게 설정하느냐에 따른 구분이고, 그 문학적 성과는 따로 판단할 수 있는 거죠.

**김두식** 그리고 편집위원 제도가 따로 있지 않습니까, 계간 『창비』에도? 문학평론가가 특정 출판사에 소속되는 것도 우리나라에만 있는 독특한 제도 아닐까 생각하는데요.

**백낙청** 아닐걸요. 아닌 걸로 압니다.

**김두식** 아, 외국 출판사들도 그렇군요. 역시 골라내는 안목이 있어야 하니까 소속된 평론가들이 있는 건가요?

**백낙청** 잡지가 제대로 되려면 그래도 문학에 대해서 또는 다른 문제에 대해서 뜻을 같이하고 평소에 소통을 하는 일종의, 에꼴(école)이라는 표현도 쓰는데 그런 게 형성이 돼야 하잖아요? 문학잡지 같으면 문학평론가, 연구자 빼고는 어렵죠.

**김두식** 출판사, 계간지는 책을 많이 읽혀야 하는 부담이 있다는 걸 아니까 특정 출판사에 소속된 평론가 입장에서는 객관적인 목소리를 내기

---

* 백낙청 「문학이 무엇인지 다시 묻는 일」, 『창작과비평』 2008년 겨울호.

가 어려운 현실적인 문제가 있지 않나요?

**백낙청** 편집위원이 그가 관여하는 출판사에 얼마나 '소속'하고 있냐는 따로 검토할 문제지요. 아무튼 편집위원의 경우는, 특정 작가와의 관계에서 편집위원만 돼도 건드리기 싫은 작가가 있죠, 그 회사의 간판 작가 같은 사람은. 그런 부담스러운 지점도 있지만 그냥 평위원은 그게 큰 문제가 아니라고 보고요. 나처럼 편집인 겸 주주가 되면 좀 달라지는데, 나는 글쎄요, 창비하고 가까운 저자, 출판사의 중요한 저자라고 해서 안좋은 걸 좋다고 말하는 평론을 쓴 것 같지는 않아요. 더러 뒤표지에 추천사 써달라고 하면 좋은 말만 쓰게 되고, 약간 토를 달면 또 실무자들이 빼기도 해요. 그분 그렇게 건드리지 말라고. 이건 장르가 평론이 아니고 추천사인데 괜히 그렇게 토 달지 마십시오, 그런 적은 있는데, 하여간 완전히 왜곡된 평론을 그런 이유로 한 적은 없거나 거의 없으리라고(웃음) 믿고 있습니다.

**황정은** 온라인 서점하고 포털에 별점 시스템 있는 거 알고 계시죠? 이 시스템에 대해서 어떻게 생각하시는지 궁금해요. 문학에 별점 매기는 시스템이요.

**백낙청** 매기지 못할 이유는 없잖아요? 우리가 그걸 신뢰할지, 별점이 많다고 해서 무조건 좋은 건 아니라는 걸 독자들이 알면 좋은데, 어쨌든 막을 길도 없고요.(웃음)

**황정은** 세계문학과 한국문학에 대한 이야기를 조금 더 하면 좋겠는데요. 선생님께서는 D. H. 로런스 연구로 하바드에서 영문학 박사학위를 받으셨고 40년째 가지고 계신 원고도 있다고 하셨는데, 로런스 말고 다른 작가를 연구할 생각은 없으셨는지? 예전에 '주체적 인문학을 위하여'라는 강의에서 조지프 콘래드(Joseph Conrad) 작품을 다루셨더라고요.*

---

*「주체적 인문학을 위하여」,『백낙청 회화록』6, 469~504면

**백낙청** 네, 콘래드는 좋아하고 관심 많이 가진 작가 중 한 사람입니다. 그리고 '문학이 무엇인지 다시 묻는 일'이 제 책 제목인데, 평론집으로 나온 지 벌써 4년 됐습니다만 최신 평론집인데, 그 2부를 보면 외국문학 얘기들이에요. 거기서 다루는 작가가 하나는 디킨스(Charles Dickens)고, 에밀리 브런티(Emily Jane Brontë)의 『폭풍의 언덕』(*Wuthering Heights*)이라는 작품도 다뤘고, 엘리엇(T. S. Eliot)의 비평적 개념에 대해서 쓴 글도 있고, 그리고 토머스 하디(Thomas Hardy)에 대해서 쓴 글도 있어요. 많이는 못했습니다. 다 관심을 가진 작가들이죠.

**황정은** 서양 고전 읽기의 중요성을 이이제이(以夷制夷)라는 말로 표현하신 적이 있더라고요. 왜 이이제이인지 설명 부탁드릴게요.

**백낙청** 그것도 조금 시대적인 상황과 관계 있는데, 아직도 유효한 표현인지 모르겠어요. 외국문학을 한다는 사람도 그렇고 일반 독자들도 서양문학에 대한 숭배사상이 있잖아요. 세계문학, 그러면 으레 서양문학, 우리를 변방의 오랑캐처럼 생각하는 게 있었는데, 그런 걸 꼬집느라고 우리식으로 하면 쟤들이 오랑캐인데 오랑캐문학을 읽어서 오랑캐를 제압하는 데 활용하자, 한 거죠. 서양의 기준을 맹종하지 말자는 뜻도 있고 우리의 민족적 주체성을 세운다든가, 제3세계를 강조해서 서양 고전을 배격하는. 그런데 그건 꼭 제3세계 사상과 관계 있는 것도 아니고 서양문학 내부에서도 점점 그런 담론이 많잖아요. 포스트모던에 와서 문학이라는 개념을 해체하고 고전 개념을 해체하고, 소위 고전이라는 작품이나 대중문학 작품이나 똑같은 문학이고 문건이고 문화현상이지 뭘 그리 고전을 따르느냐 하는 논의가 많이 퍼졌는데, 나는 그 점에서는 좀 완고한 문학주의가 있거든요. 고전이 수백년 동안 읽힐 때는 그렇게 읽힐 만한 이유가 있어서 읽히는 거고, 우리가 그걸 읽고 껌뻑 죽어서 서양 문화나 서양문명 전체 앞에 굴복하면 안되지만, 진짜 좋은 작품들을 읽어보면 서양 사람들이 저지르는 못된 행태를 비판하는 경우가 많거든요. 그게 이이제이라는 거거든요. 개네들의 작품을 끌어다가 서양을 비판하면 효과적이고 재미도 있고 그렇지 않냐……

**김두식** 세계문학 개념 자체도 다르게 얘기하시는 게 있죠. 집에다 꽂아두는 세계문학이 아니라 일종의 운동으로서의 세계문학이라고 해야 하나. 괴테나 맑스 인용하면서 그런 얘기도 많이 하시는데, 선생님이 생각하시는 세계문학이 어떤 건지도 들려주세요.

**백낙청** '세계문학'(Weltliteratur)이라는 용어를 처음 쓴 사람도 괴테로 알려져 있는데, 그가 처음 쓸 때도 말씀하신 대로 운동적인 개념이에요. 각국의 고전들을 늘어놓고 그것의 총합을 세계문학이라고 하는 게 아니고, 지금은 시대가 바뀌어서 지식인들과 문인들의 교류가 활발해지고 있는 세상이니까 그런 상호소통을 바탕으로 종래의 문학과 다른 문학을 만들어내자는 주장을 괴테가 했거든요. 그 말을 알아듣고 지적한 사람은 내가 처음이 아니고 다른 분들도 있었습니다만, 아직도 괴테의 세계문학 그러면 괴테가 동서양의 문학을 섭렵하면서 훌륭한 문학을 인정했다는 식으로 이해하는 사람도 적지 않습니다. 맑스의 경우는 본격적인 문학론으로 전개했다기보다, 「공산당선언」에 그런 말이 나오잖아요? 부르주아 시대 들어서 세상이 많이 바뀌고 종래의 국가나 지역의 한계, 경계가 무너지고 있다고 하면서 문학에서도 과거의 편협한 국민문학이나 민족문학 대신에 세계문학의 시대가 온다는 얘기를 했는데, 괴테와 맑스를 묶어서 괴테적·맑스적 세계문학 개념이라고 정리하는 것은…….

**김두식** 선생님이 그런 이름 붙이셨죠?

**백낙청** 과문한 탓인지 내가 처음이 아닌가 싶어요. 괴테의 경우나 맑스의 경우나 그 사람들이 각자의 민족언어, 국민언어일 수도 있고 지역언어로 된 문학을 철폐하고 전지구적인 문학을 만들자는 얘기는 아니거든요. 중요한 건 각자의 민족문학, 국민문학, 지역문학을 하되 그걸 새로운 정신으로, 특히 다른 나라 문인, 지식인과의 활발한 교류를 바탕으로 새로운 문학을 하자는 거니까, 흔히 포스트모던이라고 해서 전지구적으로 공유하는 대중문화하고는 개념이 다른 거예요. 거기에 비하면 전통적이고 낡은 생각이라고 할 수 있는데, 제 취향에는 이게 맞습니다.

**김두식** 문학의 사회적 역할을 많이 고려하셔서 이런 개념도 잡으신 것 같습니다. 통상은 세계적으로 인정받았다고 하면 노벨문학상을 많이 얘기하고요, 우리나라도 노벨문학상 발표 나올 때면 고은 선생님 댁에 카메라 기자가 진을 치기도 하고, 출판사들도 각각 자기 출판사에서 나온 책이 노벨문학상 받길 기도하면서 대기하고 보도자료도 만드는데, 한국 작가가 수상하는 거 언제쯤 가능한지, 수상하는 것 자체가 의미는 있다고 생각하시는지요?

**백낙청** 그런 질문은 안하실 줄 알았어요.(웃음) 출판사의 경우에는 자기 회사에서 낸 책이 노벨문학상을 받길 바라는 건 당연하다고 생각하는데, 약발이 예전 같지는 않죠. 지금은 노벨상 받았다고 해서 반드시 대박이 터지진 않습니다. 그런데 그렇지 않고서, 출판사의 영리적인 이유와 상관없이 너무 법석을 떠는 건 촌티 아닌가 싶어요.

**황정은** 저는 한국에서 노벨문학상에 관심을 가지는 과정을 보면 대단히 이상하다는 생각이 들어요. 몇년 전부터 노벨문학상 때가 되면 굉장히 고대하고, 언론이 나서서 기사를 뿜어대면서 우리나라의 어떤 작가가 물망에 오른 것 같다, 베팅이 걸렸다, 그게 몇년 전까지였고요. 최근 몇년 사이에는 실망하고 냉소하는 분위기가 있는 거죠. 저는 이게 양쪽 다 웃긴 거예요. 한국에서 도서 구매에 관한 기사가 작년에는 2인 가정 기준으로 한달에 책 한권 사본다, 근데 올해는 책 한권 가격보다 덜 소비를 한다는 거죠. 한달에 한권도 안 사본다는 건데, 그런 나라에서 노벨문학상 씨즌만 되면 갑자기 관심 가지는 이유는 대체 무엇인가. 이게 그들에게 왜 중요한가…….

**백낙청** 황정은 작가가 웃긴다고 그랬으면 웃긴 거예요.(모두 웃음)

**김두식** 출판계가 유사 이래 최악의 불황이다 하는 소리를 계속 듣거든요. 5, 6년째 단군 이래 최악의 불황이다, 선생님도 그렇게 생각하세요?

**백낙청** 나는 직접 경영에는 관여하고 있지 않지만 창비사 사장이나 출판계 사람들 이야기를 들으면 최근 몇년 동안 해마다 더 나빠진 건 사실입니다.

**김두식** 지난 시간에도 말씀하셨지만 경영의 어려움 같은 것도 겪어보신 거잖아요. 그런 것에 비해서는?

**백낙청** 창비사는 그때에 비하면 용 됐죠.(웃음) 그런데 출판계 전체로 어렵다는 거고, 창비는 이윤의 폭은 해마다 줄어왔지만 그래도 선방을 한 편에 속하죠.

**김두식** 책을 너무 안 읽는 시대로 가는 건 맞는 것 같거든요. 그건 어떻게 생각하시는지요? 대책이 있는 건지, 그냥 좋은 책 만들면 되는 건가요?

**백낙청** 그냥 내버려두면 곤란하다고 생각해서 운동을 벌이는 사람도 있고, 「라디오 책다방」에 나오면 판매에 얼마나 직결이 되는지 안 물어봤는데(웃음) 이런 것도 저변을 넓혀가는 것 중 하나 아니겠습니까.

**김두식** 이것도 중요한 실험이죠.

**백낙청** 그래서 그것도 너무 절망할 필요는 없다고 봅니다.

**김두식** 힘들다는 얘기를 너무 많이 듣다보니까 글 쓰는 사람들 입장에서도 그런 것 같아요. 인세라야 몇백만원 벌까 말까 한 상황, 책이 몇천권 안 팔리니까 이런 때 책을 써야 하나 하는 생각도 들고, 정말 어렵긴 어렵고요. 대한민국의 오늘날 상황으로 넘어가겠습니다. 사회와 정치에 대한 이야기 오늘 해야 될 것 같은데요. 분단체제는 백낙청 선생님의 오랜 화두 중 하나인데, 최근 들어서 사람들의 분단에 대한 생각은 점점 무너지는 것 같고, 특히 젊은 세대는 분단이나 통일 문제가 자기 개인의 문제라고는 생각하지 않는 듯해요. 예전에는 이산가족도 있고 했는데 그런 세대가 지나다보니까 선생님께서 '후천성분단인식결핍증후군', 이렇게 이름을 붙이시기도 한 상황이 되고 있는 것 같습니다. 분단체제가 왜 중요한 문제인가, 여전히 분단체제 극복은 왜 중요한 과제인가에 대한 이야기부터 해볼까요?

**백낙청** 분단체제를 이해하자는 취지 하나는요, 분단이나 통일에 대한 관심만 가지고는 문제가 해결이 안되고 그걸 분단체제라는 차원에서 볼 필요가 있다고 하는 거거든요. 분단의 문제라고 하면 통일인데, 사실 통일, 통일 하지만 통일이 이제까지 되지도 않았고 단기간에 될 전망도 없잖아요. 근데 그걸 가지고 통일해야 한다, 통일이 될 거다 하면 헛소리죠, '통일 대박'을 포함해서. 그렇지 않고 통일이 될지 안 될지 모르지만 해야 된다, 그러면 젊은이들한테는 실감도 안 나고 귀찮죠. 꼰대들이 통일해야 된다고 소리 지르고 말 안 들으면 젊은 애들 나쁜 것처럼 얘기하고 그러니까. 그래서 우리가 분단문제를 제대로 인식하고 대처해나가려면 통일의 개념부터 바꿔야 한다는 게 분단체제론의 취지예요. 남과 북을 아우르는 체제 비슷한 것이 있어서, 말로 통일하자고 해서 될 일도 아니고 한쪽 편을 들어서 다른 쪽을 욕한다고 해결되지도 않죠. 양쪽이 대립하면서도 공생하는 전체적인 구조를 보고 그것을 어떻게 극복해나갈까를 냉철하게 인식해서, 필요할 때는 남북관계의 발전을 통해서 해결하고 어떤 대목은 국내에서 민주주의를 더 추진하고 복지를 향상해서 해결하고, 이런 게 맞물려가면서 분단체제보다 나은 체제를 한반도에 건설하자. 그리고 사람들이 통일방안에 대해서 잊어버리고 있는 게요, 2000년에 6·15남북공동선언에서 우리는 갑자기는 통일 안한다고 이미 합의했어요. 정확히 어떻게 할지는 명시되지 않았지만 어쨌든 그게 남측이 그동안 얘기해온, 그동안이란 노태우 정권 때부터입니다, 남북연합처럼 가든가, 아니면 북에서는 원래 연방제를 주장해왔는데 6·15공동선언에서는 좀 물타기를 해서 낮은 단계의 연방제라고 한 급을 낮췄습니다만, 둘이 공통점이 있으니까 그 방향으로 가겠다, 그게 정확히 뭔지는 분명치 않지만 통일을 단기간에 하거나 한꺼번에 하지 않고 중간단계를 거쳐서 점차적으로 하겠다는 합의거든요. 그런 식의 중간단계를 거치는 것이, 분단으로 인해서 야기된 여러가지 내부 문제, 청년실업 포함해서 젊은이들의 생활상의 문제까지 풀려면 이걸 종합적으로 보면서 풀어나가야 된다는 얘기를 하면 나는 젊은이들이 훨씬 더 호응할 것 같아요.

**김두식** 통일해야 한다는 것만으로는 안 먹힌다는 거죠.

**백낙청** 통일이 대박이고 곧 될 거다 그러면 "그래?" 그랬다가도 지나보면 아니거든요. 뻥치는 게 분명하니까요.

**김두식** 분단체제가 우리 삶에 얼마나 큰 영향을 끼치는지를 자꾸 얘기하는 게 중요한 것 같고요.

**백낙청** 우리가 피부로 느끼는 생활상의 문제 있잖아요? 그걸 분단체제하고 연결시켜서 보는 훈련이 필요한 거예요. 모든 문제가 분단에서 유래한다는 식의 단순논리가 아니고, 어떤 모순은 남한 특유의 모순도 있고 어떤 문제는 자기 집안의 문제일 수도 있는 거고, 어떤 문제는 세계체제 전체, 자본주의체제라고 할까, 거기서 야기되는 경우도 있는데, 이게 한반도에 작용할 때는 분단이라는 특이한 현실의 매개를 거쳐서 한다, 이렇게 정확하게 보고 정확하게 대응하자는 얘기죠.

**황정은** '분단비용'이라고 말씀하셨더라고요. 저는 분단비용이라고 하니까 확 와닿는 면이 있었어요.

**백낙청** 대개는 통일비용이 크다고 하지만 분단비용이 더 크다, 이렇게 말하잖아요? 그 대목 자체는 와닿는 면이 있지만 근데 통일을 어떻게 하자는 거냐, 그걸 풀어줘야 되거든요. 그저 통일, 통일 해서는 실감이 안 나요. 통일의 개념을 바꿔야 합니다. 우리가 1945년에 일제에서 해방되면서 통일국가 만들려다 못 만들었잖아요. 거기에 대한 트라우마가 있단 말이에요. 그때 우리가 만들려다 실패했고 그러다 전쟁 거쳐서 분단이 굳어져왔는데 그럼 어떻게 통일국가 만들어볼까, 이런 생각인데 그건 적어도 당분간은 가망 없는 이야기죠. 그게 벌써 70년 전 이야기인데 70년의 세월이 지난 현재 한반도에서도 많은 변화가 일어났지만 세계 전체가 바뀌었는데, 이 시대에 꼭 그런 통일국가를 지향해야 하느냐도 검토해봐야 해요. 그러니 우리의 궁극적인 목표가 뭔가 하는 것은 진행하면서 차차 결정하고, 우선은 6·15공동선언에서 합의한 1차 단계, 그것만 해도 분단체제를 극복해가는 커다란 첫걸음을 내딛는 것 아니냐. 우리가 하자는 통일이 그런 거다, 그게 안됐을 때 온갖 기막힌 일이 벌어지게 마련이다 하는 거예요. 한반도 전체도 그렇고요, 북의 핵무장도 그렇고, 북의 중국에 대한 의존도가 높아지는 것도 그렇고, 한국이 미국에 꼼짝 못하는 것도 그렇고, 청년실업 같은 생활상의 문화, 우리 사회의 '갑질' 문화, 어느 사회나 있는 거지만 사실 우리나라의 열악한 실정은 분단하고 관련이 깊습니다. 우리 정도의 경제력과 문화수준을 가진 사회에서 이 정도로 낡은 시대의 '갑질'이 횡행한다는 것이나, 여성들의 입장에서 보면, 통계자료에도 나옵니다만 우리나라의 남녀평등지수라는 게 국제수준에서 보면 형편없거든요.

**김두식** 경제수준에 비해서 너무 낮죠.

**백낙청** 물론 더 나쁜 나라도 있지만 소위 경제대국이라고 하고 몇천년의 문화를 자랑하고 있고 또 교육수준이 엄청 높잖아요. 특히 여성들의 교육수준을 따지면 세계에서 굉장히 높은 나라일 겁니다. 요즘은 딸이니까 공부시킬 필요 없다는 부모는 별로 없잖아요. 일단 공부는 시키는데 공부하고 나와서는 사회에서 맥을 못 추는 거야. 이런 것이 분단과 어떤 관계가 있는지 따져봐야죠.

**김두식** 거칠게 얘기하자면 어떤 관계가 있죠?

**백낙청** 소위 남성 위주의 문화라는 게, 군사문화라는 게 전형적인 남성 위주의 문화 아니에요?

**김두식** 거기서 시작됐다는 거죠.

**백낙청** 거기서 시작됐는지 어디서 시작됐는지 모르지만, 유교사회를 욕하는데 유교사회는 철저한 문민사회입니다. 그런 문민사회의 전통을 가지고 현대 국가로 이만큼 발전한 대한민국에서 군사문화가 이렇게 판치는 게 남북문제 없이 가능한 거겠어요?

**김두식** 저희가 지금 분단체제 설명도 들었지만 백낙청 선생님 하면 민족, 통일에 관한 이미지가 바로 떠오르는 면이 있는데요. 선생님이 자라오신 배경을 생각하면 궁금증이 생기더라고요.

**백낙청** 내 자라온 배경이 어때서 그래요?(웃음)

**김두식** (웃음)좋은 집안에서 태어나서 해외 유학에다가 여러가지 혜택을 누리신 부분이 있고. 물론 아버님께서 납북되셨다든지 하는 아픔이 있다고 해도 무엇이 백낙청에게 청년시절부터 민족, 분단, 통일 이슈를 붙잡게 했을까 하는 궁금증이죠.

**백낙청** 내가 '후천성분단인식결핍증후군'이라는 말을 썼는데, 사실 보수적인 사람들에게 그게 더 적습니다. 분단에 대한 인식 자체는 그들이 훨씬 더 가지고 있고, 특히 기득권세력이라고 할 만한 사람들은 철저히 인식하고 수시로 이용해먹죠. 그래서 거기에 필적할 만한 분단체제에 대한 인식을 가지고 있지 않은 진보는 깨지게 되어 있다고 봐요. 그 사람들 못 당합니다. 그 얘기를 하는 이유는, 나도 보수진영에서 분단을 인식하고 통일을 생각할 만한 기반을 다 갖춘 사람이에요. 내가 원조 탈북자입니다. 1945년 10월에 탈북했어요, 평안북도에서. 국군포로, 납북자 문제 들고나오잖아요? 우리 아버지가 1950년 7월에 북측 당국에 의해서 연행되셨고 그후에 북으로 끌려가신 모양이니까, 나는 원조 납북자가족의 한 사람이죠. 그런데 나는 해법이 좀 다르죠. 그런 걸 인식하는 사람 중에 기득권을 누리는 데 몰두하는 사람들은 해결한다고 큰소리치면서 해결 안되기를 바라거나, 자기 나름대로 진지하게 해법을 내놓는데 현실성이 없는 거예요. "북의 정권을 무너뜨리고 북측 동포를 구출하자". 말은 근사한데 안되잖아요? 그런데 나는 그 문제를 인식하면서 현실적인 해법도 윤곽은 내놓았다고 자부하거든요. 그게 급진적인 통일운동가들이 하는 그런 통일론이 아니고, 분단체제에 대한 인식을 바탕으로 국내 개혁과 남북관계 개선을 병행하면서 남북의 재통합은 단계적으로 해나간다. 그게 안전할 뿐만 아니라 순리라는 말이에요. 지금 70년이 지났는데, 우리가 일제 36년이라고 그러지만 35년이거든요. 그럼 일제 식민지 생활의 꼭 두배를 산 겁니다. 이미 두배를 했어요. 세상이 얼마나 달라졌습니까. 일제시대만 해도 1910년 당시의 세계와 1945년의 세계를 비교해보세요. 완전히 달라진 세상 아닙니까. 게다가 변화의 속도는 더 빨라진다고 하는데 그런 세월을 우리가 70년을 살아놓고, 1945년 당시에 꿈꿨던 낡은 해법을 부르짖고 소리 지른다고 되겠어요? 그러니까 점점 더 젊은이들은 짜증내고 냉담해지고 그러는 건데, 그야말로 젊은이들하고 말이 통할 수 있는 내용을 가지고 얘길 해야죠.

**김두식** 선생님의 개인적인 배경을 보면 보수우파가 되셨어야 하는데 현실적인 해결책을 찾다보니 이런 방향으로 가게 되더라는 말씀이시군요. 덕분에 고생을 하신 것도 있죠? 원래 타고난 배경에서 그냥 지냈으면 훨씬 편한 인생을 사셨을 것 같은데.

**백낙청** 고생도 했고 좋은 일도 많았는데 그걸 꼭 김두식 교수는 빛나는 시기가 있었다고 표현을……(웃음)

**김두식** 죄송합니다.(웃음) 최근에 '성완종 리스트' 같은 걸로 정치권이 혼란스럽고, 저는 박근혜 정부 이후에는 요새 우리나라에 정부가 있는 건가 하는 생각이 들 정도예요. 전에 이명박 정부가 굉장히 헤맬 땐

데, 이명박 정부 가까운 사람들에게서 그래도 보수층에서 이명박과 그 주변 사람들이 제일 나은 사람들이다, 하는 얘기를 듣고 무슨 소리냐 싶었거든요. 그런데 요즘 보면 '어, 진짜 그 양반들이 제일 나은 사람들이었나? 지금 이 사람들은 뭐지?' 이런 생각이 들고, 민주주의도 그렇고 정치적·사회적으로 우리 사회가 굉장히 퇴보했다는 느낌이 들거든요. 선생님이 보시기엔 어떤가요? 이런 것도 분단체제의 시각에서 설명이 가능한가요?

**백낙청** 물론 분단체제론에서도 설명이 가능한데, 분단체제론에서 파생한 담론 중에 '87년체제'라는 말이 있잖아요. 87년체제론을 빗대서 내가 '2013년체제'를 만들자고 했던 건데, 2013년에는 87년에 맞먹는 새 출발을 하자는 취지가 있었고 또 하나는, 2013년체제라는 표현을 쓰는 분들도 거기까지는 생각을 공유 안 한 부분도 많은데, 87년체제는 왜 이 모양 이 꼴이 됐느냐. 사실 그때는 우리가 엄청난 변화를 이룩하지 않았습니까? 좋은 변화고, 87년체제가 1961년 박정희 쿠데타 이래 군사독재체제를 무너뜨렸지만, 그 군사독재체제의 기반이 됐던 분단체제 또는 1953년 정전체제의 기반은, 흔들어놓기는 했지만 무너뜨리지는 못했단 말이에요. 그런 의미에서 87년체제는 소위 61년 독재체제하고 53년체제라는 기반을 공유하고 있었던 겁니다. 그러니까 87년체제가 잘 돌아가서 너무 늦기 전에 다음 단계로 이행하면서 토대에 해당하는 정전체제를 평화체제로 바꿨어야죠. 그걸 못해서, 처음부터도 보수와 진보의 타협으로 출범한 체제인데 분단체제에 확실한 기반을 가진 반민주세력은 강해지고 민주세력은 지리멸렬해진 거죠. 나는 이게 이명박 정부만의 책임이라고 보진 않습니다. 이미 노무현 대통령이 야심차게 했던 개혁들이 대부분 실패했잖아요. 그때부터 87년체제의 말기 현상이 비롯됐다고 보는데, 그때 국민들이 실망했을 때 이명박 씨가 나타나서 내가 집권하면 잘살게 해주고 경제 살리고 한다고 선진화 원년을 선포했잖아요.

**김두식** 그런 게 있었는지도 이제 기억이 잘 안 나요.(웃음)

**백낙청** 그것이 87년체제를 더 나은 것으로 바꾸는 것과는 아무런 상관도 없고 87년체제를 더 연장해서 점점 더 엉망으로 만들어간 거예요. 그러니까 사람들이 이명박에 대해서 불만이 가득했죠. 그때 나타난 것이 박근혜 후보 아닙니까. 그때는 그런 용어를 안 썼지만 87년체제를 끝장내겠다고 '시대교체'라는 말을 썼어요. 야당에서 정권교체 이야기를 하니까 "나는 정권교체 정도가 아니라 시대교체를 하겠다", 이런 말을 했고 내용상으로도 경제민주화 하겠다 뭐 하겠다, 4대강도 다시 조사하겠다, 온갖 약속을 하고 당선되지 않았습니까? 국민들이 속기는 속았지만 그때 이미 87년체제는 안된다, 극복해라, 명령을 내린 건데, 이명박 때보다 더 나빠진 거죠. 박근혜 대통령 개인의 문제도 있고요, 또 하나는 전환할 때에 전환을 못하니까 점점 더 나빠지게 되어 있는 겁니다.

**김두식** 그게 이번에 나올 책을 만들게 된 계기 아닌가요?.

**백낙청** 그렇죠. '2013년체제 만들기'라는 얘기를 할 때 그런 게 이미 깔렸는데, 그때는 박근혜 정부 겪기 전이었죠. 겪어보고서 그 점이 더 확실해졌다고 생각하는 겁니다.

**황정은** 저는 현재의 야당이 선거에서 실패할 때마다 이제는 '우클릭'을 해야 하는 것 아니냐, 선거에서 이기고 싶으면 우클릭밖에 없다는 이야기가 나온다는 말을 들은 적이 있거든요. 대단히 어이가 없었는데, 실제로 문재인 대표가 이승만, 박정희 묘역을 참배하기도 했고 박원순 시장이 동성애를 부정하는 발언을 해서 곤욕을 치르기도 했잖아요.* 이걸 우클릭이라고 봐도 될지, 이런 문제에 대해서 어떻게 생각하시는지요?

**백낙청** 이승만, 박정희 묘역 참배 자체만 가지고 우클릭이라고 단정

---

* 성소수자 차별금지 조항이 명시된 '서울시민인권헌장' 제정을 둘러싼 논란과 관련해 2014년 12월 1일 박원순 시장은 한국장로교총연합회와의 간담회에서, 동성애에 대한 보편적 차별금지 원칙을 지지하나 서울시장으로서는 동성애를 지지할 수 없다고 밝혔다.

할 문제는 아니라고 봅니다. 야당 대표가 되면서 할 수 있는 일이라고 봅니다. 그런데 다른 걸 보면, 정부나 여당 쪽에서 종북이라고 몰아치니까 군복 입고 나서고 천안함사건 북한 소행이라고 얘기하는 거 보면 이 양반이 우클릭 노선을 택한 게 아닌가 하는 의심은 가요. 정은씨가 어이가 없다고 표현했는데, 그건 어쨌든 망하는 길이죠. 그렇다고 좌클릭이 답이라는 얘기는 아니에요. 나는 소위 '변혁적 중도주의'라는 걸 얘기했는데, 중도주의는 중도주의인데 분단체제의 변화를 겨냥한 중도주의라는 거죠. 변혁성하고 중도주의는 사실 모순된 개념인데, 해당되는 층위가 다른 거죠. 중도주의라는 건 국내에서 이런 과업을 달성하기 위해서 최대한으로 광범위하게 중도세력을 규합하고 좌우의 극단적인 세력을 쳐내야 한다는 거고. 그런데 그걸 할 때 어떤 목적의식을 가지고 해야 하느냐 하면, 한반도 분단체제의 작용으로 우리가 온갖 문제의 멍에를 쓰고 있으니까 이 체제를 변혁하는 것, 한반도의 분단체제를 그것보다 나은 사회로 바꾸는 것, 이걸 큰 목표로 삼고 그 목표를 공유하는 사람들이 그 목표 달성에 맞지 않는 극단논리를 배제하자는 건데, 아직까지는 그냥 하나의 과제로 제시된 거지 광범위한 중도세력이 결집한 것 같지는 않아요. 그런데 야당의 대표쯤 되는 사람이 그런 인식과 경륜을 가지고 리더십을 발휘하면 금방 된다고 봐요. 국민들이 변혁적 중도주의라고 하면 어렵고 짜증나는 말이겠지만, 이제까지 좌우의 여러가지 단순논리가 나오는 것에 대해서는 저거 가지고는 안된다는 걸 피부로 다 알고 있거든요. 그럼 어떻게 해야 된다는 걸 유능한 정치지도자가 나와서 설득하면 풀릴 거고, 그럼 이건 좌클릭도 아니고 우클릭도 아닌, 어떤 면에서는 좌클릭도 하고 우클릭도 하는데 일관된 전략을 갖고 좌로 갈 건 좌로 가고 우로 갈 건 우로 가는 노선이죠.

**김두식** 근데 현실적으로는 이런 문제도 있지 않나요? 제가 문재인 대표를 위해서 변명을 하자면, 일단 문대표는 군복이 어울리고요. 총을 쏘면 자세가 나오잖아요? 군복 입고 일종의 쇼를 하는 건데요. 그 문제에 대해서 제가 문재인 대표한테 가서 이 문제가 분단체제에서 비롯된 건데, 이 분단체제의 중요한 결과물이 군사문화고 근데 야당 대표가 그런 식으로 군복 입고 총 쏘고 하면 안된다고 얘기하기에는 일반 국민들의 정서랄까 표를 가진 사람들의 마음을 얻는 방법이 분단체제에 관한 이해, 설득만으로 될까 싶고……

**백낙청** 김교수나 내가 문대표를 만나서 분단체제는 어떻고 저떻고 해서는 설득이 잘 안될 겁니다. 본인이 문제의식을 갖고 공부를 해서 자기 나름대로 깨닫고 자기 전략이 나와야죠.

**김두식** 철학과 방향을 가져야 한다는 거죠.

**백낙청** 이 나라를 옳은 방향으로 지도하겠다고 생각하는 사람은 누구든 공부해야 할 거라고 봅니다. 그게 아니고 계속 해먹겠다고 하면 그런 공부 할 필요 없어요. 그런 공부 안하고 해먹는 데만 몰두하는 사람이 유리할 수도 있습니다, 상대방이 공부가 없으면. 그러면 한쪽은 좋은 일 하겠다고 하면서 우왕좌왕만 하고, 이쪽은 수십년간 해먹은 노하우를 가지고 이번에 또 꼭 이기겠다고 하면 그쪽이 더 유리하죠.

**김두식** 공약을 다 뒤집어도 국민들이 궐기하거나 그러지 않잖아요. 그런 상황에서는 선거 때는 그냥 아무거나 막 던질 수 있는 건가, 기가 막히기도 하고요.

**황정은** 그렇지만 저는 박원순 시장 같은 경우에는 상당히 실망을 많이 했어요. 성소수자에 관한 부분은요. 많은 성소수자들이 박원순 시장을 지지하고 있었잖아요. 박원순 시장이 대선을 염두에 두고 있는지는 모르겠지만, 선거가 한번 있는 것도 아닌데 매번 이런 식이라면 이렇게 이겨서 뭐하나라는 생각이 들어요.

**백낙청** 선거를 이기기 위한 거라도 다음 시장선거에 나와서 이기겠다는 사람하고 대선에 나오겠다는 사람하고는 태도가 달라질 수 있죠.

이번에 박시장 하는 거 보면, 박시장 개인이 어떤 생각을 하는지는 알 수 없는데 박시장 포함한 주변 세력이 대선 생각을 많이 하는 게 아닌가 하는 의심이 듭니다. 소위 보수기독교 쪽에서 난리 쳐서 후퇴한 거 아닙니까. 서울시정 운영하는 데는 그 사람들이 큰 문제가 안돼요. 오히려 자기 지지세력 가지고 가는 게 좋고, 대선을 생각하더라도 나는 굴복하는 게 전략적으로 좋은 게 아니라고 생각하지만, 계산하기에 따라서는 시장만 하고 말 것이 아니라 큰 꿈을 가지고 있는데 선거 때 전국의 보수기독교들이 총궐기해서 덤비면 곤란하겠다, 이런 생각도 할 수는 있어요. 근데 난 그것도 잘못이라고 봅니다. 국민이 대통령한테서 보는 건 강한 리더십이에요, 자기가 원칙 가지고 한다고 하면 욕을 먹으면서도 밀고 나가는. 그러면서도 전략전술을 아주 무시하자는 얘기는 아니지만 한쪽에서 난리 치니까 쑥 들어가고. 이번에 문제가 된 성소수자 차별금지를 포함한 '서울시민인권헌장'이라는 게 동성애를 장려하는 것도 아니고 외국에서처럼 동성결혼을 허락하는 것도 아니고, 인간적으로 차별하지 말자는 거 아니에요? 일반적인 인권원칙에 의한 건데 그걸 밀고 나가는 것이 전국적인 정치지도자로서도 중요한 게 아니겠나…….

**김두식** 제가 생각하는 최악의 시나리오는, 시장이나 대통령 꿈을 갖고 있냐를 다 떠나서 차라리 대권에 관한 꿈을 가지고 보수기독교 표를 얻어야 되니까 이렇게 하자 하고 한 거면 다행인데, 어쩌면 정말 아무 생각 없이, 특별한 플랜 없이 움직이다 이렇게 된 것 아닌가 하는 거죠. 그럼 정말 최악이거든요.

**백낙청** 문재인 씨나 박원순 씨나 원래 대통령 되겠다고 꿈꾼 사람들이 아니잖아요. 그런 사람들이 본인의 생각이 달라졌든 주변이 부추겨서 그렇든 대권 꿈을 꾸기 시작하면 경계할 게 그거라고 봅니다. 김대중, 김영삼 씨처럼 젊어서부터 그걸 목표로 한 사람들은 큰 목표를 위해서 작은 것에 흔들리지 않는 게 단련이 되어 있어요. 그런데 그렇지 않은 사람이 그런 판에 뛰어들면 우왕좌왕할 수 있죠. 그리고 자기가 욕심이 부족하고 작으면 주위의 욕심 많은 사람들한테 휘둘릴 가능성이 커집니다. 내 욕심이 크면 주변에 공천 생각하고 뭐 생각해서 이러십시오, 저러십시오 하는 사람들 다 쳐내버리거든요. 못 들은 척하고 가죠. 그런 말 하는 사람이 내 공천을 위해서 선생님 이렇게 하십시오, 하겠어요? 나라를 위해서 이래야 합니다, 저래야 합니다 하는데, 그런 데 깜빡 넘어갈 수 있죠.

**김두식** 욕심이 적은 사람이 가질 수 있는 약점 같은 거죠.

**황정은** 이번에 나온 대담집의 계기가 된「큰 적공, 큰 전환을 위하여」라는 글을 제가 읽었는데요, 부끄러운 일이지만 '적공'이라는 어휘가 낯설어서 사전을 뒤져봤습니다. 그랬더니 '많은 힘을 들여 애를 쓰는 것'이라는 의미가 있더라고요. 우리 사회가 적공이 부족하고 전환을 이루려면 적공이 절실하다, 이 말씀에 상당히 공감을 했어요. 그런데 이런 노력이 연구자나 지식계층한테만 필요하다는 건 아닐 거라고 생각하는데, 또 한편으로는 책을 이렇게 안 보는 사회에서 적공이라는 게 어떻게 이루어질까, 지속적으로 이걸 쌓아간다고 해도 이게 다 어디에 쌓일까, 그런 걱정이 좀 되더라고요.

**백낙청** 큰 전환을 이룩하기 위해서 큰 적공이 필요하다고 하는 얘기도 있고, 적공과 전환이 둘이 아니다 하는 얘기도 했죠. 말장난이 아니고, 작은 일을 전환하는 것 자체가 적공이 되는 거예요. 그리고 우리가 공력, 공덕이라고 하잖아요. 우리가 공덕을 쌓아가는 것 자체가 전환을 이루어가는 것이기 때문에 그렇다면 적공을 해서 그게 어디 갈까 걱정을 할 필요가 없다고 봅니다. 나는 제대로 사람이 정성을 모아서 공덕을 쌓고 공력을 쌓으면 절대로 없어지지 않는다고 봐요. 그래서 그게 차곡차곡 쌓여가고 있다고 봅니다.

**김두식** 그런 면에서는 낙관적이시군요. 우리 국가, 우리 민족이 시간이 걸리지만 어쨌든…….

**백낙청** 그러니까 차곡차곡 쌓아서 몇년 후에 전환을 이룩하리라 낙관하는 건 아니고요. 그건 안될 수도 있지만 어쨌든 한번 쌓인 공덕은 사라지지 않는다는 거죠.

**황정은** 선생님 말씀 듣고 보니까 도서관 생각이 나는데요. 도서관에 적공들이 물리적 결과물로 쌓였을 때 미래의 누군가는 그 도서관을 방문할 테고, 그때 비어 있는 선반이 아니라 적공들로 꽉 차 있는 선반이 있다면 이미 당도한 전환도 확 일어나지 않을까 하는 생각도 지금 드네요.

**김두식** 선생님의 그 믿음은 어디서 나오는 거죠? 공덕이 사라지지 않더라 하는 믿음이, 선생님의 살아오신 경험에서 나오는 건가요?

**백낙청** 객관적 사실 아닌가요?(웃음)

**황정은** 예전에 역사에도 그런 일이 있지 않나요? 로마 법전이 상당히 오래된 고문서였고 도서관의 구석진 곳에 낡은 양피지 형태로 처박혀 있었는데, 그걸 어느날 학자들이 찾아내서 들여다보는 과정 중에 해석하는 작업이 벌어지고 법이 다시 쓰였다는 것 아니에요? 그런 사례를 생각해보면…….

**김두식** 오, 사라지지 않는다, 공력을 쌓은 게.

**황정은** 작년 4월 16일 이후로 많은 사람들에게 그 이전으로 돌아갈 수 없는 포인트가 생겨버린 것 같습니다. 목격자가 이렇게 많은 사건이 또 있을까 싶어요. 저는 이제 서른여덟해 살아왔지만 제가 이런 사건을 또 겪을까 모르겠고, 개인적으로도 큰 사건이었고 사회적으로도 공감대가 폭넓게 형성이 됐는데요. 벌써 1년이 지났는데 상황이 전혀 나아지지 않았다는 이야기도 많이 들려오고요. 정치권을 보면, 그 광고 문구 있잖아요, 뭘 상상해도 그 이상을 볼 것이다. 그런 상황을 계속해서 겪고 있는 것 같아요. 근데 선생님께서 「큰 적공, 큰 전환을 위하여」에서 이런 말씀을 하셨더라고요. "우리 사회의 혼란이 극에 달했으나 어디까지나 혼란이요 교착이지 '세월호 이전'으로의 복귀가 아니라는 점이 희망이다." 그래서 그 희망을 조금 더 듣고 싶습니다. 어떤 점에서 희망을 보고 계시는지.

**백낙청** 세월호 이후에 흔히 정부가 있기는 있나, 국가가 있나 하는 질문을 많이 하잖아요. 근데 좋은 정부가 없고 좋은 국가가 없는 거지 있기는 확실히 있어요, 정부가. 황정은 씨 말대로 이만큼 많은 목격자, 사실관계로도 많은 증거가 모인 사건이 드물거든요. 그런데도 어떤 평론가들은 우리가 사실을 모르기 때문에 리얼리즘이 불가능하다는 얘기를 하는데, 리얼리즘 얘기는 여기서 할 필요 없겠고, 이만큼 많은 자료가 있는 사건이 드뭅니다. 비행기 사고 났다고 해보세요. 블랙박스를 건져봤자 거기 나오는 정보라는 게 한정되어 있는 거고, 객실에서 무슨 일이 있고 이런 거 모르잖아요? 더군다나 블랙박스도 없고 생존자도 없으면 비행기가 떨어졌다는 것 외에는 아무것도 모르는 거예요. 그런 거에 비하면 세월호만큼 많은 사실을 생생한 육성과 기록과 화면으로 갖고 있는 경우는 드물어요. 그런데도 우리가 아무것도 모른다고 하는 건 이걸 바탕으로 더 진실을 규명해야 하는데 그걸 못하고 있다는 얘긴데, 이게 저절로 안되고 있는 게 아니라 이걸 확실하게 막고 있는 정부가, 뼛속까지 나쁜 정부가 있기 때문에 안되는 겁니다.

**황정은** 저는 그 정부의 물리적 형태를 지난주와 지지난주 광화문에서 봤습니다.

**백낙청** 점점 더 나가죠. 더 나빠지고 있죠. 그러니까 우리가 세월호 이후에 달라져야 할 것이 여러가지가 있는데, 황정은 씨도 글을 썼지만 체념이야 너무 쉽잖아요. 체념하면 안되고, 체념하고 통하는 얘긴데 엄살을 그만 부려야 합니다. 정부가 이래서 안되고 사실을 몰라서 못한다느니 그런 엄살은 그만하고, 문학이 세상을 바꿀 수 없으니까 어떻게 하냐 그러지 말고, 조금 더 단호해질 필요가 있지 않나, 그런 생각입니다.

**김두식** 제가 기본적으로 엄살 전문이라(웃음) 오늘도 엄살을 많이 떨었는데, 단호해질 필요가 있다고 말씀하신 부분이 와닿네요.

**황정은** 엄살에 대해서 말씀하셨는데요, 저는 이런 상황으로 도래할 수 있는 최악의 상황이 냉소라고 생각하거든요. 세월호 이후에 뭔가를 해야겠는데 도대체 뭘 해야 좋을지 모르겠다, 이런 얘기 자주 들어요. 백 선생님도 우리 사회의 권력에 굴종하고 피해자를 멸시하는 습성의 내면화, 이런 모습을 지적하셨는데, 저는 여기에 더불어서 무력감도 학습이 되고 내면화된다는 생각이 들거든요. 우리가 아무것도 할 수 없다, 뭘 해도 바뀌지 않고 뭘 해도 이길 수 없다, 한번도 이겨본 적이 없다. 그런데 이런 무력감이 냉소로 연결되는 경우가 많고요.

**백낙청** 그러니까 엄살 그만 떨자는 얘기가 그건데, 엄살 떨다보면 그게 결국 냉소로 이어지죠.

**황정은** 냉소로 이어지면 사건이 일어나고 문제가 드러나도 아무런 일도 일어나지 않는 거죠. 문제 자체는 적나라하게 드러나 있는데 변화나 개선은 너무나 미미하거나 아예 없거나 덮여 있거나, 이런 상황이 반복되다보니까 내 집 마당이나 쓸지, 내 앞가림이나 잘하지, 그냥 나만 아니면 돼라고 생각하는 경우도 늘어나는 거 같고. 만성적 패배감요.

**백낙청** 이번에 내가 대담집을 내고 끝에다 짤막하게 후기를 하나 썼어요. 거기에 내가 도대체 뭘 할 수 있는가, 괜히 이것저것 하려고 하지 말고 내 나름 비교적 잘하는 거 하자, 그래서 생각을 정리해서 책을 내는 걸 했다고. 그런다고 세상이 뭐가 바뀌나 하는 질문이 따라오지 않겠어요? 근데 그냥 세상이 바뀐 게 없다, 이러지 말고 질문을 세개로 쪼개서 물어보자, 그랬어요. 첫째로 우선 나는 얼마나 바뀌었나를 물어보고, 두번째는 주변에 바뀐 사람이 누가 있는가 살펴보자 이거예요. 아무도 안 바뀌었다 하지 말고, 살펴보면 있어요. 많아요, 바뀐 사람들이. 그다음에 세번째, 그런데도 세상이 안 바뀌는 건 왜 그런가를 탐구해보자는 거죠. 그럼 당장은 정말 뼛속까지 못된 정권이 있고, 그 토대랄까 배경으로 는 분단체제라는 게 있고요, 그것보다 조금 더 낮은 차원에서 얘기한다 면 87년체제의 말기 국면이라는 게 있고, 87년체제가 연장되는 데는 그 저변에 분단체제라는 토대가 있고. 그리고 더 학구적으로 탐구하고 싶 으면 분단체제라는 건 세계체제, 우리 인류가 갖고 있는 별로 좋지 않은 세계체제가 한반도를 중심으로 작동하는 거거든요. 그러니까 그 공부는 각자 자기 처지와 능력에 따라 할 거지만 한번 살펴보자, 이거예요. 내가 얼마나 바뀌었나. 주변에 바뀐 사람은 얼마나 있나. 그런데도 세상이 안 바뀐 것은 왜냐. 그렇게 따지고 들어가야지, 그냥 바뀐 게 없네, 세월호 유가족 얘기를 들어도 하나도 바뀐 게 없다더라, 이러면 안되죠. 그이들 이 안 바뀌었다고 절규하지만, 사실 자기 인생이 완전히 바뀌었잖아요. 그냥 아이를 잃은 것만이 아니고 어떻게 보면 부모들이 새로운 인간으 로 태어난 면도 있는데, 그 사람들이 전력을 다해서 싸우는데도 진실규 명이 안된다 그 얘기거든요, 세상이 안 바뀌었다는 건. 그 얘기하고 그냥 편안히 앉아서 "세상이 변한 게 없어"라고 하는 건 질적으로 전혀 다른 거죠.

**황정은** 선생님 쏘셜 네트워크 서비스(SNS)에 대해선 어떻게 생각하 시나요? 사용하세요?(웃음)

**백낙청** 페이스북도 하는데 열심히는 못해요.

**황정은** 저는 이렇게 많은 사람들이 동시다발적으로 강력하게 자기 자신에 대해서 집중한 시기가 또 있었나 싶거든요. SNS를 통해서 매순간 뭔가를 말하고 있는데, 말이 되게 흔한 시절인 것 같다는 생각도 들고, 말이 흔해서 그런지 말이 왜 이렇게 힘이 없을까 하는 생각도 들고요.

**백낙청** 근데 너무 흔하면 아무래도 금이 떨어지죠. 그래서 우리가 가 만히 있지는 말아야 하고, 그만할 짓은 그만해야 좋을 것 같아요. 엄살도 그만 떨고 쓸데없는 수다도 덜 떨고 그런 것도 필요하지 않나……. SNS

에 나가서 내가 그런 얘기 한다고 사람들이 들어줄 건 아니지만요.

**김두식** 엄살 좀 그만 떨자는 말씀이시네요. 이제 시간이 많이 지나서 슬슬 마무리를 해야 할 때입니다. 선생님, 우리 시대에 어쩔 수 없이 어른이 되신 거고 앞으로도 건강하게 활동하시길 바라는데요, 선생님 늘 맑고 밝으신데 특별히 건강 관리하는 비법 있으신가요?

**백낙청** 글쎄요. 혹시 검찰에서 수사에 착수하면 출두해서 성실히 답변하겠습니다.(웃음)

**김두식** 아유, 무슨 말씀이세요?

**백낙청** 검찰에서 너의 건강비법이 뭐냐, 조사를 하면요.(웃음)

**김두식** 「라디오 책다방」 정도로는 답변 안하시는 거군요.(웃음) 이 유머코드 깜짝 놀랐어요. 선생님 현장에서 활동하는 문학평론가 중에 거의 최고령이신 듯한데, 앞으로 특별한 계획 갖고 계신 거라면? 로런스 책 있으시고요.

**백낙청** 문학평론 좀더 써보려고 그래요.『문학이 무엇인지 다시 묻는 일』(창비 2011)이라는 책 보면 1부, 2부로 나눠놨죠. 2부가 영문학이나 서양문학에 관한 이야기고. 그런데 앞서 얘기했지만 문학평론에서 한국문학 얘기할 때 기준과 안목이 다르고 외국문학 얘기할 때 다르고 그래서는 안된다고 봅니다. 그리고 서양문학에 대해 글을 쓰면 그건 연구논문으로 쳐주는데, 나는 사실 연구논문을 써본 일이 없어요. 전부 일종의 문학평론이죠. 그래서 서양문학, 한국문학 포함해서 평론을 더 써볼 생각입니다.

**김두식** 『창작과비평』 편집인으로서의 위치는 내려놓아도 글 쓰는 사람으로서의 정체성은 계속 이어나가실 그런 계획을 말씀해주셨고요. 저희 오늘 방송이 「라디오 책다방」 씨즌 1의 끝에서 두번째 방송이고 선생님이 마지막 게스트이세요. 「라디오 책다방」, 거의 2년 이상을 끌어온 재밌는 실험이었는데요, 옆에서 지켜보면서 어떠셨는지?

**백낙청** 좋았어요.

**김두식** 좋으셨다는 한 말씀과 함께 방송을 마치도록 하겠습니다. 선생님, 앞으로도 건강하게 좋은 글 많이 써주시기를 기대하겠고요, 함께 해주셔서 감사합니다.

**백낙청** 고맙습니다.

# 백낙청, 대전환의 길을 묻다

백낙청(한반도평화포럼 공동이사장, 서울대 명예교수)
노회찬(정치인)
유시민(작가)
진중권(동양대 교양학부 교수, 사회)

**진중권** '노유진의 100분 토크' 시간입니다. 청취자 여러분, 오늘이 무슨 날인지 혹시 아시나요? 지난 2000년 우리 역사에서 처음으로 남북한 지도자가 직접 만나서 평화와 공존, 화해와 협력의 남북관계라는 새로운 패러다임을 선언한 6·15공동선언 15주년을 맞는 뜻깊은 날인데요. 오늘 「노유진의 정치카페」 씨즌 2를 여는 특집 '100분 토크'는 6·15공동선언의 의미를 다시 한번 짚어보고 한국 사회의 대전환을 생각해보기 위해서 우리 시대를 대표하는 사상가이시죠, 한반도평화포럼 공동이사장이자 서울대 명예교수이신 백낙청 교수님을 스튜디오에 모셨습니다. 안녕하세요, 선생님?

**백낙청** 반갑습니다. 안녕하세요?

■ 이 좌담은 팟캐스트 「노유진의 정치카페」 54회(2015년 6월 15일) 2부에 방송된 것이다.

**진중권** 노회찬 대표님은 선배님이시죠?

**유시민** 동문 아니신가?

**노회찬** 동문이라기보다 대선배님이시죠. 학창시절에 제가 다닌 고등학교에서 배출한 유명한 분들이 많이 계심에도 불구하고 우리 선생님들이 오직 한분 백선생님 이름만 예를 들면서 본받아야 될 분으로(웃음) 이야기해서 학교 다닐 때부터 저희들은 그 명성을 아주 익히 들었습니다.

**진중권** 공부를 잘하신 건가요?

**노회찬** 단순히 시험을 잘봤다기보다는 실제로 고등학교 재학 당시에 미국에서 열린 유명한 토론대회에 한국 대표로 참여해서 명성을 떨치셨고요.

**백낙청** 그걸로 유명해졌지요. 공부를 특별히 잘하진 않았습니다.

**진중권** 그때는 사실 영어를 배울 데가 없었을 텐데 영어를 어떻게 배우셨어요? 독학하셨나요?

**백낙청** 학교 공부 외에 강습도 듣고 그런 식으로 했죠.

**진중권** 그때 네이티브 스피커한테 강습을 받으셨나요?

**백낙청** 아니요. 그러진 못했어요.

**노회찬** 그리고 토론이라는 게 영어만 잘해서 되는 게 아니죠.

**유시민** 선생님 올해 연세가 여든이 조금 안되셨죠? 2, 3년 있으면 여든 되시는 거죠?

**백낙청** 네.

**유시민** 그 당시 경기고등학교라는 데는 서울대를 해마다 수백명 가던 학교 아니에요? 그러니까 요즘 개념으로 하면 '공신', 공부의 신, 그런 분이신 것 같아요.

**진중권** 재미있는 건 뭐냐 하면, 작년인가 동아일보사 사옥의 일민미술관에서 '인문학 박물관'이란 전시회를 했는데, 거기 옛날 50년대 신문 쪼가리가 있는데 그 이야기가 있더라고요. 그 기사에 재미있게도 '백낙

청 군'이라고 되어 있어요. 그래서 아, 되게 이상하다 싶었습니다.(모두 웃음)

**백낙청** 그런데 옛날에는 학교에서 선생님들도 좋게 말씀하시고 그랬는지 모르겠지만, 요즘은 노회찬 대표나 나나 경기 야간부 나왔다고 그럽니다.(모두 웃음)

**노회찬** 그래도 제가 영광스럽게도 선생님을 따라서 다니고 있습니다.(웃음)

**진중권** 대학 나오고 하버드 갔다 오시고, 그다음에 오셔서 바로『창작과비평』이라는 잡지, 처음부터 잡지였죠?

**유시민** 아니, 그전에 미국에서 공부하실 때 처음에 브라운대학에 가신 거잖아요. 거기가 칼리지고 우리식으로 하면 교양과정, 그게 상당히 유명한 학교 아니에요? 리버럴 아츠(liberal arts)라고 해서 교양교육을 굉장히 빡세게 시키는 학교로 지금도 유명하던데요.

**백낙청** 그렇죠. 작은 대학이지만 아주 작은 칼리지는 아니고 유니버시티인데, 하버드나 예일이나 이런 대학에 비하면 아주 작죠. 그러니까 미국에 크고 유명한 연구 중심 대학들이 있고, 그다음에 교양교육 위주로 가는 칼리지들이 있고, 브라운은 그 절충형 비슷한 겁니다.

**유시민** 거기 웬만해서는 못 견딘다던데요, 학생들이.

**백낙청** 저 다닐 때보다 지금이 들어가기가 더 어려워졌어요. 소위 랭킹이 더 올라갔죠.

**노회찬** 명문 사학이죠.

**진중권** 청취자 여러분께서 백낙청 교수님 성함은 익히 들어서 알고 계시겠지만 잠깐 소개를 드리자면, 1938년 대구광역시 봉덕동 외가에서 태어나셨고요. 대대로 평안북도 정주군 남서면에서 살아온 수원 백씨 가문인데, 변호사였던 아버지가 납북되셨어요. 유년기에 아버지의 납북과 고향 상실이라는 가족사적인 배경 때문에 분단의 고통을 일찍부터 체험하셨고요. 그래서 아마도 이 체험이 훗날 민족문학, 분단극복 문학의 정서적 바탕이 되었다고 할 수 있을 것 같고요.

**유시민** 어르신을 앞에 모셔놓고 이렇게 언사를 함부로 해서 죄송합니다. 어린것이 뭘 몰라서 그런 거니까 양해해주십시오.(모두 웃음)

**진중권** 아, 그래도 너무 좋다. 어디 가서 제일 어린 경험을 요즘 하기가 너무 힘든데(웃음) 오늘 그 체험을 하고 있습니다. 계속하자면, 1954년 경기고등학교 재학 중에 미국 『뉴욕헤럴드트리뷴』지가 주최한 세계고등학생토론대회에 한국 대표로 선발되셨고요. 그다음에 조금 전에 말씀하신 것처럼 55년에 고등학교 졸업하고 미국 브라운대에 입학해서 영문학과 독문학 공부하셨고, 59년에 하바드대학교 대학원에서 영문학 전공으로 석사 마치고 63년에 박사과정을 수료하셨어요. 그때, 바로 그해에 제가 태어났습니다.(웃음)

**백낙청** 완전히 수료한 건 아니고요,, 박사과정 1년 하다가 서울대학교에 자리가 생겨서 귀국했습니다.

**유시민** 오시자마자 서울대 민청학련 세대들한테 영어를 가르치셨다는 전설을 저희가 어렸을 때 들었는데요.

**백낙청** 민청학련 세대 가르쳤다고 하면 그건 제가 박사 마치고 와서일 거예요. 69년에 다시 가서 박사과정 마저 하고 논문 쓰고 72년 2학기부터 복귀했거든요.

**유시민** 이해찬(李海瓚) 전 총리가 선생님한테 영어 배웠다고 그러시던데요.

**백낙청** 이해찬 총리하고는 조금 다른 인연이……(웃음) 그건 나도 학교에서 쫓겨나고 그도 쫓겨난 뒤예요.『동아일보』해직기자들이 번역단을 만들어서 번역작업을 하는데, 거기서 맬컴 엑스(Malcolm X) 자서전을 하겠다고 해요. 그래서 출판은 창비에서 해주기로 하고 하는데, 맬컴 엑스 책이 구어체로 되어서 굉장히 어려워요, 문장 자체가. 그런데다 또 서로 해직교수, 해직기자들이니까…….

**유시민** 제적학생도 있고.(웃음)

**백낙청** 친목을 도모할 겸 제가 가끔 나가서 영어 강의 비슷하게 번역한 것도 봐주고 그랬어요. 그때 이해찬 씨는 해직기자도 못되고 제적학생이고, 정식 번역팀이 아니고 물 떠주고 하는 사람이었지요.(모두 웃음) 그런데 같이 끼여서 공부를 했어요.

**진중권** 그분이 자기 경력을 부풀리셨네.(웃음)

**백낙청** 아니 근데 부풀릴 만한 게, 거기서 제일 젊은 친구인데 영어를 참 잘했어요. 외국 교민도 아닌데 참 잘하더라고요.

**진중권** 궁금한 게, 1963년에 미국에서 돌아오시지 않았습니까? 그때 한국의 지성계 지형이 어땠는지 궁금합니다.

**백낙청** 아, 저는 63년에 와서 2학기부터 강단에 서긴 했는데 국내 상황은 잘 몰랐어요. 그때가 6·3사태* 나기 직전이고 서울대 문리대 교정에서 상당히 데모도 많이 하고 농성도 하고 그런 걸 지켜는 봤죠. 관심 있게 지켜는 봤지만 뭐가 어떻게 돌아가는지 감을 잡을 정도는 못됐어요.

**노회찬** 선생님, 66년 『창작과비평』을 창간하실 때의 동기나 배경을 말씀해주시면 좋겠습니다.

**백낙청** 문학잡지를 하나 하겠다는 생각은 전부터 하고 있었는데, 제가 서울대 전임으로 있으면서 하려니까, 또 돈도 없고 하니까 월간 같은 건 무리고 그래서 계간으로 해보자 하는 생각을 했죠. 몇몇 친구들이 도와주고 해서 시작했습니다.

**노회찬** 그때 『창비』가 여러모로 신선한 시도를 많이 했던 거 같아요. 제 기억 중의 하나가 가로쓰기를 처음 한 거죠?

**백낙청** 일반 잡지로서는 처음입니다. 가령 미국대사관에서 내놓는

---

* 박정희 정권이 추진한 굴욕적인 한일회담에 대한 학생들의 반대시위를 1964년 6월 3일 정부가 비상계엄령 선포로 진압한 사건.

잡지 같은 건 가로쓰기였지만요.

**진중권** 네, 기억합니다. 저도 학창시절부터 많이 읽었는데요.

**유시민** 『창비』가 80년대에도 필독서였죠, 계간지 나오면.

**진중권** 네, 그리고 『전환시대의 논리』 같은 책이 다 어디서 나왔겠어요?

**백낙청** 80년대는 잡지는 폐간되었을 때고 영인본을 만들어서, 아마 그걸 봤을 거예요.

**노회찬** 제가 고등학교 다닐 때는 『창작과비평』 『문학과지성』, 그다음에 순수문학 쪽으로 『현대문학』 『월간문학』 이런 게 있었는데, 그때 『창비』를 보면 시, 소설만이 아니라 논문도 실렸고 여러가지 진보적인 글들이 많이 실려 있었죠.

**유시민** 말하자면 지식인사회의 의제를 주도하는 계간지였죠. 그러니까 그 계간지 그 호에 누구의 논문이 실렸다, 뭘 주제로 실렸다, 이런 게 딱 알려지면 기다렸다가 책이 나오는 날 다들 앞다퉈 읽고 써클에 와서 봤냐고 이야기하고. 우리 사회에 그때만 하더라도 지식사회, 어떤 어젠다나 토론과정을 통해서 정신적으로 엮여 있는 하나의 공동체 비슷한 지식인사회라는 게 아직은 있을 때예요. 『창비』가 단순한 문학잡지가 아니었죠, 그때나 지금이나.

**노회찬** 그렇죠. 『사상계』가 폐간된 이후에 많은, 큰 역할을 『창비』가 한 거죠.

**진중권** 사실 백낙청 교수님께서는 문학평론뿐 아니라 우리 사회가 중요한 고비를 맞을 때마다 사상가로서 우리에게 필요한 성찰의 프레임을 제시해주곤 하셨는데요, 2012년 벽두에 나온 『2013년체제 만들기』가 대표적인 기획입니다. 그런데 지난해 세월호 참사가 있었고 올해는 메르스 사태가 이어지고 있는데, 이런 난감한 현실 속에서 어느 때보다 근본적인 질문을 받으셨을 겁니다. 그 대표적인 질문 중의 하나가 '이게 나라꼴인가' 하는 것일 텐데요, 어떻습니까?

**백낙청** 그걸 이다, 아니다로 단답형으로 대답을 하라고 하신다면 이것은 나라입니다. 나라 맞습니다. 그런데 우리말은 토씨 하나 바꾸면 뉘앙스가 많이 달라지지 않습니까. 그래서 "이것이 나라입니다"라는 답에 이어서 "이것**도** 나라입니다"라고 말할 수 있을 것 같아요.

**진중권** 『2013년체제 만들기』, 이건 어떤 의미였습니까?

**백낙청** 그건 2013년에 새 정부가 출범을 하니까 대통령은 당연히 바뀌는 건데, 이걸 단순한 정부교체나 정권교체가 아니고 시대적 전환을 이루어보자 한 거죠. '2013년체제'라는 용어는 흔히 말하는 87년체제를 빗대서 나온 셈인데, 1987년에 한국 사회가 한번 큰 전환을 이루었듯이 2013년에는 그냥 새 정부만 출범할 게 아니라 87년에 못지않은 전환을 한번 일으켜보자 하는 생각으로 내놓은 것인데, 그 전제조건은 물론 선거 승리였죠. 그래서 2012년에 그 책을 내게 됐고요. 그 책은 말로는, 그리고 어느정도 생각으로도, 우리가 2013년 이후의 대전환을 꿈꾸고 그것에 대한 준비를 제대로 해야지 2012년 선거 이길 일만 해서는 선거도 이기기 어렵고 또 이겨봤자 실패한 정부가 될 가능성이 크다, 이런 취지였는데, 역시 선거 승리에 상당히 집착해서 그 기획을 내놓았고, 그래서 그런지 어쩐지 선거에도 졌어요. 2013년에 새 정부가 출범하면서 사실은 박근혜 후보는 시대전환을 이루겠다고 약속했어요. 정권교체 정도가 아니고 시대교체를 하겠다고 했는데, 그건 실현 안될 게 처음부터 뻔했지만 지금은 실현 안된 정도가 아니라…….

**유시민** 시대교체, 된 거 아니에요?

**백낙청** 시대교체라고 하기에는 지난번 정권이 너무 엉망이어서, '구관은 명관이다'가 확실해서 교체되어서 더 나빠졌다고 하기에도 어려운 사정이죠. 그냥 점점 더 나빠져왔는데 시대교체 한다고 그러면서 더 나빠졌다는 거죠.

**진중권** 87년체제 하니까 떠오르는 게 있거든요. 이른바 우리나라, 사회의 민주화죠. 그럼 2013년체제, 그러니까 민주화 이후에는 어떻게 전환하자는 내용인지요?

**백낙청** 87년체제가 그전의 오랜 기간의 군사독재에 비하면 엄청 좋아진 체제 아닙니까? 그렇긴 하지만 소위 61년에 시작한 군사독재 시대하고 어떤 토대를 공유하고 있었습니다. 그게 53년체제라고도 하는 정전협정 이래로 굳어진 한반도의 분단체제죠. 그 분단체제의 토대 위에서 군사독재가 한동안 지속되었는데, 그건 허물었지만 그것이 바탕으로 하고 있던 분단체제는 그대로 가진 채 87년체제가 출범을 했거든요. 그러니까 87년체제가 군사독재를 무너뜨린 여러가지 창조적인 동력, 국민의 힘을 모아서 민주화도 더 진행하고 사회개혁, 혁신도 진행하고 그래서 적당한 시기에 그다음 체제로 넘어가면서 분단체제 자체를 훨씬 더 약화하거나 나아가서 해소하는 그런 걸로 갔어야 하는 건데 그걸 못한 거죠. 물론 성과는 많이 있었습니다. 오늘이 6·15공동선언 15주년 되는 날인데, 6·15선언만 해도 분단체제를 크게 흔들어놓은, 다른 가능성을 보여준 그런 사건이었습니다만, 그 동력을 지속시키지 못하니까 87년체제 말기 국면의 혼란상이 곧 벌어지게 되었다고 봅니다. 저는 이게 이명박 정부로부터 시작되었다고 보지 않고 노무현 정부 당시에 중간 조금 넘어서 여러가지 개혁시도가 좌절되면서부터 혼란이 벌어졌다고 봅니다. 그래서 국민들이 바꿔보자고 했던 것 아닙니까? 그리고 새로 나온 선수가 이제부터는 선진화 원년이다, 이래서 그때 그 나름대로 시대교체를 선포했는데, 선진화 원년은커녕 87년체제 말기 국면을 더 연장하고 혼란을 더 극대화했습니다. 그러다보니까 국민들이 더 못 참겠는 거예요. 이제는 정말 바꿔야겠다 싶은데, 2013년체제 만들겠다고 하는 민주당 후보나 민주당은 별로 미덥지가 않고, 다른 쪽에서는 경제민주화를 해주겠다, 시대교체를 하겠다, 복지국가도 다 하겠다, 원하는 거다 해주고 4대강사업도 조사하겠고 이명박 정부하고는 전혀 다른 정부 만들겠다 그러니까 차라리 안전하게 이쪽을 믿어보자 하고 선택을 했던 것 같아요. 그런데 사실 제가 『2013년체제 만들기』라는 책을 쓰면서 우리 국민이 더 큰 꿈을 가지고 담대한 전환을 이룩하지 못하고 안전한 선택을 하다가는 또 한번 좌절을 맛볼 것이라고 했는데, 지금 그렇게 되고 있죠 뭐.

**진중권** 선생님이 지난달에 내신 책 『백낙청이 대전환의 길을 묻다』는 대담집인데, 책 앞에 선생님이 쓰신 글이 있어요. 그걸 쭉 읽어보면 전환이 아닌 여러 전략들을 비판하는 게 있지 않습니까? 네거티브하게 접근하면서 이건 아니다, 저건 아니다 하는 대목이 나오는데* 그중 하나가 이런 거예요. 분단에 대한 인식 없이 남한 내에서 변혁하는 것은 한계가 있다, 이런 요지의 말씀인데요.

**백낙청** 그러니까 분단에 대한 인식 또는 분단체제를 바꾸겠다는 인식 없이 개혁만 하자고 하는 사람들이 있고, 또다른 범주로 분류한 것은 개혁은 아니고 더 극단적인 변혁을 해야 한다고 주장하는 사람들이 있는데, 그 경우에도 분단체제 속의 남한이라는 인식이 없으면 공허한 논리가 된다는 이야기죠.

**유시민** 제가 천박하게 해석하기로는 분단체제에 대한 인식이 없는 쪽은 옛날 운동권으로 치면 PD, 소위 말하는 민중민주주의 계열, 그전으로 더 거슬러올라가면 80년대의 레닌주의 성향 포함해서 한국 사회의 변혁을 한국 사회 내부 요소만으로 해보려고 하는 경향, 이거고요. 또 한쪽은 분단체제를 너무 중요시한 나머지 분단체제의 해소 없이는 아무것도 안된다고 생각하는 쪽, 심지어 그 분단체제의 한 당사자인 북측에 대해서 아주 이상한 태도를 취하는, 말하자면 대한민국 국민들과 완전히

---

* 「큰 적공, 큰 전환을 위하여」, 『백낙청이 대전환의 길을 묻다』 58~60면.

괴리되는 주장을 하는 사람들인 NL이 있는데요. 양쪽 다 보면 한쪽 발로만 서 있는 것 아니냐는 비판으로 저는 들었거든요.

**노회찬** 그것만 있는 게 아니고 또 NLPDR(민족해방민중민주주의혁명) 계열도 있었어요. 저희는 NLPDR을 자임했던 사람으로서…….

**유시민** 그러니까 그게 다 반쪽짜리 인식이라는 거죠.

**백낙청** 그걸 제가 글에서는 친절하게 1번부터 6번 번호까지 붙였는데, 지금 말씀하신 PD 계열이라는 게 4번이고 5번이 NL 계통인데, 그분들은 분단체제를 너무 인식해서 그랬다기보다는 분단을 너무 의식하는데 분단체제에 대한 인식이 없어요.

**유시민** 객관적으로 못 본다는 거죠?

**백낙청** 그렇죠. 분단극복 또는 통일을 주장하는 걸 보면 북은 적극적이고 남은 소극적이지 않습니까. 그런데 이걸 분단체제라는 관점에서 보면 북의 통일지상주의나 남쪽의 반공주의나 묘하게 닮아 있거든요.

**노회찬** 절대적 의존관계죠.

**백낙청** 네, 그런 게 있거든요. 그러니까 분단체제의 일환인 북을 제대로 못 보는 거예요, 지금 말씀하신 대로.

**유시민** 어떻게 보면 순진하다고 말할 수 있겠죠?

**백낙청** 네. 옛날 운동권에는 품성론이라는 게 있었는데, 실제로 아주 훌륭한 분들이 많습니다, 그쪽에는. 그런데 결과적으로 국민정서로부터 유리되고 오히려 저쪽에 빌미를 주는 경우가 많죠.

**진중권** 근데 참 분단체제에 대한 인식을 한다 치더라도 이걸 극복한다는 게 우리만의 힘으로 되는 건 아니고 사실 우리가 통제할 수 없는 북한이라는 영역이 같이 들어가 있잖아요?

**백낙청** 분단체제라는 것은, 북한과 남한이 소통도 잘 안하는 완전 분리된 실체로 나뉘는 것 같지만 사실은 분단체제라는 하나의 좀 느슨한 체제에 같이 연루되어 있는 공동운명체이고, 분단체제가 그 자체로서 딱 한반도를 경계로 해서 완결되는 체제가 아니고 말하자면 세계체제가 현시점에서 한반도를 중심으로 작동하는 현상으로 봐야 하거든요. 그 세계체제를 움직이는 미국을 비롯해서 우리 주변의 강대국들, 북한, 이런 요소가 다 복합적으로 작용하니까 우리 힘만으로 안된다는 말씀이 맞는데, 그걸 마치 우리 힘으로 될 수 있는 것처럼, 우리가 철저한 계급의식을 갖고 변혁을 하면 된다든가 친미사대주의자들 청산하고 하면 된다든가 이런 단순해법으로는 안된다는 이야기죠.

**유시민** 사실 저는 이 문제와 관련해서 2003년도에 목격했던 게 많이 남아 있는데요. 2003년 초에 제가 다른 일로 청와대에 갔는데 노무현 대통령이 경상도말로 막 '뿔따구'를 내고 계신 거예요. 그때가 북핵문제가 새로 불거져서 미군이 북한에 군사적 공격을 하네 마네 그런 이야기가 막 오갈 때였어요. 그래서 취임 직후에 당선자 시절부터 부시하고 통화하고, 온갖 험한 말들이 청와대 주변을 돌아다녔어요. 통화할 때 노대통령이 "우리 동의를 받지 않은 군사행동은 안된다. 만약 그걸 하는 경우에는 주한미군은 주둔지의 어떤 지원도 못 받을 것이다" 이런 이야기를 했다, 그 이야기까지는 안했다, 이런 이야기가 오갈 때였죠. 노무현 대통령이 뿔따구가 난 이유가, 정확하지는 않지만 제가 들었던 이야기를 옮기면, "뭐 이런 게 다 있어? 우리가 분단체제의 한 당사자고 한반도 정세가 어떻게 되냐에 따라서 곧바로 피해를 보는 사람들이 우리 국민들인데, 이 문제에 대해서 북한하고 미국이 자기들 마음대로 해서 일을 벌여놓으면 우리는 끌려다니기만 하고 어떻게 하지도 못하고, 세상에 이런 게 어디 있어!" 그렇게 막 화를 내시더라고요. 북한을 막 욕하고 미국에 대해서도 욕을 막 하시고요. 그러면서 이 상황을 도저히 참을 수가 없다, 어떻게 하면 한반도 정세에 대해 우리가 주도권을 가질 거냐, 그거 때문에 죽겠다는 거예요. 저는 그 대목이 참 안 잊히는 게, 선생님 말씀대로 세계 냉전체제가 한반도에 실현된 것이 우리 분단체제였고, 세계 냉전이 거의 다 해체되었는데 우리는 그대로 남아 있고요. 두 체제는 서로를 필요로 하고 서로에 적대하는 그런 시스템을 갖고 있고, 이걸 해체하려는 대한민국 대통령은 끊임없이 역풍에 시달리고요. 미국 쪽에서 오는 역풍, 국내의 친미사대주의 등등 비판에서 오는 역풍, 단순한 공포감에서 오는 역풍, 이런 걸 맞고 그 사이에 끼여서 어떻게든 주도권을 가져보려고 노력하면 사상적으로 의심받고, 이게 우리나라의 지금 상황 아닌가. 그렇기 때문에 우리가 우리 힘만으로 모든 걸 해결하는 건 불가능하지만 그래도 한 시기에 모든 걸 해결하지는 못한다 할지라도 일정 시간을 갖고 어느 시점에서의 분단체제 해소 또는 극복이라는 관점에서 그때까지 대한민국이 주도권을 갖고 가는 방법이 뭐 없나? 그런 고민이 사실은 그 당시 대통령의 고민이었고, 선생님이 2013년체제라든가 분단체제 극복 말씀하실 때도 저는 '이게 바로 그거 아니야?' 그런 느낌이었는데요.

**백낙청** 저는 노무현 대통령을 몇번 뵀습니다만 개인적으로는 잘 모르는데, 그분이 상황에 대한 건강한 실감이랄까 하는 걸 갖고 올바른 목적의식을 갖고 있었지마는, 우리 분단체제를 더 공부를 하셨더라면 그렇게 화낼 일이 아니거든요. 그렇게 되는 게 당연한 거 아닙니까? 그게 우리 조건이고, 이게 다 얽혀 있는 건데요. 그래서 그분이 대통령 하시면서 우리 외교적인 주도력도 높이고 북과의 관계도 더욱 진전시키고 이런 일은 많이 하셨지만, 사실 분단체제에 대한 인식은 끝까지 별로 없지 않으셨나 싶어요. 분단체제의 또 한가지 면모는 국내 정치하고 남북관계가 밀접하게 얽혀 있다는 거거든요. 그러니까 국내 정치에서 죽을 쑤면 남북관계가 진전이 안되거나 진전돼도 뒤집어지게 마련인데, 노무현 대통령은 이걸 별개로 생각하고 이것도 한번 해보고 저것도 한번 해보고 한 거고, 잘한 것도 있고 못한 것도 있다, 그렇게 봐야 되지 않을까 싶어요.

**유시민** 문제의식은 그런 거 아닌가요? 일거에 다 해결할 수는 없고 또 우리 힘만으로 해결할 수는 없지만 어떻게 한국이, 결국 정부를 통해서 힘을 행사하는 거지만, 자기의 의사결정 권한, 스스로 자기 운명에 영향을 미칠 수 있는 능력 같은 걸 가져갈 거냐, 그게 핵심적인 문제 아닌가 싶습니다.

**백낙청** 문제의식이나 목적의식은 건강한데 상황에 대한 인식이 더 정교하고 정확했으면 그분이 그렇게 화를 내지도 않았을 거고, 또 조급한 마음에서 헛발질도 덜 하셨을 것 같아요. 2005년에 6·15공동행사가 평양에서 이루어지는데 정동영(鄭東泳) 특사가 가서 김정일 위원장하고 면접도 하고 또 그해 8월에 북 대표단이 내려와서 현충원 참배도 하고 엄청난 동력이 생겼는데, 물론 미국 쪽의 방해도 있었습니다만 국내적으로 보면 느닷없이 대연정 하자느니 이래서 동력을 많이 까먹었거든요. 저는 말로만 하지 실행할 능력은 없습니다만, 분단체제라는 건 국내문제와 남북관계, 또 한반도 문제와 세계정세, 동아시아 지역문제, 이 여러가지 변수를 놓고 아주 정교한 해법을 찾아내야 하는 거라서 이거 건드렸다가 저거 건드렸다가 해서 때로는 성과가 나기도 하고 때로는 까먹기도 하고, 이렇게 해선 곤란한 거죠.

**진중권** 2013년체제 말씀을 하셨는데, 그전에 사실은 김대중 정부에서 정상회담이 있었고 6·15공동선언도 있었고, 그다음에 남북경협, 개성공단, 금강산 관광 등 협력체제가 있지 않았습니까, 이미? 그런데 2013년체제라고 하면 무언가 그보다 더 나간 구상 같은 것을 담고 있을 텐데요.

**백낙청** 우선 아까 87년체제와 그전의 군사독재체제가 공유하는 토대가 분단체제다, 그렇게 이야기를 했는데, 이 분단체제를 완화하기 위한 협력사업이라든가 하는 건 많이 이루어졌지만 정작 정전협정을 평화협정으로 바꾼다든가 하는 건 못했지요. 또 6·15공동선언에서 이미 통일방안에 대해서 합의를 했잖아요? 조금 애매한 표현을 쓰긴 했습니다만, 남쪽의 연합 제안과 북쪽의 낮은 단계의 연방제—북에서는 수위를 하나 낮췄죠. 우리 쪽에 더 접근하기 위해서—라는 공통점이 있으니까 앞으로 그 방향으로 통일을 모색해나가기로 한 건데요. 그때도 그랬습니다만 지금은 더욱이나 그런데, 저는 현실적으로 낮은 단계의 연방제가 아니라 첫걸음은 낮은 단계의 **연합**으로 시작을 해야 한다고 봐요. 그리고 10·4선언이 계속 이행되었다면 그렇게 가는 게 그다지 어려운 일은 아니었다고 생각합니다. 낮은 단계 연합체로 시작해서 더 높은 단계의 연합으로 가고, 그러다가 또 낮은 단계의 연방제로 갈지 안 갈지는 그때 가서 결정하면 되는 거고. 이렇게 남북관계를 진전시키면서 그것과 연동되는 여러가지 국내개혁을 하면 그건 87년체제하고는 조금 다른 체제이고 분단체제의 해소를 위해서 크게 한걸음 더 나가는 거라고 봤지요.

**노회찬** 아마 저희가 현실적으로 가능할 것으로 상상할 수 있는 최대한이 방금 말씀하신 낮은 단계의 연합체 정도가 아니겠는가 싶고요. 저는 낮은 단계의 연방이라는 것은 연방제 통일을 오랫동안 강력한 노선으로 견지해왔던 측에서 쓴 표현이고 그것이 현실에서는 국가연합을 가리키고, 또 국가연합도 초보적으로 아주 낮은 단계에서부터 시작하는 것으로 나타날 수밖에 없다고 생각했는데, 사실 제가 과거에 민주노동당에 있을 때는 이런 이야기 했다가 '두개의 한국'론자, 반통일론자로 엄청나게 비판을 받았거든요. 저는 선생님이 말씀하신 것처럼 87년체제 이전 체제와 87년체제가 여러가지 차이에도 불구하고 분단체제를 극복하지 못한 한계 아래 있었다는 데 충분히 공감하고 또 분단체제 극복이 우리 민주화의 전략적 목표의 하나라는 것도 충분히 공감하는데, 어떤 면에서 보면 그러면 87년체제 다음 체제가 분단체제 극복을 아주 현실적인 과제로 삼을 수 있을 만큼 성숙한 체제가 될 수 있는가 하는 의문도 들거든요. 지금 내후년이면 87년 6월항쟁 30주년이에요. 그런데 지난 30

년 동안 누가 이 나라 정권을 맡았는가 보면, 30년 중에서 20년을 87년에 경찰 방패 뒤에 있었던 그 사람들이 장악하고, 그 민주화를 실제 만들어 냈던 사람들은 30년 중에서 10년만 겨우 권력을 잡았을 뿐이거든요. 그리고 그 책에서도 말씀하신 것처럼 그래도 노태우, 김영삼 정부는 보수 정권이었는데 이명박 정부 이후는 일종의 반동정권으로서 민주화의 성과까지도 허물어뜨리는 상황으로 가고 있지 않습니까? 이런 속에서 새로운 체제가 가능하려면, 특히 그 새로운 체제가 분단체제를 극복하는 데 이르기까지 가려면 몇번 더 집권하고 훨씬 더 강력해져야 가능하지 않겠는가 싶습니다. 그런 점에서 그런 정권 창출이 어떻게 가능한지를 성찰하는 것이 오히려 분단체제 극복을 앞당기기 위한 방편이지 않나 합니다.

**백낙청** 네, 좋은 말씀이고 동의합니다. 몇가지 얘기가 섞여 있어서 따로따로 답을 해볼까 하는데요. 결과론적이기도 하지만 우선 2013년에는 설혹 우리가 이겼더라도, 정권교체가 됐더라도 새로운 체제를 만들 준비는 안되었었다, 이렇게 보는 게 맞을 것 같아요. 그러니 안되길 잘했다는 건 아니고요. 그런데 저는 안되길 잘했다는 말을 하면 욕먹을 테니 하는 말이 아니고 진심으로, 문재인 씨가 아무리 무능하고 미숙한 지도자라 하더라도 지금보다는 낫게 했을 거 같아요. 다만 한가지, 그들보다 낫게 한다는 걸 아무도 몰랐을 거예요.

**유시민** 그때는요?

**백낙청** 그때는 박근혜 대통령 안 겪어봤으니까 저 진보라는 자들 맡겨놓았더니 또 죽 쑤는구나, 박근혜가 되었어야지, 이런 여론이 퍼져서 오히려 2017년 선거에서는 박근혜 후보가 대승을 하고 더 장기적인 한나라당 내지는 새누리당 정권이 가능했을지도 모릅니다. 그런 점에서는 박근혜 한번 겪어보는 게 좋을지도 모른다는 말을 할 수 있겠고요. 지금 말씀대로 대통령선거 한번 이긴다고 되는 일이 아니거든요. 그래서 저는 2017년체제니 2018년체제니 이런 말을 안 씁니다. 앞서 2013년체제라는 표현 자체가 2012년 선거를 너무 의식한 표현이라는 말씀을 드렸는데, 지금은 아마 웬만한 사람이면 노대표 말씀에 동의할 겁니다. 대통령이 돼봤자 지금 요소요소는 다 수구보수동맹 세력들이 쥐고 있고, 단임제 아닙니까. 5년 단임제 대통령이 무엇을 할 수 있겠느냐. 그래서 중요한 것이 5년 대통령을 뒷받침해줄 뿐 아니라 그 5년 이후에도 이 작업을 계속할 수 있는, 지금 말씀드렸듯이 두번 세번 이길 수 있는 정당과 시민사회적인 기반을 갖는 거죠. 이것을 어느 세월에 마련하겠느냐는 생각도 한편으로 들지만, 다른 한편으로는 우리가 앞으로 박근혜 정권을 겪으면서 이 고생을 하면서도 1, 2년 내에 그 방면으로 큰 진전을 이루지 못한다면 선거도 질 거니까, 뭐 선거 이긴 다음에 어떻게 할지 너무 걱정할 필요는 없다고 봅니다.

**진중권** 좀 전에 보수정부와 반동정부라는 개념이 잠깐 등장했는데, 선생님이 쓰신 책에서 지적하신 부분이에요. 아마 공감하는 분들이 많으실 겁니다. 우리가 아무리 노태우 정부를 욕하지만 그때는 북방정책도 하고, 냉전에 대해서 상당히 누그러진 입장을 보였고, 또 자기 자신을 풍자의 대상으로 삼아도 좋다고 이야기하기도 했고요. 김영삼 씨도 IMF 사태 때문에 욕은 많이 먹어도 나름대로 하나회 척결을 해서 민주화라는 걸 비가역적인 과정으로 만들었고요.

**백낙청** 김영삼 씨는 6월항쟁 때 방패 앞쪽에 마주 섰던 사람이기도 하죠.

**진중권** 그다음에 금융실명제를 통해서 나름대로 여러가지 개혁도 했죠. 그야말로 그나마 보수정권이라고 할 수 있는 것이죠. 그런데 지금 그 이후에 돌아온 이분들은 뭘 했는지를 모르겠는 거예요.

**백낙청** 그러니까 보수·진보, 보수정권·진보정권, 이런 표현을 흔히 쓰는데 저는 그거는 우리가 다시 검토해볼 문제라고 봅니다. 유장관이 팟캐스트에서 말씀하셨던가. 이 사회에는 거대한 '갑들의 연합체'가 있습니다. 그런데 어느 사회에나 갑을관계는 있는 거고 갑 연합체가 있기 마련이지만, 우리 사회의 갑은 보수세력이라고 부를 수가 없을 것 같아요. 그중에 보수주의 신념을 가진 사람은 많지 않습니다. 상황이 바뀌면 급진적인 좌파도 될 수 있는 그런 사람들도 섞여 있고요. 그리고 그들이 갑의 위치에 선 경로가, 정당한 노력을 통해서 그렇게 된 사람들도 물론 있지만 식민지 거치고 전쟁 거치고 분단, 독재를 거치면서 결국은 민중을 더 괴롭히고 짓밟는 편에 서서 기득권을 차지한 사람들 아닙니까? 그리고 무슨 수단을 써서라도 그걸 지키겠다는 거고. 그들에겐 보수고 진보고 없다고 봐요. 그렇다고 우리 사회에 보수주의자들이 없느냐 하면 있는데, 불행히도 이분들이 수구세력이 주도하는 수구보수동맹 속에 대부분은 편입이 돼 있는 거죠. 그 안에서 불만은 있지만 그렇게 할 때 생기는 게 많잖아요? 떨어져나가면 시베리아고. 그러니까 우선 우리 사회의 큰 대립을 보수·진보라기보다는 수구세력이 주도하는 거대한 수구보수동맹과, 거기에 맞서는 진영에도 미달하는 진지들이 조금 있다고 봐야죠. 야당도 있고 뭣도 있고, 「노유진의 정치카페」 같은 소진지도 있고요.

**유시민** 「노유진의 정치카페」는 이상한 종편들을 한 손으로 누르는 방송 아닐까요?(모두 웃음)

**백낙청** 그다음에 저는 정권을 두고도 보수정부, 민주정부 이렇게 구분하는 건 좀 문제가 많다고 봐요. 왜냐하면 지금 말씀하셨듯이 노태우 정부나 김영삼 정부는 내용상으로도 중요한 업적을 남겼을 뿐 아니라 시기적으로도 보면 결국은 6월항쟁으로 일어선 국민들의 거대한 물결을 타고 간 정부예요. 그 페이스를 좀 늦춘 거죠. 사실 보수에서 하는 게 그런 거 아닙니까? 큰 흐름은 타되 너무 속히 가지 않도록 하고, 또 자기들 챙길 건 좀 챙기고 그런 것이죠. 그들하고 지금 이명박, 박근혜 정권까지 다 보수정권으로 치면 이명박, 박근혜에게 면죄부를 주는 꼴이에요. 87년의 그 물결이 두 대통령을 거치면서 더 고조돼서 수평적인 정권교체 이룩하고, IMF사태 수습하는 과정에서 서민들의 고통은 커졌습니다만 어쨌든 공안정국 조성해서 탄압을 한다든가 그런 것 없고, 남북관계를 더 악화시켜서 국내 정치의 기반을 다진다든가 이런 짓을 안하고, 반대로 6·15공동성명도 내고 그러면서 진전시켜나갔던 거죠. 그리고 노무현 대통령은 거기서 한발자국 더 나가서 그야말로 시대교체를 표방했던 분이죠. 3김시대를 청산하고. 그러다가 중간에 가서는 아, 내가 새 시대의 맏이는 아니구나 하고……(웃음)

**유시민** 맏이는 틀렸고 구시대의 막차 정도만 돼도 다행이다, 하셨죠.

**백낙청** 구시대의 막차 노릇 하려고 해도 실력이 있어야 돼요. 구시대의 막내라는 건 자기가 새 시대를 이끌진 못해도 구시대를 마감한다는 거 아니에요? 그런데 그걸 못하니까 대혼란이 벌어져서 그다음에 이명박 정부 들어서서 87년 6월 이래의 거대한 흐름이 뒤집어진 겁니다. 역행이다, 퇴행이다, '반동'이라는 표현은 공산주의자들이 많이 쓰니까 조금 그렇고 '역주행'이 시작이 된 거예요. 그러니까 이건 역행의 시대지 보수의 시대가 아니라고 봐야 할 것 같아요.

**진중권** 그런데 지금은 좀 심한 것 같아요. 모든 영역에서 후퇴하고 있잖아요? 언론자유지수라든지 모든 지표에서 후퇴를 해서, 87년 이후로 그래도 우리가 쌓아왔던 가치라는 게 있는데 거기에서 더 나간다는 느낌은 없고 계속 까먹고 있다는 느낌이 들거든요. 남북관계도 진척은 없고 지금도 보면 서로 살벌하게 싸우고, 험담하는 거 들어보면 동네 애들처럼 유치한 언어를 주고받으면서 싸우고 있는 이런 상황입니다. 어쩌다 이렇게 됐는지.

**노회찬** 가장 핵심이 그거죠. 대통령 직선제야말로 87년체제의 상징이고 회복된 민주주의의 표상이었고 직선제를 통해서 여섯번의 정권이 창출이 됐는데, 앞의 네번까지는 그래도 선거할 때마다 상대적으로 그전 정권보다 나아지는 정권이 탄생했다고 볼 수 있죠. 노무현 정부도 김대중 정부의 성과 위에 서 있었기 때문에 조금씩 나아졌다고 볼 수 있는데, 참여정부 이후로 오히려 더 못한 정부가 나타난 건 뭐냐. 87년에는 우리나라 민주주의의 운명이 아스팔트 위에서 결정되었고 87년의 성과로 이제 정권의 향방이나 민주주의의 운명은 선거를 통해서 결정될 수밖에 없는데, 이 선거를 통해서 두번이나 퇴행하는, 역주행하는 정부가 탄생한 이유를 알아야 지금의 상황을 극복할 수 있는 게 아니냐. 되풀이되지 않도록, 다시 정주행할 수 있도록 바꾸기 위해서도 왜 이런 일이 발생했는가를 살펴봐야겠지요. 그런데 사실은 역주행할 걸 알고 뽑은 건 아니지 않습니까?

**백낙청** 국민들이 역주행하라고 뽑아준 게 아니죠. 이명박 정부 때는 뭐 다소 그런 게 있었던 거 같아요. 이명박 씨가 부자니까 나도 부자 되겠다, 이런 심리로 다소 천박하게 시작한 흐름도 꽤 있었지만, 저는 2012년 선거야말로 국민들이 진짜 시대교체를 원했고 두 후보가 다 시대교체를 약속하는데, 아무리 봐도 문후보는 조금 덜 미덥고 거기다가 문후보는 그렇게 완전히 안면몰수하고 인정사정없이 거짓말 못하잖아요, 착한 사람이니까. 그런데 박후보는 약속 어기려고 처음부터 생각했는지 모르겠지만 그런 것 안 따지고 시대교체 해주겠다고 그랬던 것 아닙니까? 그러니까 그를 뽑아준 국민의 명령은 결코 역주행이 아니었죠.

**유시민** 그런데 이런 위험은 플라톤도 걱정했죠. 고대 그리스 시대부터 민주주의가 중우정치(衆愚政治)로 타락할 위험에 대해서 굉장히 걱정을 했고 또 그런 걸 많이 목격했고 그래서 그 사람들은 철인정치(哲人政治)를 꿈꿨던 것 아니에요? 우리가 중국 체제랑 우리 체제를 비교해보면, 중국은 엉터리 지도자가 나오기 어려워요. 왜냐하면 중국공산당 내에서 오랜 세월에 걸쳐 사람을 검증하고 조직 내부에서 민주주의를 통해서 밀어올리기 때문에, 개성의 차이나 능력의 차이는 있지만 완전 엉터리가 올라가는 건 거의 불가능하죠. 그런데 우리는 진짜 사기 잘 치는 사람도 올라가고 지성이 하나도 없는 사람도 올라가요. 그리고 아무리 제도를 잘해놓아도 우리가 갖고 있는 자유주의 정치제도, 선거제도, 복수정당제, 임기제, 보통선거제, 이런 것들은 사실 그런 사람이 뽑힐 위험성을 배제할 수 없는 제도잖아요? 다만 그런 사람이 됐을 때도 제 마음대로 엉터리 짓이나 나쁜 짓을 좀 덜하게 막는 데 효율적인 제도지. 그래서 저는 지금 우리가 7, 8년째 겪고 있는 이 퇴행이 원래 민주주의라 일컬어지는 자유주의 정치제도에 내재된 본질적 위험이 표출된 것 아니냐 생각해요. 그러니까 일시적이라는 거죠, 제 생각에는.

**노회찬** 그런 해석도 충분히 인정하지만, 선생님께서 이번에 쓰신 글을 보면, 제가 아주 여러번 그 대목을 봤는데, 2007년 이명박 씨가 당선된 그 대통령선거와 관련해서 "97년 금융위기 이래로 빈곤을 벗어나본 일이 없는 서민층과 그동안 정권밖에는 잃은 것이 없었던 기득권세력 간에 일종의 '국민연대'가 형성'된 결과라고* 말씀하시는 대목이 있어요. 제가 그 대목에 참 공감을 하면서 동시에 드는 의문은, 왜 그러면 금융위기 이후로 빈곤을 벗어난 적이 없는 서민들과 민주주의와 개혁을 주도할 수 있는 세력 간의 연대는 안 이루어졌는가, 사실 앞으로의 과제도 이 문제가 아니겠는가 하는 거였습니다. 지금 말씀하신 것처럼 어떻게 보면 민주주의가 확대되면서 기본적으로 내재된 어떤 중우정치의 위험이 있고 그게 발현되고도 있지만, 저희들의 의지로 보면 그렇지 않은 건데…… 사실 제가 이 이야기를 선생님 계시니까 드리는 거지 다른 데가서는 저도 뭐 정치하는, 책임을 져야 하는 사람 중 한 사람입니다만, 이른바 정치민주화를 주도했던 세력이 경제민주화를 갈구하는 분들과

---

*같은 책 25면.

왜 더 깊고 넓은 결속을 못했는가? 앞으로도 모든 것이 선거를 통해 결정될 것이기 때문에 저는 선거를 통해서 확보할 수 있는 힘은 이런 힘들 아니겠는가 싶거든요.

**유시민** 그게 핵심인 것 같아요. 왜 못했을까요? 선생님 생각은 어떠십니까? 국민의 정부, 참여정부 10년 동안 6월항쟁으로 이룩한 87년체제를 만든 세력이 정치권력을 장악했는데, 그 기간에 2007년 대선에서 그 이상한 국민연대가 만들어지고 민주화의 혜택을 누리지 못했던 사람들이 사기꾼한테 가담하는 그런 식의 일이 벌어진 건 87년체제를 만든 그 세력이 결합을 못했기 때문이잖아요. 저는 그게 문제의 핵심이라는 생각이 자꾸 들어요. 왜 못했지? 하고요.

**백낙청** 그건 저보다 사회에 대해서 더 많이 연구해오신 세분이 앞으로 더 분석해야 할 문제 같고요. 그런데 분석하는 과정에서 국내 문제하고 남북문제가 결합돼 있다는 인식을 갖고 분석하는 게 필요하지 않나 싶어요. 그리고 87년에 이후에 집권세력이 민주화를 위해서나 개혁에서 여러가지 성과를 거두긴 했습니다만, 분단체제에서 보면 그이들 중에도 분단체제 기득권세력인 이들이 많지 않습니까? 김대중 대통령이나 노무현 대통령은 좀 특출한 분이었다고 봐요. 생각이나 이런 게 좀 차원이 다른 분들이었는데, 어떻게 보면 그 세력도, 그분들 주위에 있는 사람들 대부분은 분단체제에 대해 별 인식도 없고 그야말로 위에서 지도자가, 자기들 보스가 이끌어준 것이기도 하고요. 또 하나는 노태우 씨나 김영삼 씨도 똑같이 그때까지만 해도 대중의 물결을 타고 있었는데, 노무현 대통령은 시스템을 바꿔야겠다는 생각을 진지하게 했지만, 유장관도 그때 내각에 들어가 계셨지만 너무 서툴고 실수를 많이 해서 결국 개혁입법 이런 게 거의 다 실패하지 않았습니까? 그러다보니까 국민들이 이 사람들 따라가서는 안되겠다는 생각을 하고 MB를 뽑을 때는 차라리, 막말로 하면 도둑놈이라도 좀 유능한 도둑놈이라면 낫지 않나, 이런 정서가 있었던 것 같고요. 그러다가 그게 아니구나 하고 깨닫고 나서는 가만히 보니까 도둑도 아니고 선거 치르는 거 보니까 엄청 유능하고 여러가지 약속해주는 거 보니까 시대정신에 투철한 후보를 한번 믿어보자, 그랬던 거죠.

그런데 이제부터 우리가 해야 할 건, 물론 지도자를 잘 뽑는 것도 중요하지만 그들이 함부로 배반할 수 없는 그런 힘을 우리가 기르고 그런 제도를 하나하나 만들어가는 일이 필요하지 않나 싶어요. 이 안건에 대해서도 여러가지 진단을 하고, 어떤 이들은 대통령의 성격을 갖고 이야기하는 사람도 있어요. 그냥 능력의 문제가 아니라 성격을 좀 분석해야 한다, 이렇게 말하는 사람도 있는데, 저는 기독교인이 아닙니다만 오히려 한번 성서적(聖書的)인 입장에서 지금의 우리 역사를 볼 필요가 있지 않나 싶기도 해요. 함석헌(咸錫憲) 선생이 일제시대에 『성서적 입장에서 본 조선역사』라는 책을 쓰셨고 나중에 개정판을 내면서 『뜻으로 본 한국역사』(일우사 1962)로 제목이 바뀌었습니다만, 저도 구약성서에 나오는 어법을 빌려 말한다면, 하느님이 이 민족을 너무 사랑하셔서 시련을 주려고 박근혜 대통령을 보내신 것이니까 시련을 잘 견디고 하느님한테 다시 어여삐 보이도록 노력하는 것이 우리 몫이 아닌가 하는 생각이에요.

**유시민** 제가 선생님 책, 논문 읽으면서 다 옳은 말씀이고 옳은 관점이다 싶었고, 저희가 어렸을 때부터 공부해온 것과 저희가 겪은 데 비춰보면 선생님이 쓰신 용어로 '변혁적 중도주의', 그게 맞다고 봐요. 저는 이게 단순히 이론적인 입지로서의 중도주의가 아니고, 늘 중도가 옳은 것은 아니지만 그래도 뭔가를 이루려면 변혁의 목표와 방향을 명확히 하고 그 실현방법을 찾을 때는 중도적 관점을 되도록 많이 채용하는 쪽으로 해야만 유능하게 성과를 남길 거라고 생각하고요. 그런 느낌 때문에 변혁적 중도주의라는 게 제가 개인적으로 쓰던 사회적 자유주의, 진보적 자유주의, 이런 것하고 맞닿아 있다는 생각도 듭니다. 그런데 제가 최근에 만화책을 봤습니다. 웹툰으로 연재됐던 걸 묶은 건데 『송곳』(최규석 만화, 창비 2015)이라고요. 그걸 보면서 굉장히 아프게 다가왔던 게, 마트에서 일하는 비정규직 여성노동자들이 부당한 조건에 항의하니까 조폭 같은 용역회사 남자들이 와서 쌍욕을 하면서 진압하는 장면들이 나와요. IMF 이후에 어디서 많이 보던 장면이잖아요? 그래서 노동자들이 막 항의를 하니까 용역깡패들이 "야, 노동·인권변호사가 대통령 됐다는데, 근데 뭐? 뭐?" 이렇게 빈정거리면서 노동자들을 진압을 해요. 저는 그 대목이 참 아프고 찔리더라고요.

이제 두 갈래로 나뉘는 고민인데요. 국민의 정부는 차치하고 참여정부 때라도 당시 크게 문제가 됐던 현대자동차라든가 KTX 여승무원 같은 상징적인 사업장들에 대해서, 또는 용역깡패를 동원해서 폭력을 행사하던 사업장에 대해서, 구조개혁이 아니고 프로세스 개입 방식으로 여길 세게 쳤더라면 어땠을까 하는 거예요. 저 같은 경우 어렸을 때 공부했던 데 따르면 구조, 시스템이 중요한데, 노무현 대통령도 늘 그 생각을 하셨던 것 같아요. 중졸 노동자로 노동운동가 출신 제 선배가 당시 저더러 말하길 대통령한테 부탁해서 노동부장관을 하래요. 자기가 뒤에서 코치를 다 해줄 테니까 노동탄압을 박살내야 된다고. 노동부장관이 그걸 박살낼 힘이 있나는 잘 모르겠지만, 여하튼 제가 대통령께 가서 노동부장관 시켜달라고 했거든요. 노정관계가 이래서는 노동시장 정책도 되는 게 아무것도 없고 정권 자체가 붕괴하게 생겼으니 제가 노동부에 가서 한번 콱 잡아보겠습니다. 그랬더니 노대통령이 막 화를 내시더라고요. 당신이 노동변호사 출신인데, 당신이 청와대에 그 사람들 불러서 밥 먹으면서 다 해봐도 안되는데 제가 가서 하겠다고 하니까 기분 나쁘셨던 거예요. 그 일을 겪으면서 저는 구조, 이론, 이런 것보다 더 중요한 게 직관을 따르는 게 아닐까 생각했어요. 철학자들은 옳고 그름, 도덕적 선악을 구분할 수 있는 능력이 원래 우리한테 있다고 해요. 그런데 대통령

되고 장관 되고 하면 모두 무슨 이론, 구조, 그런 데 묶이는 거죠. 자연스럽게 표출되는 도덕관념, 정의관을 가지고 구조를 바꾸는 것도 중요하지만, 필요할 때는 그냥 프로세스에 개입해서 권력을 확 행사해버렸으면 좋지 않았을까 하는 생각 때문에 저는 만화를 보면서 며칠간 우울했어요.

이런 게 변혁적 중도주의와 어떻게 연관되는지는 잘 모르겠지만, 제 생각에는 어떤 이론이나 패러다임보다 더 중요한 게 권력을 잡았으면 우리 모두가 원래부터 갖고 있는 정의의 관념에 따라서 과감하게 그 권력을 행사하는 게 아닐까, 참여정부나 국민의 정부의 문제는 무슨 구조개혁을 못하고 그런 것도 있겠지만 권력을 도덕적으로 정당한 일에 과감하고 파격적으로 행사하지 못한 데 있는 게 아닐까 싶고요. 앞서 말한 그 결합, 힘든 사람들이 그런 이상한 사기꾼한테 가서 매달리게 된 이유가 6월항쟁 세대들이 그런 걸 안해줬기 때문 아닐까, 조금 엉뚱하게 이런 생각이 듭니다.

**백낙청** 아니, 엉뚱하지 않고 저는 그게 변혁적 중도주의하고도 관련된 말씀이라고 생각하는데, 그 이야기를 조금 드리겠습니다. 노무현 대통령이 사실 여러 경우에 직관이 참 좋은 분이죠. 그런데 기분 나쁠 때가 너무 많으셨던 것 같아요. 그게 문제가 아니었나 싶고요. 제가 아까 노무현 대통령이 개혁에 실패했다고 한 건 무슨 구조적 개혁을 더 잘했어야 한다는 뜻보다는, 지금 유장관 말씀하신 것처럼 권력을 행사할 땐 행사하고 검찰도 좀 잡았어야지, 그렇게 놓아먹이면 안되었다는 거죠.

어쨌든 그렇고, 변혁적 중도주의는, 이게 어려운 개념 아닙니까? 제가 거듭 이야기하지만 이건 정치현장에서 내걸 수 있는 구호가 아니다, 공부할 뜻이 있는 사람한테 공부하라고 던지는 일종의 화두다, 그럼 그걸 갖고 공부한 사람이 대중들 앞에 나서서 어떻게 실현하고 표현할지는 선수들이 그때 가서 결정할 문제다, 이런 전제를 달았고요. 또 하나는,

변혁적 중도주의라고 할 때 사람들이 제일 거부감을 느끼는 게, 변혁과 중도는 사실 상충되는 개념인데 같은 층위에서 변혁도 하고 중도도 한다고 하면 이건 말장난밖에 안되는 것 같단 말이에요. 하지만 저는 이게 비교적 엄밀한 개념이라고 생각하는 게, 변혁의 대상은 한반도의 분단체제입니다. 그러니까 한반도 차원에서 한반도체제의 변혁, 지금의 분단체제보다 나은 사회를 남북 모두에 건설하자는 목표, 이게 '변혁적'에 해당하는 거고요. 그런데 그걸 이루려면 우리의 직접적 현장인 한국 사회, 남한 사회에서는 그런 큰 목표를 공유하는 광범위한 중도세력을 모으는 수밖에 없다, 이게 변혁적 '중도주의'입니다. 변혁과 중도가 층위를 달리해서 작동하기 때문에 내용상 상충되는 말장난이 아니다, 이렇게 말씀드리겠고요.

아까 그 직관하고 연결되는 이야기라는 건요, 제가 사실 변혁적 중도주의의 사용설명서를 제시하지 않았습니까? 그러니까 변혁적 중도주의가 뭐다라고 정의하려 하지 말고 우리 주변을 둘러보면서 뭐가 변혁적 중도주의가 **아닌가**를 좀 살펴보자. 그래서 아닌 것 여섯가지를 제가 열거했습니다. 일곱개의 선택지를 주고 칠지선다형으로 하나 고르라고 하면 굉장히 어려운 것 같지만, 그중에 여섯개가 너무나 말이 안되는 것들이기 때문에 그런 것들을 솎아내다보면 저절로 변혁적 중도주의로 가게 돼 있어요. 그러니까 유장관처럼 자기 나름대로 이것저것 겪어본 분도 그렇고, 시민사회 활동가 중에서도 어떤 이론에 사로잡히지 않고 일을 해본 사람들은 변혁적 중도주의가 맞는다고 그래요. 자기가 겪으면서 자기를 괴롭히는 수많은 단순논리, 1번부터 6번까지에 하도 시달려봤기 때문에 아, 이게 맞는 말이다 하고 쉽게 따라옵니다. 그리고 국민들도 저는 직관으로는 지금 상당 부분 따라오고 있다고 봐요. 물론 아직까지 새누리당이라든가 민주당*처럼 분단체제에 대해 별 인식도 없이 자기 나름대로 개혁한다는 쪽에 사람들이 많이 쏠려 있긴 하지만 그건 대안이 없어서 그런 거고, 그밖의 이런저런 논리들은 다 국민들로부터 외면당하고 있잖아요? 대표적인 예가 6번에 해당하는 통합진보당입니다. 그 해산 절차 같은 건 대단히 잘못됐지만, 크게 보아 그게 변혁적 중도주의를 부정하는 노선이었던 건 분명해요. 그 당원들이 다 그렇다는 건 아니지만 핵심 지도부가 그랬단 말이죠. 그래서 국민의 외면을 받았고. 정의당의 경우는 원래는 PD세력이 더 강했지만 이것저것 많은 걸 겪고 또 참여당이 가세하고 하는 과정에서 옛날과 같은 단순노선하고는 상당히 멀어진 것 같아요.

**노회찬** 네, 그렇습니다. NL도 PD도 다 극복한 거죠.

**백낙청** 네, 그거네요. NL도 PD도 극복하면서 그렇다고 양자의 단순결합으로는 안되고 소위 BD, 부르주아 데모크라시라고 해서 급진운동권에서 배격했던 이들의 어젠다까지도 끌어안는 게 변혁적 중도주의니까. 저는 국민들은 그걸 받아들일 준비가 돼 있고 개별 활동가나 정치인들도 그게 맞는 것 같다는 생각을 하기 시작했는데, 이걸 끌어모아서 세력화하는 일이 남은 것 같아요. 저는 변혁적 중도주의가 민주당과 이른바 진보정당이 경쟁할 때 기준이 될 거라고 봅니다. 그렇게 돼야 할 뿐 아니라, 이제 곧 그렇게 되리라고요. 아직까지 정의당도 거기에 투철하다고는 보기 어렵고 더군다나 통합을 한다고 할 때 어떤 결과가 나올지 모르겠지만. 민주당 안에도 충분히 동조하고도 남을 분들이 많지마는, 지금은 '봉숭아학당' 같아서 하나의 당으로서 변혁적 중도주의 노선을 걷는다는 건 짧은 기간 내에는 조금 기대하기 어렵습니다. 그러니까 이럴 때 변혁적 중도주의를 철저하게 밀고 나가는 당이 우리나라의 진짜 진보정당이고, 또 그것은 변혁적 중도주의야말로 분단체제 속의 한국에서 가능한 참진보이기 때문에 당연한 것이다라고 해야지, 옛날식으로

---

\* 당시는 새정치민주연합.

우리가 하는 건 다 진보고 민주당이 하는 건 잘해봤자 보수좌파 정도다, 이렇게 이분법적으로 갈라서는 국민의 지지를 얻기 어려울 것 같아요.

**노회찬** 네, 공감합니다.

**유시민** 그러니까 쇠고기 등급 심사하는 것 같은 진보, 이런 건 하지 말자고요. A⁺등급, A등급, 이렇게 나누는.

**노회찬** 그전의 진보는 재료의 성분만 따졌어요. 그래가지고는 아무도 안 먹는 음식이 될 가능성이 높은 거고, 영양가만 있는 게 아니라 맛도 있어야 되는 것이죠. 보기도 좋아야 하고. 그런 점에서 변혁적 중도주의는 어찌 보면 새롭게 만나야 할 광장일 수도 있다, 나는 됐는데 너는 부족하다가 아니라 다들 현재를 다양하게 극복해서 거기에서 만나자, 거기에서 만난 사람들이 하나의 세력이 되는 게 또 하나의 정치세력의 길이다, 그런 생각이 듭니다.

**진중권** 말씀을 듣다보니까 떠오른 생각인데요, 아까 만화에서 이야기했듯이 노동·인권변호사가 대통령이 돼도 "근데 뭐? 뭐?" 이러면서 막 팬단 말이죠. 그게 굉장히 중요한 부분이라는 거예요. 대중들은 일단 경험을 했거든요. '오케이, 민주화는 좋은데 삶 자체에서는 크게 변한 건 없다' 그런 생각을 갖고 있는데, 재미있게도 지난 2012년 선거에서는 그 개혁적 이슈를 다 박근혜 씨가 들고나왔어요. 솔직히 말하면 문재인 씨 메시지는 뭔지 머리에 남는 게 없어요. 오히려 손학규(孫鶴圭) 씨의 '저녁이 있는 삶' 같은 건 아련히 남는데. 박근혜 씨가 다 했단 말이에요. 원래 좌파 의제라는 복지 강화라든지 경제민주화, 혁신도 그네들이 했습니다. 비대위로 꽤 강력하게 말이죠. 게다가 당 색깔이 지금 빨간 색이에요. 우리도 감히 그 색 못 취했잖아요. 이러다보니까 오히려 착시현상이 생겼달까요? 누가 봐도 이건 박근혜 씨가 내세울 수 있는 건 아니고 내세우더라도 절대 실천할 수 없는 일종의 속임수, 정치마케팅인데 아주 성공적인 마케팅인 거죠. 그러니 집권해서 보니까 당연히 경제민주화 날아가고 복지 날아가고 혁신이고 뭐고 다 날아간 거죠.

그래서, 우리가 다시 2018년체제를 꿈꾼다고 한다면 어떤 메시지를 던져야 할 것인가? 지금 변혁적 중도를 말씀하셨는데, 변혁적 중도라는 건 어떤 태도인 것 같아요. 구체적으로 우리 사회가 어떤 방향으로 나아가야 할지, 우리나라를 어떻게 개혁하고 개조해야 될 것인지 분명한 방향을 준다기보다는 그것에 이르기 위한 어떤 방법론요. 변혁은 해야 하는데 우리 노선은 중도적 입장을 취해서 중도층까지 끌어들일 수 있는 그런 태로도 가야 한다, 이런 거라는 생각이 들거든요.

그래서 던져야 할 메시지 중 하나가 분단체제, 아까 굉장히 강력하게 저한테 다가왔던 문제가 그거예요. 하나는 정전협정을 평화협정으로, 그다음은 6·15공동선언에서 이야기가 됐지만 진행되지 않았던 한반도 평화통일의 프로세스를 하나하나 진척시키는 그런 메시지들을 던질 때가 된 겁니다. 왜냐하면 국민들이 10년 동안 봤거든요. 저들식으로 하니까 오히려 이 정권 들어와서 더 많은 사람이 죽었다는 걸요. 저들이 맨날 통일대박론 이야기하는 것도 결핍이 있으니까 그러는 것 아닙니까. 그런 부분하고, 또 우리가 던져야 할 메시지들이 뭐가 있을지 점검해봤으면 좋겠습니다.

**유시민** 백낙청 선생님 말씀에 저는 다 동의하는데요, 분단체제 극복이라는 걸 생각 안하면, 특히 최근의 우리나라 상황, 전시작전권 환수 연기부터 사드(THAAD, 고고도미사일방어체계) 배치 관련된 상황 등등을 보면 미국 식민지 같아요. 예전 80년대에 신식민지, 독점자본주의, 반봉건 사회 같은 이론 공부했는데, 솔직히 그냥 이론이라고 생각했어요. 그런데 최근에는 단순히 기분 문제가 아니고 정말 그런 것 같다, 그리고 우리가 익숙해져서 별로 못 느끼지만 사실은 이 분단체제라는 것이 끊임없이 우리 삶에서 작동하고 있는 것 같다는 인식이 이명박, 박근혜 정부 7, 8년을 겪으면서 들어요. 탄저균을 민간 배송회사로 배송하고 그것도 잘

못 보내서 죽은 게 와야 되는데 산 게 왔는데, 우리 정부가 거기 대해서 말도 한마디 못하고.* '이게 도대체 뭐야?' 이런 생각이 드니까 더 분단체제를 인식하고 무엇을 해야 한다는 게 느낌으로는 많이 와닿죠.

그렇긴 한데, 저는 백낙청 선생님보다는 조금 더 비관적으로 보는 것 같아요. 97년 정권교체 될 때 새정치국민회의, 그렇게 좋은 정당 아니었거든요. 2002년도에 노무현 후보가 당선될 때 민주당은 더 엉망이었고요. 열린우리당도 별거 아니었는데 탄핵 후폭풍 타고 다수당도 돼봤고요. 저는 정당이 엉망이어서 정권교체 못한다, 이거 별로 안 와닿아요. 아무리 엉망이어도 대통령을 당선시킬 수 있어요. 그리고 그런 일은 어떤 계기가 주어지면 또 일어날 수 있을 것 같아요. 그런데 쉽게 안 바뀔 게 뭔가 하면, 그 주체세력요. 대한민국을 좋은 쪽으로 바꿔나가겠다는 사람들의 집단, 그것이 하나로 엮여 있든 여러개로 나뉘어 있든 상관없이 하나의 집단으로서의 그 주체세력을 보면, 뭐가 좋아졌지? 싶거든요. 저는 박근혜 대통령 지지율이 높은 여론조사를 볼 때보다 그게 더 갑갑해요. 지금 보면 제1야당도 완전히 기가 빠진 것 같고, 전에는 당은 기가 빠져도 리더는 좀 괜찮은 사람이 있었는데 지금은 그런 것도 아닌 것 같고요. 진보정당도 한때는 기세를 올렸는데 지금은 팍 죽어 있고 엎어져 숨어 있고. 한때는 시민사회단체가 또 어마어마한 네트워크를 형성하고 사회적 압력집단으로, 개혁의 동력으로 작동하던 시기도 있었는데 지금은 그 동네도 어쩐지 쑥대밭 된 것 같은 느낌? 거기다가 전농(전국농민회총연맹), 민주노총(전국민주노동조합총연맹) 같은 대중단체들도 옛날 87년 한미FTA라든가 이라크 파병 문제 대응할 때 보면 엄청 강한 기세를 갖고

---

* 2015년 4월 29일 미국 에지우드화생연구소가 민간 물류운송업체 페덱스(FedEx)를 통해 탄저균과 페스트균 검사용 샘플을 주한미군 오산기지에 배송한 사건. 이 과정에서 주한미군은 탄저균과 페스트균 반입 사실을 우리 측에 일절 통보하지 않았으며 이 사실이 알려진 뒤 우리 정부도 별다른 공식 대응을 하지 않아 큰 논란을 빚었다.

전국적 시위를 조직할 수 있었는데 지금은 존재감이 없어요. 그러면 우리가 7년 전, 12년 전하고 비교해서 주체의 관점에서 무엇이 나아졌지? 뭘 믿고 우리가 미래에 대해서 희망을 가질 수 있지? 그런 암울한 느낌이 저는 굉장히 강하거든요. 선생님, 그런 생각 안 드세요?

**백낙청** 그래서 제가 2018년체제라는 표현을 안 쓰잖아요. 우선 『2013년체제 만들기』라는 책 쓰고 나왔다가 실패하니까 쑥스럽기도 하고, 또 그 표현에는 묘한 선거중독증이 있습니다. 그런데 지금은 우리가 선거를 잘 치러야 하면서 동시에 선거중독증에 안 빠지고 선거를 치르는 그런 기술, 공부를 익혀야 할 시기이기 때문에 그 대전환은 사실은 2016년 총선에만 저도 참 어려워진다고 봅니다. 어떤 정치평론가는 이번에는 인터벌이 기니까 별로 큰 영향이 없을 거라고 하는데, 저는 지금 특수한 상황이라고 봐요. 박근혜 정부가 저렇게 죽을 쑤는데도 총선에서 야권이 진다면 국민들이 "에이, 너희들 이제 틀렸다." 이렇게 포기를 할 것 같고요. 또 하나는 야권에서 나온 대통령은 대통령이 되더라도 소위 보수정권의 대통령이 갖고 있는 완력이 없잖아요. 검찰도 그렇고. 거기에다 국회마저 소수당이라고 하면 더 어렵고. 그래서 2016년, 17년 다 중요하긴 한데 그러면서도 거기에 구애받지 않고 그야말로 사람들이 더 똑똑해지고 계속 주체로서 움직일 수 있는 기반을 지금부터 하나씩 닦아나가는 수밖에 없다고 봐요. 갑자기 어디에서 무슨 묘안이 나오거나 할 수는 없죠.

**유시민** 진짜 갑갑해지는데요. 2016년, 17년에는 바꿔야죠.

**노회찬** 아까 분단체제의 극복을 말씀하셨는데, 대비해서 말씀을 드리자면 저는 대통령이 되는 것, 우리가 정권을 획득하는 것은 산술적으로 50%의 지지로 가능하지만, 분단체제 극복 같은 것은 한 67%의 지지나 국민적 공감대, 이런 게 있어야 가능하지 않을까 싶습니다. 그런데 지금 우리는 정권 잡는 것도 가능성이 있느니 없느니 그 얘기를 나누고 있는 상황이고요. 그런데 아까 두차례의 퇴행적이고 역주행하는 정권이 들어섰다고 했지만, 저는 지금 외관상 볼 때 새누리당에서 오히려 제대로 된 개혁적 보수, 그러니까 과거의 '3김정치' 유산으로서의 정권이 아니라, 또는 박정희 유산으로서의 정권이 아니라, 그쪽에서 훨씬 더 빠르게 진화해서 야권보다도 더 새로운 세대, 아주 개혁적인 보수가 나타날 수도 있다고 봅니다. 오히려 우리가 그 경기에서 뒤처질까봐 걱정이 되기도 하고요. 그리고 선거라는 건 결국 게임을 통해서 정권이 형성되고 또 정권에서 선거에 영향을 미치고 하는 거기 때문에 연거푸 지게 되면 도태되겠죠. 도태되고 또 새로운 세력들이 나올 것이고. 그래서 너무 현재를 기준으로 비관적으로 볼 필요는 없다고 봐요.

**유시민** 아니, 도태돼도 맨 저들이 하더라고요. 2번(제1야당)이 이기면 1번(여당)이 제1야당 하고 1번이 이기면 2번이 제1야당 하고, 이런 게 이미 30년인데 어떻게 바뀌어요?

**노회찬** 2번도 바뀌지 않겠어요? 2번 그분들이 100세, 200세까지 정치하는 건 아니잖아요?

**유시민** 새로운 사람이 계속 들어오면서 2번을 유지를 해요. 그러니까 우리 정치를 보면 백선생님 말씀대로 정치에 별로 구애 안 받고 할 일을 해나가는 것도 필요하지만 또 한번씩 매듭을 지어주고 현실의 변화를 이루어내려면 결국은 정치를 통해야 하거든요.

**백낙청** 어떻게 보면 제가 지금 서로 엇갈리는 주장 둘을 동시에 하고 있는데, 한편으로는 선거에 너무 얽매이지 말고 우리 할 일을 차근차근 해나가자 하는 거고, 너무 갑갑해하지 않고 해나가는 데 도움이 되는 것이 아까 말씀드린 대로 이 사태를, 현실을 성서적인 입장에서 보는 겁니다. 우리에게 주어진 좋은 기회다, 공부 찬스다, 이렇게 보는 것이죠. 다른 하나의 주장은, 선거가 엄청 중요하다는 데 동의합니다. 동의할 뿐만 아니라 51%만 이겨도 엄청난 변화가 오리라고 봅니다. 우선 수구보수동맹에 균열이 올 거예요. 비교적 합리적인 보수주의자들이 새누리당 안에도 있고 밖에도 있는데 지금 어쨌든 수구세력이 승승장구하니까 따라다니고 있는 거지, 한번 더 깨지는 꼴을 보면 그땐 자기 살길을 찾을 거예요. 합리적인 보수세력을 따로 구성해야겠다, 이렇게 될 거고요. 현재 새누리당에서 개혁적 움직임이 일어나고 있는 걸 우리가 폄하할 건 아니고 저도 가령 유승민(劉承旼) 원내대표 같은 사람의 개혁적인 태도를 높이 평가합니다만, 이게 분단체제론에서 보면요, 자가당착에 빠진 입장입니다. 유대표의 경우에는 사드 문제가 대표적인데, 분단체제를 최소한 완화라도 시키지 않으면서 어떻게 개혁적인 어젠다를 추구하겠냐? 불가능한 일이거든요. 그러나 야당이 너무 시원치 않으면 그 사람들한테 또 속죠. 지난번에 문재인 후보는 한번 속지 두번 속냐 그랬는데, 두번 속았어요. 이제 삼세번은 안 속는다 그러는데, 두번 속았으면 삼세번도 속을 수 있는 거죠.

**유시민** 저는 사실 정치권 포함해서 시민사회나 민주노총, 전농 같은 대중단체까지 백낙청 선생님이 말씀하신 변혁적 중도주의, 이 관점을 각자가 자기의 입장에서 검토해봤으면 하는 생각이 책을 읽으면서 들었어요. 사실 한국 사회도 역량이 작다고 할 수는 없거든요. 우리가 6월항쟁 이루어냈고요, 그전에 5·18광주항쟁이 있었고, 그걸 전국판으로 확산시키기 위해서 정말 수많은 사람들이 노력해서 그렇게 해냈고, 민주화 이루어냈고, 30년 지나오면서 정권교체, 역교체 다 경험하고, 그 와중에 또 경제는 경제대로 어려움이 있지만 어느정도 해왔고, 또 사회적, 문화적인 변화도 크게 이룬 나라예요, 우리나라가. 그래서 사실은 집단적으로 성취한 것을 보면 자신감을 가질 만도 한데 왠지 최근 상황을 짚어보면 다 흩어져 있다는 느낌이에요. 왜 흩어져 있나 보면 생각이 다르니까 흩어져 있는 거죠. 생각이 얼마나 다르냐 보면 크게 다르지도 않아요. 저는 그렇게 생각하는데, 자기들끼리는 크게 다른 거예요. 그래서 서로 삐치고 공격하고요. 이게 일종의 풍토처럼 돼서 이제 각자가 다 삐쳐 있으니까 지금은 다 주저앉아서 그래, 해봐라, 이런 분위기가 좀 있는 거 아닌가 싶어요. 이걸 정당은 정당대로 바꾸도록 노력을 해봐야겠지만 정당도 결국에는 시민사회에 뿌리를 내리는 건데, 시민사회 자체가 이렇게 '상호삐침' 비슷한 것에 젖어 있어서는 안되죠.

**백낙청** 개인 차원에서는요, 사람이 뜻이 크면 그 사람이 너그러워지고 잘 안 삐치고, 그러면서도 수단이나 방편이 굉장히 신축적이고 유연해지지 않습니까? 자신감이 있고 또 큰 목표가 있으니까. 우리 사회에서 한반도체제의 변혁, 이건 한반도에만 국한되는 게 아니고 한반도체제가 변하면 미국이나 중국도 큰 영향을 받게 돼 있거든요, 그런 것에 대해서 어느정도 분명한 인식을 가지면 우리끼리 삐치는 일도 덜하고 전술적으로 훨씬 더 유연해져서 그야말로 쇠고기 등급 매기듯이 나는 A등급, 너는 B등급, 이런 짓도 안하게 되고 훨씬 다양한 전술을 구사하게 될 거라고 봅니다. 아무래도 중요한 것은, 그런 힘은 정치에서 나오잖아요. 정치란 게 시민사회에 바탕을 두고 있지만 그중 어떤 걸 그때그때 끌어내서 국가 차원의 결정을 하게 하는 힘인데, 그래서 저는 이런 자세를 공유하는 사람들이 정치권 안에도 있고 일반 사회에도 있고 그러면 힘이 모아지기 시작하면서 상당히 빨리 뭐가 될 수 있다고 보고요. 정치권에 주문하고 싶은 건, 새정치민주연합이든 정의당을 포함한 앞으로의 진보정당 연합이든 변혁적 중도주의를 제대로 공부하고 그걸 추구했으면 좋겠다는 거예요.

새정치민주연합이 지금 혁신을 하고 있다는데, 제가 무슨 복안이 있는 것도 아니고 있다 한들 정의당의 세분하고 앉아 있는 자리니까 저는 세분이 개의치 않으신다면 오히려 세분의 의견을 들어보면서 제 의견도 이야기하고 싶어요. 관련해서 이야기하면, 새정치민주연합이야말로 제 1야당 노릇을 하려면 우리나라 변혁적 중도주의 세력의 맏형이 되어야 한다는 거죠. 지금 그쪽에서 정치혁신을 한다고 하고 여러가지 중요한 제도를 논의하고 결정도 하겠지만, 저는 두가지가 빠져 있지 않나 합니다. 하나가 이념이랄까 노선이랄까 기본적인 자세의 문제예요. 혁신위원회 들어가서 우리가 변혁적 중도주의 노선으로 가자고 할 사람 아무도 없을 것 같아요. 또 하나는 아까 '봉숭아학당'이라는 표현을 썼습니다만, 지도력의 부재거든요. 지도력의 문제는 혁신으로 해결할 수 있는 게 아닌 것 같아요. 어떻게 생각하십니까?

**유시민** 저희 방송에서 그전에 몇번 다뤘는데요, 그런 지도력 문제도 있는 것 같고, 저 개인적으로는 공자님 할아버지를 그 당에 갖다놓아도 다 마찬가지일 거다, 그런 생각도 들어요. 왜냐하면 거버넌스가 없기 때문에요. 기본적으로 리더십을 세우고 허물고 교체하고 하는 정립된 룰(rule)이 없거든요. 그러니까 정파싸움만 있는 거죠. 정당에서 정파싸움이 있는 건 불가피한데 그럴 때 어떻게 규율할 거냐 하는 게 없는 조건에서 당을 하고 있어요. 상인연합회 회장으로 치면 주차장 만들려고 구상을 해놓아도 그 주차장 기둥이 우리 가게 앞에 있어서 못 받아들인다, 이렇게 나와서 회장님 먹살 잡기 시작하면 그건 못하는 거 아니겠어요? 그런 거 비슷한 상황이어서, 남의 집 사정이라 조금 그렇긴 한데 혁신을 하려면 그것부터 해야 할 거다, 누가 당대표냐 그게 문제가 아니고요. 그런 점이 좀 안타깝죠.

**노회찬** 이제까지의 과정에서 볼 수 있는 것처럼 과거에 혁신위나 그 유사한 게 많지 않았습니까? 전부 잘 안됐고요. 혁신방안 중에 나쁜 방안은 별로 없었던 것 같은데 집행이 안됐고, 이번에도 좋은 방향이 나올 거라고 보이지만 집행될 것인지에 대해선 여전히 의문입니다. 그런 점에서 새정치민주연합에서의 혁신은 혁명보다도 힘든 것 아닌가 싶어요. 차라리 어려운 혁신 하지 말고 혁명을 좀 하면 어떨까. 혁명이란 게 뭐냐면, 저는 그렇게 봅니다. 새정치민주연합 내부에만 모든 문제가 있느냐?

그건 또 아닌 것 같거든요. 그 당이 특정한 단일이념으로 뭉쳐진 집단은 아니지 않습니까. 그리고 또 그렇게 되는 순간 그 당은 외과적 변화가 수반될 수밖에 없는 거고요. 그래서 전혀 새로운 당을 만드는 그런 새 정치로 나아가지 않는 다음에야 대부분의 것을 지키면서 온전히 무언가를 바꿔내는 일은 참 힘들지 않겠는가 하는 생각이고요. 어찌 보면 한국 정치에서 혁신이라는 것은 새누리당 내에서 일어나거나 새정치민주연합 내에서 이루어진다기보다는 제대로 된 제3정당, 진보적인 당이 일시적으로라도 원내에 진입함으로써, 단기적인 변화에 그친다 하더라도 기득권 정당들로만 이루어진 의회 내에서 긴장감을 창출함으로써 야권의 제대로 된 변화의 시발점이 될 수도 있지 않은가, 이런 것이 혁신적 변화가 아닌가 싶습니다.

**백낙청** 그런데 정의당은 원내 진입해 있지 않습니까?

**노회찬** 원내에 진입해 있는데 제 얘기는 이제 신뢰도 얻고 실력도 길러서…….

**유시민** 지금 현재로서는 국회 운영에 영향을 못 미쳐요.

**백낙청** 그런데 이렇게 이야기하면 더 답답해지는 거 아니에요? 2016년, 17년까지 이루어질 수 있는 일입니까? 가령 새정치민주연합은 혁신이 어려우니까 차라리 혁명을 해라. 그 혁명이 1년 내에 일어날 수 있는 일인가요?

**노회찬** 가능성이 높아 보이지 않는데요.

**유시민** 옛날에 민주노동당 하시던 분들한테는 조금 죄송한 말씀인데 2004년, 2005년 열린우리당 과반수가 무너지고 사실상 민주노동당이 캐스팅보트를 쥐었던 2005년 4월 이후 상황요. 그때가 민주노동당으로서는 굉장히 좋은 기회였다고 저는 그 당시에도 생각을 했는데, 그 캐스팅보트를 사용하는 방법에 대해서 아무런 생각이 없는 것으로 저는 느꼈어요, 현장에서.

**노회찬** 대단히 미숙했죠.

**유시민** 그런 기회가 또 올까? 제3당이 무언가를 할 수 있으려면 1당과 2당이 과반수가 안되고 어느 쪽이든 제3당의 손을 잡아야 과반수가 돼서 다수의사를 형성할 수 있을 때, 그때가 자신의 존재가치를 입증하면서 국민들의 신뢰를 얻어볼 수 있고 관심이 집중되는 시기인데. 몇석이 되었건 그런 조건에서 한번 실력을 테스트하는 기회가 왔으면 좋겠는데 지금 봐서는 그것도 쉽지는 않을 것 같아요. 지금 정의당은 가을에 4자연대, 진보4자 원탁회의에서 통합해서 새로운 진보정당을 만들자고 합의가 된 걸로 알고 있어요. 보니까 그때를 겨냥해서 일부 당원들은 사회민주당으로 당이념과 당명을 정하기 위한 추진모임도 만들고 움직임들이 있더라고요. 그 4자통합 갖고 뭐가 될지 안될지 모르겠지만 그런 것이 하나의 계기는 될 수 있으니까 차제에 정의당이 그 과정에서 우리 백낙청 교수님이 말씀하신 변혁적 중도주의의 현실적인 적용, 예를 들어 용어의 네이밍부터 시작해서 어떤 정책 패키지, 정책에 임하는 태도에 이르기까지, 그런 걸 한번 해봤으면 어떨까 하는 생각은 있어요.

**노회찬** 네, 4자연대는 필수적으로 해야 한다고 보지만 그것만 갖고 큰 변화를 만들어내는 건 어렵고요. 다만 그런 것이 하나의 계기가 될 수는 있죠. 저는 진보니까 찍어달라, 이런 건 통하지 않은 지 오래됐다고 봅니다. 의석도 별로 없는 당 같은데 그런 당에 내 귀중한 표를 찍어줘야 하는 이유가 있어야 하는 거죠. 그런 걸 만들어내는 줄기찬 노력을 해야죠. 아까 말씀하신 것처럼 국민이 바뀌어야 할 게 우선은 아니라고 봅니다. 국민은 이미 제대로 된 건강한 진보정당을 찍을 준비가 돼 있어요. 그런데 그런 정당이 없는 거예요, 지금. 솔직히 정의당도 못 미치는 거죠. 그래서 안 찍는 거고요.

**진중권** 저는 가장 큰 문제가 진보진영이 어젠다 설정, 의제설정 능력을 잃어버린 거라고 봐요. 김대중 정부 때도 있었고 노무현 정부 때도 시대정신을 대변한다는 느낌이 있었는데 그걸 잃어버린 게 가장 큰 것 같고, 일단은 그걸 마련해야 한다고 생각합니다. 예컨대 남북관계 개선, 백선생님이 말씀하셨던 분단체제 극복이라는 메시지 또는 갑을관계 극복이라든지 사회정의 등등의 큰 메시지를 우리가 지금 유권자들에게 던지는 게 굉장히 중요하다고 생각하고요. 그다음에 새정치민주연합 같은 경우에 그 주체세력을 보면, 리더십이란 게 옛날에는 개인적인 리더십이잖아요? 김대중 대통령 같으면 카리스마가 있고, 노무현 대통령도 개인기가 있었던 분이고 그걸로 했는데, 그런 분들이 늘 나오는 건 아니잖아요. 그러면 시스템이 마련되어야 하는데, 시스템 자체가 없는 거예요. 차라리 김대중 대통령이 당수를 할 때가 훨씬 합리적이에요. 그분은 나름대로 합리적 계산을 한 사람이에요. 그런데 지금은 계산하는 사람은 없고 싸움질만 하는 것처럼 보여요. 그래서 진짜 민주적 리더십이 마련될 수 있는 시스템을 만드는 것이 혁신위가 가장 해야 할 일이라고 보고요. 사람 몇명 갈아버린다고 될 문제는 아니죠. 그다음으로 진보정당과 선거연합을 해야 하는데, 이게 또 욕을 많이 먹었거든요. 그렇기 때문에 선거연합 정도가 아니라 굉장히 정당성이 있어야 되거든요.

**유시민** 이번에는 새정치민주연합에서 선거연합 안해줄 거예요.

**진중권** 선거연합을 안하게 되면 사실은 이기기 힘들거든요. 그렇기 때문에 선거연합이 아니라 굉장한 정책연대, 아까 말한 어젠다를 설정하고 설정한 어젠다의 공동성취를 위한 연대요.

**유시민** 아니, 아무리 그림을 그려도 어차피 후보 전술로 가면 선거연합이 되는 거예요, 그게.

**백낙청** 저도 선거연합, 선거연대 과정에 시민사회의 일원으로 참여해본 적이 있지 않습니까? 그런데 정책연대, 정책연대, 그러지만 정책연대는 우선 정치인들이 대수롭지 않게 생각해요. 국민들도 정책연대에 그렇게 신경 쓰는 것 같지 않고요. 그것보다는, 저는 김대중 대통령 그분이 오히려 변혁적 중도주의에 가까운 노선을 취했던 것 같아요. 그 양반이 해방 직후에 몽양(夢陽) 여운형(呂運亨) 선생을 지지하지 않았습니까? 그런 걸 돌이켜봐도, 변혁적 중도주의라는 용어하고는 상관없지만 그런 맥을 이어왔다고 보고요. 그래도 그분이 정치인으로서든 선거전략가로서든 평민당 시절부터 당장의 서민들의 생활상의 어려움을 덜어주려는 노력을 많이 했던 분 같아요. 저는 그게 노무현 대통령 때는 약화됐다고 봅니다. 이분이 정치개혁, 세대교체, 지역주의 타파, 이런 데 더 얽매이고 실제로 서민들의 고통을 덜어주는 일에는 관심이 덜하지 않았나 생각됩니다. 그런데 저는 선거전략으로도 그렇지만 우리가 앞으로 중기적으로 어떤 사회를 만들고 장기적으로 분단체제를 극복하고 이런 중장기적인 목표의 달성을 위해서도 당장의 국민 대중의 생활상의 고통을 줄여주는 일이 굉장히 중요하다고 봅니다. 불과 얼마간의 차이로 자살할 사람이 하기도 하고 안하기도 하고, 또 교육받을 기회를 포기하는 사람도 생기고…… 그런 문제를 해결해가는 게 쌓여야지 분단체제 극복으로 가는 건데, 거기에 대한 어젠다가 더 나와야 하지 않나 싶습니다. 그리고 유장관 말씀대로 지금 새정치민주연합의 문제가 대표의 지도력 문제가 아니고 거버넌스의 문제라면, 한편으로는 더 암담하기도 하지만 다른 한편으로는 그거야말로 혁신위원회에서 다룰 문제가 아니겠나 싶습니다. 그걸 어떻게 집행하느냐 하는 문제가 있는데, 그게 대표의 지도력하고 맞물리는 거죠. 저는 문대표가 저한테 물어보시면 저 나름대로 어드바이스해드릴 생각이 전혀 없진 않은데 물어보시진 않고요, 물어보지 않은 상황에서 제가 밖에 나가서 떠들고 다닐 일은 아니지 싶습니다.

**유시민** 마무리하기 전에, 오늘 우리 백선생님께서 변혁적 중도주의는 공부하기 위한 화두고 현실정치 영역이나 사회운동 영역에서 좀 알아서 해야 한다 말씀하셨잖아요. 제가 오늘 아침 신문을 보니 미국에서 힐러리 클린턴(Hillary Clinton)이 열흘 전에 대선 출마하겠다고 이야기하고 첫 대중연설을 5천명 모인 데서 했다는데, 그 내용이 인상적이었어요. 우리나라에서 대통령 예비후보가 그렇게 말하면 언론에서 거의 난도질당할 텐데 싶은 내용인데요. 자기가 왜 출마했나를 이야기하면서, 펀드 매니저 몇명의 연봉을 합친 게 전체 지원교사 봉급하고 맞먹는다, 그다음에 그런 사례를 죽 나열하고서 하루 종일 서서 일하는 이런 노동자들을 위해서 내가 출마했다, 이렇게 이야기하는 걸 보고, 와, 우리나라에서 누가 출마해서 저렇게 이야기하면 그다음날 아침에 빨갱이라고 도배가 될 거다, 그런 생각 때문에요.

**백낙청** 저는 누가 출마하든지 그렇게 말하는 사람만 당선될 수 있다고 봅니다. 난도질당해야지 당선이 되지 난도질당할까봐 무서워서 쭈뼛쭈뼛하면…….

**유시민** 실제로 해보면 난도질당하면 무서워서 못합니다.

**백낙청** 아니, 대선 후보로 나서서 일대일로 붙었을 때 강한 걸 보여줘야 하고 난도질을 두려워하지 않아야 합니다. 김대중 대통령이 71년 선거에 나와서 예비군 폐지하자고 하고 4대국 보장 한반도 평화, 중립국은 아니었지만 평화와 남북대화를 주장했거든요. 그걸로 빨갱이라고 엄청 시달렸지만요.

**노회찬** 굉장한 공감과 인상을 주었죠.

**백낙청** 그러니까 DJ바람이 일어났잖아요. 야당 후보는 바람 안 일으키면 못 이깁니다.

**유시민** 그렇지만 대통령 되셔도 예비군 못 없애시더라고요.

**백낙청** 대통령 돼서 못하신 것 많죠. 그러나 어쨌든 저는 당선되려면 얻어맞을 각오를 하고 세게 나가야 한다, 이렇게 봅니다.

**노회찬** 힐러리는 거의 지금 그 방향을 콘셉트로 잡은 것 같더라고요.

**유시민** 미국 민주당이라는 게 전통적인 자유주의자들에다가 노동세력이 결합돼 있는 네트워크잖아요. 힐러리는 거기서 우선 예비경선을 통과해야 하니까 그렇게 선명하게 나가지 않으면 안되겠죠. 후보 되고 나면 그다음엔 공화당 지지층을 염두에 둔 레토릭을 하겠죠. 그렇지만 저는 그 말이 굉장히 와닿았어요.

**진중권** 백낙청 선생님이 말씀하신 적공과 전환, 적공이라는 게 우리가 내공을 쌓는다는 것이고 전환이라는 건 그걸 통해서 이제 우리 사회 전체의 패러다임을 바꿔보자, 이런 뜻이었는데요. 결국은 각 분야에서 우리 각자가, 여러분 모두가 백선생님께서 던져주신 화두를 고민해보고 작은 실천들을 해야 한다는 얘기가 아니었나 생각합니다. 우리 자신과 우리 사회를 성찰할 수 있는 기회가 되었으면 참 좋겠습니다. 오늘 저희들과 소중한 시간 함께해주신 백낙청 교수님께 다시 한번 감사드리면서 여기서 마치겠습니다.

# 한결같되 날로 새롭게 나아가는 창비
## 명예편집인 백낙청 인터뷰*

백낙청(서울대 명예교수, 『창작과비평』 편집인)
백영서(창비 주간, 연세대 사학과 교수)
심진경(문학평론가)
한영인(문학평론가)
2015년 12월 16일 창비서교빌딩 50주년홀

**백영서** 2015년 내내 창비 50년사를 위해서 그동안 창비에 관여하신 여러분을 인터뷰해왔는데, 한해가 저물어가는 오늘이 그 마지막 순서입니다. 50년 역사 그 자체이신 백낙청 선생님을 모시고 창비 역사와 관련된 주요 사실과 중요한 해석지점을 정리하는 시간을 가지려고 합니다. 오늘은 특별히 여러 세대와 성별을 아울러 세 사람이 질문자로 나섰습니다.

**백낙청** 50년사의 일부로 관여하신 여러 사람을 인터뷰하는 기획은 참 좋은 것 같아요. 그동안에 정리된 것들을 대부분 봤는데 목소리가 다양하기도 하고, 또 그걸 읽으면 창비가 어느 개인의 작업이라기보다 집

---

■ 이 인터뷰는 『한결같되 날로 새롭게: 창비 50년사』(창비 50년사 편찬위원회 엮음, 창비 2016)에 실린 것이다.

* 인터뷰 당시는 편집인이었고 2016년 1월을 기점으로 명예편집인이 되었다.

단의 작업이었음이 실감나거든요. 그 계획을 마무리하면서 나한테 특별한 자리를 마련해준 것을 감사하게 생각합니다. 다른 분들은 시기별로 나누고 그 시기에 한해서 얘기를 들었는데, 그러다보니 그분들도 하고 싶은 얘기를 다 못했고 독자 입장에서도 토막토막 끊어지는 것이라 한번 꿰어줄 필요가 있겠습니다. 이는 어느 한 사람이 할 수 있는 작업이 아니지만 내가 처음부터 깊이 관여를 해왔으니까, 그런 정리를 하는 데 도움이 될 수 있지 않을까 합니다. 세분이 인터뷰어로 나서셨지만 그냥 자연스럽게 대화하는 자리가 됐으면 싶어요.

**백영서** 저희가 이 작업을 준비하면서 50년을 다섯 시기로 나누고 각 시기마다 중요한 분들을 인터뷰했는데, 아무래도 기억의 부정확함도 있고, 회고란 게 그렇듯이 지금의 시점에서 돌아보면서 간과되거나 반대로 지나치게 부각되는 면도 있게 마련이죠. 그래서 그걸 크로스체크할 필요도 있는 것 같아요. 소홀히 다룬 부분이 있다면 좀더 확실하게 해두기도 하고요.

**한영인** 제가 먼저 질문을 드리는 걸로 시작하겠습니다. 먼저 국문학계에서 창비에 대한 연구가 진행되면서 『창작과비평』의 창간 배경이나 당시 상황에 대해서는 어느정도 알려진 바 있습니다. 그래서 여기서는 덜 언급되었거나 설명이 필요한 사항에 대한 질문을 드리겠습니다. 1966년 창간 이후 「시민문학론」(1969년 여름호)을 발표하고 미국으로 떠나신 뒤 염무웅 선생이 『창비』를 맡았다고 할 수 있겠는데, 학계에서는 이 시기를 두고 창비가 초기에 가지고 있던 서구중심성을 탈각하고 민족적 색채가 강해진 때로 평가하는 흐름이 강합니다. 다른 자리에서 선생님을 모시고 얘길 들었을 때, 미국에 계시면서도 염무웅 선생을 통해서 『창비』를 받아보며 그 흐름에 대해 모두 수용하셨고, 돌아와서도 거부감 없이 수용할 수 있었다는 말씀을 해주셨지요. 그 시기의 다른 정황이나 염무웅 선생의 역할 같은 것들에 대해 말씀해주시죠.

**백영서** 제가 한 말씀만 첨언하면요, 이런 질문과 오늘 자리가 왜 중요하냐면 이미 창비는, 특히 그 초기의 역사는 연구의 대상이다, 그렇기 때문에 연구자들을 위해서도 정확한 기록을 남겨두는 것이 필요하다고 말씀드리고 싶습니다.

**백낙청** 답변자의 책임이 더 무거워지는 것 같네요.(웃음) 염무웅 선생이 맡으시면서 『창비』가 더 민중적이고 민족적이 됐다고, 지금의 연구자들이 그런다고 하셨지만, 사실은 나 자신이 전부터 하던 얘기고, 창간 30주년 때 『창비문화』에서 고은명(高恩明) 씨하고 대담을 했는데, 내가 세 번 하고 염무웅, 김윤수, 이시영(李時英) 선생들이 한번씩 해서 총 6회에 걸쳐서 나갔는데, 거기 그 얘기가 나옵니다. 그 대화들은 창비 연구의 기초자료가 돼야 한다는 생각이고, 새삼 연구자들이 꺼내기 전에 이미 나온 이야기가 적지 않다는 걸 말씀드립니다. 그 시절에 염선생의 역할이 참 컸어요. 간단히 이야기하면 이렇습니다. 내가 다시 미국 유학을 가면서 그때까지 『창작과비평』이 일조각에서 발행되다가 신구문화사 쪽으로 옮기고 신동문(辛東門) 선생이 대표가 되는 잡지사 '창작과비평사'를 창립했어요. 그전에는 문우출판사나 일조각에서 일종의 위탁발행을 하던 체제였죠. 그때 신구문화사와 약속된 것은, 이종익(李鍾翊) 회장이 전적으로 지원하고 신동문 선생이 책임을 지되, 염무웅 선생이 편집장이 돼가지고 실질적인 편집을 주도한다, 이런 거였어요. 실은 그전부터 신구문화사 쪽에서 말하자면 우리를 '땡긴' 거였죠. 그쪽으로 오면 훨씬 활성화될 거라고. 신동문 선생은 염선생이나 내가 신뢰하는 선배였고요. 그래서 그렇게 약속을 하고 갔는데, 그게 잘 이행이 안됐습니다. 그러다보니 신동문 선생도 자기가 근무하는 회사의 이종익 회장과 염무웅 선생 사이에서 입장이 난처해졌겠지만, 일선에서 이걸 감당해야 하는 사람이 염선생이었어요. 그래서 잡지가 합본호도 한번 내고 한호는 결호가 되기도 하고, 염선생도 도저히 안되겠다고 잠시 떠났다가 나중에

맘먹고 되돌아오고, 이런 곡절이 있었죠. 정말 그때는 염선생 아니었으면 거의 폐간될 판이었어요. 그렇게 잡지를 유지한 공로가 있는데다가, 염선생은 나하고 달리 한국 문단이나 작가들하고 안면이 넓고 또 서울대 출신이라 인맥도 많았고요. 염선생이 이렇게 고생해가며 후에 창비의 대표적인 필자로 알려진 사람들 상당수를 그때 발굴한 셈이죠. 가령 문인 중에서는 나 없는 사이에 『창비』 지면을 화려하게 장식한 분이 신경림, 황석영 두분이죠. 두분은 창비 출신은 아니지만 데뷔하고 한동안 쉬고 있다가 「농무」 등 일련의 시들로 신경림 선생이 화려하게 재등장하셨고, 황석영은 「객지」를 내놨지요. 이문구 씨는 사실 내가 도미하기 전에 이미 『창비』에 단편을 발표하고 알던 사이지만, 처음에 염선생이 연락을 해서 알게 됐어요. 그 둘은 연배도 같고 거기다가 염선생이 태생은 충청도가 아니지만 공주에서 학교를 나왔으니 절반은 충청도죠. 충청도 사나이들끼리 의기투합해가지고 가까워졌는데, 그래서 염선생이 맡고 있는 동안 이문구 씨가 『장한몽』을 연재했죠. 『장한몽』은 참 공이 많이 들어간 장편소설인데 원고료를 제때 못 줘가지고 서로가 고생한 모양이에요. 강만길 선생도 그때 처음 등장하셨고요.

**백영서** 아마 리영희 선생님도 그때…….

**백낙청** 리영희 선생은 초창기에 임재경(任在慶) 선생을 통해 알게 돼서 내가 떠나기 전에 번역자로 『창비』에 등장하셨지만, 필자로 활약하신 건 염선생이 할 때였어요. 그리고 박현채 선생은 처음 글을 주신 때는 내가 귀국한 후예요. 귀국한 직후 그분을 만나서 글을 받기로 했는데, 그러나 거기도 말하자면 염선생이 터놓은 관계였지요. 그러니까 중요한 필자 발굴도 그렇고 어려운 시기에 살아남은 것 자체도 큰 공로였죠. 그러면서 잡지의 체질도 많이 바뀌었는데, 나 자신을 돌이켜보면 창간 당시에, 창간호의 권두논문 같은 걸 보면 그야말로 근대주의자의 면모가 약여하다고 할 수 있지요. 그러나 「시민문학론」을 쓸 때만 해도 이미 꽤 달라져 있었고, 미국 가 있는 동안에 내 나름대로 공부하면서 달라진 바도 있어요. 또 염선생하고 계속 연락을 취하면서 잡지는 매호 받아봤어요. 한면도 안 빼놓고 다 읽었죠. 다 읽고 코멘트도 해 보내고. 그랬기 때문에 염선생이 체제를 바꿔놓는 동안에 가만히 있었던 게 아니고 나도 이미 동화돼가고 있다가 돌아와서는 쉽게 다시 손잡고 일할 수 있게 됐던 거죠.

**백영서** 창간 준비과정에 대해 꽤 알려진 얘기이긴 합니다만, 제가 인터뷰한 채현국(蔡鉉國) 선생의 경우 제가 알고 있는 것과 약간 차이 난다고 할 수 있는 게 황병기(黃秉冀) 선생과 김상기(金相基) 선생의 역할인 것 같아요.

**백낙청** 김상기 선생은 채현국, 한남철, 이종구(李鍾求), 임재경, 이렇게 나와 창간 초기에 아주 긴밀하게 협력한 다섯 사람 중의 하나이고 황병기 선생은 별도의 인맥인데, 사실은 『창비』 30주년 때 그 얘기를 다 했어요. 그러니까 지금 창비를 연구하는 학계 인사뿐 아니라 채현국 선생을 인터뷰하는 백영서 교수도 "아, 30주년에 백선생이 얘기한 것과는 다르네요." 이렇게 지적하셨어야 돼.(웃음) 여섯이 같이 어울린 건 아니에요. 채현국 선생은 처음부터 우리와 같이 논의를 하면서 황병기 씨가, 그는 나와 초등학교와 중고등학교 동기인데, 돈도 대주고 한 것처럼 얘기했는데, 그건 그렇지 않아요. 황병기 씨하고 같이 했으면 아마 큰돈을 댔을 겁니다. 그는 집안이 사업도 하고 돈도 있었죠. 그런데 그러지 말고 우리끼리 가난하게 해보자, 이렇게 방향을 정했죠. 사실은 황병기 씨가 거의 만반의 준비를 하고 있다가 선선히 물러선 거예요. 제1기에 해당하는 시기는 정확하게 기억하기 어려워요. 그때 활동을 한 사람은 지금 최소한 70대거든요. 그러니까 기억력이 흐려질 수밖에 없지. 채현국 씨 얘기를 일일이 다 교정할 생각은 없는데,(웃음) 내가 인쇄소 사업을 하다가 『창비』를 시작했다고 했는데 그건 터무니없는 오보예요. 그때 내가 서울대 전임강사인데 무슨 인쇄소 사업을 하겠어요. 가업도 아니고. 채선생이 뭐하고 혼동을 했냐면, 70년대 중반이나 후반에 내가 창제인쇄소라는 걸 창립했어요. 인쇄도 모르는 사람이 인쇄소를 시작한 거는, 누가 돈을 대주겠다면서 돈 있으면 뭘 하고 싶냐고 물어요. 그런데 초기에 조그만 계간지를 하다보니까 제작처 어딜 가나 괄시받죠. 인쇄소에서 그런 설움을 하도 많이 당해서, 돈 있으면 인쇄소를 하나 차려보겠다, 그래가지고 시작했다가 당연히 한동안 죽을 쒔죠.(웃음) 그러다가 조태일 씨가 들어와서 질서를 잡았지. 조태일 씨가 관리능력이 있고 엄청 성실한 실무인이거든요. 그래서 나중에 조태일 씨한테 넘겨줬어요. 거저 준 건 아니지만(웃음) 조태일 형 입장에서는 어쨌든 자기가 감당할 수 있는 조건으로 인수해서 좋아한 걸로 알아요. 인쇄소 사업이란 게 그 이야긴데 채현국 씨가 시기상으로 그걸 혼동한 거예요. 그 돈이 사실은 채현국 씨가하는 탄광 쪽에서 나왔는데, 박윤배라는 친구를 통해서 나왔어요. 셋이모두 친구 사이긴 했지만 때로 채현국 씨와 입장이 갈리기도 한 것이, 박윤배라는 친구가 처음에는 흥국탄광에 광부로 갔다가 워낙 능력이 있어서 현장소장을 해요. 그때까지만 해도 채현국 아버님의 총아였는데, 이친구가 나중에 노조를 조직합니다. 그래서 파업을 일으키기도 하고. 그러니까 파업을 주동하는 소장 친구하고 업주인 아버지 사이에서 채현국씨 입장이 굉장히 난처했죠. 그렇지만 두 사람의 우정은 깨지지 않았어요. 어쨌든 어떤 일들은 서로 모르게 진행된 것들이 있는데 인쇄소 자금도 그런 사례입니다. 자세한 경위를 이야기하자면 너무 길어집니다만, 박윤배 이야기는 제가 30주년 인터뷰에서도 좀 했지요.

**한영인** 『창비』의 평판을 높여준 제2기, 그러니까 1974년부터 1980년 폐간 직전까지의 『창비』의 성격을 보면 민족민중문화운동을 선도해오면서 문학만이 아니라 미술이나 다른 연행예술 같은 장르에 대한 조명이 꽤 많았는데, 그후에는 그런 관심이 떨어지면서 문학 위주로 재편되는 것 같습니다. 창비가 의도한 결과인지, 아니면 인적 구성의 변화 때문인지 궁금합니다.

**백낙청** 제2기를 74년부터 잡은 거는 그때 출판사가 생겼기 때문인 것 같아요. 그런데 66년 창간에서 74년까지 이르는 사이에 어떻게 보면 출판사가 생긴 것 이상의 큰 변화도 있었고 위기도 있었죠. 아무튼 이른바 제2기에도 사실 창비가 민족문화운동을 이끌었다고 하기는 힘들지만, 그때까지만 해도 문화운동 쪽에 이론작업 같은 게 부족했기 때문에 이따금씩 『창비』에 실리는 한두편의 평론이 상당한 영향을 미쳤다고 볼 수 있죠. 그러다가 문화운동이 점점 확산되고 성장하면서 창비의 영향력이 축소되는 거는 너무나 당연했지요. 창비가 이것저것 다 하는 게 꼭 좋은 건 아니니까 문학에 치중한 것은 의도적이었다고도 할 수 있는데, 동시에 창비가 또 하나 열중한 것이 한국 사회 분석의 이론적 산실 역할이었어요. 80년대 사회구성체 논쟁의 발단이 되기도 했는데, 이후 운동권의 논쟁이 대체로 관념 과잉으로 흐른 데 반해 창비는 민족문학론에 근거해서 분단체제론을 전개하는 등 그 나름의 성과를 냈다고 자부합니다. 그러니까 문화 전반을 다루다가 문학으로 축소했다고만 볼 수는 없을 것 같아요.

**백영서** 다음 질문은 시기가 전체에 걸칠 수도 있는 건데요, 『창비』가 복간된 이래로 조직도 많은 변화를 겪어왔습니다. 기본적으로 선생님이 편집인을 쭉 혼자 하면서 주도하시고 그때그때 상황에 맞춰서 조력자라 할까요, 도움이 되는 파트너들과 더불어서 일을 해오셨죠. 그런 조직은 드문 사례라고 생각합니다. 예를 들면 경영에 관해서는 한때 염무웅 선생님도 참여하셨고, 그뒤로 정해렴(丁海廉), 고세현(高世鉉), 그리고 현재 강일우(姜一宇) 사장이 있지요. 또 기획에는 염무웅, 김윤수, 이시영, 최원식(崔元植) 선생 등을 비롯해 저도 조금 관여했고요. 그리고 편집위원회는 90년대 이후 젊은 인사들이 많이 결합하면서 그 구성을 봐도 저희 내부 용어로는 노장청(老壯靑) 3결합이라 하는 세대간의 조화를 이루는 형태로 이끌어왔는데, 그런 것에 대해 어떻게 평가하시는지 말씀해주시면 좋겠습니다.

**백낙청** 백주간 말씀에 여러가지가 좀 뒤섞여 있습니다. 1988년 복간 이후로 고세현 사장의 경영체제를 갖추기까지만 해도 10년 이상의 세월이 있으니 그사이, 또는 그후에 일어난 일들을 나눠서 살펴보지요. 복간 이후 내가 편집인으로 복귀했습니다. 그전에도 내가 미국 가 있을 때 하고 내가 국내에 있으면서 다른 분이 발행인, 편집인이 된 경우는 내용이 달라요. 내가 국내에 있는 한은 아무래도 실질적인 편집인 역할을 했고, 어떤 면에서는 실질적인 발행인 역할도 했어요. 85년에 창비가 등록취소가 됐잖아요. '창작사'라고 이름을 바꿔서 다시 등록을 허가할 때의 조건 중 하나가 백낙청은 손 떼라는 거였어요. 백낙청, 임재경이 손 떼고, 처음에는 이시영, 고세현도 손 떼라, 이랬죠. 그런데 그때 사장이던 김윤수 선생이 당국과의 협상을 맡아 하셨는데, 건강도 안 좋은 김선생이 고생하신 건 말로 다 못하지요. 아무튼 당국의 요구에 대해 "아니, 이시영, 고세현은 생계가 걸린 사람들인데, 손 떼면 이 사람들 굶어죽으라는 얘기냐. 안된다"고 딱 자르셨죠. 고세현 씨는 그때까지만 해도 그냥 편집사원이었지만 과거의 운동권 경력 때문에 그랬던 건데, 그냥 넘어갔어요. 이시영 주간은 업무국장으로 발령 내는 편법을 썼죠. 사실은 계속 출판사 주간으로 자기 하던 일을 했고요. 임재경 선생은 그렇게 깊이 관여하고 있던 건 아닌데도 해직 언론인이니까 손 떼라고 했던 건데, 좋다, 뗀다, 그런 거죠.(웃음) 그건 순순히 들어줬고, 나도 떼라고 하니까 떼겠다 그랬어요. 하지만 그건 서로 눈 가리고 아웅 한 거죠. 당국에서도 자기들 명분을 세우기 위해 백낙청을 손 떼게 만들었다고 보고하려 한 거고요. 나는 손 뗐다고 그랬지만 김윤수 선생과 나의 관계로 보나 뭘로 보나 계속 실질적인 역할을 했던 거예요. 어쨌든 복간이 되면서 내가 정식으로 편집인으로 다시 복귀를 했죠. 그러다가 주식회사 체제로 바뀌는 게 94년이고, 그다음에 최원식 주간이 들어서는 게 96년이에요.

**백영서** 미국 가시는 것도 관련이 있지 않나요?

**백낙청** 미국 간 것은 98, 99년이에요. 그전에 96년 초에 민족문학작가회의 회장을 더는 피할 수 없어 맡았어요. 잡지일을 도저히 혼자서 할 수 없어서 편집위원이던 최원식 선생에게 주간을 맡아달라 했고, 10년 후에는 백영서 주간으로 이어졌는데, 말하자면 협업체제죠. 편집인은 그대로 있고 편집에 관여는 하되 현장에 가깝게 업무를 지휘하는 일은 주간이 맡는 체제가 된 거예요. 98년 후반기와 99년 상반기에는 내가 미국 하바드대학에 연구교수로 가 있게 되죠. 이때쯤 창비는 아무래도 전문적인 경영이 필요한 상황이었어요. 그전까지는 좀 어정쩡한 체제였거든요. 편집인이라는 사람이 어떤 점에서는 발행인 역할을 겸하는 면도 있고, 정식 발행인 겸 사장은 김윤수 선생이고, 이시영 부사장이 상근자로서 일을 하지만 전문경영자는 아니거든. 시인이잖아요. 그래서 세 사람의 어정쩡한 협업체제가 이루어졌다고 볼 수 있죠. 거기에 나중에 최원식 씨가 편집 쪽에 가담하고. 아무튼 이대로는 안되겠어서 99년에 잠시 베이징에 무슨 일이 있어서 갔다가 돌아오는 길에⋯⋯.

**백영서** 선생님 평론선 『全球化時代的文學與人』(中國文學出版社)의 출판기념회였죠.

**백낙청** 그래요, 거기서 돌아오는 길에 한국에 와서 의논을 모아가지고 고세현 당시 전무를 사장으로 임명했고, 그때부터 창비가 전문경영체제로 들어선 겁니다. 그전에도 창비가 구멍가게 시절일 때 빼고는 오너 경영이라고 할 만한 것을 해본 적이 없지만, 그때부터는 완전히 전문경영 체제로 갔어요. 오너 사장이 아닌 경우에도, 그가 CEO(최고경영자)냐 COO(현장 총괄책임자)에 불과한가를 구별하는 것은 인사권과 재무권을 갖느냐 하는 거예요. 그런데 고세현 사장은 인사권과 재무권을 완전히 행사했거든요. 지금 강일우 사장도 그렇고요. 물론 임원 인사라든가 큰 투자를 새로 한다고 할 때는 나와 의논을 하지만요. 이것도 창비가 자기식으로 진화하며 개발한 체제죠. 그리고 주식회사 체제를 만든 얘기인데, 사업이 점점 커지고 90년대 초부터 형편이 좀 나아지기 시작했잖아요. 『소설 동의보감』(이은성 장편, 1990), 유홍준의 『나의 문화유산답사기』(1993~)도 나오고. 그러니까 개인회사라는 불안정한 상태를 벗어날 필요가 커졌죠. 주식회사가 아니라면 결국은 대표자의 개인 소유물이에요. 김윤수 선생이니까 우리가 안심하고 창비를 그의 사유재산으로 놔두고 일을 했지만, 어쨌든 창비는 일종의 공공재산인데 그걸 어느 개인의 사유재산으로 둔다는 건 참 불안한 일이거든요. 그래서 주식회사로 전환한 것이 94년이고. 지금 질문한 범위를 벗어날지 모르지만, 2003년에 우리가 파주에 사옥을 지어서 이사합니다. 또 한번의 큰 변화의 계기라고 볼 수 있죠. 그리고 노·장·청 3결합을 얘기하셨는데, 이것은 중국사를 연구한 백영서 선생이 아주 좋아해서 소개한 표현이고 우리가 그러려고 노력은 했죠. 그러나 그게 잘 이뤄졌다고 보기는 어려워요. 아무래도 '청'이 약했어. 그래서 다른 데 가면 장년 행세할 사람들이 창비에 와서 청년세대를 대표한다고들 했는데,(웃음) 앞으로는 좀 달라질 거예요.

**백영서** 그 표현을 쓰게 된 연유는 특정한 출판사나 잡지사의 계승형태와 비교해서 나온 건데, 가령 문학과지성사는 세대를 확 바꿔버리는 세대교체의 방식인데 우리는 그렇지 않다는 점을 대비해서 얘기한 겁니다.

**백낙청** 문지하고 우리는 완전히 다른 방식이죠. 우선 『문학과지성』은 우리하고 같이 폐간됐지만 그뒤로 우리처럼 끈질기게 당국을 괴롭히면서 복간을 요구한다든가 '유사 복간' 행위를 한다든가(웃음) 그러지를 않았죠. 그분들이 어떤 생각을 했는지 모르지만, 88년에 복간이 허용됐을 때 『문학과지성』은 복간하지 않기로 선택하고 그 대신 『문학과사회』라는 이름으로 등록을 내면서 편집진도 확 바꿔버렸죠. 그건 그것대로 좋은 면이 있어요. 창비는 또 창비대로 우리가 추구하는 목표가 있고 추진하는 사업이 있는데, 그 사업은 그렇게 주기적으로 동인그룹을 교체하면서, 바꾸면서 해갈 수 있는 사업은 아니라고 봤어요. 그래서 우리는 다른 길을 택했던 거죠. 최근에 문학동네는 사장과 1세대 편집진이 한꺼번에 퇴진했는데 왜 창비는 안 그러냐는 비판이 있었지만, 창비는 오너 경영을 안했으니까 이제 와서 오너 사장이 물러날 일도 없었고, 50주년을 맞아 편집인이 퇴임한다는 계획은 벌써 1년 넘어 전부터 추진해온 거니까 새삼 그걸 발표하며 법석을 떨 이유도 없었지요.

**백영서** 그 대목에서 제가 이 글을 읽는 독자를 위해서 좀 보충한다면, 『창비』는 다른 잡지와 달리 여러 사람의 의견이 오가는 교류의 장만은 아니다, 거기에다 창비 나름대로의 담론, 저희는 '창비 담론'이라고 하는데, 나름대로의 견해를 발신하는 성격이 강하기 때문에 상황에 맞춰서 변화는 하되 어떤 연속성을 가져야 하는 처지가 강해서 이런 맞춤형 시스템을 만들었다, 그런 생각이 듭니다. 그런데 제가 연속성이라고 표현했지만 또 미묘한 변화들이 시기별로 다 있거든요. 그중의 하나가 90년대 이후의 변화가 아닐까요? 예컨대 80년대까지만 해도 한국 사회 전반도 그렇고 창비도 그렇고 어느정도의 진영논리랄까, 강한 자기주장이 있었죠. 앞서의 질문에서는 민족민중문화라는 걸로 설명했는데, 90년대 들어와 창간 30주년과 최원식 주간 체제로 되면서 좀더 폭넓은 개방이라 그럴까, 진영논리를 벗어나서 유연하게 상황에 대비하면서 창비 입장을 재정리하는 주요한 변화가, 또 성취가 있었다고 생각해요. 그런데 그 과정이 최근의 사태와 더불어 논란의 대상이 되기도 합니다. 그런 변화를 오늘의 논의와 연관해본다면, 그중에서 '리얼리즘과 모더니즘의 회통'이라고 해서 포용적인 입장을 취했는데, 그와 관련해서 최원식 주간이 제기한 회통론과 선생님의 입장 사이에 내부 논쟁이 있었고 지금까지도 계속 이어지고 있죠. 이에 대해 설명해주시고 넘어가도 좋지 않을까 합니다.

**백낙청** 글쎄요. 그 내부 논쟁이라는 건 사실 작다면 작은 논쟁이지만, 또 어떻게 보면 중요한 문제였죠. 실은 지금까지도 최선생하고 나 사이에 의견 차이가 남아 있어요. 바꿔 말하면 의견 차이가 있다고 해서 창비 내에 중대한 균열이 생긴 건 아니고 원만한 협업체제가 유지돼왔지만, 생각의 차이는, 최선생은 그건 별 차이가 아니라고 생각하고 나는 굉장히 중요한 차이라고 생각해요. 이 말만 들으면 최선생은 유연한데 나는 독단적인 게 되지.(웃음) 하여간 그렇습니다. 그런데 80년대에도 창비는 어떤 경직된 진영논리를 편 적이 없다는 점을 먼저 강조하고 싶어요. 바로 그랬기 때문에 당시의 소장층으로부터 혹독한 비판을 받았죠. 요즘처럼 SNS 같은 게 없어서 그렇지, 있었다면 굉장했을 거예요, 당시 그들의 기세를 봐서는. 그런데 그 중요한 논객 중의 한 사람은 얼마 전에 우리 세교연구소에서 열린 어떤 국제모임에 와가지고, 그때 자신들의 목표가 백낙청을 '장송(葬送)'하는 것이었다고 했는데, 그때 내가 장송 안 당했거든요.(웃음) 도리어 계속 반론을 펼쳤어요. 문학사 연구하는 사람들이 그 기록을 돌이켜볼 필요가 있는데, 나에 대해서 한참 공격한 사람들이 내가 논리적으로 반박했을 때 재반론은 거의 없었습니다. 그냥 딴소리하거나 아니면 옛날에 하던 소리를 그대로 또 하거나였어요. 80년대를 그렇게 넘겼습니다.

그런데 70, 80년대가 워낙 엄혹한 시대니까 독재세력과 반독재 민주화세력이란 진영은 없을 수가 없었고, 문학 하는 사람들도 거기 깊이 끼어들어서 참여하고 활동을 하다보면 안 좋은 의미의 진영논리에 어느정도는 감염되게 돼 있습니다. 그래서 90년대에, 최선생을 주간으로 모시기 전부터지만, 가령 내가 「지구시대의 민족문학」이라는 글을 93년에 썼는데요, 그때 이미 신경숙 얘기를 하고 김기택 얘기도 하고 그러거든요. 당시에 소위 우리 진영에 속하는 사람들이 엄청 서운해했어요. 그러니까 그런 진영논리에서 창비는 처음부터 거리를 두었지만 싸우며 살다보면 우리도 모르게 감염된 면이 있었고, 또는 논리까지는 아니더라도 우리의 문학적인 인식의 범위, 독서의 범위가 좁아진 것도 사실이에요. 이걸 좀 넓혀야겠다 하는 생각이었고, 최선생이 주간이 되면서 그걸 본인의 중대한 임무 중의 하나로 받아들였죠, 나도 지원을 했고요. 그런데 우리는 완전히 진영논리에 빠졌다가 거기서 '개방'으로 전향한 입장이 아니기 때문에, 적당히 넓히면서도 이제까지 견지해오던 창비의 자세를 그대로 지켜나가는, 이 두가지를 동시에 하는 게 중요했죠. 그 점에서도 최선생하고 나는 원칙적으로 합의했는데, 실행과정에서는 좀 온도차가 있었어요. 리얼리즘 문제에 대해서는요, 최선생은 내가 최선생의 회통론을 비판한 데 대해서 아무래도 당시에 서운해했고, 지금도 자신의 충정을 잘 몰라줬다고 야속해하는 면이 있을 거예요. 최선생이 보기에 속류 리얼리즘이 판을 치다가 이게 90년대 들어와가지고 완전히 배제당하잖아요. 그런 통에 그가 말하는 '최량의 리얼리즘'까지도 함께 묻혀버릴까봐 걱정해서 최량의 리얼리즘과 최량의 모더니즘이 회통하면서 같이 갈 수 있다는 주장을 함으로써 어떤 의미로는 리얼리즘이 몰리던 시기에 그걸 옹호하고 보존하려는 충정에서 한 얘기인데, 물론 나는 그 충정을 이해합니다. 이해하고 인정을 하는데, 문제는 최량의 리얼리즘이라는 개념 자체가, 그러니까 최선생의 리얼리즘과 모더니즘의 개념은 문학사가(文學史家)의 개념이에요. 일제시대부터 있던 그런 사실주의와 모더니즘의 대립이 기본인 데 비해서, 우리 시대의 리얼리즘론에는 속류론자들도 물론 많았지만 1974년에 염무웅 선생이 「리얼리즘론」을 쓰고 그후로 여러 논의가 이어지는데, 그것은 이미 최선생이 말하는 리얼리즘과 모더니즘의 회통을 이루는 다른 차원의 리얼리즘이거든요. 그런데 최선생은 거기에 대한 인식이 별로 없는 것 같아요. 나를 비롯해서 수많은 사람들이 땀 흘려서 한국비평사에 그래도 남을 만한 어떤 작업을 해놨는데, 최선생은 마치 그것이 없었던 것처럼 그보다 낮은 차원의 리얼리즘론과 모더니즘론의 회통을 얘기하니까, 첫째는 그동안 우리 비평사에 대한 왜곡이고, 둘째는 좀 다른 차원의 리얼리즘론이 추구하던 바를 너무 가볍게 외면하는 것이다, 이래서 비판했던 거죠. 그런데 요즘 봐도요, 최선생은 그냥 계속 자기 길로 가고 있어.(웃음) 내가 솔직히 평가한다면 최원식 선생의 장기는 첫째, 그는 문학사가이고 본인도 그렇게 얘기하죠. 그리고 작품에 대한 감각이 있어요. 그래서 평론가로서 볼 때에는 문학사가다운 식견이랄까 축적된 공력하고 작품에 대한 비평가적 감각이 결합돼서 나오는 글들, 그런 건 다른 사람들이 따라가기 어렵게 잘 쓰고 좋은 글이 많아요. 하지만 이론적 작업이 그의 장기는 아닌 것 같아.(웃음)

**심진경** 인터뷰 준비를 하면서 나름대로 자료를 좀 찾아봤는데요, 창비 담론에 관한 연구도 상당히 축적됐지만, 백선생님의 이론적 논의들에 대한 연구논문도 어느 학술정보 싸이트를 보니까 167편이 있더라고요. 문학을 비롯한 여러 분야에서 지금까지 선생님께서 해오신 작업, 그리고 그것이 한국 사회의 담론지형에 끼친 영향력이 상당하다는 방증인 것 같았습니다. 그런데 최근에 우리 모두를 고심참담하게 했던 신경숙 작가 표절 문제가 빌미가 되어 여러가지 이유로 창비와 백낙청 선생님에 대한 공격과 비판이 이어졌습니다.* 그런 문제와 관련해서 질문을 드리고 싶은데요. 일단 이 사건을 둘러싸고 문학과 표절에 대한 심도 있는 논의와 토론보다는 창비, 그리고 백선생님에 대한 일방적인 공격과 비판이 훨씬 많았던 것 같습니다. 80년대에 급진적 리얼리즘론자로 활동

---

* 2015년 6월 16일 소설가이자 시인 이응준이 온라인매체 『허핑턴포스트 코리아』에 소설가 신경숙의 단편 「전설」 일부가 미시마 유끼오(三島由紀夫)의 단편 「우국(憂國)」의 표절이라는 의혹을 제기했다. 이에 「전설」이 실린 작품집을 출간한 창비와 신경숙 문학에 대한 평가를 둘러싸고 상업성과 문학비평의 관계, 문학권력 논란이 벌어졌다.

했던 분들을 포함해 문학권력 비판을 전면에 내세우는 젊은 비평가들이 그런 비판을 주도했는데요. 그분들 입장에서는 일련의 사태의 중심에는 창비의 상업주의적 타락이 있다, 이렇게 보는 것 같습니다. 그 근거로 민족문학론, 민중문학론, 리얼리즘론을 주장하던 창비, 특히 백낙청 선생님이 1990년대 이후 그러한 문학적 노선과는 관련 없어 보이는 신경숙 문학을 발굴하고 그에 대한 상찬을 아끼지 않았다는 것입니다. 그러나 그러한 비판은 선생님 입장에서는 조금 억울한 얘기일 수도 있을 것 같습니다. 실제로 신경숙 문학의 가치를 언급했던 「지구시대의 민족문학」에서 선생님은 신경숙의 「풍금이 있던 자리」나 「모여 있는 불빛」만이 아니라 그와 함께 공선옥(孔善玉)의 「목마른 계절」 같은 작품 또한 중요하게 언급하거든요. 그것은 어떤 측면에서는 한곳에 안주하거나 고여 있지 않고 끊임없이 쇄신을 모색하는 선생님의 이론적 탐구의 맥락 속에서 파악해야 할 것 같습니다. 그리고 거기엔 시대의 변화에 걸맞은 리얼리즘의 쇄신이라는 맥락에서 신경숙의 소설이 중요한 참조지점이 될 수 있다는 판단이 있었던 것 같습니다. 당시 선생님께서 신경숙 소설을 발굴하고 높이 평가한 지점이 무엇이었는지, 그리고 그것이 선생님의 리얼리즘론의 전개과정에서 어떤 의미를 갖는 것인지를 여쭈어보고 싶습니다.

**백낙청** 내가 신경숙 문학을 발굴했다고 그러면 억울해할 사람이 많을걸요?(웃음) 신경숙이 80년대 말에 등단한 작가잖아요. 그런데 「풍금이 있던 자리」(1992)가 나올 때까지 나는 신경숙을 모르고 있었어요. 『문학과사회』에 나온 걸 보고서 알게 됐고, 최원식 선생도 아마 그때 상당히 괄목상대를 했을 거예요. 그래가지고 우리가 청탁을 해서 받은 게 「모여 있는 불빛」이고요. 그런데 신경숙을 무슨 내면세계의 탐구자라든가 발견자라느니, 흔히 말하는 사인화(私人化) 경향, 그런 걸 칭송하는 게 아니고 그것과 다른 차원에서 신경숙의 성과를 평가해준 예는 당시로선 드물었을 거예요. 그래서 이것을 나쁘게 보는 사람들은 민중민족문학론 또는 리얼리즘론을 주장하던 백아무개가 신경숙의 그런 면을 인정해줌으로써 자신은 저쪽에 투항을 했고 신경숙에겐 전국민적인 작가로 행세할 수 있는 기반을 마련해줬다, 이렇게 말하는데, 나로서는 오히려 신경숙 나름의 리얼리즘 성과를 모르고 있다가 뒤늦게 알아주면서 기존의 논의를 확대 발전시켜왔다고 생각합니다. 그래서 공선옥, 김기택, 고은, 황석영 등과 함께 신경숙의 「풍금이 있던 자리」나 「모여 있는 불빛」을 거론했고 그뒤로 『외딴방』이 나왔을 때 따로 작품론을 쓰기도 했지요. 하지만 그사이에 나온 『깊은 슬픔』(문학동네 1994)이 엄청난 대중적 성공을 거두었지만 그건 비판적으로 언급했어요. 그런데 지금 와서요, 『외딴방』이 시시껄렁한 작품인데 백낙청이가 안목이 너무 없어서, 또는 벌써부터 상업주의에 오염되기 시작해서 잘못 짚었다, 이렇게 말하면 나는 할 말이 없어요. "아 그러세요? 저는 아니거든요"(웃음)라고 말하고 끝내는 수밖에 없죠. 그리고 심선생이 "우리 모두를 고심참담하게 했던 신경숙 작가 표절 문제"라고 하셨는데 솔직히 나는 모두가 '참담'했다고 생각지 않아요. 신경숙 때문에든 창비 때문에든 혹은 백낙청 때문에든 한바탕 신바람을 낸 분들도 적지 않았다는 현실을 직시하는 게 리얼리스트의 자세겠지요.

『외딴방』이후에도 말하자면 『깊은 슬픔』계열의 작품을 쓰긴 합니다만 『엄마를 부탁해』(창비 2008)만 해도 그런 계열이 아니지요. 심선생은 어떻게 생각하실지 모르지만, 나는 이것도 훌륭한 작품이라고 봐요. 『외딴방』만은 못해요. 내가 따로 작품론을 쓰지는 않았지만, 「우리시대 한국문학의 활력과 빈곤」(『창작과비평』 2010년 겨울호)에서 최근 10년 사이에 나온 우리 장편소설 중 두드러진 성과로 박민규의 『죽은 왕녀를 위한 파반느』(예담 2009)하고 『엄마를 부탁해』를 주로 거론했어요. 둘 중에서는 박민규의 장편이 더 뛰어나다고 생각했지만, 『엄마를 부탁해』에 대해서도 더러 비판을 하면서도 여하튼 좋은 작품이라 주장했어요. 여성적인 시각에서 보더라도 흔히 전통적인 모성성을 너무 치켜세워서 가부장주의를 강화했다고 비판하는데, 그렇게 볼 면이 없지는 않지만 첫째는 모성이라는 게 꼭 가부장제도가 전유한, 가부장제도에 속아서 바보짓 하는 것이냐 하면 그렇게만 볼 수 없는 면들이 있어요. 또 하나는, 신경숙이 마지막 한방이 있어요. 그렇지 않아요? 어머니 자신도 가부장제 속에서 살아온 자기 인생이 좋은 인생이 아니라는 것을 깨달아서 딸은 그렇게 살지 말아야 된다는 걸 아주 확실하게 얘기하고, 실제로 어머니가 그 이미지대로만 산 여자는 아니라는 게 나중에 밝혀지잖아요. 그래서 나는 여성적인 시각에서도 그만큼 해내기도 쉽지는 않은 거라고 생각합니다. 물론 처음부터 기존의 젠더 관념을 해체하는 걸 목표로 하는 전복적인 작품들하고는 다르죠. 그런 작품들에 비해서 어떤 면에서 못하며 또 어떤 면에서는 그들이 못 가진 미덕을 가지고 있는지, 이렇게 따져봐야 할 것 같아요. 그다음에 나온 작품은 별로 안 좋았어요.『어디선가 나를 찾는 전화벨이 울리고』(문학동네 2010)는 신경숙이 또 변죽을 울리는구나, 꼭 써야 할 게 따로 있는데 그건 안 쓰고 이러는구나(웃음) 하는 느낌이 들었어요.

**심진경** 선생님께서 87년체제 이후 새롭게 전개되는 현실에 부응하고자 다양한 이론적 논의를 전개해오셨는데요. 리얼리즘론의 변화와 확장도 결국 그것과 깊은 관련이 있는 것 같습니다. 80년대 급진적 리얼리즘론을 극복하기 위한, 더욱 유연하고 변화에 민감한 새로운 리얼리즘론 말이지요. 그런데 최근 창비를 비판하는 사람들은 이번 신경숙 사태를 계기로 해서 상업주의나 문학권력의 문제에 대한 비판의 연장선상에서 선생님의 이론적 구도에 대한 비판을 제기하기도 하는 것 같습니다. 앞서『엄마를 부탁해』에 대한 입장을 말씀하셨지만, 선생님의 의도와 달리 많은 사람들은『엄마를 부탁해』와 같은 대중적 상업성이 강한 소설을 본격소설로 상찬하시는 데서 그 비판의 근거를 찾기도 하는 것 같습니다. 이러한 항간의 시각에 대해 선생님은 어떻게 생각하고 계시는지, 그리고 이와 함께 창비의 문학비평 담론은 87년체제 이후에 모색해온 다양한 주제 이후에 앞으로 어떻게 변화할 것으로 예측하시는지, 그러니까 기존 문학의 재정비인지 아니면 새로운 문학이론의 발견으로 가는 건지요? 제가 최근 평문을 읽기로는 계속해서 갱신 쪽으로 가시는 것 같습니다만.

**백낙청** 리얼리즘에 대해서 쭉 관심을 갖고 또 리얼리즘론을 처음 제기할 때의 초심에 충실한 탐구를 하겠다는 생각은 해오고 있지만, 근래에는 내가 리얼리즘이라는 단어를 그다지 내세우지 않아요. 최근에 발표한 「근대의 이중과제, 그리고 문학의 '도'와 '덕'」(『창작과비평』 2015년 겨울호)에서는 리얼리즘과 사실주의를 구별하는 기존의 입장을 되풀이했지만, 진정한 리얼리즘에 미달하는 사실주의조차 그렇게 우습게 볼 일이 아니다 하는 정도지, 본격적인 리얼리즘론이라는 건 내가 안 쓴 지가 오래됩니다. 어찌 보면 1990년의 시점에서, 그때가 소련·동구권이 무너지고 문학이념으로서의 사회주의사실주의 이론의 영향력이 한국 평단에서 꺾였을 때인데, 그 시점에서 내가 「민족문학론과 리얼리즘론」(벽사 이우성 교수 정년퇴직기념논총 『민족사의 전개와 그 문화』 하권, 창작과비평사 1990; 백낙청 평론집 『통일시대 한국문학의 보람』)이라는 꽤 긴 글을 쓰면서 나로서는 일단의 정리를 마쳤다고 생각했어요. 결론에 가서 우리가 어쨌든 리얼리즘이라는 걸 포기할 수는 없지만 어느 지점엔가는 리얼리즘이라는 이 거추장스러운 말을 사용하지 않게 되기를 바란다는 식으로. 그래서 한편으로는 리얼리즘론의 옹호이면서 다른 한편으로는 리얼리즘 개념에 대한 점진적 해체를 시도했다고 볼 수 있습니다. 그리고 이런 양면적인 태도가 그후에도 지속돼왔어요. 그러니까 이게 여러 사람을 헷갈리게 만들죠.(웃음) 하지만 그 얘기를 여기서 길게 할 필요는 없을 것 같네요. 신경숙 사태를 맞아 많은 사람들이 내가 리얼리즘을 포기하고 가령 문학동네나 문지의 입장하고 구별할 수 없는 그러한 쪽으로 갔다고 비판했다 하셨는데, 그건 사실이 아니기 때문에 나는 신경을 안 써요. 다만 나의 리얼리즘론이 한계에 도달했는지 여부는, 나 자신이 리얼리즘의 어떤 한계, 단순히 속류 리얼리즘의 한계가 아니라 리얼리즘이든 무슨 이즘이든 형이상학적인 이념으로 고정될 가능성 자체를 일찍부터 경계해왔으니까 그런 사유의 궤적을 되짚어보면서 논의해준다면 고마운 일이겠지요.

**백영서** 리얼리즘을 갱신해서 더 새로운 차원에서 그 원래의 정신을 활용하시는 건데, 90년대 이후 창비 담론의 전개과정하고도 연관되어 있는 것 같아요. 창비가 90년대 전후로 많이 변하는데요. 한국문학사 연구하는 분들의 평을 보면, 문학사뿐 아니라 역사학에서도 그런데, 70, 80년대까지 창비의 역할은 무척 높게 평가하는 반면 90년대 이후에는 일반적으로 저평가를 하는 것 같아요. 그러다가 최근의 사태를 겪으면서 아예 비난 모드로 가는 데 대해서 저도 90년대 이후에 창비에서 활동한 사람으로서 이해가 안 가고 화도 나는데, 창비 내부로 시선을 돌려 왜 그런 일이 생길까라고 하면, 물론 밖에서는 사회분화가 이루어지고 다양한 논의들도 생겼으니까 예전처럼 창비가 대안운동의 중심이자 유일한 대안담론의 발신처는 분명 아니죠. 그런 외부 정황 말고 창비 내부가 다양한 논의의 갱신을 하는 과정에서 일반인들이 알기 쉬운 단일한 깃발이랄까 명료한 키워드를 제시했어야 하지 않나, 가령 이런 리얼리즘이 아니라 무엇이다라는 식으로 제시해야 했는데 그걸 안 한 건지 못한 건지. 또다른 차원에서는 비문학 쪽에서 분단체제론이 모든 담론의 중심에 있고 그것이 다른 것들과 연결되며 확장되는데, 그런 작업이 유기적으로 엮이지 않으면서 일반인들한테 강한 인상을 주지 못한 게 아닌가 생각도 해봤습니다.

**백낙청** 창비가 발신하는 여러 담론들 사이에 유기적인 연관성이 부족해서 그 위력이 충분하지 못하다는 지적이라면 수긍하는 게 마땅하지요. 그런데 깃발 얘기는요, 원래 부대가 나설 때 필요하고 운동에 필요한 게 깃발이지, 문학 하는 데 깃발이 뭐 필요해요? 70, 80년대는 운동이 치열하고 창비가 그 운동을 함께하다보니까 그랬는데, 민족문학론은 하나의 문학적인 담론인 동시에 운동의 깃발이었죠. 그런데 운동의 깃발이 되면 담론은 속화되게 돼 있어요. 그래서 현실적으로 절실한 필요가 없을 때는 빨리 깃발을 내리고 담론 개발에 충실하고 작품에 충실해야 하죠. 지금 와서 새로운 깃발을 안 올렸기 때문에 전파력이 없다 하는 거는, 물론 사실이지만 새로운 깃발을 올리는 것 자체가 이 시대에 안 맞고, 특히 문학잡지가 할 일은 아니라고 봐요. 그렇다고 우리가 민족문학의 깃발을 완전히 내렸느냐? 어떤 사람들은 그랬다고 주장하지만 민족문학론이든 리얼리즘론이든 민중문학론이든 애당초 그것을 제기할 때의 초심이랄까 문제의식은 우리가 쭉 견지해왔다고 믿습니다. 그래서 우리 내부 회의에서 누가 한 얘기지만, 큰 깃발 한개보다도 작은 깃발을 여러개 들 때가 아니냐. 나는 그게 이 시대상황에 대한 정확한 인식이라고 봐요. 그러니까 리얼리즘이라는 깃발, 민족문학이라는 깃발, 민중문학이라는 깃발, 세계문학이라는 깃발, 동아시아문학이라는 깃발 등을 좌르륵 여러개 들고나가서 그때그때 그 깃발 아래 오고 싶은 사람을 오게 해주는 게 더 효과적이고 시대에 맞는다는 거지요. 그런데 지적하시듯이 그러다보면 장사가 잘 안되죠.(웃음) 커다란 하나의 깃발이 펄럭이고 있어야 사람이 모이기 쉬운 거 아니에요? 그리고 사람들이 볼 때에도 아, 저게 뭐 하는 동네다, 그럴 텐데. 아쉽지만 나는 민족문학이라든가 리얼리즘, 그런 걸로 하나의 큰 깃발을 들 수는 없는 상황이고 안 드는 게 옳다고 봐요. 오히려 이제는 큰 깃발이라면 '창비'라는 깃발을 들면 돼요. 창비라는 깃발을 들면 아는 사람들은 아, 저 깃발 밑으로 가면은 작은 깃발들이 많다더라, 그중에 내 취향에 맞는 깃발도 있을 거다, 이래가지고 모이도록 하는 게 옳다고 봅니다. 이번 사태를 겪으면서 창비가 욕을 엄청 먹었지마는 인지도가 그만큼 높아졌거든요.(웃음) 인지도가 곧 브랜드가치가 되지는 않죠. 인지도와 훌륭한 실적이 합칠 때 그게 브랜드가 되는 건데. 나는 우리가 전부 다 잘했다는 건 아니지만 욕하는 내용과 같은 그런 못된 짓은 한 적이 없기 때문에, 그리고 그들이 간과하는 훌륭한 자산을 쌓아놓은 게 많기 때문에, 지금 욕먹으면서 형성된 인지도가 브랜드가치로 환산이 돼서(웃음) 창비라는 깃발을 높이 들고 있으면 앞으로 점점 많은 사람들이 모일 거라고 봅니다. 다만, 그랬을 때 그들의 다양한 취향을 충족시킬 수 있으면서도 완전히 잡동사니라는 인상은 안 주는 그런 여러개의 깃발이 필요하다고 봅니다.

그렇게 눈에 띄는 깃발 중의 하나가 분단체제론이죠. 그런데 그건 사회과학 담론 아니냐고 말할지 모르지만, 실제로 기존 사회과학의 영역 속에 포괄될 수 없는 담론입니다. 어떤 의미에서는 기존의 사회과학 개념을 전복하는 담론이에요. 월러스틴이 '사회과학으로부터의 탈피'(unthinking social science)라는 표현을 썼는데, 그같은 작업에 해당하는 담론입니다. 그러니까 넓은 의미의 인문학 담론이고, 문학담론과의 친연성이 대단히 높은 담론이에요. 그런데 그 담론을 구체적인 문학비평이나 문학이론으로 유기적으로 연관시키는 게 부족했다, 이렇게 비판한다면 맞습니다. 그건 맞는데, 그러나 문학담론이 전혀 없다고 주장하는 사람들에겐 그야말로 좀더 내용을 들여다보시라 말하고 싶어요. 나 개인으로 말하면 한편으로 분단체제론을 전개하면서 문학비평을 계속해온 사람입니다. 그러면 이게 완전히 따로 노는 작업을 했느냐? 나는 그렇게 생각지 않아요. 내가 황석영의『손님』(창작과비평사 2001)론을 쓴 적이 있는데* 거기서는 의도적으로 분단체제론과『손님』작품평을 결합하려는 노력을 하기도 했습니다. 그리고 분단체제론은 더 차원을 높이면 근대에 대한 이중과제론으로 나가는 것이고, 남한 사회의 실천노선으로 내려오면 이른바 변혁적 중도주의로 가는 것이기 때문에 각기 그 차원에서 문학담론하고 결합할 가능성이 열려 있다고 봐요. 이중과제론하고 세계문학 작품을 연결시킨 사례는 이미 있잖아요. 가령 임홍배 교수가 괴테론(『괴테가 탐사한 근대』, 창비 2014)을 쓰면서도 그랬고요. 변혁적 중도주의는 일종의 정치적인 실천노선이니까 그걸 문학하고 바로 접목하기는 어렵지만 그것도 변혁적 중도주의가 무엇이라고 규정하기보다는 뭐가 변혁적 중도주의가 아닌가 이렇게 쳐내는, 일종의 방법론적인 개념이거든요. 그런 것을 몸에 익히고 문학작품이나 현실을 보면 문학평론가로서도 플러스가 되지 손해가 되지는 않는다고 생각하죠. 그리고 최근에 쓴 내 글을 언급하셨는데, 그 글 나름대로 내가 전개해온 문학 바깥에서의 담론, 인문학 내지 사회과학의 담론, 이중과제론, 이런 것들과 문학비평을 결합하려는 하나의 시도지요. 얼마나 성공했는지는 독자들이 판단할 문제지만, 창비로서는 앞으로 그런 시도들이 다른 분들 손에서도 더 많이 나오면 좋겠다는 생각입니다.

**한영인** 선생님께서는 창비 50년사에서 창비를 대표하는 개인으로 이해되고 있는데, 저는 창비라는 집단의 역사와 백낙청이라는 개인의 역사는 다를 수 있다고 생각합니다. 그래서 정권의 탄압이나 출판사 등록취소 같은 창비의 수난과는 구별되는, 백낙청 개인이 힘겹고 위태롭게 느낀 순간은 따로 있을 것 같거든요. 덧붙여서 보람 있거나 기뻤던 순간도 있겠고요. 이처럼 개인으로서 힘겨웠던 그리고 즐거웠던 순간에 대한 얘기가 궁금합니다.

**백낙청** 30주년 때인가 언제 인터뷰하면서, 내가 진짜 힘들었던 거는 탄압받고 그런 게 아니고, 구멍가게 하던 시절에(웃음) 돈이 안 돌아서 직

---

\* 제2회 서울국제문학포럼 발제문 「한반도에서 화해와 평화 찾기: 황석영 소설 『손님』의 경우」 (2005); 「황석영 장편소설 『손님』」으로 『통일시대 한국문학의 보람』 수록.

원 월급 간신히 주고 어음 막고 그런 일이었다는 얘기를 한 적이 있습니다. 그게 참 힘들었어요. 염무웅 선생도 이번에 그런 얘기를 하신 걸로 아는데, 내가 『8억인과의 대화』 사건* 때문에 잠시 편집인에서 물러나면서, 그때는 내가 발행인이기도 했는데 다 내려놓고 염선생이 승계했죠. 염선생도 그때 경영자로서 어음조각 만지면서 얼마나 고생했는가 하는 얘기를 하고 있습니다. 그런데 은행거래 얘기도 하셨지만 창비는 은행에서 어음을 떼고 자시고 할 급이 못됐어요. 그야말로 구멍가게니까 우리가 쓰는 어음이라는 거는 소위 '문방구 어음'이라는 거죠.(웃음) 당시에 문방구에 가면 어음용지를 팔았는데, 출판계에서는 거의 그걸로 통했어요. 그건 부도가 나도 민사소송은 할 수 있지만 자동적으로 은행거래가 정지되지는 않지요. 또다른 이점은 사정이 급하면 좀 봐달라 그럴 수 있는 건데,(웃음) 은행어음은 그게 안되잖아요. 그런데 은행어음이 꼭 필요할 때가 있거든요. 은행도(銀行渡) 어음이라고 하는데, 인쇄용지 같은 걸 살 때는 현금 아니면 은행도 어음을 줘야 돼요. 그럴 때는 남의 은행어음을 빌려오는 거지. 당시 어음을 빌려준 분이, 그 두분은 내가 꼭 기록에 남겨야 할 분인데, 한분은 돌아가신 내 사촌형님 백낙신(白樂晨) 도화지질 사장, 그분은 내가 인쇄소 차렸을 때 사장도 해주셨어요. 그냥 이름만 빌려주는 사장이었지만요. 그 형님이 나를 끔찍하게 여기고 참 고맙게 해주셨죠. 또 하나가 앞서 말한 박윤배라는 친구예요. 그때는 박윤배가 흥국탄광에서 나와서 자기 사업을 차렸을 때인데, 그 회사 어음을 참 선선히 빌려주곤 했어요. 그쪽의 경리직원이나 간부들은 아주 죽을 지경이지, 불안하고.(웃음) 내가 한번 사고를 내기도 했어요. 제날에 못 갚으면 날 도와준 사람이 부도가 나는 참 중대한 문제였는데, 요즘처럼 전자거래가 있는 것도 아니니까 해당 지점에 돈을 들고 가서 넣어야

---

*1977년 출간. 이 책의 저자 리영희와 함께 반공법위반 혐의로 기소되어 집행유예를 선고받았다.

돼요. 그런데 가져가다가 교통이 막혀가지고 4시까지인가 하는 마감을 못 지켰어요. 그러면 1차 부도라는 게 나요. 다만 1차 부도 이후 곧 돈을 넣었기 때문에 완전 부도는 막았지만, 기업 하는 사람으로서는 1차 부도만 나도 신용이 떨어집니다. 그 회사 직원들 입장에서는 웬 날벼락이에요.(웃음) 은행에서 전화 와가지고 당신네 어음 왜 안 갚느냐, 부도났다 이러니까. 그런데도 박윤배는 워낙 대인이라서 허허 웃으면서 계속 도와줬지요.

신세진 사람 얘기하는 김에 한 사람을 더 얘기하면, 염선생이 맡았을 때도 박윤배니 채현국이니 이런 친구들이 가끔씩 도와줬지만 그런 푼돈 가지고는 안될 지경에 가 있었지요. 이미 우리도 규모가 커진데다 영인본 사업을 시작해서 퍽 많이 팔렸고 『창비』를 보급하는 데도 크게 기여했지만, 외판사업은 관리를 잘해야 돼요. 나가서 파는 것만이 중요한 게 아니야. 판매사원과 수금사원 관리를 잘해야지, 그 친구들이 떼어먹고 달아나기 시작하면 걷잡을 수가 없죠. 그런데 관리가 서투니까 사고가 자꾸 터지고 계속 고생을 했어요. 게다가 좀 팔릴 만한 책 내면 판금당하지.(웃음) 그럴 때 문제를 일거에 해결해준 사람이 김우중 전 대우그룹 회장입니다. 김우중과 박윤배가 나하고 경기중학 입학동기인데 그 둘은 입학하자마자 가출을 했다가 1년을 꿇어요. 그래갖고 나보다 한해 뒤에 졸업을 했는데, 둘이 굉장히 가까웠죠, 어릴 때부터. 박윤배가 김우중에게 가서 얘기한 거예요. 낙청이가 저렇게 고생하는데 너 좀 도와줘라. 그런데 김우중이 사실 공적으로는 규탄받을 일도 많지만(웃음) 심성이 좋은 친구예요. 박윤배가 연결해줘서 찾아가서 지금 돈으로 치면 엄청난 금액을 받았어요. 물론 절대 비밀이었죠. 유신 말기인데 그게 알려지면 그도 작살나는 거고. 물론 나도 김우중한테 돈 받았다 해서 내 사상이나 정치적 소신이 바뀐 건 전혀 없었지만 사실이 알려져서 이로울 것도 전혀 없었지요.(웃음) 아무튼 그를 보호하기 위해서나 나 스스로 불필요한 오해를 피하기 위해서 입 꽉 다물고 수십년을 지냈어요. 그러다가 2007년『백낙청 회화록』을 낼 때 책 뒤에 연보를 쓰면서 유신 때, 어려울 때 김우중이 도와준 적이 있다는 정도로 밝힌 바가 있죠. 그러고는 한 20년 멀리지내다가 작가회의 회장 할 때 불쑥 찾아갔어요. 아무래도 돈을 좀 마련해놓아야 내가 임기 마치고 풀려날 것 같은데 큰돈 만들 길이 없었거든요. 그가 선뜻 5억원을 주겠다고 했는데, 얼마 후 IMF사태가 터지는 바람에 지체되기는 했지만 결국 약속을 이행했어요. 그참에 창비도 은행융자 3천만원을 그의 주선으로 받아서 위기를 넘겼고요. 그래서 박윤배나 김우중이나 돌아가신 사촌형님이나 다 잊을 수 없는 분들이에요.

이렇듯 경영 때문에 어려움이 심했고, 또 하나는 다른 성격의 어려움이었어요. 80년 봄에 내가 서울대로 복귀했는데, 사실 70년대에 창비를 그만큼 활발하게 할 수 있었던 것은 박정희가 나를 짤라준 덕이기도 하죠.(웃음) 물론 그때 해직교수협의회 활동도 하고 그랬지만 어쨌든 창비 일에 주력할 수 있었는데, 80년대에 학교에 돌아가니까 정말 힘들어진 거예요, 육체적으로나 시간상으로. 그러다가 전두환이 나를 도와주려고 그랬는지 모르지만『창비』를 폐간시켰어. 우리 지성사에서는 큰 불행이지만 개인적으로는 나를 살려준 거야.(웃음) 그래서 잡지 대신에 단행본 사업을 키우면서 그나마 영문과 교수직하고 병행할 수 있었는데, 지금 50주년을 맞아 온통 창비가 화제지만 그때 나한테는 교수직이 생계가 걸린 직업일 뿐 아니라 원래 영문학이 내 전공이자 내가 좋아하는 학문이기도 해서 창비 일만 할 수는 없었지요. 더구나 복직했을 때 나는 이게 국민들이 나를 위해 되찾아준 직장이다 하는 생각이었기 때문에 열심히 해야겠다는 마음이었는데, 그러려니까 참 힘들었습니다. 두가지 다 하기가 힘든 상황이었어요. 그래서 창비에서도 내가 더 열심히 할 수 있는 일을 못한 게 많지만, 학교에서도 늘 그랬죠. 왜, 맞벌이하는 부모가 자식 보면서 안타까운 거 있잖아요? 조금만 더 도와주고 돌봐주면 엇나가지 않을 자식이 엇나가기도 하고……. 제자들 볼 때도, 아이고 내가 강의 끝나자마자 창비로 뛰어가지 않고 재들하고 더 많은 시간을 보내고 그러면 훨씬 더 잘 키워줄 수 있겠는데…….

**백영서** 지금 말씀은 처음 듣습니다.

**백낙청** 그러다가 88년에 잡지가 복간되고 나니까 더 힘들어졌습니다. 기쁜 일이기는 하지만 한동안 제가 신체적으로도 무척 힘들었고요.

**백영서** 편집위원 제도를 도입하는 것도 관계가 있었나요?

**백낙청** 편집위원 제도는 어차피 하는 거였지만, 그때 여러 사람이 도와줬기에 가능했죠. 그러다가 이걸 나 혼자서는 계속 못하겠는데 어떡할까 하다가 결국에 최원식 씨를 발견한 거예요. 물론 내가 처음 발굴한 인물은 아니지만 오래 같이 일하면서 맡겨도 되겠다 생각한 거죠.

**한영인** 다음 질문은 답변하시기 곤란한 것일 수도 있는데요. 외부에서 창비를 박하게 평가하자면 백낙청이라는 중심 또는 뿌리가 있고, 그 사람의 뜻이 에피고넨들에 의해 관철되고 반복, 강화되는 담론공동체다, 이런 시선이 있습니다. 이런 세간의 반응에 대해 창비 내부에도 여러 이견과 갈등이 존재한다고 수차례 언급하신 적이 있는데, 그런데도 여전히 이런 관점과 비판이 불식되지 않는 걸로 봐서, 창비는 그렇지 않은데 외부에서 일방적으로 오해한다, 이렇게만 설명하기에는 한계가 있는 것 같아요. 최근 사태와 관련해서 창비에 대한 이런 인식이 다시 반복, 강화되고 있고요.

**백낙청** 이번 일을 겪으면서 창비는 백아무개의 에피고넨들이 한다, 이런 시각이 강화된 면도 있겠지만, 자발적으로 따라주는 경우하고 강력한 1인체제를 구축하고 있기 때문에 감히 거역을 못하는 것하고 다르잖아요. 그런데 후자라고 주장하는 사람들도 많이 있었죠. 창비가 저렇게 나쁜 짓을 하고 후진 동네가 됐으면(웃음) 자진 폐간을 하거나 휴간을 하거나 최소한 편집위원 몇이라도 뛰쳐나와야 되는데 워낙 1인체제가 강력하다보니까 이탈자가 하나도 없다는 거였지요. 그런데 1인체제가 강력하면 이탈자가 더 많이 생긴다는 걸 우리가 김정일, 김정은(金正恩) 체제를 보면 압니다.(웃음) 강력한 유일체제를 갖고 있기 때문에 탈북자가 오히려 많이 생기는 거예요. 창비에서 그런 일이 안 생긴 것은, 나는 우리가 내부에 여러 이견이 있음에도 불구하고 치열하게 토론해서 어떤 공통분모를 찾아냈기 때문에, 끝까지 완전한 의견일치는 없었지만 이 정도 선에서 대응하고 다른 사람들은 그걸 양해한다, 여기까지는 합의가 된 거예요. 그래서 내가 퇴임 인사말에서도 "우리는 무엇보다도 공부하는 집단이 되고자 했고 내부에서 서로 비판하고 토론하는 분위기를 만들어왔다. 그리고 위기를 맞았을 때의 결속력은 거기에서 나온 것이다" 이런 말을 했던 거지요. 나는 그렇게 해석하는데, 이걸 두고 밖에서 또 "그러니까 에피고넨들이지"라고 말하면, 대한민국에는 최소한 그런 언론자유는 있는 나라니까(웃음) 내버려두는 수밖에 없고요. 에피고넨이라는 말은 괜히 사람 기분 나쁘게 하는 말이지만, 어떤 학파가 형성되고 거기에 중심적인 인물이 있다고 할 때 그 사람의 기본 노선에 동조하니까 그 근처에서 놀게 되는 거고, 그러면 그 노선을 함께 발전시키고 자기도 그걸 추구하는 데 전력을 기울이는 것이 공부하는 도리 아니겠어요? 우리 옛날 선비들이 다 그랬고요. 그런 관점에서 본다면 나는 사실 우리 창비 동료들에 대해서 좀 불만이야. 나를 좀더 따라주지 않고,(웃음) 내 글도 건성으로 읽는 사람이 많고…… 그러지 말고 공부 좀더 해서 에피고넨이라는 소리를 듣건 말건 한층 철저히 동조를 해줬으면 하는데,(웃음) 그게 부족한 게 나는 오히려 불만이죠.

**한영인** 사람들의 관심을 끌고 있는 또 한가지가 백낙청 이후의 창비일 것 같습니다. 계간지 편집인을 드디어 내려놓게 되셨는데요. 그런데 이것이 큰 변화의 계기가 되리라는 기대보다는 얼마나 달라지겠느냐, 냉소하는 풍조가 있는 것 같습니다. 선생님께서는 여전히 부족하다고 말씀하셨지만, 아까 백영서 선생님이 연속성이라고 부른 그것들이 내부적으로 잘 구축되어 있어서, 혹은 외부에서 보기에는 그 나물에 그 밥일 수도 있기 때문에 별다르지 않을 것이다, 이렇게 보는 의견이 있습니다. 여기에 대해서는 어떻게 생각하시는지, 내가 물러남으로써 창비가 뭐가 달라지면 좋겠는지가 있으면 함께 말씀해주시죠.

**백낙청** 그게 어떤 나물이고 어떤 밥이냐부터 제대로 알고 논의를 하면 좋겠어요.(웃음) 그동안에 괜찮은 밥을 지어왔고 괜찮은 나물을 무쳐왔다면 기본적으로 그걸 계승하면서 새로운 걸 시도해야지, 무조건 단절하는 게 좋은 일은 아니잖아요. 그래서 내가 편집인을 물러난다고 해서 전체 창비 사업에서 완전히 손 떼는 건 아니라고 인사말에서도 밝혔어요. 창비의 대주주라는 사실을 떠나서도, 내가 50년 동안 『창비』 잡지를 해왔는데 앞으로 새로운 사람들이 이걸 끌고 나가더라도 잘되기를 바라면서 도와줄 수 있는 일이 있으면 도와줘야겠다 하는 생각을 먹는 게 자연스럽지 않나요? 그거까지 다 차단해야 된다고 하는 사람들의 그 억하심정이 뭔지……(웃음) 어쨌든 계간지에 대해서는 칼같이 끊겠다고 말했습니다. 내가 처음부터 시작한 게 계간지이고 특히 근년에는 주로 계간지 일을 해왔거든요, 다른 일은 거의 다 손 놓고. 그렇기 때문에 사실은 백아무개에 대한 의존도가 너무 높아질 우려가 있었어요. 실제로 그렇게 말하는 분들도 많이 계셨고요. 아무튼 그 누구도 영원히 편집인을 할 수는 없으니까 이 시점에서 그만두면서, 백낙청이 없는 계간 『창비』를 해가는 실험을 이제부터 해보라는 거죠. 그 도전을 그들이 감당하는 게 중요하지요. 그러려면 내가 세교연구소나 창비학당 같은 다른 분야에서는 조언도 하고 그럴 테지만 계간지만은 하여간 완전 손 놓을 테니까 한번 해봐라, 이게 중요하다고 봐요. 그러니까 내 나름대로는 영향력을 행사할 여지가 있고 영향력이 반드시 나쁜 거는 아니지만, 계간지에 관해선 일단 끊는 게 더 중요하다고 판단해서 그렇게 했어요.

**백영서** 저도 한 말씀 드리면, 저도 에피고넨이네 하는 그런 얘기를 듣죠. 항간에서는 '백낙청과 그 아이들' 그러기도 하고. 그 아이들 중에 장자가 될지 차자가 될지는 모르지만,(웃음) 저도 처음에는 민망했다가 언짢았다가 하다가 나중에 이렇게 생각을 바꿨어요. 그게 뭐가 문제인가. 아까 학파를 얘기하셨는데, 저도 연세대에서 국학연구원장을 맡으면서 학파를 만들어보고 싶었는데 그게 제도 안에서는 잘 안되더라고요. 보직을 그만두고 나면 다 없어져버리다시피 하니까. 또 외국의 유명한 학자의 학파는 수용하려고 하면서 한국에서 자생적으로 일어난 사상에 대해서는 그 학파가 형성되는 걸 왜 문제 삼는가 한번 생각해보자, 그렇게 말이죠. 창비의 앞날을 생각하면 백선생님이 물러나시는 게 위기지만 또 기회일 수도 있다. 아까 분단체제론을 포함한 창비의 기존 담론에 대해 왜 공부를 더 안하느냐라고 백선생님이 불만을 표현하셨는데, 저는 오히려 앞으로 더 잘될 가능성이 있다, 그러면 사는 거다, 이렇게 봅니다. 안 계시는 데서, 부재한 상태에서 자발적으로 공부를 해서 자기들의 담론으로 소화하고 각론을 만들어내고 발전하면 사는 건데, 그런 점에서 저는 오히려 기회가 될 수 있다고 생각합니다.

**백낙청** 선생님 가시면 우리는 어떻게 해요, 이렇게 울고 나와야지. (웃음)

**심진경** 아니, 안 계셔도 계시는 거죠.(웃음) 아까 말씀하신 공부하는 집단이라는 그 말씀이 인상적이었고, 결국 창비를 둘러싼 많은 얘기들이 창비 담론에 대한 공부가 충분치 않았기 때문에 나올 수도 있겠다, 이런 생각이 듭니다. 앞으로 좀더 많은 공부들이 뒤따라야 할 테지요.

**한영인** 저도 한국에는 학파 전통이 부재한 상황이라 이런 현상을 지식인들이 낯설게 본다는 생각을 갖고 있었는데, 선생님 말씀을 들어보니 그 연원도 꽤 깊겠구나, 일종의 식민주의적 콤플렉스일 수도 있겠고 더 면밀하게 살펴볼 문제가 아닌가 생각하게 됩니다. 이제 마무리 질문을 드립니다. 창비는 이제 구멍가게 시절과는 너무나 다른, 일종의 복합 그룹처럼 운영되고 있는데요. 선생님께서도 그렇고 다른 관심 있는 분들이 늘 염두에 두고 있는 게 사업성과 운동성이죠. 전문경영인 체제도 말씀하시고 했지만, 창비는 비판담론의 생산지인 동시에 경영으로 꾸려가는 회사이기 때문에 그것의 결합 문제, 이것이 저는 앞으로 창비가 대중에게 어떻게 인식되느냐에 있어 중요한 문제라고 봅니다. 이와 관련된 전망이나 바람이 있다면 말씀해주시고요. 이제 50년 반환점을 돌게 되는데, 앞으로 또 한번의 50년까지 창비가 어떤 역할을 하면 좋을지 전망도 들어보고 싶습니다.

**백낙청** 또 한번의 50년은,(웃음) 그건 알 수가 없고요. 다만 가령 계간 『창비』나 창비에 모이는 지식인집단이 한 10년, 20년 후에 어떤 모습이 될지는 앞으로 몇년 사이에 드러날 거라고 봅니다. 거기엔 여러 요인이 작용하겠지만 가장 큰 것 중의 하나는, 정말 백아무개 없는 계간지를 만들어가면서 그걸 중심으로 한 지식인집단이 얼마나 치열하게 공부하고 운동을 하느냐, 요게 몇년 사이에 드러나지 않겠어요? 처음에 한두해는 잘나가는 것 같다가 나중에 안 그럴 수도 있고 아니면 처음에만 좀 삐걱거릴 수도 있고 그렇지만, 아무튼 한 1년 지켜보면 윤곽이 드러날 거라고 봐요. 그리고 회사가 지금 엄청 커져 있습니다. 물론 아직 단행본 출판사 중에서도 아주 큰 곳은 못돼요. 가령 민음사, 시공사, 문학동네보다 규모가 훨씬 작지요. 창비는 주식회사 창비가 있고 미디어창비, 창비교육이 있고 또 돈 쓰는 연관 단체들이 있잖아요.(웃음) 그중 하나가 세교연구소, 다른 하나가 이번에 창립된 창비학당. 그룹 전부가 돈 버는 회사라면 아마 외형도 훨씬 더 커질 텐데 세개의 돈 버는 회사가 열심히 벌고 또다른 두군데서는 쓰기에 바쁘고.(웃음) 게다가 계간지라는 것도 대단히 고비용 구조죠. 그렇기 때문에 사업성에 어떤 한계가 있는데, 이걸 운동성과 결합하는 문제는 사실 창비가 사업기반이 어느정도 생기면서부터 계속 고민해왔어요. 전문경영인 체제로 돌아선 것이 99년이고 처음 사장이 된 사람이 고세현 씨죠. 고세현 씨는 운동의 동지라고 할 만한 사람인데, 사실은 경영능력도 발휘했죠. 물론 90년대 창비를 비난하는 사람은 그때 이미 창비가 맛이 갔다 그러지만 우리로선 오히려 그걸 결합하려는 의지가 강했고, 지금 고세현 씨 뒤를 이은 강일우 사장은 학생운동권 출신은 아니에요. 그러나 원래 편집사원으로 들어온 사람을 고 사장이 발탁해서 영업을 비롯해 각 분야의 훈련을 시켜가지고 사장직을 물려준 인물인데, 그렇기 때문에 창비의 문화랄까 이념에는 충분히 동화가 된 사람이지요. 적어도 그런 최고경영자나 후배들의 뒷배를 봐줘야 하는 내 입장에서, 그리고 이제까지 주간을 하던 백영서 선생이나 아니면 다음 주간을 맡을 한기욱(韓基煜) 선생이나 모두 운동성과 사업성을 결합할 필요에 대해서는 절실히 느끼고 있어요. 이걸 어떻게 잘해나가느냐가 지혜를 발휘할 대목인데, 아까 나를 가리켜 문학평론가이자 사상가이자 경영자, 그런 얘기도 했잖아요. 그런데 나는 우리 시대에 경영이라는 게 무척 중요하고, 지식인들이 경영에 대한 인식을 다소나마 가질 필요가 있다고 봅니다. 물론 문학 하는 사람이 손수 경영자가 되는 일은 드물지만요. 사실 옛날 우리 개념으로는 사농공상(士農工商)이라고 해서 선비하고 제일 먼 게 상인이에요. 나도 창비를 구멍가게 시절부터 운영하면서 그렇게 양자를 멀리 둔 게 당연하구나 하는 걸 느낄 때가 많았습니다. 둘을 병행하기가 특별히 어려웠어요. 특히 초기에는 글을 읽고 쓰는 선비의 일을 해야 할 때는 장사 생각이 나고, 장사를 하려고 하면 지식인으로서 할 일이 생각이 나고,(웃음) 집중이 안되고 굉장히 혼란스럽고 힘들었어요. 그런데 내가 농사는 안 지어봤지마는 선비가 농사를 지으면 그런 갈등은 적을 것 같아요. 공인(工人)이 되더라도 덜할 거고요. 그런데 상인이 되려면 머릿속이 완전히 달라지거든요. 하지만 현대세계에서 경영이라는 것이 나는 옛날식으로 말하면 병학(兵學)에 해당한다고 봐요. 옛날 선비들이 으레 병서를 읽고 또 그중에는 실제로 야전에 나가서 전쟁을 지휘하는 사람들도 있어서 병학을 중시했는데, 현대의 병학이라면 물론 사관학교에서 배우는 군사학도 여전히 필요하지만 그보다 오히려 경영학이 더 거기에 해당되지 않느냐 싶어요. 오늘날 진짜 큰 싸움은 돈 싸움이거든요. 세계에서의 싸움이 자본의 싸움이고 기업의 싸움이고. 그런 차원에서 생각하면 옛날 선비들이 글 짓고 경서 읽고 하면서도 병서도 읽어야 했듯이 오늘의 지식인은 순전한 지식작업만이 아니고 경영을 통해서 얻는 현실에 대한 지식, 인식과 감각, 이런 것들을 갖춰야 제대로 된 발언을 하고 현실을 올바로 진단해서 대응책을 제시할 수 있지 않겠냐는 거지요. 그래서 나 개인의 경우에는 사농공상 중 거리가 제일 먼 사(士)와 상(商)을 결합시키고 그때그때 집중력을 발휘하는 시도를 오랜 시간에 걸쳐 했는데, 물론 전문성이라는 게 따로 있죠. 기업 경영의 전문가가 있고 담론이나 창작의 전문가가 다 따로 있지만, 양자를 원천적으로 분리하는 사고방식이나 생활방식은 넘어서는 공부를 해야 하지 않나, 그런 생각입니다. 그래서 내 나름대로 개발한 감각을 앞으로 창비가 운동성과 사업성을 잘 결합하는 데 조금이라도 보태겠다, 이렇게 말하면 또 거봐라, 손 뗀다는 게 말짱 헛소리 아니냐,(웃음) 그럴 사람도 있겠지만, 나는 건강이 유지되고 판단이 흐려지지 않는 동안은 그런 경험을 가진 사람으로서 옆에서 눈에 띄는 게 있으면 말해주는 게 나의 책무라고 생각합니다. 단, 계간지에 관해서는 전략적으로 (웃음) 내가 손을 떼겠다는 것이고, 나하고 같이 물러나는 백영서 주간이 그래서 더 잘될 거라고 하셨는데 나도 앞날을 밝게 봅니다.

**백영서** 이 정도로 마무리하려고 합니다. 창비 50년사를 쓰는 데 여러 사람들이 동참해 서술하고 인터뷰도 하는 바람에 다양한 목소리가 나오는데요, 그러다보니 서로 사실관계의 충돌도 있고 그런 걸 바로잡기도 하면서 또 연결시키는 작업이 중요한데, 오늘 모임이 그런 의미가 있겠다 싶어요. 음악에 비한다면 50년사의 하모니를 이루는 데 오늘 선생님 말씀이 주선율을 이룰 것 같아서 큰 도움이 되었습니다. 수고해주신 분들께 감사합니다. 이렇게 마무리하겠습니다.

# 온전한 '조선' '한국'을
# 만드는 것 자체가 정신개벽

백낙청(서울대 명예교수,『창작과비평』편집인)
나세윤(『원불교신문』기자)
2015년 12월

병신년(丙申年) 원숭이해를 맞아 특별인터뷰를 준비했다. 계간『창작과비평』을 창간하고 오랫동안 편집인 겸 발행인으로 활동하며 문학 중심 지식인운동을 이끌었던 백낙청 서울대 명예교수를 만나『정산종사법어(鼎山宗師法語)』영역(英譯)작업을 비롯, 최근 창비의 표절시비 등 현안에 대해 질의했다.〔나세윤〕

**나세윤** 새해『원불교신문』독자들에게 덕담 한 말씀 해주시죠.
**백낙청** 원불교 100주년 기념대회를 원기 101년(2016)에 하시는 것으로 압니다. 외국의 선교사나 선교자금의 도움이 없이 순전히 자력으로 이만큼 성장한 것은 참으로 자랑할 일입니다. 진심으로 축하합니다. 지

■ 이 인터뷰는『원불교신문』2016년 1월 1일자 '특별인터뷰'에 실린 것이다.

금은 세상과 나라가 두루 어지럽고 교단도 매사가 잘되는 것만은 아닐 터인데 올해를 새로운 도약의 계기로 만드시기 바랍니다.

**나세윤** 『창작과비평』은 세계적으로 유례없는 문학 중심 지식인운동이었고, 한국 사회의 민주주의가 어려울 때 중심추 역할을 해왔습니다. 군부에 의해 폐간을 당하는 큰 시련도 있었는데요. 쉬지 않고 한국 사회의 담론을 만들어낸 원동력이 궁금합니다.

**백낙청** 직접적으로는 수많은 독자들이 읽어주고 믿어준 덕분이고, 더 크게 본다면 한반도의 어변성룡(魚變成龍)하는 기운을 탔다고 말해야겠지요. 새해가 창간 50주년인데, 저는 편집인에서 퇴임하는 대신 제 공부에 더 열중해서 창비와 한국 사회의 변화에 한층 슬기롭게 공헌하는 길을 찾고자 합니다.

**나세윤** 그런데 지난해 한동안은 백교수님과 창비가 이른바 표절시비와 관련해서 많은 비판에 시달리기도 했지요. 그에 대해 한 말씀 부탁드려도 될지요?

**백낙청** 예, 표절시비가 걸린 작가 본인은 물론 저와 창비도 그를 두둔한다 해서 돈에 눈이 어두운 문학권력으로 비난을 받았지요. 지금은 거의 잠잠해졌는데, 저는 두가지 이유로 이번 사태에 감사하는 마음입니다.

첫째로 논란 자체가 창비의 어리석은 초기 대응으로 확대되었다는 점뿐 아니라 우리 자신의 다른 여러 부족함도 함께 되돌아볼 계기가 되었기에 고마운 일이고, 둘째로는 창비가 온갖 비난에 시달리면서도 작가에 대한 과도하고 일방적인 단죄 여론에 끝까지 합류하지 않고 버텨냄으로써 향후 지속적인 발전에 필요한 도덕성을 확보했다고 믿어서 감사하는 거지요.

**나세윤** 백교수님은 이론가이자 문학평론가, 영문학자로서 살아오셨고, 한국문학을 넘어서 분단체제론이라는 사회과학적 이론을 세우셨습니다. 분단체제의 여정은 언제 끝이 날까요?

**백낙청** 우리가 하기 나름이지 날씨 예보하듯이 언제 끝날 거라고 예측할 성질은 아니라고 봅니다. 다만 근년에 남북관계가 악화되니까 흔들리던 분단체제가 다시 고착되었다고 판단하는 분들이 계신데, 지금은 말기 국면의 혼란상이요 더욱 위험해진 국면이지 분단체제가 안정을 되찾는 일은 불가능합니다. 참고로 덧붙이면 분단체제론은 사회 분석의 도구이긴 하지만 기존 사회과학의 패러다임을 뒤엎는 새로운 인문학이기도 합니다.

1945년의 광복과 동시에 분단된 우리 민족은 6·25전쟁의 참극을 겪고 무력통일이 불가능함을 깨달은 이후, 전쟁이 아닐 뿐 온전한 평화도 될 수 없는 정전협정 아래에서 분단이 일종의 '체제'로 굳어졌습니다. 이런 체제를 제대로 알아서 더 나은 한반도체제로 바꾸기 위해서는 종합적인 인식능력이 필요하고, 개개인의 마음공부를 포함하는 전면적인 전환이 요청됨을 강조하는 것이 분단체제론입니다.

**나세윤** 민족문학론에서 근대성 담론으로, 다시 분단체제론으로 나아간 지적 모험이 경이롭습니다. 연세대학교 김호기 교수는 교수님을 "영문학자라기보다 인문학과 사회과학을 아우른 '르네상스적 사상가'였다"고 말했는데요,* 이 말에 동의하시는지요?

**백낙청** 말씀하신 근대성 담론은 '근대적응과 근대극복의 이중과제'라는 가설일 텐데, 분단체제론보다 늦게 제출됐고 근년에 와서야 동아시아 지역을 넘어 서양의 담론계에서도 조금씩 유통되기 시작했습니다.

김호기 교수의 평가는 저로서는 면구스러워요. 참다운 인문학은 마땅히 사회과학을 아우르는 것이므로 그걸 추구했다고 르네상스적 운운할 건 아니고요. 게다가 우리나라의 전통적 선비들만 해도 학문과 정치적·사회적 실천을 병행하면서 시(詩)·서(書)·화(畵)에 두루 능했는데, 그 기

---

* 「김호기의 '우리 시대 사상의 풍경' 5: 분단시대에서 통일시대로 ─강만길과 백낙청」, 『경향신문』(2013.11.24.)

준으로 봐도 저는 무척 초라하지요. 그러나 소태산(少太山) 대종사께서 물질적 가난 말고도 여러가지 가난이 있고 그런 걸 기꺼이 견디는 것이 안빈낙도(安貧樂道)라고 하셨으니 그 가르침을 따라 즐겁게 살고자 합니다.

**나세윤** 『원불교신문』도 그렇지만, 『창작과비평』도 젊은 독자층 확보가 어느 때보다 중요해진 것 같습니다. 요즘 젊은 사람들 사이에서 짧고 격정적인 '스낵 컬처'(snack culture)가 유행입니다. 이런 세태를 어떻게 보시는지요? 문학 포함 문화적 전망을 하신다면?

**백낙청** 지난날의 너무 엄숙한 문학이나 논설이 다 좋은 건 아니라고 생각합니다. 그렇더라도 일부 젊은 세대의 풍조 역시 무조건 지지해줄 수는 없습니다. 선천시대가 후천시대로 바뀌는 세상의 혼란에 우리 모두가 휩싸여 있거든요. 어떤 묘책으로 단박에 해결될 사태는 아닙니다. 남녀노소가 서로 이해하고 소통하는 노력을 계속하면서 각기 자신이 처한 자리에서 적공하는 길밖에 없겠지요.

**나세윤** 『정전(正典)』『대종경(大宗經)』 영역작업에 참여하셨습니다. 창교 100년을 맞은 원불교가 어떤 혁신과 변화를 해야 한다고 생각하십니까?

**백낙청** 『정전』『대종경』에 이어 올해는 『정산종사법어』 번역을 마무리 짓게 돼서 큰 복으로 여기고 있습니다. 교전과 교서는 읽을수록 한국사회뿐 아니라 인류를 위한 소중한 가르침이라는 사실을 깨닫습니다.

특히 불교 등 아시아의 전통에 생소한 나라와 대중들에게 가장 맞춤한 현대의 교법이 아닌가 해요. 원불교의 재가·출가 여러분이 이 교법을 연마하고 실행만 한다면 무엇을 혁신하고 변화시킬지 저절로 분명해지리라 믿습니다. 교단의 규모도 지금보다는 조금 더 커지기를 바랍니다만, 일원대도(一圓大道)와 삼동윤리(三同倫理)*를 몸에 익힌 교도가 일정

---

* 원불교에서 일원대도는 우주의 근본이 되는 진리와 전인류를 불보살의 세계로 이끌어주는 크고 넓은 길, 삼동윤리는 인류의 대동화합과 단결을 주된 내용으로 세계주의를 지향하고 모

수만 되면 원불교보다 훨씬 큰 종교나 세속의 운동들에 대해서도 능히 정신적 지도력을 행사할 수 있을 것입니다.

**나세윤** 교단 통일운동에 대한 조언이 있다면 전해주시죠.

**백낙청** 요즘 남북화해사업에 대한 교단의 열성이 예전만 못한 것 같습니다. 시국과 정부 당국이 그렇게 만든 면도 있겠지만 아무튼 아쉬운 일이지요. 그런데 남북의 화해와 협력, 나아가 한반도의 통합작업에 교단이 직접 참여하는 일이 얼마나 많으냐 하는 문제보다 더 중요한 것이 있습니다. 대종사께서 '조선이 다시 조선이 된다'(朝鮮更朝鮮)고 하셨을 때의 '조선'은 반도의 절반인 '남한'이 아니었다는 사실을 뼈아프게 기억해야 하고 온전한 '조선', 온전한 '한국'을 만들어가는 공부와 사업 자체가 정신개벽의 일환이며 '물고기가 용이 되는' 과정임을 더 많은 분들이 공감했으면 합니다.

든 종교들이 평화와 진화의 길로 나아갈 방향을 제시한 윤리강령.

# 물질개벽에 상응하는
# 정신개벽이 일어나야

백낙청(서울대 명예교수, 『창작과비평』 명예편집인)
박윤철(원광대 원불교학과 교수)
2016년 2월 5일

**박윤철** 저는 원광대 원불교학과에 재직하고 있는 박윤철 교무입니다. 오늘 이 자리는 한국을 대표하는 신종교의 하나인 원불교가 올해로 개교 100주년을 맞이하게 되어, 우리 시대의 지성 한분께 좋은 말씀을 듣기 위해 마련되었습니다. 올해는 원불교에서 세운 원광대학교를 비롯한 원광학원이 건학 70주년을 맞는 해이기도 합니다. 제가 알기로는 선생님께서 평생 공들이고 가꿔오신 『창작과비평』도 창간 50주년 되는 해입니다. 한국 사회가 여러 과제를 안고 있는데, 올해 국회의원 선거를 출발로 해서 내년 대선에서 또 한번 변화해야 하는 큰 전환이 필요한 해이기 때문에 이 특별인터뷰가 더 값질 것 같습니다. 시간 내주셔서 감사드립니다. 요즘 건강은 어떠신가요?

---

■ 이 대담은 「원불교 개교 1백주년 기념 특별대담」으로 백낙청 지음, 박윤철 엮음 『문명의 대전환과 후천개벽: 백낙청의 원불교 공부』(모시는사람들 2016)에 실린 것이다.

**백낙청** 그럭저럭 유지하고 있습니다.

**박윤철** 서울대 재직하시던 시절에 '시계추'라고 유명한 별명을 가지셨다고 하던데요, 지금도 시계추 같은 생활을 하시나요?

**백낙청** 서울대 시절에는 전혀 안 맞는 말이었죠. 제가 점심을 먹고 관악캠퍼스 위쪽으로 산책하길 좋아했습니다. 매일 그런 건 아니고요. 칸트(I. Kant)가 산책하는 거를 보고 사람들이 시계 맞췄다는 얘기가 있잖아요. 그런데 저한테 그건 가당치 않은 얘기인 것이, 시간이 그렇게 일정하지도 않았을 뿐 아니라 저는 서울대학교 교수 하면서 『창작과비평』을 동시에 했기 때문에 엄청 분주했어요. 어떤 날은 강의 끝나자마자 달려오기도 하고, 도저히 규칙적인 생활이 안되는 사람이었습니다. 그런데 사람들이 그렇게 말하길 좋아해요.

**박윤철** 제가 선생님 인터뷰를 위해서 최근에 메일을 주고받으면서 느꼈는데 굉장히 정확하고 꼼꼼하고 자상하시고, 그래서 조심스러워지는 느낌도 받았거든요.

**백낙청** 뭐 꼼꼼할 때는 꼼꼼하죠. 그런 편이고, 그래서 같이 일하는 사람들이 괴로워할 때도 있고. 그런데 100% 그렇지는 않습니다.

**박윤철** 『창작과비평』 편집인에서 작년 연말에 물러나실 때 큰 뉴스거리가 되기도 했는데요, 생활의 변화는 없으신가요?

**백낙청** 아무래도 여유가 좀 생겼습니다. 『창작과비평』 편집회의에 제가 안 들어가고요. 또 지금이 계간지 봄호 막바지인데 그전 같으면 들어오는 원고들 읽고 검토도 하고 했는데 그런 일을 안하니까 한결 한가해졌습니다.

**박윤철** 그럼 저희가 특별인터뷰로 귀찮게 해도 괜찮네요.

**백낙청** 얼마든지 환영합니다.(웃음)

**박윤철** 오늘은 일상화, 생활화되어 있는 기본적인 문제, 작은 문제들부터 여쭈려고 합니다. 저희 방식으로는 '이소성대'라고 하는데요, 작은 것에서부터 큰 방향으로 진행하려고 합니다. 선생님 아호도 있다고 들었는데요.

**백낙청** 환갑 때였을 겁니다. 그 무렵에 한국사학자이신 성대경(成大慶) 교수께서 '청사'라는 호를 지어주셨어요. 갤 '청(晴)'자에 도롱이 '사(簑)'자인데, 맑은 날에 도롱이 쓰고 나오는 사람이라는 거죠. 어떻게 보면 아주 주도면밀하고 준비성이 철저하다는 뜻도 되고, 달리 보면 괴짜라는 얘기도 되지요. 맑은 하늘에 도롱이 쓰고 나오니까.(웃음) 저는 그 호가 양면이 있어서 좋습니다. 그리고 원불교에서 제가 『정전』 영역을 했을 때 당시 좌산(左山) 종법사님께서 공산(空山)이라는 법호를 지어주셨습니다. 말하자면 원불교에서 명예박사학위를 받은 거죠.

**박윤철** 다른 분과는 달리 2관왕이네요.

**백낙청** 호라는 건 자기가 지을 수도 있으니까 원하면 10관왕도 할 수 있습니다.

**박윤철** 백낙청 선생님 하면 으레 창비와 떼려야 뗄 수 없고 유명한 문학평론가, 통일운동가 등으로 알려져 있는데, 그에 비해 사모님에 대해서는 알려진 바가 없거든요. 사모님 소개를 해주실 수 있을까요?

**백낙청** 밖에 나가면 저희 집사람이 백아무개 안사람이다라고 소개가 되지만, 원불교 교단에서는 제가 '지타원 한지현(韓智現)의 남편'으로 알려져 있습니다.

**박윤철** 원불교가 원래 여성들의 지위가 높거든요.

**백낙청** 아, 저는 집사람이 훌륭해서 그런 줄 알았더니.(웃음)

**박윤철** 원불교의 양성평등사상 덕분인 것 같습니다. 큰아드님은 최근 들었더니 전통술의 전문가가 되셨다고요.

**백낙청** 네, 전통술과 된장 같은 장류 문화, 그런 것에 대해서 책을 하나 썼는데 곧 나올 겁니다.

**박윤철** 제목이?

**백낙청** 모르겠어요. 나한테 보여주지도 않았고.

**박윤철** 따님은 유명한 인류학자이시고?

**백낙청** 네, 문화인류학자고 방송통신대학교 교수입니다. 그리고 막내가 있어요. 막내는 은행에서 일하다가 뒤늦게 공부를 다시 시작해서 지금 호주국립대학에 가 있습니다. 내외하고 아들 하나 있는데 아직 박사 못 마쳤습니다.

**박윤철** 그러면 선생님 평생 해오신 학문의 후계자는 어떻게?

**백낙청** 조금씩 나눠서 하겠죠, 자기 거 보태서.

**박윤철** 아쉬운 생각은 없으신가요?

**백낙청** 아니요.

**박윤철** 그럼 이제 화제를 돌려, 선생님이 최근에 쓰신 글 이야기를 하겠습니다. 작년(2015) 『창작과비평』 겨울호에 선생님께서 쓰신 평론 「근대의 이중과제, 그리고 문학의 '도'와 '덕'」을 정말 감명 깊게 읽었는데요. 제가 느낀 인상은 단순한 문학평론이 아니고 우리가 지향해가야 할 인생론이라고 할까, 저는 종교에 몸담고 있으니까 종교론이라고 할까, 하여튼 선생님이 평생 추구해오신 모든 것이 파노라마처럼 어우러져서 전개된 명문장이라는 느낌을 받았거든요. 선생님은 그 글을 쓰시고 어떤 감회를 느끼신 게 있나요?

**백낙청** 첫째는 박교수님 같은 독자가 많이 있어줬으면 하는 마음을 갖고 썼고요. 제가 작년 말로 『창작과비평』 편집인을 그만두지 않았습니까. 『창작과비평』 창간할 때 제가 권두논문을 썼고, 50년 채우면서 마지막으로 평론 한편 쓰는데 뭔가 진전된 게 있어야 하지 않나 하는 생각을 했고요. 그래서 그동안에 해오던 이야기를 아울러보려고 노력을 했지요.

**박윤철** 혹시 저 말고 다른 독자들의 반응이 있었나요?

**백낙청** 제 글에 그렇게 반응이 많지가 않아요. 누가 저를 까면 신문에 크게 나는데 제가 쓴 걸 갖고는 보도가 잘 안 나옵니다.

**박윤철** 동업에 계신 분들은요?

**백낙청** 동업 중에서는 좋다는 동료들이 있고, 어떤 분은 좋긴 좋지만 백선생님 글은 골치 아프다는 분도 있고 그렇습니다.(웃음)

**박윤철** '골치 아프다'는 표현 속에는 어떤 뜻이 들어 있을까요?

**백낙청** 글쎄요. 완전히 이해하고 수긍하기 어렵다는 뜻이 있지 않을까요?

**박윤철** 저도 그런 느낌을 받긴 했습니다. 그냥 문학 얘기만 하시면 괜찮은데, 중간에 종교 얘기가 나오고 철학 얘기가 나오고. 그래서 단순하게 문학평론이라는 인상으로만 읽으면 골치 아프거나 어렵게 느껴지겠지만, 그러나 삶을 생각한다면……. 저는 그런 느낌을 받았습니다. '백낙청 선생님의 글은 삶에서 우러나오는구나.' 그 속에 평생을 꿈꾸고 추구하신 큰 원(願)이랄까 또는, 저희들은 몸으로 실천하고 행동하는 걸 실지기도(實地祈禱)라고 표현하는데, 그처럼 평생토록 추구해온 실지기도가 담긴 무게가 사람들을 골치 아프게 하는 것 아닐까 생각했습니다.

**백낙청** 그렇게 봐주시니까 고맙습니다. 그런데 저는 사실 문학평론이라는 게 그래야 한다고 봅니다. 그냥 작품 하나 두고 분석하고 해석하고, 평점 별점 몇개 주는 식의 얘기는 아니지요. 평론가가 작품을 제쳐놓고 자기 얘기만 해도 안되고요. 그러나 작품 얘기를 통해서 자기 인생이 담기는 게 옳지 않나 하는 그런 생각입니다.

**박윤철** 내용 중에 문학의 아토포스(atopos)와 도(道)라는 표현이 나오는데요, 조금 전에 말씀하신 대로 사람들은 어렵게 받아들이겠구나 싶습니다. 그런데 다른 한편으론 선생님 글이 아니라면 그런 표현이 나오지 않겠다고 생각하기도 했습니다. 독자들을 위해서 조금 더 쉽게 문학의 아토포스와 도의 관계를 말씀해주시지요.

**백낙청** 아토포스는 희랍어인데 토포스(topos)가 장소를 뜻하거든요. 희랍어에서 앞에 '아'(a-)를 붙이면, 아닌 게 됩니다. 그래서 아토포스라고 하면 비(非)장소가 됩니다. 장소가 아닌 곳, 그런 표현을 제가 아주 아끼고 촉망하는 시인이고 철학도 하는 분이 썼는데, 저는 그 말이 여러가지 함축을 지니고 있지만 그 경우에 두가지 문제점이 있다고 봤습니다.

하나는 군이 희랍어를 쓸 필요가 있느냐. 우리 전통 속에 '도'라는 친숙한 표현이 있는데 그걸 잘 음미해보면 그게 아토포스와 통하는 얘기고 더 깊은 얘기일 수도 있다는 거죠. 또 하나는 글을 쓴 진은영 씨의 문제점인데, 말로는 아토포스를 얘기하면서 아토포스의 문제를 끝까지 천착하지 않았어요. 그보다는 우리에게 친숙한 문학의 토포스, 즉 문학의 공간을 파괴한다든가, 이걸 벗어나서, 새로운 문학적 공간을 벗어나서 개척하는 것을 아토포스라고 표현하고 있는데, 저는 그걸로는 미흡하다고 보는 거죠.

비장소를 제대로 말하려면 동양에서 친숙한 표현으로 유(有)도 아니고 무(無)도 아닌 그런 경지를 사유하는 게 중요한 거고요. 물론 유교·도교·불교가 각기 다르지만, 특히 불교는 유무초월의 경지 아닙니까. 그래서 도 얘기를 한 거고요. 또 하나는 근래 우리 평단에서 시나 문학의 정치성이라든가 윤리성, 도덕, 그런 것에 대한 논의가 많았어요. 어떤 사람들은 도덕은 낡은 거니까 윤리를 생각해야 한다고 주장하는 사람도 있고요.

진은영 씨는 윤리는 너무 한정된 거니까 그걸 넘어서는 모럴(moral)이라는 표현을 씁니다. 그런데 저는 그 어느 걸 쓰더라도 원래 우리 전통과 도덕이 가졌던 의미—그건 도덕률이 아니죠. '도에서 나오는 힘' '도의 힘'이 '덕' 아닙니까. '도의 힘으로서의 덕', 그런 도덕을 생각하는 영역이 실종되어버릴 염려가 있다고 봤어요. 그래서 도덕의 원뜻으로 돌아가서 살펴보자 생각했죠. 그걸 사유하다보면 윤리라는 게 저절로 나오죠. 도의 힘으로서의 덕을 실현하기 위해서는 일정한 기율이 필요한 거니까. 이는 문학 내에서의 여러가지 규칙일 수도 있고 종교에서의 계명일 수도 있고 또 우리 실생활에서의 여러 도덕적 규범이 있을 수 있지만, 그걸 도·덕·율이라는 측면에서 다시 보자는 것이었습니다.

**박윤철** 만약에 어떤 소설이나 시를 쓰는 작가가 선생님이 말씀하시는 아토포스의 도 경지를 추구한다면 우리들의 어떤 신선한 감흥을 통한 자기치유, 혹은 종교적인 용어로 말하면 자기를 정화하는, 또는 세상도 바꿔내는 힘들이 나올 수 있다는 의미를 포함하고 있겠죠.

**백낙청** 그렇죠.

**박윤철** 그러면, 한국 사회가 굉장히 많은 과제를 안고 있는데 현재 활동하는 문학인들 중에 아토포스 혹은 '유도 아니고 무도 아닌 도'의 경지를 향해서 치열하게 사유하고 글 쓰는 그런 동향들은 있나요?

**백낙청** 제 주장이 진정한 문학이나 예술의 거처, 처소가 아토포스 내지는 도의 영역이기 때문에 작가 개인이 '내가 그런 문제의식을 갖고 추구하고 안하고'가 중요한 건 아니라는 거예요. 그 자신의 예술을 치열하게 하면 저절로 진입을 한다고 할까요. 또는 거기서 나오는 덕이 작품에 담기게 되는 거니까요. 작가가 철학자도 아니고 그걸 얼마나 의도적으로 추구하는가가 중요한 건 아니라고 봅니다. 제가 그 얘기를 하게 된 맥락은, 우리 문학이나 예술가 중에서 어떤 사람은 시를 굉장히 어렵게 쓰는데, 겉멋으로 그렇게 쓰는 사람도 있지만 정말 그걸 통해서 언어의 새로운 경지를 탐구하고 의식의 새 영역을 개척하려는 실험정신이랄까, 그런 사람들의 문학에 대해서도 생각해보자는 뜻이었습니다.

**박윤철** 선생님께서는 '특공대'라고 표현하셨죠.

**백낙청** 불가에서는 그걸 선방에서 참선만 하시는 수좌(首座)스님에 비교를 했는데, 그걸 더 넓게 보면 수좌스님이 일종의 특공대 아니냐……. 새로운 의식의 영역을 개척하는 특공대인데, 전쟁을 특공대만 갖고 치를 수 없듯이 성불제중(成佛濟衆)의 대중을 제도하는 사업을 특공대만 갖고 할 수는 없단 말이죠. 그런 공부는 누구나 해야 되지만 그

공부를 바탕으로 원만한 보살행으로 나아가는 그런 시인이나 작가들이 있고, 독선기신(獨善其身)이라는 말이 있듯이 어떻게 보면 오로지 자기만 새롭게 하려는 사람들이 있는데, 저는 원만한 보살행까지 가는 작가나 시인을 그보다는 한 급 높게 보죠. 그런데 공부가 없이 사업만 하는 사람들도 있지 않습니까. 특히 조계종 같은 데서는 이런 이들을 사판승(事判僧)이라고 해서 한 급 낮게 보는데요. 그런 공부는 공부대로 깊이 하면서도 작품은 더 대중에게 다가갈 수 있게 하는 작품을 써내는 사람들, 그런 사람들이 참 귀하다고 보지요. 최근의 시 중에서는 백무산의 『폐허를 인양하다』(창비 2015)라는 시집을 거론했죠.

**박윤철** 제가 그 대목을 읽으면서 문학이 가고자 하는 길하고 제가 몸담고 있는 종교의 길이, 표현이 다르지만 다른 길이 아니구나 하는 생각이 들었습니다. 특히 원만한 보살행이라는 대목에 이르러서는 갑자기 숨이 멎는 느낌이 들었거든요. 왜냐면 제가 평생 추구해야 할 과제하고도 관련이 되어 있어서입니다.

그렇듯 문학도들도 문학을 통해 원만한 보살행을 평생 추구하려고 하는데, 종교에 몸담고 있는 저는 더더욱 그런 원만한 보살행을 화두로 살아가야 된다는 생각을 했습니다. 한편으로 선생님께서는 한국의 종교나 종교인들을 원만한 보살행 입장에서 어떻게 바라보실까 궁금하고, 겁이 나기도 합니다.

**백낙청** 한국의 종교인들을 어떻게 제가 다 알겠습니까. 근데 원불교는 처음부터 목표가 이사병진(理事竝進) 아닙니까. 우리 전통 불교에서처럼 이판사판(理判事判) 구분해서 이판이 한 급 높은 걸로 가는 것과는 입장이 조금 다르죠. 문학으로 친다면 원만한 보살행에 해당하는 문학을 추구한다는 면에서 기본적으로 저와 입장이 같지요. 하지만 사실 이사병진하기가 하나만 파기보다 더 힘들잖아요. 물론 선방에 앉아서 하루 종일 혹은 몇달씩 하는 것도 보통 사람이 하기 쉬운 건 아니지만, 그런 공부도 하면서 공부와 사업을 같이 하는 것이 보통 일이 아니란 거죠. 가령 조계종 같은 경우는 너무 수좌들의 공부만을 특권시한다고 할까, 그런 것이 폐단이 될 수 있는가 하면 원불교에서는 말로는 이사병진한다고 하면서 어중되게 될 위험이 있는 것 같습니다. 원만구족(圓滿具足) 말씀하시는데, 그게 옳지마는 어떤 경우에는 조그마한 그릇에 물 채워놓고 원만해졌다고 할 가능성도 있는 것 같습니다.

**박윤철** 말씀 들으면서 원만한 보살행, 저희 원불교에서 말하는 원만구족을 실제로 하려면 끊임없는 긴장, 불교식으로 말하면 이판과 사판의 끊임없는 긴장, 끈질긴 화두로서의 추구 같은 것이 없으면 선생님이 지적하신 대로 작은 그릇에 물 담는 게 될 수 있지 않을까 싶네요.

종교 얘기가 나왔으니까 종교문제로 옮겨가보겠습니다. 작년에 『백낙청이 대전환의 길을 묻다』라는 책을 내셨죠. 큰 전환, 큰 적공을 위한 서설 격의 글을 쓰셨는데, 몇번이나 되풀이해서 읽었습니다. 후기에서 그렇게 말씀하셨더라고요. 여러가지 조건들이 있어서 일곱 분야 전문가의 인터뷰를 마치고 빠진 게 많다, 종교 분야도 빠지고. 그 대목에서 종교인으로서 서운했거든요. 종교 분야가 빠진 이유나 저간의 상황을 말씀해주시면 좋겠습니다.

**백낙청** 특별한 이유가 있는 건 아니고요. 들어간 분야보다 빠진 분야가 더 많으니까 그중에 종교를 꼭 빼야겠다고 생각한 건 아닙니다. 전 개인적으로 종교를 다뤘으면 하는 생각이 없진 않았는데 박맹수* 교수님하고 대담을 하면 다른 큰 종교에서 지들끼리 원불교 이야기한다고 할 것 같았고요.(웃음) 종교는 넣기 어렵지 않습니까. 어느 교단을 택하느냐 하는 문제도 있고, 또 제가 잘 모르기도 하고요.

**박윤철** 그럼 모처럼 얻은 기회니까 까칠한 질문으로 이어보겠습니

---

* 박윤철 교수의 본명

다. 선생님은 평생토록 한국 사회를 건강하게 만들려는 염원을 갖고 살아오신 분이지요. 그렇다면 한국 사회가 동으로 갈지 서로 갈지의 결정적인 열쇠를 쥐고 있는 쪽이 종교인데, 한국을 걱정하시는 어른께서 왜 종교를 뺐을까. 선생님의 화두와 뗄 수 없는 분야인데요. 예를 들면 분단체제론을 평생 천착해오셨잖아요. 분단체제의 고착, 그 고착을 뛰어넘으려는 극복과정에서 종교는 그 어떤 분야보다 막대한 비중을 갖고 있다고 보거든요. 그러면 정면승부를 하셔야 되지 않습니까?

**백낙청** 잘못했습니다.(웃음) 어떤 사람은 우리나라에서 언론이 얼마나 중요한데 왜 그걸 뺐냐는 사람도 있었고요. 종교가 빠진 건 저도 중요한 공백이라고 보는데, 불행히도 그렇게 보는 분들이 종교인들 말고는 없고, 종교인들은 다들 다른 생각을 갖고 있는 것 같습니다. 그래서 오늘 이런 대담이라도 하면서 보완을 할까 합니다.

**박윤철** 실제로 종교인구를 조사하면 인구의 절반이 특정 종교에 소속되어 있거든요.

**백낙청** 어떨 때는 한국 인구보다 더 나오죠.

**박윤철** 한국 사회를 이해하는 키워드라는 건 객관적으로도 증명이 되지 않습니까? 그러니까 종교가 중요하지 않다는 건 주관적인 거죠.

**백낙청** 중요하지 않다고 말하는 사람은 없죠. 그런 사람은 없는데, 다른 분야도 구체적으로 들어가면 개별적으로 나뉩니다만, 종교라는 하나의 덩어리가 있는 게 아니지 않습니까. 불교가 있고 천주교가 있고 개신교, 원불교, 이렇게…….

**박윤철** 자꾸 도망가시려고 하는 것 같습니다.(웃음)

**백낙청** 아니에요. 못 견디겠으면 도망을 갈 거지만.(웃음)

**박윤철** 1970년대부터 선생님께서는 한국 사회의 현실이나 실상을 제대로 이해하려면 분단체제라는 걸 빼놓고는 이해할 수 없다고 하면서 평생 이를 천착하면서 극복하려고 노력해오셨는데, 그 분단체제와 관련해서 지금 말씀하신 한국의 종교들이 어떤 형태로든 연관이 있거든요. 형성이나 고착화나 극복의 과정에서요.

최근에는 한국의 여러 종교들이 보수화되는 경향이 있습니다. 기독교는 말할 것도 없고, 70년대 민주화운동이나 인권운동에 앞장섰던 천주교도 그렇고요. 이런 보수화는 선생님이 말씀하신 분단체제의 고착화와 연결되는 경향이 있지 않나 싶어서, 선생님의 화두, 민족의 화두를 해결하는 측면에서도 종교문제는 어떻게든 제대로 이해하고 그 종교가 분단체제 극복에 기여할 수 있어야 할 텐데요. 그런 면에서 정면승부를 해야 한다는 생각입니다.

**백낙청** 종교 중에서 어떤 종교의 어떤 분파들은 분단의 직접적인 산물이랄까 또는 분단으로 인해서 컸고, 그 기득권을 지키기 위해서 적극적으로 남북대결을 조장하는 게 있고요. 정말 뜻있는 종교인이라면 분단현실을 직시하고 한반도에 더 나은 세상을 만들기 위해서 제대로 나서야 할 텐데 그 역할을 제대로 못하는 종교인들이 있고, 이걸 갈라서 봐야 될 것 같고요.

해야 할 일을 제대로 못한다고 하는 건 종교인들만이 아니고 우리 사회 각계가 그렇게 되어 있지요. 특히 분단체제론이라고 하면 그게 사실 사회과학 이론만은 아닙니다. 종합적인 인문학 이론이라고도 볼 수 있고 직접 사회현실을 건드리는 담론인데, 우리나라는 사회과학계에서 거의 무시하고 있거든요.

**박윤철** 지금도 그렇다고 보시나요?

**백낙청** 지금도 그렇죠. 저도 옛날에 교수 했고 박윤철 교무님도 교수지만 대학교수는 그런 거 무시해도 월급 나오잖아요.

**박윤철** 그렇긴 합니다.(웃음)

**백낙청** 특히 각 분야마다 증(證)이라는 게 중요한데, 저는 교수지만 사회과학자라는 완장을 못 찼기 때문에 완장 찬 사람들이 무시할 수도 있고요. 그런 불만을 토로하려는 게 아니라 자꾸 종교에만 자책을 하시기에, 종교뿐이 아니라는 말씀을 드리려 했습니다.

지금이 분단체제에 대해 길게 설명할 자리는 아니지만 두가지 강조점이 있습니다. 한반도가 1945년 남북분단이 되지 않습니까. 그후로 분단현실을 살고 있는데, 이게 우리 사회의 곳곳에 작용하고 있습니다. 그걸 망각해서는 안된다는 게 하나고요. 또 하나는, 분단체제라고 하면 1945년 이후 분단과 일치하는 게 아닙니다. 1945년에는 분단됐지만 곧 통일될 거라고 생각했고, 남북 모두 무력통일을 염두에 두고 있었고, 본격적인 전쟁은 북쪽이 먼저 해서 1950년에서 53년까지 커다란 참화를 겪지 않습니까. 그걸 겪고 휴전이 되고 나서 전쟁도 아니고 평화도 아닌 상태가 60몇년이 계속됐다는 거죠. 이때 형성된 것을 저는 분단체제라고 봅니다. 그냥 분단이 아니라 분단이 체제적인 성격을 띠고 재생산 능력을 갖고 있고요. 어떤 체제든 체제의 특징은 그 속에 사는 사람이 그게 체제라는 생각을 잊어버리는 게 만드는 힘이 있고, 그걸로 유지가 되는 거지요.

**박윤철** 물속에 사는 물고기처럼.

**백낙청** 인간이 만들어서 인간이 바꿀 수도 있는 게 체제인데, 그게 아니라 자연환경처럼 생각한다는 거죠. 그런데 우리가 분단체제에 살다 보면 그걸로 인해서 겪는 불편이나 고통이 한두가지가 아닌데, 그냥 인생이 고해니까 그런가보다 하고서 생각하게 되는 게 있죠. 그게 벌써 60몇년이 됐으니까 일제시대보다 훨씬 더 길죠. 저는 주로 진보적 사회과학자들에 대한 야유로 쓴 표현입니다만, 후천성분단인식결핍증후군이……(웃음)

**박윤철** 후천성분단인식결핍증후군은 한국 종교도 자유롭지 못하죠.

**백낙청** 그렇죠.

**박윤철** 그런 점에서 저도 큰 문제고 이 문제를 좀더 한국의 종교와 종교인들이 자기 문제로 받아들일 수 있는 분위기 형성, 환경 조성이 참 고민이라는 생각이 들었고요.

**백낙청** 원광대학교에서 좀 앞장서보세요.

**박윤철** 장군 하니까 명군을 해주시네요.(웃음) 종교 이야기를 조금 더 드리면, 한국 종교상황이 여러 특이한 구조들을 이루고 있더라고요. 동불서기(東佛西基)라는 말도 있어요. 동쪽은 불교 교세가, 서해안 쪽은 기독교가 있다는 표현으로, 동불서기는 한국의 종교지형을 특징적으로 드러내는 용어 중의 하나라는 생각이 듭니다. 종교지형의 여러 특성에 대해서, 선생님은 다시 태어나도 분단체제론을 말씀하실 것 같지만, 종교 문제에도 관심을 가져주셨으면 합니다.

이제 원불교로 화제를 넘겨오겠는데요. 여러 글이나 대담을 보면 한국은 다종교 상황이고, 5대 종교인 불교와 기독교, 천주교 같은 큰 종교들도 있고 미미한 교세를 이루고 있는 신종교도 있는데, 유독 선생님께서는 원불교에 대해서……. 다들 그러거든요. 도대체 백낙청 선생님은 왜 저렇게 원불교를 사랑하실까? 예를 들어 대종사님 어록을 모은 경전인 『대종경』을 한국문학의 소중한 자산이라고 하시면서, 저희들이 생각할 때 격찬에 가까운 표현을 써주셨고요. 또 어떤 대담에서는 원불교의 기본 가르침이 담긴 『정전』에 대해서 문학이 추구하는 예술적 경제가 아주 탁월하게 반영된 작품이라고 격찬해주셨지요. 원불교에 그렇게 관심을 가지게 된 특별한 계기가 있으신가요?

**백낙청** 먼저 『정전』하고 『대종경』에 대해서 말씀을 드리면, 『대종경』은 제가 처음에 접했을 때부터 흥미진진했어요.

**박윤철** 언제부터 읽으셨어요?

**백낙청** 글쎄요, 1970년대인지 80년대인지, 꽤 됐습니다. 『대종경』에는 처음부터 빨려들었고, 이건 꼭 종교의 경전으로서만 아니고 민족문학의 자산이라고 보면 되겠다는 생각을 했던 거고요. 『정전』에 대해서는 처음에는 『대종경』에 비해서는 재미가 덜하다. 그러다가 제가 번역작업에 참여하지 않았습니까. 여러번 읽고 그러면서 『정전』에는 스토리가 없는 것 같지만 전편을 통해 드라마가 있다는 생각이 들었어요. 그래서 그 많은 얘기를 압축하는 것이 문학에서 말하는 예술적 경지에 해당한다는 말을 했던 적이 있습니다.

**박윤철** 문학 쪽에 계신 분들 반응은 있었나요?

**백낙청** 제가 그런 얘기 하니까 동료 중에서 관심 갖고 열심히 읽은 사람들도 있고요. 대부분의 사람들은 백아무개가 왜 저렇게(웃음) 원불교에 꽂혀서 저러나 하지, 자기 일로 생각을 안하는 거 같아요. 제가 원불교와 인연을 맺게 된 이유는 집사람이 원불교 교도고, 원래는 장모님이 먼저 입교하셨죠. 장인어른 장례식 치를 때 교단에서 와서 살펴주셔서 집사람이 그때부터 나가게 됐고, 당시 종법사님이 여성회 만들어보라고 하셔서 여성회 만들면서 더 깊이 관여하게 됐습니다. 그래서 저도 교단 분들 알게 됐고 교전이 뭔가 하면서 읽어봤는데, 제 아내의 활동과 별도의 문제로 그 교전을 훌륭하다고 생각했던 겁니다. 그러다가 나중에 정역(正譯) 사업에 끼어들게 되었던 거고요.

**박윤철** 그 과정에서 원불교 교단 측에서 연구하는 분들이나 교무님들과 교류도 있으셨던가요?

**백낙청** 번역팀에는 교무님 중에서 약산 박성기 교무님이 처음부터 참여하셨고 최희공 박사님이 같이하셔서 아무래도 그분들한테 제일 많이 배웠죠. 그리고 번역팀에 잠시 왔다가 가신 교무님들이 참 많습니다. 많이 알게는 됐지만, 역시 교전 공부 자체는 그 두분한테 제일 많이 배웠다고 할 수 있습니다. 한 구절 놓고서 토론을 하고 그랬으니까요.

**박윤철** 1997년부터 2006년까지 10년이니까 10년 동안 적공을 하신 셈이네요.

**백낙청** 97년에 『정전』 새 번역을 시작했는데 처음에는 그걸 하려고 시작한 게 아니었어요. 교단에서 새 영역본을 만들기로 방침을 정하고 다른 분이 번역하셨는데 그걸 한번 검토해달라, 저한테 그렇게 얘기했어요. 그래서 그건 저 혼자 할 수 있는 일이 아닙니다, 그러지 말고 위원회 같은 걸 구성하십시오, 외국의 석학도 모시고, 그렇게 제안을 했고요. 외국의 석학이라면 그후에 번역에 참여하신 로버트 버스웰(Robert Buswell) 교수인데, 그분은 출가도 하셨던 분이에요. 부인이 한국분이라고 알고 있고 UCLA에서 불교학 강의하는데, 지금은 중국불교, 한국불교에 관한 세계적인 권위자라고 할 수 있죠. 한문은 아주 능통하고. 그래서 그분을 제가 추천했어요.

**박윤철** 인연이 있었던가요?

**백낙청** 깊은 인연은 아니고 제가 학회 갔을 때 만난 적이 있어서 제가 교섭을 했어요. 버스웰 교수가 참여하기로 했고 저도 참여하기로 했고 우산 최희공 박사님도 참여했고, 아마 박성기 교무님도 그때 불려오셨을 거예요. 그래서 했는데 아무래도 새로 해야겠다고…….

**박윤철** 10년 걸리신 거죠?

**백낙청** 『대종경』까지 하는 데 10년 걸렸고, 2001년에 『정전』이 따로 나왔습니다. 그때 제가 법호를 받았지요.

**박윤철** 들어보니 미국에 건너가셔서 강행군하면서 영역 검토작업을 하셨다고요.

**백낙청** 한 10년 했으니까요. 따로따로 떨어져 있으니까 한꺼번에 할 수가 없고 그때그때 시간이 될 때, 특히 버스웰 교수가 한국에 나올 일이 있을 때 집중적으로 며칠씩 워크숍을 했고요. 어떤 때는 우리가 LA에 가서 하기도 했고 하와이에서 만나서 한 적도 있고, 여기저기서 많이 했습니다.

**박윤철** 저희들은 익숙하지만 사실 원불교가 좀 가난한 종교거든요. 영역작업 하실 때 충분한 후원이나 환경 조성을 못해드렸을 것 같은데,

그런 것도 힘들었을 것 같거든요.

**백낙청** 아뇨. 돈 보고 한 건 아니고, 자기 직업이 있는 사람이니까 그런 건 문제가 안됐고요. 그런 재정적인 문제를 떠나서 일이 간단치는 않더군요, 뒷말도 많고.

**박윤철** 버스웰 교수님이 흔쾌히 참석해주셨나요?

**백낙청** 그이도 자문에 한번 오면 되겠네 생각했다가 정작 해보니까 그런 게 아니어서……. 아무래도 그분은 교단에서 특별히 예우하셨을 거고요. 당시에 그분이 지금 부인하고 이미 약혼한 상태였습니다. 원래 한국의 송광사(松廣寺)에서 수도승을 하신 분이니까 한국에 관심도 많은데, 그래서 흔쾌히 하셨어요.

저는 사실 우리 집사람이 뭐라 그래서가 아니고 교전을 마음으로 높이 받들기 때문에 열심히 했는데, 버스웰 교수도 의아했던 모양이에요. 저 양반이 왜 저렇게 열심히 하나. 한번은 그래서 당신 부인을 참 사랑하나보다, 하시더라고요.(웃음) 부인을 사랑해서가 아니라 이게 종교적인 문헌으로도 의미가 있고, 또 당신은 서양에서 한국학 하지 않냐, 서양의 한국학 연구에 내놓을 만한 문헌이라서 하는 거라고 해명을 했죠.

**박윤철** 한국의 새 종교, 원불교의 경전을 제대로 된 수준으로 영역해주셨다는 점에서…….

**백낙청** 영역의 품질에 대해서는 후세의 평가를 받아야겠죠. 새 종교일 뿐 아니라 우리말로 된 최초의 세계종교, 고등종교의 경전이죠. 동학(東學)의 『동경대전(東經大全)』은 한문 경전이고, 증산(甑山) 선생 말씀은 구술해놨지만 그것이 대순진리회나 증산도에서 한글로 제대로 정리된 건 원불교 교전보다 훗날이거든요. 그래서 『정전』하고 『대종경』은 한국어로 된 역사상 최초의 세계종교 경전이라고 말할 수가 있죠.

**박윤철** 거듭 그 부분에 대해 감사말씀 드리겠습니다. 그 과정도 연결되어 있다고 보는데, 선생님 글에 나오는 교리 해석이나 용어 해석을 보면 교단 안의 연구자가 놓쳤다고 할까, 탁월하고 넓고 깊은 해석을 하시 거든요. 예를 들면 이소성대 말씀을 이소(以小)와 성대(成大)로 나눠서 성대를 지향하면서 이소를 할 때 그 이소가 훨씬 더 실행력을 갖는다는 해석이나 개벽에 대한 해석 말이지요. 또한 삼동윤리가 이렇게 엄청난 건데 당신네들은 무서운 줄 아느냐는 말씀이라든지. 이런 독특한 힘의 해석이나 원천이 궁금한데, 따로 연구와 연마를 하시는 건지요?

**백낙청** 연마야 항상 해야 하는 것 아닙니까. 글쎄요, 이소성대는 저는 상식적인 얘기라고 생각했는데 말씀 들으니까 꿈보다 해몽이 좋은 것 같습니다.

**박윤철** 보통 전통적으로 '티끌 모아 태산' 식으로, 그러니까 태산이 목적이면서 티끌을 쌓는 이런 의미인데 저희는 상투적으로 티끌을 모으는 것으로 받아들이거든요.

**백낙청** 태산을 만들겠다는 의지로 티끌을 모으는 것과 그렇지 않은 건 다를 거 같아요. 가령 자연과학에서는 개별적인 경험적 사실을 실험을 통해 확인하는 걸 중요시하는데요. 거기서도 덮어놓고 데이터를 축적하는 게 아니거든요. 가설을 세워놓고 가설을 입증하거나 반증하기 위해 모으지 않습니까. 그래야지 효과적인 작업이 되니까. 그런 면에서는 제 해석이 상식에 맞는 것 같고요. 개벽 이야기야 제가 처음 했을 리가 없는데 다만 느끼는 것은, 원불교 교단의 많은 교무님들이 개교 표어 '물질이 개벽되니 정신을 개벽하자'를 여기저기 걸어두고 100주년대회 표어도 그거 아닙니까? 그에 비해 정작 그걸 얼마나 연마하시는지, 그게 어떤 때는 의문스러울 때가 있어요. 지난번에 '전환 콜로키움'(원불교 100주년 기념 국제학술대회 '위기의 시대, 전환의 새 길 찾기' 2015.12.11.~12.)을 마련하고 불러주셔서 그때 얘기했습니다만, 개교 표어는 그냥 표어가 아니라 화두라고 생각해야 한다고 말씀드렸죠. 화두라는 건 물질개벽이 뭐고 정신개벽이 뭐라는 정답이 나와서 그걸 외워서 쓰면 되는 게 아니고 끊임없이 생각하고 연마하고 그러면서 새로운 깨달음을 찾아야 하는 거지요.

사실 그날 토론할 때 교무님 세분이 발언하셨는데, 세분 모두 제가 말씀드린 취지에는 별로 공감하시지 않는 것 같았어요. 한분은 뭐라 그러시냐면, 평화니 뭐 다 좋은 게 정신개벽이다 하셨고요. 물론 그 말은 맞지만 그럼 그건 화두로 생각하지 않는다는 게 될 수도 있어요. 또 한분은 물질개벽이라고 하시면서, 물질문명을 주도하는 사람들 무시하는데 사실 스티브 잡스(Steve Jobs)니 이런 사람들이야말로 개벽의 공로자들이라고 말씀하셨지요. 저는 처음 논평할 때부터 물질개벽이라는 걸 간단히 봐서는 안되고 엄청난 정신개벽이라고 말씀드렸지만, 그러나 물질개벽의 공로자를 우리가 정신개벽의 공로자인 것처럼 숭배해서는 안되죠.

또 어느 교무님은 논평하시기를, 원래 원불교에서는 개교 표어 이전에 '통만법명일심(通萬法明一心)'이라는 표어가 먼저 나왔는데 그게 더 중요하다는 말씀을 하셨어요. 그게 중요하지 않다는 뜻이 아니라, 통만법명일심은 원래 불교의 계명 아닙니까. 물론 원불교에 적용할 수 있는 것이지만 '물질이 개벽되니 정신을 개벽하자' 같은 그런 충격이 없어요. 무엇보다도 시대의식이 빠져 있습니다. 그건 만고의 진리죠. 물질이 개벽되니 정신을 개벽하자는 건 시국을 보면서 이 시국을 이러저러하게 진단하고 거기에 상응하는 정신개벽을 이룩하자는 얘기니까요. 저는 그건 생각하기 따라서 정말 엄청난 말씀이고, 원불교의 독특한 주장이라고 보거든요.

그게 언제 나왔는지는 저는 잘 모르겠습니다. 박교수님이 쓰신 글을 읽긴 했습니다만 언제부터라는 문헌적 증거는 흔치 않은 모양이고, 『6대요령』이 1932년인데 그 표지에 그게 나와 있으니 그전부터 쓰다가 냈으리라는 건 짐작이 가는데 언제부터라는 문헌적 사실은 없다고 쓰셨는데, 저는 이렇게 생각해요. 『대종경』에서 소태산 대종사께서 대각(大覺)을 하시고 대국(大局)을 보시면서 그렇게 말씀하셨다니까 굉장히 초기에 했을 것이라고 보는 것이 교도로서는 도리일 테고요. 또 처음에는 '통만법명일심'이라는 표어를 거셨다가 나중에 바꾸어야겠다 하고 새로 내놓으셨다고 해도, 있는 걸 바꿨다는 건 그만큼 중요성을 느끼셨다는 것 아닙니까. 그러니까 이러나저러나 그건 대종사께서 굉장히 중요시한 표어이고 그야말로 모두가 화두로 붙잡고 씨름해야 할 거라고 생각합니다. 그런 점에서 개교 표어에 대한 어떤 말씀들에 대해서는 조금 아쉬움을 느낄 때가 있습니다.

**박윤철** 1996년이던데, 선생님께서 박혜명(朴慧明) 교무님하고 대담하실 때 개벽을 해석하면서 '물질개벽, 정신개벽은 시국에 대한 진단이다' 또는 '당면한 현실에 대한 정확한 인식이다'라고 표현하셔서, 이게 백선생님의 개벽론의 독창성이라고 생각했고 저는 전면적으로 공감했는데, 그 시국에 대한 진단이 담긴 개교 표어, 원불교의 개벽이 갖는 의미를 다른 글에서는 회통(會通)이라는 말씀으로 표현하기도 하셨더라고요.

**백낙청** 회통은 원래 불교의 개념이기도 하고, 한반도에서는 조선시대 말엽에 동학 때부터 유불선, 유불도의 회통을 종합해서 새로운 사상을 만들려는 노력을 해오지 않았습니까. 원래 불교의 교리이기도 하거니와 한반도 특유의 새로운 흐름으로서 그 전통을 원불교가 이어받았다고 볼 수 있는데요, 원불교가 거기서 독특한 점이 있다면 하나는 물질개벽이라는 개념을 도입한 거고, 또 하나는 회통의 폭이 불교는 물론이고 유불선을 종합한다고 한 동학이나 증산도 등보다 더 넓어져서 그런 것들까지 통합했다는 것입니다. 대종사님 시절에는 동학 때하고 달라서 근대과학에 대한 인식이라든가 개신교까지 들어왔을 때니까요. 또 하나는 삼동윤리에 가면 더 분명해지는데, 그냥 종교끼리만의 회통이 아니지요. 동척사업(同拓事業)이라는 게 종교인들끼리만 협동한 게 아니잖아요? 세속적인 이념을 가진 사람들도 한 일꾼이라고 하는 데에까지 갔다는 점에서는 한반도의 자생 종교 중에서도 한걸음 더 나아간 것이라고 봅니다.

**박윤철** 종교끼리만의 회통을 넘어서는, 불교식으로 말하면 출세간(出世間)과 세간의 간격 없이 회통하는 그게…….

**백낙청** 원불교는 원래 그래야 된다고 보는데, 그게 참 묘하죠. 그렇다고 해서 교단을 부정하는 건 아니지 않습니까. 정산종사님만큼 교단을 끔찍하게 생각하고 교단을 키우려고 노력하신 분이 없지 않습니까. 그러면서도 교단 안과 밖, 교도와 비교도 사이에도 동척사업을 강조하셨단 말이죠. 교단이라는 것은 그런 큰 사업의 한 방편이지, 옛날처럼 구(舊)불교에서 삼보(三寶)라고 해서 승가(僧伽)가 부처님이나 법에 맞먹는 개념은 아닌 거 같아요. 그후에 대산종사님께서 종교연합(UR)운동을 펼치셨는데, 저는 그건 삼동윤리의 각론으로서의 운동이지 삼동윤리를 계승하거나 대체하는 운동은 아니라고 봅니다.

**박윤철** 세속간 회통이랄까 출세간과 세간을 넘는 회통이랄까, 그게 원불교가 세상에 나온 이유라는 말씀에 감명을 받았습니다. 그런 관점에서 보실 때 오늘의 원불교, 오늘 핵심적으로 여쭙고 싶은 건 원불교에 대한 칭찬의 말씀보다 채찍, 조언, 그런 말씀이거든요. 이제 자유로우시니까 과감하게 한 말씀 해주시면요?

**백낙청** 어떤 말을요?

**박윤철** 제대로 회통하고 있는지 하는 거요. 요즘 '응답하라 19○○'이 인기인데 원불교가 세상에 응답하려면 제대로 회통해야 되거든요.

**백낙청** 이미 몇가지 말씀드렸다고 생각하는데, 개교 표어를 자기의 화두로 삼고 있는 교무님들이 얼마나 되느냐 하는 의문을 던졌잖아요. 이걸 채찍질로 알고 받아들이시면 좋고 아니면 그만이지, 제가 어디 가서 채찍을 가져와서 때릴 생각은 없고요.(웃음) 아까 삼동윤리 무서운 걸 모르는 것 같다고 한 말을 인용하셨는데, 삼동윤리가 다른 종교는 물론이고 세속인들도 한 일꾼이라는 주장이라면 교무님들로서는 굉장히 무서운 얘기 아니겠어요? 많은 걸 희생하면서 들어와서 일하는데 너희나 다른 사람이나 똑같다, 한 일꾼이다, 그러면 "그럼 우린 뭐예요?" 그렇게 되지 않겠습니까. 그러니까 이것도 전무출신(專務出身)* 한분 한분이 정말 고민해야 할 일이죠. 한 일터, 한 일꾼이지만 우리가 맡은 특별한 일이 이러한 것이 있고 그걸 위해서 나는 헌신해야 한다는 다짐을 하면서도, 결코 우리는 특권계급이라든가, 가령 가톨릭의 사제나 심지어는 불교의 승가 같은 특권적인 지위도 없고 그런 걸 주장해서도 안된다, 이런 생각을 갖고, 박교수님 표현을 빌리면 이런 '긴장관계'를 갖고 끊임없이 고민해야 할 문제죠. 이걸 채찍질로 받아들이시는 게 마땅한데, 그런 고민을 안하시는 분은 대개 누가 말해도 그걸 채찍질이라고 생각 안하세요.

**박윤철** 고민하라는 가장 무서운 채찍을 주셨다고 받아들이겠습니다. 저희들이 대학원 수업할 때 선생님 관련된 아주 소중한 에피소드를 들은 적이 있어요. 이정호 교무라는 분이 이야기해주셨어요. 선생님께서 2007년부터 원광대 개방이사로 계실 때 하루는 이사회에 오셔야 하는데 기차를 잘못 타서 대전역에 내리셨다고요.

**백낙청** 기차를 잘못 탄 게 아니라 용산역에서 타는 차를 놓쳤어요. 그런데 다음 차를 타면 안되겠다 싶어 바로 그길로 서울역 가서 대전역으로 가서 이정호 교무님을 불러서 차를 타고 갔죠.

**박윤철** 그래서 상식적으로 도저히 도달할 수 없는 시간에 도착하셨다는 얘기를 들었는데, 총알택시처럼 달리는 동안에 미동도 안하셨다고요. 실제로 그러셨어요?

**백낙청** 모르겠어요.(웃음)

**박윤철** 그 이야기를 들으면서 선생님의 내공이랄까, 평소의 삶을 생각했습니다. 저희는 원불교라는 걸 내세우고 살지만 선생님은 종교를

---

* 원불교 출가 교역자의 총칭.

내세우지 않으면서도 수행자처럼 사신다는 생각을 했습니다. 그러면서 떠오르는 선생님의 표현이 있는데요, '불교, 로런스, 원불교는 내 문학비평의 오랜 화두'라는 제목으로 대담이 나왔더라고요.*

**백낙청** 대담에서 여러 얘기를 했는데 그걸 제목으로 뽑았더라고요.

**박윤철** 그러니까 선생님은 애인이 세명 있는데, 한명이 불교고 두번째가 로런스고 세번째가 원불교가 되겠죠.

**백낙청** 애인이라는 표현은 저는 안 썼어요.

**박윤철** 제 해석입니다.(웃음) 선생님 특유의 원불교론을 한걸음 더 들어가보려 합니다. 1997년 미국에 가셨을 때 이매뉴얼 월러스틴과 대담한 내용을 『회화록』에서 읽었거든요.** 대담의 상당히 긴 분량으로 '지혜의 위계질서'라는 개념을 두고 두분이 거의 논쟁 수준으로 이야기를 전개하시는 걸 읽으면서, 저는 제 식으로 받아들이니까, 이건 원불교의 지자본위(智者本位)를 백선생님식으로 표현한 게 아닌가 생각이 들었거든요. 사실이 그런지, 그리고 위계질서 논쟁을 할 때 월러스틴의 반응을 말씀해주시지요.

**백낙청** '지자본위'를 생각하면서 '지혜의 위계질서'를 영어로 'hierarchy of wisdom'이라고 표현했어요. 그런데 사실은 그때는 『정전』 번역이 끝나기도 전이고, 또 하나는 원불교라는 작은 종교의 용어를 따서 하면 설득력이 떨어질 수 있잖아요. 그래서 그러지 않았는데, 그후에는 제가 지자본위를 많이 인용합니다.

'지혜의 위계질서'라는 표현을 썼는데 월러스틴한테 별로 안 먹혔고요, 지금 제가 생각해도 그 표현은 별로 현명한 표현이 아니었던 것 같아요. 이건 그쪽 사람들의 문제점이기도 한데, 소위 진보적이라는 사람들

---

* 서준섭 교수와의 이 대담은 대산문화재단 웹진 『대산문화』 2006년 가을호; 이후 『백낙청 회화록』 5권에 '나의 문학비평과 불교, 로런스, 원불교'란 제목으로 수록되었다.
** 「21세기의 시련과 역사적 선택」, 『백낙청 회화록』 4, 창비 2007, 115~60면

은 hierarchy라는 말만 나오면 거부, 알레르기 반응을 보입니다. 그걸 제가 잘못 건드린 거고.

그다음에 wisdom이라는 걸 보면, 불교나 원불교에서 말하는 지혜의 개념하고 서양의 그것하고는 좀 달라요. 소위 말하는 생활의 지혜라고, 플라톤이나 아리스토텔레스 이래로 지혜라는 건 제대로 된 앎보다 한급 낮은 걸로 취급합니다. 생활에서의 슬기 같은 거니까. 근데 불교에서 말하는 건 최고의 앎하고 일치하는 거 아닙니까. 그래서 wisdom이라는 말도 잘 전달이 안되고 hierarchy라는 말도 전달이 안되었죠. 그래서 요즘은 '한국의 원불교에는 지자본위라는 개념이 있는데'라고 풀이를 하고 있는데요. 최근에 제가 데이비드 하비(David Harvey)라고, 유명한 맑스 연구자인데 금년 6월에 창비에서 초청해서 옵니다만, 그 사람의 글을 읽으니까 그이가 그 점을 지적했더라고요. 진보진영에서는 hierarchy라고 하면 질색하는데 일정한 hierarchy가 없으면 일이 안된다, 당신들이 소리만 지르고 규탄만 할 게 아니고 새 질서를 만들겠다면 어떤 질서를 잡을 건가 하는 구상을 해야 한다고요.

제가 지혜의 위계질서를 만들자고 했던 게 그 말이었어요. 불평등사회를 만들자는 게 아니라 평등사회를 만든다고 할 때, 원불교에서 말씀하듯이 다른 모든 차별을 철폐하되 지우(智愚)의 차별만은 둬야지, 차별 없앤다고 지우차별까지 없애면 난장판 되는 거 아니에요? 우리가 평등세상을 만들자고 해서 마음의 어른이 없는 애물들의 세상을 만들자는 건 아니지 않느냐, 이렇게 말한 적이 있습니다. 근데 평등세상을 만드는 운동이 아직도 제대로 성공을 못하고 여기저기서 반격에 시달리는 이유 중의 하나가, 보수주의자뿐 아니라 일반 대중의 마음속에도 쟤들 하자는 대로 했다가 애물들이 판치는 세상이 되는 것 아니냐는 의구심이 있어서 아닐까 싶거든요. 그러니까 모든 차별을 철폐하면서도 어떤 질서를 만들겠다는 대안이 나와야 한다는 말이죠. 그래서 지자본위라는 인생의 요도(要道), 이것도 우리가 천착하고 구체적으로 실행할 방법을 찾아야 한다고 봅니다.

**박윤철** 조금 전에 지혜의 위계질서는 잘못 설정한 지점도 있다고 말씀하셨는데, 그것과 연결해서 그러한 지우차별, 지자본위, 이런 부분을 성차별을 극복하는 데에다 연결하면 굉장히 이상적인 평등이랄까 여성문제 극복이 될 거다, 그런 말도 여러군데서 하신 걸로 알고 있는데요.

**백낙청** 지우차별 외에 다른 모든 차별을 철폐한다고 하면 성차별도 당연히 철폐해야죠. 그리고 지자본위가 나온 김에 한 말씀 더 드리죠. 이건 부처님 앞에서 설법하는 격이 되지만, 서양에서도 가령 플라톤 같은 사람들이 철인군주(哲人君主) 얘길 하지 않습니까. 그것도 사실 지우차별에 의한 통치체제를 구상한 거거든요. 그것하고 원불교에서 말한 것 또는 우리가 주장하는 것과 뭐가 다르냐면요, 지자본위 조항에서 굉장히 중요한 단서처럼 붙어 있는 게 그 차별을 영구히 하자는 게 아니라 그때그때 필요한 만큼만 하자는 것이에요. 플라톤은 그게 아니거든요. 어릴 때부터 소질을 감별해서 다르게 기르는 겁니다. 길러서 통치계급 노릇 할 훈련을 받은 사람이 통치하는 거예요. 사실 유교도 철학자 군주 이상을 얘기한 거 아니에요? 그래서 지우차별을 중요시하는 사회인데 이게 고정된 사회적인 위계질서와 결부되어 있다는 말이죠. 그러니까 우리가 지금 해야 할 일은 그런 고정된 사회적 위계질서를 타파하면서 지우차별의 원리를 어떻게 적용할 것인가이고, 그에 관해 앞으로의 방안을 창안해내야 하는 겁니다.

**박윤철** 지혜의 차별, 그 차별은 고정된 차별이 아니라 경우에 따라서의 차별이고, 그럴 때 우리 사회의 철폐해야 할 차별들을 해결할 수 있다, 이런 게 원불교에서 말한 지자본위의 정신이라는 생각이 들고, 선생님도 공감하셨다고 생각합니다. 그런데 실제로 우리 사회는 차별이라는 말을 들으면 알레르기 반응이거든요. 그러니까 지우의 차별, 지혜 정도의 차별이 얼마나 가치 있는 건가, 모든 철폐해야 할 차별들을 해결하는 데 필요한 차별이라는 것을 우리 사회에 설득력 있게 제시해야 되거든요. 그런 차원으로 말씀을 진전시켜주시면 좋겠습니다.

**백낙청** 지우차별이라는 말은 지자본위를 해설하는 말이고, 목표 자체는 지자본위니까 저는 그 표현이 더 좋다고 봅니다.

**박윤철** 지금 원불교가 널리 알려진 상황이 아니기 때문에 그 표현이 공감대를 넓히려면 선생님 같은 어른이 좀더 대중적인 언어로 쉽게 표현해주시면 어떨까 하는 생각이 듭니다.

**백낙청** 연마해보겠습니다.

**박윤철** 진짜 없애야 할 차별을 없애는 차별인 지우차별과 그와 관련된 지자본위에 대해 이야기를 나눠봤는데요, 우리 사회에서 없애야 할 차별 중에 가장 큰 것이 성차별인데, 여기에 적용을 해보면 많은 여성들이 안고 있는 문제를 해결할 수 있을 것 같다는 생각이 듭니다. 선생님께서는 1970년대부터, 어느 글에는 페미니스트라는 말도 쓰셨더라고요.

**백낙청** 자칭한 적은 없습니다.

**박윤철** 하여튼 여성문제에 관심을 갖고 여성에 대한 독자적인 관점을 피력하셨고요. 『백낙청이 대전환의 길을 묻다』에서 조은 교수와의 대담을 아주 흥미롭게 읽었거든요. 조은 교수님이 밀리지 않고 당당하게 문제제기를 한다는 느낌도 받았는데요. 백선생님은 페미니즘식의 성차별 철폐운동만 갖고는 한계가 있지 않느냐는 말씀을 하시면서 동아시아의 음양 이야기를 꺼내셨습니다. 막 공격받으시더라고요. 그때 느낌을 말씀해주시면요?

**백낙청** 박교수님은 조은 교수 말씀에 더 공감하셨다면서요.(웃음) 이건 지우차별 문제와 직접 관련된다기보다 제가 이 책에서 강조한 장기·중기·단기 목표를 식별하면서 동시에 배합해서 운동해야 한다는 얘기와 연관이 됩니다. 저는 첫째로 단기적인 과제로 성차별 철폐가 우리 사회의 중요한 과제라는 걸 강조하면 강조했지 전혀 부정하지 않습니다. 단기적인 과제 몇개 해결한다고 끝날 문제가 아니고 굉장히 뿌리 깊은 문제기 때문에 중기 목표로도 설정하고 추진해야 하는데, 다만 장기 목표로 성평등을 제시하는 것이 이소성대하는 데 효과적일까 의문을 제기했던 거죠.

음양조화라는 표현을 쓴 게 득도 있고 실도 있는데요, 요즘 페미니스트들이나 성소수자운동 하는 분들은 남녀평등이나 양성평등, 이런 거 굉장히 싫어합니다. 음양이라는 건 남성 개체와 여성 개체의 문제가 아니라 우주적인 원리이기도 하고, 한 사람의 안에 음도 있고 양도 있지 않습니까? 그런 면에서는 좋은 표현이라고 생각하고 그렇게 인정해준 분도 있긴 한데, 조은 교수님 입장에서는 지금 성차별 때문에 여성들이 죽어나는데 무슨 동양으로 돌아가서 음양조화냐 하고 반발한 거죠.

반발하는 심경을 이해합니다. 다만, 첫째는 제가 단기나 중기 목표로 성차별 철폐를 중요한 과제로 설정했다는 사실을 무시하는 것이 부당하다고 생각하는 거고요. 또 하나는 장기 목표로 성평등을 제시하는 게 더 합당한지, 아니면 장기 목표는 양성의 조화랄까 또는 음양조화를 상정하는 것이 더 옳은 건지 이걸 한번 열어놓고 논의해보자는 입장이었죠. 근데 남자가 이런 말을 하면 문제가 있습니다. 거기서도 조은 교수님이 지적한 게 "기득권자인 남성이 그런 얘기를 하면 되느냐?"였고요. 제가 그 대목에서 바로 꼬리를 내렸죠. 그러나 이건 열려 있는 문제예요.

이를 원불교와 연결시키면, 원불교에서는 '남녀권리동일'을 제기했다가 이걸 '자력양성(自力養成)'으로 바꾸지 않았습니까. 잘 바꿨느냐 아니냐라는 논의하고도 연결되는데, 저는 잘 바뀌었다고 생각합니다. 남녀권리동일이 실현이 돼서 필요가 없는 것이 아니라, 남녀권리동일이라고 하면 상식적으로 금방 이해가 되긴 하지만 그것이 가장 이론적으로 부각된 것이 서양에서는 18세기 말 프랑스혁명 무렵이거든요. 그때의 남녀권리동일 개념은 인간 개개인이 소위 원자적 개인으로 태어나는데, 그 원자적 개인은 이러저러한 천부적 권리를 갖고 태어난다는 것이에요. 저는 이건 인간에 대한 잘못된 이해라고 보거든요. 원불교식으로 말하면 인간이 사은(四恩)의 은혜로 태어난 거지 한 사람 한 사람이 개별적으로 태어나서 권리를 갖고 있는 건 아니란 말이죠. 그리고 사회적 의무는 사회계약으로 생기는 게 아니란 말이죠. 생명이 생기는 순간부터 이미 은혜의 산물로 태어난 것이고, 그런 은혜의 산물로 해야 할 일도 있고 존중받을 일도 있고 그런 거니까요.

남녀권리동일이 그런 근본적인 차원의 원칙으로서는 한계가 있다는 것이고요. 원불교에서는 자력양성을 내세우는데 남녀 차별하면 여자들이 자력양성 못하는 것이고, 여자들이 자력양성 못하면 남자도 제대로 못하게 되어 있습니다. 인류 전체가 제대로 못하는 것이니까, 자력양성을 강조하는 것이 더 합당하다고 생각해요. 그렇다고 자력양성 조항에서 남녀권리동일 얘기가 빠져 있는 것도 아니지 않습니까. 제목만 바뀐 거지 다 들어가 있죠. 저는 그런 발상이 낫다고 보는 건데, 조은 교수는 동의하지 않은 거죠.

**박윤철** 저는 두분의 논쟁에서 어느 쪽을 지지하라고 하면 조은 교수님 쪽을 지지하고 싶어요.

**백낙청** 방편으로 하시는 거예요, 진심으로 하시는 거예요?

**박윤철** 선생님께서 말씀하신 조화론, 음양조화론이 훨씬 더 장기적인 데에 합당하다는 말씀에는 동의하지만 현재 한국 사회의 여성들의 문제, 현실성의 측면에서 본다면 그렇다는 거고요. 다른 관점에서 말씀드리면 부처님의 입장에서, 원만한 보살행을 하는 구도자의 입장에서 본다면 당장 어려움을 겪는 쪽을 대비(大悲)의 심정으로 부둥켜안아줘야 하는 게 아니냐는 것입니다.

**백낙청** 제가 그러지 말자 그랬어요?(웃음)

**박윤철** 아니, 그런 점에서 한국 사회의 여성들이 처해 있는 현실의 문제를 강조해야 하지 않을까 하는 생각을 했거든요.

**백낙청** 남자들이 무조건 부둥켜안는 걸 좋아하지도 않아요. 단기·중기·장기를 식별하면서 배합하자는 건데, 단기·중기 과제가 너무 절박하다고 해서 장기적인 고려는 제쳐두자고 하는 건 공부인의 자세가 아니라고 생각합니다.

**박윤철** 저도 제쳐두자는 건 아니죠.

**백낙청** 그럼 저랑 똑같으신데 왜 조은 교수님 편이라고?

**박윤철** 조은 교수님 말씀에 한국의 유리천장지수 얘기도 있거든요. OECD 꼴찌라고.

**백낙청** 그런 통계는 제 글에 다 인용했어요. 한국 남녀평등지수가 얼마나 낮은가. 그리고 이건 그냥 우리가 꼴등이다, 이렇게 보면 안돼요. 우리 경제력은 몇등이고 교육수준은 몇등인데 이거는 몇등이다 식으로 보면 이게 얼마나 낮은가를 알 수가 있습니다. 그런 점에서는, 제가 제일 그 문제에 민감하다고 할 수는 없습니다만 그렇다고 둔감하다고는 할 수 없고요.

그다음에, 여성운동 하는 사람들이 곧잘 놓치는 것은 이게 분단과 얼마나 깊이 관련된 얘기인가 하는 겁니다. 그건 조은 교수가 인정했죠. 사실 여성운동 하는 분들이 유교적 가부장제의 잔재라고 나무라는 경우가 있는데, 저는 유교의 가부장주의를 찬성하는 사람은 아니지만 그전이 요즘 같지는 않았어요. 지금은 '대명천지'라고 하면서도 밤거리를 제대로 걷지도 못하는 세상이 되지 않았습니까. 이런 상황에 대한 인식은 저도 없다고 생각하지는 않는데, 그럼 이걸 파고들어가야 하거든요. 그럼 단기적으로 남한에서만 할 수 있는 일을 하면서 중기적으로 분단체제의 극복과정하고 연결해야 됩니다. 그렇다고 문제가 다 해결되는 것은 아니고 더 장기적인 문제들이 남는데, 그렇다고 할 때 박교수님의 해석을 제가 받아들여 말씀드리면, 이소성대라고 할 때 '대'를 뭘로 설정하느냐, 이걸 생각해보자는 얘기였죠.

**박윤철** 바로 그 대목인데, 최근 그 책에서도 그러셨던 것 같고『2013년체제 만들기』에서도 기본을 굉장히 강조하셨는데요, 기본은 여러 차원이 있는데 우리가 살아가는 데 있어 기본과 관련된 문제에 가장 민감한, 가장 많은 관련을 갖고 있는 분들이 여성이라고 생각하거든요. 아이를 낳고 기르고 남편 뒷바라지하고, 바로 그것이 기본이고 여기에 많은 여성문제가 관련되어 있다는 생각이 들고요, 그건 어떻게 보면 이념보다 더 앞서는 것 같습니다.

선생님께서 계속 기본의 문제를 강조하신 거하고 여성문제도 연관이 된다고 생각해서 말씀드렸습니다. 장기적인 걸 놓치자는 게 아니라 우리 삶의 가장 가까운 문제에서부터, 그리고 가까운 문제에 가장 짐을 많이 지고 있는 층이 여성이니까 거기에 '기우뚱한 균형'이 있달까요? 그런 점에서 조은 교수님한테는 선생님 말씀이 비율의 차원에서 느낌이 달랐을 것 같습니다. 그런 의미에서 말씀드렸던 것이고요.

**백낙청** 조은 교수님은 비율의 문제로 받아들이신 거고, 저는 비율의 문제가 아니고 장기적인 목표 설정의 문제로 본 것입니다. 남녀권리동일로 할 거냐, 아니면 자력양성이 더 큰 범주라고 생각할 거냐의 문제라고 생각하고 견해 차가 있었던 거죠. 근데 여성들이라고 해서 다 조은 교수님에게 동의하는 건 아니에요.

**박윤철** 제가 일부러 조은 교수님 편이라고, 토론을 하기 위해서 그런 표현을 말씀드렸는데, 조금 이야기를 들어가면 저도 사실은 남성이기 때문에 말 못하는 측면이 있거든요. 저는 페미니스트인데 제가 페미니스트라고 하면 다들 웃어요. 왜 그러냐 하면 저는 한국의 여성운동이 한국의 문화와 역사, 전통이 갖고 있는 훌륭한 양성평등의 전통이나 정신을 너무 모른다는 느낌을 갖고 있거든요. 그런 점에서 음양 얘기를 하셨을 때 속으로는 무릎을 쳤죠. 치긴 쳤지만, 이 내용이 현재 당면한 현장에서 외로운 싸움을 하고 있는 여성운동가들, 여성학자들에게는 오해의 소지가 있기 때문에 그런 점에서 훨씬 더 친절하게, 좀더 공감과 소통 쪽으로 설명이 필요한 것 아니냐는 생각을 했습니다.

**백낙청** 그건 다른 사람들이 별로 그런 얘기를 안하니까 하나의 화두를 던져놓은 거지요. 그걸 설명해준다고 사태가 해결되지 않습니다. 구구한 변명을 한다, 그렇게 보는 거죠. 박교수님하고 다른 건 저는 페미니스트로 '자처'하지 않습니다. 첫째로 전략적으로 안 좋고요, 웃음거리가 되기 쉽고. 또 하나는 여성은 페미니스트 하고 남성은 남자로서 제대로 살길을 찾는데, 남녀가 다 그래야 하지만 일단 남자로 태어났으면 남자가 할 일을 더 열심히 연구하고 실행하는 게 일차 목표고요.

**박윤철** 그게 부정되어 있는 게 아니잖아요. 그렇게 말씀하시면 저쪽에선 "남성의 역할이 고정되어 있는 게 아닌데"라고 답할 테고요.

**백낙청** 역할이라는 게 아니라……. 곳곳이 지뢰밭이에요. 그러니까 말조심해야 하는데, 제가 그래서 '남자답게' '사내답게' 이런 말 안 쓰잖아요. 지뢰 터지는 거 많이 봤거든요. 근데 제가 일단 남자로 태어난 이상 남자로서 어떻게 제대로 살 것인가가 일차적인 목표고, 그다음에 여성들이 자력양성하는 데 어떻게 도움을 줄 것인가도 동시에 추구해야 해요. 하지만 그걸 갖고 페미니스트라고 나서면 웃음거리가 되기 십상입니다.

**박윤철** 저는 제 식으로 이렇게 표현합니다. '각자가 갖고 있는 삶의 결대로 온전하게 실현하자.' 여기에는 선생님도 동의하시죠?

**백낙청** 네.

**박윤철** 성평등 문제와 관련해서 선생님께서는 원불교의 지자본위, 사요(四要)*와 관련된 내용을 계속 말씀해주시는데요, 원불교의 여성론이랄까 그것이 가진 의미나 가치를 선생님 관점에서는 어떻게 보고 계시는지요?

**백낙청** 저는 적어도 교리에 관한 한, 원불교에서는 처음부터 남녀권리동일을 내세웠고 뒤에 제목은 바꼈지만 내용상 그대로 남아 있고, 또 초기 교단의 실행을 보나 뭐로 보나 적어도 다른 어느 종교보다 그 점에선 앞서 있다고 봅니다. 현실에서는 꼭 그렇지도 않은 면이 초기보다 오히려 많아져서…….

**박윤철** 구체적으로 어떤 면이 보이시던가요?

**백낙청** 그건 지난번에 강연도 가고 발표도 들으셨으니까 잘 아시겠고요. 구체적인 내용은 잘 몰라요. 원불교 여성회 회원 중에도 불만을 가지신 분들이 많고 여자 교무님들 중에서도 여러 논의가 있다는 걸 아는 정도죠.

**박윤철** 피해가시네요.

**백낙청** 이건 제가 피해가는 게 당연한 도리죠.

**박윤철** 작년에 상징적인 일이 한가지 있었는데, 열반하신 여성 스승님 한분이 계셨어요. 원불교의 신앙과 수행의 최고 수준인 대각여래위(大覺如來位)라는 경지에 이른 용타원 서대인(徐大仁) 종사님이라는 분인데, 그 소식 혹시 들으셨나요?

**백낙청** 네, 들었습니다.

**박윤철** 어떤 소감이신지?

**백낙청** 저는 그분을 잘 모르니까요. 구불교에서는 이게 교리인지 아닌지 모르겠습니다만 여성은 견성〔見性成佛〕 못한다고 생각하는 스님들이 많아요. 금생에 공덕을 쌓아서 언제 남자로 태어나서 그다음에 성불하는 거지 곧바로 못 간다고 생각하는 분들이 많지요. 그런데 원불교에서는 서대인 종사님 같은 분이 나오셨고 행정수반으로서 교정원장이 두

---

＊평등세계를 건설하기 위해 인류가 실천해야 할 네가지 윤리덕목.

분이나 나오셨고, 수의단회의라는 게 천주교로 치면 추기경회의 같은 건데 그중 절반이, 불어로는 '빠리떼'(parité, 등가, 평등) 원칙이라고 하는데 그걸 처음부터 적용하셨고요. 이런 걸 보면 원불교가 선진적이죠.

**박윤철** 그런 부분이 한국 사회나 세계의 여성문제에 시사점을 줄 수 있을까요?

**백낙청** 그런 부분은 내세우기가 참 좋은데, 그런 것만 내세우면 뭐하냐 하는 분들이 있으니까 그건 내부에서 해결하셔야죠.

**박윤철** 근데 원래 원불교는 재가, 출가 구별이 없거든요. 그러니까 선생님도 저한테만 토스하시지 말고 함께 고민을 해주셔야 합니다.

**백낙청** 재가 있고 출가 있고, 재가 중에서는 재가교도가 있고 저처럼 교도는 아닌데 신도 비슷한 재가가 있고, 여러가지가 있지 않습니까. 그게 다 한 일터, 한 일꾼이라는 게 삼동윤리의 강령 중의 하나인데요. 제가 뭐 다 토스하는 건 아니고, 그렇다고 제가 다 감당할 일은 아니지 않습니까. 박혜명 교무님하고 대담했던 걸 읽으셨다니까 말인데, 제가 거기서 그런 말을 했어요. 교단주의 얘기를 하면서 교단주의가 자리를 잡으면 반드시 거기서 성직자주의라는 게 나온다, 특히 천주교식 사제주의가 나오고, 사제주의가 나오면 사제들 간에 권력다툼이 생기게 되어 있다고 얘기한 적이 있습니다. 그때의 진단으로서 얼마나 합당했는지, 벌써 20년 된 얘기니까 20년의 역사를 거치면서 어느정도 사실과 부합하는지, 그런 거는 저한테 토스하지 마시고 교무님께서 판단하시기 바랍니다.

**박윤철** 오늘 제가 큰 숙제를 받아서, 계속 고민하겠습니다. 작년『창작과비평』편집인을 퇴임하시는 식전에서, 선생님 아프신 대목일 수도 있는데 신경숙 씨 표절 문제로 시끄러울 때 "창비는 기본을 지킨 것을 자부한다"라고 하시면서 최근에 부쩍 '기본' 말씀을 해오셨는데요, 선생님 개인의 삶에서는 무엇을 기본으로 삼고 살아오셨다고 볼 수 있을까요?

**백낙청** 저는 가훈이니 좌우명이니 만들어서 사는 삶을 못 살고 있습니다. 기본이라는 말을 아까부터 하시는데, '기본을 지키자' '기본을 되찾자'는 누구나 할 수 있는 말이고 반대할 사람도 없지 않습니까. 신경숙 사태와 관련해서는 저로서는 전혀 아픈 대목이 아니었고요, 자랑스럽다고 말했듯이 자부심을 갖고 한 말입니다. 신경숙 표절논란으로 야기된 굉장히 혼탁한 상황에서 창비와 저는 최소한 기본은 지켰다. 한편으로는 경솔하게 한 얘기지만 다른 한편으로는 굉장히 공격적인 이야기입니다. 창비 말고 누가 지켰나 한번 나와봐라, 그 얘기거든요. 그렇게 한 개인은 있어요. 개인은 있지만 문단의 기관 중에서 한국문학의 품위라든가, '인간에 대한 예의'라는 표현을 썼습니다만 그런 기본을 지킨 기관이나 기구는 없었어요. 우린 그걸 했다는 자부심을 얘기한 거니까 제가 자랑하고 싶은 대목을 짚어주신 거고요. 그리고 가령 여성이 기본이라고 할 때도 여성이 어떤 의미에서 기본인가 하는 구체적인 의미를 밝히고 논의해야죠. 기본이라는 말은 너무 막연하니까요.

**박윤철** 제가 기본이라는 말을 하는 건 2014년의 세월호 참사, 작년의 메르스(MERS, 중동호흡기증후군) 사태를 보면서 우리나라가 과연 기본이 있는가, 그다음에 나는……. 하나의 생명을 가진 존재로서 본다면 기본은 생명에 대한 경외심, 예의라는 생각이 들었고, 우리 사회가 기본이 무너져가고 있는 것이 아닌가라고 봤습니다. 우리 한국 사회가 정말 더 깊이 고민해야 할 것 같고요. 여러 사회현실과 연관해서 기본의 문제를 좀 더…….

**백낙청** 예, 제가 사회문제와 연관해서 기본 문제를 얘기한 것이 바로 이 책(『백낙청이 대전환의 길을 묻다』)이죠. 이명박 정부가 들어서고 돌아가신 김대중 대통령께서 3대위기를 얘기하셨어요. 민주주의 위기, 민생 위기, 남북관계 위기. 이 책에서 그것이 그후에 더 심화됐다는 얘기를 하면서 그런 것보다 더 기본적인 문제들을 언급했습니다.

우선 교육의 문제가 있고, 또 하나가 세월호를 거치면서 인간으로서 기본도 안 지켜지는 사례들 많이 봤지 않습니까. 그리고 여성문제도 기본의 하나로 얘기했습니다. 여성의 급여 차이, 실직률 차이도 있지만, 지금 이 나라가 단순히 여자로 태어났다는 이유 하나만으로 길거리도 마음대로 걸어다니지 못한다는 거죠. 심지어 낮에도, 초등학생도 위험한 사회가 됐다는 거요. 그런 의미에서도 기본이 허물어지고 있다는 말씀에 동의했고요. 한편으로는 이놈의 나라 망했다, 이게 나라냐 얘기하는데, 저는 거기에 대해서 두가지 토를 달았어요. 더 망가질 수 있으니까 너무 안심하지 말라는 얘기를 했고, 또 하나는 망가지는 가운데서도 기본을 지키려는 노력이 여기저기서 싹트고 있다고요. 세월호만 해도 유가족들이 그냥 험한 꼴 당한 걸로 끝나진 않았잖아요. 괴로움 속에서도 진실을 규명하려 하면서 옛날처럼 안온한 삶이 아니고 고통스럽지만 새로운 삶을 시작하기도 했거든요. 그런 걸 보면서 얘기해야지, 너무 쉽게 망국이다 얘기하는 것도 특권을 가진 자의 정신적인 '갑질'이에요.

**박윤철** 그런 기본의 문제가 여러 정치·경제·사회조건 때문에 갈수록 위태로워지는 느낌이거든요. 경제도 안 좋아지고 남북관계, 한반도를 둘러싼 동아시아 정세도 마찬가지입니다. 기본을 회복하는 기본의 중요성, 이런 것들을 저희가 어떻게 전체가 공유하는 것으로 만들어야 할지 답답한 심정이거든요.

**백낙청** 저도 그렇습니다.

**박윤철** 그래도 기대가 큽니다. 백낙청 선생님께서는, 어딘가에 보면 '대지의 지식인'이라는 평이 있거든요.

**백낙청** 그냥 하는 얘기죠.

**박윤철** 대지의 지식인적 관점에서 저희들의 답답함을 적실 맑은 샘물 한 방울을 기대하는 사람이 많은 것 같습니다.

**백낙청** 제가 할 수 있는 일은 자꾸 질문을 던지는, 생각할 가치가 있는 질문을 던지는 일이라고 생각합니다. 그중 하나가 선거입니다. 제가 『2013년체제 만들기』에서부터 강조했던 것입니다. 2013년 이후에 어떤 새로운 사회를 만들겠다, 대전환을 이룩하겠다는 비전과 경륜 없이 2012년 선거만 잘 치르겠다고 생각하다가는 선거에도 진다고요. 그 얘기는 지금도 맞습니다. 우리가 선거만 생각해서도 안되는데, 다른 한편으로는 다음번 선거는 굉장히 중요할 것 같아요. 대전환일지 소전환일지 몰라도 전환은 어차피 2017년을 계기로 일어나게 되어 있다고 봅니다.

지금의 기득권세력이 다시 집권하는 데 성공하면 1987년 이후로 우리가 간직해왔던 그나마의 열린 선거공간이 없어지리라고 봐요. 변질한다고 봅니다. 그렇다고 해서 '체육관 선거'로 돌아간다는 얘기는 아니지만, 87년체제는 더 나쁜 방향으로 전환할 거예요. 왜냐하면 저 사람들한테는 선거한다는 게 굉장한 부담이거든요. 꿀맛 같은 권력을 어중이떠중이들이 표 찍는 거에 따라 잃을 수도 있다고 보는 거죠. 이걸 잃을 수도 있게 만든 것이 1987년 국민들의 노력이었습니다.

그 성과를 불완전하지만 지금까지 지켜왔는데, 2012년만 해도 그 공간이 많이 좁아졌죠. 관권이 개입했지만 개입한 사람은 처벌도 안 받고요. 2017년에 그런 일 또 한번 일어나면 다음에는 그 공간 자체가 거의 폐쇄될 거라고 봅니다. 그걸 전환이라고 부를 수 없지만, 87년체제는 더 나쁜 체제로 바뀔 거라고 봐요. 다른 한편으로는 야권이 선거에서 승리한다고 해서 자동적으로 대전환을 이룩한다고 봐서는 안되고요. 그러면 승리도 못한다는 게 저의 주장인데, 그렇지만 집권세력이 87년 이래의 헌정질서를 근본적으로 바꾸려는 노력을 주로 선거를 통해 벌여왔고 정당성을 획득해왔거든요. 물론 실제로 그 일을 검찰이 하기도 하고 언론을 장악해서 하기도 하고 종교계에서 하기도 하고 여러군데서 합니다만, 그런 게 말썽이 나다가도 저항운동이 무산되고 있어요. 보궐선거에서 이기고 재선거에서 이기고 하면서 말이지요. 2017년 선거가 그 종결자 역할을 맡고 있어요. 종결자 역할을 못하게만 막아도 엄청난 새로운 가능성이 열리고 그동안 우리 사회의 여러군데서 축적되어온 대전환을 위한 움직임이 크게 발효되어서, 몇년이 걸릴지 모르지만 대전환이 이룩되리라고 봅니다. 그런 의미에서 2017년 선거는 굉장히 중요한데, 그러나 우리가 늘 경계해야 할 것은 선거중독증입니다. 이번 선거의 특별한 역사적 의미를 인식하고 대응하면서도 거기에 너무 몰입하지 않도록, 이 공부를 더 했으면 합니다.

**박윤철** 그 말씀을 들으니까 원불교 개교 100주년이라는 해가 중대한 기로와 떼려야 뗄 수 없는 시점이구나 하는 느낌을 갖게 됩니다. 100주년을 맞는 원불교를 매개로 해서 한국 사회의 종교계에 대하여 지금과 같은 중대국면과 관련지어 말씀 부탁드리겠습니다.

**백낙청** 원불교가 정말 아무것도 없는 맨땅에서 출발했지요. 외국에서 선교사가 자금을 들고 와서 세워준 것도 아니고요. 교조께서 이적을 행할 수 있는 능력이 없었다고 생각하지 않습니다. 충분히 할 수 있는 일을 안하신 거예요. 저축조합, 방언공사(防堰工事)처럼 자력으로 하는 걸 가르치셨죠. 그런 의미에서 급속한 성장을 하기에 불리했습니다. 교조가 호풍환우(呼風喚雨)하면 사람들이 와르르 몰려들잖아요. 그런데 그렇게 시작해서 100년 동안 이만큼 커왔다는 건 누가 뭐래도 대단한 것이고, 이것이 기적이죠.

진심으로 축하하는 마음인데, 100주년이라는 게 잔치 아닙니까. 밖에서도 덕담을 해야지 남의 잔치에 가서 악담할 이유가 없는 거고, 내부에서도 우선 잔치를 성대하게 잘 치르는 게 일차 목표고요. 다만 그러다보면 성찰이 덜 되기도 하는데, 저는 오히려 잔치를 치르고 나서, 교단에서 행사에 대한 평가가 있을 것 아닙니까. 행사에 대한 평가뿐 아니라 제2세기 원불교를 위해 100년 채우면서 뭘 했는가, 앞으로 뭘 할 것인가 등을 논의하면서 100주년이 새 출발과 새로운 성찰의 계기가 되면 좋겠다는 생각을 합니다.

**박윤철** 성찰이라는 말씀이 아주 크게 다가오는데요, 제가 사실은 성찰의 책임을 짊어지고 있습니다. 100주년 기념 학술대회 조직위원장이라는 걸 맡았는데, 축하연 말고 학술대회가 성찰을 담기에 좋다는 생각이 들고요. 저 개인을 위해서라도 학술대회 조직위원장은 어떻게 했으면 좋겠다고 말씀 주시면 큰 도움이 되겠습니다.

**백낙청** 조직위원장 일에 대해서까지 제가 아는 바는 없고, 잘하시리라고 믿습니다.

**박윤철** 막연하게 그렇게 말씀하시면 제가 허망하죠.

**백낙청** 조직위원장으로서보다도 대회를 잘 치르시길 바라고요. 대회 이후에 대회에 대한 평가를 하면서 첫 100년에 대한 성찰, 두번째 제2세기에 대한 다짐이나 준비, 이런 것과 연결시켜서 하시는 게 중요하지 않을까요?

**박윤철** 마무리 들어가면서, 가볍지는 않지만 사람들에게는 편하게 들릴 수 있는 말씀을 하나 더 여쭙겠습니다. 이철수(李喆守) 화백하고 인연이 돈독하시다고 들었는데요.

**백낙청** 글쎄요, 아주 가까운 사이는 아닙니다만 안 지 오래됐고, 이번에 『대종경』 연작판화의 경우는 '네가 그 봄꽃 소식 해라'라는 제목으로 문학동네라는 출판사가 내지 않습니까. 지금은 그만뒀지만 그 대표가 강태형 씨, 원래 시인이었고 원광대학교 출신이에요. 그래서 원불교에 관심이 많고, 아마 김형수 작가가 집필한 『소태산 평전』도 거기서 나올 기고요.*

강태형 사장이 한번 절 찾아왔어요. 초화 상태의 판화를 이만큼 들고 와서 이철수 화백이 내가 그걸 봐주고 가능하면 서문을 써주면 좋겠다

---

\* 2016년 6월 출간되었다.

고 했다면서요. 제가 서문에는 난색을 표했습니다. 원불교 전문가도 아니고 미술 잘 아는 사람도 아니고, 하여간 보고 나서 의견을 말하겠다고 하고, 연필로 끄적여서 보내줬어요. 그랬더니 어떤 대목은 이철수 화백이 처음부터 수긍을 하고 어떤 대목은 수긍을 안했어요. 그러다가 저하고 이메일 교환하면서 나중에 수긍한 대목이 있고, 어떤 대목은 수긍은 했지만 판화에 반영하기엔 너무 늦었다면서 문제가 많은 건 나중에 빼겠다 하는 등의 과정이 있었고요. 저는 뒤표지에 나가는 '추천의 말'을 써주는 걸로 면피를 했죠.

**박윤철** 실례되는 질문인지 모르겠습니다만, 자문료는 받으셨나요?

**백낙청** 자문료를 받은 셈이죠. 왜냐하면 전시 끝나고 이철수 씨가 나한테 그림을 하나 줬으니까. 한 점은 샀습니다만.

**박윤철** 이철수 화백이 300편 이상을 제작해서 200작품 정도 골라 전국 순회전시를 하고 지난 2월 14일에 대전 전시를 마지막으로 마무리했습니다. 선생님 보시기에 총평을 하신다면?

**백낙청** 대단한 작업이고, 이철수 화백으로서는 복을 많이 지었죠.

**박윤철** 이철수 화백 쪽이 복을 많이 지은 거죠. 꼭 가서 전하겠습니다.

**백낙청** 본인도 알고 있어요. 한마디 덧붙인다면, 이건 이철수 화백에 대한 비판이라기보다는 『대종경』에 대한 저의 존경심에서 나오는 말인데, 이철수 화백이 아닌 천하 그 누구라도 그 몇년 사이에 『대종경』으로 몇백편의 그림을 그리고 그걸 다 좋게 그리는 건 어렵다고 봅니다. 보통 선화(禪畫)하고도 다르잖아요. 이철수 화백이 잘 그리는, 자기 말로 한두 구절 읊어 넣는 것과는 다르고요. 『대종경』의 말씀을 갖고 하는 거니까 화가로서도 구속이 되는 거고, 그 말씀 중에는 사실 시각적으로 표현하기가 어려운 것이 많습니다. 그러니까 이게 행사용 그림이 아니라 하면 그런 걸 자기가 머릿속에 담고 연마하다가 영감이 나오면 그때 하나 그리고 그래서 십년을 그린다든가 이렇게 할 과업인데, 그거를 시간 정해놓고 편수를 채우려고 하니까 어떤 건 이철수 화백의 독특한 맛이 덜 나는 그림들이 있고요.

**박윤철** 저희 쪽 책임도 있는 것 같습니다. 100주년에 맞춰서 부탁을 했으니까.

**백낙청** 네, 원불교 쪽에서도 욕심이 있었고. 그럼에도 불구하고 원불교에서도 대단한 성과이고 이철수 화백으로서도 정말 큰 복을 지었다고 생각합니다.

**박윤철** 저는 서울 전시회 때 잠깐 보고 익산, 대전 잠깐 보면서 자문은 안했지만 출판되기 직전에 편집본을 미리 본 셈인데요, 제가 그때 받았던 인상은 이건 일종의 개벽이다, 여러가지 의미로요.

오늘 귀중한 자리 내주셔서 감사합니다. 특히 젊은 교무들까지 동석하게 해주셨는데, 제 얘기만 드리면 아쉬울 수도 있을 것 같아서 젊은 교무들, 후학들 한두명 질문드리겠습니다.

**청중 1** 평소에 교수님이 원불교 교리에 대해서 밝혀주신 부분들이 감명 깊었습니다. 제가 개인적으로 인상 깊었던 것은 『정전』이나 『대종경』을 번역하시면서 그 부분을 문학과 연관시켜 표현해주신 것인데요, 저로서는 이것을 종교적·철학적으로 받아들여오다가, 문학평론을 하는 교수님이니까 당연히 이건 어떤 문학이다라고 표현하셨겠거니 생각했는데 그게 아니었습니다.

가만히 더 생각해보니까 우리 『대종경』이나 『정전』을 문학의 관점에서 바라보는 것이 좀더 시대적인 구분 같고요. 그 부분이 교수님께서 지금까지 문학을 하시는 이유이기도 하고, 그것을 통해 대종사님을 바라볼 때 더 바르게 바라볼 수 있다는 말씀으로 이해가 됐습니다. 과연 어떤 의미인가요?

**백낙청** 질문이라기보다 논평을 하셨는데, 그때 문학이라는 개념은 시·소설·희곡이라는 좁은 의미의 문학이 아니고 더 넓은 의미의 문학입니다. 원래 동아시아 전통에서는 문학을 넓게 생각했고요. 서양에서도 시·소설 또는 희곡 위주로 가는 것은 근대에 들어와서도 한참 지난 후였습니다. 그러니까 문학을 넓게 보는 것이 저의 독창적인 해석은 아니라는 걸 말씀을 드리고요.

그런 관점에서 본다면 『대종경』이 훌륭한 문학작품이라는 건 누구나 수긍할 수 있는 말인 것 같아요. 『정전』의 경우에는 저도 시간이 걸렸습니다만, 사람들이 얼핏 납득하기 어려울 것 같은데 아까 『정전』에도 스토리가 있다고 했는데, 『정전』이 처음에 현하(現下)라고 해서 시국에 관한 얘기로 출발하잖아요. 이게 구불교와 전혀 다른 거거든요. 현하 시국을 보면서 개벽을 얘기한 건 우리 동학 이래의 전통이긴 하죠. 하지만 구체적인 진단이 있다는 점에서, 특히 물질개벽이라고 진단하신 점에 있어서는 원불교가 독특합니다.

그렇게 현 시국에서 출발해서 그다음에 교리의 요강을 말씀하시고 수행에 관해, 일상수행부터 시작해서 여러가지로 가다가 뒤에 가서 다시 최초 법으로 돌아오잖아요. 고락에 관한 법문을 하시고 그다음에 법위등급(法位等級) 이야기로 끝마치지요. 정리하자면, 시국에 관한 인식에서 출발해서 원불교의 교리를 받아들이고 수행을 일상수행에서부터 시작해서 여러 수행을 거치면서 다시 현 시국의 문제로 돌아와서 등급을 높여서 여래위(如來位)로 끝나는 거죠.* 저는 그걸 장엄한 드라마라고 표현했습니다.

또한 번역하면서 느꼈는데, 일상수행에서도 그 요란함을 없애자고 말씀하시잖아요. 요란함을 없애는 건 불교에서도 늘 하는 얘기인데 불교에서는 그걸 원천적으로 없애버리려고 해요. 그런데 원불교에서는 경계에

---

* '법위등급'은 여섯 등급으로 나눈 수행자의 인격과 공부의 위계. 여래위는 그중 최상위이다.

따라서 요란함을 없애자고 해요. 그 한마디 속에 굉장히 많은 의미가 들어 있고, 제가 문학에서 흔히 '예술적 경제'라는 걸 강조하는데 그래서 길게 설명하지 않고 줄여서 설명하는 묘미가 있다는 말을 했던 겁니다.

**박윤철** 조금 늦게 참석했습니다만 조성환 박사는 한국철학 전공하면서 최근에 교도가 됐어요. 대종사님과 교리공부에 빠져서 초기 교사(教史)도 1, 2년 공부했습니다. 지난번 발표회 때 연조가 짧고 밖에서 한국철학을 했던 학도로서 당신 눈에는 원불교 특징이 어떻게 비치냐 물었더니 딱 한마디 건져올린 단어가 통(通), 원불교는 통의 종교다, 그래서 제가 느낀 바가 컸습니다. 아마 조성환 박사가 여쭤볼 게 많을 것 같은데요, 한가지만 제일 중요한 걸 질문해주시면?

**청중 2**(조성환) 사상으로서 선생님의 원불교에 대한 말씀이 인상 깊었고요. 유교·불교·도교를 우리가 중국에서 빌려와서 변형시켰는데 동학이나 증산도에서 한 걸 다시 원불교에서 했다는 특징도 있고 해서 연구의 대상이 된다고 생각해왔습니다. 선생님께서 분단체제에 관심이 많다고 해서 여쭤보는데요, 우리는 정도전(鄭道傳)의 조선조 같은 건국철학이 없이 그냥 얼떨결에 나라가 만들어진 게 아닌가, 그래서 우왕좌왕하는 게 아닌가 싶습니다. 그래도 원광대학교는 개교 표어가 있지만, 예를 들어서 87년 이후로 우리는 시민이 됐는데 시민이 뭔지도 모르지 않습니까, 세월호 참사 이후로 학생들에게 리포트를 받아보면 우리는 지금 퇴계(退溪) 같은 어른이 없다고 하는데, 선생님을 뵈니 아직 어른이 계시는 것 같습니다. 어른으로서 우리 사회가 나아갈 방향을, 원광대학교의 개교 표어처럼 한마디로 화두로 삼을 만한 게 있다면 던져주십시오.

**백낙청** 제가 따로 더 보탤 거 없이 원불교 안에 많이 나와 있다고 봅니다. 개교 표어는 전인류에 해당하는 거니까 한국에만 해당하는 건 아니죠. 그런데 그걸 화두로 붙잡고 연마하면 한국에선 뭐가 되는가, 물질개벽이 무엇인가를 연구하는 게 더욱 중요하다고 보고요. 그러다보면 물질개벽에 상응하는 정신개벽이 한반도에서 일어나야 한다는 답으로 갈 수 있다고 보고요.

분단되기 전의 상황이지만 정산종사님께서 건국론, 지금 법어에는 '국운(國運)' 편에 나와 있는 대목에서 경륜을 펴놓으신 게 있고요, 더 거슬러올라가면 최초 법어가 그런 지침에 해당한다고 봅니다. 그게 유교에선 '수신제가치국평천하'인데, 당시엔 일제치하니까 '치국'을 얘기할 수도 없었지만, 치국이 아니라 강자와 약자 진화의 법칙, 요법(要法)으로 바꾸신 것이 일제의 간섭을 피하기 위한 방편만이 아니었죠. 유교적인 치국 강령을 새롭게 바꿔서 나중에 건국을 하더라도 적용될 수 있는 것이었고요. 국제관계에도 적용되지만 국내에서도 지금 빈부격차니 갑질이니 여러가지 문제가 있는데 그런 점에서 그 요법이 중요한 것이 됐어요. 그다음에 '평천하'라는 개념을 바꿔놨잖아요. 어떻게 보면 개교하고 얼마 안돼서 내놓으신 게 있다고 봅니다. 연마해서 적용을 하면 부수적인 방안이 나올 수 있다고 봅니다.

**청중 3** 선생님께서는 원만한 지향점을 찾아서 오셨다고 봅니다. 현실과의 부딪침을 보고 느끼셨을 거라고 생각하는데 어떤 생각으로, 어떻게 넘기셨는지 궁금합니다. 지금은 좀 완성되신 모습을 보여주시는데, 그 순간순간을 어떻게 넘기셨는지 그 말씀을 듣고 싶습니다.

**백낙청** 비교적 잘 넘길 때도 있고 못한 때도 있고 그렇습니다만, 어떤 때는 그런 자랑도 합니다. 사람들은 흔히 제가 정치적으로 탄압받은 걸로 생각하지만, 사실 저도 아무것도 없는 데서 『창작과비평』이라는 사업을 창업해서 '창조경제'를(웃음) 일으켰는데, 그 과정에서 힘든 때가 많았죠. 재정적으로 많이 힘들었고요. 그런 거 다 겪고도 내가 아직 간이 안 썩은 거 보면 수양이 된 사람 아니냐고 농담 삼아 자랑한 적이 있습니다. 결과적으로는 아직까지 비교적 건강하고 특별히 원망심에 가득 찬 생활을 안 하고 있으니까 무난하게 넘겨온 셈이라고 생각합니다.

**박윤철** 답이 조금 서운하죠? 해탈이 되시면 물 같은 답이시니까. 과학도 출신인 전교무님 한 말씀 하시겠습니까?

**청중 4** 이철수 화백 그림 중에 맨 밑의 그림이 요즘 현 시대를 굉장히 잘 표현한 그림이 아닌가 싶습니다. 물질개벽에 따른 여러 폐단이나 현상을 그렇게 표현한 것 같고요. 우리나라뿐 아니라 세계를 보면 시리아, IS, 석유와 강대국 관련 문제라든지 일상에서 접하는 뉴스를 보면 과거에는 상상하지 못한 일들이 비일비재한데요, 여기서 '물질개벽 되니 정신개벽 하자'라는 게 얼마나 의미가 있는가 하는 생각도 들거든요.

대종사님께서 방안을 말씀해주시기도 했는데, 물질개벽과 정신개벽의 격차가 이렇게 큰 상황에서 어떻게 실타래를 풀 수 있을까 궁금하고요. 삼동윤리 관련해서 종교의 근본원리가 하나라고 말씀하셨는데, 이슬람권에서는 같은 이슬람 국가 내에서도 종파가 나뉘어서 싸운단 말이에요. 그런데 과연 이슬람에서 말하는 알라신과 기독교에서 말하는 하나님이 만날 수 있는가? 그리고 우리가 말하는 법신불(法身佛)과 하나님과 알라신이 만날 수 있을까? 우리는 하나고 둘이 아니다, 그렇게 받아들이는데 이슬람과 기독교에서 그걸 받아들일 수 있을까? 너무 요원하다는 생각이 드는데, 그 장벽을 낮추고 실타래를 풀려면 어떻게 접근해야 할까. 그런 말씀을 듣고 싶습니다.

**백낙청** 얽힌 실타래를 하나하나 풀어가야 하는데, '쾌도난마'란 말이 있습니다만 제가 그런 답을 제시할 순 없고, 개교 표어에 있어서는 물질개벽에 대해 거듭 연마해볼 필요가 있습니다. 흔히 물질문명, 정신문명 얘기하면서 정신과 물질에 대한 개념을 서양 것을 답습하고 있는 것 같아요. 그런데 그렇게 따지면 서양의 물질문명이라는 것이 엄청난 정신력의 소산이거든요. 과학도 그렇고 그 배경에 있는 철학의 전통도 그렇고. 그리고 지금도 그 사람들이 지적·학술적 세계에서 패권을 행사하고 있는데, 그게 단순히 그들의 기술이 발달하고 돈이 많아서 그렇다고 보면 안될 것 같아요.

『정전』의 정신수양 대목에서 보면, 정신은 존재하는 유(有)의 실체가 아니에요. 경지죠.『금강경』에서 말하는 유형무형(有形無形) 유상무상(有想無想) 비유상비무상(非有想非無想), 이게 전부 물질입니다. 우리가 흔히 정신이라고 생각하는 것도 물질이에요. 그런 것이 다 개벽되는 현상을 총체적으로 봐야지, 무슨 기술이 발달하고 인간이 물욕에 어둡고 그런 것만을 봐선 안됩니다. 인간이 물욕에 어둡지 않은 때가 없었거든요.

그렇다면 정신이 무엇인가?『금강경』에서 하는 말씀이라든가『정전』에서 하는 말씀을 알아듣고 실천할 수 있는 능력이 정신이라고 봐야 합니다. 정신과 물질의 이분법을 우리가 어느새 서양식으로 물들어서 생각하는데, 그래서는 해결이 안된다는 말씀을 드리고 싶고요. 삼동윤리 실현하는 데 여러가지 문제를 말씀하시면서 이슬람 얘기를 주로 하셨는데, 종파끼리 피 흘리고 싸우는 건 이슬람만이 아니잖아요. 기독교도 그랬고, 옛날에는 불교까지도 승려들끼리 전쟁하고 싸우고 그랬습니다. 그러니까 이슬람에 대해서는 더 열린 자세로 볼 필요가 있다고 봅니다.

흔히 알라신, 그러는데, 아랍어로 '알라'(Allah)는 신이에요. 그들이 말하는 신이나 유대교나 그리스도교에서 말하는 신이 똑같은 신입니다. 그걸 인정 안하는 것이 기독교예요. 이슬람에서는 아브라함부터 전부 예언자로 인정합니다. 다만 예수도 예언자의 한 사람으로 인정하지 그분 하나만을 메시아라고 보지 않고요. 이슬람에서는 메시아를 얘기하는 게 아니라 하나님의 말씀을 그대로 세상에 전달해준 무함마드(Muhammad)가 예언자 중에 최고라고 보는 거죠. 그런 점에서 교리상으로는 이슬람이 기독교보다 더 관용적이라고 볼 수 있어요. 현실적으로도 누가 더 편협한지 모르겠습니다, 기독교 어떤 종파는 어디 갖다놔도 부끄럽지 않을 정도로 편협하고 공격적이기 때문에. 어쨌든 거기서는 절대자 신을 상정하는데, 유대교·기독교·이슬람교 모두 다요.

그렇다면 법신불하고 어떻게 되느냐? 이쪽에서는 쉽게 해석이 됩니다. 법신불은 유무초월의 경지에 있는 거고, 신이라는 건 유의 영역에서 최고 지존의 존재죠. 그렇게 보면 법신불 이론 속에 다 포용되는 건데, 그럼 저쪽에서는 불만이겠죠. 너희만 높고 우리는 그중 일부밖에 안되느냐 그러는데, 제가 알기로 그리스도교 전통 안에도 하나님을 절대적인 존재자로 보기보다는 '없으면서 계시는 분'이라고 해석하는 흐름이 있습니다. 한국에서도 다석(多夕) 류영모(柳永模) 선생이 기본적으로 기독교인인데, 하나님을 '없으면서 계신 분'이라고 보고 '없계신분'이라는 표현도 만들었어요. 그런 관점에서 본다면 그들이 섬기는 하나님이 법신불하고 큰 차이가 없는 거죠.

동원도리(同源道理)가 무조건 다 똑같다는 말은 아니잖아요. 일원으로 통일하자는 것인데, 그게 아주 불가능한 것은 아니라고 봅니다. 기독교나 이슬람 안에도 그 흐름이 있기 때문에, 원불교가 정신적인 지도력을 발휘하고 도덕적인 노릇을 해서 그걸 다 합치는 일을 장차 해내야 되지 않을까 생각합니다.

**박윤철** 선생님, 귀중한 시간을 내주셔서 너무 감사드립니다. 저희들은 저희들대로 원불교 안에서 개벽을 향해 정진하려고 합니다. 선생님이 가꾸어오신 창비가 새로운 출발을 앞두고 있다고 하니, 창비 역시 개벽의 일꾼으로 함께해주십사 하는 마음으로 이 작품을 창비에 기증하면서 이야기를 마치겠습니다. 오랜 시간 대단히 고맙습니다.

# 4·13총선,
# 편안한 마음으로 투표합시다.

백낙청(서울대 명예교수)
김종배(시사평론가)

이번 4·13총선 앞두고 참 여러가지 장면들이 연출되었는데요, 이런 선거 국면을 남다른 시선으로 바라보시고 며칠 전 페이스북에 입장을 밝히신 우리 사회의 원로 한분을 오늘 특별히 저희 스튜디오에 모셨습니다. 더이상 설명이 필요 없는 분이시죠. 백낙청 서울대 명예교수 모셨습니다. 어서 오십시오, 교수님.

**백낙청** 네, 반갑습니다.

**김종배** 건강은 어떠세요, 요즘?

**백낙청** 그럭저럭 버티고 있습니다.(웃음)

**김종배** 목이 좀 잠기신 거 같아요.

**백낙청** 네, 공기 안 좋고 한 것에 제가 좀 민감한 편입니다.

■ 이 인터뷰는 tbs 라디오 「색다른 시선, 김종배입니다」(2016년 4월 11일)에 방송된 것이다.

**김종배** 네, 선거 진행과정은 어떻게 지켜보셨습니까?

**백낙청** 역대 유례가 없는 희한한 선거 같아요.

**김종배** 며칠 전에 페이스북에 글을 올리셨어요,* 교수님께서. 그런데 가장 눈에 띄는 부분이 지금의 시대에 대해서 태평성대는커녕 재난의 시기이자 비상시국이다, 이렇게 규정하신 겁니다. 어떤 근거로 이렇게 판단하신 겁니까?

**백낙청** 여러가지를 들 수 있는데요. 우선 일부 잘사는 사람들 빼고는 대중들은 살림이 너무 어렵잖아요. 죽는 사람도 많고 자살률도 높고, 그리고 여러가지 재난사고도 있었는데 또 거기에 대한 진상규명도 안되고. 다른 한편으로는 우리 국민이 87년 6월항쟁 이후로 이렇게 권력이 막가는 것을 통제하는 여러가지 장치를 만들어놨는데 그게 지금 하나하나 허물어져가고 있는 형국이라고 봅니다.

**김종배** 민주적인 제도가요?

**백낙청** 네, 제도와 관행이 모두 허물어져가고 있는 형국이기 때문에 이게 그대로 진행되면 그나마 우리가 만들어낸 민주적 헌정질서가 완전히 파괴될 위험이 있다, 그런 의미에서도 비상시국이라는 거죠.

**김종배** 아주 눈에 띄는 표현이 있었는데, '점진 쿠데타'라는 표현을 쓰셨어요.

**백낙청** 그건 제가 쓴 표현은 아니고 다른 사람이 쓴 것을 인용했습니다만, 쉽게 설명하면 이런 겁니다. 쿠데타라고 하면 보통 군사쿠데타 아닙니까? 군대가 탱크 몰고 나와서 하루아침에 세상을 확 바꾸어놓는 건데, 지금 진행되고 있는 사태는 그런 쿠데타는 물론 아니고 군대가 아닌 민간이 주도하기 때문에 하루아침에 세상이 바뀌는 것도 아니죠. 그러나 민주 헌정을 기본적으로 파괴하는 작업이 꽤 조직적으로 진행되고

---

* 백낙청 페이스북 https://www.facebook.com/paiknc의 2016년 4월 6일자 게시물 「편안한 마음으로 투표합시다」 참조.

있다는 점에서는 쿠데타와 흡사하다는 거죠.

**김종배** 조직적으로 진행된다는 말에는 의도적으로 파괴되고 있다는 뜻도 내포되어 있는 건가요?

**백낙청** 저는 의도적인 부분도 많이 있다고 봅니다. 삼권분립 같은 것이 점점 공허해지고 언론 장악하고 국민들의 기본권이 탄압되고, 이런 것이 하나하나를 따로 보면 그냥 약간 퇴행한다, 문제다, 반민주적이다, 이렇게 말할 수 있지만 저는 그게, 뭐 그쪽도 일사불란하게 추진하고 있는 건 아니지만 상당히 대대적이고 여러 방면에서 진행되고 있는 것을 보면 일종의 점진 쿠데타 국면이라고 볼 수 있을 것 같아요.

**김종배** 그러니까 헌정의 부분부분이 조금씩조금씩 무력화되고 무너지고 있다는 점에서 점진 쿠데타라는 표현이 성립한다는 말씀이시군요?

**백낙청** 부분적으로 조금씩 무너지는 것은 있을 수 있는 일인데, 그것은 잠시 정권을 잘못 만나서 그러다가 또 정권교체가 되고 회복되고 이렇게 왔다 갔다 하면서 진행되는 것이 말하자면 정상적인 의회정치 아니겠어요? 그런데 지금은, 어쩌면 앞으로 그나마 비교적 공명한 선거, 공개적인 선거, 이런 것이 가능하던 시기도 사라지는 게 아니냐 싶습니다. 그렇다고 체육관 선거로 돌아간다는 이야기는 아니지만 국정원 같은 관의 선거 개입, 심지어는 군부까지 동원되는 댓글공작, 이런 게 더 맘 놓고 진행이 되면 그때는 반대파에서 훌륭한 후보가 나와도 어떻게 못해보는 거죠.

**김종배** 그러니까 선거의 공정한 환경이 파괴되어버린다는 말씀이시네요.

**백낙청** 공정한 선거환경의 파괴를 포함해서 우리 일상생활, 사회생활의 곳곳에서 그러한 사태가 진행되고 있다는 생각이에요.

**김종배** 저희 방송 애청자 여러분들 중에는 그래도 야당보다는 새누리당이 더 잘하고 있지 않느냐, 이렇게 생각하는 분들도 많이 계신단 말이죠.

**백낙청** 대체로 보면 새누리당이 선거는 훨씬 잘합니다. 그런데 이번에는 새누리당도 별로 잘하는 것 같지 않아요. 그런데 야당이 워낙 못하니까 이길 가능성이 크다고 저는 봅니다만, 새누리당도 그런 점에서는 상당히 퇴보한 거 같아요.

**김종배** 공천과정에서의 파동이라든지…….

**백낙청** 공천파동도 그렇고 선거전 하면서 왔다 갔다 갈팡질팡하는 모습도 그렇고요. 그리고 역시 기득권을 수호하고 그걸 잘, 막말로 '해먹는' 데 이골이 났기 때문에 잘한다고 봅니다. 야당은, 참여정부 경우도 있습니다만, 정권을 쥐여줘도 제대로 활용을 못하잖아요.

**김종배** 제가 좀 전에 왜 그런 질문을 드렸냐 하면, 청와대나 새누리당 같은 경우는 정권 심판이 아니라 국회 심판, 이런 것을 주장하지 않습니까? 정권이 일을 좀 하려고 하면 국회, 뭐 야당을 뜻하는 거겠죠, 야당이 법안 제대로 통과시켜주지 않고 발목 잡아서 제대로 된 게 뭐가 있느냐, 그러니까 이번 총선을 통해서 국민들이 국회에 따끔한 맛을 보여주고 심판을 해야 한다고 주장하잖아요?

**백낙청** 네, 그러니까 저는 동의하지는 않습니다만 그런 식의 프레임을 만들어서 역공하는 기술을 보면 상당히 잘하는 거죠.

**김종배** 그러면 교수님께서는 이번 총선은 정권 심판 내지 정권 견제, 이게 가장 중요하다고 보시는 겁니까?

**백낙청** 그렇죠. 저는 정권 심판, 정권 견제가 더 중요한 이슈라고 봅니다.

**김종배** '편안한 마음으로 투표합시다', 페이스북에 올리신 글의 제목이 이렇게 되어 있습니다. 그러면 편안한 마음은 아닐 것 같은데요?

**백낙청** 그 제목의 절반은 약간의 패러독스라고 할까, 일부러 도발적으로 지은 면이 있고, 다른 한편으로는 본심도 담겨 있습니다. 이걸 일부러 도발적으로 했다는 것은 금방 이해하시겠죠. 사람들이 워낙 불편해하니까. 꼭 야권 지지자들만이 아니고 새누리당을 지지하시는 분들도 속상해서 투표해야 되나 말아야 되나 하는 분들이 꽤 있는 것으로 압니다. 다들 불편하니까 일부러 그렇게 제목을 달아본 면이 있고, 다른 하나는 지금 그 불편해하는 심기 중의 많은 부분이 좀 잘못된 전제에서 출발하는 것 같아요. 가령 야권을 본다면 정권을 심판하고 견제해야 하는데, 그리고 장차는 정권교체까지 가야 하는데, 이거를 꼭 이번에 더불어민주당이 모든 야당을 대표해서 야권 표를 다 가지고 와서 제1당이 되거나 아니면 그래도 강력한 제2당이 되어야 한다는 전제로 출발한다면 지금 마음이 대단히 불편할 수밖에 없어요. 그러나 정권 견제나 정권 심판이라는 그 목표 자체로만 본다면 새누리당이 압승을 안하면 되는 거지, 야권 표를 더민주가 얼마나 더 가져가느냐 하는 게 핵심은 아니거든요. 그런 점에서 어차피 안철수 대표의 국민의당이 제3당으로 자리 잡는 것은 불가피하고 그건 기정사실이라고 보입니다. 그러면 그건 인정을 하고, 어떻게 해서든지 야권 전체의 표를 한 석이라도 늘려보고 또 총선 이후에 어떻게 할 것인가, 이것을 생각한다면 지금 선거야 뭐, 여론조사 이렇게 저렇게 나오는 것을 너무 불편해할 필요 없이 편안한 마음으로 투표합시다, 하는 거죠.

**김종배** 교수님께서 쓰신 글을 보면 "정당명부제 투표에서는 한층 마음 편하게 자신이 가장 좋아하는 당을 찍을 수 있습니다", 이렇게 말씀하셨습니다.

**백낙청** 그러니까 우리가 흔히 깨끗한 한 표라고 이야기를 하는데요, 사실 국회의원 선거에서는 깨끗한 두 표를 행사할 수 있지 않습니까. 그런데 과거에는 2012년만 하더라도 대체로 한 당에 몰아주는 경향이 컸습니다. 가령 야권의 경우는, 통합진보당이 있었나요?

**김종배** 2012년에는 민주통합당이었죠.

**백낙청** 민주통합당이 지금 더민주고, 민주노동당이 아마 그 시점에는 통합진보당으로 바뀌었을 텐데,* 분열 이전의 통진당이죠. 그쪽 진영 사람들 대개 두 표 다 거기로 준다든가 적어도 한 표는 거기로 줬고, 야권 지지자들이 대개는 민주통합당에 몰아줬어요. 꼭 마음에 안 들더라도 몰아준 사람이 많습니다. 그때는 민주통합당이 선거에서 이기고 제1당이 될 수 있다는 희망을 갖고 거기에 일조해야겠다는 의무감을 느끼는 사람들이 많았거든요. 그런데 이번에는 어차피 그런 가능성은 희박하니까 지역구에서는 더불어민주당을 찍든 말든 정당명부제는 그냥 자기 좋아하는 당 마음 편하게 찍으면 된다, 더민주 좋아하면 더민주 찍고 다른 당이 더 좋으면 지역구에서 지지를 안할 사람이라도 찍어주면 되는 거 아니냐, 이런 이야기입니다.

**김종배** 제가 바로 그 질문을 드리려고 했는데요, 정당명부제 투표에서는 편하게 찍어라, 그러면 지역구 후보 투표에서는요?

**백낙청** 지역구 후보도 편한 마음으로 찍어야 해요. 간단하지는 않죠. 그런데다 지역마다 또 선거구마다 사정이 다 다르지 않습니까. 지금 야권에서 크게 문제가 되고 있는 지역은 호남입니다. 호남에서 지금 두 야당이 경합을 하고 있고 국민의당이 많은 표를 가져가서 더민주가 이번에 약진할 기회가 줄어들었기 때문에 속 끓는 사람들 많아요. 그러나 저는 호남에서는 더민주를 찍든 국민의당을 찍든 여당 견제라는 효과는 똑같은 건데 꼭 뭐 더민주라야 하느냐, 자기가 더 좋아하는 정당, 또는 더 좋아하는 인물을 찍으면 되니까 저는 호남 사람들이야말로 편안한 마음으로 투표할 수 있고, 그것은 어떻게 보면 호남인들이 그동안 싸워서 쟁취한 특권이라고 봐요. 차별을 받고 온갖 불이익을 당하면서도 새

---

* 2011년 12월 6일 민주노동당, 국민참여당, 새진보통합연대가 연합해 통합진보당을 창당했으나 2014년 12월 19일 헌법재판소의 위헌정당 판결에 따라 강제해산되었다.

누리당에 어부지리를 안 주고 야당, 야권을 선택할 수 있는 그런 권한을 획득한 거죠. 그러니까 호남 사람들은 자기들이 얻어낸 권한을 행사하면 되는 거고, 그걸 가지고 여기 수도권에서 시비할 필요가 없는 거고요. 수도권이나 충청권은 그렇지 않죠. 여기는 자칫하면 여당에 어부지리를 주게 되니까. 그래서 저는 지역구 투표는 역시 막판까지 형세를 지켜보다가 당선 가능한 야권 인사에게 투표를 하는 것이 옳겠다, 그런 제안을 한 것입니다.

**김종배** 지금 교수님의 이런 말씀은 야권 지지 성향을 보이는 유권자들을 상대로 하시는 말씀이고요. 그러면 새누리당을 지지하는 유권자에게는 어떤 말씀을 해주시겠습니까?

**백낙청** 새누리당 지지 유권자들은, 글쎄요. 수도권에서 그분들 중 일부는 국민의당으로 옮겨간다 하는 주장도 있고 특히 국민의당 측에서는 그렇게 주장을 하는데, 대체로 보면 새누리당 지지하는 분들은 큰 고민 없이 새누리당 찍습니다.

**김종배** 지역구 후보도 그렇고, 정당도 그렇고요?

**백낙청** 네. 가령 마지막에 공개된 여론조사에 따르면 새누리당의 경우는 정당 지지도하고 비례대표 지지도가 똑같아요, 다른 당은 안 그런데. 고민이 있다면 오히려 이번에는 대구라든가 영남 지역이에요. 일부 야당 후보가 있습니다만 결국은 친여 무소속들이 나와가지고 어떻게 선택하느냐 하는 문제가 있는데, 저는 그런 경우에도 그냥 자기 좋은 대로 찍고 그거 가지고 애끓을 필요 없다는 거예요. 친여 무소속도 자기 당선되면 복당하겠다고 하고 있고, 또 무소속을 찍은 게 새누리당한테 미안하게 생각이 되면 정당명부제는 꼭 새누리당 찍어주면 되는 거 아니냐, 그런 겁니다.

**김종배** 그러니까 요약하면 전략적으로 고려하지 말고 정당명부제 투표에서는 자기가 좋아하는 정당을 찍어라, 이런 말씀이신 거죠?

**백낙청** 그렇죠.

**김종배** 앞서서 점진 쿠데타라는 표현을 쓰셨고, 그런 시대인식을 전제로 이 점을 한번 여쭤보고 싶은데요, 지금 국민의당은 어떤 성격을 갖고 있는 정당이라고 평가하십니까?

**백낙청** 국민의당의 성격을 제가 정의할 필요는 없을 것 같고요.

**김종배** 왜 제가 이 질문을 드렸냐 하면, 총선 이후에 야권이 어떻게 되어야 하는가 하는 게 또 많은 사람들의 관심사 아니겠습니까? 그래서 질문을 드렸습니다.

**백낙청** 제가 페이스북에 가령 야권 분열의 모든 책임을 안철수 대표나 국민의당에 돌리는 것에는 저는 동의하지 않는다고 썼습니다. 야권 분열이라는 것은 훨씬 더 오래된 사태고, 이게 분당까지 가서 국민의당이 저 정도로 커졌으면 그건 굉장히 복잡한 설명을 요구합니다. 그런 점에서 이제 와서 너희들 때문에 야권이 분열해서 선거 망쳤다, 이렇게 말하는 것은 옳지 않다고 주장을 해서 어떻게 보면 국민의당이 새누리당의 확장을 과연 얼마나 저지할지는 이제 결과를 봐야 하고, 총선 이후에 어떻게 하느냐, 그건 또 전혀 다른 이야기죠.

**김종배** 벌써부터 총선 이후를 이야기하는 사람들은 사실은 총선 이후가 아니고 내년 대선 국면까지도 염두에 두고 그런 이야기를 하는 거 아니겠습니까?

**백낙청** 네, 맞습니다.

**김종배** 그러면 아직은 그런 이야기를 하기에는 빠르다고 봐야 할까요?

**백낙청** 아뇨. 제가 이번에 글을 쓴 동기 중의 하나는 많은 분들이 너무 지금 총선 시국에 매몰되어 있는 거 같아서, 총선 이후를 지금부터 생각해야 한다는 이야기를 하고 싶었던 거고요. 대선과 관련해서는, 지금 더민주는 더민주만이 정권교체를 할 수 있는 정당이라고 주장을 하고 안철수 대표는 국민의당이라야 정권교체를 한다고 하는데, 저는 그 둘 다 동의하지 않습니다. 두 정당 모두가 지금으로서는 수권정당, 수권능력을 갖춘 정당이라고 볼 수 없고요.

**김종배** 자기 힘만으로는 안된다, 두 정당 모두?

**백낙청** 네. 그게 의석 수가 모자라서 그런 게 아니라, 저는 지금 우리 민주주의의 가장 큰 문제 중의 하나는 야권에 수권정당이 하나도 없다는 점이라고 봐요. 그러니까 더민주도 그렇고 국민의당도 그렇고 정의당도요. 사실 정의당이 그동안 의정활동이나 또 이번에 공천과정 같은 것을 보면 상당히 훌륭한 면이 많지만, 정의당을 현재 수권정당으로 보는 사람은 없잖아요. 본인들도 아마 그건 인정할 것이고. 이것이 문제인데……. 그래서 총선 이후의 최대과제는 2017년에 정권교체를 이룩할 수 있는 그런 후보를 찾아내고 그런 정당을 만들어내는 것인데, 이게 단순 통합으로 될 건 아니고 굉장히 복잡한 과정을 거쳐야 할 것 같습니다.

**김종배** 알겠습니다. 이건 다시 한번 짚을 기회가 있을 테니까 여백으로 남겨놓고, 오늘 교수님 모시고 나누는 대화는 여기서 마무리해야 할 거 같습니다. 오늘 말씀 잘 들었습니다, 교수님.

# 자본은 어떻게 작동하며
# 세계와 중국은 어디로 가는가

백낙청(『창작과비평』 명예편집인)
데이비드 하비(뉴욕시립대학 대학원 교수)
2016년 6월 23일 창비서교빌딩

**백낙청** 먼저 계간 『창작과비평』 창간 50주년 행사에 참여하기 위해 한국까지 먼 길 와주신 것에 감사드립니다. 그동안 바쁜 일정을 소화하셨지요. 금주에 우리는 2016년 '동아시아 비판적 잡지 회의'라는 또다른 기념행사를 치렀는데, 영어 통역이 없는데도 일부러 오셔서 오후 내내 동석하셨습니다. 그저께는 '가치실현의 위기와 일상생활의 변모'라는 제목으로 공개강연을 하셨고,* 어제는 한정된 인원의 전문가 및 활동가들과 더불어 선생의 저서 『반란의 도시』**를 중심으로 워크숍을 했는데 다양한 분야에 걸친 토론이 빌어졌지요. 참여하신 행사들에 대한 소감을 한마디 해주시겠습니까?

■ 이 대담은 『한겨레』 2016년 7월 1일자에 발췌 요약본이 게재되고 『창작과비평』 2016년 가을호에 전문이 실렸다. 영어로 진행된 이 대화의 녹취록은 리사 킴 데이비스(Lisa Kim Davis)가 작성했으며 두 대담자의 확인을 거친 후 백낙청 명예편집인이 우리말로 옮겼다. 이 대담의 각주는 모두 원주이다.

**데이비드 하비**(이하 하비) 제가 세계 곳곳을 다니면서 느낀 것 중 하나는 출판사가 조직하는 행사가 대학이 조직하는 행사보다 더 흥미롭다는 사실입니다. 출판사들은 순전히 학술적인 행사보다 더 다양한 청중과 참여자를 동원하기 때문이지요. 이번에도 청중의 구성이 썩 마음에 들었고, 내가 우선적으로 적용하는 기준에 따르면 잠드는 사람이 눈에 안 띄더군요.(웃음) 강연 뒤의 질문이나 이튿날 워크숍에서의 질의와 토론을 보면 적어도 한국 사회의 일각에서는 제가 핵심적이라 생각하는 문제들에 폭넓은 관심이 있는 게 분명했습니다. 하지만 얼마나 도움이 되었는지는 청중에게 물어보셔야겠지요.

## 실천과 직결된 『자본』 읽기

**백낙청** 선생의 강연 제목과 관련해서, 외국에서도 그런지는 모르겠으나 한국에서 맑스 경제학에 관심 있는 분들이 가치의 '실현'(realization) 문제는 많이 논하지 않는 것 같습니다. '생산과 실현의 모순적 통일성'이 맑스의 주요 개념 중 하나임에도 불구하고 실현의 측면이 경시되기 일쑤고, 선생이 지적하시듯이 그게 실천적 투쟁에 손실을 가져오게 되지요. 선생은 이런 현상의 원인 중 하나로 『자본』 제2권이 제1권에 비해 읽는 재미가 훨씬 덜하다는 점을 드셨는데, 다른 나라의 맑스 연구에도 해당되는 거겠지요?

**하비** 그렇습니다. 맑스를 읽는 방법이 여러가지 있는데, 저는 맑스가 자본을 하나의 진화하는 유기적 체계로 이론화한다는 생각에 점점 더

---

* 데이비드 하비 「실현의 위기와 일상생활의 변모」, 백영경 옮김, 『창작과비평』 2016년 가을호 참조.

** David Harvey, *Rebel Cities*, Verso 2013. 국역본 데이비드 하비 『반란의 도시』, 한상연 옮김, 에이도스 2014.

집중하고 있습니다. 그러나 이것이 단순한 유기체의 비유는 아니에요. 무슨 몸뚱이 같은 것이라기보다 여러 부분이 상호 연관된 하나의 느슨하게 연결된 생태체계 비슷한 것이지요. 그 전체는 자본의 유통과 축적에 의해 추동됩니다. 유통의 과정 전반을 살펴보면 그것이 도처에서 중단될 수 있고, 온갖 종류의 장애에 봉착함을 알 수 있지요. 생산에만 집중해서는 자본의 체계 전체를 이해할 수 없습니다. 물론 맑스가『자본』제1권에서 주로 다루는 것은 생산이고, 제1권이 경제에 관한 훌륭한 학술서일 뿐 아니라 문학적으로도 뛰어난 걸작임은 누구나 인정합니다. 제2권에 가면 다른 시각으로 유통과정을 분석하는데, 이걸 문학적 걸작이라고 주장할 사람은 없지요.

**백낙청** 그러다보니 맑스가 생산과 유통을 함께 다루는 제3권까지 못 가고 마는 경우가 많겠군요.

**하비** 실은 제2권에서도 그런 종합을 약간은 시도합니다. 제가 점점 더 짜증스럽게 느끼는 것은, 심지어 원로 맑스 연구자들조차 "제2권을 읽었는데 어찌나 재미없던지 다시는 안 읽었다"고 말하는 거예요. 개인적으로 저는 제2권에서 다루는 많은 주제들이 굉장히 중요하다고 늘 생각해왔어요. 예컨대『포스트모더니티의 조건』*에서 '시공간의 압축'(time-space compression)을 이야기할 때 많은 부분을 자본 회전의 시간과 회전시간 단축의 중요성에 대한 맑스의 논의에 의존했는데, 이건 바로『자본』제2권의 한가운데 나오는 이야기거든요. 저는 항상 제2권의 내용에서 많은 것을 배워왔기에 그것이 좀더 매력적이고 흥미로운 형식으로 제시되지 않은 게 정말 안타깝습니다. 그러나 제1권에서도 맑스는 상품을 시장에서 판매함으로써 화폐 형태로 실현하지 못하면 가치가 존재하지 않는다고 말합니다. 곧 가치란 전적으로 그것의 실현 여하

---

* David Harvey, *The Condition of Postmodernity*, Blackwell 1989. 국역본 데이비드 하비『포스트모더니티의 조건』, 구동회·박영민 옮김, 한울 1994.

에 달려 있다는 것인데, 다만 제1권에서는 실현의 조건들을 검토하지 않는 겁니다. 이 단계에서 맑스는 모든 상품이 그것의 가치대로 교역된다고 전제하고 있는 거예요.

**백낙청** 출판계에서는 그 문제가 쉽게 실감되지요. 책을 찍어냈는데 팔지를 못하면 종이를 백지로 갖고 있는 것보다 훨씬 못하거든요.(웃음)

**하비** 제 책만 해도 『맑스 자본 강의 1』은 잘 팔리는데 『맑스 자본 강의 2』는 그다지 안 팔리는 게 눈에 띕니다.* 제2권 읽는 일이 중요하다는 나의 열렬한 신념에도 불구하고 그게 잘 안되고 있는 거지요.

**백낙청** 가치실현을 두고 선생이 말씀하시는 것 중에 특히 인상 깊었던 것은 이 모든 것이 실천적 투쟁과 직결된다는 지적이었습니다. 단순히 자본이 어떻게 작동하는지를 분석하는 문제만이 아니라 우리가 무엇을 어떻게 해야 되는가 하는 문제에 실질적인 영향을 미친다는 거지요.

**하비** 요즘 투쟁이 벌어지는 큰 현장 중 하나는 주거비용과 집세 문제, 곧 세계의 여러 도시에서 감당할 수 있는 비용의 주거를 구하는 문제입니다. 노동자들에게 생산 참여의 댓가로 더 많은 금액을 지불하더라도 수입의 대부분이 곧바로 높은 주거비용 형태로 토지소유주와 건설업자들에 의해 회수되는 문제지요. 제가 찾아가는 도시마다 "부동산 가격이 어떤 상황인가요?"라고 물으면 "예, 그게 진짜 심각한 문제예요" 하는 답변이 돌아옵니다. 이른바 젠트리피케이션(gentrification), 개발업자들과 관련된 투쟁, 철거민 문제, 곧 개발업자의 고층건물 건설을 위해 공간을 치워주는 과정에 따르는 투쟁들이 진행되고 있습니다. 개발업자들은 초거대 건설 프로젝트를 너무도 좋아하고 많은 경우 국가도 개입돼 있지요. 저들은 또한 값비싼 고급아파트 짓기를 너무 좋아합니다. 가난한

---

* David Harvey, *Companion to Marx's Capital*, Volume 1, Verso 2010; *Companion to Marx's Capital*, Volume 2, Verso 2013. 국역본 『데이비드 하비의 맑스 『자본』 강의 1』, 강신준 옮김, 창비 2011; 『데이비드 하비의 맑스 『자본』 강의 2』, 강신준 옮김, 창비 2016.

사람들이 감당할 만한 주거를 건설하는 데는 관심이 없어요. 그래서 도시마다 우리가 목격하는 엄청난 불평등이 나타나고, 이것이 대다수 주민들의 일상생활상의 관심사가 됩니다. 제게는 이런 종류의 과정들을 자본의 유통 및 시장에서의 가치실현에 대한 이해와 통합하는 작업이 늘 중요했습니다. 저는 이것을 맑스의 일반이론에 포함시키려고 노력하는데, 그러자면 자본의 흐름이 형성하는 '진화하는 생태체계로서의 자본'이라는 유기적 개념을 인정해야만 합니다.

그러니까 사람들이 이런 문제로 고민한다는 얘기는 전적으로 맞습니다. 그리고 그들을 괴롭히는 것이 주거문제만도 아닙니다. 점증하는 교통비용도 있지요. 도시 내에서의 이동 가능성은 중요한 사안이 되고 있습니다. 거의 모든 도시문제가 재화의 소비를 통한 가치의 실현과 그 재화들의 가격에 관한 것입니다. 상품의 가치가 어떻게 화폐로 전환되는가는 경제문제의 핵심이지요.

## '일대일로' 등 중국의 행보를 어떻게 볼까

**백낙청** 선생의 강연과 그간의 저술활동에서 또 하나의 중요한 테마는 현시점에서 공장보다 도시를 잉여가치 생산의 주된 현장으로 보며 따라서 해방운동의 중대 현장으로 설정하는 작업이지요. 그와 관련해서 선생은 지금 중국에서 일어나고 있는 일, 나아가 중국이 유라시아와 아프리카, 라틴아메리카 등지에서 벌이는 사업을 선생이 말씀하시는 '공간적 해결'(spatial fix)의 최신 사례이자 유례없는 대규모 사례로 거론하셨습니다. 아시겠지만 '동아시아 비판적 잡지 회의'에서는 중국의 '일대일로(一帶一路)' 기획에 대한 발제가 있었고 중국대륙뿐 아니라 대만과 홍콩에서 온 참여자들은 대개 이를 신자유주의적 자본주의에 의한 최신, 최대의 '공간적 해결'로 규정하신 선생보다 한결 긍정적으로 평가하는 기류였어요. 중국에 가셨을 때도 이런 주장을 들어보셨겠지요?

**하비** 저는 그런 기획들에 대해 상충하는 느낌을 갖고 있습니다. 중국 내부의 현실로 보자면 약 10년 전만 해도 고속철도 연결망이 없었는데 지금 중국은 거의 완전히 통합되었습니다. 솔직히 저는 상하이에서 베이징으로 갈 때 비행기보다 고속철로 가는 걸 좋아해요. 중국의 교통망이 촘촘히 짜인 결과로 많은 사람들이 혜택을 보고 있는 게 분명합니다. 따라서 이걸 부정적으로만 말할 생각은 없어요. 하지만 고속철을 타는 부류를 보면 전문직이나 기업의 엘리트들이에요. 그러니까 이 거대한 투자의 혜택을 입는 데서 계급적 차등이 있는 겁니다.

다른 일면을 보면, 이런 개발의 많은 부분이 부채로 시행되었습니다. 그래서 이 거대한 투자계획의 결과 중 하나는 중국의 GDP(국내총생산) 대비 부채비율이 세계에서 가장 높은 수준에 육박하게 된 것입니다. 결과적으로 누가 이 빚을 갚느냐는 게 문제가 됩니다. 전형적인 자본주의적 행태를 보면─중국이 반드시 그런 식으로 하리라고 예단하는 건 아니지만─나중에 가서 그 부채를 떠안는 것은 대개 가장 불리하고 주변화된 주민들입니다. 중국의 해외 차관과 투자의 상환을 두고도 같은 질문을 던질 필요가 있지요.

에콰도르의 경우를 생각해봅시다. 에콰도르에 대한 해외투자의 절반 이상이 중국에 의한 것입니다. 중국이 추진하는 프로젝트 중 하나는 에콰도르 에너지 수요의 60%를 충족할 거대한 수력발전 댐 건설입니다. 물론 중국의 시멘트와 중국의 철강을 사용합니다. 그러니까 건설공사를 통해 중국의 과잉 생산능력을 흡수하는 거지요. 그런데 중국은 에콰도르에 돈을 빌려주고, 에콰도르는 언젠가 갚아야 합니다. 갚는 방법의 하나로 에콰도르는 자기 나라 남부의 광물자원을 마음대로 개발할 권리를 중국에 주는 거예요. 그 결과 그 지역 원주민들과 중국 광업회사들 간에 갈등이 일어납니다. 중국 회사들이 직접 연루된 것은 아니지만 주로 지방정부들이 나서고 중앙정부가 지원해서 원주민들을 강력히 탄압한 사례들이 있습니다. 이런 결과들은 우리가 이게 좋은 사업이다, 재생 가능한 에너지를 개발해 많은 주민들의 전기 수요를 충족시키는 일이다라고 말할 때 흔히 간과되곤 하지요.

따라서 온갖 문제들을 함께 생각해볼 필요가 있는 겁니다. '동아시아 비판적 잡지 회의'의 발언자들이 중국뿐 아니라 유럽과 아프리카의 경제까지 세계적으로 통합하는 교통망을 창출하는 것이 좋은 일이라고 하는 게 틀린 말은 아니에요. 다만 저는 우리가 항상 두가지 질문을 던져야 한다는 거예요. 첫째는 누가 혜택을 보고 누가 갚을 거냐, 둘째는 환경에 어떤 영향을 주는가입니다. 그런 사항들을 추가할 때 저는 그런 프로젝트에 박수를 보낸다고 말하기가 한층 어려워지고 심각한 의문을 품을 여지가 커지는 겁니다.

**백낙청** 회의에서 중국의 지리학자 쉬 진위(徐進玉)가 제기한 주장은 어떻게 생각하시나요? 곧, '일대일로' 기획이 지정학적 관점에서 보면 중국 측의 방어적 행동이고 미국의 패권주의에 대한 건전한 도전에 해당한다는 주장* 말이지요.

**하비** 그 점은 의문의 여지가 없습니다. 하지만 잉여자본과 잉여노동을 흡수하는 차원에서는 중국이 달리 선택할 수도 없었다고 생각합니다. 중국은 대량실업과 다수 철강공장의 폐쇄 위기에 직면했습니다. 다시 말해 중국 측에 지정학적 계획이 있건 없건 중국의 과잉 생산능력을 흡수하기 위해 자본을 수출하지 않을 수 없게 떠미는 경제논리가 있었던 거지요. 물론 나는 중국공산당이 어떤 생각을 하는지 알 길이 없습니다만, 십중팔구 두가지 요인을 다 감안했을 겁니다. 그러나 자본주의의 공간적 동력을 해석하는 나의 이론방식으로는 2005~08년의 중국으로서

---

* 쉬 진위 「중국 '일대일로'의 지정학적 경제학」, 백지운 옮김, 『창작과비평』 2016년 가을호 참조.

는 경제성장을 계속하고 심지어 경제의 안정을 유지하기 위해서라도 지금과 같은 일들을 하지 않을 수 없는 처지였다고 봅니다.

**백낙청** 글쎄요, 저도 저의 동아시아 동학들이 자본주의의 논리와 '공간적 해결' 개념에 대해 의례적인 동의만 해둔 채 지정학적 측면에 거의 전적으로 몰입하는 데는 찬동하지 않습니다. 선생이 지적하시듯이 그건 중국 당국이 자본의 논리 때문에 무언가 이런 걸 하지 않을 수 없었다는 사실을 경시하는 거지요. 하지만 어제 워크숍에서 선생은 두가지 권력 논리, 즉 영토주의적 논리(territorial logic)와 자본주의적 논리(capitalist logic)를 말씀하셨는데,* 이 개념을 도입해서 중국의 시도를 단순히 신자유주의의 한 사례로 보는 대신에 예의 두 논리를 결합하려는 새로운 시도로 보면 어떨까요? 애덤 스미스(Adam Smith)야말로 이런 결합을 제창한 사람이라고 선생 스스로 지적하셨지요. 곧, 그는 시장에 작용하는 '보이지 않는 손'이 '나라들의 부(富)', 인민을 포함한 저들 나라의 국부에 기여할 거라고 주장한 거지요. 저는 대략 1960년대까지는 자본주의가 이런저런 방식으로 그런 결합을 어느정도 성취했을지 모른다고 생각하는데, 개발국가 또는 발전주의국가 이념도 말하자면 그런 목표를 내세웠던 거지요. 그에 비하면 신자유주의는 자본의 논리에 전적으로 몰입하려는 시도가 됩니다. 물론 군사력과 경찰력을 포함하는 국가권력에 의존하면서 그러는 거지만요. 상황을 이런 맥락에서 본다면, 중국은 자본주의적 논리에 전념하려는 신자유주의적 시도에 일정한 수정을 가하려는 노력을 하는지도 모릅니다. 성공 여부는 물론 별개 문제지만요.

**하비** 저는 조반니 아리기**와 이 문제로 늘 논쟁을 벌이곤 했습니다.

---

* 이는 뒤에 언급되는 조반니 아리기에게서 가져온 개념인 듯. G. Arrighi, *The Long Twentieth Century: Money, Power, and the Origins of Our Time* (1994, 2009). 국역본 『장기 20세기』, 백승욱 옮김, 그린비 2008 참조.

** Giovanni Arrighi (1937~2009), 이딸리아 출신의 사회학자, 경제학자. 저서로 *The Long Twentieth Century, Chaos and Governance in the Modern World System* (with Beverly Silver, 1999),

조반니의 주장인즉 중국에서 시장의 침투, 시장으로의 전환, 개발의 여러 측면이 드러난다고 해서 중국 당국이 자신의 사회주의적 권력논리를 전면적으로 포기했다고 단정하지는 말자는 것이었어요. 그가 제기한 문제는 현상의 분석에 따른 어떤 예측을 하기보다 중국인들이 선택할 수 있는 여러 다른 전략에 대해 예민한 의식을 유지해야 한다는 거였습니다. 저의 반론은 대략 이런 식이었지요. 사회주의 논리가 여전히 하나의 선택지라는 당신의 주장이 1990년대 말엽까지는 옳았을지 모른다, 그러나 대략 2000년대부터 중국의 영토적 논리는 과잉축적과 공간적 확장이라는 자본주의 논리에 추동되었다고 생각한다, 그들은 자본주의 논리를 풀어놓았고 자본주의 논리는 그들이 전적으로 통제할 수 있는 성질이 아니기 때문에 점점 더 통제가 힘들어지고 있다는 거였지요. 그들은 세계시장의 조건에 대응해야 하고, 따라서 미국 소비시장의 파탄은 중국에 엄청난 충격을 주었습니다. 2007년과 2008년 당시에 중국, 특히 중국 남부의 수많은 수출산업이 폐쇄됐는데, 이런 것이야말로 자본주의 논리가 휩쓸고 들어와서 실질적인 통제력을 행사하는 사례지요. 그렇게 되면 중국은 대응을 해야 하고, 대응은 자기 방식이 아니라 자본의 방식을 따라야 합니다. 일단 호랑이를 풀어놓으면 그 꼬리를 붙잡고 있어야 하게 마련이지요. 제가 과장하는지는 모르지만, 중국 정부가 자신의 영토 논리를 갖고 자본주의 논리를 얼마나 제어할 수 있을지를 의심할 수밖에 없습니다. 저는 그들이 예컨대 1990년대보다 훨씬 통제력이 줄었다고 보며 점점 더 통제력을 상실하고 있다는 생각입니다. 중국이 자국 경제를 시장교환체제로 인증받는 등의 방향으로 나가면 나갈수록, 그들

---

*Adam Smith in Beijing* (2007) 외. 국역본 『장기 20세기』 외에 『체계론으로 보는 세계사』(최흥주 옮김, 모티브북 2008), 『베이징의 애덤 스미스』(강진아 옮김, 길 2009) 등이 있으며, 존스홉킨스대학 교수로 한때 하비의 동료이기도 했다. 하비가 인터뷰한 그의 자전적 회고담 "The Winding Paths of Capital"이 그의 사후 *New Left Review* 2009년 3-4월호에 게재된 바 있다.

은 WTO(세계무역기구)의 기준에 순응해야 하고 자본주의 권력논리에 더욱 통합되어야 하며 여러 대안들 사이에서 선택할 자유가 점점 줄어들게 마련입니다. 그게 조반니에 대한 내 반론의 핵심이었어요. 요컨대 사회주의적 영토 논리가 통제할 능력에 대해 그가 너무 낙관한다는 거였지요. 자본주의체제는 점점 더 금융화돼왔고 세계 금융에 대한 중국 금융의 통합도는 급격히 높아져왔습니다. 내가 보기에 우리는 중국 당국이 자본주의 논리에 온갖 양보를 하는 현실을 목도하고 있습니다.

## 새로운 제국주의와 '약탈에 의한 축적'

**백낙청** 호랑이를 풀어놓고 그 꼬리를 잡고 있다는 비유와 관련해서는, 그 호랑이가 얼마나 건강하며 언제까지 살아남고 힘을 쓰리라 예상되는지에 따라 많은 게 달라질 수 있다고 봅니다. 그러나 이 문제는 나중에 세계자본주의의 전반적 상황을 논할 때 재론하기로 하지요.

선생의 강연 현장에서 질의·응답 시간에 나온 또 하나의 문제는 '새로운 제국주의'와 그 특징을 이루는 '약탈에 의한 축적'(accumulation by dispossession)이라는 개념이었습니다. 선생 스스로 그 개념을 맑스의 '본원적 축적'(primitive accumulation)과 충분히 구별하지 못했었노라고 하셨는데, 그 해명을 다시 해보시면 어떨까요?

**하비** 맑스에게 본원적 축적은 자본축적의 전제조건이 어떻게 만들어지느냐에 관한 이야기였습니다. 임금노동과 화폐화된 상품교환체제와 상품시장이 미리 있어야 한다는 전제조건 말입니다. 그런 요소들이 이미 있어야 자본가가 들어와서, 나는 이 임금노동 중 일부를 사서 잉여가치를 생산토록 하고 시장에서 판매할 상품을 생산케 하겠다, 그래서 자본주의적 순환과정이 시작되도록 하겠다고 말할 수 있는 거지요.

이를 달리 표현하면, 자본주의 발달 초기 단계에는 임금노동과 화폐

자본이 엄청 모자랐습니다. 그래서 자본이 자신의 존재조건을 재생산할 능력이 없는 상황에서 임금노동과 화폐자본을 생산할 길을 찾아야 했어요. 이걸 해낸 것이 본원적 축적의 폭력입니다. 사람들을 토지에서 내쫓아서 그들이 살기 위해 임금노동자가 되는 것 외에 다른 선택지가 없게 만들고, 돈이 어떤 식으로든 모일 수 있도록 경제의 충분한 화폐화가 이뤄져야 했고, 돈을 한군데 모으는 초보적 은행제도가 생겨서 돈이 자본으로 유통될 필요가 있었습니다.

이 모든 전제조건들이 제대로 갖춰지기까지는 시간이 걸렸습니다. 맑스 원축이론의 목표는 이런 전제조건들이 전통사회에 대한 폭력적인 개입과 파괴, 금 사재기, 기타 등등의 방법으로 이룩되었음을 보여주는 일입니다. 교회와 국가를 통해 고리대금업자들이 봉건귀족층을 파산시키고 부르주아를 위해 화폐를 풀어놓는 역할을 했지요. 이것이 맑스 원축론의 요지예요. 그런데 본원축적의 요소가 항상 존재하리라는 점을 맑스가 부정하지는 않았지만, 그는 자본주의가 자기재생산 조건을 산출하는 능력이 탁월하기 때문에 일단 자본주의가 순환을 시작하면 원축의 요소가 상대적으로 덜 중요해진다고 말한 것이 사실입니다. 다시 말해 자본이 잉여가치를 생산하고 화폐자본을 창출하며 산업예비군의 생산을 통해 임금노동자들을 만들어내는 거지요. 물론 세계의 어떤 부분에서는 본원적 축적이 계속되는 양상을 우리는 보아왔고, 원축은 지금도 진행 중입니다. 인도에서 농민사회의 파괴가 진행 중이고 물론 중국에서도 그렇습니다. 그러니까 이런 것들은 현대세계에서 본원적 축적이 지속되는 현상으로 보는 것이 맞습니다.

그러나 제가 특별히 주목한 것은, 풍부한 자본이 있고 풍부한 노동력이 있는데도 자산가치를 강도 같은 수법으로 인구 한 부분의 호주머니에서 다른 부분의 호주머니로 옮겨놓는 과정입니다. 저는 주택차압 위기를 예로 들었는데 미국에서 6백만 내지 8백만의 사람들이 집을 잃었어요. 2007년과 2008년에 흑인들은 자신의 자산가치 중 60% 내지 70%를 잃었고 백인들은 자기 재산의 3분의 1가량을 잃었습니다. 이렇게 인구의 여러 부분에서 엄청난 손실이 발생했는데 그 모든 자산가치가 어디로 갔습니까? 월스트리트는 대략 이 손실에 맞먹는 금액을 자신들의 상여금으로 지급하고 있어요. 이 과정을 검토한 어느 미국 판사는 "이는 미국 역사상 한 계급에서 다른 계급으로의 최대 규모의 부의 이전이다"라고 말했는데, 그것은 물론 특권에서 소외된 사람들로부터 특권을 지닌 사람들 쪽으로의 이동이었지요. 이것이 뜻하는 바는 공황기에도 부자는 더 부자가 될 수 있고 가난한 자들은 훨씬 더 가난해진다는 겁니다.

**백낙청** 아마 앤드루 멜론(Andrew Mellon)이었을 텐데, 그가 한 말 아시지요? "공황기에는 자산이 그 본래 주인들의 손에 되돌아온다"고 했지요.

**하비** 꼭 맞는 말이지요. 그래서 우리는 주택차압 위기라든가 대기업이 파산신청을 하는 방식이라든가 제약회사가 약품값을 한 알에 5달러에서 500달러로 올리는데 그걸 막을 도리가 없다든가, 이런 메커니즘을 통해 한 계급에서 다른 계급으로 부가 전이되는 현실을 거론할 언어가 필요합니다. 이를 두고 나는 '약탈에 의한 축적'이라 부르는 거지요. 이런 현실의 한 징표는 토지의 약탈과 추방, 철거 등이 세계 도처에서 진행되는 일반적인 과정이라는 것입니다. 이건 임금노동력을 창출하는 행위가 아니에요. 그냥 한 계급에서 다른 계급으로 자산을 옮겨놓는 일입니다. '약탈에 의한 축적'은 그런 것이고, 그 덕에 월스트리트가 위기의 시대에 번창할 수 있는 겁니다. 또다른 표현은, 부자들은 좋은 위기를 결코 허비하지 않는다는 거지요. 실제로 많은 부자들이 2007년과 2008년의 위기를 통해 큰 이득을 봤습니다. 이를 제대로 이해하기 위해서 나는 많은 경우에 가치실현의 과정과 직결되는 자산이전의 메커니즘, 즉 가치실현의 위기와 약탈을 통한 축적 사이의 관계를 거론하는 일이 중요하다고 생각했습니다. 이런 부의 이전을 본원적 축적이라 부르지 않는 게 중요하다고 보았어요. 그 둘은 각기 다른 맥락에서 진행되는 상이한 메커니즘을 갖고 있거든요.

**백낙청** 그렇습니다. 충분한 자본축적이 안된 시기에 벌어지는 약탈에 의한 축적과 자본이 과잉인 상태에서 벌어지는 약탈에 의한 축적을 구별하는 일이 중요합니다. 동시에 저는 '약탈에 의한 축적' 개념을 확대하여 원축기로부터 시작해서 약탈에 의한 축적이 눈에 덜 띄는 시기를 거쳐 그것이 다시 현저해지는 모든 시기를 망라하도록 하면 어떨까하는 생각입니다. 왜냐하면 이른바 원축기라는 첫 단계는 엄밀히 '자본주의 이전'이라기보다 농업자본주의 시대와 실질적으로 겹치며, 이때 국내뿐 아니라 아메리카대륙과 아프리카의 부를 대대적으로 약탈하는 작업이 이루어졌거든. 또한 18세기로 오더라도 대서양 노예무역이 최대치를 찍은 것은 18세기 말엽이었고 곳곳에서 식민지사업이 전행되었습니다. 그러니 약탈에 의한 축적이 중요하지 않았던 시대는 없었던 겁니다. 실제로 선생은 선생의 신간에 수록된 어느 논문에서 이런 말을 하셨습니다. 맑스의 탁월성은 그가 수많은 구체적 역사적·사회적 조건들을 일단 사상함으로써 자본주의가 최선의 조건에서도—다시 말해 공공연한 약탈이 개입되지 않은 상태에서도—결국은 자신의 무덤 파는 인력을 산출하게 마련임을 입증한 점이라는 거지요.* 동시에 그 다른 일면은 맑스의 추종자들로 하여금 맑스가 매우 특수화된 작업, 다분히 추상화된 작업을 수행하고 있음을 곧잘 잊어버리게 만들었고, 따라서 우리가 진짜 원만한 현실분석을 하려면 사상됐던 역사적·사회적 조건들을 다시 집어넣어야 한다고 하셨어요. 그 통찰을 적용해서 이렇게 말해보면 어떨까요? 맑스가 그의 경제학적 분석의 집중대상으로 삼은 시

---

* "The 'New' Imperialism," *The Ways of the World*, Oxford University Press 2016, 259면.

기에도 약탈에 의한 축적은 진행되고 있었고, 어찌 보면 그것이 노동자가 생산한 잉여가치의 수탈 못지않게 역사적 자본주의의 본질적 일부라고요.

**하비** 그 말에 반대할 생각은 없습니다. 때때로 나는 내가 무얼 말했고 무얼 말하고자 했는지 잊어버리는데,(웃음) 제가 말하고자 한 것은 본원축적이 자본주의의 전역사를 통해 존재했고 약탈에 의한 축적이 새로운 현상은 아니라는 것입니다. 다만 1970년대 이후로 자본이 투자를 하고자 할 때 고전적인 방식이라면 생산에 투자해서 — 맑스가 기술하는 식으로 — 노동자로부터 잉여가치를 얻어내는 작업이었을 겁니다. 하지만 그런 투자를 할 기회가 점점 줄어든 거예요. 그래서 자본은 약탈에 의한 축적 사업에 점점 더 투자하게 되었습니다. 약탈에 의한 축적이 1950년대나 60년대에 비해 점점 더 중요해진 거예요. 본원축적의 과정이 특히 이른바 제3세계에서 엄연히 진행 중이었지만, 세계자본주의로서는 약탈에 의한 축적이 그다음 시기만큼 중요하진 않았다고 하겠어요. 우리가 1960년대를 검토한다면 우리 주변에서 약탈에 의한 축적으로 보이는 일이 많이 눈에 들어오지는 않을 겁니다.

예컨대 제약산업과 약값 관련해서 일어난 일들, 헤지펀드가 제약회사를 접수해서 약값을 대폭 올리는 일 같은 게 안 보일 거예요. 흥미로운 것은 그 약값을 개인이 내는 게 아니라 보험회사들이 내요. 그러고는 나중에 모두들 의료비가 너무 올라간다고 불평을 합니다. 실은 이게 많은 부분 헤지펀드들이 약탈에 의한 축적을 수행하기 때문이지요. 문제를 연금권리의 상실로도 확대할 수 있습니다. 노동자들이 벌어놓은 연금권에 대해 대대적인 공격이 진행되었고 건강보험 권리의 상실, 교육에 대한 공공지원의 상실 등 이런 종류의 손실이 많습니다. 내가 보기에 현대 자본주의는 바로 면전에서 훨씬 많은 약탈에 의한 축적을 진행하고 있어요. 이 현실을 그런 이름으로 불러주는 게 중요하다고 생각한 또 하나의 이유는, 미국에서 아이오와주 농사꾼과 이야기하면서 당신이 본원적 축적의 희생자인 걸 아느냐고 묻는다면, 도대체 무슨 귀신 씻나락 까먹는 소리냐고 할 거예요. 하지만 약탈을 통한 자본축적이라고 하면 무슨 말인지 금세 알아듣지요. 이렇듯 그건 사람들이 자기 주변에서 계속 일어나는 걸 목격하는 과정을 논의할 때 알아들을 수 있는 용어라고 생각합니다.

## 산업현장의 투쟁을 넘어 도시의 투쟁으로

**백낙청** 이제 도시문제로 넘어가십시다. 선생께서 최근 수십년간의 민중투쟁 중 대부분은 도시에서의 투쟁이라는 명백한 경험적 사실을 부각하신 게 매우 중요했다고 생각합니다. 선생은 또 빠리꼬뮌의 예를 들면서 그것이 엄밀한 의미의 프롤레타리아 봉기라기보다 도시의 투쟁이었던 점을 지적하셨지요. 문제는 이런 경험적 현실을 어떻게 해석하느냐는 것입니다. 선생은 대다수 좌파 내지 진보적 사상가와 활동가들이 아직도 도시가 잉여가치 생산이 일어나는 현장이고 투쟁은——건조된 도시환경을 포함해——그렇게 생산된 잉여가치를 어떻게 처분할 거냐에 관한 것, 그 생산자와 비생산자 사이의 투쟁임을 인식하지 못하고 있다고 지적하셨지요. 저는 이것이 우리가 놓치지 말아야 할 중요한 통찰이라 생각합니다.

**하비** 제 생각도 그렇습니다. 그건 항상 제게 중요한 문제였어요. 도시의 투쟁이 계급투쟁이라는 점을 좌파 인사들에게 설득하기란 매우 힘들었습니다. 그런데 이때의 계급투쟁은 상당히 다른 내용을 갖고 상당히 다른 형태를 띠지요. 한가지 예를 들자면 마누엘 까스뗄스*와 나는 도시

---

* Manuel Castells Oliván (1942~), 스페인 출신의 사회학자.

문제를 탐구하는 작업에 적극 관여해왔는데, 마누엘도 초기 저작에서는 이런 문제를 계급투쟁 차원에서 즐겨 논의했고 빠리꼬뮌 등에 관해 그것들이 맑스 이론의 일부가 아니라고 보지는 않았어요. 그러나 『도시와 풀뿌리』*에 와서 그는 갑자기 이게 잉여가치 생산을 둘러싼 투쟁이 아니므로 맑스 이론과 무관하다고 결정했어요. 도시의 투쟁은 노동현장에서의 투쟁과 통합될 수 없다는 거예요. 나는 도대체 그가 왜 그런 입장을 취하는지 이해할 수 없었어요. 물론 그때부터 그는 맑스주의 진영을 떠나 나름의 길을 걸어갔지요.

나는 왜 그가 그리해야 했는지 정말 이해가 안되지만, 내가 생각하기로는—같은 말의 되풀이지만—가치실현에 관한 투쟁이 생산을 둘러싼 투쟁 못지않게 중요하다는 점을 간과하는 문제로 귀착됩니다. 그래서 내가 생산에 관한 투쟁을 경시한다는 비판을 접할 때 나는 아니다, 중국의 선전(深圳)이나 방글라데시에서 일어나는 사태를 보면 공장 프롤레타리아트의 투쟁이 매우 중요하다고 말합니다. 하지만 이런 현실을 우리는 다른 문제들에 대한 이해와 연결시켜야 합니다. 그래서 예컨대 마누엘의 빠리꼬뮌 해석에 따르면 그것은 프롤레타리아트의 봉기가 아니라 도시반란이었습니다. 나는 그 둘을 별개로 보지 않으며, 사람들이 어떻게 양자를 별개의 것으로 보는지 이해가 안됩니다. 저는 여기서 마누엘을 하나의 예로, 도시의 투쟁이 근본적으로 계급투쟁이라는 생각에 적응하지 못하는 좌파 사상가의 예로 거론하고 있는 거예요. 도시의 투쟁 중에는 '내 뒤뜰에서는 안된다'(Not In My Backyard)라고 하는 이른바 '님비' 정치에 근거한 투쟁도 물론 있지요. 님비는 부르주아지가 자기 권익을 지키려는 움직임이고 그래서 저들은 폐쇄적인 주택단지를 만들고 반개발주의적이며 배타적인 도시사회운동을 형성하는 데 적극적

---

* Manuel Castells, *The City and the Grassroots*, University of California Press 1983.

이게 됩니다. 도시투쟁의 영역에서는 그런 종류의 많은 쟁점과 대면해야 해요. 노동자 대 자본가라는 명료한 대립구도가 사라지고, 매사가 몹시 흐리멍덩해지지요. 동시에 분석이 훨씬 현실적이 됩니다. 나는 현실주의 편을 선택해서, 그래 좋다, 우리는 이들 투쟁을 살펴보고 그 계급적 내용을 점검하며 거기 담긴 계급적 내용을 노동자들의 투쟁과 결합해서 비판적인 정치기획을 만들어내자 하는 입장입니다.

저는 그람시(A. Gramsci)가 일찍부터—1919년경이었을 거예요— 이런 문제에 관해 글을 썼다는 사실이 늘 인상 깊었습니다. 그는 우리가 공장의 노동자평의회를 조직하는 건 좋은데 이웃 주민들의 조직을 통해 평의회를 뒷받침할 필요가 있다고 주장했습니다. 그러고서 매우 의미심장한 말을 했어요. 노동계급을 그들이 사는 동네에서 고찰하면 공장에서 만나는 노동계급의 일부가 아닌 전체 노동계급의 욕구와 소망과 욕망이 어떤 것인지를 훨씬 제대로 알 수 있다는 것입니다. 그리고 거리 청소부와 은행 사무원, 운수업 종사자 등 보통 노동계급의 일부로 취급되지 않는 이웃들의 조직을 만들 수 있다면, 주민조직 자체가 사회주의를 위한 투쟁을 지원하는 파업을 벌일 수도 있지요. 그람시는 이렇게 공장조직에 병행하는 이웃 주민 조직의 중요성을 인식했습니다. 불행히도 그는 이를 일반이론으로 발전시키는 데까지는 못 갔지만, 이런 논평들을 통해 제가 이 문제를 생각하고자 하는 방향을 제시했습니다. 역사적으로도 노동현장의 투쟁은 지역공동체와 이웃들의 지원이 있을 때 성공하는 사례가 훨씬 많아요. 지역공동체의 지원이 없다면 공장을 점거 중인 노동자들에게 누가 쎈드위치를 갖다주겠어요?

**백낙청** 영국의 탄광노동자 파업 당시에 노섬브리아 지방이 더 잘 버틴 사실을 지적하신 바도 있지요.*

* 하비는 『반란의 도시』에서 1970, 80년대 영국 탄광파업 당시 분산된 도시권보다 노동공간과 생활공간의 정치가 밀접하게 결합되어 있던 노섬브리아에서 노동자 연대가 끝까지 유지되

**하비** 그건 미국에서의 고전적인 투쟁에서도 드러난 현상입니다. 예컨대 1930년대 미시간주 플린트의 자동차산업 파업 때도 이웃에 사는 주민들이 파업 노동자들에게 지지와 후원을 보냈고 파업의 성공은 그 덕이 컸습니다.

**백낙청** 강연에서 선생은 뉴욕시의 어느 작은 식당 주인의 예를 드셨습니다. 고용인들에게 매우 낮은 임금을 주면서도 자신이 누구보다 더 열심히 일하고 직원 월급을 도저히 올려줄 수 없는 처지이기 때문에 노동자를 착취한다는 생각을 안하는 겁니다. 그런데 그가 벌어들이는 돈이 다 어디로 가는가? 은행 이자로 나가고 건물주에게 집세로 나가고 그런 식이지요. 그래서 그는 노동자계급에 의한 도시투쟁의 자연스러운 우군이 된다는 것입니다. 그런데 저는 여기서 하나의 이론적 문제를 제기하고 싶습니다. 프롤레타리아트와 부르주아지를 구별하는 고전적 기준은 생산수단의 소유 여부입니다. 식당 주인이 식당의 소유주이기 때문에 그가 생산수단을 소유했다고 말할 수도 있습니다. 하지만 어쩌면 우리는 예의 고전적 기준을 완화하거나, 아니면 달리 적용해야 할지 모르겠습니다. 왜냐하면 현대세계에서 생산에 필요한 수단의 규모를 생각하고 또 소규모 자영업자들에 대한 금융기관의 지배력을 감안할 때 뉴욕시의 그 식당 주인이 과연 자신의 생산수단을 얼마나 제대로 소유하고 있다고 말할 수 있을까요? 어떤 의미로는 막대한 연봉을 받는 대기업의 경영자가—주주냐 아니냐를 떠나서도—생산수단의 소유자에 훨씬 가까울 것 같아요.

**하비** 맞아요.

**백낙청** 그렇다면 식당 주인은 단지 도시투쟁에서의 우군이 아니라 잠재적 노동계급 성원으로 볼 수 있겠지요. 물론 그 자신은 스스로를 프

---

없음을 밝혔다.

롤레타리아라고 절대 생각지 않을 거고 우리가 그 점을 굳이 설득하려 할 필요도 없지요. 다만 문제는 많은 좌파 사상가들이 그가 파산을 해서 이른바 소시민계급에서 탈락하기 전에는 그가 프롤레타리아트에 이미 더 가까움을 고려하지 않는다는 점이에요.

**하비** 저는 맑스가 그의 이론적 저술에서 항상 특정한 개인들이 아닌 역할을 논한다는 점을 주목해왔습니다. 예컨대 많은 노동계급 성원들이 연금계획을 통해 주식시장에 투자하고 있어요. 개인으로서는 실제로 여러 상이한 역할을 수행할 수 있는 거지요. 식당 주인의 경우 그는 물론 집기라든가 다른 생산수단을 소유한 상태지만, 생산수단 가운데 하나는 토지 또는 공간이에요. 토지보다 공간이라 부릅시다. 식당 주인이 공간을 소유하고 있지 않으면 세를 들어야 합니다. 그러면 생산수단으로서의 공간을 다른 사람이 소유한 셈인데, 공간 또는 토지야말로 기본적인 생산수단이지요. 이건 돈에도 해당합니다. 돈은 생산수단이고 자본을 창출하는 수단입니다. 『자본』제3권에 가면 토지에 대한 지대(임대료)와 빌린 돈에 대한 이자를 검토합니다. 그런데 이 경우에도 『자본』읽기에 약간의 실패가 있어왔어요. 사람들은 생산수단 문제를 한결 복잡하게 만드는 지대와 이자에 충분한 주의를 기울이지 않았거든요. 일정한 물리적 생산수단을 소유하더라도 토지를 통제하지 못하면 당신의 생산수단 중 상당 부분을 다른 사람이 소유한 겁니다. 따라서 뉴욕시 식당 주인의 실질적인 처지에는 이런 복합적 요소가 있습니다. 물론 그들은 노동계급이라 불리기를 원하지 않지만 기본적인 생산수단인 토지와 화폐를 제어하지 못한다는 점에서는 노동계급이 맞습니다. 그렇다면 우리는 흔히 무시되는 폭넓은 영역의 불만에 주목할 수 있습니다. 예컨대 뉴욕시에서는 전통적인 가족경영 식당들이 잇달아 폐업하면서 도시생활의 결이 크게 바뀌고 있어요. 가족경영 식당이 있던 곳에 지금은 은행 지점이나 체인점이 들어섰기 일쑤입니다. 임대료 인상으로 인해 삶의 질과 도시생활의 결이 파괴되고 있어요. 실제로 매우 흥미로운 항의운동이 벌어지기도 했습니다. 뉴욕시의 매디슨 스퀘어에 1930년대부터 존재했고 사람들이 즐겨 찾는 유명한 까페가 있는데 임대료가 너무 올라서 문을 닫게 됐어요. 이에 대한 공개적인 항의가 있었고, 도시생활의 질을 파괴하는 이런 일들이 계속되어서는 안된다는 사람들의 주장이 『뉴욕타임스』에도 보도되었어요. 도시 일대에서 이런 종류의 쟁점들이 제기되기 시작했습니다. 저는 무엇이 계급이고 무엇이 생산수단인가에 대해 우리가 좀더 개방적으로 접근할 필요가 있다고 생각합니다. 거듭 말하지만 이렇게 되면 문제는 한결 복잡해져요. 도시의 상황에서는 노동자계급 대 자본가계급이라는 대립의 선명성이 흐려집니다. 그러나 우리의 인식은 훨씬 더 현실적이 되고 일상생활 정치의 실상에 훨씬 근접하게 되지요.

### 수평성과 위계질서의 문제

**백낙청** 서울에서도 비슷한 현상과 사건들이 벌어지고 있는데, 선생께서는 현장에 다니고 사람들을 만나면서 그 점을 확인하신 걸로 압니다. 도시와 도시에 대한 권리에 대해 할 이야기가 많고 이것이 엄청나게 중요한 주제라 믿습니다만, 다른 이야기로 넘어가야 할 것 같습니다. 선생의 저술과 어제 워크숍에서도 나온 이야기로 제가 특히 흥미진진하게 여긴 것은 투쟁이나 대안사회의 조직원리와 관련해서 '위계질서'(hierarchy)의 문제입니다. 그동안 이 문제를 제기하시면서 개인적인 댓가도 치르신 걸로 아는데, 위계질서를 거론하는 순간 많은 생태주의자나 무정부주의자로부터 스딸린주의자라느니 뭐니 하는 비난이 쏟아지기 십상이거든요. 그러나 선생이 지적하셨듯이 예컨대 기후변화 같은 대형 생태문제에 대처하려면 일정한 중앙 권위랄까 어떤 종류의 위계적 조직이 필수적입니다. 기후변화를 반대하고 생태계를 보호한다는 수많은 소집단들이 단지 상호간의 '수평적 네트워크'만 유지한 채 각자 자기 할 일을 하고 다닐 수는 없거든요. 선생은 또「환경의 성격」이라는 글에서 일체의 위계질서를 부정하는 생태주의 또는 무정부주의 운동은 지속 가능하지 않고 심지어 "삶에 위험할" 수 있다고 하셨습니다.* 한국에서는 전통적으로 사회적 위계질서의 개념이 깊이 뿌리박혀 있기 때문에 대다수의 진보적 지식인들이 그 단어 자체를 금기시하기도 합니다. 저도 이따금 이 문제를 제기했는데 보수주의자 내지 반동주의자로 비난받기도 했지요.

**하비** 그래요. 게다가 선생이나 나나 가부장적이라는 비난도 들을 거예요. 글쎄, 약간은 그런지도 모르지요. 위계질서는 대단히 어려운 문제입니다. 저는 이미 세계 도처에 현존하는 비공식 네트워크들이 여러 종류의 현실참여 활동을 상호 연결하는 일에서 나의 예상 이상으로 진전한 사실에 깊은 인상을 받고 있습니다. 이는 특히 문화생산자라 부를 수 있는 사람들에게서 눈에 띄지요. 그들은 활동을 지탱해줄 어떤 조정의 틀이 필요한데, 서로 연결하고 네트워킹하며 집결하기 위해 비엔날레라든가 여타 문화행사들의 확산을 이용하는 점이 인상적이에요. 따라서 저는 네트워크 형태, 수평적 형태를 한껏 확대하자는 생각을 지지하며, 아마도 내가 생각했던 것보다 더 멀리 나갈 수 있으리라 봅니다. 이는 현존하는 새로운 사회적 미디어 구조를 건설적이고 협동적으로 사용하는 능력 때문이기도 하지요. 따라서 저는 많은 사람들이 자신의 정치행동을 수평적인 네트워크의 틀로 조직하려는 것이 시간 낭비라고 생각한다는 인상을 주고 싶지는 않습니다. 실제로 그것은 매우 진보적인 것이고, 저는 그걸 지지하고 싶어요.

---

* "The Nature of Environment," *The Ways of the World*, 206면.

**백낙청** 아, 물론이지요.

**하비** 다만 어떤 쟁점들과 관련해서는 그런 방식으로 대응이 안된다
는 문제가 있어요. 기후변화라든가 대규모 인프라 구축의 경우가 그렇
지요. 그런 큰 스케일로 작업하는 일이 유익한 것이라고 하면 모종의 위
계적 통제와 생산구조 없이 어떻게 그 일을 해낼 수 있나요? 문제는 어
떤 식으로든 민주주의적 책임 추궁이 가능한 방식의 위계질서를 찾아내
는 일이지요. 내가 보기에 그것이야말로 문제의 핵심입니다. 어떤 위계
구조는 일단 최상급에 권한을 집중시키고 나면 풀뿌리에 대한 자신의
책임성을 단절하는 경향이 있고, 그리되면 민주주의는 사라지니까요.
선거와 관련해서 보더라도, 어떤 사람이 사회운동 출신이고 매우 민주
적인데 일단 시장이라든가 그런 자리에 앉으면 갑자기 다른 궤도로 가
버리는 수가 있지요. 이런 일은 우리 주변에서 흔히 일어나는데, 그럴 때
풀뿌리 쪽의 전형적인 반응은 정치권력이 자신들을 배신했다는 겁니다.
하지만 더러 배신행위가 있긴 해도 나는 그게 공정한 평가라 보진 않아
요. 제가 보기에 이것은 조직을 둘러싼 우리 시대의 중대한 쟁점 가운데
하나입니다.

　제가 전부터 민주적 연방주의에 관한 머리 북친*의 저술을 좋아한 것
은 그 때문이지요. 그는 마을과 지역 단위에서 주민총회식 의사결정 구
조를 갖되 이들 구조를 '총회들의 총회'로 통합하여 더 큰 규모의 생태
지역적(bioregional) 문제를 다룬다는 구상을 했습니다. 그래서 예컨대
하나의 생태지역에서 물을 합리적으로 사용하는 문제는 개인이나 소
지역의 결정에 맡기지 않고 해당 생태지역이 지닌 가능성과 필요에 부

---

* Murray Bookchin (1921~2006), 미국의 사상가. '사회적 생태학'을 제기했고, 개인주의적이
　고 비정치적인 당대 미국의 무정부주의자들에 반발하여 '사회적 무정부주의' '자유론적 지
　방자치주의'(libertarian municipalism) 및 (대문자를 사용하여 다른 지방자치주의와 구별하
　는) Communalism을 제창했다.

합하는 실천방식이 합의를 통해 출현하도록 한다는 것입니다. 내가 보기에 북친의 체계는, 우리가 이런 외부적 차원에 도달하면 사람들에 대한 관리가 아니라 사물에 대한 관리가 주된 목표라고 했던 쌩시몽(H. de Saint-Simon)의 원칙으로 되돌아간 겁니다. 저는 이게 꽤 흥미로운 사고방식이라고 봐요. 실제로 사물과 사람들을 확연히 구분할 수 있을지는 모르겠지만 취지는 알겠어요. 곧, 모든 차원에서 개인의 자유를 극대화하고자 하는데 그러자면 사람들로 하여금 그 자유를 의미있게 행사하도록 해주는 어떤 물리적 기반들을 집단적으로 창출해야 한다는 것이지요. 이는 토론해볼 필요가 절실한 문제입니다.

어떻든 저는 제가 수평적 조직형태의 물신숭배라 부르는 경향을 매우 개탄한다는 점을 공개적으로 표명해놓은 바 있습니다. 수평적 조직형태가 신성불가침이 되어 비판이나 평가를 하면 안되는 분위기인데, 정작 이런 조직들을 가까이서 들여다보면 위계질서의 수상쩍은 형태와 새로운 권력구조가 정립되는 은밀한 방식이 눈에 띄기도 하지요.

**백낙청** 우리가 한층 유연하고 현실적인 조직원리를 개발할 필요가 있다는 데 전적으로 동의합니다. 그런데 어떤 위계질서가 좋다든가 이롭고 어떤 위계질서는 그렇지 않으며 어떻게 좋은 위계질서를 확보하느냐는 문제에 원만하게 대처하기 위해서는 평등의 문제도 좀더 깊이 탐구해서, 어떤 것이 좋은 평등이며 어떤 것이 아닌가를 식별할 수 있어야 하지 않을지요? 맑스도──제가 틀렸으면 바로잡아주시기 바랍니다만──평등 자체에 대해 별로 말하지 않은 걸로 압니다. 그는 계급사회의 철폐를 주장했지만 삶의 대안적 비전을 논할 때는 주로 개성의 온전한 발달이라든가 자유로운 생산자들의 자발적 연합 등을 말하지요. 저는 이런 것도 평등의 물신화로부터 우리를 해방해주는 데 도움이 된다고 생각합니다.

**하비** 예, 맞아요. 저는 여러 차원에서 평등을 지지하지 않는 편입니다. 아마 가장 간명하게 표현한다면, 저는 인생기회의 평등을 지지하지만 결과의 평등은 결코 지지하지 않아요. 사회를 매력 넘치게 만드는 것 중 하나는 차이의 생산이라 믿습니다. 예컨대 저는 지리적으로 불균등한 발전이 근절되는 걸 보고 싶지 않습니다. 불균등한 지리적 발전은 실제로 극히 흥미진진해질 수 있다고 생각해요. 저는 도시의 상이한 공간들, 각기 그 느낌이 다르고 일상생활의 결이 다른 공간들을 찾아가보기를 좋아하고, 그래서 다양성이라는 걸 굉장히 중요시해요. 하지만 어느 지점에선가 우리는 이를 완화해서, 그러한 차이들이 도시의 한쪽에 사는 사람들의 삶의 기회가 다른 쪽에 사는 사람들에 비해 두드러지게 축소되어서는 안된다는 이념도 수용해야 합니다. 우리는 예컨대 기대수명 같은 인생의 기회가 모든 사람에게 보장되는 환경을 만들어야 하지만, 취미와 존재의 동질성이 강요되는 환경을 만들지는 말아야지요. 제가 항상 아이러니라고 생각하는 것은, 맑스에 대한 비판 중 하나가 그가 모든 것을 똑같이 만들고자 한다는 거예요. 게다가 이런 비판이 도처에서 모든 것을 똑같이 만들기에 여념이 없는 자본주의 측에서 나오는 겁니다. 도대체 누가 모든 걸 똑같이 만드느라 분주하단 말인가요? 실제로 문화적 범좌파 세력은 차이의 보존, 문화적 차이와 취미 및 생활양식의 차이를 보존하는 데 가장 열성적인 사회집단입니다. 평등을 물신화하지 말아야 한다는 선생의 주장에 동의합니다.

## 자발성과 지혜가 발현된다면

**백낙청** 거기서 한걸음 더 나가보면 어떨까요? 평등한 인생기회가 주어진 상황에서 결과의 불평등이 가능케 하는 다양성을 중시하는 데서 한걸음 더 나가, 성취된 지혜라든가 삶을 제대로 사는 진정한 능력이라든가 뭐 그런 것에서의 일종의 불균등 개념을 정립했으면 하는 겁니다.

제가 한때 외국에서 'hierarchy of wisdom'(지혜의 위계질서)이라는 표현을 쓴 적이 있는데 아주 부적절한 선택이었던 것 같아요.

**하비** 아, 그러다가 십자가에 매달리기 꼭 좋지요.(웃음)

**백낙청** '위계질서'만 해도 안 좋은 단어인데, 영어로 wisdom이라고 하면 인생을 사는 실용적인 슬기 정도를 생각하게 되지요. 그러나 제가 뜻했던 것은 차라리 불교적 의미의 지혜, 진정한 깨달음에서 나오는 지혜 같은 것이었습니다. 어쨌든 '지혜의 위계질서'는 별로 안 좋은 표현이었고 아직껏 딱 맞는 표현을 찾지 못했습니다. 저의 취지는 자발적인 복종이나 리더십의 수용이 필요한 상황에서 사람들이 그런 종류의 자연스러운 권위를 쌓은 사람들을 존중하도록 교육되어야 하지 않겠느냐는 것입니다. 이건 흔히 말하는 능력주의(meritocracy)와 달라요. 이른바 능력주의의 주된 문제는 '능력'이 기존 체제 안에서의 경쟁력 위주로 평가된다는 점인데, 제가 말하는 지혜는 '나쁜 불평등'에 해당하는 온갖 억압적인 차별이 제거되었을 때 그 진가가 발휘될 수 있는 성질이거든요.

**하비** 저는 그런 식으로 표현하지 않겠어요. 딱히 그런 길을 택하고 싶진 않아요. 제가 『희망의 공간들』*의 끝부분에 삽입한 유토피아적 스케치에서는 사람들이 권위 같은 걸 갖는 게 아니라 그들이 이룩한 소양에 대한 존중심을 갖고 그래서 이걸 존중하는 사람이 그들로부터 배우고자 하는 상황을 그려보았습니다. 그 대목에서 내가 제시한 아이디어 중 하나는 누구나 안식년을 얻어서 7년에 한번씩 하던 일을 다 놓고 다른 곳에 가서 다른 일을 해본다는 거였어요. 가령 음악에 관심이 많고 찾아가 배우고 싶은 훌륭한 음악가가 있다고 할 때 안식년에 그걸 해보는 거예요. 그러나 이건 복종 같은 건 전혀 아니고, 일정한 기량을 습득하려는 욕망이지요. 저 자신은 피아노 치는 걸 정말 배우고 싶어요. 어릴 때 좀

---

* David Harvey, *Spaces of Hope*, University of California Press 2000. 국역본 데이비드 하비 『희망의 공간』, 최병두 옮김, 한울 2001.

배우기는 했는데 제대로 계속하지 않은 게 늘 아쉬워요. 내게 안식년이 주어진다면 어딘가로 훌쩍 떠나서 그런 식으로 해볼 수도 있지요. 선생이 말씀하는 건 어쩌면 성취의 일정한 불균등으로서 많은 사람들이 따르고 싶어하는 그런 건지도 모르겠군요. 하지만 복종이라기보다 따라하기라 부르고 싶어요. 물론 자신이 매우 좋아하고 존중하는 걸 따라하는 거지요. 당연히 그건 전적으로 자발적인 성격이고요.

**백낙청** 자발적인 건 물론이고 어떤 고정된 권위에 대한 복종도 아니지요. 피아노 선생님은 자신의 안식년이 왔을 때 선생을 찾아와서 『자본』 읽기를 배울 수도 있어요. 요는 단순한 기예나 지식의 차원이 아니라 삶이 요구하는 어떤 본질적인 능력, 예컨대 불교에서 말하는 '법력(法力)'이라든가 동아시아에서 '도'라 부르는 차원의 능력을 생각해보자는 것입니다. 물론 법(dharma)을 인생의 이런저런 구체적 상황에 응용할 때 특정 법사가 항상 가르치는 위치에 있는 건 아닙니다. 만약에 어느 법사가 그런 시도를 한다면 도리어 그의 법사 자격과 지혜가 의심스러워질 테지요.

불교나 '도'를 끌어들이는 게 가장 적절한 의사전달 방법이 아닐 수 있다는 걸 인정합니다. 차라리 어제 워크숍에서 제기된 E. P. 톰슨의 '욕망의 교육'(education of desire)이라는 개념이 더 유용할지 모르겠어요.* '지자(智者)'란 지성이나 실천력뿐만 아니라 욕망 차원에서도 더 훌륭하게 교육된 사람이라 할 수 있거든요. 어쨌든 저의 취지는, 우리가 사회나 조직에 꼭 필요한 '좋은 위계질서'를 확보하려면 평등과 다양성을 동시에 추구하는 것 이상의 어떤 교육과 조직의 원리를 탐구해야 하지 않느냐는 겁니다. 꼭 필요한 현실적 요구에 부응할 '좋은' 불평등 내지 불

---

* E. P. Thompson, *William Morris: Romantic to Revolutionary*, Merlin Press 1955; 개정판 1976, 저자 후기 참조. 국역본 에드워드 파머 톰슨 『윌리엄 모리스』(전2권), 윤효녕 외 옮김, 한길사 2012.

균등을 인정하고 그런 지혜를 보급하는 교육을 하여 궁극적으로는 그런 바람직한 차이마저 축소하는 데 기여할 교육 말이지요.

**하비** 저는 거기까지는 동의하기 어려워요. 나 같으면 교육구도의 반대쪽 극에서 시작하겠어요. 어제 나는 프레이리의 『페다고지』*를 좋아한다는 말을 했는데, 그의 교육학은 민중이 일단의 물신화된 개념들, 그람시가 정의한 '나쁜 상식'으로부터 해방되는 과정이지요. 기존의 편견으로부터 민중을 해방하는 일이 매우 중요하다고 생각해요. 일단 그 과정이 시작되면 어떤 결과가 나올지 예측 못하지요. 미지의 세계를 향한 문을 여는 일과 같습니다. 그야말로 '백화제방(百花齊放)'인 거예요. 저는 선생의 말씀 중에 함축된 어떤 성취의 기준보다는 그런 식의 생각을 선호합니다. 일정한 성취기준을 설정하고 그에 따라 어떤 사람이 다른 사람보다 훌륭하다는 식으로 말하는 책임을 지고 싶지는 않거든요. 그건 아닌 것 같아요.

**백낙청** 글쎄요, 제가 아직 딱 맞는 표현을 찾지 못한 것만큼은 분명한 것 같군요.(웃음) 아무튼 선생께서는 '선무한'(good infinity), 곧 좋은 무한대를 말씀하시면서 맑스의 '단순재생산'(simple reproduction) 개념을 언급하셨는데,** 단순재생산이 문자 그대로 제로 성장일 필요는 없지만 아무튼 복률성장(compound growth)이 아닌 단순재생산이 주된 목표가 되자면 새로운 사회제도뿐 아니라 전혀 달리 교육받은 시민들이 필요하리라는 점은 분명하지요.

**하비** 물론이지요. 맑스 이론에 따르면 단순재생산이 붕괴되는 이유는 이윤추구가 자본의 유통과정에서 목표가 되기 때문입니다. 이윤추구는 곧 확장을 의미하고 이는 우리가 당면한 '악무한'(bad infinity)을 낳

---

* Paulo Freire (1921~97), *Pedagogy of the Oppressed* (1968), tr. Myra Bergman Ramos (1970, 2000). 국역본 파울루 프레이리 『페다고지: 30주년 기념판』, 남경태 옮김, 그린비 2009.
** 『창작과비평』 2016년 가을호 94면 참조.

습니다. 영원한 복률성장은 불가능한 일이고 온갖 스트레스 현상을 낳기 시작하지요. 따라서 우리는 사람들이 이윤동기 없이 사회생활의 단순재생산을 지속할 활동의 유인(誘因)들을 찾아내야 합니다. 하지만 이는 단순재생산의 중요성을 인식하는 집단적 의식을 요구합니다. 물론 과거 농민생활의 단순재생산을 생각해보면 그건 얼마든지 실현 가능한 거지요. 사람들이 자신들을 재생산하고, 이는 '선무한', 사회가 대대로 자기재생산을 할 수 있는 좋은 무한대예요. 자본주의가 그것과 결별했고 지금은 끝없는 성장이 대세입니다. 농민사회에 존재하던 인센티브들은 물론 대개가 곡식을 재배해서 농사철이 끝난 뒤 빵을 확보하려면 무엇을 해야 하는가 하는 순환주기에 직결되었고 주어진 사회구조 내부에서 장려되는 여러가지와 직결돼 있었지요. 이제 우리는 한층 복잡한 사회를 어떤 식으로든 재생산할 수 있는 인센티브들을 찾아내야 합니다. 그런데 사람들이 모두 개인주의적 성공을 생각하는 시대에 그 일을 해내기가 무척 힘들지요. 따라서 우리는 개인주의를 무너뜨리고 이윤동기를 척결하며 사람들이 사회의 재생산을 위해 충분한 만큼 일하도록 유도하는 사회적 방안을 발견해야 합니다.

그리고 그것이 의식의 일대 변모를 요할 것이라는 선생의 생각은 맞습니다. 사람들은 글쎄 그게 되겠냐고들 하는데, 나는 신자유주의 시대를 거치며 살아왔고 지난 30~40년간—선생도 그러셨겠지만—사람들의 의식이 변하는 것을 목도했노라고 답합니다. 의식의 변화는 불가능한 일이 아니고 단지 장기간에 걸친 과정일 따름이지요. 지금 우리는 모두 1970년대에는 상상할 수 없었던 식으로 신자유주의적이 되었습니다. 그러니 변화는 가능하고, 극적인 변화도 가능합니다. 중국에 가서 재미있었던 것 중 하나는, 중국에서는 누구나 변화가 가능하다고 믿는 점이었어요. 서방세계는 지금 엄청 비관적이에요. 중국에서 우리가 비판할 일들이 많이 일어나고 있다 하더라도, 변화는 가능하고 급속한 변화가 가능하며 실제로 급속히 변화하고 있음을 사람들이 아는 분위기가 존재합니다. 더 나은 방향으로의 변화가 가능하며, 중국에서 일어난 일들은 대부분의 중국인들에게는 실제로 한층 나아지는 변화였습니다.

## 신자유주의 분석은 여전히 유효한가

**백낙청** 이제 자본의 현 상황 문제로 돌아가봅시다. 선생은 자본가계급이 현재 완전히 혼란상태에 빠졌고 경제위기에 어떻게 대처할지 전혀 모르고 있으며 정치는 완전히 미쳐 돌아가는 중이라고 하셨어요. 미국에서의 트럼프(D. Trump) 현상이라든가 영국의 브렉시트 국민투표 등을 예로 드셨지요.* 오늘날 한국의 상황도 저는 비슷하다고 봐요. 물론 다른 나라들과 다른 점 하나는 한국이 분단된 한반도의 일부라는 점입니다. 제가 분단체제라고 부르는 것이 남한의 자본주의체제를 지탱해주는 하나의 기둥 역할을 하고, 북녘의 이른바 사회주의체제에 대해서도 마찬가지입니다. 하지만 제가 보기에 분단체제 자체도 이제 중대한 위기에 직면했어요. 한국의 정치는 지금 거의 '미쳐 돌아가는' 수준인데, 다만 한국인과 중국인의 공통점 하나는 사람들이 더 나은 방향으로의 변화를 포함해서 많은 변화를 보아왔고 나아질 수 있다는 자신감을 아직 완전히 잃지 않았다는 점입니다. 그 점이 한국과 일본이 다른 점인지도 모르겠는데, 요즘은 일본에서도 사람들이 깨어나고 너무 분노해서 움직이기 시작하는 것 같아요. 그런데 미국과 유럽으로 돌아가서, 선생은 자본가계급이 통제력을 상실했다고 하셨는데, 1973년의 위기 이후 그들이 산출한 신자유주의 처방이 효능을 잃었다는 이야긴가요?

---

* 영국의 국민투표는 대담 바로 다음날 시행되어 영국의 유럽연합 탈퇴를 결정했는데 워크숍에서 하비는 이런 국민투표를 하게 된 것 자체가 지배계급의 무능을 뜻하는 것이고 결과에 관계없이 지배계급이 사태를 통제할 능력은 크게 약화되리라고 내다보았다.

**하비** 신자유주의 처방을 어떻게 해석하느냐에 달렸지요. 저는 처음부터 그것이 권력을 과두체제로 돌려놓고 집중하기 위한 계급적 기획이라고 보았습니다. 내가 보기에 그 계급적 프로젝트는 지금도 건재합니다. 1930년대를 보면 기존 체제를 대신할 대안적 체제를 만들어낼 수 있을까 하는 사상과 논의가 그 시대에 대량으로 생산됐습니다. 국가의 역할이 바뀔 수 있고 경제의 운용이 바뀔 수 있으며 케인스(J. M. Keynes)의 경제이론이 갑자기 실현 가능해졌습니다. 고장난 게 분명한 자본주의에 어떻게 대응할지에 관한 사고개념들의 변모를 위기가 촉발했던 거지요. 이때 나타난 새로운 사고방식과 새로운 정치적 실천이 자본주의의 입장에서는 1945년 이후 큰 성공을 거두었습니다. 그리고 다시 1970년대로 오면 또 성찰의 시기가 있고 새로운 이론들이 나왔으며 케인스가 배척당하고 공급자 위주의 경제학이 대두하고 권력구조의 이전이 일어나고 제도가 달라지고 사고방식이 바뀌기 시작하고……. 그래서 1970년대에 여전히 자본주의 입장에서 새로운 답안이—내가 싫어하는 답안이지만—만들어지지요.

2008년 이후로 주목되는 점은 그런 성찰이 전혀 안 보인다는 겁니다. 정치권력이 하는 일들을 보면 그냥 예전에 내놓던 똑같은 처방을 내주고 있어요. 한두군데 약간 손질만 해서요. 유일한 예외는 중국이 주도하는 확장인데, 이는 엄밀한 의미로 케인스식은 아니지만 1945년 이후 미국이 한 일과 매우 흡사합니다. 하지만 진짜 새로운 사고, 새로운 처방은 안 나오고 있어요. 어디선가 무엇이 진행 중인데 내가 모를 수도 있지만요. 어쨌든 예전과 같은 토론과 논쟁과 발효상태가 내 눈에는 안 들어옵니다. IMF가 또 하나의 암담한 예측을 내놓고 똑같은 구조조정 정책을 추구하는 것이 보일 뿐이에요. 이것이 요즘 내가 거듭 비판하는 점 중의 하나, 곧 모두가 일이 어떻게 일어나는지만 말하고 왜 그런 일이 벌어지는지에는 관심이 없다는 거지요. 그래서 IMF는 지금 미국 경제가 난항이 예상된다, 노동참여율이 내려가고 있고 생산율이 매우 낮으며 중산층이 사라지고 있다는 등의 얘기를 합니다. 이건 대단히 비관적인 전망인데 그럼에도 왜 이런 일이 일어나고 있으며 무엇을 해야 하는지, 어떻게 전체 경제를 재구성할지에 대해서는 아무도 말하지 않습니다. 중국경제가 딱히 침체는 아니지만 그 동력이 저하하는 상황에서 세계자본주의는 큰 난관에 봉착하고 있다고 생각합니다. 할 수 있는 일이라곤 통화공급을 계속 늘리는 것뿐이에요. 각국의 중앙은행은 마치 그게 해결책이나 되는 것처럼 세계의 통화량에 새로운 0을 추가하고 있어요. 이런게 '악무한'이 아니고 뭐겠어요! 그래서 저는 철저한 사고를 하며 경제체제를 전환하려는 전투적 자세가 더 많이 보이지 않는 게 무척 놀랍습니다. 경제학에서 신자유주의적 정설은 건재하며 그 어느 때 못지않게 강력하고, 대학들은 점점 신자유주의적 기업구조의 지배로 넘어가고 있습니다. 새로운 사고가 어디서 나오려는지요?

**백낙청** 다른 한편 신자유주의 이념은 2008년 이후로 빛이 바랬다고 생각되는데요.

**하비** 정당성은 상실했지만 그 실행력은 여전하다고 봅니다. 그런데 정당성 대신에 들어선 것이 세상을 바꾸려는 일체의 진정한 투쟁에 대한 권위주의적이고 군사화된 통제이지요. 신자유주의가 그 정당성을 상실했을지 모르지만 모든 반대세력을 군사적 대응이 필요한 테러리즘으로 규정하는 힘을 얻었습니다.

**백낙청** 한국에서 저는 많은 진보적 동료들이 신자유주의라는 용어를 너무 쉽게 휘둘러대는 점을 비판한 바 있습니다. 예컨대 그들은 한반도의 분단체제가 수행하는 매개 역할을 완전히 무시하기 일쑤지요. 지구차원의 신자유주의가 한국에도 적용되는 건 틀림없지만, 이곳에서는 남북의 분단과 대결을 통해 신자유주의의 작용이 악화되거나 왜곡되는 경우가 많거든요. 아무튼 저는 신자유주의가 자산가치 이전을 위한 기획으로서 지금도 건재하다는 선생의 진단에 동의합니다. 저 자신은 신자유주의를 '인간의 가면을 벗어던진 자본주의'라 일컬은 바 있습니다만,[*] 인간의 얼굴을 가진 자본주의 이야기를 한때 많이들 했는데 요즘은 별로 그런 말이 안 들리지요.

**하비** 예, 나도 그게 대충 사라진 게 눈에 띄어요.

**백낙청** 저의 취지는 자본주의의 소위 인간의 얼굴이라는 게 원래 가면이었다는 거지요. 물론 많은 사람들이 그게 진짜 얼굴이라 믿었지만요.

**하비** 나눔의 경제라든가 윤리적 경제라는 식으로 가면을 다시 만들어내려는 시도들이 있기는 하지요. 그런 프로그램이 일부 있지만 별로 성공적이지는 않아요.

**백낙청** 1970년대에 자본가계급의 지도자들은 가면을 벗어던지고 다분히 원시적 내지 야만적인 자본주의로 돌아가기로 결정한 것 같아요.

**하비** 『자본』 제1권에 기술된 행태로 돌아가기로 한 거지요.

**백낙청** 본원적 축적 챕터를 포함한 『자본』 제1권으로요.

**하비** 예, 틀림없이요.

**백낙청** 그런데 동시에 '신자유주의'라는 것이 또다른 가면일 수 있어요. '신=새로운'이라든가 '자유주의'가 모두 어떤 의미로는 긍정적인 용어들이거든요. 많은 사람들이 매력을 느끼는 면이 있어요. 그러나 신자유주의는 실제로 자본주의가 민주주의와 일정하게 결합한다든가 심지어 사회민주주의로 진화하기 이전 단계로 돌아가자는 것이니까 진짜로 새롭다고 할 수 없습니다. 게다가 진정한 의미의 자유주의도 아니에요. 원래 자유주의는 개인들과 개인 사업가의 자유를 뜻한 것이지, 신자유주의의 수혜자인 법인들, 대기업들의 자유를 제창한 게 아니었거든요. 그래서 우리는 새로운 가면을 만난 셈인데, 선생도 동의하셨듯이 이

---

* 백낙청 「다시 지혜의 시대를 위하여」, 『한반도식 통일, 현재진행형』, 창비 2006, 104면.

가면조차 2008년 이후로는 너덜너덜해졌습니다.

**하비** 말이 나온 김에 덧붙이자면, 제가 반신자유주의자가 아닌 반자본주의자로 자처하는 이유가 바로 그겁니다. 많은 사람들이 신자유주의에 반대하면서도 반자본주의는 아니에요. 저는 반자본주의자가 되는 일이 훨씬 중요하다고 생각합니다.

**백낙청** 그러니까 신자유주의에 너무 집중할 때의 또다른 폐단은 자본주의의 실상을 은폐한다는 것이군요.

**하비** 그렇습니다.

## 영토의 논리와 자본의 논리, 기로에 선 중국·인도

**백낙청** 선생이 중국이 자본주의 호랑이의 꼬리를 잡고 있다는 비유를 하셨을 때 제가 호랑이가 얼마나 건강하냐, 얼마나 더 오래 살리라고 예상되느냐에 많은 것이 달렸다고 말씀드렸지요. 미국과 유럽의 중심부 자본가계급이 실제로 엉망인 상태고 통제력을 상실했다면 영토 논리와 자본주의 논리를 자기네식으로 새롭게 결합하려는 중국 측의 노력이 얼핏 보기보다 큰 잠재력을 지닌 게 아닐까요? 물론 저들의 구호가 말하는 대로 '중국 특색의 사회주의'라는 새로운 길을 제시한 것은 아니지만요. 정반대로 그들은 신자유주의적 세계질서에 일단 가담했습니다. 그러나 동시에 중국은 사민주의 비슷한, 사민주의랄 수는 없지만 어쨌든 좀 다른 종류의 자본주의를 유지하고 어떤 면에서는 자신들의 사회주의혁명의 유산을 보존하려는 일종의 후위작전을 수행하고 있는 것으로 보입니다. 게다가 중국은 정말 엄청 큰 나라예요. 면적으로만 치면 미국이나 캐나다보다 그리 큰 건 아니고 러시아보다 작지만, 거대한 인구와 장구한 역사를 지녔기 때문에 선생이 '이질장소적'(heterotopic)이라 부르시는 요소들을 굉장히 여럿 갖고 있습니다. 그래서 예의 호랑이가 드디어 쓰러질 때 결실을 맺을 수 있는 많은 잠재력들을 일종의 지연작전으로도 보존할 수 있지 않을까 합니다.

'동아시아 잡지 회의'에서 중국사회과학원 소속의 쑨 거(孫歌)라는 중국 지식인이 한 말인데요, 사람들이 마치 중국이 완성된 국민국가인 것처럼 말하곤 하지만 사실이 그렇지 않고, 실제로 중국이라는 나라가 도대체 무엇이며 장차 무엇이 될지 아직 모른다는 거였습니다. 저는 그 말이 일리가 있다고 봐요. 물론 국제무대에서 중국은 강력한 국민국가로 행세하고 있지만, 중국 내부는 옛날 제국과 근대적 국민국가와 그밖에 확실히 규정하기 힘든 여러 요소들의 복합체라고 봅니다. 실제로 중국이 완성된 국민국가로 가느냐 여부에 따라 많은 것이 달라질 텐데, 저는 동아시아 지역의 화합과 균형을 위해서나 선생께서 앞서 최근 중국이 세계 곳곳에서 벌이는 거대한 투자활동을 두고 우려를 표명하신 지구적 생태문제의 관점에서나 중국의 완전한 국민국가화는 크게 불행한 결과를 초래하리라는 생각입니다. 어쨌든 저는 중국이 호랑이한테 먹히지 않고 꼬리를 붙잡고 충분히 오랜 시간을 견딘다면 나중에 활용할 수 있는 복잡한 요인들이 중국 내부에 꽤 많이 존재한다고 생각하는 편입니다.

**하비** 그건 미국의 경우, 적어도 지난날 미국의 경우에도 해당하는 이야기가 아닐까요? 미국의 남부는 노예제도의 유산이라든가 인종관계의 특수한 역사로 인해 상당한 이질성을 보였고 미국의 서부도 마찬가지였습니다. 미국 내의 지역주의는 매우 중요한 요인이었지요. 그리고 요즘 경제신문들이 전망하는 것을 보면, 중국의 거대한 라이벌은 인도예요. 인도의 임노동력 규모는 중국보다 빨리 성장하고 있지요. 중국은 지정학적 차원에서 인구문제에 당면하는 것 같고 그래서 경제활동의 상당 부분을 방글라데시, 베트남, 캄보디아 등지로 외주화하고 있습니다. 그래서 인도가 세계금융체제로 편입되는 것이 꽤나 긴장되는 순간입니다.

따라서 제가 무한성장의 미래에 관해 비관적이라 할 때는 장기적으로 그렇다는 뜻이고, 단기적으로는 '호랑이 꼬리를 붙잡고' 살아남는 지역들이 있다는 걸 부정하는 건 아니에요. 그러면서 그들이 붙들고 있는 호랑이에게 상당량의 에너지를 제공하기도 하는데, 2008년 이후 중국이 세계자본주의에 해준 일이 그런 거라고 생각합니다. 자본주의가 세계적으로 몰락하는 걸 중국이 실질적으로 건져줬어요. 그게 중국 집권당의 의도는 결코 아니었다고 보지만, 결과적으로 그렇게 한 거지요. 앞으로도 계속 그럴 수 있을지는 아무도 모르는 일입니다. 그래서 저는 중국의 영토 논리와 자본축적의 논리 사이의 관계를 주목할 것을 강조하고, 그들의 영토 논리가 상당 부분 자본축적의 논리에 종속되었다고 생각합니다. 그들의 영토 논리를 유지하는 일은 자본주의의 논리를 자신의 이익에 맞게 관리하느냐에 좌우되는데, 이것이 자본주의 전체에 이득이 될지는 쉽게 판단할 수 없는 문제입니다. 인도에서도 지금 같은 일이 벌어지고 있어요. 인도는 매우 급속히 증가하는 거대 인구를 가진 나라예요. 인도에서는 분명히 지금 매우 악랄한 본원적 축적 과정이 진행되고 있어요. 중국에서도 어느정도 보아온 농민사회의 파괴라든가……. 우리는 미래의 자본축적이 의존할 수 있는 이들 두개의 주된 동력자원을 보유한 세계자본주의를 상대하고 있습니다. 그런데 그 동력을 얻어내는 과정에서 저들 자신의 영토 논리와 절충을 해야 되겠지요. 하지만 영토 논리와 자본주의 논리 사이에서 이게 어떻게 전개될지는 물론 제가 알지 못합니다. 저는 두 논리의 전개를 지켜보면서 그 진행에서 드러나는 관계의 동력을 분석하며 이해하고자 하는데, 이미 말씀드렸듯이 이를 세계자본주의의 관점에서 하려 합니다.

## 함께 가는 변혁으로의 길

**백낙청** 그런데 저는 미국의 지역적 다양성을 중국의 다양성과 비교할 수는 없다고 보는데요.

**하비** 지금은 아니지만 1945년 시점에서 본다면⋯⋯.

**백낙청** 1945년이라 해도 저는 다를 거라 생각해요. 아주 간단하면서도 눈길을 끄는 한가지 예만 들자면, 중국에서는 별로 멀지 않은 지역 사람들끼리도 자기네 사투리를 쓰면 서로 못 알아듣는 경우가 흔하거든요. 한 사오궁(韓少功)이라는 매우 훌륭한 중국 작가가 있는데 몇해 전 서울에 왔을 때 만났어요. 그는 후난(湖南)성 출신인데——아시다시피 후난은 마오 쩌둥의 고향이기도 하지요——문화대혁명 때 시골로 하방(下放)을 당해 같은 후난성의 다른 지역으로 갔답니다. 그런데 그곳 사람들의 말을 도무지 못 알아듣겠더라는 거예요. 그런 식의 다양성은 미국에 없지요. 미국의 백인 정착민들에게는 그런 지역적·언어적 다양성을 형성할 시간이 없었거든요. 그 점에서는 인도가 더 방불한 비교대상입니다. 그런데 중국은 어쨌든 사회주의혁명의 과정을 거쳤다는 점이 두 나라의 차이겠지요. 진정한 사회주의 사회를 만들어냈는지는 의문이지만 집단적 경험의 특이한 유산을 가진 것입니다. 그래서 중국이 그 유산을 어떻게 이용하는가에도 많은 것이 달렸습니다. 러시아와는 달리 중국의 지도부는 혁명의 유산을 공식적으로 부인한 적이 없습니다. 물론 러시아에서도 볼셰비끼혁명의 유산이 완전히 사라졌다고는 생각지 않지만요. 인도에는 또 인도 나름의 반자본주의적 유산이 풍부하지요. 지방정부 차원에서의 집단적 경험도 있습니다. 그러니까 그런 유산들을 어떻게 활용할지 지켜볼 일입니다.

그런데 아쉽게도 이제 우리 논의를 끝내야 할 시간이 다가오는군요. 선생의 마무리 발언을 듣기 전에 저는 선생이 역사적-지리적 유물론

(historical-geographical materialism)이라 부르시는 것이 실은 그람시가 정의한 '양식'(good sense)일 따름이고, 선생이 방한을 통해 우리 사회에서 그러한 양식을 활성화하는 데 도움을 주신 것에 감사드리고 싶습니다. 한국에서 그것을 되도록 널리 '상식'으로 만드는 일은 저희들 몫이겠지요.

**하비** 제가 역사적-지리적 유물론 차원에서 이야기하기를 좋아하는 이유 가운데 하나는, 우리를 하나로 연결해주고 우리 모두가 살고 있는 전지구적 공유지에 관해 적어도 생각을 할 수 있게 해주는 ── 맑스의 언어를 쓰자면 ── '모순적 통일성들'을 외면하지 않으면서도 선생이 잘 지적하신 언어적 다양성을 포함한 다양성과 차이를 감안하는 일이 가능해지기 때문입니다. 누군가가 우리가 보유한 양대 전지구적 공유지는 땅과 언어라고 말한 적이 있는데, 지금 저는 다른 땅에 와서 다른 언어로 생각하고 일하는 사람들과 회화하고 있음에도 소통이 가능한 거예요. 그래서 저는 그러한 분리선들을 넘어 대화하는 이런 특별한 기회를 마련해주신 데 감사드리고, 선생과 창비사 그리고 계간지가 지난 50년 동안 이룩한 중요한 업적과 공헌에 축하를 보냅니다.

**백낙청** 대단히 감사합니다. 여기서 끝맺도록 하겠습니다.

# 고은이라는 '거대 현상'

2016년 10월 6일 창비서교빌딩 명예편집인실

**고은문학관건립위원회**(이하 문학관)  고은 선생님과 백낙청 교수님은 오
랜 친구이자 동지이기도 하신데요, 두분의 첫 만남 이야기부터 여쭙고
싶습니다.

**백낙청**  고은 선생을 처음 내가 뵌 건 60년대 중반이었어요. 그때가 고
은 선생이 제주도 계시다가 서울에 올라오신 직후였을 겁니다. 그때 신
구문화사란 출판사가 상당히 활발했고 거기 신동문 선생, 시인이시죠,
그분이 주간으로 일을 하셨어요. 그분 주위에 좋은 분들이 많이 몰렸지
요. 내가 어느날인가 신구문화사에 갔다가 신동문 선생하고 고은 선생
이 계신 걸 처음 봤습니다.

  그래 인사를 드렸는데 그때 무슨 깊은 이야기라든가 이런 건 없었고,

---

■ 이 인터뷰는 고은문학관건립위원회가 제작한 기록보관용 동영상을 정리한 것이다.

나는 사실 고은 선생을 처음 볼 때부터 무언가 상당히 끌렸습니다. 아주 매력 있는 분이라고 생각을 했는데 고선생님도 뭐 나한테 관심을 가지셨던 것 같아요. 하지만 한동안은 그렇게 자주 만난 것도 아니고 꼭 순탄한 관계였다고 할 순 없습니다. 그때 내가 『한국일보』에 월평을 쓸 때인데, 나는 고은 선생을 염두에 두지 않고 무슨 글을 썼는데, 나중에 들은 바로는 고은 선생님이 그걸 읽고서 굉장히 분개하셔가지고 『한국일보』에다 반박문을 갖다주셨대요. 그러니까 『한국일보』 문화부에서 이걸 실을까 말까 고민했는데 마침 그때 한국일보사에 불이 났습니다. 그래서 그 원고도 타버렸어요 그래갖고 그냥 넘어간 적도 있어요. 고은 선생도 처음에는 막 흥분해서 그런 걸 쓰셨다가 원고가 타버렸다고 하니까 "아이, 잘됐다" 그러셨다는데, 어쨌든 그런 곡절도 있었습니다.

**문학관** 혹시 어떤 기사였는지 여쭤면 실례가 될까요?

**백낙청** 아, 신동엽(申東曄) 『금강』에 관한 서평이었는데 내가 『금강』을 칭찬하면서 길이도 장편소설만큼은 된다, 이런 말 한 거였어요. 이에 대해 고선생님은 시가 뭔지도 모르는 친구가 시가 뭐 소설처럼 길다고 좋은 줄 아냐는 식으로 분개하셨던 걸로 압니다. 나는 그걸 못 봤고 『한국일보』 문화부장으로부터 전해들은 얘깁니다. 고선생님께서 지금 기억하실지 안하실지 모르겠지만 하여간 그런 일도 있었습니다.

당시에 고선생님을 자주 만나고 가까이 지낸 건 오히려 문학과지성사 친구들이었어요. 1960년대는 문지가 생기기 전이지만 70년대 『문학과지성』이 창간되고 그쪽에 김현, 이런 사람들하고 굉장히 가까웠지요. 또 『세계의 문학』이란 잡지는 생기기 전이지만 민음사의 박맹호 사장하고는 두분이 동갑이고 아주 친했지요.

그러다가 내가 자주 만나고 어울리게 된 건 역시 1974년, 그때 '개헌청원지지 문인 61인 선언'이란 걸 냈는데 거기 고선생님이 참여하셨어요. 그 성명 이후에 이호철 선생이 문인간첩단 사건으로 들어가셨잖아요. 그래서 몇사람이 구명운동을 벌이고 탄원서 받으러 다닐 때, 그때 굉장히 열심히 나서주셨지요. 그러다가 그해에 자유실천문인협의회(자실) 생기고 민주회복국민회의에도 우리가 같이 참여하면서 70년대 중반 이후로는 굉장히 가깝게 지냈지요. 이런 시국문제에서도 뜻이 맞는 동지였을 뿐 아니라 그때부터는 오히려 고은 선생이 선도하셨지요. 앞장서서 정말 열정적으로 나서셔서 우리가 따라가기가 숨이 찰 정도였어요.

**문학관** 자실 창립한 이후에 여러가지 활동을 함께 해오셨는데 그 시절을 함께하신 소회에 대해서도 좀더 말씀해주세요.

**백낙청** 자실은 고은 선생이 주도하셨고, 그 가까이에서 같이 주도한 사람이 작고한 이문구 소설가하고 지금도 활동하고 있는 박태순 소설가, 그런 분들이었고요. 나는 그때 창비를 지킨다는 명분으로 한걸음 떨어져 있었어요. 그래서 의논 같은 건 함께 했지만 나서질 않았고, 염무웅 선생도 나하고 같이 창비를 하고 있었는데 사실 선언문을 쓴 것은 염무웅 선생입니다. 그런데 그 모든 것을 고은 선생이 자기가 다 뒤집어쓸 테니까 맡겨라, 그러서가지고 경찰에 가서도 그렇게 말씀하셨어요. 선언문도 당신이 썼고 낭독한 것도 고은이라고. 하여간 그 모임의 우두머리였어요. 자실 자체는, 내가 물론 그 조직에 참여는 했습니다만 주도적으로 참여한 건 아니었고, 그때 고은 선생은 뭐 자실뿐만 아니라 다른 분야의 재야운동에서도 정말 놀라웠지요. 신들린 듯이 활동을 하셨지요.

**문학관** 고은 시인께서는 2007년에 선생님의 『회화록』 출간기념회에서 "이 친구 하나로 너무 많고 넘친다"는 축사를 낭독하시기도 했잖아요. 그 정도로 백낙청 선생님에 대해서 엄청난 우정과 신의를 갖고 말씀도 많이 하시고 글도 많이 쓰셨는데, 백낙청 교수님께 고은 시인은 어떤 친구고 어떤 동지였는지요?

**백낙청** 고은 선생님이 나를 끔찍하게 생각해주시는 건 틀림없는 사실이고 또 자주 그런 말씀을 하세요. 그런데 나는 그런 걸 뭐 대놓고 애기하는 성격이 아니고, 또 고선생님이 선배로서 그렇게 덕담해주시는 건 누가 봐도 아름다운 광경인데 내가 고은 선생하고 그렇게 친구다, 이러고 다니는 건 후배로서는 약간 주제넘는 것이기도 하고요. 나는 문학평론가기 때문에 어떤 문장을 볼 때 그 장르를 감안해야 한다고 생각하는데요, 2007년에 하신 그 말씀은 축사라는 장르에 속하는 말씀입니다. 그래서 그걸 감안해야 할 테고요. 고선생님하고 나는 서로가 참 신뢰하고 의지하지만 흔히 말하는 식의 가까운 친구는 아니에요. 자주 만나는 사이도 아니고 또 만나서 시간 가는 줄 모르게 서로 떠들고 하는 그런 사이는 아닙니다. 그러니까 친구고 동지인데 약간 독특한 유형이라고 보시면 될 것 같아요.

**문학관** 선생님들 두분 다 50년 전 얘기니 청춘이실 때 모습이잖아요. 그리고 저희가 글이나 다른 자료 보면 정말 그 시대에는 좀 다른 기질이시지 않았을까. 그래서 또 고선생님이 좋아라 하셨고 그 친구라는 표현도 철학적 관계에서 나온 거 아닐까 싶기도 하고요.

**백낙청** 그걸 철학적이라고 이름 붙이신 것도 한가지 표현방법이죠. 그러니까 처음 고은 선생님하고 만난 건 한 50년 됐고 가깝게 지내기 시작한 건 한 40년 됐다, 이렇게 보시면 될 것 같아요.

**문학관** 2005년에 남북작가대회 대표단으로 평양에 함께 다녀오셨죠. 그때 함께 오가시면서 기억에 남는 에피소드가 있다면요?

**백낙청** 그때 단장이 고은 선생이셨어요. 나는 그 무렵에 6·15공동선언실천 남측위원회의 대표였습니다. 남북작가대회가 7월에 있었는데, 나는 그전 6월에 평양을 다녀온 참이었어요. 그때가 정동영 당시 통일부 장관이 특사로 가서 김정일 국방위원장하고 대화를 해가지고 남북관계의 물꼬를 튼 그런 중대한 행사였지요. 그 행사 자체는 민간행사인데 정부 대표단이 그 기회를 활용해가지고 동행을 해서 그런 걸 열었던 겁니다. 어떻게 보면 그때가 참 남북관계의 제일 꽃 같은 시절이었지요. 결실도 많았고. 그래서 6월에 다녀왔다가 7월에 다시 가니까 북쪽에서도 예우를 해서 나를 명예손님으로 모셨습니다. 그래서 명예손님으로서 축사도 하고 그랬던 거고요. 그 남북작가대회는, 사실 80년대에 민족문학작가회의에서 남북작가회담을 추진했잖아요? 판문점에서 만나자고 해놓고 남쪽에서는 대표단 전부 연행이 됐고 고은 선생님은 그것 때문에 구속까지 되셨던 일이 있습니다. 그것이 2005년에 가서야 드디어 성사가 됐으니까 꽤 의미있는 일이었고, 북에서도 그 행사를 굉장히 중요시했어요. 김정일 위원장이 각별한 관심을 가지고 거의 매일 보고를 받는다, 그런 얘기를 그쪽 사람들이 전해줬고요. 그래서 대접이 상당히 융숭했지요.

고은 선생님에 관한 인상 같은 걸 말하면, 이분은 저 2000년 남북정상회담으로 김대중 대통령이 처음 가셨을 때 이미 수행해서 김정일 위원장을 만났을 뿐 아니라 나중에 6·15공동선언을 발표한 만찬장에서 시 「대동강 앞에서」, 그 시는 그날 아침 거의 즉흥시처럼 내려갈겨쓴 시인데, 그걸 낭독하시고 그래서 북에서도 잘 알고, 위상이 좀 다르지요. 북에서는 김정일 위원장을 만났던 사람하고 안 만난 사람하고 위상이 다릅니다. 거기다가 워낙 성품이 활달하고 거리낌이 없으시니까 북에서도 자유인으로 활동을 하시고, 우리한테 그쪽의 부총리라는 분이 저녁을 내는데 거기서도 전혀 거리낌이 없었어요. 그게 상당히 인상적이었습니다. 그러고는 이제 백두산에 갔지요. 백두산 가서 그 새벽에 추운데 고은 선생님이 단장으로서 시를 낭독하고 발언도 하시고 그랬지요.

**문학관** 선생님께서는 통일시대 한국문학의 방향에 대해서, 그러니까 통일문학 관련해서 글도 오래 써오셨고 말씀도 쭉 해오고 계신데, 지금 통일문학과 그 방향에 대해서 어떤 생각을 갖고 계신지 말씀 부탁드립니다.

**백낙청** 그런데 나는 통일문학이니 분단문학이니 이런 용어는 별로 안 씁니다. 통일이라는 게 남북이 하나의 국가가 되는 어떤 일회적 사건으로 한정할 수 없듯이, 문학에서도 통일문제를 직접 다루건 안 다루건, 그 글을 쓴 작가가 주관적으로 통일을 열렬히 지지하는 사람이건 아니건, 그런 게 중요하다고 보질 않거든요. 이 분단시대를 사는 우리 민족과 우리 민중의 삶, 그리고 그 현실에 충실한 문학을 하면서 그것을 넘어서서 더 나은 한반도 사회를 꿈꾸는 이런 문학이면 그 직접적인 소재가 분단이든 아니든 관계없이 꽤 훌륭한 통일시대의 문학, 우리 시대의 문학이다, 이런 생각입니다.

요즘은 통일을 직접 내세우면서 그걸 외치는 문학은 옛날보다 더 줄어들었고 또 어떤 의미에선 그게 전보다도 더 촌스럽게 보이는 시대가 됐어요. 이것은 반드시 퇴보라고만 볼 수도 없고요. 물론 남북관계가 악화되면서 영향을 받은 면도 있습니다만, 지금은 작가든 지식인이든 일반 시민이든 통일에 대한 고정관념부터 좀 깨야 해요. 1945년 해방될 때 우리가 바랐던 그런 단일형 국민국가, 민족국가를 만들 수 있는 시기도 이미 지났고 그게 꼭 좋은 것인지도 의문이 드는 시대에 우리는 살고 있어요. 그러니까 이런 시대현실을 감안해서 우리 현실을 어떻게 파악하고 어떻게 좀더 나은 현실을 만들어낼 건가, 이런 고민을 좀더 다양하고 유연하게 하는 게 맞다고 봅니다. 그래서 좁은 장르로서의 통일문학, 분단문학의 비중이 많이 줄어든 것은 꼭 나쁘게만 볼 일은 아니라고 봐요.

**문학관** 고은 시인께서는 '겨레말큰사전' 작업에 큰 관심을 두고 또 공을 들이시잖아요. 그 작업에 대해서 어떤 생각을 가지고 계신지, 그런 작업의 의의에 대해서 말씀해주세요.

**백낙청** 그 작업은 정말 의미있는 작업이고, 고은 선생을 두고 말한다면 고은 선생한테 꼭 맞는 작업 같아요. 왜냐면 이분이 평생을 한국어로 시를 쓰시면서, 국어학자는 아니지만 한국어 사용의 달인 아닙니까. 그리고 실제로 한국어 어휘에 대한 지식이 굉장히 풍부한 분이고요. 또 그

작업은 실무는 다른 사람들이 하더라도 뭔가 상징적인 인물이 필요한 작업이라고 생각합니다. 그만큼 중요한 역사적인 작업이에요. 그래서 고은 선생님이 그거 하시는 건 참 잘된 것 같고요.

사실 고은 선생님으로서는 이명박·박근혜 정부 들어서 정부에서 고 선생님이 그 작업 하시는 걸 못마땅해하니까 고충도 있으셨겠지만, 다른 한편으로는 고은 선생이 옛날처럼 여기저기 성명서 내고 그러는 데 불려나갈 군번은 지났거든요. 내가 군번이라고 말하는 건 나이만 말하는 게 아니라 그 위상이. 그런데 그런 걸 안할 좋은 구실이기도 해요. "아, 그러지 않아도 내가 겨레말 이사장 하는 걸 정부가 못마땅해서 어떻게 몰아낼까 하고 있는데 정부 비판 성명서에 이름까지 올리고 다니란 말이냐" 하실 수 있는 거지요. 실제로 예산이나 이런 거에 대한 제약이 많아졌지요. 게다가 북에다 약속했던 현금도 못 주게 해요. 원래는 북측 학자들이 하는 작업을 우리가 지원하는 조건이었는데 그것도 못하게 하고……. 아무튼 저는 고은 선생이 그 일을 하시는 게 여러모로 참 잘됐다고 생각하고 있어요.

**문학관** 이제 『만인보』(전30권, 창비 1986~2010) 이야기로 들어가보겠습니다. 어휘든 풍성한 우리말이든 『만인보』가 가진 문학적으로 재미있는 특징들이 많이 있지 않습니까? 그것에 대해서 말씀 부탁드릴게요.

**백낙청** 그 특징을 어떻게 짧게 얘기하나……. 지금 어휘 얘기를 하셨는데 그게 꼭 어휘의 문제만은 아니고, 참 자연스럽고 익숙한 우리말인데 신선하게 다가오게 하는, 그게 글 쓰는 사람의 재주 아닙니까. 그걸 잘해야 하는 거고, 특히 우리말이 빨리 변하고 옛날에 우리가 쓰던 좋은 말들이 많이 잊혀지고 있으니까 그런 것을 자연스럽게 활용하는 작업이 참 소중한 것 같아요. 요즘은 벽초의 『임꺽정』만 해도 젊은 독자들이 읽기가 굉장히 힘들다고 합니다. 그런데 그런 작품은 진짜 우리말의 보고거든요. 그리고 벽초만 한 스케일은 아니지마는 옌벤에서 활동하시던 김학철(金學鐵) 선생님 같은 분 작품도 그렇고요. 우리 작가들 중에서도 옛날 우리말을 살려서 잘 쓰는 작가들이 많이 있어요. 작고한 이문구 소설가도 그렇고.

이문구 소설가만 해도 고은 선생님보다 훨씬 후배고 우리 세대 사람인데 읽기가 좀 어려워요, 그의 충청도 사투리 같은 거를. 그런데 사실은 그게 없는 말을 쓴 게 아닙니다. 이런 말이 있었나 해서 사전 찾아보면 있어요. 그러니까 그게 이문구 씨의 훌륭한 점이죠. 고은 선생은 사투리를 일부러 쓰거나 그런 일은 거의 없고 표준말 위주로 쓰시지만 그게 훨씬 자연스럽게 옛날 말, 귀한 말이 쓰이고 있다는 생각이 들어요. 지금도 원래 우리말인데 잘 안 쓰이는 말들을 일부러 찾아 쓰는 사람들이 많이 있습니다. 그건 의미있는 작업이지만, 문학작품에서는 그게 자연스럽게 다가와야 돼요. 뭐 우리가 어휘 연구를 위해서 문학작품을 읽는 건 아니잖아요? 그건 부수적인 일이죠. 그런데 어떤 작품을 보면 사전에도 없는 단어가 너무 많고 심지어는 본인이 해설하지 않으면 못 알아듣는 말들이 있는데, 너무 그런 걸 많이 쓰면 작품으로서는 마이너스가 된다고 봅니다.

**문학관** 『만인보』에 관해 쓰신 글 중에 벽초 홍명희 선생님에 비견해서 "운문의 맛은 맛대로 살리면서 그 전체가 한편의 재미있는 소설처럼 읽힌다"*라고 쓰신 부분을 읽었어요. 『만인보』의 그런 점, 운문의 맛은 맛대로 살리면서 소설처럼 읽히는 특징에 대해서 말씀해주시겠어요?

**백낙청** 그러니까 고은 선생이 시를 쓰면서도 그런 맛을 내고 소설 같은 재미를 준다는 면에서는 벽초가 못 가진 어떤 미덕을 가진 거고, 또 벽초는 벽초대로 고은 선생에게 없는 미덕을 가진 거니까 그걸 우열을 가리자고 한 말은 아니었고요.

---

* 백낙청 「통일운동과 문학」, 『민족문학의 새 단계』, 창작과비평사 1990, 103면.

『만인보』는 장르상으로 서사시는 아닙니다. 어떤 스토리 라인이 있는 것도 아니고요. 그렇지만 『만인보』를 읽으면 우선 그 소재가, 염무웅 선생이 완간된 다음에 30권을 분류해놓은 게 있는데* 거기서 말했듯이, 어떤 일정한 시기나 지역 또는 어떤 사건 중심으로 무리를 지어 있어요. 또 시 하나하나가 그 자체의 이야기를 담고 있는 것들이 많고, 쭈욱 읽어나가다보면 소설책 읽듯이 그렇게 재미있게 읽을 수 있습니다. 그게 『만인보』의 매력이지요.

그걸 조금 더 확대해석을 한다고 할까 조금 더 의미부여를 하면, 고은 선생이 이시영 시인하고 대화하면서 그런 말씀을 하신 적이 있어요. 내가 여기 적어놨는데, "사실은 내 허영은 서사에 있지요. 굳이 내게 콤플렉스가 하나 있다면 호메로스 콤플렉스가 있었습니다."** 호메로스(Homeros)는 아시다시피 고대 그리스뿐 아니라 세계문학 전체를 통틀어서 최고로 치는 서사시인 아닙니까. 영어로 에픽(epic)이라고 하는 대서사시. 그런데 고은 선생이 서사시를 안 쓰신 건 아니고 『백두산』(전7권, 창작과비평사 1991) 같은 건 아주 장편서사시인데, 그건 『만인보』 같은 성공작은 아니라고 봐요. 고선생도 그렇게 안 보시니까 호메로스 콤플렉스가 있다고 하셨겠지요.

그래서 그후에 내가 고선생님께 개인적으로도 얘기했는데, 기왕에 서사시를 하나 새로 쓰신다면 고은 선생님 고유의 서사형식을 개발하십시오, 창출하십시오 하고요. 그런 말을 한 건, 사실 고은 선생이 굉장히 이런 게 빠르세요. 어떤 때는 지나가는 말처럼 툭 던져놓으면 어느새 그걸 활용을 하십니다. 그래서 그런 얘기를 한 적이 있는데, 나중에 세월이 지

---

* 염무웅 「분열과 갈등의 시대를 넘어: 『만인보』 완간의 문학사적 의의」, 『문학과 시대현실』, 창비 2012.
** 창비웹진 「대화: 고은 vs 이시영」(2002.1.16.) https://www.changbi.com/archives/812?cat=164.

나놓고서 내가 생각한 거는 아, 이 양반이 『만인보』에서 그런 고유의 서사형식을 창출한 것 아니냐. 물론 『만인보』가 서사시는 아니지만 실제로 지금 시대에 호메로스 같은 사람을 염두에 두고 장편서사시를 써서 성공한 사례는 거의 없지 싶어요. 현대에는 그게 불가능하다고 주장하는 비평가나 학자들도 있고요. 그래서 전혀 다른 형식이면서도 오히려 이게 대단한 서사문학이구나 싶고. 내가 영문학을 공부했는데, 서양문학에서 호메로스를 답습한다고 할까 또는 호메로스를 모델로 삼아가지고 독자적인 서사시를 쓴 위대한 시인으로 베르길리우스(Publius Vergilius Maro)를 꼽잖아요. 영어로 버질(Vergil)이라고 하지요. 그 사람은 고대 로마의 대표적인 서사시 『아이네이스』(Aeneis)를 썼지요. 그런데 그걸 위대한 작품이라고는 하지만 그를 호메로스하고 동급으로는 안 봅니다. 영국 근대문학에 들어오면 그런 게 더 어려워졌다고 봐요. 그래서 영국문학 고유의 대서사시라고 할 때 서사시 장르로 쓴 밀턴(J. Milton)의 『낙원을 잃다』(Paradise Lost) 같은 작품보다도 셰익스피어의 사극들을 꼽는 사람들이 있습니다. 영국의 역사를 다룬 희곡을 여러편 썼는데 스토리가 이어집니다, 역사적 사건이니까. 시대 순서는 일정하게 나가는 게 아니고 후대 일을 먼저 썼다가 나중에 앞시대 이야기를 다른 희곡에 쓰기도 하지요. 이건 장르상으로는 분명히 서사시가 아니고 드라마지만 전체적으로 보면 이거야말로 영국민의 에픽이 아닌가 하는 얘기를 할 수가 있습니다. 그런 식으로 『만인보』는 어떻게 보면 우리 시대의 에픽을 대신하는 서사성을 띤 시모음집이다, 이렇게 말할 수가 있겠어요. 그런 의미에서도 단순히 소설처럼 재미있게 읽힌다는 매력만 있는 게 아니고 고유의 서사적인 양식을 창출했다, 이렇게 말할 수 있지요. 외국에도 물론 인물 위주의 연속시편들이 있습니다. 미국 시에서도 에드윈 알링턴 로빈슨(Edwin Arlington Robinson)이라는 사람이 썼는데, 다 합쳐 봤자 『만인보』 한권 분량이 안돼지요. 그러니까 그걸 가지고, 그 사람이 미국 뉴잉글랜드 지방 사람인데, 뉴잉글랜드의 에픽이다 이렇게 말할 순 없어요. 그에 비해 『만인보』는 우리 시대 한국의 대서사시다, 비유적인 표현으로 그렇게 말할 수 있을 것 같아요.

**문학관** 그런 의미에서 문화를 통해서 역사를 기록했다고 볼 수 있을까요?

**백낙청** 역사를 기록한 면이 물론 있고요. 그리고 어떤 시들은 일부러 역사를 기록하고자 하는 의도를 갖고 쓰신 것들이 있습니다. 가령 『만인보』 앞부분이 옛날 고향 사람들, 어릴 때 알던 사람들 얘기 아니에요? 그 사람들의 삶을 시로 기록하겠다 하는 뜻은 분명히 있는데, 그게 그 시대의 역사를 기록으로 남기겠다는 그런 역사가적인 의지는 아니었던 것 같아요. 자연스럽게 그 한 사람 한 사람에 대해서 시를 쓰면서 그게 결과적으로 역사적인 기록을 겸하게 되는 거지요.

그런데 『만인보』 시편 중에는 처음부터 역사를 기록하겠다는 의지를 갖고 쓴 시들이 있습니다. 그러니까 처음 1~9권까지가 염무웅 선생 표현으로 '고향시편'이라는 거고, 그다음 10~15권이 70년대로 껑충 내려와서 '70년대 시편'이고요. 그다음에 한국전쟁에 관한 이른바 '전쟁시편'이 16~20권까지, 그리고 염선생이 '혁명시편'이라고 부르는 4·19혁명에 관한 시편이 21~23권이고, 불교 고승들이 중심이 되는 시편(24~26권)이 있은 다음에 마지막으로 2010년 완간할 때 27~30권까지 네권을 한꺼번에 5·18광주항쟁에 할애했어요. 염선생은 '항쟁시편'이라고 명명을 했지요. 그런데 내가 보기에 이 '항쟁시편'이나 4·19혁명, 70년대, 또 한국전쟁기를 다룬 시들은 역사적인 기록을 겸하겠다는 의지가 상당히 강했던 것 같아요.

내가 평론가로서 좀 비판적인 의견을 말한다면, 4·19혁명 시편 같은 것은 죽은 사람들 하나하나를 기념하고 기록하겠다는 의지가 사실은 어떤 자연발생적인 시심(詩心)의 발동이라고 할까 그런 걸 압도하는 면도 없지 않아요. 그래서 나는 그 시편들이 좀 처진다고 봅니다. 한국전쟁 이야기는, 그러니까 4·19혁명은 단기간에 일어난 일 아니에요? 많은 사람들이 죽었고 죽은 사람들의 이름도 있고. 그런데 한국전쟁은 그렇게 기록할 수 있는 스케일이 아니잖아요. 전쟁이 뭐 엄청났으니까. 그래서 오히려 그런 기록을 남기겠다는 의지보다도 그때그때 인상적인 장면이라든가 인물에 대한 포착이 있어서 저는 전쟁시편이 혁명시편보다 뛰어난 성과라고 평가합니다. 5·18을 다룬 항쟁시편은 4·19혁명 시편 비슷한 면모가 보이기도 합니다. 너무 많은 사람들에 관해서 비슷한 이야기들이 나오는데, 시인이 이 사람을 내가 꼭 기록을 하고 그려야겠다는 그런 의지, 어떻게 보면 약간 문학 외적인 의지가 작용을 한 것 같아요.

4·19는 사실, 고은 선생은 그때 자기 말로는 어디 가서 취해서 쓰러져 있었다던가, 하여간 그때 서울에 계셨지만 혁명과 좀 거리가 있었던 체험이고요. 그리고 지금은 세월도 많이 지났고. 그런 걸 복원하려니까 오히려 역사가적인 면이 시인적인 면모보다 더 커진 게 있는데, 5·18 시편은 그런 역사적인 의지가 작용하기도 하지만 첫째 고은 선생이―물론 그 현장을 목격은 못했어요. 그 전날 잡혀들어가서 남한산성인가에 계셨잖아요―자기 일이나 마찬가지로 느끼고, 지역적으로도 호남 땅인데다 시기적으로도 아주 가깝고 그 생존자 기록이 많이 남아 있고 그래서 4·19 시편들보다는 훨씬 생동하는 면모가 있습니다. 나는 항쟁시편에서도 불만스러운 시들이 있긴 하지만 『만인보』 전체를 대단원을 짓는 그룹으로서 큰 손색은 없다고 봐요.

**문학관**  고은 시에 대해 말씀하시면서 '리얼리즘적 선시(禪詩)'라고 쓰신 글을 봤는데 『만인보』에는 그런 리얼리즘적 선시의 특징들이 어떻게 나타났는지, 대표적인 시는 어떤 게 있는지 말씀 부탁드려요.

**백낙청**  '리얼리즘적 선시'란 것은 조금 오해하기 쉬운 표현이고요. 선시라는 장르가 원래 있지 않습니까. 고선생 시 같으면 『뭐냐』(청하

1991; 문학동네 2013)라는 시집, 그건 선시집이고 또 그와 비슷한 짤막짤막한 시들이 많이 있는데, 그런 선시 중에서 리얼리즘적 성격을 띠는 게 뭐냐, 지금 그런 질문은 아니거든요.

흔히 우리가 선시라고 하고 또 리얼리즘이라고 하면 그 둘이 관계가 없는 것, 정 반대되는 것처럼 느껴요. 그렇잖아요? 그런데 선시를 꼭 선사들이 짤막하게 내놓는 게송 같은 것에 한정하지 않고 선적인 요소가 있는 시다, 이렇게 해석하면 고은 선생 본인의 주장대로 모든 시에는 선적인 요소가 있는 것이다, 또 있어야 한다, 이런 말이 되는 거고요. 리얼리즘도 그걸 우선 사실주의 소설이라는 장르에 국한해서 보지 않고 작가가 자기 시대의 역사적 현실에 대해서 책임감을 느끼고 또 원만한 인식을 가지고 치열하게 대응하는 이런 태도를 리얼리즘의 핵심으로 본다면 그때는 모든 시에 있기 마련인 그 선적인 요소와 훌륭한 작가가 가지기 마련인, 내가 방금 말한 의미의 리얼리즘적인 요소가 엄연히 합칠 수 있고 또 어떤 면에서는 당연히 합쳐야 되는 게 아니냐, 이렇게 말할 수 있는 거지요.

「선시와 리얼리즘」이라는 평론은 고은 선생 회갑 때 신경림 선생님하고 나하고 둘이 편자가 돼서 만든 『고은 문학의 세계』(창작과비평사 1993)라는 책에 기고한 건데요. 실제로 거의 모든 고은 시가, 그러니까 잘된 시면 당연히 그런 요소를 포함한다고 봅니다. 그러니까 아까 내가 『만인보』 중에서도 어떤 시편들은 좀 불만스럽다 할 때 사실 그런 시편에는 선적인 요소가 있다고 보기 어려워요. 적어도 선적인 요소가 확 줄었다, 이렇게 봐야 되고 리얼리즘도 역사의 기록을 남긴다는 점에서는 사실주의적인 충실성이 있을지 몰라도 이게 과연 원만한 리얼리즘인가 하는 의문을 갖게 될 수 있거든요. 『만인보』 안에도 이런 높낮이가 있는 것이고 잘됐다는 작품도 그것을 '리얼리즘적인 선시'로 분류하기는 어려워요. 엄밀한 의미의 '선시'에 해당하는 작품은 『만인보』 안에 그다지 많지 않거든요.

**문학관** 고은 시의 어떤 특징이라고 할까요, 비약이라든가 고은 시인 특유의 화법이라든가 어딘가에 얽매이지 않는 발상 같은 것, 이런 특징에 대한 선생님의 생각을 듣고 싶습니다.

**백낙청** 비약이니 전도, 압축, 이런 건 모든 시인들이 구사하는 기법이고 어떻게 보면 훌륭한 시에는 체질화된 면이라고 볼 수가 있지요. 고은 선생도 그 점에선 탁월하고. 그런데 뉴크리티시즘(New Criticism), 신비평이라고 있었잖아요. 미국에서 한때 굉장히 위세를 떨치던 비평방법이죠. 한 작품을 놓고 분석할 때 대개 그 작품에서 구사되는 아이러니라든가 역설, 또는 어떤 특정한 의미의 애매성(ambiguity), 이런 것을 분석해 가지고 그런 게 꽉 차 있으면 좋은 시라고 말했는데, 고은 선생님 시에 그런 면이 많이 있지만 나는 그런 식의 접근법은 고은 시에는 잘 안 어울린다고 봐요. 『만인보』도 그렇고 고은 문학세계 자체가. 이게 일종의 '현상'이에요, 거대 현상. 내가 그런 말을 한 적이 있는데, 문학에서 질이라는 걸 우리가 당연히 따져야 하지만 어떤 면에서는 양이 질의 일부를 이루기도 한다고요. 물론 그게 별로 훌륭하지 않은 작품을 변명하는 구실이 돼선 안돼죠. 그러니까 작품 하나하나에 대해 평가는 평가대로 해야합니다. 하나의 작품으로 볼 때 이 작품이 더 밀도도 높고 훌륭하고 저 작품은 그것보다 못하다, 이런 것은 가려내면서 읽어야 하지만, 동시에 소설 같은 거 읽으면 긴장감이 팽팽한 대목이 있다 좀 풀어지는 장면이 있고 쉬어가는 대목도 있고 그렇잖아요? 그러니까 『만인보』도 우리가 하나의 고유한 서사형식이라고 생각한나면 그중에 좀 덜 재미있는 개별 작품도 그런 식의 높낮이를 이루는 하나의 요소라고 볼 수가 있습니다. 큰 흐름을 보고 전체 현상을 봐야지, 어느어느 작품을 가지고서 신비평가들이 따지듯이 따지는 것은 고은 선생한테는 잘 안 어울린다고 봐요. 물론 독자가 읽을 때 『만인보』 어느 권에서는 그게 그냥 자연스럽게 흘러가는 높낮이 차원이 아니라 떨어지는 작품이 좀 너무 많다 싶으면 비판을 해야지요. 그 비판이 맞을 수도 있고 틀릴 수도 있지마는, 독자로서나 비평가로서나 그것 또한 해야 할 일이라고 봅니다.

**문학관** 고은 시인이 개작 많이 하시잖아요. 거기 대해서는 어떻게 봐야 할까요?

**백낙청** 개작을 많이 하신다는 것도, 그때그때 새 작품을 쓰거나 옛날 작품으로 고치거나 하는 시인의 행위가 중요한 거지 완벽한 작품, 그야말로 주옥같은 작품을 보석상처럼 다듬어서 내놓는 것이 당신의 목표가 아닌 것 같아요. 그리고 시라는 것이 양면이 있다고 봅니다. 하나는 보석처럼 빛나는 면이 있고 다른 하나는 또 그런 걸 계속 깨버리는 면이 있거든요. 그래서 고은 선생 자신이 자기는 정본이란 게 없다 그러시잖아요. 정본이란 게 없고, 그러니까 연구자들에게는 어떻게 보면 골치 아픈 일이고 어떻게 보면 그들이 평생 두고 먹고살 거리를 만들어준 건데. 개작을 무수히 하셨어요. 잡지에 나온 글 같은 걸 가령 우리 창비사에서 시집 낼 때도 많이 고쳐가지고 원고 보내주세요. 교정지 보면서 또 고칩니다. 어떤 거는 교정봐가지고 거의 오케이 놓으려고 하는데 또 고치자 그러신 것도 있고. 그럼 그걸로 끝이냐? 아니에요. 나중에 다른 데 실을 때 또 고쳐서 내신다고요. 그러니까 상관을 안하시는 거예요, 그런 거에 대해서는. 그런데 그것도 독자로서는 불만스러울 수 있고요, 한편으로는 또 아, 그렇겠구나 하고 수긍되는 면도 있고 그렇습니다.

**문학관** 그런 개작 과정이나 행위 자체가 시인의 어떤 변모의 과정이자 성숙이다, 이렇게 바라보시는 거예요?

**백낙청** 「한 시인의 변모와 성숙」(1984)이라는 글을 내가 쓰긴 했어요. 『고은시전집』이 80년대 초에 민음사에서 두권으로 나왔을 때 그 서평에서 그 말을 썼는데, 그건 작품 하나를 개작할 때의 변모 얘기는 아니고요. 물론 그때도 『시전집』에 실린 것하고 원래 시집에 나왔던 것하고 다른 게 많았습니다. 그런 걸 내가 소위 '전수조사'는 못해봤지만 더러 확인도 하고 대조도 해보았는데, 그건 그것대로 재미있어요. 재미있는 과정이에요. 그런데 내가 그때 얘기했던 변모와 성숙이라는 건 그게 아니고, 초기부터 출발해서 70년대 아주 격렬한 저항시인으로서 활동을 하다가—대표적인 것이 「화살」이라는 시가 포함된 시집 『새벽길』(창작과비평사 1978)입니다—김대중내란음모 사건으로 감옥 살고 나와서 결혼하고 안성에 정착하고 그런 뒤에 새 시집도 내고 전집도 정리해서 내고 그랬는데, 80년대 그때 분위기로는 이걸 후퇴라고 보는 사람들이 많았어요. 고은 선생이 그간 고생하시다가 이제 생활도 안정되고 결혼도 하고 그러니까 옛날의 전투성이나 치열함을 상실했다고 불평하는 후배들이 많았습니다. 그때 내가 변모와 성숙이라 한 것은 변모만 했을 뿐 아니라 이것은 성숙이고 발전이다 하는 뜻으로 썼던 말이고, 개고과정에서 얼마나 변모하고 성숙했느냐에 초점이 있었던 얘기는 아닙니다.

**문학관** 선생님, 『만인보』 완간돼서 전권 다 읽고 나셨을 때 어떤 소감이 드셨어요?

**백낙청** 그 소감은 내가 이미 말한 점인데, 다른 데 쓰기도 했지만 이건 하나의 '거대 현상'입니다. 『만인보』만 해도 그렇고, 사실은 고은이라는 시인의 존재는 우리 문단에서 하나의 태풍 같은 현상에 비유할 수도 있습니다. 태풍이라든가 지진이라든가 그런 자연현상 말이지요. 그래서 우리가 독자로서나 비평가로서 그의 시에서 뭐가 더 나은 것 같고 뭐가 좀 덜한 것 같다 하는 그런 비평작업은 당연히 해야 되지만, 그 작품 하나하나를 다른 시인들, 몇개의 주옥같은 작품을 쓰기 위해 그걸 지상목표로 작업하는 시인들하고 같은 대열에 놓고서 보면 고은 문학의 본질을 놓치는 것이다, 이런 생각이에요.

그 '현상'이 지금도 계속되고 있습니다. 몇년 전에 『무제 시편』이라는 책을 내셨잖아요. 엄청 두꺼운 책인데 그중의 일부는 옛날에 썼던 작품들이지만 대부분은 뭐 불과 한달인가 몇주 내에 쓴 작품들이에요. 고은 선생 본인도 시의 유성우가 떨어졌다, 그러니까 별똥들이 비처럼 떼지어서 떨어질 때가 있잖아요? 그런 현상이 단기간에 집중적으로 일어난 겁니다. 그러니까 '고은 현상'이란 것은 지금도 계속 중인데, 어떤 때는 정말 그렇게 며칠 사이에 더 어마어마하게 쏟아질 때도 있고 휴지기도 있습니다. 고은 선생을 보면 그렇게 다작의 시인인데도 한동안 글 못쓴 시기가 있었습니다. 70년대 그런 시기도 있고요. 최근에는 『초혼』(창비 2016)이라는 시집을 내셨는데 바로 받아가지고 내가 아직 일부밖에 못 읽었지만, 앞부분만 봐도 예의 '현상'이 여전히 살아 있습니다. 그런데 어떤 사람들은 이렇게 고은 스타일로 계속 나가는 그게 자기모방 아니냐, 그렇게 비판하기도 합니다. 작품에 따라서는 그런 말을 할 수도 있어요. 아, 이건 좀 익숙한 스타일이다 할 수 있는 것도 있지만, 나는 지난번 태풍이나 이번 태풍이나 다 똑같이 비 아니냐, 이렇게 말할 성질은 아닌 것 같아요. 그래서 이걸 상당히 특이한 현상으로 보면서, 이 현상에 그 나름의 문법이랄까 법칙이 있는데 거기에 맞춰서 작품을 판단해야 한다는 거죠. 거기에 맞춰서 판단했을 때도 물론 더 좋은 작품이 있고 덜 좋은 작품이 있고 심지어는 별로 안 좋은 작품이 있을 수도 있어요. 그러나 평가의 문맥을 그렇게 잡아야지, 이른바 '주옥같은 서정시', 이걸 기준으로 평가하는 거는 맞지 않다고 봐요.

**문학관** 선생님, 외람되지만 고은 시를 많이 접하지 않고 그냥 고은에 대한 이미지만 갖고 있는 일반 독자들도 많이 있거든요. 그래서 말씀하신 것처럼 고은 문학의 본질, 고은 시를 개념화해서 그 느낌이 뭔지 좀 쉽게 풀어주실 수 있을지요? 고은의 시는 뭐다라고 평해주신다면요?

**백낙청** 고은 시인의 시를 보면 술술 읽히는 것 같지만 딱 정리가 잘 안돼지요. 김수영(金洙暎) 시인, 그러면 난해한 시를 많이 썼는데 어려우면서도 하여간 뭔가 다가오는 시를 쓴 분으로 알려져 있잖아요. 그래서 지금도 김수영 시인은 많이 읽힙니다. 일반 독자들도 좋아하고. 특히 김수영 시인은 시인들의 시인이에요. 시 쓰는 사람들이 읽으면 참 얻는 바가 많은 그런 시인이지요. 고은 선생님은 그 점에서 대조적인 것 같지만, 김수영의 시에 "고지식한 것을 제일 싫어하는 말"(「말」)이란 구절이 있습니다. 고은 시도 그 '고지식한 걸 싫어하는' 시예요. 그래서 수많은 독자를 사로잡고 수만부씩 팔리는 시집 같은 그런 시는 아닙니다. 제가 창비사에 좀 관여해본 입장에서 말하면 인지도에 비해서 매우 안 팔리는 시인이 고은 시인이에요. 한가지 이유는 너무 많이 쓰시는 거지요. 너무 많이 쓰시니까 독자가 그거 다 따라 읽기도 그렇고, 또 본인이 이게 정본이고 그중에서도 이게 내 대표작이다, 그런 게 없잖아요. 옛날에 당신이 쓴 시 기억도 못한다고 그러시는데. 그러다보니 이게 잘 안 팔려요.(웃음)

**문학관** 그런 의미에서, 『만인보』 서른권을 공부하고 읽으면 그럴수록 일반 독자들이 모르는 게 너무 안타까운 마음이 들어서요. 어떻게 일반 독자들이 좀 가까이 접근하게 할 수 있는 방법이 있을까요?

**백낙청** 전에 이시영 시인이, 그도 그런 안타까운 마음에서 『만인보』에서 좀 골라서 선집을 내면 어떻겠냐 하는 얘기를 했는데 고은 선생이 굉장히 불쾌해하셨다고 들었습니다. 최근에 이시영 시인이 『시 읽기의 즐거움』(창비 2016)이라는 산문집을 냈는데 거기에 『만인보』에 관한 글이 있어요. 그 글에 보면 이 친구가 다시 용기를 내가지고 자선(自選)『만인보』를 내시면 좋겠다는 얘기를 했습니다. 고은 선생이 누가 자기 『만인보』에서 몇편 모아서 하는 걸 대단히 불쾌하게 생각하신 모양이니까 이번에는 책임을 고은 시인한테 떠넘긴 거지요. "선생님이 좀 직접 해주시면 좋겠습니다" 한 건데, 별로 하실 것 같진 않아요. 뭐 모르지요. 그런데 그게 일장일단이 있습니다. 많은 독자로 하여금 『만인보』를 읽게 만드는 효과가 있는가 하면 그것만 읽고 다른 건 안 읽는 관행을 만들어낼 수가 있는데, 그러나 내 생각에도요, 서른권이라고 하니 질려가지고 아예 안 읽는 것보다는 그렇게 좀 맛을 보여주고 사실은 더 있다, 서른권 다 읽어봐라, 이렇게 하는 게 더 효과적인 전략이 아닌가 합니다.

**문학관** 『만인보』 다 읽고 그 수많은 인물 중에서 선생님께서 더 애착이 가는 인물, 지금 생각나는 인물이 있다면 누굴까요?

**백낙청** 그런 질문은 좀 실례지요.(웃음) 아니,『만인보』가 문자 그대로 1만명을 다루진 않았지마는 3천명이 훨씬 넘는, 결과적으로 한 4천명 되나요?

**문학관** 예, 약 4천명이죠.

**백낙청** 그렇게 다뤘고 그중의 10분의 1만 참 기억할 만한 시다 하더라도 400명이 넘는데, 그중에서 하나 골라라 하는 것은. 매니아 독자한테는 그럴 수 있어요. 당신이 고은 시인의 매니아라 그러는데 어떤 작품을 외우고 있고 그중에서 특히 뭐가 좋냐 물을 수 있지만 평론가한테는 그런 걸 요구하면 안되지요.

그런데 그런 요청을 안 받았음에도 이시영 씨는 자발적으로 딱 한편을 골랐습니다. 「선제리 아낙네들」이라는 시 있지요. 자기를 보고 딱 한편만 고르라 그러면 그걸 고르겠다 했어요. 실제로 그게 정말 좋은 시예요. 로버트 해스(Robert L. Hass)라고 미국 시인이 있습니다. 계관시인이고 고은 선생하고 친분도 있는 사람인데, 그이가 길진 않지만 고은 시에 대한 평론을 쓴 게 있어요. 거기서 그가 딱 한편만 고른 건 아니지만 몇편을 아주 좋다고, 영어 번역본으로 본 거지만, 골라낸 것 중에 이 「선제리 아낙네들」이 있어요

그렇긴 한데, 나는 「선제리 아낙네들」이 아주 특별히 뛰어난 작품 중의 하나라는 데는 전혀 이의가 없지만 이시영 씨 글을 보면서 어딘가 아까 내가 얘기했던 것처럼 작품 하나하나를 이렇게 따로따로 보면서 이 작품이 얼마나 좋냐, 일종의 시의 쏘믈리에 같은 입장에서 판정을 내린 느낌을 받아서, 그렇게 보면 『만인보』 같은 작품을 충분히 평가하기는

어렵지 않나 하는 생각도 들었습니다.

**문학관** 마지막 질문 드릴게요. 민족문학이 구호처럼 되어서 그것을 중심으로 하는 시대는 지났다라고 말씀하신 글을 읽었어요. 민족문학이라는 단어가 갖고 있는 것들의 의미는 이제 지났다, 시대가 변했다고 얘기할 수 있을지 모르지만 민족문학이 이제까지 갖고 있었던 내용성은 현재에도 유효하다고 생각하는데, 교수님께서는 문학과 현실의 관련성에 대한 문학담론들이 앞으로 어떻게 이어져나가야 한다고 생각하시는지 여쭙고 싶습니다.

**백낙청** 민족문학 하면 우선 그 개념에 대해서도 오해가 많고 또 민족문학을 구호로 삼는 시기는 지났다는 내 말에 대해서도 오해가 없지 않습니다. 그래서 그걸 좀 해명하는 걸로 답변을 대신하지요.

민족문학론을 한참 우리가 외치고 있을 때도 민족문학론은 민족주의문학, 이것과는 좀 달랐습니다. 민족문학론인 동시에 민중문학론이고, 한국의 민족문학론이자 동시에 제3세계문학론이고, 제3세계의 문학이면서 세계문학의 대열에 당당하게 동참하고 있다 하는 그런 전제가 깔린 것이었지요. 민족문학이 요즘 와서 낡았다, 편협하다, 민족주의적이다, 이렇게 말하는 사람들이 생각하는 그런 것은 아니었다는 걸 먼저 말씀드리고요. 구호로 하던 시기가 지났다는 것은요, 70, 80년대까지도 민족문학이라는 것은 문단 내의 하나의 움직임인 동시에 전체적인 민주화운동 또는 체제비판운동의 일부였고 그 일부로서 문단에서 내건 구호이고 깃발이었어요. 그런데 원래 문학이라는 건 깃발 가지고 하는 게 아니잖아요? 깃발 흔드는 거하고 문학하고는 다른 거니까. 상황이 급박하고 운동의 필요성이 절실할 때 일종의 진영을 형성하면서 그 진영의 깃발로 내세웠던 건데, 나는 이제 그런 시기는 지났다는 거예요. 그럼 그 대신 무슨 깃발을 내세웠냐, 이렇게 묻는 사람도 있지만, 아 깃발 없이 문학 할 수도 있는데 뭐 꼭 새 깃발이 필요하냐 하는 답변이 가능하고요. 또 하나는, 딱 하나의 깃발을 세울 필요가 뭐 있냐, 우리가 군이 깃발이 필요하다면 여러개의 깃발을 들고 움직일 수 있는 거다 하는 생각이지요.

민족문학론이자 민중문학론이며, 내가 아까 리얼리즘을 좀 색다르게 정의했는데 그런 의미의 리얼리즘과도 결합된 애초의 문제의식 같은 건 지금도 여전히 유효하지요. 다만 하나, 어떤 진영의 깃발로서는 이제 필요성이 거의 없어졌다는 거고 또다른 하나는, 민족문학론이란 게 당시에도 엄격한 하나의 분석적 개념이라기보다는 논쟁적인 개념이었습니다. 우리가 민족문학이 아니라고 생각하는 것하고 싸울 때 쓰는 용어였거든요. 그런데 지금은 논쟁구도가 많이 바뀌었어요. 상황도 바뀌었고. 그런 의미에서 그 용어의 약효랄까 시효가 많이 사라졌다, 이렇게 말할 수 있는 거고요. 그 대신에 6·15공동선언 이후로 남북관계가 상당히 활성화되고 그러면서—지금은 굉장히 경색 국면에 있습니다만 크게 보면 6·15공동선언이 열어준 그 시대는 지금도 계속되고 있다고 봅니다—거기서 민족문학이란 단어가 좀 다른 용도를 갖게 됐어요. 그러니까 북한문학하고 남한문학 또는 나아가 해외동포들의 문학까지를 아우르는 용어가 뭐가 있는가? 북쪽 사람들은 그걸 당연히 민족문학이라고 부릅니다. 우리도 그걸 군이 반대할 이유가 없어요. 그러니까 그런 의미의 민족문학, 한국문학만도 아니고 북한문학만도 아니고—그렇다고 한국어문학이라 하면 그건 또 개념이 좀 달라질 수가 있는데, 한국어로 쓰면 다 한국문학이 되는 거니까요—남북, 해외의 우리 민족이 생산하는 문학, 그게 문학의 전부는 아니고 우리가 하는 문학의 전부여서도 곤란하지만, 그런 문학을 간결하게 통칭할 수 있는 단어가 그것밖에 없잖아요? 그래서 그런 용도가 새로 생겼습니다.

옛날에 쓰던 의미하고 지금의 어떤 특정한 의미하고 섞여서 혼란을 자아낼 수도 있는데, 그런 거 잘 정리해서 쓰면 그 단어는 단어대로 여전히 유효하고 또 그것과는 다른 의미로 우리 남한의 문인들이 써온 민족문학이라는 용어는, 굳이 깃발로 내걸 필요는 없지만 원래의 문제의식은 우리가 계승해야 한다, 이렇게 말할 수 있겠어요.

**문학관** 그 6·15공동선언 이후의 민족문학 개념이란 게 아직은 보편화가 안된 게 아닌지요?

**백낙청** 지금 남북한 교류가 많이 안되고 있으니까요. 그런데 한국작가회의 같은 데서 북한 사람들 만나면 양쪽에서 모두 쓰는 민족문학이라는 용어는 그런 겁니다. 2005년에 평양에서 우리가 남북작가대회 했잖아요? 그것도 민족문학 작가들이라든가 그렇게 불렀을 거예요. 그건 한국 내에서 민족문학 비판자와 그 지지자들 사이에 논쟁하는 그런 개념이 아니고 그냥 남과 북이 모여서 같이하는 우리 모두의 문학이란 뜻이었지요.

**문학관** 시간이 너무 오래 지나 이제 마무리해야겠네요. 『만인보』12권에 백낙청 선생님 시편이 있잖아요. 그 시 보시고 어떠셨어요?

**백낙청** 그 시는 『만인보』 시편들 중에서, 내가 외람되게 말한다면 별로 뛰어난 작품이 아니지요. 정확하지도 않고. 왜냐하면 그 시 결론에 보면 일년에 한번씩이라도 엄청 취하면 좋겠다 하는 얘기를 하셨는데, 70년대에는 내가 술을 많이 먹었습니다. 아주 만취한 적도 있고요. 그런데 90년대는 아니었어요. 그러니까 고은 선생이 그 글을 쓰실 때의 시점에서는 그게 맞는 얘길지 몰라도 고은 선생이 무대로 설정한 70년대에는 안 맞는 얘기였어요. 그런데 고은 선생이 그렇게 딱 내 이름을 제목에 달고 쓴 시는 그거 하나뿐이지만 여기저기 제가 조금씩 등장을 하는데, 그 때는 하여간 이 양반이 나를 끔찍이 생각해주시는구나 하는 느낌을 받을 때가 많습니다.

**문학관** 선생님, 긴 시간 애쓰셨습니다. 고맙습니다.

# 민족문학론, 분단체제론, 변혁적 중도론

백낙청(서울대 명예교수)
김성민(건국대 통일인문학연구단 단장)
2016년 11월 23일 창비서교빌딩 명예편집인실

**김성민** 반갑습니다. 건국대 통일인문학연구단의 단장을 맡고 있는 건국대 철학과의 김성민입니다. 이렇게 대담을 허락해주신 선생님께 다시 한번 감사의 말씀을 올립니다. 저를 포함한 한국 사회의 여러 사람들에게 선생님의 책들은 꼭 필요하고 귀중한 화두를 전해주었습니다. 그런데 요즘 들어 활자화된 책을 넘어 직접적으로 선생님의 말씀을 듣는 것이 중요하다는 생각이 강하게 들었습니다. 격동기의 한국 현대사를 살아오신 산증인이자 더불어 학문 영역에서 계속해서 말씀을 던져오신 어른이기도 하니까요.

**백낙청** 아, 아닙니다. 너무 과한 말씀이시지만, 고맙게 받겠습니다.

**김성민** 그럼 몇가지를 여쭙겠습니다. 저희가 한창 한국 사회에 대한

---

■ 이 대담은 건국대 통일인문학연구단 기획총서 『한국 지성과의 통일대담』(2017년 하반기 간행)에 수록될 예정이다.

고민을 하고 있을 때 민족문학론하고 분단체제론에 대한 공부를 열심히 했던 경험이 생각납니다. 그런데 선생님의 분단체제론은 지금은 다양하고 폭넓은 이론적 차원을 지니지만 원래 민족문학론의 일환으로 제기된 걸로 알고 있습니다. 그렇다면 민족문학론과 분단체제론 사이에 어떤 사상적 연관이 있는지요? 이를테면 민족문학론과 분단체제론 사이의 차이점점과 공통점이라고 할까요? 이에 대해 말씀해주셨으면 고맙겠습니다.

**백낙청** 예, 먼저 개인적 차원에서의 발생과정을 말씀드리면 민족문학론이 먼저고 분단체제론이 나중이라고 할 수 있습니다. 그런데 사상적으로 보면 딱 분리되는 것이 아니라서, 사실 저 개인사에서도 언제부터 언제까지가 민족문학론 시기고 그다음에 분단체제론으로 간다, 이런 건 딱히 없습니다. 물론 뒤로 갈수록 민족문학이라는 용어는 덜 쓰게 되고 분단체제라는 개념을 발전시키는 데 더 힘을 쏟았다고 할 수 있죠. 그런데 현장에서의 실천노선이라고 할까 그런 차원에서는 분단체제 연구에서 변혁적 중도주의라는 것이 나옵니다. 이 변혁적 중도론에서 말하는 우리 사회 내의 여러 개혁적 또는 변혁적 노선의 통합 같은 것은 사실은 제가 분단체제론을 전개하기 전에 민족문학론의 일부로 제시했던 것이기도 합니다.

구체적으로 말씀드리면 1989년에 「통일운동과 문학」이란 글을 썼는데, 그때가 6월항쟁이 끝나고 조금 지난 후였습니다. 그 글에서 여러가지 문학 얘기를 하고 작품평도 하고 그러다가 결론 대목에 가면 '6월 이후를 보는 세개의 시각'이란 토막이 있습니다. 그때 말한 '세개의 시각'이란 것은 우선 흔히 말하는 급진운동권의 두개의 대립되는 노선이 있지 않습니까? 소위 NL과 PD죠. 그 둘 외에 급진운동권에서는 개량주의라고 해서 배척하던 온건한 개혁주의라고 할까요 자유주의 개혁, 이것까지 세개의 시각을 논하면서 그 어느 하나만으로도 안되고 어느 두개를 갖다붙여도 안되고 세개가 다 종합되어야 한다고 했어요. 그것이 말하자면 변혁적 중도를 위한 '3결합'이란 구상의 단초입니다. 흔히 뭐 NL과 PD가 다시 합쳐야 된다고 하잖아요. 저는 NL과 PD만 다시 합치려고 하면 합쳐지지도 않고 그것 가지고는 분단이든 국내 문제든 해결될 수 없다, 그래서 3결합을 얘기했죠. 그게 사실은 본격적인 분단체제론을 전개하기 전에 있었던 일입니다. 그 연관성 내지 차이점 그런 걸 자세하게 하자면 끝이 없지만 처음부터 그런 얘기를 길게 하면 재미없을 테니까 그 정도로 하고 혹시 김교수께서 더 말씀하시고 싶은 게 있으면 듣도록 하겠습니다.

**김성민** 분단체제론, 민족문학론은 그렇게 출발하신 거고, 말씀하신 것처럼 80년대 초중반에 치열하게 한국 사회, 특히 운동권 진영에서 논의되었던 NL, PD론은 역사적 실천을 앞두고도 너무나 이론에 경도된 나머지 실천에 있어서는 실패를 경험했는데, 선생님이 말씀하신 '3자의 결합'이란 것은 단지 NL과 PD가 결합한 것이라기보다 제3의 노선이라고 할까요? 그렇게 표현해도 될는지요?

**백낙청** 기존의 NL 노선도 아니고 PD 노선도 아닌 다른 제3의 노선이라고 할 수 있는데, 실상 어떻게 보면 제4의 노선이라고도 할 수 있죠. 세가지 시각이 있는데 그 어느 것도 아닌 다른 것이라고 말한다면 '제4의 시각'이 되는 거고요. 그러나 그렇게 표현하는 것보다 오히려 기존의 중요한 3대 노선이라고 할까 그런 걸 현실에 맞게 조합하고자 하는 논의다, 이렇게 표현하면 어떨까 싶어요. 80년대 초중반의 치열한 논의를 말씀하셨는데, 그때 급진운동권에서는 NL, PD의 대립이 있긴 했지만 대체로 얘기하는 것은 사회구성체 논의에서 기본모순은 계급모순이지만 주요모순 즉 우선적으로 해결해야 할 과제는 민족문제라는 거였어요. 그때까지만 해도 NL과 PD가 완전히 분리되기 전이죠. 소위 NLPD라는 거였지요. 그런데 이때 말하는 민족모순이라는 것은 우리 민족과 외세 간의 모순을 뜻하는데, 그 논의들이 난삽하고 관념적이라서 저는 사회과학도도 아니고 문학 하는 사람으로서, 문학작품을 논의하고 문학담론을 개발하고자 하는 사람으로서 영 실감이 안 났고 설득도 안되더라고요. 민족문학론에서는 우리가 처음부터 분단문제를 중시했는데, 분단문제는 어찌된 거냐, 이렇게 물음을 던지면 어떤 분들은 분단문제는 민족모순에 다 들어가 있다, 또 어떤 분들은 기본모순은 계급모순이고 주요모순은 민족모순이고 여기에 특수한 우리의 조건으로서 분단문제가 있고 분단모순이 있다고 얘기를 해요. 그런데 저는 그렇게 말하는 것보다는 분단된 한국의 구체적인 현실을 놓고 여기에 밀착된 개념을 개발해야 하는 게 아닌가 해서 처음엔 저도 분단모순이란 말을 썼어요. 그런데 쓰다보니까 늪에 빠지는 거예요. 기본모순 무슨 모순 하면서 제가 보기에 다분히 소모적인 논쟁에 끝없이 휘말려들어가서 헤어나올 길이 없어지는 거예요. 또 하나는, 분단모순이란 용어를 사회학자 중에 더러 쓰는 분이 있었습니다. 그중 한 사람이 지금 서울시교육감을 하고 있는 조희연(曺喜昖) 교수인데,(모두 웃음) 그는 세개의 모순을 병렬적으로 얘기했어요. 그래서 아, 분단모순이란 말을 쓰는 것보다는 한반도에 뭔가 분단체제라고 불러도 좋은 그런 현실이 있고 이걸 체계적으로, 총체적으로 인식하는 것이 중요한 게 아니냐, 그래서 점차 분단체제 담론으로 넘어가게 된 거죠.

**김성민** 뒤에서 다시 여쭙겠습니다만 이매뉴얼 월러스틴이 말한 '세계체제', 한반도에 존재하는 '남북 국가체제' 그 사이의 '분단체제'라는 독자적 개념을 말씀해주셨는데, 그러니까 세계체제와 한반도의 남북체제, 분단체제는 '하이어라키'(hierarchy)가 다른 4개항이라고 할까요? 선생님이 말씀하신 구체적으로 돌아가는 사회현실, 역사인식에서 볼 때, 모든 모순이 착종되어 있는데 이를 하나의 계급 내지 민족 같은 기본 개념만으로는 다 해결할 수 없음에도 불구하고 제가 생각하기에도 80년대 초중반 개념 위주로 경도된 것이 없지 않습니다만, 그런 차원에서 볼 때 선생님께서 제시하신 '분단이 이제 모순이 아니라 하나의 체제'라는 규정이 적절하게 현재까지의 사회·역사인식을 잘 설명해주었다고 생각하는데요. 선생님께서 '분단모순의 체제'라고 명명하신 것에 대해 저희가 지금처럼 해석하는 것이 합당할까요?

**백낙청** 그런데 세계체제론하고 하이어라키가 다르다는 말씀 하셨잖아요?

**김성민** 그렇습니다.

**백낙청** 저는 그게 중요한 포인트라고 봅니다. 이게 같은 층위나 위계의 개념으로 세계체제가 있고 분단체제가 있다고 보면 그중 하나를 선택해야 하게 되어버리죠. 그리고 많은 분들이, 특히 사회과학 하는 분들이 오해하기를 분단체제론은 세계자본주의 차원의 문제를 제쳐놓고 오로지 분단문제만을 가지고 얘기한다, 이렇게들 말씀하세요. 그런데 그게 아니고, 분단체제라는 것이 있지만 이건 자기완결적인 체제가 아니고 세계체제라는 더 높은 하이어라키, 더 높은 차원의 체제가 있는데 그것이 한반도를 중심으로 작동하는 양상을 분석하는 하나의 개념적 도구로서 말할 수 있다는 의미입니다. 그리고 분단체제라는 것은 세계체제가 한반도를 중심으로 작동하는 현실이지 한반도 남북의 두 체제를 기계적으로 합한 것을 의미하는 것은 아닙니다. 그렇긴 하지만 한반도 중심으로 작동하다보니까 그 가장 중요한 구성요소로서 남한의 체제가 있고 또 북한의 체제가 있다는 거죠. 그런데 이럴 때 '체제'의 하이어라키가 다르고 체제의 개념도 각기 다 다르죠. 우리가 '시스템'이란 말보다는 조금 자기완결성이 덜한 '레짐'이란 말도 쓰잖아요. 분단체제는 어떻게 보면 시스템이기보다 레짐이라고 할 수 있는데, 영어로 'division regime'이라고 하면 분단정권이란 뜻으로 읽히지 않습니까? 그래서 'division system'이라고 번역을 해서 썼고, 어차피 하이어라키와 자기완

결성이 다른 이런저런 체제들이 있다고 생각하면 크게 문제될 바 없죠.

**김성민** 지금 선생님께서 개념적으로 레짐, 시스템으로 잘 정리해주셨는데, 시스템이라고 개념화할 때 그래도 시스템이 작동하기 위한 일종의 내적 메커니즘을 충족해야 그 개념을 적용할 수 있을 것 같은데요. 선생님께서 여러 글과 강연 등을 통해 지속적으로 말씀해주셨습니다만 선생님 글을 보면 분단되어 있기 때문에, 또 분단체제이기 때문에 북은 북대로 온전한 사회주의가 실현이 안되고 남은 남대로 온전한 자유민주주의가 실현이 안된다고 하셨거든요. 그런 차원에서는 체제라는 것을 모순이라는 개념하고 바꿔 말해도 되는지 모르겠습니다.

**백낙청** 실제로 체제에는 모순이 있기 마련이죠. 여러가지 모순이 있을 테고, 그중의 어느 게 더 중요하기 마련이니까 분단모순이란 말도 엄밀히 규정해서 조심해서 쓰면 못 쓸 건 아닌 거 같아요. 그런데 아까도 말씀드렸듯이 그런 용어를 쓰는 순간 이건 벌집을 쑤셔놓은 꼴이 되고 또 비유를 바꾸면 늪에 빠지는 꼴이기 때문에 안 쓰는 것뿐이죠.

**김성민** 선생님께서는 분단체제론 입론하시기 전부터 민족문학론을 말씀하시기도 했지만 사실 분단체제론은 80년대 중반 사회구성체 논쟁에서 분단모순론으로 처음 모습을 드러낸 이래 한국 현대사의 역사적 굴곡과 더불어 그 내용을 심화시켜왔다고 할 수 있습니다. 선생님의 분단체제론과 한국 현대사의 전개과정 사이에는 깊은 영향관계가 성립하지 않나 생각합니다. 1980년대 이후 분단체제론 형성에 영향을 준 사건들이 있다면 어떤 것이며 그 영향은 무엇인지요?

**백낙청** 직접적인 역사적 사건을 계기로 하는 것은 아니지만 우선 아까 말씀드렸듯이 6월항쟁 이후에 기존의 세가지 시각을 검토하면서 이걸 종합해야 한다고 말했다고 했잖아요? 그리고 그 글이 이듬해인가 『민족문학의 새 단계』라는 책에 실렸습니다. 그러니까 6월항쟁을 거치면서 우리 사회도 그렇고 우리 문학도 새로운 단계로 진입했고 그에 상응하는 자기쇄신과 발전을 일으켜야 한다, 그런 생각을 하게 됐는데, 이후에 사회과학계에서 사회구성체 논쟁을 하고 그러는 것이 전혀 저의 그런 실감에 안 맞았던 것이죠. 더군다나 90년대 초에 가면 독일도 통일이 되고 사회주의권이 거의 무너지지 않습니까? 뭐 그런 사실을 보더라도 정통 맑스-레닌주의에 입각한 설명이라든가 분석 등이 안 맞겠다는 생각을 많은 사람들이 하게 됐죠.

그런데 기존 사회주의권에 지나친 기대를 했던 사람들은 낙담도 하고 전향을 하기도 하는데, 저는 70년대 내내 민족문학을 주장하고 민중문학을 추구하면서도 소련을 모델로 삼을 생각도 없고 북한을 모델로 생각한 적도 없거든요. 어디까지나 남한 민중의 현실에 입각하되, 여기서 출발을 하되, 한반도의 전민중을 포괄하고 나아가서 제3세계 민중을 포함하고 동참하게 함으로써 세계문학의 대열에 참여하는 그런 프로젝트를 저 나름 생각했죠. 그렇기 때문에 그러한 역사적인 큰 사건에 충격을 덜 받은 동시에 어떤 의미에서는 내가 나아가고자 하는 방향이 옳다, 그걸 더 발전시켜야 되겠다 하는 쪽으로 작용했다고 말할 수 있죠.

**김성민** 저희 연구단은 선생님의 그런 시각에 전적으로 공감하고 동의합니다. 다만 좀더 엄밀하게 여쭙는다면, 앞서도 밝히셨지만 선생님께서는 분단체제를 통상적인 의미의 냉전체제의 일부가 아니라 제국주의 패권이 더욱 일방적으로 작용하고 있고 자본주의 세계체제의 모순들을 훨씬 깊고 다양하게 체현하고 있다는 점에서 세계자본주의체제의 하위체제라고 말씀하셨습니다. 그리고 이러한 입장은 초기부터 많은 논자들의 비판을 받아왔는데요.

**백낙청** 첫째는 뭘 가지고 비판을 하냐면, 그게 무슨 체제냐라는 거죠. 그런데 체제라는 것은 태양계도 '쏠라(solar) 시스템'이라고 하듯 태양계도 있고 세계체제도 있고 온갖 체제가 다 있고, 그때그때 그 의미가 변용되거나 추가될 수 있는 것들이 많잖아요. 이런 점에서 분단체제를 설정하고 그게 이런저러한 체제적 성격을 띠고 있다, 이렇게 말해도 안될 건 없거든요. 그런데 저 문학이나 하던 친구가 체제가 뭔지도 모르고 떠들어댄다, 이런 식으로 비판을 하는 글들이 더러 나왔죠. 제가 반론도 썼고요. 여기에 추가해 흔히 말하는 것이, 분단환원론이라고도 하죠? 만악의 근원이 분단이다, 이렇게 저를 단순소박한 통일지상주의로 몰아치는 분들도 계셨는데요. 저는 물론 자본주의의 공통적인 문제점이 한반도에서 구현되고 있다 하더라도 그것이 한반도에서 나타날 때는 분단이라는 특수한 현실 그리고 분단체제라는 특이한 체제의 매개작용을 거친다고 할까, 그런 게 가미되어 다른 나라와는 단순비교가 어려운 양상을 보인다는 점에 주목하자는 것이지, 분단이 모든 문제의 근원이라고 생각한 적이 없습니다. 그래서 분단환원론이 아니라고 거듭거듭 말하지만, 그런 이야기가 앞으로도 계속 나올 거예요.(웃음)

**김성민** 저희들이 좀더 연구해서 선생님 이론을 보충해서 반박하도록 하겠습니다.(웃음) 지금 선생님 말씀처럼 우리가 분단체제라고 얘기할 때 선생님이 그렇게 명명하실 수밖에 없는 상황이 이해됩니다. 좀 다른 질문을 여쭙겠습니다. 선생님께서는 분단체제가 동아시아 지역을 매개로 세계체제의 하위체제로 편입되어 있기에 동아시아라는 중간항에 대한 체계적 인식이 필요하다고 강조하셨습니다. 그리고 지난 20년 동안 동아시아론에 대한 여러 논의들이 어어져왔습니다. 분단체제와 세계체제 사이에서 동아시아 지역이 행하는 매개적 역할이 무엇인지요? 혹 분단체제가 세계자본주의체제보다 동아시아 지역질서와 맺는 연관을 일차적으로 중시해야 하는 것은 아닌지요?

**백낙청** 제가 하나 여쭤볼게요. 세계체제와는 다른 차원의 체제지만 한반도에는 분단체제가 있다고 말씀드렸는데, 동아시아체제라는 것도 있다고 보십니까?

**김성민** 저는 동아시아체제는 유동적인 개념이 아닐지, 확고해진 지정학적 개념이라기보다 동아시아라는 것이 현실사회주의권의 몰락 이후 새롭게 우리 시각에 등장한 것이라고 볼 때 동아시아체제가 과연 시스템으로 구체화될지 그건 잘 모르겠습니다.

**백낙청** 아까 말씀드렸듯이 시스템이란 말은 자기 나름대로 정의해가지고 일관되게 정확하게 사용하면 그걸 쓰는 건 자유라고 봐요. 그렇지만 동아시아에 대해서 저는 체제라고 할 만한 지역질서가 아직까지는 없다고 봐요. 한반도는 복잡하지만 지리적으로도 이렇게 한정된 단위가 있고, 그 안에 두개의 국가가 있고, 그리고 주변 정세가 있고, 나아가 세계체제의 기본적인 작용이 있는 것처럼 무엇인가 잡히는 것이 있죠. 그런데 동아시아라고 하면 우선 어디서 어디까지가 동아시아인지도 분명치 않고요. 우리는 중국을 당연히 동아시아의 일원으로 보지만 중국 사람들은 아시아라는 말은 많이 써도 동아시아라는 말은 별로 안 써요. 동아시아 그러면 뭐 동북3성 정도로 국한시켜 생각하는 지식인들도 많고요. 사실 신장-위구르 지역 같은 곳은 그게 동아시아입니까? 문화적으로도 그렇고 지리적인 위치도 그렇고. 중국은 또 남아시아와도 접경을 하고 있잖아요.

그렇더라도 중국을 동아시아로 취급할 상당한 이유는 있다고 봐요, 그렇지만 체제라는 말은 적합지 않은 것 같아요. 그럼 분단체제 논의에 동아시아가 얼마나 들어와 있는가? 아까 말씀드렸듯이 분단체제라는 것이 자기완결적인 체제가 아니고 또 단순히 남한과 북한 두 사회를 합친 그런 단위만이 아닌, 세계체제가 한반도를 중심으로 작동하는 현실인데, 인문학도들은 이럴 때 '텍스트'(text)라는 말을 쓰기도 하죠. 하나의 고정된 덩어리라기보다 일종의 텍스트인데, 그렇다면 주변의 강대국이나 관련국들이 자연스럽게 참여하게 되어 있죠. 동아시아의 어느 지역이 얼마나 여기에 관여하고 얼마나 영향을 미치고 있는가는 사안별로, 또 시기별로 판단해야 하겠죠.

**김성민** 그렇다면 선생님께서는 물론 동아시아의 매개적 성격이 있음에도 불구하고 세계체제와의 사이에서 어쨌든 우리가 동아시아체제라고 명명할 수 있는 부분은 없다는 것인지요?

**백낙청** 동아시아 나름의 지역사정 또는 지역질서라는 건 분명히 있지요. 어떨 때는 '지역 무질서'라고 할 수도 있지만. 그 지역사정, 지역질서, 이런 것을 감안하지 않고는 분단체제를 논할 수 없음이 분명하지요. 분단체제 극복의 길을 찾을 수도 없고요. 그래서 동아시아를 생각하고 연구하고 또 동아시아 내에서 교류하고 연대하고, 그런 것은 당연한 일이라고 생각합니다.

**김성민** 말씀이 나왔으니 여쭙겠습니만, 선생님께서 '현재진행형으로서의 통일'이라고 할 때 향후 우리가 추구해야 할 과정과 목표라고나 할까요, 선생님의 표현을 빌리자면 '복합국가'로 가야할 때에, 동아시아의 역할은 어떻게 될 것이라고 보시는지요?

**백낙청** 단일형 국가가 아닌 복합국가로 나아가는 게 불가피하다고 보는 것은 일차적으로 한반도의 통일에 관련됩니다. 남과 북이 1945년까지는 비록 식민지지만 하나의 통일된 민족으로 살고 있었잖아요. 또 식민지가 되기 전 오랫동안 근대적인 민족국가는 아니지만 단일 정치체제를 이루고 살아왔기 때문에 45년 당시에는 대부분의 한반도 사람들이 해방이 됐으니까 통일된 단일민족국가를 건설하고자 했지만 그게 좌절되지 않았습니까? 그러고서 벌써 70년이 넘었기 때문에 이제는 남북이 당시 꿈꿨던 단일한 국가로 합친다는 것은 현실적으로 불가능하고, 또 그것이 과연 바람직하냐는 문제도 있습니다. 물론 '단계적으로 우선은 불가능하고 바람직하지 않지만 궁극적으로는 그게 목표가 된다' 이렇게 주장할 수는 있죠. 그런데 저는 그 점도, 세계적으로 보면 지금 단일형 민족국가, 근대 특유의 주권을 가진 독립된 근대국가라는 게 사람들이 추구하는 가장 이상적인 정치적 형태는 아니라고 봐요. 그러니까 그

점으로 보더라도 나중에 그런 걸 할 수 있는 기회가 생기고 또 하는 것이 좋겠다고 한반도 주민들이 결정을 하면 할 수는 있겠지만, 지금은 통일된 민족국가라는 형태를 굳이 고집하기보다는 그 문제에 대해 열어놓는 게 좋을 것 같아요.

어차피 거기까지 가기 전에 국가연합이 되든 연방국가가 되든 복합국가 형태를 먼저 추구하는 것이 옳습니다. 우리 한반도의 사정이 그렇고 동아시아 주변 국가 입장에서 보더라도 한반도가 단일형 국민국가로 통일되는 것을 별로 원하지 않을 것 같아요. 통일 자체를 꺼리는 세력도 있습니다만, 대개 느슨한 결합체로 통일되는 것까지는 참아줄 수 있지만 그 이상으로 똘똘 뭉치는 것은 일본의 경우 대단히 경계할 것이고, 중국 역시 조선족 문제도 있고 하니까 바로 자기네 동북지역 맞은편에 그런 통일국가가 생기는 것은 바라지 않을 거예요. 미국은 거리상으로 멀리 있고 자기네 국력이 강하니까 크게 개의치 않고 오히려 친미적인 단일형 국민국가가 돼서 중국을 압박해주면 좋아할지 모르지만 그러면 그럴수록 중국하고 러시아는 더 싫어하겠죠. 그래서 주변 정세를 생각해서라도 우리는 매우 느슨한 국가연합으로부터 출발해가지고 점점 결합의 도를 높여가야 한다고 봅니다.

**김성민** 선생님 말씀은 복합국가는 우리 한반도 내에 일단 지향해야 하는 거라고 하신 거고…….

**백낙청** 네.

**김성민** 동아시아공동체하고는 또 좀 다른…….

**백낙청** 동아시아공동체를 원만하게 형성해나가기 위해서도 한반도가 너무 중앙집권적인 단일형 국가가 되는 것이 바람직하지 않죠. 그리고 일본과 중국도 마찬가지입니다. 동아시아공동체라는 입장에서 보면 일본도, 우리가 일본더러 연방국가가 되라 그러는 것은 아니지만 가령 오끼나와에 대해 그 지역의 특색을 인정하고 상당한 자치권을 줄 수 있는 그러한 나라가 돼야지 일본 자체도 좋고 동아시아공동체 형성에도 도움이 되는 거지요. 중국도 가령 티베트나 일부 지역은 대단히 민감한 대목도 있고. 중국이 어렵사리 통일을 이룩했는데 워낙 크고 다양한 나라이기 때문에 통일을 유지하는 것 자체가 보통 힘든 일이 아닌데다 또 중국의 통일이 와해되기를 바라는 세력이 외국에도 많잖아요. 그러니까 중국의 민감성을 이해 못할 바는 아니지만 그러나 동아시아에 원만한 공동체가 형성되기 위해서는 중국 정부도 완전한 단일형 국민국가를 계속 강화하려고 하면 곤란하다고 봅니다. 중국은 그래도 색다른 시도를 했던 게, 홍콩이 있잖습니까? 그것도 지금 갈등이 있지만 중국은 대만의 경우도 홍콩 모델을 적용해서 통합되길 바라는데, 그건 대만 사람들이 원하지 않죠. 아예 대만 독립을 주장하는 사람도 있지만 중국과 어떤 정치적인 타결을 하더라도 홍콩보다는 훨씬 더 큰 자주권, 주체성을 갖고자 하는데, 장차 어느 때는 중국이 그런 포용력을 보여서 어떤 정치적 타결을 하는 것이 적어도 동아시아공동체 형성을 위해서는 좋을 것 같고요. 또 신장이나 티베트 문제만 하더라도 뭔가 지금보다는 더 자치권을 부여하고 문화적인 독자성을 존중하는 그런 장치가 마련돼야 한다고 봅니다. 그래서 강력한 중앙집권형 단일국민국가가 동아시아공동체 형성에 바람직하지 않다는 얘기는 한반도에만 해당하는 것이 아니고 동아시아의 다른 여러 나라에도 해당한다고 봅니다.

**김성민** 자연스럽게 우리 한반도 정세나 세계정세 속에서 한반도 분단극복과 통일의 과정 내지 방법을 살펴시 말씀해주신 것 같습니다. 그렇다면 선생님의 그간 실천경험을 듣고자 하는데요, 선생님 말씀처럼 복합국가로 가는 과도기로서 6·15남북공동선언의 국내 대표로도 참여하셨던 경험을 좀 말씀해주시죠.

**백낙청** 6·15공동선언실천 민족공동위원회라는 것이 있고요, 거기에는 남측위원회, 북측위원회, 해외측위원회가 있습니다. 제가 남측위원회 초대 상임대표였죠. 그 일을 길게 말씀드릴 건 아닌 것 같고, 6·15공동선언은 연합제와 연방제 사이에 공통점이 있음을 확인함으로써 이를테면 통일을 위한 첫 단계로서 복합국가에 대한 지향을 남북 정상간에 합의했다는 데에 의의가 있죠. 이것은 독일 통일에서도 없었던 중요한 특징입니다. 그건 남북 정상간의 양자합의인데, 6·15공동위원회라는 것은 3자결합, 3자연합 형태입니다. 저는 거기에 대해 대표로 있는 동안에는 정면으로 문제제기를 하기가 어려웠지만 그것은 6·15공동선언의 양자합의에 조금은 어긋나는 면이라고 봅니다. 그렇게 된 것은, 해외측 통일운동이 원래 북측과 가까웠잖아요? 그래서 6·15공동위원회를 만들면서 북측의 계산은 해외측을 대등한 자격으로 참여시키면 항상 2:1로 자기네가 다수가 되리라는 것이었지요. 2005년 초 결성과정에서는 우리 남측에서 강력하게 주장해서 해외측에 공동대표를 두게 되었고, 또 하나는 아무리 그쪽에서 2:1로 한다고 해도 우리 남측이 인구도 많고 국력도 크고 한데 우리가 우겨서 안 들으면 해외측하고 합동해서 공격해도 소용없는 거예요. 그래서 저는 이게 원활하게, 정말 6·15공동선언 정신에 맞는 공동위원회가 되려면 남과 북이 대등하게 결합을 하고, 해외측은 남과 북이 동의하는 사람들을 초빙해서 참여시켜야 된다는 거였죠. 사실은 일본의 총련계 인사한테 그런 말을 한 적이 있어요. 그랬더니 그분은 "통일의 주인은 우리 민족 전부다. 그러나 이 통일작업의 주체는 남과 북이 되어야 한다"라면서 해외가 동등하게 참여하는 것이 낮은 단계의 연방제 건설에 어긋난다는 점을 인정하는 거예요.(웃음) 물론 그건 사견이었고, 공식적으로는 지금도 해외측은 그런 개념을 인정하고 있지 않습니다. 게다가 또다른 국내 정세의 변화로 6·15남측위원회 또는 전체 공동위원회가 지금은 큰 역할을 못하고 있죠.

**김성민** 선생님이 말씀하신 복합국가의 정신은 6·15공동선언이 그래도 반영하고 있다고 볼 수 있을 것 같습니다.

**백낙청** 그렇죠. 복합국가론 논의가 국내에서 70년대부터 있었습니다만 그걸 양측의 정상이 합의해가지고 일종의 남북 공동의 장전으로 제시한 것이 6·15공동선언 아닌가요?

**김성민** 맞습니다!

**백낙청** 저는 이것이 대단히 현명하고 중요한 결정이라고 생각합니다. 그다음에 해외관계에 있어서는, 제가 한민족공동체라는 얘기를 했는데 이건 복합국가하고는 좀 다른, 아니 전혀 다른 개념이죠. 복합국가라는 것은 아까 말씀드렸듯이 한반도의 정치형태를 얘기하는 것이고 한민족공동체라는 것은, 이미 전세계에 우리 민족이 여러 나라의 국적을 지닌 채로 살고 있지 않습니까? 그 사람들보고 통일되면 다 국적을 버리고 한반도 복합국가의 시민이 돼라 이런 것이 아니고, 지금과 같은 다국적공동체를 더욱 발전시키는 방식을 고민해야겠죠. 그러나 문화적으로, 또 단군의 혈손인지 아닌지는 과학적으로 증명할 수 없지만 어쨌든 혈연관계도 중요하게 작용하고 있지 않습니까? 그렇다면 그러한 것들로 연결된 느슨한 네트워크죠. 네트워크로 있으면서 자기가 사는 나라의 시민으로서 충분히 기여하면서 동시에 이 네트워크의 일원으로서 한반도에 도움 주고 자기 사는 곳도 풍요롭게 하고 그런 게 좋겠다는 생각입니다. 그러니까 민족이란 것은 완전히 낡은 생각이고 지금 남아 있더라도 빨리 타파하고 완전한 세계시민이 되어야 한다, 이렇게 주장하는 사람들 입장에서 보면 왜 새삼스럽게 민족공동체를 얘기하느냐 할지 모르지만, 저는 세계가 하나의 세계가 돼서 평화롭게 산다고 할 때 획일화돼야 한다고 생각하지 않거든요. 민족적 다양성, 언어적 다양성, 문화적 다양성, 이게 다 보존이 되어야 하는 것처럼, 한민족 출신이라는 인연을 갖는 사람들이 그 인연을 잘 관리하면서 다양하게 활동하는 게 인류문화의 풍요로움에도 기여하는 길이 아니겠는가, 그런 생각을 해봅니다.

**김성민** 저희가 최근에 연구하는 주제가 선생님이 말씀해주신 '코리

안 네트워크'인데요, 한민족공동체와 등치해서 말해도 되겠죠.

**백낙청** 그렇죠.

**김성민** 복합국가 개념은 한반도 지역에 한정되는 것이고, 거기에 더해 범세계의 민족공동체, 저희 쪽 표현대로 하자면 '코리안 네트워크'를 말씀해주셨습니다. 최근 외교부 통계에 보면 약 720만의 코리안 디아스포라가 있습니다. 그래서 앞으로 한반도의 통일과정과 이후에도 코리안 디아스포라들의 역할이 있을 것으로 생각하고요, 나아가 앞으로 통일 패러다임을 만들 때도 그들의 시각이 바깥에서 한반도를 본다는 점에서 통일된 국가 건설의 이념 설정에도 큰 도움을 줄 것이라고 생각합니다.

**백낙청** 그렇죠. 한반도에 도움이 되는 일이죠. 한반도에 민족주의 색채가 강한 단일국가가 생기면 디아스포라의 코리안들이 거주국에서 활동하기 더 어려워질 수도 있어요. 강력한 단일국가의 배경이 있으니까 거기서 도움을 받는 건 괜찮지만, 저쪽 국가에서 보면 경계의 대상이 될 수도 있습니다. 저는 코리안 디아스포라라는 것이 세계적으로도 굉장히 중요한 현상 내지 요인이라고 봅니다. 수적으로는 중국의 화교들에 비교가 안되지만, 한민족이 주로 가 있는 나라들이 강대국들이에요. 중국, 일본, 러시아, 미국이죠. 동시에 한국이든 북한이든 강대국이 아니기 때문에 저쪽에서 보면 그렇게 부담이 되는 존재가 아닙니다. 가령 화교가 많아지면, 특히 동남아시아 같은 데서는 중국이 강해지면 강해질수록 화교를 더 경계하게 되고, 또 화교가 많다는 사실 자체가 문화의 다양성을 제한할 뿐 아니라 자기들을 지배하는 존재로, 실제로 그렇게 된 경험도 있고요. 그런데 한민족이 어디 가서 그런 일을 할 우려는 없단 말이에요. 한국이 중국 같은 강대한 나라가 될 염려도 없고. 그러니까 거주지역의 국가나 사회에 부담감을 안 주면서도 세계의 특히 전략적인 국가들 속에서 중요한 역할을 할 수 있죠. 그분들이 자기 사는 나라의 시민 또는 주민으로서 충실한 역할을 하는 일과 느슨한 코리안 네트워크의 일원으로서 자기개발을 하고 상호 교류하고 그리고 실리적 이익을 챙길 가능성이 확대된다면 앞으로 코리언 디아스포라들은 곳곳에서 굉장히 중요한 역할을 할 수 있을 것 같아요.

**김성민** 선생님 말씀하시는 얘기에 꼬리를 이어가자면, 코리안 디아스포라들의 정체성은 이중적 정체성인 것 같습니다. 원래 살던 고국을 떠나서 사는 노마드적 삶의 유동적 정체성, 그래서 탈민족, 탈경제, 탈국가 성격도 있지만 또 한편 기본 토대로서의 언어를 같이 쓰고 동일한 혈통이라고 생각하는 것 때문에 거주국에서도 이중정체성을 가질 수밖에 없다는 생각이 듭니다.

**백낙청** 그렇죠. 사람들은 누구나 다중의 정체성을 갖고 살지 않습니까? 그걸 자기 나름으로 정직하게 인식하면서 적절하게 배합, 활용하는 게 중요하기 때문에 디아스포라처럼 아예 이중정체성이 명백한 분들이 공부하기 유리한 면이 있어요. 그런데 다른 한편으론 경계할 면도 있는데, 미국에 있는 디아스포라 지식인들이 특히 그런데 디아스포라 위주로 모든 걸 보고 한반도에 사는 사람들을 가르치려는 경향도 있습니다.(웃음)

**김성민** 자기네들만의 시각으로요?

**백낙청** 네. 마치 자기들의 선진적인 관점이 저절로 따라오는 것처럼 생각하는데, 꼭 그런 건 아니거든요. 한곳에서 붙박이로 사는 사람은 붙박이로 사는 나름의 통찰도 있고 능력도 있고 그러니까 서로 잘 조화시켜나가는 게 중요한데, 미국의 지식계에 이 디아스포라란 말이 유행하는 데는 미국 학계에 유달리 많은 디아스포라 지식인이 자리 잡고 자기 위주의 논리를 펴는 면도 작용했다고 봐요.

**김성민** 적절한지는 모르겠습니다만 '디아스포라식 오리엔탈리즘'이라고……

**백낙청** 글쎄, 그런지도 모르겠어요.(웃음)

**김성민** 실제로 코리안 디아스포라들의 이주 원인은 경제적인 것도 있겠는데, 역설적이게도 이제 한국 사회에서 코리안 디아스포라들, 재중조선족, 재러고려인, 재일조선인, 재미동포들을 볼 때 제일 위엔 경제적으로 가장 윤택한 재미동포, 그리고 맨밑에 탈북자가 있는 것 같습니다. 어쩌면 한국 사회에 뿌리박힌 무의식일 것 같기도 한데, 이러한 코리안 디아스포라들에 대한 한국인의 시각을 어떻게 보시는지요?

**백낙청** 결국은 지적하신 대로 그런 계층화 문제가 있고 우리가 고쳐나가야 할 문제인데, 사실 그런 순위는 한국 사람들이 독자적으로 개발한 랭킹이라기보다는 세계체제가 만들어놓은 순위를 우리가 맹목적으로 답습한 면이 있다고 봅니다.

**김성민** 예, 맞습니다. 저 역시도 우리가 만든 순위가 사실 세계체제와 맞물린 인식토양 속에서 만들어진 것이 아닌가라는 생각이 들었습니다.

**백낙청** 그러니까 우리가 시작하려고 할 때 우리 자신이 반성하면서 동시에 문제의 일부 뿌리는 세계체제 자체에 있다는 인식에서 세계체제에 대한 비판의식과 우리 자신에 대한 자기비판이 동시에 갖춰져야 뭔가 해결책이 나오지 않을까 싶어요.

**김성민** 선생님의 분단체제론에 대한 물음을 좀 이어가려고 하는데요. 선생님 이론에 이의를 제기하는 입장에는 분단환원론도 있지만 아주 구체적으로 지역주의나 성차별주의 등 우리 사회의 모든 해악을 분단체제로 귀속시킨 것이 아닌가라는 비판도 있어왔습니다. 이에 대해서는 어떻게 생각하시는지요?

**백낙청** 글쎄요.(웃음) 지역주의라든가 성차별주의 같은 것은 그 원인이 다양하지 않아요? 우리가 그걸 추적하려고 하면 우선 전통 안에서 그런 요소를 찾아야겠지만, 그렇다고 성차별주의를 무조건 유교적 가부장주의의 책임으로 돌리는 것은 찬성하지 않습니다. 유교적 가부장주의라는 것이 폐단은 많았지마는 요즘의 성차별주의처럼 그렇게 위선적이

진 않았어요. 그래서 우리 역사 내부에서 연원을 찾으면서 거기에 대한 극복 비전을 제시해야죠. 비판적으로 검토해서 자리매김을 해줘야 하는 거고. 그다음에 한국만 아니고 세계에 온통 성차별주의가 만연하고 있잖아요. 물론 그 정도가 각기 다르지만. 그렇기 때문에 자본주의 세계체제의 본질적인 성격하고 관련이 있는 게 아닌가라는 생각이 들어요. 자본주의 근대가 시작하면서 만인의 평등, 법 앞의 평등주의, 남녀평등주의, 이런저런 것들이 실현되기도 했는데, 가령 여성의 투표권만 해도 실현되는 데 굉장히 오래 걸렸지만 지금은 근대국가 거의 어디서나 여성의 참정권이 법률상 인정되고 남녀평등 이념을 표방하고 있습니다. 그런데 그 이념이 앞으로는 실현되는 데 점점 더 시간이 걸리는 것 아니냐는 의심도 들어요. 그런 이념이라고 할까 이데올로기하고 자본주의의 본질적인 속성이랄까 성격 사이에 모순이 내재해서 자본주의로써는 해결이 안되는 문제인 것 같기도 하거든요. 어쨌든 우리가 해봐야 되고, 세계체제 속에서 그런 문제가 해결되지 않고 있는 이상은 우리 사회에도 영향을 미칠 수밖에 없죠. 우리 전통에 무엇이 있는가 하는 문제를 떠나서요. 그런데 여기서도 제가 강조하고 싶은 것이, 이런 세계체제의 문제와 우리의 전통문화가 접합하는 과정에 분단체제라는 현실이 다시 매개작용을 해서 어떤 면이 변형이 되고 왜곡이 되고 심지어 악화가 되느냐, 그런 것을 정밀하게 파악해서 대응해야 한다는 겁니다. 그런 얘기는 여기저기서 간간이 해왔고 가령 유교적 가부장주의 그러면 그걸 우리 현실의 성차별 문제의 원조라고 무조건 재단만 해선 안된다는 말도 했는데, 이게 자칫하면 남자가 가부장제를 옹호하려 그런다는 비판도 받을 수 있어서 말하기도 조심스럽지만 그것보다 저도 본격적인 연구가 없고 제 실력이 부족하니까요. 그래서 본격적인 논의는 못해봤습니다.

**김성민** 보편개념으로서 세계평화론으로 나아가야 한다고 주장하면서 분단체제론을 그 중심에 놓고 거기서부터 출발하는 것은 자국중심주의 또 한민족중심주의 아니냐, 이런 교과서적인 얘기를 하는 입장도 있는데, 어떻게 생각하세요?

**백낙청** 아니 그러니까 분단체제를 말한다고 해서 그런 세계 보편적인 문제를 배제한다는 주장에는 동의 안하시지요?

**김성민** 아, 그럼요.(웃음)

**백낙청** 그런데 가령 분단체제 속의 성차별 문제가 구체적으로 어떻게 나타나는가를 알려면 한국 사회의 구체적인 상황과 해당 시대에 밀착해서 검토를 해야 할 거예요. 그런 작업을 같이 하면서 동료적 입장에서 당신은 분단문제에 집착해서 여성문제 내지 인권문제에 관심이 덜한 것 같다 하고 비판하면 과연 그런지 아닌지 대화를 통해 점검할 수 있지요. "맞습니다" 하고 시인할 수도 있고 "아니요. 제 입장은 이러저러한데 잘못 보신 겁니다" 이렇게 답하면서 대화가 될 수 있는데, 분단문제를 얘기하는 당신은 보편적인 인권문제를 소홀히 하는 거다 하는 식으로 몰아세우면, 저는 "아닌데요"(웃음) 해놓고 더 바쁜 일을 하는 게 낫죠.

**김성민** 예, 맞습니다. 그러면 다음 질문으로 이어가도록 하겠습니다. 선생님께서는 분단체제가 단순히 정치적·군사적 차원에서만 작동하는 것이 아니라 우리의 몸과 마음을 병들게 만들고 있으며, 중도적 지혜의 함양이 필요하다고 말씀하셨습니다. 그런데 그러한 분단체제가 남북 주민들의 몸과 마음에 각인시킨 분단의 상처와 사회심리, 비합리적인 증오심을 선생님께서 말씀하신 중도적 지혜에 의거한 마음공부로 극복할 수 있을는지요?

**백낙청** 중도적 지혜라는 말을 제가 썼는지 모르겠습니다. 저는 중도란 말을 많이 했고 지혜란 말도 따로 또 했는데, 중도란 말은 불교의 개념이고 유교에서 말한 중용과도 이어지는데, 이게 이것저것 사이의 중간 길을 간다는 건 아니잖아요? 진리나 도를 추구하는 데 있어서 어느 한쪽에 치우침이 없다는 의미겠지요. 그런데 실제로 중도가 뭔지를 아는 일은 간단치 않습니다. 불교에서도 용수(龍樹)가 중도를 설파하는 방식이 중도가 이러저러한 것이다라고 일러주는 게 아니라 중도가 아닌 것들을 하나씩 깨나가는 거잖아요. 우리도 단순히 중도가 뭐냐, 그러지 말고 어떤 것이 중도에 어긋나는지를 찾아가다보면 결국 마지막에 남는 거, 그렇게 마지막에 남는 것을 찾아가면서 실천하는 것이 중요하다고 생각해요. 또 지혜란 말도 여러가지 뜻으로 쓰이는데, 우선적으로 '실용적인 슬기'랄까, 나쁘게 말하면 '꾀' 같은 걸 지혜라고 할 때도 있어요. 그런데 원래 불교적인 의미로 말하는 지혜는 도를 제대로 깨쳤을 때 혹은 진리를 체득했을 때 저절로 나오는 '밝음'이죠. 그러니까 그렇게 말하면 '중도적 지혜'보다는 중도하고 지혜가 다른 말이 아니라는 것이 더 정확한 표현이겠지요.

마음공부도, 실제로 마음공부를 말하는 종교인들이 개인의 수양 위주로만 이해하는 면이 있습니다. 그런데 불교만 하더라도 참선하는 스님들이 몸을 닦고 다스리는 게 기본 아니에요? 그래서 항상 심신의 수련을 의미할 텐데요. 제가 원불교에 많은 관심을 갖고 있습니다만, 원불교에서는 마음공부라고 할 때 그 기본은 물론 불교에서 말하는 '정(定)'이고 그 '정'에 이르는 정신수양이 있지만 동시에 사리연구(事理硏究)가 있고 작업취사(作業取捨)라는 게 있어요. 사리연구는 성리(性理)를 깨치는 일뿐 아니라 선불교에서는 대체로 배척하는 지식공부, 알음알이 공부를 병행하는 것이고, 그다음에 이 모든 것이 열매로 맺는 것이 작업취사, 곧 정의와 불의 사이에서 선택해서 실행하는 것을 의미하죠. 이 세가지 힘을 '3대력'이라고 하고, 그렇게 3대력이 갖춰진 공부를 마음공부라고 합니다. 그렇기 때문에 그런 차원에서 마음공부를 제대로 하면 아까 김교수가 말씀하신 여러 문제, 또 우리 현실의 문제가 해결이 되지 않을까 생각해요. 그렇지 않고 정신수양 한가지로만 설정된 마음공부를 한다면 혼자 앉아서 열심히 참선한다고 해서 통일이 되냐 빈부차이가 해소되냐, 이런 식의 비판을 당연히 받을 수 있지요. 그러나 앞서 말씀드린 대로 마음공부를 제대로 하고 제대로 된 지혜를 갖추고 중도의 길을 걷는다는 것은 바로 현실의 그런 문제들을 해결해가는……

**김성민** 실천의 과정!

**백낙청** 네, 실천의 과정을 뜻하죠. 그러면 실천은 어떻게 하자는 거냐 하는 의문이 시작되겠지만, 그런 의문을 간직하고 공부하며 살아가는 것 자체가 마음공부인 거지요.

**김성민** '중도적 지혜'라는 것은 저희가 선생님 글을 읽고 '변혁적 중도'와 '중도는 곧 지혜다'라고 말씀하신 것을 합해서 드린 말씀인데, 그 마음공부가 이제 심신을 병행하는 실천이라고 이해가 됩니다. 그런 차원에서 마음공부가 정말 지난한 과정에 따라서……

**백낙청** 그리고 몸 관리가 있잖아요. 우리가 체육관 가서 운동해서 튼튼한 몸을 만드는 그런 것 이전에 음식이나 공기, 물, 이게 건강한 몸을 만드는 기본 아닙니까? 그런데 그 문제만 하더라도 나 혼자서 어디 공기 좋은 데 가 앉아서 좋은 물 마시고 유기농식품 같은 거 먹어서 해결되는 게 아니거든요. 우선 나부터 되도록 그렇게 해서 내 몸을 제대로 보전하면서 다른 사람도 그렇게 할 수 있는 세상을 만들어가야 해결이 되는 거지. 유기농업이라는 것도 그렇잖아요. 자기 논밭에서 아무리 농약을 안 써도 옆에서 쓰면 유기농 인증을 안해주거든요. 마찬가지예요. 우리 몸을 제대로 보전하더라도 혼자만 다르게 해서 되는 게 아니고 사회적인 실생활하고 연결이 되어야 한다는 거죠.

**김성민** 그렇다면 우리의 마음공부를 더 할 수 있는 사회적 토양, 공동체 분위기를 더 만든다는 차원에서, 다시 말해 마음공부를 할 수 있는 토양을 만들기 위한 노력이 분단체제의 극복과정이기도 하다는 의미로 저희가 이해해도 무방하겠습니까?

**백낙청** 그런데요, 분단체제란 말을 쓰면 첫째는 뭐 그렇게 어렵게 말하냐 하는 비판이 나오고, 또 하나는 분단이란 단어가 들어가기 때문에 자꾸 사람들이 통일만 되면 다 해결된다는 통일운동으로 생각해요. 분단체제 극복운동을 그냥 통일운동으로 단순화해서 이해하는 경향이 있습니다. 그래서 분단체제라는 용어를 함부로 쓸 필요는 없다고 봐요. 전략적으로 때와 장소를 선택해서 써야 될 것 같아요. 아무튼 제가 늘 말하듯이 단순한 분단극복운동 곧 통일운동이 아니라 분단체제를 극복하는 운동이자 과정이 중요하고, 그건 지금 말씀하신 환경문제하고도 직결되어 있습니다. 분단에서 기인하거나 분단이 매개해서 생긴 문제들이 환경 분야에도 많고, 성평등이라는 측면에서도 문제가 많고, 민주주의 차원에서도 문제가 많고, 이런 것들을 분단체제의 일부로 하나하나 타파해나가는 것이 중요해요. 그리고 그것들을 타파하기 위해 갖춰야 할 조건들도 정확히 인식해야죠. 남북이 당장은 통일을 안하더라도 다시 통합해가는 점진적이고 단계적인 과정에 있고 이 과정과 국내의 여러 현안들이 밀접하게 맞물려 있다는 인식을 가지게 되면 환경문제로 남북이 협력해나가는 일뿐 아니라 국내 환경문제의 해결에도 도움이 될 거예요. 실상 남북이 적대적으로 대결하고 있는 상태에서, 환경 얘기를 하든 민주주의를 얘기하든 무슨 얘기를 하든 "넌 종북 아니냐", 이런 반박이 먹히는 사회에서는 개선이 불가능하거든요. 그래서 이 문제들이 다 맞물려 있다는 인식을 가지고 남한에서 할 수 있는 것은 남한에서 하고 남북간에 풀 수 있는 것은 남북간에 풀고 동아시아 지역협력을 통해서 풀 일은 그렇게 풀고 또 세계체제 차원에서 해야 할 일은 하고, 이런 복합적인 노력을 하자는 것이 분단체제 극복인데, 아직도 분단체제 극복 그러면 통일하자는 거구나,(모두 웃음) 이렇게 치부해버려요. 제가 그런 부작용을 겪어본 선배로서 조심해서 사용하시라고 사용법을 설명했습니다.

**김성민** 감사합니다.(웃음) 방금 남남갈등을 말씀하셨으니 여쭤봅니다. 복합국가로 가는 과정에서 일단 첫번째로 등장하는 난제가 결국 남남갈등인데, 남남갈등도 여러가지 요소가 있겠습니다만 우선 정치적 입장 대립이 있겠고요, 그다음은 남북갈등이 있겠고, 또 하나 동아시아 정세와 맞물려서 최근 급부상하고 있는 동아시아의 갈등 문제가 있을 것 같습니다. 복합국가로 가는 데 있어서의 이 난제들 중 어떤 것을 당면한 핵심 문제로 인식하고 우선순위를 부여해야 할지, 아니면 말 그대로 복합적으로 해결해가는 노력을 해야 하는지를 여쭙습니다.

**백낙청** 남남갈등을 먼저 풀고 나서 그다음에 뭐 한다, 저는 그렇게 순서를 정할 수 있는 문제는 아니라고 봅니다. 남남갈등을 완전히 해소는 못하더라도 갈등의 폭을 줄여가는 단계, 아니면 갈등이라도 생산적인 갈등으로 바꿔나가는 과정, 이것하고 남북의 교류와 화해협력의 확대 내지 복원이 병행되어야 한다고 보거든요. 그리고 남남갈등이 표면화된 것이 사실은 남북대결이 완화되면서 그렇게 된 면이 있어요. 남북대결이 강고할 때는 남쪽의 기득권세력이랄까 몇몇 세력은 국민들이 적당히 겁을 먹고 사는 것을 좋다고 생각했었는데, 민주화 그리고 6·15공동선언 이후에 지역문제라든가 남남갈등이, 즉 잠재해 있던 것이 폭발적으로 표면화되어 훨씬 더 현저해진 것도 사실입니다. 그것은 그만큼 분단체제에 안주하던 수구기득권세력이 위협을 느꼈기 때문에 그런 면이 있어요. 그래서 앞으로 만약에 남북관계가 다시 개선의 길로 들어선다면 어떤 면에서는 더 격렬한 반대가 있을 거예요. 어찌 보면 이게 박근혜 대통령의 역설적 운명이지요. 원래는 수구기득권세력을 철저하게 대변하면서 대통령이 된 건데, 대통령이 되고 나서는 그 수구세력 전체를 대변하지 않고 최순실(崔順實)이라든가(모두 폭소) 몇몇 개인의 이익을 대변하다보니까 그 수구세력이 종북좌파몰이를 한다든가 보수-진보의 갈등구도 이런 게 거의 무의미해져버렸어요. 수구세력도 체면을 구긴 거예요 그래서 제가 흔히 그런 말을 합니다만, 박근혜 대통령이 후보 당시 또는 취임 당시에 훌륭한 공약을 많이 냈는데 거의 다 배반했잖아요. 거의 다 파기했는데 단 하나 통합, 대한민국의 국민통합, 국론통일을 이룩하겠다는 것은 적어도 90%는 달성했다.(모두 폭소) 박근혜 대통령에게 부정적인 여론이 90% 이상이라고 하니까요. 불행히도 그건 그분의 잘못으로 된 통합이지만, 그래도 그나마도 통합을 한 게 어디예요? 그거 아무나 할 수 있는 거 아닙니다.(웃음)

**김성민** 거의 유일한 거죠.

**백낙청** 네, 거의 유일한 건데 또 있긴 있어요. 야당에서 정권교체를 주장하는데 박근혜 후보는 여당이니 정권교체를 얘기할 수 없잖아요. 그러니까 뭐라고 했냐면 자기는 정권교체를 넘어서 '시대교체'를 하겠다고 했어요. 그런데 나는 지금 우리 사회가 시대교체의 문턱까지 왔다고 봅니다. 이 문턱을 넘어서 시대교체를 하는 것은 결국 우리의 숙제지만, 여기까지 끌어온 박근혜 대통령의 공로는(웃음) 무시할 수 없죠.

**김성민** 역대 대통령 중에 유일하죠.(모두 웃음)

**백낙청** 그래서 앞으로 우리가 할 일이 시대교체를 완수하는 일인데, 저는 국민이 대단한 저력과 생명력을 갖고 있다고 믿어서 너무 걱정하지는 않습니다.

**김성민** 선생님께서 종종 해오신 시민참여의 양과 질에 따라 맡겨두는 게 좋겠다는 말씀과 연결되는 것 같습니다. 통일국가의 체제, 이념도 미리 정하지 말고 통일과정에서 시민참여의 양과 질에 맡겨두는 것이 좋겠다는 말씀은 시민 주도의, 이를테면 최대주의적 접근방식, 그런 것하고 관련이 될까요?

**백낙청** 최대주의적 접근방식이란 게 정확히 어떤 건가요?

**김성민** 아, 한반도 분단체제 변혁을 위해서는 변혁적 중도주의 그리고 폭넓은 중도세력이 결합해야 하고, 더 정확히는 시민의 자발적인 의지와 참여욕구의 최대한의 확대, 시민참여를 계속적으로 확장시키는 것을 최대주의적 접근이라 표현해봤습니다.

**백낙청** 이 경우에 최소주의라든가 최대주의라는 용어가 별로 도움이 안되지 싶어요. 우선 저부터가 혼란스럽거든요. 이를테면 시민들의 의사에 따라 단계적으로 진행하면서 그때그때 결정하는 것이 민주주의다 할 때 그것이 최대입니까 최소입니까? 어떤 면에서 최소주의 아니에요? 미리 원대하고 중요한 최대강령을 정해놓고 가는 게 아니고, 우선 진행하면서 시민들의 뜻에 따라서 결정하자 하는 것만 정해놓고 가는 것이 최소일 수도 있죠. 아니면 그렇게 하겠다는 것 자체가 너무 원대하고 이상적인 얘기니까 최대주의라고 보시는지 모르겠지만. 가령 민주주의 원칙 같은 것은 중요하죠. 남과 북이 다 따라야 하는데 첫째는 주민, 시민들의 의사에 맡기는 게 민주주의예요. 저는 제일 중요한 원리라고 보는데 그게 벌써 전제됐다는 거고요.

또 하나는 방법상의 문제인데, 민주주의라고 하면 남과 북 사이에 개념이 너무 다르지 않습니까? 북도 자기 나름대로 인민민주주의를, 남쪽보다 더 진전된 민주주의를 구현한다고 말하고 있고, 남쪽 내에서도 민주주의에 대한 개념규정이 사실 통일되지 않았죠. 인권도 마찬가지고요. 이렇듯 논란이 분분한 문제들이니까 그런 걸 미리 일치시켜서 민주주의, 인권에 대한 원리원칙을 미리 세우는 것이 방법상으로 현명한 일이 아니라는 거죠. 물론 남북의 통일에 있어서 원칙을 정한 것은 있습니다. 평화통일을 해야 한다는 것, 전쟁하지 말자는 것은 남북간에 합의했고 남한 시민들 중에서도 극소수 '전쟁불사론자' 빼고는 동의하는 바고요. 그다음에 우리 민족끼리 자주적으로 한다는 것도 남북간의 합의사항인데, 이건 해석 차이가 커요. 북쪽은 '남의 미제국주의자와 친미사대주의자들만 빠지면 우리 민족끼리 통일하는 거는 금방이다'라고 주장하죠. '우리 민족끼리 자주적으로'라는 표현은 6·15공동선언 제1항에 나오는데 김대중 대통령이 합의한 그 원칙은, 옛날에는 강대국들에 의해 8·15 이후에 분단되었잖아요? 그때 우리가 전혀 의사결정에 참여하지 못하지 않았습니까? 그런 식으로 강대국끼리 하지 말고 우리가 주인이 돼서 하자라는 원칙이지, 이건 구체적인 통일방안은 아닙니다. 구체적인 방안은 제2항에 나오는 거죠. 중간단계를 거쳐서 점진적으로 진행하기로 한 거니까 몇가지 원칙만 천명하고 그다음에는 한반도에 사는 주민들의 의사를 존중한다, 미리 다 정하지 말고 해나가면서 그때그때 정해가자 하는 원칙, 이게 최대주의적 원칙인지 최소주의적 원칙인지는 모르겠습니다만 어쨌든 거기까지가 중요한 것 같아요. 그걸 시민참여형 통일이라고 부르는데, 정부를 배제하자는 뜻이 아니고요. 사실 독일 통일 관련해서는 특히 동독 민중의 저항운동이라든지가 크게 작용했지만 정작 베를린장벽이 무너지고 독일이 통일되기까지의 급속한 과정에서 시민들이 뭐 크게 반대할 처지가 많지 않았잖아요? 그런데 우리는 불행이기도 합니다만 시간이 오래 걸리고 있는데, 또 하나는 우리가 자랑할 만한 것으로 두 정상간에 단계적으로 통일한다 하는 것을 이미 합의해놓았기 때문에 동서독과는 질적으로 다른 시민참여의 공간이 확보되어 있다는 거죠. 물론 아직 충분히 열리지 않았고 또 열어가면서 얼마나 잘 활용할지 그건 두고 볼 문제지만요.

**김성민** 이제 결국 한국 사회의 변혁에 대해 말씀하셨는데, 변혁의 한 주체를 시민으로 봐도 괜찮을지요?

**백낙청** 시민 아닌 사람이 누가 있어요?(웃음) 시민이 여러가지 뜻이 있는데, 한국에서는 아직까지 주로 국적을 가진 사람들을 시민이라고 하죠. 그런데 저는 시민이란 말을 쓸 때 주권자로서의 시민으로서 나라의 주인 행세를 제대로 하는 주민 또는 국민을 생각하죠. 그래서 한반도 주민이란 말도 대신 씁니다. 그런데 한반도 주민 중에서는 국적이 다른 사람도 많이 있거든요. 하지만 그들도 인권을 가진 사람으로서 거주하고 있는 나라에서 그 나라의 국민이든 아니든 사람대접을 받을 권리가 있는 것이고, 그래서 지금 그 사람들을 통일 논의에 깊이 참여시킨다고 하면 그건 환상적인 이야기가 되기 쉽지만, 그게 아니고 장차 이 사회, 한반도 전체가 좀더 나은 사회로 가는 과정에서 그들도 참여해서 결정에 이바지할 수 있다는 의미에서는 시민이란 말보다 주민이란 말이 적합하기도 합니다.

그다음에 변혁적 중도에 대해 덧붙인다면, 원래 변혁이란 말하고 중도라는 말하고는 상식적으로 안 맞는 말 아니에요? 그런데 아까 '하이어라키'란 말을 쓰셨지만 개념의 하이어라키에 따라 그 적용되는 차원이 달라요. 변혁은 한반도에 해당하는 이야기고, 중도는 우리 남한 사회를 이야기하는 겁니다. 종교적인 의미의 중도가 아니고 정치적 노선으로 중도라고 할 때는 남한 사회 위주의 개념입니다. 한반도 차원에서 더 나은 체제로 변혁을 해야 하고 그 과정에서 각종 극단주의를 배제한 남한 사회 다수에 의한 대대적인 개혁이 한반도체제의 변혁과 동시에 진행되어야 한다는 그런 개념이죠.

**김성민** 선생님, 제가 그랬습니다. 한반도식 통일이고 시민참여 통일이고 변혁적 중도주의인데 그때 변혁적이라 함은 한반도 분단체제를 변혁하는 거고 그때 중도주의라 함은 폭넓은 중도세력의 참여와 확장이라고요.

**백낙청** 네, 일차적으로 남한 내에서요.

**김성민** 네, 그렇게 정리하겠습니다. 그런데 분단체제가 무의식적으로 남한 사회 시민 대다수에게 각인되어서 통일의 주체가 시민이라고 하면서도 때로 그 동일한 시민·민중이 통일을 불필요하다고도 생각하거든요.

**백낙청** 그게 한편으로는 분단체제에 길들여진 탓에 분단을 당연한 현실로 받아들이는 면이 있고요. 또 하나는 이 분단현실이 도저히 용인할 수 없는 현실이고 바꿔야겠다는 생각을 하면서도 남북통일을 해서 바꾸겠다는 말이 전혀 실감이 안 나는 거예요. 왜냐하면 단순 통일론자들이 주장하는 통일이라는 것은 환상적인 일이고 황당한 얘기거든요. 가능하지도 않고요. 그래서 다수 대중으로부터 호응을 못 받는 양면이 있는 것 같아요. 그러니 통일운동 쪽에서도 반성을 하고 통일의 개념을 좀 바꿔야 할 것 같고, 그다음에 분단현실에 길들여져 우리가 분단국가라는 걸 잊어버리고 사는 행태는 일반 민중에 한정된 것이 아니고 어떤 면에서 학자들은 더합니다. 그래서 제가 '후천성분단인식결핍증후군'이란 표현을 썼는데, 저는 그런 증상이 굉장히 심한 것 같아요, 우리 학계에.(웃음)

**김성민** 학자들에게 그런 요소가 많이 있습니다.(웃음)

**백낙청** 네, 학자들이 오히려 더 많은 것 같아요.

**김성민** 선생님, 저희가 통일을 염두에 두지만 '포스트 통일', 즉 통일 이후가 이제야말로 화두라고 생각합니다. 그래서 시기적으로 통일 이후에 대한 고민과 사유를 어떤 차원에서 가져와야 할까를 고민하고 있는데, 이에 대한 조언을 부탁드립니다.

**백낙청** 지금 엄연한 분단시대인데도 제가 통일시대라는 표현을 쓴 적이 있거든요. 단순히 통일이 중요하다는 레토릭이 아니고, 지금 말씀하신 대로 분단시대 안에 통일시대를 예고하고 성취하는 그런 현실이 자라나고 있다는 뜻이 하나 있고요. 또 하나는 통일과 포스트 통일을 얘기하셨는데, 통일의 개념을 좀 바꾸면 통일과 포스트 통일을 구분하기도 쉽지 않습니다. 같은 의미로 통일 전과 통일 후, 통일과 포스트 통일의 구분이 쉽지 않듯이 통일과 '프리(pre) 통일' 구분도 어려울 것 같아요. 6·15공동선언에 이어서 2007년에 10·4선언이 나왔는데 저는 그 선언의 후속되는 실천이 이루어졌더라면 1단계 통일은 그리 먼 현실이 아니었다고 봅니다. 북에서는 낮은 단계의 연방제를 얘기합니다만, 저는 국가연합이 먼저이고, 연합 중에도 높은 단계의 연합이 있고 낮은 단계의 연합이 있는데 낮은 단계의 연합만 해도 통일 프로세스가 거의 불가역적인 길에 들어선다고 보는데, 아직 거기까지 우리가 못 갔죠. 거기까지 들어가면 그걸 통일이라고 할 수 있고 그다음은 포스트 통일이라 부를 수 있어요. 그러나 통일의 1단계만으로는 긴긴 통일과정의 시작에 불과하다고 본다면 결합의 수준이 더 높아지는 2단계 통일도 포스트 통일이 아니고 역시 통일과정의 일부이며 심지어 아직 '프리 통일'이라는 관점도 가능합니다. 아무튼 점진적이고 단계적인 통일을 상정한다면 그 긴 과정 이후에 일어나는 '포스트'에 대해서는 미리부터 너무 걱정할 필요는 없지요. 오히려 시야를 세계체제로 넓혀가지고 우리 한반도의 분단을 초래하고 유지해온 세계제체라는 것이 영원히 갈 것은 아닌데, 이것이 다음 단계로 이행하면서 어떻게 될 것이며 그 과정에서 어떤 선택을 할 것인가, 그런 차원의 고민을 하는 게 낫지 않을까 싶습니다.

**김성민** 마지막으로, 제가 있는 통일인문학연구단은 인문학의 차원에서 한반도의 분단극복과 통일을 사유하고 있습니다. 인문학적 차원에서 통일을 본다는 것이 많이 생소했었는데 지금은 많은 분들이 공감하고 인정도 하시는 것 같습니다. 인문학적 차원에서 통일 사유가 갖는 의의 내지 보완해야 할 점 등에 대해 말씀해주셨으면 합니다.

**백낙청** 제가 글로 쓴 것도 있습니다만 저는 통합적이고 실천적인 사회과학이나 본래 의미의 인문학이나 같은 것이라고 보거든요. 그러니까 인문학도가 하는 일과 사회과학도가 하는 일을 딱 갈라놓는 것 자체가 인문학의 정신에 어긋난다고 봅니다. 그래서 특히 사람들이 섞이는 것도 중요하지만 인문학자 자신이 자기 하는 일이 사회과학을 포괄한다는 인식을 갖고 거기에 걸맞은 연마를 해야 한다고 봅니다. 이렇게 말하면 "아니, 내 전공과목 하기도 바쁜데 사회과학까지 다 하라느냐", 이렇게 또 우는 소리를 하는 사람도 있는데(웃음) 저는 이 과목 저 과목 다 해서 박식해지라는 뜻이 아니거든요. 접근하는 자세에서 융합적이고 통합학문적인 접근과 그에 따른 연구가 수행되기를 바라는 겁니다.

**김성민** 조언을 깊이 새기겠습니다. 선생님, 귀한 시간 내주셔서 거듭 깊은 감사의 말씀드립니다. 고맙습니다.

# 새 세상 만들기와 남북관계

백낙청(한반도평화포럼 공동이사장)
권태선(시민단체연대회의 공동대표)
김연철(인제대 통일학부 교수)
박명규(서울대 사회학과 교수)
박순성(동국대 북한학과 교수)
김준형(한동대 교수, 한반도평화포럼 기획위원장, 사회)
2016년 12월 15일 창비서교빌딩 50주년기념홀

**김준형** 제가 여러번 백낙청 이사장님의 강의를 듣는데, 처음에 꼭 하시는 말씀이 있습니다. 비전문가입니다라고 말씀하시고 전문가를 부끄럽게 만드는 그런 전략이십니다.(웃음) '촛불혁명'의 의미와 전망을 다양한 차원에서 짚어주셨습니다. 시대정신부터 시작해서 구체적인 대안으로 만민공동회라든지 개헌 문제까지 짚어주셨고요. 저희한테 2013년의 트라우마가 있는 것 같은데 조심스럽지만 낙관적이고 긍정적인 전망을 해주셨다고 생각하고요. 워낙에 지금 촛불의 기세가 강렬하기 때문에 가짜들이 끝나는 것 같습니다. 박정희 씬드롬이든 종북이든 사실 가짜

■ 이 질의·응답은 한반도평화포럼 주최 제3기 한평아카데미 특별강연의 질의·응답을 정리한 것이다. 강연 내용은 수정 보완하여 『창작과비평』 2017년 봄호에 「'촛불'의 새세상 만들기와 남북관계」로 실렸으며 강연과 질의·응답 전체는 https://www.youtube.com/watch?v=bxE 9vNZvuT4&feature=youtu.be에서 볼 수 있다.

들이니까 가짜들이 불에 타버리는 거죠. 과거 같으면 여론조작이 되고 이런 프레임이 먹혔을 텐데 이런 것들이 더이상 안 통한다는 것을 알게 됐습니다. 그리고 '2013년체제 만들기' 실패 사례 세가지를 들으면서 저는 한가지가 더 생각났습니다. '비정상화의 정상화'라는 말 있지 않습니까. 우리말의 결함이기도 한데, 여기에는 두가지 뜻이 있을 것 같습니다. 비정상을 정상으로 만든다는 뜻도 있지만 비정상을 정상처럼 계속 끌고 간다는 것도 되죠. 사실 두번째 의미로 만들어버렸죠. 민주화 이후에는 가짜가 많았는데 구별이 잘 안됐고요. 이 정부가 출발할 때 남북관계 신뢰 프로세스, 경제민주화, 복지, 균형외교라는 진보 어젠다를 다 가져감으로써 가면을 썼는데 그게 전부 가짜였던 거죠. 그러니까 적이 불분명해져서 과연 적이 확실한 시대가 다시 올까 싶었는데 비정상화의 정상화를 통해서, 아까 백이사장님 말씀하신 것처럼 '어마무시하게' 저지르지 않았다면 적이 분명해지는 시대가 왔을까, 우리 치부를 드러내는 시대가 왔을까 하는 생각이 들고, 그런 점에서 공헌이 있다는 생각이 듭니다. 한반도평화포럼아카데미 종강 주간이거든요. 그래서 수강생들께 우선권을 드리겠습니다. 지금 질문 의사 있는 세분, 한분씩 질문 받겠습니다.

**청중 1**(황일권·숭산여중 교장)  저는 성남 지역 중학교에서 학생들을 가르치고 있는 사람입니다. 교수님 말씀 잘 들었습니다. 검찰개혁, 재벌개혁, 선거개혁, 공정인사 등 다음 단계의 과제가 있다고 말씀하셨는데, 이런 과제가 이뤄지려면 시민의 힘보다는, 시민의 힘이 계속 전달되기보다는 결국 국회에서 해결해야 하지 않을까 하는 생각을 해봤습니다. 국회에서 해결한다고 했을 때 현행 국회의원 선거법 가지고는 또 어렵지 않을까. 또 지역이 똘똘 뭉쳐서 하는 그런 것은 늘 잠재해 있다는 생각이 듭니다. 그렇기 때문에 저는 국회의원 선거법을 독일식으로 지역색은 약화되고 비례대표가 강화되게 해야 하지 않을까라는 생각을 갖고 있는데, 거기에 대해서 교수님 생각은 어떠신가 궁금하고요. 지난 대선에서 박근혜 후보가 51.6%를 얻었습니다. 그리고 문재인 후보가 그에 조금 못 미쳐서 졌는데요. 선거 연령이 현재는 19세입니다. 만약에 18세로 선거 연령이 낮아졌다면 지난번에 바뀌었을지도 모른다는 생각을 합니다. 선진국 보니까 18세 이하더라고요. 우리도 18세로 되어야 하지 않을까 생각해봤습니다.

**백낙청** 선거 연령을 낮추는 일이나 선거법을 비례성을 강화하는 쪽으로 개정하는 건 저도 다 찬성합니다. 그런데 지금 말씀하신 것처럼 국회에서 입법을 해야 하는 상황이거든요. 그리고 정상적으로 한다면 이번 국회에서 입법해서, 2020년입니까, 다음 총선이? 네, 2020년에 시행이 되니까 그냥 국회에 맡겨놓으면 언제 될지 모릅니다. 촛불혁명이 탄핵이라는 1차적 목표를 달성하면서 이제부터는 국회에 맡겨주고 정치인에게 맡겨주십시오, 하는 사람들이 점점 늘어나고 있습니다. 개헌 얘기도 그렇고요. 저는 이것을 어떻게 제어하느냐 하는 게 촛불혁명의 과제라고 봐요. 탄핵만 하더라도 탄핵 표결은 국회에서 했지만 그 사람들이 하고 싶어서 한 겁니까? 안하면 죽을 것 같아서 한 거거든요. 그런데 탄핵을 가결하느냐 안하느냐는 분명한데 다른 문제들은 복잡해서 판가름하기가 어렵지요. 그렇더라도 광장의 민심이 끊임없이 개입하는 메커니즘을 개발해야 하는 게 아닌가 하는 생각이에요. 그래서 만민공동위원회 얘기도 했고 8인회의도 얘기했는데, 어쨌든 박근혜만 퇴진시키고 나머지는 다 기성 정치권에 돌려주겠다는 운동이 아니잖아요? 그 점에서 끈질기게 나갈 필요가 있고, 저는 우리 국민들이 끈질길 때는 상당히 끈질기다고 생각합니다. 물론 이럴 때 훌륭한 정치지도자가 있어서 복잡한 문제를 정리해서 대중들이 알기 쉬운 대안을 만들어놓고 국민이 어느 쪽을 지지하도록 유도한다면 일이 훨씬 쉬워지죠. 정리된 문제를 가지고 촛불시민이 개입을 하는 거니까. 그런데 지금 정치권의 리더십 가지고는 그런 걸 기대하기 어려운 것 같고 국민들이 좀더 고생해야 하지 않나 생각합니다.

**청중 2**(홍순계·남북경협포럼 공동대표)  저는 스무살때부터 『창비』를 통해서 백선생님 글 읽었고 오늘도 좋은 강의 잘 들었습니다. 백선생님께서 그렇게 강조하시던 '2013년체제 만들기'가 실패하고 수구역진정권으로 인해서 '2017년체제 만들기'의 가능성을 눈앞에 두고 있는 것 같습니다. 국민대통합을 90% 이루고 시대교체를 50% 이뤘다고 판단하시니까 그 가능성이 문턱에 있는데, 저도 매주 광장에 나가지만 남북관계 개선 여부가 노출되지 않고 있고 그것이 개인적으로 아쉬운데요. 그게 구조적으로 가라앉아 있는 것이라고 말씀하셨는데, 한국 사회의 기본틀인 분단체제를 크게 흔들어서 변혁이 되려면, 그래서 2017년체제가 제대로 자리 잡으려면 방법론에서 만민공동회의 집단지성을 어떻게 실현하느냐를 말씀하셨는데, 백선생님께서는 그게 누구라는 것이, 요즘 말로 '필'(feel)이 오시는지 궁금합니다. 둘째는 그러한 집단지성을 제도권 정치에 담아내려면 현재의 기존 정당의 틀을 벗어나서 해야 된다는 것인지 아니면 기존 정당의 틀을 어떻게 활용할 것인지 구체적으로 말씀을 듣고 싶습니다.

**백낙청**  제가 2013년체제라는 용어를 썼는데, 그게 실패한 이후로는 2017년체제나 18년체제라는 말을 안 쓰고 있습니다. 13년체제 얘기할 때도 12년에 선거에서 이겨서 13년에 새 정부 출범시키겠다 하는 그런 생각만 해서는 선거도 질 거다라고 말했어요. 제 자랑일 수도 없지만 불행히도 그 예언이 적중했습니다. 『변혁적 중도론』(백낙청 외, 창비 2016)이라는 책에 실린 「2013년체제와 변혁적 중도주의」라는 글은 그 기획의 1차적 실패가 확인됐을 때, 다시 말해 총선에서 졌으면—제가 그때 또 어떤 예측을 했냐면, 총선에 지면 대선에서 진다고 했어요—대선을 포기해야 하나? 그럴 생각은 없어서 쓴 것이 방금 그 글이에요. 어쨌든 그 글에서, 그리고 그 이후에 쓴 글에서 2017년체제, 18년체제 그런 말은 안 썼습니다. 2017년 대선이 대단히 중요하다는 생각은 했지만 2017년체제를 들먹이는 건 첫째는 일종의 선거중독증이거든요. 야권에서 선거에만 이기면 된다고 생각하다가 2012년 선거를 놓쳤는데 또 그런 과거를 되풀이하지 않아야 하는 것이고, 2017년, 18년에 새로운 정부를 현재 87년체제 안에서 그대로 출범시키면 그건 문제가 있다, 87년체제를 바꾸는 큰 변화가 있어야 한다는 생각이었습니다. 지금은 물론 2017년에 대선이 열리지만 예정됐던 12월 대선이 아니고 그동안의 87년체제의 관행과 전례에서 완전히 벗어난 대통령선거입니다. 그래서 이걸 2017년체제, 18년체제라고 말하는 것은 적절하지 않다고 생각하고요. 누구에 대해서 '필'이 오냐? 저는 사실 거론되는 많은 후보들을 끊임없이 관찰하고 저 나름으로 평가를 수행하기도 하고 있습니다. 그러나 아직은 확실한 결론이 안 났고, 났더라도 여기서 발표하는 건 적절치 않겠죠.(웃음) 정당의 틀을 활용하는 게 좋으냐? 정당은 대한민국의 헌법기관입니다. 국민 세금이 엄청 들어가고요. 없애려야 없앨 수 없어요. 돌아가게는 해야 하는데, 두가지 중요한 게 있어요. 정당이 국민의 의사에 반응하도록 만드는 일입니다. 그동안에는 말만 했지 별로 반응은 안했고요. 그러나 이번 탄핵 표결 때는 야3당은 물론이고 새누리당의 비박에다 일부 친박까지도 시민들의 압력에 반응했습니다. 앞으로 이런 통로를 어떻게 만들어서 해나가느냐는 문제가 있지요. 일부 야당에서는 시민사회와 여러 정당이 동참하는 연대기구, 상설기구를 만들자는 제안이 있는데, 저는 개인적으로 굉장히 회의적이에요. 과거 경험을 봐도 그건 들러리 세우겠다는 속셈이죠. 그분들 의도가 나빠서가 아니라 결국 그렇게 된다는 말입니다. 그쪽이야 돈도 많고 권한도 많은데 시민사회는 누가 있어요? 그래서 상설기구는 하지 말고 시민사회의 독자적인 메커니즘, 만민공동회도 있고 여러가지가 있지만 그런 걸 만들어서 강력하게 요구를 해야 되는데,

지금은 웬만큼 시민들이 할 것 같아요. 얼마 전까지만 해도 안 그랬거든요. 제가 지방에 강연하러 갔더니 그곳의 유지라는 분이, 백선생님이 정당 지도자들 다 불러서 야단을 치고 이리저리 해라 말씀하셔야 되지 않습니까, 그래요. 그래서 제가, 부르는 건 제 자유인데 오고 안 오고는 그 사람들 자유 아닐까 하고 답했어요.(웃음) 그런데 제가 불러서는 잘 안 오지만 촛불군중의 대표성을 갖는 기구에서 부르면 올 것 같아요. 지금 퇴진행동(박근혜정권퇴진비상국민행동)이 촛불집회 관리는 잘하는데 그 일에 꼭 적당한 기구인지는 모르겠고 너무 많은 단체들이 포함되어서 거기서 한걸음 더 나가려면 내부에서 의견일치가 잘 안되지 않을까 하는 생각을 합니다.

**청중 3**(이기동·더불어민주당 전국농어민위원회 사무국장) 제가 계속 남북문제를 중심에 두고 1년 동안 강의를 들었는데, 남북관계가 어떤 관계가 완성된 모습일까 하는 생각을 했습니다. 제가 1년 동안 매주 목요일 저녁 현장에 가서 농민들과도 만났는데, 쌀 문제를 얘기할 때 그들은 국내에서 생산해서 남아도는데도 불구하고 의무수입량이라는 쿼터 때문에 어쩔 수 없다, 이런 국가에 대한 걱정을 공통되게 자기들도 한다는 겁니다. 그럼 남는 쌀은 어떻게 할 거냐? 북한에 보내야 된다고 하더라고요. 저는 이런 얘기를 들으면서, 아직까지 분단 이전의 상황을 구체적으로 겪은 세대가 있기 때문에 우리가 남북문제를 통일이라고 표현하는데, 분단된 상황에서 지금 젊은 세대들한테 통일이라는 말이 실제로 먹혀들까 하는 생각이 듭니다. 여론조사를 보면 그렇지 않다는 거거든요. 너무나 이질적인 생활을 반세기 동안 해왔고 자칫 통일 하나만 보는 설정 자체가 상당히 위험할 수도 있다, 통합이라든가 평화공존, 이런 식의 새로운 가치를 정립해야 되지 않나 하는 생각이 듭니다. 한가지 더 말씀드리면, 이번 촛불을 경험하면서 무질서할 것 같은 대중들이 하나의 목소리를, 고맙게 자기 목소리를 질서 있게 낼 줄 알았다는 거죠. 전세계가 보고 대한민국의 국민은 성숙하다는 평가를 내리지 않았습니까? 근데 이 게 묘하게 정치권으로 들어오면 이해타산으로 된다, 일부 언론하고 정 치에 이해관계가 있는 사람들은 심지어 정치혐오적인 표현을 써가면 서 대중과 유리시키려고 한다, 저는 그런 생각을 합니다. 구체적으로 남 북이 하나되는 현상들은 어떨 건가. 2차대전에서 일본이 패망하면서 미 국과 협정에 싸인하고 질서 있게 물러난 것처럼 될 건가. 질서, 질서 하 는데 남북통일의 모습을 사회과학자들이 연구하면서 질서를 들이대지 만 그게 과연 유지가 될 수 있을까. 남쪽은 그나마 시민사회가 영향력이 있는데 북한은 그렇지 않지 않습니까. 그래서 구체적으로 남북이 대화 하고 공존하고 자유롭게 왕래하는 모습은 어떻게 되어야 할 건가 싶습 니다.

**백낙청** 젊은이들의 통일의식 조사라는 걸 해보면 통일에 대한 관심 이 낮다는 얘기가 많이 나오죠. 이 점에 대해서 제가 전부터 주장해온 건 뭔지 의미를 모르는 단어를 가지고 설문조사를 하면 안된다는 겁니다. 통일이 뭔가에 대해서 전혀 합의가 없어요. 낡은 타성으로 생각하는 건 1945년에 해방되면서 통일 민족국가를 만들기를 염원했는데 분단이 되 면서 못 만들었으니까 이제라도 합쳐서 만들어야 되는 것 아니냐, 이런 것이 많은 사람들 머릿속에 있는 통일 같아요. 그런데 대부분의 젊은이 들 입장에서 보면 이건 황당한 얘기거든요. 내 세대는 해방 당시에 초등 학교를 다니고 있었지만 71년 전이라고 하면요, 지금 젊은이들에게 이 건 거의 고대사입니다. '일제 36년' 그러잖아요? 실제로는 35년이지요. 그것의 두배가 넘는 시기가 해방 이후 한반도의 분단된 역사입니다. 그 사이 전쟁도 치렀고 남북이 완전히 다른 사회에서 살아왔는데 이걸 갑 자기 합쳐서 통일하겠다고 하면, 특별히 이기적인 젊은이가 아니더라도 웬만한 양식과 감각을 가진 젊은 세대라면 그냥 잘해보시라고 하고 자 기 일로 생각을 안할 겁니다. 그런데 통일 개념에 대해서 사실은 2000년

6·15남북공동선언에서 중요한 변화를 이룩했습니다. 통일의 최종적인 모습이 어떻게 된다는 얘기는 않고 한반도의 통일은 점진적으로 천천히 하는데, 천천히 할 뿐 아니라 중간단계를 거쳐서 한다는 걸 합의한 겁니다. 이런 합의는 독일에서도 없었고 다른 어느 나라의 통일과정에서도 없었던 합의입니다. 물론 그 중간단계가 뭐냐에 대해서는 양 정상이 딱 부러지게 합의를 안하고 남쪽의 연합제 안과 북쪽의 낮은 단계의 연방제 안이 서로 공통점이 있다고 인정해서 앞으로 그 방향으로 통일을 지향해가기로 했다고만 했지요. 연합제든 연합에 준하는 낮은 단계의 연방이든 그런 중간단계를 통과해서 나아갈 것이고, 그다음 단계가 어떻게 될지는 그때 가서 보자는 거죠. 저는 개인적으로 그후에 많은 시간이 흘렀고 6·15공동선언이 제대로 실천 안된 지가 오래다보니까 지금은 연합제 중에서도 낮은 단계의 연합이 우리가 추구해야 할 1차 목표가 아닌가 싶어요. 그러니까 설문을 하더라도, "낮은 단계의 국가연합이라고 해도 그걸 통일이라고 보시겠습니까?"라고 묻는다든가 하는 식으로 낡은 관행에서 벗어난 설문조사를 해야 하는데, 사회조사 하는 분들은 설문지 자체가 독창적인 걸 꺼리죠. 틀에 박힌 질문을 해서 통계 내는 게 그분들 생업이니까. 저는 저대로 그럼 잘해보시라, 그러고 있습니다. 지금 그래서 어떤 질서를 만들어야 하는가에 대한 답도 드린 셈인데, 저는 낮은 단계의 국가연합은 지금 남북관계가 워낙 엉망이라서 그렇지 그다지 어려운 건 아니라고 봅니다. 10·4남북정상선언에서 합의했고 그후 노무현 대통령 퇴임 전까지 남북간에 여러가지 접촉이 있고 합의가 있었는데, 그런 것만 계속됐더라면 비록 낮은 단계이지만 국가연합 비슷한 것이 형성됐으리라고 보고요. 그걸 국가연합이라고 부를 거냐 말 거냐 가지고는 미리 다툴 이유가 없습니다. 그렇게 해나가다가 적당한 시기에 남북연합이 된 걸로 합의하면 되는 것 아닌가 이렇게 생각합니다.

**김준형** 끝날 때쯤에 네분 전문가께 질문을 준비해주십사 부탁드리고 싶은데요, 김연철 교수님과 백영서 교수님, 박순성 교수님, 그리고 박명규 교수님 부탁드리겠습니다.

**청중 4**(김준일·소아과 의사)  저는 두가지 말씀을 듣고 싶습니다. 현재 종북의 약발이 많이 상쇄된 상태에서 한민족이라는 인식이 약화된 현 세대 혹은 다음 세대의 '후천성분단인식결핍증후군'이라는 게 정말 뼈에 사무치게 와닿습니다. 그걸 일으키는 바이러스가 분단체제 내의 수구기득권세력의 세뇌라든지 언론이나 교육이라면 그것을 예방하는 T림프구가 중요하다고 생각하는데, 영문학자로서 끊임없이 분단체제 극복 노력을 해오신 원동력이 무엇인지 개인적으로 궁금합니다. 그리고 분단체제는 국제정세와 동떨어져서 생각할 수 없을 것 같습니다. 대선 전에 여러가지 문제가, 예전의 3당야합이나 양김분열 같은 일이 있을 수도 있다고 생각하고요. 예를 들어 반기문(潘基文)과 안철수 연합 같은 거라든지, 내각제 개헌이 되면 일본처럼 가지 않을까 하는 염려도 있습니다. 트럼프가 당선되면서 김정은과 햄버거를 놓고 만날 수 있다고 하는 상황이고 북한이 간절히 바라는 북미대화가 이루어질 수 있는 상황에서 분단과 떨어질 수 없는 국제정세에 대한 생각 듣고 싶습니다.

**백낙청**  우리 남쪽의 경우 민족의식이라는 게 많이 약화되어 있는 게 사실입니다. 남쪽 사회는 이미 단일민족 사회가 아니고, 그래서 같은 민족이라는 걸 너무 내세우는 것도 젊은이들의 통일에 대한 관심을 약화시키는 하나의 요인이라고 봅니다. 제가 얘기하는 분단체제는 하나의 민족이라는 것과 무관하진 않지만 민족적인 개념은 아니거든요. 남쪽에서는 그런데, 북한을 다녀보면 그들은 민족의식이 굉장히 강합니다. 실제로 대부분 같은 민족이고, 거기다 북쪽의 이념이 남쪽이 미제국주의에 붙어서 민족을 배반하고 있다는 것이기 때문에 민족을 더 강조하죠. 그런데 그런 걸 떠나서도, 민족은 낡은 얘기다, 하다가 북을 좀 다녀보면 그것 역시 남쪽 촌놈들의 한정된 생각이었구나 하는 걸 실감할 것 같아요. 분단체제라는 건 남과 북이 같은 민족이든 아니든 두개의 별개의 국가를 형성하고 있고 대조적인 사회제도를 갖고 있지만 어떤 의미로는 남과 북을 아우르는 체제적인 현실이 있고 그 현실은, 아까 국제정세 얘기도 하셨지만 세계체제의 패권질서를 유지하는 하나의 방식으로 작동하고 있다는 개념입니다. 이렇게 말하면 북쪽은 무척 서운해하죠. 자기들은 조그만 나라가 미국하고 맞짱뜨고 있는데 무슨 패권주의에 이바지하느냐고 반발할 수 있지만, 그리고 객관적인 사실로 북의 그런 저항적인 자세가 남쪽의 미국에 대한 굴종적인 자세보다 사줄 만한 부분도 있지만, 그게 북측의 의도대로만 작동하는 건 아니고 미국의 군산복합체를 더 강하게 해준다든가 일본의 우경화를 뒷받침해준다든가 하는 역작용도 있다고 생각합니다. 그래서 세계체제가 한반도를 중심으로 작동하는 현실로서 분단체제가 있고 남과 북은 모두 거기에 연루되어 있다 그러면 완전히 같은 민족이 아니라도 어떤 의미에서는 동일한 정치공동체에 연결되어 있는 겁니다. 우리가 북한의 인권문제를 얘기할 때도, 인권상황에 대한 일차적인 책임은 물론 북한 정권에 있지만, 북한 정권이든 남한 정권이든 동일한 분단체제의 일부라고 생각한다면 분단체제 전체에 돌려야 할 책임이 있고 북의 정권에 돌려야 할 책임이 있고 부분적으로는 남쪽 정부에 돌려야 책임이 있습니다. 그래서 그런 것들을 가려서 보자고 저는 주장하는데, 이건 북을 규탄하는 사람의 입장에서 보면 북을 옹호하는 것처럼 보일 수 있고, 북측 입장에서 보면 우리는 지금 대미 결사항전을 하고 있는데 우리를 같은 분단체제의 일원으로 보느냐고 반발할 수도 있습니다. 그렇지만 저는 앞으로 우리가 같은 민족이라는 인식도 쉽게 버릴 일은 아니지만 분단체제라는 동일한 정치공동체라고 할까 하는 것에 함께, 물론 매우 다른 방식으로 함께 소속되어 있다, 이런 공동의 책임의식을 계발할 필요가 있다는 겁니다. 국제정세에 대해서는 김준형 교수도 계시고 하니까 특별히 답을 안하겠습니다.

**김준형**  네, 이제 시간의 압박을 느낄 때가 됐거든요. 질문하실 때 코멘트는 짧게, 질문 위주로 해주세요.

**청중 5**(김서진·개성공단기업협회 전무)  제가 견해를 달리하는 게 있어서 두가지 말씀드립니다. 우선, 촛불집회로 인해 종북담론이 약화됐다고 말씀하셨는데 저는 반대의견을 갖고 있습니다. 몇차 집회인지는 기억이 안 나는데, 내자동 사거리에서 통진당 계열로 보이는 사람들이 "한상균 석방하라"* "이석기(李石基) 석방하라"** 외치니까 앉아 있는 무리 일부에서 "내려와. 내려와" 하고 반대가 나왔어요. 제가 개성공단 관련 일을 하다보니까 주변에 보수층이 많아요. 그들을 좀 가까이서 들여다보면서 종북담론이 약화된 건 아니라는 생각을 하게 됐습니다. '촛불현상'이라는 게 TV조선이라든가 보수언론에서도 같이 시작했다는 측면을 주의해서 봐야 합니다. 탄핵 소추된 이후부터『조선일보』의 시론 등을 면밀히 보시면, 박근혜 정부가 개성공단 폐쇄나 사드 배치 같은 것은 다 잘했지 않냐 하는 논조가 이미 나오고 있습니다. 이런 부분이 중요하다, 촛불 때문에 보수세력에 대해 상대적으로 착시 현상이 있지 않느냐 하는 생각이 들고요. 그다음으로 만민공동회를 말씀하셨는데, 저는 현재의 실패가 정치의 실패고 정당의 실패라고 보고 있습니다. 정당이 조금만 잘 됐으면 87년체제가 조금 더 유지됐을 거라고 본다는 겁니다. 그런데 아까 백선생님이 말씀하신 4·19혁명이나 87년 6월항쟁을 포함해서 전세계 모든 혁명은 제도적 결과물을 만들어냈습니다. 다른 말로 하면 개헌이죠. 촛불혁명도 최종적으로 개헌의 성과물을 내지 않으면 실패라고 봅니다. 그런 의미에서, 대선 주자들이 지금 시점에서 개헌 얘기를 하는

---

* 2015년 11월의 민중총궐기 주도 혐의로 구속 기소되어 징역 5년형을 선고받은 전국민주노동조합총연맹 위원장.
** 2013년 8월 박근혜 정부하에서 내란음모 혐의로 구속, 징역 9년형을 선고받은 전 통합진보당 국회의원.

건 문제가 있다고 봅니다만, 아까 만민공동회를 말씀하셨는데 그게 어떤 내용으로 만민공동회에서 유지될 수 있을지는 의문입니다. 촛불혁명의 성과를 만들기 위해서는 대선 주자들이 촛불시민의 힘에 의해서건 그 힘에 의한 명령에 따라서건 구체적으로 다음 총선 전까지라도 개헌을 약속하게 만들어야 한다고 봅니다. 이번 촛불혁명이 야당의 정권교체로만 간다? 저는 절대 그래서는 안된다고 생각합니다. 따라서 촛불혁명을 통해 야당 주자들에게 다음번 개헌은 어떤 방식으로 어떻게 하겠다는 약속을 받아야 합니다. 저는 이것이 국민의 헌법을 만들어내는 절호의 기회라고 봅니다. 이렇게 공세적으로 나가야지, 모호하게 만민공동회를 한다, 모 주자가 지금은 개헌하지 않겠다 하는 식으로 해서는 안된다고 봅니다. 분명하게 차기 정권에서 언제까지 개헌을 하겠다고 약속하도록 압박해야 한다는 겁니다.

**백낙청** 만민공동회가 어떻게 작동할지 하는 건 모호한 문제고, 가능한 실험의 하나로 제시한 것뿐이고요. 개헌을 지금 하는 것은 불가능하고 해서도 안되는데, 그러나 지금 개헌 논의를 거부하는 유력 주자를 포함한 모든 정치인들이 개헌에 대한 자기 비전을 내놓고 어떻게 실현하겠다는 약속을 하는 건 중요하다, 저도 그 점에 동의합니다. 나아가 혁명이라는 것이 정권교체나 정권퇴진만이 아니고 제도의 변화를 가져오는 것일 텐데 그러려면 헌법질서를 바꿀 필요가 있다는 데도 동의합니다. 지금 헌법질서를 바꾼다고 할 때 주로 권력구조를 얘기하는데, 저는 조금 순서가 잘못됐다고 봐요. 대통령의 권한을 축소하는 첫번째 길은 대통령이나 정부에 대한 국민의 권한을 확대하는 게 첫째 요건이라는 겁니다. 기본권을 강화해서 누가 대통령이나 총리가 되어도 함부로 못하게 하는 것이 필요하고요. 두번째로, 지금 분권형 개헌 얘기가 나옵니다만 중앙정부와 지방정부 사이의 권력배분이 바뀌는 게 중요하다고 봅니다. 지방정부의 경우는 지방자치단체장이 누리는 막강한 권한도 제한할 필요가 있죠. 그리고 나서 남는 중앙정부의 권한을 대통령이 얼마나 가지고 총리가 얼마나 가지고 하는 식으로 나가는 게 순서인데 지금 그렇게 정리가 안되어 있는 것 같습니다. 종북담론의 약화라는 것이 착시 현상일 수 있다는 것은 매우 중요한 지적이고 귀담아들어야 할 경고라고 생각합니다. 그런데 한상균 위원장 석방 문제에 대해서 청중들이 달가워하지 않는 반응은 그분들이 종북담론을 펼치는 주체라거나 종북담론에 물들어서라기보다는 종북담론이 횡행하는 사회에서 촛불집회가 빌미를 주지 말자고 하는 정도의 인식이 아니었나 싶어요. 이번 촛불혁명에 보수언론이 가세한 건 사실입니다. 그리고 그들은 어느 시점엔가 자기들 어젠다를 챙기려고 하겠죠. 그런데 보수언론이 가세했다는 것 자체가 하나의 큰 변화를 상징하는 거라고 봅니다. 실제로 친박 단체들이 그런 구호를 들고나왔어요. 빨갱이들 짓이라고. 그렇지만 그렇게 하기가 어려워졌죠. 그리고 새누리당 친박계가 온갖 말도 안되는 짓을 하고 나오지만 그렇다고 김무성(金武星)이나 유승민을 종북좌파라고 몰 수는 없잖아요. 그러니 우리가 이걸 너무 과신해도 안되겠지만 매우 중요한 변화가 시작됐다 하는 정도의 자신감은 가져도 되지 않을까 하는 생각입니다.

**청중 6**(회원) 저는 정치에 관심이 많은 직장인입니다. 저는 이번 촛불 민심에서 대통령 퇴진 요구도 컸지만 결국 밑에 깔린 건 국민들의 분노라고 생각하거든요. 이게 제도화로 가고 변화로 이끌어가려면 여러가지 정책적 변화, 대한민국의 구조적 변화가 필요하다고 보는데 야당을 그런 대안정당으로 볼 수 있을지요? 현재 여소야대에서 야당의 역할이 중요한데 교수님은 야당의 역할을 어떻게 보시는지 궁금하고요. 또 한가지는, 노무현 정권을 말씀하시면서 준비가 안됐다, 부족했다고 말씀하셨거든요. 교수님 보시기에 지금 야당은 준비가 되어 있는지, 준비된 정당의 모습을 갖추고 있는지에 대한 견해를 듣고 싶습니다.

**백낙청** 야당이 대안정당으로 인정받을 수 있는가 없는가 하는 건 지금부터 지켜보면서 판단할 일이 아닌가 싶어요. 아까 제가 후보 선정과정을 얘기하면서, 이제까지는 자기네들끼리 당에서 만든 룰 가지고 경선해가지고 공천 받은 인물이 딱히 마음에 안 들더라도 그 사람하고 다른 정당 사람을 비교해서 울며 겨자 먹기로 한 사람을 찍어라, 이렇게 됐었다고 말씀드렸는데, 저는 이게 말이 안된다고 보거든요. 촛불시민들에 대한 예의도 아니고요. 질서정연하고 현명하게 활동을 해서 이만큼 바꿔놨으면 자기들도 바꿀 생각을 해야지, 촛불은 전부 박근혜와 최순실한테만 해당하고 자기들은 차안(此岸)에 부재(不在)한다, 해당사항이 없다, 이렇게 나온다면 대안정당의 자격이 분명히 없습니다. 준비라는 면에서는 누가 나오느냐에 많이 달렸겠죠. 그런데 누구라는 것도 중요하지만 어떤 자세로 임하는가도 중요할 것 같아요. 노무현 대통령이나 그 그룹은 준비가 많이 부족했던 게 사실이고. 제가 2008년부터 역주행이 시작됐다고 했지만 2006년 지방선거에서 열린우리당이 참패하면서 그때부터 개혁의 동력이 떨어졌다고 봅니다. 노무현 대통령은 당선된 것도 주로 개인기의 힘이 컸고 그후에도 개인기에 너무 많이 의존했습니다. 우선 자기를 당선시켜준 민주당을 깼고, 그러고 나서 열린우리당을 제대로 키우지도 않았다고 봅니다. 그래서 정당을 대하는 다음 지도자의 태도가 그 사람이 개인적으로 얼마나 준비가 됐느냐 하는 문제 이상으로 중요하다고 봅니다.

**김연철** 김연철입니다. 지금은 '누구'를 결정할 것인가의 문제에 어떻게 개입할 것인가의 문제가 정말 중요해졌습니다. 공정한 심판이 필요하지 않을까 생각도 드는데, 당장 조기 대선을 한다면 더불어민주당이 지금 정해놓은 경선 규칙을 지킬 수가 없는 상황이고 그런 점에서 매우 제한된 시간에 누구든지 받아들일 수 있는 규칙을 과연 제시할 수 있을 것인가, 누군가가 제시할 수밖에 없는 상황이 되지 않을까 보고요. 또 최근에 SNS에서 우리끼리 싸우지 말자, 이런 게 강박관념처럼 번지는 것 같아요. 질서 있는 경쟁이라는 게 사실은 모순점인데 이것도 온도 설정이 필요하지 않을까, 너무 과열되는 것도 경계를 해야겠지만 그렇다고 경쟁을 부추기는, 명확하게 후보들의 장점이 드러날 수 있게 하는 것도 시민사회가 해야 할 역할이 아닐까 생각이 듭니다. 시민혁명의 에너지를 대표하는 문제도 쉽지 않다는 거죠. 거기서도 '누구'의 문제라는 게 중요한 과제일 텐데 이런 측면에서 선생님이 나서셔야 하지 않을까. 그 부분에서 지혜를 구합니다.

**백영서** 저는 제 옆에 있는 사람에게 마이크를 넘기겠습니다. 같이 사는 사람인데요, 여성이기도 하고 지금 이 사태 진전에 직접 간여도 하고 있어서 더 나을 것 같습니다.(웃음)

**권태선** 저는 『한겨레』 신문에서 오랫동안 근무하다가 은퇴하고 지금은 시민운동에 참여하고 있습니다. 환경운동연합 대표로서 시민단체연대회의의 공동대표를 맡고 있어서 퇴진행동에도 구체적으로 관여를 하고 있는 셈입니다. 백선생님이 말씀하시면서 퇴진행동이 사실은 시민사회, 촛불의 민심을 반영하는 단체로서 적절한가에 대해서 조금 아니지 않나 하셨는데, 그 논의구조에서 보면 실제로 아니다라는 생각을 합니다. 굉장히 다양한 단체가 참여했고 스펙트럼도 다양해서 동의를 만들어내는 것만 해도 굉장히 어렵습니다. 일주일 단위의 집회를 평화적으로 관리하는 것, 그리고 거기에서 나오는 논의의 수준을 조절하는 것만도 굉장히 힘들고 어렵게 가고 있기 때문에 퇴진행동 자체에 어떤 조직적 변화를 가져오는 게 필요하지 않냐 하는 논의가 있었지만, 그 문제도 결국은 틀을 만들지 않기로 했습니다. 만드는 것 자체가 위험하다는 생각이 있습니다. 최근 시민대표를 구성하는 시도가 굉장히 비판에 직면하지 않았습니까? 개인들이 주체로 등장하는 시대에 대표권을 어떻게 확보하고 그것을 직접 조직할 수 있느냐의 문제, 백선생님은 그걸 만민공동회 방식이라든지 말씀하셨고요. 지금 저희들 수준에서도 어쨌든 토론공화국을 만들어보자, 우리 사회에서 해결해야 할 중요한 쟁점들에 대한 공감대를 만들어보자고 해서 기획하고 있는 단계인데 그걸 묶어내는 장치가 필요할 것 같고, 그걸 대선 정국과 연결해서 대선 주자들이 그 문제에 어떤 대답을 갖고 있는지 보고 평가하고 했으면 좋겠다는 생각은 들어요. 그래서 다양한 의견들에 우선순위를 매기고 그걸 제대로 장치로 수렴할 수 있게 하는 틀을 만드는 데 오프라인의 만민공동회 말고 그걸 제대로 잘 집행할 방식이 무엇이 있을지, 시민대표권이라는 것을 제대로 부여할 방법이 있는지 궁금합니다.

**박명규** 제가 서울대에서 통일평화연구원을 맡고 있다가 몇달 전에 그만뒀습니다. 아까 백선생님이 말씀하신 통일의식 설문조사를 한 주범 중의 한명입니다.(웃음) 오늘 말씀 들으면서, 평소에도 가졌던 궁금한 점을 다시 생각했습니다. 남북관계의 최종 형태가 어떻게 될 것인가는 통일과 관련된 것일 테고 그것은 여러가지 다양한 부분을 미래 세대에게 열어놓는다는 말씀에 공감하고 그 부분은 크게 문제가 되지 않는데, 중간단계에 대해서는 백선생님 생각하고 다른 느낌이 있어서 더 여쭤보고 싶습니다. 6·15공동선언이 말한 중간단계를 지금 시점에서 보면 형태론적으로, 과정의 절차상으로 중간단계를 띨 수 있다는 건 분명히 지적했지만 그 중간단계에 남북한이 어떤 성격을 갖는 사회, 관계로 바뀔 것인가에 대한 내용이 그렇게 뚜렷하지가 않고, 지금 우리 상황으로 본다면 어떤 형태가 되어야 할지가 문제가 되겠고요. 심지어 자율성이라는 것이 우리뿐만 아니라 북한 안에서도 확산되어서 어떤 형태의 중간단계가 만들어질 수 있어야 하는데 그런 중간단계의 모습이 불투명한 측면이 젊은층으로 하여금 통일을 애매하고 가능성도 안 와닿는 것으로 생각하게 하는 이유가 아닌가 생각됩니다. 그런 점에서 6·15 모델이 중간단계를 충분히 보여주지는 못했다고 생각해서 새로운 발상과 작업이 필요하지 않나 생각하고 있습니다.

**박순성** 저는 드릴 말씀은 별로 없고, 궁금하게 생각하는 건 질문과 정에서 나와서 교수님께서 말씀해주셨습니다. 복습하는 의미에서 제가 궁금해한 것들이 어떤 것들이었는지 말씀드리겠습니다. 4·19혁명하고 6월항쟁 구별해주신 것을 굉장히 공감했고요. 개헌에 관해서 선생님께서 말씀하셨고 질문도 나왔는데 그 부분에 대한 선생님 말씀에 공감하고 있습니다. 앞으로 개헌 문제가 어떻게 될 것인가, 그걸 준비해야 하지 않을까 하는 부분도 굉장히 선생님 말씀에 공감했고, 조심스럽지만 선생님께서 여러가지 논쟁점들을 짚어주신 것 같습니다. 2012년 실패에 대한 뼈있는 말씀도 하셨고 노무현 정권에 대한 평가도 하셨습니다. 이런 부분들이 마음에 들어왔고요, 오늘 나온 여러 얘기들이 우리 사회에서 논쟁으로 커졌으면 합니다. 외람된 말씀이지만 진보개혁진영에 거의 10여년째 실질적인 논쟁은 없었다고 생각합니다. 논쟁을 하면 인신공격이 되고, 그게 사실은 80년대 말 90년대 초반에 있었던 일인데 그게 10년 전부터 다시 시작되어서요. 오늘 이 자리에서 나왔던 여러 얘기들을 창비나 한반도평화포럼 차원에서 하나하나 정말 다시 짚어야만 하지 않을까 생각합니다. 감사드립니다.

**백낙청** 좋은 말씀 감사드립니다. 일일이 다 답변할 순 없겠고, 토론문화는 정말 박순성 교수 말씀대로 그렇게 만들어야 된다고 생각합니다. 노무현 대통령 시절보다는 그럴 기반이 훨씬 더 조성이 됐고요. 물론 다 좋아진 것만은 아닙니다. 악플이 설치는 거라든가 분위기가 저열해진 면도 있습니다만, SNS라는 기술적인 수단도 그렇고 특히 이번 촛불시민혁명에서의 경험도 그렇고, 이제야말로 토론공화국을 만들 때가 됐다는 것에 공감합니다. 그걸 어떻게 묶어낼지에 대해서는, 저는 이것저것 체험해보자는 것 외에는 지금은 말하기 힘들고요. 김연철 교수가 저보고 좀 나서라고 하셨는데, 저는 그건 별로 좋은 방법이 아닌 것 같습니다. 우리나라에서 원로라는 사람들의 금이 많이 떨어졌습니다. 제가 또 나서면 "작년에 왔던 각설이가 죽지도 않고 또 왔네"라고 할 사람들이 대부분일 것 같아요.(웃음) 그 대목에서는 자제 모드로 갈까 하고 있습니다. 박명규 교수님 말씀 중에 남북관계의 중간단계의 내용이 불투명하다. 그건 물론 사실이죠. 남에서는 남북연합을 제안했고 북에서는 원래 연방제를 제안하다가 많이 양보해서 낮은 단계의 연방제를 하자고 했는데, 임동원 전 통일부장관 회고록*을 보면요, 실질적으로는 김정일 위원장이 남북연합 개념에 동의한 것이라고 기술하고 있습니다. 저는 그 서술이 정확하다고 믿고요. 그런데 북에서는 김일성 주석이 연방제를 제안했었기 때문에 무슨 수식을 달아서라도 연방제를 끼워넣어야지 그렇지 않고 남쪽의 남북연합을 받을 수는 없었다고 봅니다. 그래서 표현도 모호하게 되어 있고 그 단계에서 내용도 채울 수 없었다고 봐요. 그래서 내용이 불투명한 것은 너무나 당연한 것이고, 이것이 조금씩 내용을 획득하는 것이 10·4정상선언에 가서입니다. 그후에 남북 총리회담, 경제회담 등등이 노무현 대통령 퇴임 전에 단기간에 일어났는데, 가정이지만 저는 그런 프로세스가 이어졌다면 남북연합이 그렇게 애매모호하고 불가능한 것은 아닌가보다 하는 인식이 오히려 퍼지지 않았을까 싶습니다. 그런데 그게 실패하고 많은 세월이 흘렀기 때문에 지금 뭔가 신선한 새 발상이 필요하지 않은가 하는 말도 일리가 있지만, 저는 기본 발상을 바꾸는 신선한 발상은 못해봤고 다른 분들이 하자는 것에도 그다지 공감을 못 느꼈습니다. 제가 다소나마 신선한 발상에 기여한 게 있다면 낮은 단계의 연방제가 아니라, 연합제도 낮은 단계의 연합제를 할 계제라는 주장이었지요. 그리고 국가연합이 무슨 통일이냐 하는 반론에 대해서는, 유럽연합처럼 독립된 국민국가가 성립된 나라들이 모여서 통합을

---

*『피스 메이커』(2003; 개정증보판 창비 2015).

할지 말지, 얼마나 할지 논의하면서 나아가는 현실하고, 억지로 분단되어서 어쨌든 통일에 대한 열망을 마음에 품고 살아왔고 언젠가는 다시 합쳐 살자는 원칙에는 남북 사이에 아무런 차이가 없는 한반도 한민족의 경우는 평면적으로 비교할 순 없다는 주장을 한 거지요. 한반도 상황에서는 낮은 단계의 연합제만 해도 연합을 거쳐서 연방이든 뭐든 그다음 단계로 나아가는 돌이킬 수 없는, 불가역적인 불퇴전의 과정에 들어선다는 게 저의 주장이었는데, 이 점은 정치학 교과서에는 안 나오는 주장이고 어쨌든 국내에서도 별로 논의가 안된 것 같아요. 별 반론도 없고요. 저는 그걸 사회과학 하는 분들이 완장 차고 나 같은 문학 하는 사람 얘기를 취급 안해주는 거라고 좀 삐딱하게 생각하는데, 정말 제대로 된 논쟁을 할 때가 되었고 우리 학계도 이제 타성에서 좀 벗어나야죠.

**김준형** 저도 백선생님이 심판관이 되셨으면 좋겠다고 생각하지만 자제 모드라고 하시니까, 그럼에도 오래오래 저희 옆에서 건강하셔서 계속 지혜의 말씀을 전해주셔야 하니까요. 마지막으로 정세현 한반도평화포럼 공동대표께서 말씀해주시고 마치도록 하겠습니다.

**정세현**(전 통일부 장관, 한반도평화포럼 공동대표) 잘 들었습니다. 2008년쯤으로 기억합니다. 김대중 대통령 생전이죠. 그때는 정기적으로 일주일에 한번씩 정책토론이 있어서 동교동 사저로 갔는데, 일본 언론이 취재하고 나가더군요. 후지(フジ)TV라고 기억하는데, 대통령께서 얼굴이 좀 상기가 되셨어요, 기분이 좋으셔서. 지금 저 사람들이 취재를 끝내고 가면서, 이론가인 줄 알고 취재를 했는데 당신은 사상가다, 나보고 사상가래, 그러시면서요. 오늘 보니까 백낙청 교수님이 이론가인 줄 알았는데 사상가네요.(웃음) 저는 여기 앉아서 '새 세상 만들기'라는 말을 계속 생각했습니다. 촛불혁명을 통해서 박근혜 대통령을 탄핵했는데 시간이 걸리더라도 탄핵은 되지 않을까 생각이 들고, 박근혜 대통령이 탄핵됨으로써 헌 세상은 끝나지 않나 생각합니다. 헌 세상을 어떻게 성격 규정

을 하는가? 해방 이후 지금까지도 계속 반공이념이 나라를 끌어왔습니다. 물론 중간에 10년 정도는 반공이 아닌 다른 이념으로 남북관계를 해결해왔지만 이승만 대통령은 북진통일, 정부 수립 전에도 좌우대립 속에서 반공세력과 공산주의 간의 싸움, 지금 박근혜 정부까지도. 두번째, 71년 7대 대통령 선거를 계기로 해서 이 나라에는 지역주의가 뿌리내리기 시작했습니다. 저는 4월 18일에 DJ가 장충단에서 남북교류론을 연설할 때 탁월한 지도자라고 생각했습니다. 국제정치학자 못지않은 식견을 갖고 있다 생각했습니다. 바로 그 남북교류론이 DJ에게 빨갱이 딱지를 붙이게 되는 출발점이 됐습니다만. 71년부터는 지역주의였고요. 박근혜 대통령이 물러나면서 반공주의와 지역주의를 한꺼번에 쓸고 나가는 역사적인 역할을 해야 할 것 같습니다. 새 세상을 만드는 데 있어서 박근혜 대통령은 역사의 꼭두각시 역할을 잘해주지 않았나 생각하고, 새 세상이 만들어지면 반공주의와 지역주의를 극복하고 남북관계를 그 자체의 성격에 맞게 풀어나갈 수 있지 않나 하는 생각이 듭니다. 다시 한번 사상가님의 강연에 감사드립니다.

**김준형** 장시간 동안 경청해주셔서 감사합니다. 제가 아까 비정상의 정상화를 말씀드렸는데 그게 박근혜 대통령이 얘기하는, 자기는 의도하지 않았는데 시대를 바로 짚었다고 생각하는데, 뉴노멀(new normal) 현상이거든요. 뉴노멀은 비정상이지만 정상으로 돌아가지 않을 수도 있다는 경고를 전세계인이 생각하고 있는데요, 대표적으로 양극화, 민주주의 훼손, 안보장사꾼들, 분단체제를 먹고사는 사람들, 이런 사람들이 정상으로 돌아가지 않을 수도 있다는 거죠. 트럼프부터 시작해서 브렉시트, 필리핀의 두테르테, 터키의 에르도안……. 그렇지만 우리는 촛불이 이런 가짜를 다 태워버렸다고 생각하거든요. 물론 과신이나 지나친 낙관은 하지 말아야 하지만 우리에게 주어진 절호의 찬스인 것만은 분명한 것 같아요. 세계가 미쳐 돌아갈 때 우리는 그 한가운데서 다시 민주주의를 얘기할 수 있고 뭔가 새로 설계할 수 있다는 것만 해도 축복이라는 생각이 들고요. 백선생님도 조심스럽지만 낙관적이고 희망적인 메시지를 주셨거든요. 그런 점에서 힘을 합해서 새 세상을 만들어봐야 하지 않겠나 생각합니다. 감사합니다.

# 대전환의 길에 함께하다

이남주


## 1

지금까지 출판된 백낙청 선생의『회화록』이 모두 격동의 한국 현대사를 가로지르고 있지만, 그중에서도 일곱번째『회화록』에 담겨 있는 시간은 더 특별하다.『회화록』제7권은 2012년 7월 토크콘서트에서 시작해 2016년 12월 한평아카데미 '새 세상 만들기와 남북관계' 강연 이후의 질의·응답으로 끝난다. 박근혜 당선과 '촛불혁명'이라는 두 사건이『회화록』의 시작과 끝에 위치해 있는 셈이다. 격동의 한국현대사 가운데서도 극적인 전환의 시기이다.

2007년 12월 대통령선거에서 이명박 후보가 당선되고 2008년 4월 총선에서 새로 여당이 된 한나라당이 압도적 승리를 거두면서 수구보수동맹이 다시 정치무대의 전면에 등장했을 때만 해도 민주세력은 사태를 그리 심각하게 생각하지 않았다. 1987년 이후 한국 사회가 성취한 성과가 보수정부의 행동을 어느정도는 규율할 것이라고 믿는 사람이 많았다. 심지어는 이제 '보수야당'의 몰락으로 진보세력이 정치의 전면에 나설 기회가 만들어졌다고 생각하는 사람도 적지 않았다. 그리고 얼마 지나지 않아 이명박 정부의 역주행이 시작되면서 그러한 판단에는 심각한 잘못이 있었음이 드러났다. 그 위기감은 민주세력의 연합을 촉진했고, 2010년 지방선거에서 야권의 승리와 특히 2011년 서울시장 보궐선거 결과는 다음 선거에서 정권교체를 실현할 수 있다는 자신감을 높여주었다. 2012년 4월 총선에서 새누리당이라는 새로운 옷을 걸친 여권이 승리하며 현실이 녹록지 않다는 불안감이 조성되기도 했지만 같은 해 12월에 진행될 대통령선거에 대한 기대는 여전히 높았다.

『회화록』 제7권은 바로 이러한 불안과 기대가 교차하는 시점에서 시작된다. 총선 패배로 기세가 꺾인 야권이 대선에서 승리하기 위해서는 비상한 노력이 필요한 시점이었다. 총선을 앞두고 창당한 새누리당이 적극적으로 변화하는 모습과 함께 '시대교체'라는 구호를 내세우며 정권교체에만 집착하는 것처럼 보이는 야권보다 정치적으로 유리한 고지를 차지해가고 있는 상황이었다. 이때 선생은 대선에서 승리하기 위해서는 "선거를 통해서 내년에 새 정부가 출범할 때 그냥 2013년이 아니고 '2013년체제'라고 문자를 써서 불러도 좋을 만큼 정말 새로운 시대를 만들었으면 하는 바람"(6권 540면)에 기초해서 선거에 임해야 한다는 점을 적극적으로 강조했다. 이는 비단 격려의 이야기만이 아니고 그러한 바람을 담은 내담한 비전을 설득력 있게 제시할 수 있을 때만 2012년 선거에서 승리할 수 있다는 엄중한 경고이기도 했다. 그러나 야권은 그러한 바람을 담을 수 있는 비전과 실천의지를 보여주지 못했고, 대선에서도 패배했다. 불행히도 "2013년 이후에 대한 비전과 준비가 부족하면 2012년 선거조차 못 이긴다. 2012년 총선에 지면 대선도 진다"(본서 97면)고 했던 선생의 총선 전 예측이 들어맞은 것이다. 그럼에도 변화의 전기를 만들기 위해 마지막 순간까지 가능한 모든 노력을 다하는 선생의 모습에서 우리는 분단체제라는 간단치 않은 장벽을 넘기 위해 평생을 노력해온 실천적 지식인의 일관된 자세를 다시 확인할 수 있다.

박근혜 정부 등장 이후 진행된 변화는 왜 2012년 선거가 진짜 새로운 시대와 낡은 시대 사이의 선택이었는지를 생생하게 증명했다. 이 시기 이명박 정부 때부터 시작된 한국 사회의 역주행은 수구보수의 영구집권을 추구하는 훨씬 퇴행적인 체제의 출현으로 이어지고 있었다. 야당도 이들의 역주행을 막기는 역부족이었고, 엄중한 위기상황이 다가오고 있음에도 자중지란에서 벗어나지 못했다. 심각한 위기에 처한 한국 사회를 구한 것은 위대한 시민이었다. 2016년 4월 총선에서는 야권이 분열된 상황에서도 절묘하고 지혜로운 선택으로 정부·여당에 정치적 패배를 안겼다. 그 경고에도 정부·여당의 폭주가 멈추지 않자, 2016년 10월 시작된 촛불시위가 촛불혁명으로 진화하며 현직 대통령을 탄핵하는 세계사적으로 유례가 없는 정치변화를 만들어내었다. 이처럼 극적인 변화의 시기에 진행된 회화들을 담은 『회화록』 제7권의 핵심 주제어는 '대적공과 대전환'이라고 할 수 있다.


## 2


선생이 대적공과 대전환이라는 화두를 본격적으로 던진 것은 「큰 적공, 큰 전환을 위하여: 2013년체제론 이후」(『창작과비평』 2014년 겨울호)에서다. '적공'이라는 화두의 제시는 2012년 선거 실패는 기본적으로 실력을 쌓는 노력을 게을리 하고 선거 승리에만 몰두한 탓이라는 인식에서 출발한다. 선생은 2014년에 들어서 박근혜 정부의 실정이 거듭되면서 시민들의 시대변화에 대한 요구는 높아지겠지만, "2017년에 정권교체를 하는 것이 물론 중요하지만, 선거중독증에 빠지면 선거도 또 진다는 각성이 필요합니다. 새로운 세상을 만드는 작업을 각자가 지금부터 시작하고, 자기가 할 수 있는 일을 곳곳에서 실행하면서 그 기운이 모아져야 선거에도 이기고 시대전환에도 성공할 것입니다"(165면)라며 과거와는 다른 자세로 대전환을 준비할 필요성을 강조한다.

　문제는 적공을 어떻게 해야 하는가에 있다. 적공은 좋은 공부방법을 필요로 한다. 그 때문에 적공을 화두로 던진 이 시기의 회화에서는 다른 시기의 회화보다 올바른 학습태도와 학습방법과 관련한 내용을 더 많이 담고 있다. '변혁적 중도' '근대 적응과 극복의 이중과제' 그리고 '도' 등 다소 추상 수준이 높은 개념들도 자주 출현한다. 물론 선생의 사상적 역정에 어느정도 익숙한 독자들은 이 개념들이 이미 오래전부터 선생의 사유에서 중심적 위치를 차지하고 있다는 사실을 알고 있을 것이다. 그런 이들에게도 추상 수준이 높은 이 개념들을 생생한 대화, 좌담 등을 통해 접할 수 있는 기회는 많지 않다는 점에서 또한 『회화록』 제7권의 독특한 가치가 있다. 선생의 사상을 처음 접하는 독자들에게는 이러한 개념들에 접근할 수 있는 문턱을 낮추어주는 효용도 갖는다.

　제6권 첫머리부터 중요한 주제어로 등장하는 변혁적 중도주의는 서울대 교수 송호근의 인터뷰(166~75면), 「라디오 책다방」 105회(276~302면), 창비 50년사 관련 인터뷰(343~75면) 등 여러 회화에서도 주요 화두로 자리한다. 그중에서도 팟캐스트 「노유진의 정치카페」 54회 「백낙청, 대전환의 길을 묻다」(303~42면)에서 유시민, 진중권, 노회찬 등 당대의 논자들과 오고 간 대화가 흥미롭다. 변혁적 중도주의에 입각해 한국의 정치상황을 분석하고 실천적 대안을 찾는 작업을 해왔던 필자에게는 당대의 이야기꾼들이 변혁적 중도주의에 적극적으로 호응하는 모습이 낯설면서도 반갑게 느껴졌다. 변혁적 중도주의에 대한 학계의 반응은 뜨겁다고 할 수 없고, 간혹 있던 반응도 그리 호의적이지는 않았던 저간의 사정 때문이다.

유시민은 "저희가 어렸을 때부터 공부해온 것과 저희가 겪은 데 비춰보면 선생님이 쓰신 용어로 '변혁적 중도주의', 그게 맞다고 봐요. 저는 이게 단순히 이론적인 입지로서의 중도주의가 아니고, 늘 중도가 옳은 것은 아니지만 그래도 뭔가를 이루려면 변혁의 목표와 방향을 명확히 하고, 그 실현방법을 찾을 때는 중도적 관점을 되도록 많이 채용하는 쪽으로 해야만 유능하게 성과를 남길 거라고 생각하고요"(324면)라고 변혁적 중도주의를 적극적으로 평가했다. 선생이 주장하는 변혁적 중도주의의 세세한 내용을 모두 찬성한다는 뜻은 아니겠지만, 이 회화에서 올바른 실천방안을 찾는 데 필요한 태도나 화두로서의 긍정적 의미에 대한 공감대는 생각보다 쉽게 만들어졌다.

이러한 호응은 중요한 의미가 있다. '변혁'과 '중도'라는 일견 상충하는 개념을 결합시키는 변혁적 중도라는 사유방식 혹은 태도는 형식논리에 갇힌 사고로는 이해하기 어렵다. 그래서 어렵다는 이야기가 많이 나오기도 한다. 그러나 실천적, 수행적 차원에서 사유할 때는 그러한 결합이 가능하고 또 그리 어렵지도 않다는 점을 이 대화가 잘 보여주는 것이다.

'근대 적응과 극복의 이중과제'라는 화두도 마찬가지다. 이중과제론은 자본주의 근대를 극복하기 위해서 그것이 갖고 있는 세계체제로서의 특징 때문에 국지적 차원에서는 적응과 극복을 동시에 추구해야 한다는 주장이다. 한반도에서는 분단체제 극복이 적응과 극복을 동시에 이루어가는 주요 실천이 된다. 선생은 "분단체제론은 더 차원을 높이면 근대에 대한 이중과제론으로 나가는 것이고, 남한 사회의 실천노선으로 내려오면 이른바 변혁적 중도주의로 가는 것"(364면)이라고 분단체제, 변혁적 중도주의, 이중과제 사이의 연관성을 설명한다.

그동안 분단체제론에서 변혁적 중도주의로 나아가는 과정을 살펴볼 수 있는 자료는 비교적 많다. 이중과제론은 글로서는 1999년 처음 제시된 이래 선생의 사유에서 중요한 위치를 점하고 있었지만, 이에 대한 논의가 풍부하고 체계적으로 진행되었다고 보기는 어렵다. 이는『회화록』제7권 이전의 10여년, 즉 21세기의 처음 10년이 남북관계부터 한국의 정치문제에 이르기까지 선생이 현장에 가장 긴밀하게 개입했던 시기였다는 점과 관계가 있을 것이다. 이러한 사정으로 분단체제에서 변혁적 중도주의로 이르는 사유회로는 적극적으로 작동했던 반면 추상 수준이 더 높아질 수밖에 없는 이중과제론에 대한 논의가 뒤로 밀린 것은 아닐까.

그런데 2012년 이후 적공을 본격적으로 화두로 삼으면서 선생은 우리의 기존 사유에 대한 발본적 검토의 필요성을 더 절실하게 느꼈던 것으로 보인다. 이에 따라 변혁적 중도주의에 대한 논의에서도 구체적인 실천방침보다 사유 태도와 방법의 갱신을 더 강조했으며, 미루어졌던 이중과제론에 대한 논의도 더 체계적이고 풍부하게 진행되었다. 이와 관련해 주목할 필요가 있는 것이 2014년 11월 22일 네이버 '열린 연단'에서 '근대, 적응과 극복의 이중과제'라는 제목으로 진행된 강연이다.(『회화록』제7권에 강연 이후에 진행된 토론과 질의·응답만 실린 것이 다소 아쉽다. 관심 있는 독자들에게 강연 전문을 일독해볼 것을 권한다.)

이 토론에서는 변증법을 화두로 유재건 교수와 선생 사이에 오간 대화가 흥미롭다. 유재건은 "이중과제론이 결국은 적응, 극복이 이중적이지만 단일한 과제라는 뜻인데, 과거 70, 80년대 같았으면 변증법적이라고 얘기했을 것 같습니다. 그런 용어가 식상한 단어가 되다보니까 더 새로운 사유를 자극하기 위한 과제를 제기하신 것이 아닌가 생각합니다"(223면)라고 선생의 사유에서 변증법적 성격을 언급했다.

변증법적 사유는 복잡한 현실을 파악하고 실천적 대안을 찾아가는 과정에 매우 유용하다. 그러나 학계에서는 전문화와 계량화 추세가 변증법적 사유를 배제해왔고 이것이 최근 학문이 사회변화를 해석하는

데, 그리고 현실에 맞는 해결방안을 제시하는 데 무력함을 보이는 주요 원인 중 하나이다. 이러한 상황에서 유재건 교수의 저 발언은 단순히 선생의 사유방법에 대한 설명일 뿐만 아니라 변증법적 방법의 중요성을 환기시키는 이야기이기도 하다. 이에 선생은 그런 면이 있다고 인정하면서도 "맑스의 변증법이라는 것도, 우리가 새로 사유해야 할 동양의 '도' 개념에 훨씬 친숙한 사고방식이 구체화된 형태로서 변증법이 나타나는 것이지 변증법 자체가 기본이 된다면 제약이 많을 것 같아서, 그런 의미에서도 이중과제론의 변증법적 성격을 충분히 인지하지만 그 개념을 앞세우진 않았습니다"(234면)라며 이중과제론이 변증법이라는 방법을 넘어서는 차원의 사유를 포함하고 있음도 암시하고 있다.

이에 대한 이야기로 넘어가기 전에 데이비드 하비와의 대담(435~71면)이 강연록을 보지 못하는 아쉬움을 조금은 달래준다는 사실을 언급해두고 싶다. 이 대담은 두 석학이 맑스『자본론』의 현재적 의미, 최근 자본주의 세계체제의 변화, 자본주의 세계체제 극복을 위한 실천까지 중요하고도 쉽지 않은 주제들에 대해 나눈 대화이다. 두 석학의 의견이 모이기도 하고 다소 갈라지기도 하는 흐름을 따라가다보면 우리의 세계에 대한 인식이 저절로 풍성해진다는 느낌을 갖게 된다. 이 대화의 더 중요한 의의는 이중과제론의 핵심에 다가갈 수 있는 길잡이 역할을 한다는 사실이다. 이중과제론이 자본주의 근대의 극복이라는 과제를 분명히 제기하고 있음에도 불구하고, 그동안 변혁적 중도론이나 분단체제론은 자본주의라는 사회적·경제적 문제에 크게 관심이 없다는 오해가 끊이지 않았다. 이 대화는 자본주의 극복이라는 화두를 중심으로 논의가 전개되고 있으며, 이와 관련한 선생의 사유를 보여준다는 점에서 귀한 자료이다.

이 가운데 특히 흥미로운 부분은 중국의 변화와 관련한 논의이다. 백낙청은 "저는 중국이 호랑이한테 먹히지 않고 꼬리를 붙잡고 충분히 오랜 시간을 견딘다면 나중에 활용할 수있는 복잡한 요인들이 중국 내부에 꽤 많이 존재한다고 생각하는 편입니다"(468면)라고 말하는데, 여기서도 이중과제적 사유가 작동하고 있다. 물론 이에 대해 하비는 "저는 중국의 영토 논리와 자본축적의 논리 사이의 관계를 주목할 것을 강조하고, 그들의 영토 논리가 상당 부분 자본축적의 논리에 종속되었다고 생각합니다"(469면)라고 유보적 태도를 보인다. 이 문제는 앞으로도 자본주의 미래와 관련한 논의에서 중요한 논쟁거리가 될 것이다.

이중과제론과 관련한 논의 중에 나온 '도'도 이번 『회화록』의 주요 화두이다. 선생은 『창작과비평』 2015년 겨울호에 「근대의 이중과제, 그리고 문학의 '도'와 '덕'」이라는 평론을 발표하며 '도'라는 화두를 논한 바 있다. 선생은 박윤철 원광대 원불교학과 교수와의 대화(381~425면)에서 이 글을 쓴 배경과 관련해 "[진은영이] 친숙한 문학의 토포스, 즉 문학의 공간을 파괴한다든가, 이걸 벗어나서, 새로운 문학적 공간을 벗어나서 개척하는 것을 아토포스라고 표현하고 있는데, 저는 그걸로는 미흡하다고 보는 거죠. 비장소를 제대로 말하려면 동양에서 친숙한 표현으로 유(有)도 아니고 무(無)도 아닌 그런 경지를 사유하는 게 중요한 거고요"(386면)라고 설명한다.

사실 동양철학의 전통에서 도의 유도 아니고 무도 아닌 특성을 지적한 사람은 이미 적지 않다. 문제는 어떻게 도의 경지에 도달할 수 있는가에 있는데, 선생의 사유가 갖는 특징이 이에 대한 설명에서 나타난다. 선생은 "원불교는 처음부터 목표가 이사병진(理事竝進) 아닙니까. 우리 전통 불교에서처럼 이판사판(理判事判) 구분해서 이판이 한 급 높은 걸로 가는 것과는 입장이 조금 다르죠"(388면)라며 '이사병진'의 수행을 강조한다. 동시에 "하지만 사실 이사병진하기가 하나만 파기보다 더 힘들잖아요. (…) 공부와 사업을 같이 하는 것이 보통 일이 아니란 거죠. 가령 조계종 같은 경우는 너무 수좌들의 공부만을 특권시한다고 할까, 그런 것이 폐단이 될 수 있는가 하면 원불교에서는 말로는 이사병진한다고 하면서 어중되게 될 위험이 있는 것 같습니다"(388~89면)라며 그 어려움을 동시에 강조한다. 현실감각과 이론소양을 겸비해야 하는, 나아가 양자 사이의 긴장까지 감당해야 하는 길이니 도에 다가가는 길이 쉬울 리 만무하다. 이는 허명을 좇거나 상아탑 안에 안주하려는 유혹에 시달리는 후학들의 용맹정진을 채찍질하는 이야기이다.


3


『회화록』을 읽으면서 느끼는 즐거움 중의 하나는 선생의 글에 대한 저자 직강을 들을 기회를 갖는 것이다. 우리는 개인적으로 특별한 인연이 없는 이상 대부분 글을 통해서만 탁월한 사상가들의 사유를 접하게 된다. 그들의 글을 읽다보면 해소되지 않는 문제들이 있기 마련이고, 그때 저자에게 그 의문을 직접 물을 수 있는 기회가 있으면 얼마나 좋을까 하는 생각이 들기 마련이다.『회화록』은 그러한 소망을 어느정도는 실현해준다. 많은 회화가 선생의 책이나 글을 매개로 진행되기 때문이다. 인터뷰어나 대담자들이 다양한 각도에서 책이나 글에 대해 던지는 다양한 질문과 이에 대한 선생의 답변은 선생의 사상체계는 물론이고 이 시대의 사상적 지형의 이해를 위한 생생한 자료들이다.

1980년대 중반의 학생운동은 기존의 모든 권위에 도전적이었고 그 세례를 받은 필자는『창작과비평』이나 선생의 글의 충실한 독자는 결코 아니었다. 필자는 2002, 2003년『창작과비평』에 글을 발표하면서 어설픈 독자에서 창비담론의 자장 내로 발을 들이기 시작했다. 그후 창비 내의 공부모임에서 처음 선생을 뵙게 되었는데, 첫 만남치고는 꽤 익숙한 사람을 만나는 느낌이었다. 명성을 익히 들어온 덕분이기도 하지만 학생운동 시기부터 분단문제에 관심을 많이 갖고 활동했던 터라 분단체제론 등 선생이 제출한 담론을 친숙하게 느꼈던 까닭도 있었을 것이다. 2004년 『창비』 편집위원으로 참여한 이후 선생의 사상을 가까이 접할 기회를 갖기 시작했고, 15년에 가까운 시간 동안 많은 지도와 편달을 받았다.

이 인연은 필자 개인에게 큰 행운이면서 한편 지금까지도 아슬아슬한 느낌마저 자아낸다. 1990년대 중반 짧은 학생운동과 사회운동 경험을 뒤로한 채 중국으로 유학을 떠났고 학위를 받고 귀국한 이후 다행히 대학에서 연구와 교육을 할 수 있는 기회를 잡았지만, 사실 어떤 연구를 해야 할지 막막했다. 필자가 중국을 떠나기 전에 이미 사회주의권의 붕괴 등 과거의 이상주의가 여기저기서 무너지고 있던 상황이었다. 그 와중에 공부에 확고한 뜻을 세우지도 않고 유학을 떠난 것 자체가 현실도피적 측면이 있었으니 학위를 따고 왔다고 해서 새로운 인생관이 확고하게 수립될 리 만무했다. 자칫하면 앞서 이야기한 허명이나 대학 안의 안락함이라는 유혹에 빠지기 딱 좋은 상황이었다.

이 무렵 선생과의 만남은 필자가 한국, 그리고 한반도의 현실에 직핍하는 연구와 실천활동을 할 수 있도록 하는 새로운 계기와 동력이 되었다. 『회화록』 제7권의 해설이라며 길지 않은 글을 쓰면서도 적공, 특히 선생이 강조한 실천적 지식인으로서 갖추어야 할 태도나 공부방법에 계속 손이 갔던 데도 그 배움의 과정이 영향을 주었을 것이다. 촛불혁명을 거치며 이제 우리 사회에서 새로운 기운이 만들어지고 있다. 대적공이 대전환과 함께 이루어져야 하는 시기이기도 하다. 이번 『회화록』도 '새 세상 만들기'를 주제로 하는 회화로 끝난다. 앞으로 갈 길도 결코 가깝거나 쉬운 길은 아닐 것이다. 선생의 지혜가 앞으로도 그 길을 더 밝고, 더 편안하게 만들어줄 수 있기를 바란다.

李南周 | 성공회대 중어중국학과 교수

# 후기

　『백낙청 회화록』 다섯권(2007)이 간행된 이래 나는 못난이처럼 이 책을 자랑하기를 서슴지 않았다. 나의 개인 저서가 아닌 다수 참여자의 업적이라는 것이 대놓고 자랑하는 명분이었고, 그 업적 하나하나에 내가 참여하고 있다는 점이 은근한 자부심을 돋구었다. 사실 이런 자랑은 『회화록』 제5권의 '후기'에서 이미 시작했었다. "나 개인의 업적을 넘어 한 시대의 지성사를 담았다는 생각도 든다. 물론 이는 특정인이 출연한 대담·좌담들을 중심으로 그려진 하나의 단면도(斷面圖)에 불과하지만, 그 점을 감안하며 읽는 독자에게는 그런대로 지난 40년간 우리 역사와 담론현장을 증언해주리라 본다."(592~93면)

　10년이 훌쩍 지나 팔순이 다가오자 후학과 동지들이 기념과 축하를 위한 여러 구상을 내비쳤다. 그중 나는 『백낙청 회화록』 추가 편찬이라는 제안에만 반색했고, 결국 그대로 되었다. 애초의 간행위원인 염무웅·임형택·최원식·백영서·김영희 다섯분에 한기욱 교수가 가세하여 두권을 더 마련하게 된 것이다. 처음 다섯권의 회화가 진행되던 시기에 비해 한국의 담론현장이 훨씬 넓어지고 다양해졌으니 '단면도'의 대표성은 더 한정되었는지 모르지만, 40년에 걸친 다섯권 이후의 10년 사이에 내가 인터뷰어로서 전문가 7인에게 묻는 『백낙청이 대전환의 길을 묻다』에 실린 7편과 중복되거나 덜 흥미롭다고 생각되는 꼭지 상당수를 제외하고도 두권을 채웠으니 나로서는 꽤 부지런하게 토론하고 회화하는 세월을 보낸 셈이다.

이번『회화록』의 10년은, 정녕 내가 의도한 것은 아니지만, 우리 역사의 유달리 혼탁하고 답답한 시기에 해당한다. 1~5권이 간행되고 얼마 뒤에 이명박 씨가 대통령에 당선된 이래로 역주행의 역사와 사익추구의 정치로 얼룩진 아홉해가 닥친 것이다. 다만 그나마 다행이고 어찌 보면 약간의 묘미가 느껴질 수도 있는 것은, 제6권이 이명박 시대 개시 이전의 대화 두 꼭지로 시작하듯이 제7권이 촛불혁명으로 새로운 전환이 시작될 무렵의 토론으로 끝맺는다는 점일 게다. 반전과 재반전의 드라마를 내장한 셈이다.

이번『회화록』6, 7권이 어둠의 시기에 나도 순응과 타협을 거부하는 쪽에 섰다는 증거는 되어주리라 본다. 나아가 희망과 모색의 기록이기를 바란다. 6권 최초의 본격적 회화인 조효제 교수와의 대담「87년체제의 극복과 변혁적 중도주의」에서 나는 87년체제의 성취를 높이 평가하면서도 이제는 그 체제의 극복이 우리에게 맡겨진 과제가 되었고 이는 이명박 정부가 결코 수행할 수 없는 과제임을 강조하면서 다음과 같은 소회를 덧붙였다. "이제 그 체제의 시효가 다해 순기능보다 역기능이 더 많은 시점에 왔는데, 이 체제를 극복하고 더 나은 체제를 출범시킬 수 있다면 조교수나 나나 한 생애 살면서 두번의 큰 역사적 과업에 동참하는 자랑스러운 인간들이 될 수 있다고 봐요."(6권 45면)

이때 나는 그 과업이 5년 후면 이룩될 수 있다고 믿었고 2012년 선거의 해를 앞두고 '2013년체제 만들기'라는 기획을 내놓았다. 알다시피 이 기획은 박근혜 대통령 당선으로 좌절되었다. 그리고 이 나라는 그 댓가를 혹독하게 치러왔다. 하지만 이 땅의 위대한 시민들은 대통령의 임기 만료를 기다리지 않고 촛불을 들고 일어서서 박근혜를 파면, 투옥했으며 촛불계승의 의지를 공언한 새 대통령을 선출했다. 아직 87년체제 극복작업이 완수되지는 않았지만 조교수와 나 같은 많은 사람들이 예의

'자랑스러운 인간들'이 될 전망이 한결 밝아진 셈이다.

87년체제론(및 그 상위 개념인 분단체제론)과 변혁적 중도주의, 그리고 근대적응과 근대극복의 이중과제, 남북연합 단계를 경과하는 한반도식 통일 등 여러 주제가 이 대화에 등장하고 6, 7권을 통해 거듭 거론된다. 결과적으로 그것이 심화의 과정이며 설득력을 높여가는 과정인지는 독자가 판단할 문제다. '일이관지(一以貫之)'의 요체는 단순히 같은 입장을 되풀이해서 내놓는 것이 아니라 날로 새로워가는 가운데서 한결같음을 유지하는 일이겠기 때문이다.

2007년의 좌절이 6권의 대부분 내용 이전에 일어난 반면, 2012년의 좌절과 이후의 역사는 7권의 몸통을 이루는 꼴이다. 그래도 내 삶이 시국문제와 시국논의에 압도당하지 말아야겠다는 것이 나의 집념이었고 때로는 시국담 도중에, 더러는 별도의 기회를 포착해서 문학평론가와 인문학도로서의 본분을 수행하고자 했다. 이것이 쉽지 않은 고투의 과정이었음을 읽어내는 독자가 있다면 고마운 일이며 지난 10년, 나아가 『회화록』 전체가 망라하는 지난 50년을 살아온 동시대인이라면 고충의 실감만은 공유하리라 믿는다. 이런 공감과 이해가 있었기에 나도 여기까지 올 수 있었다. 감사한 일이다.

끝으로 한층 명토 박아 감사를 드릴 분들이 있다. 애초의 회화에 동참하고 이런 형태의 재수록에 기꺼이 동의해주신 수많은 공저자들, 출판을 맡아준 강일우 대표 등 창비사의 동지들, 백낙청 회화록 간행위원회의 동학들과 해설을 써준 한기욱, 이남주 두분, 그리고 편집의 노고를 다해준 염종선 이사와 박대우 팀장을 비롯한 인문사회출판부의 여러분이다. 1~5권의 내용을 생산하던 시기와 마찬가지로 그후의 10년 동안도 변함없이 곁을 지켜준 아내에게도 고마움과 위로의 말을 전한다.

2017년 6월 백낙청 삼가 씀

백낙청과 김종인이 바라보는 18대 대선과 앞으로의 5년
백낙청 김종인 고성국_(토론, 원제 '백낙청·김종인, 박근혜·안철수를 공개검증하다', 『프레시안』
2012년 7월 27일자)

지역의 문제를 공유하다
백낙청 시로마 아리_(인터뷰, 원제 "'固有の領土論'弱化へ '例外的領土'の設定必要", 『오끼나와타
임스(沖繩タイムス)』 2012년 10월 24일자)

정권교체와 정치혁신, 둘 다 해야 한다
백낙청 김현정_(인터뷰, CBS 라디오 「김현정의 뉴스쇼」 2012년 12월 5일)

2012년 대선이 87년 대선보다 훨씬 더 중요하다
백낙청 김종배_(인터뷰, 팟캐스트 「이슈 털어주는 남자」 243회, 2012년 12월 14일)

백낙청·윤여준·안경환이 바라본 2012년 대선
백낙청 안경환 윤여준 박인규_(좌담, 『프레시안』 2012년 12월 17일자)

2012년과 2013년
백낙청 김용구 이상돈 이일영_(좌담, 『창작과비평』 2013년 봄호)

우리 문학의 활력을 실감한다
백낙청 강경석 송종원_(좌담, 『창작과비평』 2014년 봄호)

'통일대박론'을 뛰어넘는 새로운 통일담론 만들어야
백낙청 김보근_(인터뷰, 원제 '백낙청 "정부가 통일대박론과 종북몰이 결합해 흡수통일 몰고 갈 우려"', 『한겨레』 2014년 3월 11일자)

사회운동은 마음공부와 같이 가야
백낙청 송호근_(인터뷰, 『중앙일보』 2014년 4월 9일자)

이오덕 선생님과 '창비아동문고 이야기'
백낙청 이주영_(대담, 원제 '이오덕 다시 보기 1: 창비아동문고 내는 데 도움을 많이 주셨습니다';
'이오덕 다시 보기 2', 『개똥이네 집』 2014년 4월호; 5월호)

포용정책 2.0과 시민참여형 통일
백낙청 정현숙 외_(질의·응답, 한반도평화포럼 엮음 『통일은 과정이다』, 서해문집 2015)

작가회의 40년사 증언록
백낙청 임홍배_(대담, 한국작가회의 창립 40주년 기록집 『증언: 1970년대 문학운동』, 한국작가회의 40주년 기념사업단 2014)

근대, 적응과 극복의 이중과제
백낙청 류준필 유재건 최장집_(토론, 백낙청 외 『문화의 안과 밖 7: 시민사회의 기획과 도전』, 민음사 2016)

문학, 『창작과비평』, 그리고 한국 사회
백낙청 김두식 황정은_(인터뷰, 팟캐스트 「라디오 책다방」 104회; 105회, 2015년 5월 4일; 5월 11일)

백낙청, 대전환의 길을 묻다
백낙청 노회찬 유시민 진중권_(좌담, 팟캐스트 「노유진의 정치카페」 54회, 2015년 6월 15일)

한결같되 날로 새롭게 나아가는 창비
백낙청 백영서 심진경 한영인_(인터뷰, 창비 50년사 편찬위원회 엮음 『한결같되 날로 새롭게: 창비

50년사』, 창비 2016)

온전한 '조선' '한국'을 만드는 것 자체가 정신개벽
백낙청 나세윤_(인터뷰, 『원불교신문』 2016년 1월 1일자)

물질개벽에 상응하는 정신개벽이 일어나야
백낙청 박윤철_(인터뷰, 원제 '원불교 개교 1백주년 기념 특별대담', 백낙청 지음, 박윤철 엮음 『문명의 대전환과 후천개벽: 백낙청의 원불교 공부』, 모시는사람들 2016)

4·13총선, 편안한 마음으로 투표합시다
백낙청 김종배_(인터뷰, tbs 라디오 「색다른 시선, 김종배입니다」 2016년 4월 11일)

자본은 어떻게 작동하며 세계와 중국은 어디로 가는가
백낙청 데이비드 하비_(대담, 『창작과비평』 2016년 가을호)

고은이라는 '거대 현상'
백낙청 고은문학관건립위원회_(인터뷰, 고은문학관 보관용 동영상, 2016년 10월 6일)

민족문학론, 분단체제론, 변혁적 중도론
백낙청 김성민_(대담, 건국대 통일인문학연구단 기획총서 『한국 지성과의 통일대담』 수록, 2017년 하반기 간행 예정)

새 세상 만들기와 남북관계
백낙청 권태선 외_(질의·응답, 한반도평화포럼 주최 제3기 한평아카데미 특별강연의 질의·응답, 2016년 12월 15일, https://www.youtube.com/watch?v=bxE9vNZvuT4&feature=youtu.be)

**강경석(姜敬錫)** 1975년 대구에서 태어나 인천에서 성장했고 인하대 국문과를 졸업했다. 계간 『창작과비평』 편집위원으로 있다. 평론으로 「모든 것의 석양 앞에서: 지금, 한국 소설과 '현실의 귀환'」 「리듬의 사회성에 관한 스케치」 등이 있다.

**고성국(高成國)** 1958년 대구에서 태어나 고려대 정외과를 졸업하고 동대학원에서 박사 학위를 받았다. 학술단체협의회 대외협력분과위원장, 나라정책연구회 사무국장 등을 지냈고 「추적 60분」 「시사자키」 등을 진행했다. 「고성국 라이브쇼」 진행자이자 정치 평론가로 활동 중이다. 저서 『대중정당』 『한국사회 변혁운동과 4월혁명』 『한국정당정 치론』(이상 공저) 『10대와 통하는 정치학』 『10대와 만나는 정치와 민주주의』 『고성국 의 정치타파』 『박근혜 스타일 2012』 『대통령이 못된 남자』 『중간층이 승부를 가른다』 『세상을 바꾸는 정치평론』 등이 있다.

**권태선(權台仙)** 1955년 경북 안동에서 태어나 서울대 영어교육과를 졸업했다. 『한국 일보』를 거쳐 『한겨레』 편집국장과 편집인을 지냈고 현재 환경운동연합 공동대표이 자 허핑턴포스트코리아 고문으로 있다. 저서 『평화를 꿈꾼 인권운동가 마틴 루터 킹』 『장애를 넘어 인류애에 이른 헬렌 켈러』 『차별 없는 세상을 연 넬슨 만델라』 『가난한 이들의 벗 프란치스코 교황』 등이 있다.

김두식(金斗植)  1967년 서울에서 태어나 고려대 법대를 졸업하고 1991년 사법시험에 합격해 군법무관, 검사, 변호사로 일했다. 코넬대 로스쿨에서 석사학위를 받고 한동대 교수를 거쳐 경북대 법학전문대학원 교수로 있다. 저서 『헌법의 풍경』 『평화의 얼굴』 『불멸의 신성가족』 『교회 속의 세상, 세상 속의 교회』 『불편해도 괜찮아』 『욕망해도 괜찮아』 『이제는 누군가 해야 할 이야기』(공저) 『다른 길이 있다』(공저) 『공부 논쟁』 (공저) 등이 있다.

김보근(金保根)  1964년 서울에서 태어나 연세대 경제학과를 졸업하고 고려대 대학원 경제학과에서 박사학위를 받았다. 1990년 한겨레신문사에 입사해 노조위원장, 전국언론노조 부위원장, 『한겨레』 디지털미디어본부 스페셜콘텐츠부장, 한겨레평화연구소장을 지내고 현재 출판국 섹션매거진부 기자로 있다. 저서로 『남북연합 형성·운영의 거버넌스』 『봉인된 천안함의 진실』(이상 공저)이 있다.

김성민(金成玟)  1958년 서울에서 태어나 건국대 철학과를 졸업하고 동대학원에서 박사학위를 받았다. 건국대 문과대 학장, 뉴욕주립대 방문교수, 한국철학사상연구회 회장을 지냈고 건국대 철학과 교수이자 인문학연구원장, 통일인문학연구단장으로 있다. 저서 『시대의 철학』 『통일인문학』 『통일을 상상하라』(이상 공저), 역서 『영화가 된 철학』 등이 있다.

김연철(金鍊鐵)  1964년 강원도 동해에서 태어나 성균관대 정외과를 졸업하고 동대학원에서 박사학위를 받았다. 참여정부의 통일부장관 정책보좌관, 한겨레평화연구소 소장을 지냈고 현재 인제대 통일학부 교수로 있다. 저서 『북한의 산업화와 경제정책』 『냉전의 추억』 『만약에 한국사』 『협상의 전략』 등이 있다.

김용구(金龍龜)  연세대 경제학과를 졸업하고 동대학원에서 경영학 박사학위를 받았다. 연세대 연구교수, 대통령자문 정책기획위원 등을 지냈으며, 현재 미래경영개발연구원 원장, 감사원 감사자문위원 등으로 활동 중이다. 저서 『한국 기업지배구조의 현재와 미래』 『경영학 연습』 『중소기업이 흥해야 한국이 산다』, 역서 『지적자본의 측정과 관리』 『경영의 기본으로 승부하라』(이상 공역) 등이 있다.

김종배(金鍾培)  1966년 충남 대천에서 태어나 서강대 신방과를 졸업했다. 『기자협회보』 『우리교육』 『미디어오늘』에서 기자로 활동했고 팟캐스트 「이슈 털어주는 남자」 「시사통 김종배입니다」를 진행했으며 현재 tbs 「색다른 시선, 김종배입니다」를 진행하고 있다. 저서 『30대 정치학』 『누가 거짓말을 하고 있는가?』 등이 있다.

김종인(金鍾仁)  1940년 경기도 양주에서 태어나 한국외대 독일어과를 졸업하고 독일 뮌스터대에서 경제학 석사·박사학위를 받았다. 5선 국회의원으로 서강대 경제학과 교수, 국민은행 이사장, 보사부장관, 청와대 경제수석, 홈볼트재단 초빙교수, 한국외대·건국대 석좌교수, 한나라당 비상대책위원회 위원, 박근혜후보 공동선대위원장, 더불어민주당 비상대책위원회 대표를 지냈다. 저서『지금 왜 경제민주화인가』『결국 다시 경제민주화』등이 있다.

김준형(金峻亨)  1963년 홍천에서 태어나 연세대 정외과를 졸업하고 미국 조지워싱턴대에서 정치학 박사학위를 받았다. 현재 한반도평화포럼 기획위원장이자 통일부 정책자문위원, 한동대 국제정치학 교수로 있다. 저서『국제정치』『전쟁하는 인간』『미국이 세계 최강이 아니라면』『언어의 배반』(공저)『위대한 한국민, 전진하는 역사』(공저) 등이 있다.

김현정(金炫廷)  1977년 서울에서 태어나 이화여대 불문과를 졸업했다.『한국일보』기자를 거쳐 2001년 CBS에서 방송활동을 시작,「김현정의 이슈와 사람」에 이어「김현정의 뉴스쇼」를 진행하고 있다. 2009년 한국방송대상 앵커상, 2014년 한국피디대상 올해의 피디상을 수상했다.

나세윤(羅世尤)  1972년 전남 영광에서 태어나 원광대 원불교학과, 원불교대학원대학교를 졸업했다. 이후 출가하여 남산교당, 종법원, 진북교당 교무로 봉직했고『원불교신문』기자를 거쳐 현재 편집국장으로 있다. 원불교사진협회 회장과 원불교 최고의결기관인 '수위단회' 전문위원으로 활동하며 교단의 언론·문화 분야를 담당하고 있다.

노회찬(魯會燦)  1956년 부산에서 태어나 고려대 정외과를 졸업했다. 민주화운동, 노동운동을 하면서 인천지역민주노동자연맹 창립을 주도했다. 진보정치연합 대표,『매일노동뉴스』발행인, 국민승리21 정책기획홍보위원장, 진보신당, 진보정의당 공동대표를 지냈고 3선 국회의원으로 정의당 원내대표로 있다. 저서『힘내라 진달래』『나를 기소하라』『진보의 재탄생』(공저)『노회찬의 약속』(공저)『노회찬과 삼성 X파일』『대한민국 진보, 어디로 가는가』(공저)『노유진의 할 말은 합시다』(공저) 등이 있다.

류준필(柳浚弼)  1966년에 태어나 서울대 국문과를 졸업하고 동대학원에서 국문학 박사학위를 받았다. 현재 인하대 한국학연구소 HK교수로 있다. 저서『근대계몽기 지식 개념의 수용과 그 변용』『근대어, 근대매체, 근대문학』『흔들리는 언어들』『동아시아, 인식지평과 실천공간』(이상 공저)『동아시아의 자국학과 자국문학사 인식』, 역서『아시아라는 사유공간』(공역) 등이 있다.

박명규(朴明圭)  1955년 경남 함양에서 태어나 서울대 사회학과를 졸업하고 동대학원에서 박사학위를 받았다. 하바드대 옌칭연구소 객원연구원, 전북대 사회학과 교수, 캘리포니아대 버클리캠퍼스 방문교수, 서울대 사회발전연구소장, 통일평화연구원장을 역임하고 같은 대학 사회학과 교수로 있다. 저서『한국 근대 국가 형성과 농민』『21세기의 한반도 구상』(공저)『남북 경계선의 사회학』『국민, 인민, 시민』『양안에서 통일과 평화를 생각하다』(공저)『주제어로 본 한국 현대사』 등이 있다.

박순성(朴淳成)  1957년에 태어나 서울대 경제학과를 졸업하고 프랑스 빠리10대학에서 경제학 박사학위를 받았다. 현재 동국대 북한학과 교수로 있다. 저서『북한 경제개혁 연구』(공저)『북한 경제와 한반도 통일』『아담 스미스와 자유주의』『북한의 일상생활 세계』(공저)『분단의 행위자: 네트워크와 수행성』(공저), 편서『통일논쟁』 등이 있다.

박윤철(朴允哲, 박맹수)  1955년 전남 벌교에서 태어나 원광대 원불교학과를 졸업하고 한국정신문화연구원 한국학대학원에서 박사학위를 받았다. 현재 원광대 원불교학과 교수이자 원불교사상연구원장, 한국근현대사학회 회장으로 있다. 저서『사료로 보는 동학과 동학농민혁명』『개벽의 꿈 동아시아를 깨우다』『생명의 눈으로 보는 동학』『문명의 대전환과 후천개벽』(편저)『한국 신종교의 사회운동사적 조명』 등이 있다.

박인규(朴仁奎)  1956년 서울에서 태어나 서울대 해양학과를 졸업했다.『경향신문』에서 워싱턴 특파원, 국제부 차장을 지내다 2001년『프레시안』을 창간했다. 편집국장을 거쳐 2003년부터 대표이사로 재직했고, 2013년 프레시안이 협동조합으로 전환한 뒤로 2017년 현재까지 이사장을 맡고 있다.

백영서(白永瑞)  1953년 인천에서 태어났고 현재 연세대 교수이자 (주)창비 기획편집위원장으로 있다. 저서『동아시아의 귀환』『중국현대대학문화연구』『핵심현장에서 동아시아를 다시 묻다』『사회인문학의 길』『橫觀東亞: 從核心現場重思東亞歷史』『共生への道と核心現場: 實踐課題としての東アジア』, 편서『중국사회성격논쟁』『대만을 보는 눈』(이상 공편) 등이 있다.

송종원(宋鐘元)  1980년 충북 충주에서 태어나 고려대 국문과를 졸업하고 동대학원 박사과정을 수료했다. 2009년『경향신문』신춘문예로 비평활동을 시작했고 주요 평론으로「사실, 역사, 그리고 시」「텅 빈 자리의 주위에서」「21세기 오감도, 21세기 소년 탄생기」 등이 있다.

송호근(宋虎根)  1956년에 태어나 서울대 사회학과를 졸업하고 동대학원에서 석사학위를, 미국 하바드대 대학원에서 사회학 박사학위를 받았다. 하바드대 옌칭연구소, 국제문제센터 연구원, 한림대 부교수, 스탠포드대 후버연구소 방문교수를 지냈으며 현재 서울대 사회학과 교수로 있다. 저서 『지식사회학』 『시장과 복지정치』 『한국사회의 연결망 연구』 『한국 사회 어디로 가나?』(공저) 『중도실용을 말하다』(공저) 『이분법 사회를 넘어서』 『시민의 탄생』 『촛불의 시간』 『가 보지 않은 길』 『강화도』 등이 있다.

**시로마 아리(城間有)** 1974년 오끼나와 나하(那覇)에서 태어나 쯔꾸바대(筑波大) 비교문화학과를 졸업하고 류우뀨우대(琉球大) 대학원 인문사회과학연구과정을 수료했다. 2001년 『오끼나와타임스(沖縄タイムス)』에 입사하여 현재까지 일하고 있다. 저서 『오끼나와의 갈림길(沖縄の「岐路」』(공저) 등이 있다.

**심진경(沈眞卿)** 1968년 인천에서 태어나 서강대 영문과를 졸업하고 동대학원에서 국문학 박사학위를 받았다. 1999년 계간 『실천문학』으로 작품활동을 시작했고 『파라 21』 『문예중앙』 『자음과모음』 편집위원을 지냈다. 서강대, 서울예술대, 명지대에서 강의하고 있다. 저서 『여성, 문학을 가로지르다』 『한국문학과 섹슈얼리티』 『떠도는 목소리들』 『여성과 문학의 탄생』, 역서 『근대성의 젠더』(공역) 등이 있다.

**안경환(安京煥)** 1948년 경남 밀양에서 태어나 서울대 법대와 동대학원을 수료하고 펜실베이니아대에서 석사학위, 쌘타클래라대에서 박사학위를 받았다. 일리노이대 초빙교수, 한국헌법학회장, 교육부 대학자율화 및 구조개혁위원장, 예술의전당 이사, 쌘타클래라대 초빙교수, 국가인권위원장을 지냈고 현재 서울대 법대 명예교수로 있다. 저서 『법과 사회와 인권』 『윌리엄 더글라스 평전』 『법, 셰익스피어를 입다』 『남자란 무엇인가』 등이 있다.

**유시민(柳時敏)** 1959년 경북 경주에서 태어나 청소년기를 대구에서 보낸 후 서울대와 독일 마인츠대에서 경제학을 공부했다. 학생운동, 민주화운동에 참여했고 『한겨레』 독일통신원, 성공회대 겸임교수, 국회의원, 보건복지부장관, 경북대 외래교수를 지냈으며 지금은 전업작가로 활동하고 있다. 저서 『유시민의 경제학 카페』 『청춘의 독서』 『후불제 민주주의』 『어떻게 살 것인가』 『나의 한국현대사』 『유시민의 글쓰기 특강』 『유시민의 공감필법』 『국가란 무엇인가』 등이 있다.

**유재건(柳在建)** 1954년 서울에서 태어나 서울대 서양사학과와 동대학원을 졸업했다. 현재 부산대학교 사학과 교수, 계간 『창작과비평』 편집위원으로 있다. 저서 『변혁적 중도론』(공저), 역서 『고대에서 봉건제로의 이행』 『근대 세계체제』 『영국 노동계급의 형성』(이상 공역) 등이 있다.

윤여준(尹汝雋)  1939년 충남 논산에서 태어나 단국대 정치학과를 졸업했다.『동아일보』
『경향신문』기자, 한나라당 국회의원, 여의도연구소장, 환경부 장관, 한국지방발전연
구원 이사장, 민주통합당 국민통합추진위원회 공동위원장, 국민의당 공동창당준비위
원장을 거쳐 현재 윤여준정치연구원 원장으로 있다. 저서『대통령의 자격』『윤여준의
진심』『문제는 리더다』(공저)『누가 해도 당신들보다 낫겠다』(공저) 등이 있다.

이상돈(李相敦)  1951년 부산에서 태어나 서울대 법대와 동대학원을 졸업하고 미국 털
레인대에서 석사학위를, 마이애미대에서 박사학위를 받았다. 중앙대 법대 교수, 미국
로욜라대 로스쿨 객원교수,『조선일보』비상임 논설위원, 중앙대 법대 명예교수를 지
냈고 현재 제20대 국회의원으로 활동 중이다. 저서『환경법』『인권법』『조용한 혁명』
『대통령 선택의 조건』(공저)『미국의 헌법과 대통령제』『美 해병대, 한국을 구하다』
『공부하는 보수』등이 있다.

이일영(李日榮)  1963년 전남 담양에서 태어나 서울대 경제학과를 졸업하고 동대학원에
서 박사학위를 받았다. 한국농촌경제연구원 책임연구원을 거쳐 한신대 경제학 교수
로 있다. 저서『동북아 시대의 한국경제 발전전략』『중국 대도시의 발전과 도시인의
삶』『현대 도시 상하이의 발전과 상하이인의 삶』『중국 농업, 동아시아로의 압축』『새
로운 진보의 대안, 한반도경제』『혁신가 경제학』『변혁적 중도론』(공저) 등이 있다.

이주영(李柱暎)  1955년 강원도 횡성에서 태어나 춘천교대와 서울교대를 졸업하고 백석
대에서 박사학위를 받았다. 초등학교 교사로 일하다 교장으로 퇴임했고 어린이도서
연구회 이사장, 한국어린이글쓰기교육연구회 사무총장, 계간『어린이문학』발행인,
『개똥이네 집』기획편집위원, 한국어린이문학협의회 회장 등을 지냈다. 현재 경기대
대체의학대학원 문학치료 전공과 한국열린사이버대 통합예술치료학과 외래교수, 어
린이문화연대 대표, 우리헌법읽기국민운동 공동대표로 있다. 저서『어린이 문화 운동
사』『어린이 해방, 그날로 가는 첫걸음』『아이코, 살았네』『부모와 자녀가 함께 읽는
어린이책 200선』『책으로 행복한 교실 이야기』『비나리시』『비』『김구 말꽃모음』(편
저) 등이 있다.

임홍배(林洪培)  1959년 경북 예천에서 태어나 서울대 독어독문학과를 졸업했다. 독일
프라이부르크대 및 훔볼트대에서 수학하고 서울대에서 독문학 박사학위를 받았다.
현재 서울대 독어독문학과 교수이며 문학평론가로 활동 중이다. 저서『괴테가 탐사한
근대』『독일 고전주의』『독일명작의 이해』(공저)『독일 통일 20년』(공저), 역서『로
테, 바이마르에 오다』『젊은 베르터의 고뇌』『어느 사랑의 실험』『나르치스와 골드문
트』『루카치 미학』(공역)『진리와 방법』(공역) 등이 있다.

진중권(陳重權)   1966년 태어나 서울대 미학과를 졸업하고 동대학원에서 석사학위를 받았다. 이후 독일로 유학을 떠나 베를린자유대에서 비트겐슈타인의 언어철학을 공부했다. 현재 동양대 교양학부 교수로 있으며 기술미학연구소 소장으로 인문학과 게임, 디자인, 공학 등 타분야와의 융합연구를 주도하고 있다. 저서『미학 오디세이』『진중권의 서양미술사』『이미지 인문학』『진중권이 만난 예술가의 비밀』『진중권이 사랑한 호모 무지쿠스』『미디어 이론』『진중권의 테크노인문학의 구상』『좋은 정치란 무엇인가』등이 있다.

최장집(崔章集)   1943년 강원도 강릉에서 태어나 고려대 정외과와 동대학원을 졸업하고 미국 시카고대에서 정치학 석사·박사학위를 받았다. 미국 캘리포니아 버클리대, 스탠포드대, 코넬대, 독일 베를린자유대 등의 방문교수, 일본 토오꾜오 아시아경제연구소 객원연구원, 고려대 아세아문제연구소장, 대통령자문정책기획위원회 위원장을 지냈다. 현재 고려대 명예교수로 있다. 저서『한국의 노동운동과 국가』『민중에서 시민으로』『민주화 이후의 민주주의』『노동 없는 민주주의의 인간적 상처들』『양손잡이 민주주의』등이 있다.

하비, 데이비드(David Harvey)   1935년 영국 길링엄에서 태어나 케임브리지대를 졸업하고 동대학원에서 지리학 박사학위를 받았다. 존스홉킨스대와 옥스퍼드대 교수를 지냈했고 현재 뉴욕시립대 대학원 교수로 있다. 저서『신제국주의』『포스트 모더니티의 조건』『모더니티의 수도 파리』『희망의 공간』『자본의 한계』『도시의 정치경제학』『신제국주의』『자본의 17가지 모순』『반란의 도시』『자본이라는 수수께끼』『데이비드 하비의 맑스 자본 강의』(1, 2)『데이비드 하비의 세계를 보는 눈』등이 있다.

한영인(韓永仁)   1984년 경남 진해에서 태어나 연세대 정외과와 동대학원 국문과 석사과정을 졸업했다. 2014년『자음과모음』에「'문학과 정치'에 대한 단상」을 발표하면서 비평활동을 시작했다. 주요 평론으로「세계의 불안을 견디는 두 가지 방식」「문학성(文學性)에서 문학성(文學+城)으로, 그리고 그 밖으로」「관음하는 견자(voyant)―김소진론」등이 있다.

황정은(黃貞殷)   1976년 서울에서 태어났다. 2005년『경향신문』신춘문예로 작품활동을 시작했다. 소설집『일곱시 삼십이분 코끼리열차』『파씨의 입문』『아무도 아닌』, 장편소설『百의 그림자』『야만적인 앨리스씨』『계속해보겠습니다』가 있다.

부 록

2007년  3월 초 6·15공동선언실천 남측위원회 상임대표로 재선되고(임기 2년), 중
순에 선양(瀋陽)에서 열린 민족공동위 회의에 남측 대표단을 이끌고 참석.  4월
평론집 『민족문학과 세계문학』이 『한국일보』가 뽑은 '우리 시대의 명저 50권'
에 선정됨. 『오마이뉴스』와 「변혁적 중도주의 제창한 문학평론가 백낙청」 인터
뷰(묻는이 이명원).  5월 남북열차 시험운행에 동승, 개성 방문. 민주화운동기념
사업회와 UCLA 한국학연구소, 민화협 미주한인협의회 공동주최로 로스앤젤레
스에서 열린 '6월항쟁 20주년기념 국제심포지엄'의 기조연설에서 「6월항쟁 이
후 20년, 어디까지 왔으며 어디로 갈 것인가」 발표(이후 『황해문화』 여름호에 실
림). 전해(2006)에 있었던 『프레시안』 창간 5주년 기념강연과 토론(신영복, 백낙
청 등)을 엮은 『여럿이 함께』(프레시안북) 출간. 『경향신문』에서 민주화 20년을
맞아 각계 지식인 74명을 대상으로 실시한 설문조사에서 지난 20년간 한국 사회
에 가장 큰 영향을 준 지식인으로 뽑힘. 『창작과비평』 여름호에 평론 「외계인 만
나기와 지금 이곳의 삶」 발표.  6월 학교법인 원광학원 개방이사로 취임(임기 4
년). 『한겨레』에 「변혁과 중도를 다시 생각할 때」를 기고하고 이를 주제로 권태선

* 2006년 이전의 연보는 백낙청 회화록 제5권에 수록되어 있다 — 편집자.

편집인과 대담. 6·15공동선언 7주년 기념 민족통일대축전에 남측 단장으로 평양 방문, 논란 끝에 행사를 치름. '2007 아시아·아프리카 문학페스티벌— 전주' 조직 위원장을 맡음. 7월 장남 웅재가 신성희(申星姬)와 결혼. 마이클 벨, 버지니아 하이드, 정종화 등과 *D. H. Lawrence Studies*의 세번째 국제특집호를 편집. 8·15 민족공동행사의 부산 개최를 준비하던 중 북측의 불참 통보로 무산됨(뒤이은 제2차 남북정상회담 개최 합의 발표로 불참 원인에 대한 내부논란이 가라앉음). 9월 모친상을 당함. 시민방송 RTV 이사장 임기를 마치고 명예이사장으로 추대됨. 10월 초 남북정상회담의 특별수행원으로 평양을 다녀옴. 20일『백낙청 회화록』(1~5) 간행, 25일 세종문화회관 세종홀에서 출간기념회 개최. 11월 손자 기태(基泰, 차남 연재의 아들) 탄생. 12월 대선을 앞두고 '차분히 생각해서 지혜롭게 선택할 시간입니다'(10일), '대한민국을 거짓말 공화국으로 만들 수는 없습니다'(17일) 제목의 각계인사 기자회견에 참여, 이때 관여했던 이돈명, 박영숙, 김상근, 함세웅 등 일부 노년층 인사들의 친목모임이 결성되어 매달 한번 인사동 한식당에서 만남을 가진 이후 계속함(세칭 '지리산모임', 10년의 세월을 거치면서 성원의 변화가 더러 있었음). 30일『창비주간논평』(weekly.changbi.com)에 2008년 신년칼럼「대선 직후에 서둘러 할 일들」발표.

2008년  2월『창작과비평』봄호에 조효제 교수와의 대담「87년체제의 극복과 변혁적 중도주의」수록.『사회비평』봄호에「통일시대 마음공부 삼동윤리」발표. 창비 편집위원 연수회(안면도) 참여. 5월『창작과비평』여름호에「근대 한국의 이중과제와 녹색담론: '이중과제론'에 대한 김종철씨의 비판을 읽고」발표. 대만을 방문하여 강연하고 타이베이에서 열린 제2차 동아시아 비판적 잡지 회의에서 기조발제(이듬해 6월 계간『臺灣社會研究』20주년 기념호에 '超克分斷體制' 주제의 특집이 마련됨). 일본어판 저서『朝鮮半島の平和と統一: 分斷體制の解體期にあたって』(岩波書店) 출간. 6월 김수영 40주기 추모 학술제에서 축사. 금강산에서 열린 6·15공동선언 발표 8주년 기념 민족공동행사에 6·15 남측위 상임대표로 참석. 8월『백낙청 회화록』이 문화관광부 우수학술도서 선정. 9월 세교연구소 공개심포지엄 '기울어진 분단체제, 대안을 만들 때다: 남북연합과 한반도 선진사회 건설'에서 종합토론 사회.『대동문화연구』제63집에「근대 세계체제, 인문정신, 그리고 한국의 대학: '두개의 문화' 문제를 중심으로」발표. 명동 가톨릭회관에서 열린 기쁨과희망 사목연구소의 제9차 정기심포지엄에서 '그리스도교와 세상의 소통' 제목으로 기조강연을 하고 이를『기쁨과희망』제2호에 게재. 11월『창작과비평』겨울호에「문학이 무엇인지 다시 묻는 일: 촛불과 세계적 경제위기의 2008

년을 보내며」발표. 노르웨이 베르겐에서 홀베르그상 수상자 프레드릭 제임슨과 함께하는 심포지엄에 참여하여 "A Singular Modernity, Plural Postmodernisms, and a Double Project" 발표. 12월 29일 『창비주간논평』에 2009년 신년칼럼 「거버넌스에 관하여」발표.

2009년  1월『월간중앙』1월호에「'선진화 원년'과 '잃어버린 10년'」발표. 2월 관훈포럼에서「비상시국 타개를 위한 국민통합의 길」발표 후 이 글을『관훈저널』2009년 봄호에 수록.『창작과비평』봄호에「대화: 전지구적 경제위기 속의 한국과 동아시아」(백낙청·브루스 커밍스) 수록. 창비 편집위원 연수회(제천) 참여. 3월 6·15공동선언실천 남측위원회 상임대표 2차 임기를 마치고 명예대표로 추대됨. 4월 공저『이중과제론』(창비담론총서 1),『87년체제론』(창비담론총서 2),『신자유주의 대안론』(창비담론총서 3) 출간. 제11회 한겨레통일문화상 수상. 서울언론회관에서 시상식 및 수상자 기념강연(4월 15일). 6월 제3회 김대중학술상 수상, 전남대에서 시상식. 7월『씨올의소리』7-8월호에 김귀옥, 김상봉과 '우리는 지금 어디에 와 있나?: 민주 자주 통일 그리고 경제생활의 현주소'를 주제로 좌담. 8월『어디가 중도며 어째서 변혁인가』(창비) 출간. 천 광싱(陳光興)과 대담(이듬해 *Inter-Asia Cultural Studies*지 '백낙청 특집호'(제11권 4호)에 발표).『시사IN』100호 기념 인터뷰(「MB정부는 파쇼할 능력도 없는 정체불명 정권」2009.8.10). '동북아의 평화와 안전을 위하여: 한미일 3국의 지식인 공동성명'에 참여. 9월 다시 가동된 원불교 정역위원회 영문번역팀의 일원으로『정산종사법어』번역작업 개시, 기존 영문판 교전(2006)의 수정작업을 동시 진행. 화해상생마당 주최 심포지엄 '전환기에 선 한반도, 통일과 평화의 새로운 모색'에서「포용정책 2.0'이 필요하다」를 발표. 이를 정리해『창작과비평』2010년 봄호에「'포용정책 2.0'을 향하여」게재. 한반도평화포럼 창립, 공동대표 취임(이후 사단법인이 되면서 공동이사장). 시민사회 방미대표단의 일원으로 미국 의회 방문, 교포 대상으로 강연하고 뉴욕의 코리아 쏘사이어티(The Korea Society)에서 강연 및 토론. 10월 한국기술교육대 휴먼아카데미 초청 특강으로 '세상이 시키는 대로 살지 말자' 제목의 강연. '희망과대안' 창립에 참여. 동아시아출판인회의 선정 '동아시아 100권의 책'에『흔들리는 분단체제』(창비 1998) 선정. 11월『창작과비평』겨울호에 평론「현대시와 근대성, 그리고 대중의 삶」발표. 12월 서울대 기초교육원의 관악초청강연에서「주체적 인문학을 위한 서양명작 읽기 — 콘래드의『어둠의 속』을 중심으로」발표. 30일『창비주간논평』에 2010년 신년칼럼 「지난 백년을 되새기며 새 판을 짜는 2010년으로」발표.

2010년　2월『한겨레21』인터뷰(「대연합은 국민의 희망 메시지」).『시대정신』봄호
에 '한반도의 미래에 대한 국민통합적 인식은 가능한가'를 주제로 안병직과 대
담. 5월 고 서동만 추모문집『죽은 건 네가 아니다』(삶과꿈)에 「겹겹의 선연(善
緣)이 남긴 아쉬움」발표. '세계화, 문학, 문학연구'를 주제로 열린 영미문학연구
회 학술대회에서 기조발제, 이를 수정 보완한 논문 「세계화와 문학: 세계문학, 국
민/민족문학, 지역문학」을『안과밖』하반기호(11월)에 발표. 6월 6·15공동선언
10주년 기념식에서 '6·15시대는 계속됩니다'라는 제목의 명예대표 격려사, 이
를『창비주간논평』(6.22)에 발표. 8월『역사비평』가을호에 「'동아시아 공동체'
구상과 한반도: 일본의 한국병탄 100주년을 맞아」발표. 10월『경향신문』과 한
반도평화포럼 창립 1주년 특별인터뷰 「천안함 진실규명과 남북문제 이원적 접
근을」. 11월 아카데미하우스에서 열린 동아시아평화포럼에서 「국가주의 극복
과 한반도에서의 국가개조작업」기조발제. 타이베이 롄징(聯經)출판사에서 중국
어본 공저『白樂晴: 分斷體制·民族文學』(백영서·천 광싱 엮음) 발간. 진먼도(金門
島)에서 열린 제3회 동아시아 비판적 잡지 회의 참석.『창작과비평』가을호에 「우
리 시대 한국문학의 활력과 빈곤: 2010년대 한국문학을 위한 단상들」발표. 12
월『동방학지』제152집에 「사회인문학과 비판적 잡지에 관한 몇가지 생각」발
표. 공저『세계문학론』(창비담론총서 4) 출간. *Inter-Asia Cultural Studies*지가 제
11권 4호를 '백낙청 특집호'(Special Issue: Paik Nak-chung)로 간행. *Reassessing
the Park Chung Hee Era, 1961-1979* (C. Sorensen and H. Kim, eds., University of
Washington Press)에 2004년 호주 월롱공대학 학술대회 기조발제문 "How to
Think about the Park Chung Hee Era" 수록. 고 리영희 선생 영결식에서 추도
문 낭독(이후『씨올의소리』2010년 11-12월호에 수록). 30일『창비주간논평』에
2011년 신년칼럼 「2010년의 시련을 딛고 상식과 교양의 회복을」발표.

2011년　1월 기독교장로회 총회의 사회선교정책협의회에 초빙되어 100분토론 참
여. 2월『창작과비평』봄호에 「국가주의 극복과 한반도에서의 국가개조 작업:
동아시아 담론의 현실성과 보편성을 높이기 위해」발표. 창비 편집위원 연수회
(일본 큐우슈우 쿠마모또) 참여. 3월 강원도 인제군 한국DMZ평화생명동산에
서 시민평화포럼 주최로 열린 '2011 평화와 통일을 위한 시민활동가대회'에서
''2013년체제'를 준비하자'라는 제목으로 기조발표, 이후『실천문학』2011년 여
름호에 수정 보완된 글을 기고(5월), 같은 글이 일본 '21世紀社會動態硏究所' 홈
페이지의 연속기획 '한국의 지성, 새로운 시대를 말한다(韓國の知性, 新しい時代
を語る)'에 번역 게재.『臺灣社會硏究』에 「東亞共同體構想與韓半島分斷體制」(黃文

俊 역) 게재. 4월『월간중앙』4월호에 김석철 교수와 '대한민국 개조론'을 주제로 대담. 2009년 12월의 서울대 관악초청강연 내용과 토론을 바탕으로『백낙청: 주체적 인문학을 위하여』(서울대학교출판문화원) 출간.『오마이뉴스』와 '더 체인지' 공동기획 '씽크카페콘퍼런스@대화' 인터뷰.『흔들리는 분단체제』영문판 *The Division System in Crisis: Essays on Contemporary Korea* (University of California Press) 출간. 5월 평론집『문학이 무엇인지 다시 묻는 일』(창비) 출간. 첫 평론집『민족문학과 세계문학 1』(1978)과 두번째 평론집『인간해방의 논리를 찾아서』(시인사 1979)의 합본 개정판『민족문학과 세계문학 1/인간해방의 논리를 찾아서』(창비) 출간. 6월『주간한국』과 인터뷰(「문학비평은 인문적 교양의 기본」2011.6.7). 6월 말 7월 초에 걸쳐 호주 씨드니에서 열린 제12회 D. H. 로런스 국제대회에 참석. 7월 '희망2013·승리2012원탁회의' 창립에 동참하고 이후 12월 대통령선거까지 적극적으로 참여. 11월 신영복 등과 공저한『지금 우리에게 필요한 공부』(상상너머) 출간.『창작과비평』겨울호에「D. H. 로런스의 민주주의론」발표. 페이스북 페이지 개설. 12월 28일『창비주간논평』에 2012년 신년칼럼「'김정일 이후'와 2013년체제」발표.

2012년　1월『2013년체제 만들기』(창비) 간행. 2월 세교포럼 '북토크: 2013년체제 만들기'에 출연. 창비 편집위원 연수회(중국 상하이) 참여. 5월『창작과비평』여름호에「4·11총선 이후의 한국정치」를 주제로 윤여준, 이해찬과 좌담. 6월 서울에서 열린 제4회 동아시아 비판적 잡지 회의에 참석.『어디가 중도며 어째서 변혁인가』와『2013년체제 만들기』에서 가려뽑은 일본어판 사회평론집『韓國民主化 2.0』(岩波書店) 출간. 8월『창작과비평』가을호에「2013년체제와 변혁적 중도주의」발표. 9월 김석철 지음『한반도 그랜드 디자인』(창비)에 서문 기고. 10월 세교연구소 공개심포지엄 '상생의 새 구상, 한반도 그랜드 디자인'에서 좌장 역할. 중국 상하이에서 아제서원(亞際書院, Inter-Asia School)과 상하이 비엔날레 주최로 열린 학술대회 'Asian Circle of Thought 2012 Shanghai Summit'에서 강연하고 파르타 차터지(Partha Chatterjee), 조모 콰메 순다람(Jomo Kwame Sundaram), 아시스 난디(Ashis Nandy), 천 광싱, 아라사끼 모리떼루(新崎盛暉), 이따가끼 유우조오(板垣雄三) 등 아시아 지식인들과 토론. 강연 원고는 이후 "The 'Third Party' in Inter-Korean Relations and Its Potential Contribution to Modern Asian Thought"라는 제목으로 *Inter-Asia Cultural Studies* 제15권 1호(2014)에 수록. 로런스 국제대회의 후속작업으로 한국로렌스학회의 *D. H. Lawrence Studies* 특집호를 마련해온 1999년 이래의 전례에 따라 영국의 마이클 벨(Michael Bell) 및 미국의 버지니아 하이드(Virginia Hyde)와 객원편집진을 구성하여 제20권 2호를 발간. 12월 대통령선거 이후 희망2013·승리2012원탁회의 해산. 12월 27일『창비주간논평』에 2013년 신년칼럼「'희망2013'을 찾아서」발표.

2013년  1월 D. H. 로런스 단편집『패니와 애니』(창비세계문학 12, 황정아와 공역) 출간. 2월 창비 편집위원 연수회(춘천) 참여. 3월 미국 쌘디에이고에서 열린 Association for Asian Studies 연례대회의 특별 쎄션에서 "Toward Overcoming Korea's Division System through Civic Participation"을 강연하고 그 내용을 *Critical Asian Studies* 제45권 2호(6월)에 발표. 4월『희망2013·승리2012원탁회의 활동백서』에 머리말을 씀. 6월 오끼나와에서 열린 제5회 동아시아 비판적 잡지 회의 참가, ''핵심현장'에서 현대아시아사상의 탐구로: 오끼나와, 한반도, 그리고 동아시아'라는 제목으로 기조강연. 발표문은『창작과비평』2013년 가을호에 게재. 11월 대전인문학포럼에서 '인문학의 새로움은 어디서 오나'를 주제로 강연, 발표문을 개고하여『창작과비평』2014년 여름호에 게재. 12월 27일『창비주간논평』에 2014년 신년칼럼「사회통합, 불가능한 일은 아니다」발표.

2014년  2월 미국 필라델피아 원불교 선학대학원에서 열린 '미주 교서정역 워크숍'에 참석하여 현지 교역자 및 원어민들과 영어판『정전』의 번역에 관해 토론. 창비 편집위원 연수회(평창) 참여. 5월『창작과비평』여름호에「인문학의 새로움은 어디서 오나」발표. 6월 홍콩에서 열린 동아시아 비판적 잡지 회의에 참가. 6~7월 이딸리아 가르냐노에서 열린 제13회 D. H. 로런스 국제대회에 참석하여 로런스 시 'The Ship of Death'에 관해 구두발표. 8월 세교포럼에서 '큰 적공, 큰 전환을 위하여: 2013년체제론 이후'라는 주제로 발표, 발표문을 개고하여『창작과비평』2014년 겨울호에 게재. 10월 중국 광저우에서 광둥미술관 주최로 열린 국제학술회의에서 "Modernity's Double Project in Korea and East Asia" 제목으로 기조강연. 11월 네이버문화재단의 '문화의 안과 밖' 프로그램의 일환으로「근대, 적응과 극복의 이중과제: 분단체제, 동아시아, 세계체제」강연, 강연문을 손질하여 공저『시민사회의 기획과 도전: 근대성의 검토』(민음사 2016)에 수록. 2014 대안농정 대토론회(서울 대방동 서울여성플라자)에서 초청강연.『2013년체제 만들기』의 중국어판『打造 二〇一三年體制』(대만 타이서台社출판사) 출간. 12월 30일『창비주간논평』에 2015년 신년칼럼「광복 70주년, 다시 해방의 꿈을」발표.

2015년  2월 창비 편집위원 연수회(인천) 참여. 4월 창비 팟캐스트「라디오 책다방」에 출연, 이 자리에서 2015년 말에 『창작과비평』 편집인 자리에서 물러나기로 한 2014년 하반기 이래 창비 내부에서 공유된 결정을 공개. 5월 『백낙청이 대전환의 길을 묻다: 큰 적공을 위한 전문가 7인 인터뷰』(창비) 출간. 공저자 정대영·이범·김연철·김영훈·안병욱·조은·박성민. 한반도평화포럼 주최 특별좌담 '통일은 과정이다'에 임동원, 강만길, 이만열과 참여. 6월 팟캐스트 「노유진의 정치카페」에 출연. 중순부터 이른바 '신경숙 사태'가 벌어지면서 창비의 대응을 둘러싼 내부논의에 골몰, 대외적으로는 8월 하순 이후 페이스북을 통해 간헐적으로 발언하며 계속 논란에 휩싸임. 8월 이희호 김대중평화센터 이사장 수행단으로 방북. 9월 *New Left Review*지 95호(8-9월호)에 "The Double Project of Modernity" 발표. 11월 『창작과비평』 겨울호에 「근대의 이중과제, 그리고 문학의 '도'와 '덕'」 발표. 창비 문학상 통합시상식에서 『창작과비평』의 김윤수 발행인, 백영서 편집주간과 함께 편집인 퇴임을 발표하고 창비의 과거를 돌아보며 최근의 논란에 대한 입장도 정리하는 '인사말' 발표. 『정산종사법어』 영역작업을 완료. 12월 마이클 벨, 버지니아 하이드와 함께 객원편집한 *D. H. Lawrence Studies* 특집호(제23권 2호) 발간. 원불교 100주년 기념 '전환 콜로키움'에 참석하여 종합논평 「대전환을 위한 성찰 두가지」 발표. 30일 『창비주간논평』에 2016년 신년칼럼 「신종 쿠데타가 진행중이라면」 발표.

2016년    1월 『창작과비평』 명예편집인 취임, 이때부터 계간지 편집회의에 불참하는 대신 세교연구소의 월례포럼 참석 등 연구소 고문으로 활동. 2월 원불교 박윤철(박맹수) 교무와 특별인터뷰, 이후 『문명의 대전환과 후천개벽: 백낙청의 원불교 공부』(모시는사람들)에 수록. 『창작과비평』 창간 50주년 축하모임에서 '감사의 말' 발표. 기념식에 맞춰 발간된 『한결같되 날로 새롭게: 창비 50년사』(창비)에 백영서·심진경·한영인과의 인터뷰 「한결같되 날로 새롭게 나아가는 창비」 수록. 아르놀트 하우저 『문학과 예술의 사회사』(창비) 개정번역판 출간(염무웅·반성완 공역). 4월 국회의원 총선거를 앞두고 『창비주간논평』(4.7)에 「편안한 마음으로 투표합시다」 발표. 2009년 이래 공동작업을 해온 『정산종사법어』 영역본 출간, 수정된 『정전』과 『대종경』 영문본 및 새로 번역된 『정산종사법어』와 『불조요경』을 포함한 영어 교서 *The Doctrinal Books of* Won-Buddhism이 동시에 간행됨. 4월 28일 원불교 100주년 기념 국제학술회의에서 '문명의 대전환과 종교의 역할' 제목으로 기조강연. 6월 창비서교빌딩 50주년홀에서 열린 2016년 동아시아 비판적 잡지 회의에 참석. 『창작과비평』 창간 50주년 기념행사로 방한한 데이비드 하비와 대담. 내용 일부가 『한겨레』 7월 1일자에 게재되고 전문이 『창작과비평』가을호에「자본은 어떻게 작동하며 세계와 중국은 어디로 가는가」로 수록됨. 6월 29일~7월 6일 영국을 방문하여 쑤전 왓킨스(Susan Watkins) *New Left Review* 지 주간, 영문학계의 동학 마이클 벨 교수 등과 교유. 9월 공저『변혁적 중도론』 (정현곤 엮음, 창비담론총서 5) 출간. 9~11월 창비학당 강좌 '백낙청과 함께 계간『창비』읽기' 총 8강으로 진행. 10월 고은문학관건립위원회 영상인터뷰. 11월 한반도평화포럼 및 한겨레통일문화재단 주최 '통일공감 토크쇼'에서 '통일과 지방자치, 그리고 우리의 미래'라는 주제로 안희정, 정세현과 좌담(선문대 국제회의장). 박근혜-최순실 게이트와 촛불시위 관련하여 페이스북(11.16)에「담대하고 슬기롭게 새 시대를 열어갑시다」와『창비주간논평』(11.23)에「'내란'을 당하고도 국민은 담대하고 슬기로운데」발표. 건국대 통일인문학연구단 성원들(김성민 단장, 박민철·조배준)과 인터뷰. 이후 '석학들의 통일철학, 통일의 인문적 비전'이란 연속기획의 일부로『한국 지성과의 통일대담』(2017년 하반기 간행 예정)에 수록. 12월 '책읽는춘천' 독회에서『창작과비평』2016년 가을호 및『백낙청이 대전환의 길을 묻다』관련 강연과 토론. 한반도평화포럼의 한평아카데미 제3기 종강 특강「새 세상 만들기와 남북관계」강의. 미국의 *D. H. Lawrence Review* 지 제40권 2호에 "Lawrencean Buddhism?—An Attempt at a Literal Reading of 'The Ship of Death'" 발표. 27일『창비주간논평』에 2017년 신년칼럼「새해에도 가만있지 맙시다」발표, 같은 날짜『한겨레』에 동시 게재.

2017년   1월『문명의 대전환과 후천개벽: 백낙청의 원불교 공부』발간(명목상 발행일은 2016.12.31). 1~2월 창비학당에서『창작과비평』2016년 겨울호를 소재로 '백낙청과 함께 읽는 문학과 시대' 총 6강 진행. 2월 한평아카데미 강의 내용을 수정 보완하여『창작과비평』봄호에「'촛불'의 새세상 만들기와 남북관계」발표. 창비 편집위원 연수회(서울) 참여. 3월 일본『세까이』4월호에 신년칼럼「새해에도 가만있지 맙시다」번역 게재. 3~4월 창비 2017년 봄호를 소재로 창비학당에서 6강 진행. 4월 페이스북(4.11)에「대선 때도 편안한 마음으로 투표합시다」발표.『세까이』5월호(4월 발행)에「'촛불'의 새세상 만들기와 남북관계」번역 소개. 미국 버클리대에서 발행하는 *Cross-Currents: East Asia History and Culture* 에 "Won-Buddhism and a Great Turning in Civilization" 발표(명목상 3월호). 6월『백낙청 회화록』제6, 7권 출간.

608

**염무웅(廉武雄)**　1941년 강원도 속초에서 태어났고 영남대 교수와 민족문학작가회의 이사장, 6·15민족문학인협회 공동대표를 역임했다. 현재 영남대 명예교수로 있다. 저서 『한국문학의 반성』『민중시대의 문학』『혼돈의 시대에 구상하는 문학의 논리』『모래 위의 시간』『문학과 시대현실』『살아 있는 과거』 등이 있다.

**임형택(林熒澤)**　1943년 전남 영암에서 태어났고 성균관대 교수와 민족문학사연구소 공동대표, 대동문화연구원 원장, 동아시아학술원 원장을 역임했다. 현재 성균관대 명예교수로 있다. 저서 『한국문학사의 시각』『실사구시의 한국학』『한국문학사의 논리와 체계』『문명의식과 실학』『한국학의 동아시아적 지평』, 편역서 『이조한문단편집』『이조시대 서사시』, 공역서 『역주 백호전집』『역주 매천야록』 등이 있다.

**최원식(崔元植)**　1949년 인천에서 태어났고 인하대 교수와 『창작과비평』 편집주간, 인천문화재단 대표이사, 세교연구소 이사장을 역임했다. 현재 한국작가회의 이사장이자 인하대 명예교수로 있다. 저서 『민족문학의 논리』『한국근대소설사론』『한국 계몽주의 문학사론』『문학의 귀환』『생산적 대화를 위하여』『제국 이후의 동아시아』『문학』『동아시아 한국학의 이론과 실제』『소수자의 옹호』 등이 있다.

**백영서(白永瑞)**　1953년 인천에서 태어났고 현재 연세대 교수이자 (주)창비 기획편집위원장으로 있다. 저서 『동아시아의 귀환』『중국현대대학문화연구』『핵심현장에서 동아시아를 다시 묻다』『사회인문학의 길』『橫觀東亞: 從核心現場重思東亞歷史』『共生への道と核心現場: 實踐課題としての東アジア』, 편서 『중국사회성격논쟁』『대만을 보는 눈』(이상 공편) 등이 있다.

**유재건(柳在建)**　1954년 서울에서 태어났고 현재 부산대 사학과 교수이자 계간 『창작과비평』 편집위원으로 있다. 공저서『변혁적 중도론』, 공역서『고대에서 봉건제로의 이행』『근대 세계체제』『영국 노동계급의 형성』등이 있다.

김영희(金英姫)  1957년 서울에서 태어났고 현재 한국과학기술원 교수이자 계간『창작과비평』편집위원으로 있다. 저서『비평의 객관성과 실천적 지평』『지구화시대의 영문학』(공저)『다시 소설이론을 읽는다』(공저), 공편서『세계문학론』, 역서『가든 파티』(편역)『미국의 아들』『영국소설의 위대한 전통』『거인의 도시』『에마』(공역)『폐허의 대학』(공역)『맑스주의와 형식』(공역) 등이 있다.

한기욱(韓基煜)  1957년 부산에서 태어났고 현재 인제대 영문과 교수이자 계간『창작과비평』주간으로 있다. 저서『문학의 새로움은 어디서 오는가』『영미문학의 길잡이』(공저)『21세기의 한반도 구상』(공저), 역서『필경사 바틀비』(편역)『우리 집에 불났어』『브루스 커밍스의 한국현대사』(공역)『남을 향하며 북을 바라보다』(공역)『미국 패권의 몰락』(공역) 등이 있다.